# Logische und Methodische Grundlagen der Entwicklung verteilter Systeme

Manfred Broy

# Logische und Methodische Grundlagen der Entwicklung verteilter Systeme

Unter Mitarbeit von Alexander Malkis

 Springer Vieweg

Manfred Broy
Institut für Informatik I04
Technische Universität München
Garching, Deutschland

ISBN 978-3-662-67316-4        ISBN 978-3-662-67317-1   (eBook)
https://doi.org/10.1007/978-3-662-67317-1

Die Deutsche Nationalbibliothek verzeichnet diese Publikation in der Deutschen Nationalbibliografie; detaillierte bibliografische Daten sind im Internet über http://dnb.d-nb.de abrufbar.

Planung/Lektorat: Leonardo Milla
Springer Vieweg ist ein Imprint der eingetragenen Gesellschaft Springer-Verlag GmbH, DE und ist ein Teil von Springer Nature.
Die Anschrift der Gesellschaft ist: Heidelberger Platz 3, 14197 Berlin, Germany

# Vorwort

Unter nahezu jeder klassischen Formalisierung des Begriffs „Berechnungs-vorschrift", oder „Algorithmus", versteht man eine textuelle Vorschrift für aufeinanderfolgende Berechnungsschritte. Dabei wird die durch einen Algorithmus vorgegebene Berechnung in einer Folge von Schritten durchgeführt. Die Berechnungsschritte laufen sequenziell, also strikt hintereinander, ab. Die frühen Jahre der Informatik waren genau in diesem Sinn geprägt von sequenziellen Programmen, die isoliert von der physikalischen Welt auf sequenziell arbeitenden Rechnern ausgeführt wurden, die in Rechenzentren ohne Verbindung zur Außenwelt standen.

In der Welt, in der wir leben, finden Ereignisse allerdings nicht nur nacheinander, sondern auch gleichzeitig oder zumindest logisch voneinander unabhängig statt. Unsere Welt ist, im Fachjargon, parallel. Unterschiedliche Akteure existieren zeitlich nebeneinander, interagieren und entwickeln dadurch ein gemeinsames, einander beeinflussendes Verhalten. Die Akteure arbeiten zeitlich nebeneinander – wir sprechen von Nebenläufigkeit und von Parallelität – und diese Akteure sind räumlich verteilt. Will man Algorithmen und Software für eine solche verteilte, interaktive, nebenläufige Umgebung entwickeln, so muss man sich mit Fragen der Interaktion, der Verteilung und der zeitlichen Nebenläufigkeit auseinandersetzen. Interaktion bedeutet, dass im Laufe einer Berechnung schrittweise Informationen von außen aufgenommen werden und auch Teilergebnisse schrittweise nach außen ausgegeben werden.

Eine besondere Rolle spielt hier der Begriff der Zeit. Dabei ist die qualitative Zeit von Interesse – der Umstand, dass gewisse Ereignisse zeitlich hintereinander und andere zeitlich nebeneinander stattfinden. Ein weiterer wichtiger Begriff ist der der quantitativen Zeit, der die zeitliche Dauer gewisser Ereignisse und zeitliche Abstände zwischen Ereignissen erfasst.

Ein weiterer wichtiger Begriff ist Kausalität. Ein Ereignis $A$ ist kausal für ein anderes Ereignis $B$, wenn $A$ der Auslöser (die Ursache) für Ereignis $B$ ist und somit $B$ die (oder eine) Wirkung von $A$ ist. Kausalität betrifft somit Ursache-Wirkungs-Beziehungen.

Setzen wir Softwaresysteme vernetzt und verteilt ein, eingebettet in physikalische Systeme, und interagieren verteilte Softwaresysteme untereinander oder über Sensoren oder Aktuatoren mit der physikalischen Wirklichkeit und über Mensch-Maschine-Schnittstellen mit menschlichen Akteuren, so sind wir im Zentrum der Frage der Modellierung interaktiver, verteilter Systeme, auch solcher mit Kausalitätsbeziehungen und Echtzeiteigenschaften, sowie deren Spezifikation und Implementierung.

Das Interesse an der Thematik verteilter, interaktiver, parallel arbeitender Programme und Systeme ergibt sich somit aus vier Umständen:

- Die Rechner-Hardware und insbesondere auch die Betriebssysteme und der Betrieb von Rechensystemen mit einer ganzen Reihe von Nutzern, die gleichzeitig auf einen Rechner zugreifen, sowie die mit dem Rechner verbundenen Peripheriegeräte erzwingen eine *Quasiparallelität*[1], die teilweise auch in echte *Parallelität* umgesetzt wird. Kernaufgabe dabei ist die *Synchronisation* und auch der Nachrichtenaustausch zwischen den *parallel* oder *quasiparallel* ausgeführten Programmen.
- Bei sehr rechenintensiven Aufgaben wird eine große Zahl von Rechenkernen parallel eingesetzt, um die Auswertungszeit zu verkürzen. Für sehr rechenintensive Aufgaben, bei denen die sequentielle Abarbeitung nicht weiter beschleunigt werden kann, ist die Verkürzung der Abarbeitungszeit nur durch parallele Bearbeitung erzielbar.
- Durch die heute in vielerlei Hinsicht vorliegende Verteilung von Rechnern und den Betrieb von *Rechnernetzen* wird es zwangsläufig erforderlich, Informationen zwischen räumlich verteilten Rechnern auszutauschen. Wir sprechen von *Kommunikation* in Netzen. Dabei ist es für die grundsätzliche Modellierung weniger bedeutsam, welche räumliche Distanz zwischen den Rechnern geografisch besteht, sondern es geht mehr um die Frage, welche Informationen auf welche Weise unter welchen Voraussetzungen von einem Rechner zum anderen übertragen werden.
- Eine besondere Bedeutung bekommt das Thema der Interaktion im Zusammenhang mit sogenannten *eingebetteten Systemen*, aber auch mit Systemen, die interaktiv mit menschlichen Benutzern arbeiten. Dies erfordert, dass während der Durchführung und des Ablaufs solcher Softwaresysteme ständig Information zwischen der Software und ihrer Umgebung ausgetauscht wird. Dies kann über Sensoren geschehen, durch die Informationen aus der Umgebung erfasst und für den Rechner aufbereitet werden. Dies kann weiter durch Aktuatoren geschehen, durch die Informationen des Rechners in Aktionen in der Umgebung umgewandelt werden. Die Interaktion zwischen Mensch und Maschine ist aus dieser Sicht nur ein Spezialfall, da die Peripheriegeräte wie Tastatur und Bildschirm, mit denen Menschen mit den Maschinen interagieren, im Wesentlichen als Sensoren und Aktuatoren besonderer Art verstanden werden können. Neben den Nutzern

---

[1] Mit Quasiparallelität bezeichnet man die Abarbeitung mehrerer Aufgaben in zeitlich verzahnten Teilschritten.

und der physischen Umgebung kann die Interaktion auch mit anderen Softwaresystemen erfolgen.

Dieses Buch will in die wichtigsten Konzepte der parallelen, interaktiven, verteilten Software einführen, konzentriert sich dabei zwangsläufig vor dem Hintergrund der Fülle der Materialien auf die grundlegenden Ansätze, hat aber darüber hinaus den Anspruch, einen Ansatz besonders stark zu betonen, der im Mittelpunkt das Thema der Schnittstelle eines Systems als zentrales Instrument für die Beschreibung von Interaktion, Verteilung und Nebenläufigkeit nutzt. Es entsteht eine umfassende Theorie und ein auch praktisch bedeutsamer Ansatz, um verteilte interaktive nebenläufige Systeme zu spezifizieren, zu komponieren und Eigenschaften dafür beweisen zu können. Alle Konzepte, wie sie in dem Buch „Grundlagen der Programm- und Systementwicklung I" [Bro19] eingeführt werden, etwa die Verfeinerung, kommen hier erneut zur Verwendung.

Ein weiterer Aspekt betrifft nicht nur die Modellierung parallel arbeitender, interaktiver, verteilter Softwaresysteme, sondern auch die Modellierung physischer Systeme, die ebenfalls parallel, interaktiv und verteilt arbeiten. Klassische Beispiele dafür sind betriebswirtschaftliche Systeme (Beispiel: Prozess Bestellvorgang), Produktionssysteme (Beispiel: Zusammenbau einer Espressomaschine), automatisierte Systeme (Beispiel: Airbag-Auslösung in einem PKW) oder Verkehrssysteme (Beispiel: Flugbewegungen auf einem Rollfeld).

Fragen der Nebenläufigkeit und Interaktivität auf der Ebene von Programmen und Software beschäftigen die Informatik seit mehr als 50 Jahren. Waren die ersten Maschinen und Rechner noch im Wesentlichen streng sequenziell und nicht miteinander vernetzt, so stellten sich bereits für diese Rechner bei der Einführung von Betriebssystemen mit den Möglichkeiten des Mehrprozessbetriebs Fragen der Parallelität und der Koordination. Mehrprozessbetrieb bedeutet die stückweise Ausführung mehrerer Programme im Wechsel – man spricht auch hier von Quasiparallelität. Bei diesen ersten Fragestellungen zu verteilten Systemen stand im Vordergrund die Frage, wie man sicherstellen kann, dass Programme, die in mehreren Etappen und im Wechsel miteinander zur Ausführung kommen, so organisiert werden können, dass zweifelsfrei festgelegt ist, welche Ergebnisse dadurch erzielt werden und dass unerwünschte Effekte ausbleiben, wenn diese Programme gleichzeitig auf Geräte oder gemeinsame Speicherabschnitte zugreifen. Es entsteht die Aufgabe der *Synchronisation*.

Erste Ansätze, dieses Problem zu erfassen, zu beschreiben und zu lösen, waren Petri-Netze und etwas später Semaphore nach Dijkstra. Bald zeigte sich, dass diese Idee der Koordination durch einfache, primitive Semaphore und das Konzept der unteilbaren Aktion sehr maschinennahe, wenig abstrakte Programmstrukturen ergeben, die schwer verständlich und damit fehleranfällig sind. Ursache ist, dass durch die verzahnte Ausführung von Programmen eine hohe Kombinatorik entsteht. Dies motivierte die Suche nach abstrakteren, weniger an Maschinenstrukturen orientierten Konzepten, um Nebenläufigkeit, Verteilung, Kommunikation und Interaktion zu modellieren. In Folge entstanden – prägend in den 70er-Jahren – eine ganze Reihe von Ansätzen zur Beschreibung nebenläufiger und kommunizierender Programme. Besondere Bedeutung hatten dabei die eher theoretischen Arbeiten von C. A. R. Hoare[2] und Robin Milner mit ihren Ansätzen der „Communicating Sequential Processes" (CSP) beziehungsweise des „Calculus of Communicating Systems" (CCS). Schnell zeigte sich, dass diese Ansätze schwierige, semantische Probleme aufwerfen, sowohl in der Beschreibung ihrer operationellen Semantik, aber mehr noch in der Beschreibung ihrer denotationellen Semantik sowie in der Entwicklung einer angemessenen semantischen Äquivalenz und Techniken der Spezifikation und Kommunikation. Das von beiden Ansätzen verwendete Konzept des synchronen Datenaustauschs („Handshake", „Rendezvous") erweist sich als Quelle für eine ganze Reihe dieser Schwierigkeiten.

Andere Ansätze bewegen sich stärker in Richtung asynchron kommunizierender Systeme unter Betonung des Datenflusses. Die entstehenden Modelle erweisen sich zudem näher zu den Strukturen der heute typischen praktischen Anwendungen.

Letztlich entstand eine Fülle unterschiedlicher Ansätze, darunter temporale Logik, kommunizierende Zustandsmaschinen und Datenflusskonzepte zur Beschreibung und Entwicklung interaktiver, kommunizierender, verteilter, parallel arbeitender Systeme. Diese auf den ersten Blick stärker theoretischen Arbeiten waren allesamt motiviert von den heute typischen praktischen Anwendungen von Softwaresystemen. Mittlerweile werden Softwaresysteme fast immer in Netzen eingesetzt, kommunizieren mit anderen Systemen, weisen Mensch-Maschine-Schnittstellen auf und sind häufig auch eingebettet über Sensoren und Aktuatoren an physikalische Prozesse angebunden. Wir sprechen von *cyber-physischen* Systemen.

Verteilte interaktive Systeme bringen – verglichen mit Fragen zu sequentiellen Algorithmen und sequentieller Programmierung – zusätzliche Komplexität mit sich. Das betrifft die grundsätzliche Modellierung von Parallelität und Interaktion und damit von Synchronisation und Zeit. Das hat damit zu tun, dass in dieser Art von Systemen Software oft mit Vorgängen der materiellen Wirklichkeit interagiert, wie man das etwa am Beispiel der softwarebasierten Steuerung eines Airbags sieht. Dabei sind grundsätzliche Fragen der Modellierung auch von physikalischen Systemen zu lösen. Zeigt sich bereits in der sequentiellen Programmierung eine gewisse Diskrepanz zwischen der formalen Behandlung dieser Programme, insbesondere im Hinblick auf ihre Spezifikation und Verifikation, und den praktischen Fragen, die typischerweise im Softwareengineering im Vordergrund stehen, verschärft sich dieses Spannungsfeld noch einmal in der nebenläufigen, interaktiven Programmierung und der Entwicklung entsprechender Systeme.

Dabei stellt sich die gleiche kritische Frage:

Welche formalen Techniken kann man sinnvoll und erfolgreich auf praktische Probleme der Softwareentwicklung anwenden? Diese Frage hat sehr viel damit zu tun, dass praktische Probleme oft sehr groß und umfangreich, aber nur in

---

[2] Vollständig formell Sir Charles Antony Richard Hoare, üblicherweise formell abgekürzt C. A. R. Hoare. Von Kollegen wird er Tony Hoare genannt.

bestimmten Teilen wirklich kompliziert sind. Ihre Komplexität erhalten sie aus ihrer Größe sowie der Diversität der Funktionalität und der unterschiedlichen Aspekte sowie der kombinatorischen Vielfalt des Zusammenwirkens. Dabei laufen formale Techniken oft in die Gefahr, nicht zu skalieren, das heißt auf große Probleme kaum anwendbar zu sein, und den Praktiker zu überfordern, der zudem oft über unzureichende Vorbildung verfügt. Dies gilt auch für die Programmierung sequenzieller Systeme. Für parallele interaktive Systeme und Programme gilt das jedoch noch in verschärftem Maße.

Viele der durch Parallelität, Interaktion, Verteilung und Zeit auftretenden Phänomene sind nicht so einfach formal zu modellieren. Entsprechende formale Modelle sind vielgestaltig und erfordern Kenntnisse in nicht zuletzt schwierigen theoretischen Grundlagen. Umgekehrt verfügen praktische Programmierer aus ihrer Erfahrung über intuitive Kenntnisse, was Parallelität und Interaktion betrifft, da dies ja Phänomene unseres Lebens sind. Ein klassisches Beispiel dafür ist die Entwicklung von Echtzeitprogrammen, die doch in weiten Teilen immer noch sehr heuristisch angegangen wird. Eine der Schwierigkeiten dabei ist jedoch, dass die Intuition nicht immer trägt und dass sehr schnell komplexe Probleme auftreten, die zwingend theoretische Betrachtungen erfordern. Beispiele finden sich im Bereich der Kommunikationsprotokolle, der Gestaltung verteilter Systeme wie bei der Blockchain oder der Sicherstellung der Korrektheit von Synchronisationsmechanismen. Der folgende Text konzentriert sich deshalb zunächst stärker auf die grundlegenden Phänomene, Konzepte und Strukturen im Bereich der parallelen interaktiven Systeme, auch der Echtzeitsysteme und gibt ein theoretisches Grundverständnis und Gerüst für viele in der Praxis auftretende Fragen und Probleme. Der Text zeigt aber auch auf, wie auf Basis dieser grundlegenden Betrachtungen System- und Programmierkonzepte entstehen, die auch für den praktischen Einsatz geeignet sind.

Das Gebiet der Beschreibung interaktiver, verteilter, parallel agierender Systeme ist außerordentlich vielfältig. Eine Fülle unterschiedlicher Ansätze existiert für die Erschließung dieses Gebiets durch Modelle, Kalküle, Beschreibungs- und Programmiersprachen. Deshalb ist es entsprechend schwierig, Zugang zu diesem Gebiet zu finden und sich in die vielfältige Begriffswelt einzuarbeiten. Erschwert wird das durch den Umstand, dass viele, auch bedeutsame, Ansätze meist isoliert beschrieben sind, ohne den Zusammenhang zu anderen Ansätzen zu betrachten. Es ist deshalb ein Ziel dieses Buches, wesentliche Ansätze darzustellen und auch wie sie zueinander in Beziehung stehen.

Das vorliegende Buch ist stärker auf grundlegende Themen, Konzepte und Beschreibungsmittel ausgerichtet, immer aber vor dem Hintergrund praktischer Erfordernisse. Ein Beispiel für einen auf praktische Umsetzung ausgerichteten Ansatz liefert etwa TLA, die temporale Logik der Aktionen von Leslie Lamport, die wir kurz behandeln.

Der Thematik verteilter, interaktiver, parallel ablaufender Systeme widmet sich das vorliegende Buch. Es entstand – wie schon das Buch *Logische und methodische Grundlagen der Programm- und Systementwicklung* [Bro19] – aus Vorlesungen im Masterstudium Informatik an der Technischen Universität

München mit dem Ziel, sich auf die wesentlichen Ansätze zur Beschreibung verteilter, nebenläufiger, interaktiver Systeme zu konzentrieren, Gemeinsamkeiten und Unterschiede deutlich zu machen und auf diese Weise eine umfassende Darstellung dieses Gebietes vorzunehmen.

Danken möchte ich in diesem Zusammenhang meinen wissenschaftlichen Mitarbeitern, die über viele Jahre die Vorlesungen und die Entstehung des Buches begleitet haben, für ihre kritischen und konstruktiven Anregungen, die maßgeblich zur Entwicklung des Buches beigetragen haben. Erwähnen möchte ich stellvertretend für viele Herrn Dr. Bernhard Schätz, einen langjährigen Mitarbeiter, der durch eine schwere Krankheit viel zu früh von uns gegangen ist.

Beeinflusst wurde dieses Buch aber auch durch vielfältige Kontakte zu führenden Wissenschaftlern, die an der Entwicklung dieses Gebietes mitgewirkt haben. Dieser wissenschaftliche Austausch fand in vielerlei Treffen und Interaktionen statt. Erwähnen will ich lediglich zwei für mich sehr inspirierende Initiativen für den wissenschaftlichen Austausch: die internationalen Sommerschulen in Marktoberdorf und die Arbeitsgruppe IFIP WG 2.3.

Besonderer Dank gilt Herrn Alexander Malkis, der mit großer Sorgfalt die Entstehung dieses Buches inhaltlich und in der Darstellung nachhaltig unterstützt hat und die letzten Fassungen typografisch gesetzt hat.

Ich verbinde mit diesem Buch die Hoffnung, einen klaren Zugang zu dem Gebiet der verteilten Systeme zu ermöglichen und deutlich zu machen, welche wesentliche Konzepte existieren und wie diese ineinandergreifen. Das Buch richtet sich gleichermaßen an Studenten, interessierte Praktiker, Doktoranden und Wissenschaftler, die an einem Überblick über das Gebiet interessiert sind, aber auch an Details in der Darstellung und Umsetzung der Konzepte.

Manfred Broy, im Februar 2023

# Inhaltsverzeichnis

# Kapitel 1
# Einführung: Verteilte, nebenläufige und interaktive Systeme

In diesem Buch beschäftigen wir uns mit verteilten, interaktiven, vernetzten, informationsverarbeitenden Systemen, insbesondere mit ihrem Verhalten, ihrer zeitlichen und räumlichen Verteilung sowie Fragen der Nebenläufigkeit, der Kommunikation und Kooperation. Dabei schließen wir in unsere Betrachtungsweise sowohl reale, physikalische oder technische Systeme („Hardware", mechatronische Systeme, betriebswirtschaftliche Systeme und Systeme aus Computern und informationsverarbeitender Software) als auch reine Softwaresysteme („virtuelle Systeme") ein. Komplexe, physische, technische oder organisatorische Systeme, die wir betrachten, bestehen aus Hardware (Rechner und Kommunikationseinrichtungen), Software, menschlichen Bearbeitern und/oder mechanischen Geräten einschließlich Peripherie wie Bedienschnittstellen, Sensoren und Aktuatoren. Insbesondere sind solche Systeme oftmals mit mechanischen, elektrotechnischen, biologischen, chemischen, medizinischen oder organisatorischen Systemen vernetzt. Die Betonung liegt im Folgenden allerdings auf Softwaresystemen und auch auf allen Aspekten ihres Verhaltens, ihrer Struktur, ihrer Modellierung und Programmierung. Diese Darstellungen von Systemen können dabei letztlich auch als Abbild, als „Modell", physikalischer, technischer oder betriebswirtschaftlicher Systeme verstanden werden.

Typische Anwendungen verteilter, interaktiver Systeme finden sich in Rechnernetzen, verteilten Rechensystemen, in der Telekommunikation und in der Form eingebetteter Systeme in Automaten der Automatisierungstechnik, Robotik, Fahrzeugen, Flugzeugen, in Haushaltsgeräten und auch in der Weltraumfahrt. In der Systemprogrammierung, in der Gestaltung von Kommunikationsnetzen und Betriebssystemen werden ebenfalls Aufgaben bearbeitet, bei denen Interaktion und Reaktion, die Koordination nebenläufiger Aktivitäten sowie eine zumindest konzeptuelle, oft auch räumliche Verteilung eine elementare Rolle spielen.

Ein weiteres klassisches Gebiet verteilter Systeme sind verteilte betriebswirtschaftliche Anwendungen der Informatik. Die Organisation, die Struktur und den Aufbau, aber auch die Prozesse in betriebswirtschaftlichen Anwendungen können wir gleichfalls als verteilte, nebenläufige, interagierende Systeme

© Der/die Autor(en), exklusiv lizenziert an
Springer-Verlag GmbH, DE, ein Teil von Springer Nature 2023
M. Broy, *Logische und Methodische Grundlagen der Entwicklung
verteilter Systeme*, https://doi.org/10.1007/978-3-662-67317-1_1

auffassen und modellieren. Dies gilt gleichermaßen für interaktive, verteilt ablaufende Softwaresysteme.

*Diskrete Systeme*   Wir beschränken uns im Weiteren bewusst auf *diskrete Systeme*, wie sie für die Informatik typisch sind. Dies sind Systeme, in denen sich über die Zeit kontinuierlich verändernde Werte, wie in der Differential- und Integralrechnung sowie in der Regelungstechnik betrachtet, nicht auftreten, sondern Änderungen immer in diskreten Übergängen („sprunghaft") erfolgen. Man spricht auch von *digitalen Systemen*.

Bei Systemen, in denen kontinuierliche Änderungen betrachtet werden, spre-
*Analoge Systeme*   chen wir von *analogen Systemen*. Diese Systeme werden beispielsweise in der Physik, im Maschinenbau, in der Regelungstechnik oder der analogen Elektrotechnik betrachtet. Sie werden durch stetige, meist differenzierbare Funktionen über den reellen Zahlen modelliert, insbesondere durch Differentialgleichungen. Allerdings lassen sich auch physische Systeme diskret modellieren.

In einer Reihe von Anwendungsgebieten können auch Mischformen auftreten, in denen analoge und diskrete Anteile in Systemen vertreten sind. Wir spre-
*Hybrides System*   chen dann von *hybriden Systemen*. Hybride Systeme stehen typischerweise für eingebettete Systeme, wie sie beispielsweise in Fahrzeugen im Einsatz sind. Das Thema *hybrides System* erfordert umfangreiche Kenntnisse der Kontroll- und Regelungstechnik sowie der Differential- wie auch Integralrechnung [Kab00; Kab97; Kab99; Pla10]. Hybride Systeme stehen nicht im Mittelpunkt des folgenden Textes. Wir werden uns ausschließlich auf digitale, diskrete Systeme konzentrieren.

## 1.1 Vorbemerkungen

Ursprünglich waren Rechenanlagen rein sequenziell und wurden zur Ausführung sequenzieller Algorithmen für Berechnungen, später auch zur Speicherung umfangreicher Datenmengen eingesetzt. Für diese Art der Nutzung und des Betriebes von Rechenanlagen waren Nebenläufigkeit und Verteilung zunächst kein Thema. Auch viele theoretische Modelle für die Formalisierung des Begriffs Algorithmus und für Berechnungen, etwa durch Turing-Maschinen [Tur37; Tur38], sind sequenziell.

Mit dem Mehrbenutzerbetrieb und dem Mehrprozessbetrieb von Rechenanlagen, den darauf beruhenden Fragen zur Gestaltung von Betriebssystemen, mit dem Anschluss weiterer elektronischer Geräte, insbesondere elektronischer Peripherie, mit der Vernetzung der Rechner untereinander und mit dem Einsatz der Rechner zur Steuerung technischer und physikalischer Prozesse (eingebettete Systeme) kommt dem Thema der Verteilung von Systemen sowie der damit verbundenen Interaktion und der Nebenläufigkeit, aber auch der Echtzeitfähigkeit entscheidende Bedeutung zu. Heute weisen praktisch alle größeren Softwaresysteme Elemente von Interaktion, Verteilung und Nebenläufigkeit auf.

Trotzdem ändern sich die heute gebräuchlichen Programmier- und Modellierungsparadigmen, die stark von Sequenzialität geprägt sind, erst allmählich. So ist es aufschlussreich festzuhalten, dass die erste objektorientierte Sprache, nämlich Simula 67, durch die die Objektorientierung als solche überhaupt erst durch die Arbeiten von Ole-Johan Dahl und Kristen Nygaard begründet wurde, bereits explizit auf Nebenläufigkeit durch das Coroutinenkonzept ausgerichtet war (vgl. [DN65]). Trotzdem finden sich in späteren, heute verbreiteten objektorientierten Sprachen nur wenige oder nur sehr ad-hoc-artig hinzugefügte Konzepte der Nebenläufigkeit.

Unbeschadet davon hat das Thema der Nebenläufigkeit, der Vernetzung, der Interaktion und der Koordination von vernetzten Systemen von Programmen heute zentrale Bedeutung in nahezu allen Anwendungen der Informatik. Dies ist die Folge typischer Charakteristika und Anforderungen an heutige Systeme im Zeichen des Internets und anderer Kommunikationsnetze. Fast alle Softwaresysteme laufen heute in irgendeiner Form vernetzt und nebenläufig ab, nahezu alle Rechner sind über Kommunikationsnetze zum Datenaustausch verbunden.

Zunehmend häufiger finden sich Systeme, die nicht nur untereinander vernetzt, sondern auch mit physikalischen und technischen Prozessen über Sensoren und Aktuatoren verbunden sind und zudem interaktive Benutzerschnittstellen aufweisen. Wir sprechen von *cyber-physischen* oder auch von *eingebetteten* Systemen [GB12]. Die Modellierung solcher Systeme bringt völlig neue Fragestellungen und Probleme im Vergleich zu sequenziellen Programmen. Der folgende Text widmet sich grundlegend diesen Fragestellungen.

*Cyber-physisches System*
*Eingebettetes System*

Man muss sich dabei vor Augen führen, dass für die Entwicklung nebenläufiger Systeme eine ganze Reihe unterschiedlicher Aspekte zu berücksichtigen sind. Zum einen sind das die typischen Algorithmen und Protokolle, die in diesem Zusammenhang von Bedeutung sind. Dies wird in der Informatik unter dem Stichwort „Verteilte Algorithmen" abgehandelt. Eine umfassende Einführung in diese Thematik findet sich in dem Buch von Fred Schneider [Sch97]. Ein zweiter Aspekt ist das Thema der technischen Architekturen und Infrastrukturen, bestimmt durch heute typische Betriebssysteme (wie Echtzeitbetriebssysteme) und Kommunikationseinrichtungen (vgl. [TB16]).

Im Zentrum werden im Weiteren weniger diese technischen Aspekte als vielmehr grundsätzliche Konzepte und logische Modelle für verteilte Systeme behandelt sowie Möglichkeiten, diese zu beschreiben, zu spezifizieren, zu strukturieren, ihre Eigenschaften zu analysieren, sie zu implementieren und schließlich auch zu verifizieren. Somit widmet sich dieses Buch speziell den Fragen der Beschreibung und Analyse verteilter Systeme, der gängigen Modelle und ihrer Theorie, Struktur sowie fundamentalen Zusammenhängen. Die Leserin und der Leser sollten sich jedoch immer vor Augen führen, dass es zur Gestaltung eines verteilten Systems neben den Fähigkeiten, die Zusammenhänge in einem Modell zu erfassen, darüber hinaus von höchster Bedeutung ist, geschickte, technisch günstige Lösungen zu finden – Lösungen, die auch in Richtung auf Kosten, Effizienz, Leistungsfähigkeit, Zuverlässigkeit und weitere

Qualitätsmerkmale wie Wartbarkeit, Portierbarkeit oder Wiederverwendbarkeit die spezifischen Anforderungen erfüllen.

## 1.2 Grundbegriffe und Grundkonzepte

Für informationsverarbeitende Systeme – insbesondere, wenn sie interaktiv, vernetzt und eingebettet, in enger Interaktion mit ihren Nutzern oder ihrer technischen Umgebung arbeiten – sind folgende Aspekte von zentralem Interesse:

*Kapselung*

*Schnittstelle*

(1) *Kapselung, Schnittstellenbildung und Geheimnisprinzip (Informationsverbergung, engl.* information hiding*)*: Ein System wird durch eine eindeutig festgelegte Systemgrenze von seiner Umgebung abgegrenzt. Diese Systemgrenze definiert eine *Schnittstelle*. Durch die Systemgrenze wird festgelegt, was Teil des Systems ist und was Teil seiner Umgebung ist. Die Schnittstelle kapselt das Innere des Systems, indem sie festlegt, in welcher Weise auf das System zugegriffen und eingewirkt werden kann und wie das System nach außen auf seine Umgebung wirkt. Dies unterstützt auch das Geheimnisprinzip. Man braucht für die Nutzung eines Systems die konkrete Implementierung nicht zu kennen, nur sein Schnittstellenverhalten, sein Verhalten und Zusammenwirken mit seiner Umgebung über die Systemgrenzen hinweg.

*Verteilung*

(2) *Verteilung*: Ein verteiltes System besteht aus eigenständigen, voneinander klar abgegrenzten Teilsystemen mit einer räumlichen oder konzeptuellen (strukturellen und logischen) Verteilung. Die Wahl der Verteilung kann nach ganz unterschiedlichen Gesichtspunkten erfolgen, etwa nach räumlichen oder aufgabenorientiert nach logischen Gesichtspunkten.

*Parallelität*
*Nebenläufigkeit*

(3) *Parallelität (Nebenläufigkeit)*: Die Teilsysteme eines Systems, insbesondere eines verteilten Systems, und damit das System selbst führen gewisse Aktionen zeitlich nebeneinander (gleichzeitig – „simultan") durch. Hier ist zu unterscheiden zwischen Parallelität, echt zeitlichem Nebeneinander, und Quasiparallelität, bei der die Aktionen zeitlich verschränkt ausgeführt werden.

*Kommunikation*
*Reaktion*
*Interaktion*

(4) *Kommunikation, Reaktion und Interaktion*: Das System tauscht mit seiner Umgebung über seine Schnittstelle und die Teilsysteme des Systems tauschen untereinander und/oder mit ihrer Systemumgebung Signale, Nachrichten, ja allgemein Daten aus. Dies kann durch Nachrichtenaustausch wie das Senden und Empfangen von Nachrichten erfolgen oder durch Zugriff auf gemeinsamen Speicher.

*Koordination*

(5) *Koordination*: Es bestehen gewisse zeitliche oder kausale Abhängigkeiten, Beziehungen und Einschränkungen zwischen den Aktionen der unterschiedlichen Teilsysteme. Diese ergeben sich aus der Aufgabenstellung

und bestimmen die Logik der Abläufe und erfordern eine entsprechende Koordination. Wir sprechen auch von qualitativer Zeit.

(6) *Quantitative Zeit*: Für eingebettete Systeme sind gegebenenfalls zeitliche Aspekte bedeutsam, wenn die zeitlichen Beziehungen zwischen den Aktionen und die Zeitdauer gewisser Aktionen für die Systemwirkung entscheidend sind. Wir sprechen von *Echtzeitanforderungen*. *Quantitative Zeit*

Die adäquate mathematische Modellierung und die Implementierung diskreter, interaktiver, verteilter, kooperierender Systeme beschäftigt die Informatik seit langem. Bei der Beschreibung parallel ablaufender interaktiver, verteilter Systeme und Programme treten im Vergleich zu sequenziellen, nichtinteraktiven Programmen eine Reihe zusätzlicher Phänomene und Fragestellungen auf. Besonderes Augenmerk verdient dabei die Interaktion zwischen den Systemteilen und zwischen dem System und seiner Umgebung.

Ein interaktives System kann nicht einfach als simple Funktion oder Relation dargestellt werden, die einen Satz von Argumenten, von atomaren Eingaben oder einen Anfangszustand in einem Schritt (oder einer Folge von Schritten) auf ein Ergebnis oder einen Zustand abbildet. Wir müssen bei der Modellierung interaktiver Systeme dem Umstand Rechnung tragen, dass während des Ablaufs (zwischen den Ausführungsschritten) immer wieder Interaktionen beispielsweise in Form von Zwischeneingaben und -ausgaben über die Systemschnittstellen anfallen, die das Systemverhalten entscheidend bestimmen. Das System interagiert mit seiner Umgebung in einer Folge von Schritten. Bei interaktiven Systemen, die in technische Umgebungen eingebettet sind und diese überwachen, regeln und steuern, sprechen wir von *eingebetteten* Systemen, genauer von *cyber-physischen Systemen*, oder bei Systemen, die Vorgänge überwachen und steuern, auch von *reaktiven* Systemen. *Eingebettetes System* *Cyber-physisches System*

Typische Beispiele für Anwendungsgebiete verteilter, kommunizierender Systeme sind im Einzelnen:

- Systeme zur Unterstützung betrieblicher Abläufe (rechnergestützte Werkzeuge für den Arbeitsablauf, verteilte Buchungssysteme, verteilte Abrechnungssysteme),

- Rechnernetze und Anwendungen darauf (Client-Server-Systeme, Internet, World Wide Web, Webdienste),

- Systeme zur massiv parallelen Berechnung komplexer Aufgaben (wissenschaftliches Hochleistungsrechnen, Simulation, Analyse großer Datenmengen wie in der Wettervorhersage, maschinelles Lernen auf Basis großer Datenbestände),

- Kommunikationssysteme, Telekommunikation (Telefonvermittlungssysteme, Videosignalübertragung, mobile Kommunikation, Beispiel Smartphone),

- eingebettete reaktive technische Systeme (Steuerungs- und Überwachungssysteme in Land-, Wasser-, Raum- und Luftfahrzeugen, in der Haushaltstechnik in Gebäuden, Verkehrstechnik, Medizintechnik, Unterhaltungselektronik),

- Produktionssteuerungssysteme (Automatisierungstechnik, Robotik),

- autonome Agentensysteme (Beispiel: selbstständige Stundenplanoptimierung, Fahrstreckenplanung in der Logistik),

- systemnahe Programmierung (Betriebssysteme, Kommunikationsnetze, verteilte Betriebssysteme und Laufzeitumgebungen (engl. *middleware*)),

- Modellierung digitaler Hardware (Schaltwerke und Schaltnetze).

Dies zeigt bereits die große Bedeutung, Spannweite und Vielfalt verteilter, interaktiver, paralleler Systeme. Obwohl alle diese Anwendungsgebiete unterschiedliche charakteristische Fragestellungen aufwerfen und oft spezielle Beschreibungstechniken zur Darstellung von Systemen verwenden, gibt es doch viele Gemeinsamkeiten bei den Modellierungsaufgaben sowie der Beschreibung und Analyse von Systemeigenschaften.

## 1.3 Wesentliche Eigenschaften vernetzter Systeme

Welche Eigenschaften eines vernetzten, verteilten Systems für uns im Einzelnen von Interesse sind, hängt wesentlich davon ab, ob wir ein System lediglich nutzen oder es umfassend analysieren oder gar erst nach bestimmten Vorgaben realisieren („entwickeln") wollen. Abhängig davon und von den speziellen Gegebenheiten und Besonderheiten eines Systems sind unterschiedliche Modellierungssichten und Fragen für ein vernetztes System von Bedeutung. Nachstehend geben wir eine Reihe einfacher Beispiele für charakteristische Fragestellungen im Zusammenhang mit der Entwicklung vernetzter Systeme.

*Schnittstellen-, Nutzungs-, Dienstsicht, funktionale Sicht*

*Schnittstellensicht oder Nutzungssicht (auch Dienstsicht oder funktionale Sicht genannt)*

- Welche Funktionalität (welche Dienste) stellt das System für die Nutzer bereit (welche Außenwirkung, welche Nutzungsfälle)?
- In welcher Weise ist das Verhalten des Systems mit dem Verhalten seiner Umgebung gekoppelt, welche Interaktionen und welche Wechselwirkungen treten an den Systemgrenzen auf?
- Welche Annahmen werden für den ordnungsgemäßen Einsatz des Systems über seine Umgebung getroffen und welche Verpflichtungen erfüllt das System im Rahmen dieser Annahmen?

*Zustandssicht*

*Zustandssicht*   In der Zustandssicht werden Systeme modelliert, indem man eine Menge von Zuständen beschreibt, die ein System einnehmen kann, sowie die Zustandsübergänge, die zeigen, in welcher Abfolge Zustände eingenommen werden. Dies führt die auf folgende Fragen:

- Welche Zustände nimmt das System ein? Welchen Zustandsraum besitzt ein System?
- Welche Zustandsänderungen und welche Zustandsfolgen treten auf?
- Durch was werden Zustandsänderungen ausgelöst?
- Welche Auswirkungen haben Zustandsübergänge?
- Wie beschreiben Zustände Schnittstellenverhalten?

### Komponenten-, Verteilungs- und Struktursicht (auch Systemarchitektur)

*Komponenten-, Vertei-lungs- und Struktursicht, Systemarchitektur*

- Wie ist ein zusammengesetztes System in Teilsysteme (Komponenten) untergliedert?
- Mit welchem Komponentenbegriff wird dabei gearbeitet?
- Welche Komponenten und Komponententypen treten auf?
- Wie kooperieren und interagieren die Komponenten?
- Welche Komponenten kooperieren miteinander?
- Wie werden die Komponenten zu größeren Systemen zusammengesetzt (komponiert)?
- Welche Rollen nehmen die einzelnen Komponenten dabei ein und welches Verhalten zeigen sie?
- Wie generieren die Komponenten in ihrem Zusammenwirken ein spezifisches Systemverhalten?
- Welches Schnittstellenverhalten haben Komponenten?

### Kommunikationssicht und Interaktionssicht

*Kommunikationssicht, Interaktionssicht*

- Zwischen welchen Systemteilen (etwa System und Umgebung) werden welche Informationen zu welchem Zweck ausgetauscht?
- In welcher Weise, nach welchen Regeln und mit welchen Mitteln tauschen Systemteile Informationen aus?
- Welche Informationen werden ausgetauscht?

### Ablaufsicht

*Ablaufsicht*

- Welche Zustände, Aktionen und Ereignisse treten in welcher Abfolge auf?
- In welchen kausalen Abhängigkeiten stehen die Aktionen und Ereignisse?
- Welche Aktionen und Ereignisse dürfen nicht gleichzeitig ausgeführt werden?
- Welche Abläufe (Aktions- und Ereignisfolgen) treten auf?
- Was sind typische Ablaufmuster?

**Zeitverhalten** In vielen Fällen bestehen in Systemen Zeitabhängigkeiten. Wir sprechen von der Zeitsicht auf ein System (auch von „Echtzeitsystemen"):

*Zeitverhalten*
*Zeit*

- Sind die genauen Zeitpunkte, die zeitlichen Abstände oder die Zeitdauer der Aktionen im System für das Systemverhalten wesentlich?
- Welcher Zeitbegriff ist angemessen (wie wird Zeit gemessen)?
- Welcher Zusammenhang besteht zwischen den zeitlichen Beobachtungen und den übrigen Systemeigenschaften?

- Was sind die Zeitanforderungen an ein System?
- Was sind die Ausführungs- und Reaktionszeiten eines Systems?
- Auf welche Zeitereignisse (Überschreiten von Zeitgrenzen, Einhaltung von Fristen) reagiert ein System in welcher Form?

Schon bei der Formulierung der Fragen wird deutlich, welchen entscheidenden Einfluss für das Verständnis die Terminologie hat. Eine präzise Begriffsbildung ist deshalb ein wesentliches Ziel unseres Textes. Die Begriffsbildung geht eng mit einer sorgfältig gewählten Modellbildung einher, die sich ihrerseits für ein präzises Verständnis auf mathematische Konzepte stützt.

Die unterschiedlichen Sichten auf ein System können und müssen in einer umfassenden Systemmodellierung ausgearbeitet und dokumentiert werden und auch zueinander in Beziehung gesetzt werden. Wesentliches Hilfsmittel für die Entwicklung verteilter Systeme sind angemessene Modellierungs- und Beschreibungsmittel. Die komplexen Zusammenhänge in Systemen müssen exakt, anschaulich und verständlich dargestellt werden. Je nachdem, welche der Eigenschaften eines Systems modelliert werden sollen, finden sehr unterschiedliche Beschreibungstechniken dafür Verwendung.

## 1.4 Fundamentale Fragen bei der Modellierung vernetzter Systeme

Bei der Modellierung und Entwicklung vernetzter Systeme treten eine Reihe grundlegender Fragen für die Informatik auf, die alle eng verzahnt sind, aber eigenständige Themengebiete darstellen:

- Welche Modelle existieren prinzipiell für verteilte Systeme?
- Wie formulieren wir Anforderungen an verteilte Systeme?
- Wie spezifizieren wir verteilte Systeme?
- Wie strukturieren wir verteilte Systeme?
- Wie implementieren wir verteilte Systeme?
- Wie verifizieren wir Eigenschaften verteilter Systeme?
- Wie analysieren wir verteilte Systeme, welche Qualitätsmerkmale sind von Bedeutung?
- Welche Lösungsansätze (Algorithmen, Datenstrukturen, Entwurfsmuster, Architekturen) existieren für die Entwicklung verteilter Systeme?

Wir konzentrieren uns im Weiteren stark auf den Modellierungsaspekt und auch auf Sprach-, Entwurfs- und Programmierkonzepte. In den vergangenen Jahrzehnten sind zahllose Modelle für verteilte Systeme ausgearbeitet und vorgeschlagen worden. Sie unterscheiden sich oft grundlegend im Hinblick auf die Fragen, mit welchen Mitteln sie Systeme darstellen, wie Systeme in Teilsysteme zerlegt oder zusammengesetzt werden, wie die Teilsysteme interagieren und welche Aspekte verteilter Systeme dargestellt werden und welche nicht (und damit „wegabstrahiert" und nicht erfasst werden).

In diesem Zusammenhang stellt sich grundsätzlich die Frage, was ein brauchbares Modell für ein verteiltes System ist.

📖 **Definition (Modell (eines Systems))** Ein *Modell (eines Systems)* ist ein Abbild eines Ausschnittes oder eines Aspekts eines vorgegebenen oder geplanten realen Systems, erfasst mit Mitteln der Mathematik, Logik, Informatik, dargestellt durch Text, Formel oder Grafik, letztlich auch durch Programme. Ein Modell bedeutet stets eine Abstraktion. Die Abstraktion – Weglassen unwesentlicher Details – dient einem Zweck und erfolgt damit in der Regel nach vorgegebenen Gesichtspunkten. ∎

*Modell (eines Systems)*

Umso besser das Modell auf den Zweck der Modellbildung zugeschnitten ist, desto effektiver ist seine Nutzung.

Neben den Modellierungsaspekten gibt es eine Fülle weiterer bedeutsamer Fragen bei der Gestaltung verteilter Systeme, die mit Leistungsfähigkeit, Sicherheit, Zuverlässigkeit, aber auch mit ganz konkreten Lösungen komplexer Aufgabenstellungen durch Algorithmen, Datenstrukturen und Protokolle zu tun haben. Solche Aspekte vernetzter Systeme sind von hoher Relevanz, können aber nur analysiert und realisiert werden, wenn geeignete Modelle für die Systeme verfügbar sind.

Um einen ersten Begriff von der Modellierung von Systemen zu geben, wählen wir zu Beginn ein stark vereinfachtes, aber plakatives und anschauliches Beispiel, das Alternating-Bit-Protokoll. Kernstück dieses Systems ist die Idee, wie man durch wiederholtes Senden des gleichen Wertes über einen unzuverlässigen Kanal unter Verwendung einer Rückkopplungsschleife, die darüber informiert, welche Werte erfolgreich übermittelt wurden, eine korrekte Übertragung sicherstellt, selbst wenn das Übertragungsmedium einzelne Nachrichten „verliert" und nicht übermittelt.

## 1.5 Ein einführendes Beispiel: Das Alternating-Bit-Protokoll

Verteilte Systeme treten insbesondere in der Telekommunikation auf. Dort werden sogenannte Protokolle verwendet, um die Übertragung von Nachrichten zu bewerkstelligen. Ein Protokoll legt bestimmte Regeln und Verfahren für die Zusammenarbeit zwischen Systemteilen fest. Das Alternating-Bit-Protokoll (ABP) ist ein vereinfachtes Beispiel für ein Fehlerkorrekturprotokoll zur Übertragung von Nachrichten zwischen einem Sender und einem Empfänger, wobei die Übertragung über unzuverlässige Medien erfolgt. Systeme mit nicht völlig zuverlässigen Systemteilen sind typisch für eine Reihe von Anwendungen in Rechnernetzen und der Telekommunikation, aber auch in eingebetteten Systemen. Ein Ziel ist dabei, eine korrekte Übertragung trotz fehlerhafter Teilsysteme zu sichern (Stichwort: Fehlerkorrektur, Fehlertoleranz). Es ist wichtig, dass gerade Aspekte der zuverlässigen Kommunikation eines verteilten Systems auch beim Auftreten unzuverlässiger Teilsysteme sichergestellt, angemessen modelliert und analysiert werden können.

Wir verwenden das ABP als ein anschauliches und verhältnismäßig einfaches und übersichtliches Beispiel für die Illustration wichtiger bereits angesprochener Begriffe und Konzepte. Es handelt sich um ein Protokoll mit Bestätigung übertragener Nachrichten und Wiederholung des Sendens bei fehlenden Bestätigungen. Die allgemeine Struktursicht auf das System ABP ist in Abb. 1.1 beschrieben. Die Pfeile symbolisieren Übertragungskanäle, die Blöcke Komponenten und damit Teilsysteme. Über Kanäle werden Ströme von Nachrichten übertragen. Die Teilsysteme können lokale Zustandsvariablen enthalten, die Werte eines Zustands des Teilsystems bezeichnen. Für eine Zustandsvariable $v$ bedeutet die Notation $v :$ **var** $S$, etwas vereinfacht gesagt, dass das in der Programmvariable $v$ gespeicherte Datenelement die Sorte[1] $S$ hat.

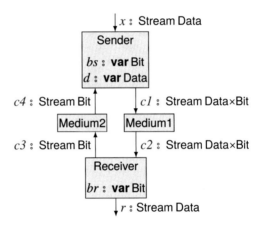

**Abb. 1.1** Struktur- und Verteilungssicht für das System ABP. Die Zustandsvariable *bs* steht für engl. *bit sender* und die Zustandsvariable *br* für engl. *bit receiver*.

*Erläuterungen zur Abb. 1.1*   Jeder Block entspricht einem Teilsystem und jedes Teilsystem hat einen Namen, somit gibt es die Blöcke Sender, Medium1, Medium2 und Receiver. Ferner können die Blöcke Zustandsattribute enthalten, wie der Block Sender das Zustandsattribut *bs* vom Typ Bit.

Die Blöcke erhalten über Kanäle Eingaben und generieren auf Kanälen Ausgaben. Diese sind durch eingehende und ausgehende Pfeile dargestellt. Die Pfeile der Blöcke bezeichnen somit Kanäle, über die Ströme von Daten fließen. Die Kanäle haben Namen. So bezeichnen $x$, $c1$, $c2$, $c3$, $c4$ und $r$ Kanäle. Für die Kanäle und deren Ströme sind Datentypen entsprechend den Typen

---

[1] Eine Sorte ist, informell gesprochen, ein Name zur Kennzeichnung einer aus Sicht des betrachteten Systems zusammenhängenden Menge von Datenelementen; für formale Behandlung der Sorten verweisen wir auf [Bro19]. Statt „Sorte" wird häufig der Begriff „Datentyp" verwendet.

der Nachrichten festgelegt, die über diese Kanäle fließen. So hat der Kanal $x$ den Typ Data, was bedeutet, dass er einen Strom von Nachrichten vom Typ Data transportiert. Wir sprechen von einem *Datenflusssystem*. Abb. 1.1 zeigt anschaulich die Verteilung des Systems ABP auf vier Teilsysteme. Dabei spielt es logisch – soweit man Übertragungszeiten ausklammert – keine Rolle, ob die Teilsysteme auf dem gleichen oder verschiedenen Rechnern zur Ausführung kommen und ob die Teilsysteme geografisch weit verteilt sind oder nicht. Fasst man die Teilsysteme als Funktionen auf Datenströmen auf und nimmt man an, dass zu Beginn der Übertragung $bs=$ L und $br=$ L gilt (der Wert von $d$ sei dabei beliebig), so übersetzt sich das Datenflusssystem aus Abb. 1.1 in folgendes System von rekursiven Gleichungen für die Datenströme $x, c1, \ldots, c4, r$:

*Datenflusssystem*

$$
\begin{aligned}
c1 &= \text{Sender}(x, c4) \\
c2 &= \text{Medium1}(c1) \\
(r, c3) &= \text{Receiver}(c2) \\
c4 &= \text{Medium2}(c3)
\end{aligned}
$$

Das ABP dient der Übertragung eines Nachrichtenstroms über ein unzuverlässiges Medium. Das Medium ist dabei wie folgt spezifiziert. Es überträgt Nachrichten eines Nachrichtenstroms, die es – im Falle von Medium1 – über einen Kanal $c1$ empfängt, und gibt diese auf den Kanal $c2$ weiter. Die Nachrichtenübertragung durch das Medium sei dabei aber unzuverlässig. Es können zwischendurch Nachrichten verloren gehen. Die Reihenfolge der Nachrichten wird jedoch dabei nicht verändert, ebenso wird jede zu übertragene Nachricht, wenn überhaupt, über den Ausgabekanal unverfälscht und höchstens so oft wie über den Eingabekanal vorgegeben ausgeliefert. Mit anderen Worten, das Medium überträgt die Elemente im Nachrichtenstrom unverändert in der gegebenen Reihenfolge, verliert aber unter Umständen einzelne Nachrichten.

Um den Verlust von Nachrichten feststellen zu können (Fehlererkennung) und die verlorenen Nachrichten erneut senden zu können (Fehlerkorrektur), gehen wir im ABP wie folgt vor: Der Sender versieht jede zu sendende Nachricht mit einem zusätzlichen Bit. Als Symbole für Bits nehmen wir O (Bit Null) und L (Bit Eins); diese Bezeichnungen sind aus dem Hardwareumfeld und Schalttheorie[2] übernommen. Die Bits alternieren – wechseln sich ab – für unmittelbar hintereinander zu übertragene Nachrichten. Es entsteht ein Strom von Nachrichten zur Übertragung, in dem nie zwei gleiche Nachrichten aufeinander folgen, da zumindest ihre Bits verschieden sind. Dadurch können Kopien einer wiederholt übertragenen Nachricht erkannt und dennoch unmittelbar aufeinander zu übertragende, identische Nachrichten vom Fall der Wiederholung einer Nachricht unterschieden werden.

---

[2] Konrad Zuse nutzte 0 und L als Binärziffern (und 0 und 1 als Dezimalziffern) bereits in [Zus36]; hier verändern wir seine Konvention leicht und nutzen als Null-Term den Buchstaben O statt der Ziffer 0, um einer möglichen Verwechselung mit Zahlen vorzubeugen.

Der Sender wiederholt das Senden der aktuell zu übertragenden Nachricht mit dem aktuellen Bit, bis schließlich das aktuell als Markierung eingesetzte Bit als Bestätigung für die erfolgreiche Übertragung zurück erhält. Empfängt er das aktuelle Bit über den Bestätigungskanal, so wechselt er zur nächsten Nachricht mit dem komplementären Bit, andernfalls setzt er die Übertragung der aktuellen Nachricht und des aktuellen Bit fort. Wir verwenden hier den booleschen Operator ¬ zur Bildung des komplementären Bits durch Negation auch für Bits: Es gelte ¬L = O und ¬O = L.

Die Komponentensicht auf den Sender ist in Abb. 1.2 gegeben[3].

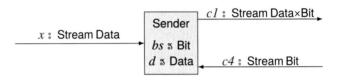

**Abb. 1.2** Komponentensicht des Senders als Datenflussknoten

Abb. 1.3 beschreibt das Verhalten des Senders durch ein Zustandsübergangsdiagramm.

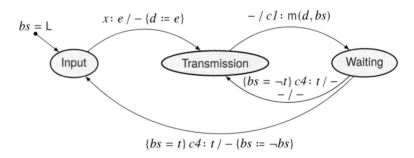

**Abb. 1.3** Zustandsübergangsdiagramm des Senders

Beispielsweise bedeutet für einen Übergangspfeil in Abb. 1.3 die Annotation $x: e / - \{d := e\}$, dass bei der Eingabe eines Wertes $e$ über den Kanal $x$ ein Übergang möglich ist, dabei keine Ausgabe erfolgt und das Zustandsattribut $d$ den Wert $e$ bekommt. Der Ausdruck $m(d, bs)$ steht für das Paar gebildet aus den Werten $d$ und $bs$. Die Annotation $- / c1: m(d, bs)$ bedeutet, dass ohne Vorliegen einer Eingabe ein Übergang möglich ist, durch den der Wert $m(d, bs)$ auf Kanal $c1$ ausgegeben wird und alle Zustandsattribute unverändert bleiben.

---

[3] Gedächtnisstütze: Das Symbol ⧈ besteht aus dem stilisierten Doppelpunkt „:" (ähnlich zum Doppelpunkt bei Datentypangaben für Variablen in Programmiersprachen) und einem stilisierten Buchstaben „S" (steht für engl. _state_, also „Zustand" auf Deutsch).

Die Notation $\{\varphi\}i/o\{\psi\}$ an einem Übergangspfeil beschreibt einen Übergang, der nur dann stattfindet, wenn die Formel $\varphi$ vor der Ein-/Ausgabe erfüllt ist, eine Eingabe $i$ vorliegt („–" steht für die leere Eingabe), die Ausgabe $o$ erfolgt („–" steht für die leere Ausgabe) und $\psi$ eine Formel oder eine Zuweisung ist, die den Zustand der Variablen nach der Ein-/Ausgabe beschreibt. In dem Ausdruck $i$ und auch $o$ bedeutet der Ausdruck $x: e$, dass die Nachricht $e$ über den Kanal $x$ übertragen wird. Fehlt der Teil $\{\varphi\}$, wird $\{$true$\}$ angenommen. Fehlt der Teil $\{\psi\}$, wird $\{$**nop**$\}$ – engl. *no operation* – angenommen – keine Änderung des Zustands.

Dabei soll gelten, dass, wenn von einem Knoten im Diagramm mehrere Übergangspfeile ausgehen, stets einer der Übergänge stattfindet, wenn die Bedingungen dafür erfüllt sind. Können mehrere Übergänge stattfinden, wird ein Übergang ausgewählt, wobei wir annehmen, dass die Auswahl „fair" erfolgt. Das heißt, wenn ein Knoten unendlich oft durchlaufen wird und dabei ein Übergang immer wieder, also unendlich oft möglich ist, wird er letztendlich auch gewählt.

Hier findet sich eine Besonderheit im Verhalten des Sender. Der Sender wiederholt die aktuelle Nachricht auf Kanal $c1$ solange, bis er eine korrekte Bestätigung auf Kanal $c4$ bekommt. Tritt diese nie ein, so wiederholt er die Übertragung der aktuellen Nachricht unendlich oft.

Das Medium ist unzuverlässig: Es kann eine Nachricht entweder korrekt übertragen oder aber verlieren. Das System verwendet zwei Komponenten genannt „Medium". Die Nachrichten, die die Medien übertragen, sind einmal vom Typ Data × Bit, bestehen also aus Paaren von Daten und Bit (Richtung „vom Sender zum Empfänger"), und zum anderen vom Typ Bit (Richtung „vom Empfänger zum Sender"). Um beide Medien zusammenfassend behandeln zu können, nehmen wir als Typ von Nachrichten die generische Sorte $\alpha$. Die Komponentensicht (Datenflusssicht) auf das Medium ist in Abb. 1.4 gegeben.

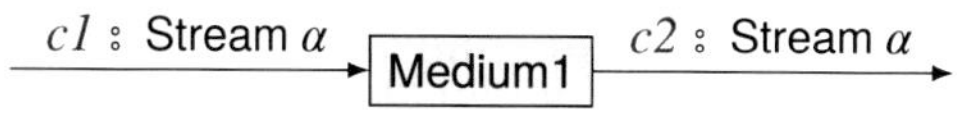

**Abb. 1.4** Komponentensicht anhand des Beispiels Medium1

Dies ist bereits ein Beispiel für die Beschreibung eines Systems mit spezifischem nichtdeterministischen Verhalten. Für das Medium ergeben sich zwei Reaktionsmuster:

- Das Medium empfängt eine Nachricht $m$ und leitet sie weiter.
- Das Medium empfängt eine Nachricht $m$ und leitet diese Nachricht nicht weiter.

Wie bereits betont, nehmen wir an, dass das Medium möglicherweise Nachrichten verliert, aber keine Nachrichten verfälscht, keine neuen Nachrichten generiert und auch Nachrichten – wenn überhaupt – nicht in einer anderen Reihenfolge ausliefert als in der sie gesendet wurden. Für die korrekte Gestaltung und Dokumentation eines Protokolls und die Modellierung des Systems ist es wichtig, ein genaues Fehlermodell für das Medium zu spezifizieren. Das Verhalten des Mediums, konkret seine Zustandssicht, ist durch das Zustandsübergangsdiagramm in Abb. 1.5 beschrieben.

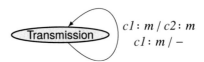

$$c1: m / c2: m$$
$$c1: m / -$$

**Abb. 1.5** Zustandsübergangssicht des Mediums

Falls das Medium die Nachrichten allerdings stets verlieren kann, kann mangels übertragener Information eine zuverlässige Übertragung nicht gewährleistet werden. Garantiert das Medium jedoch immer wieder (nach einer endlichen Anzahl von Übertragungsversuchen mit Verlust der Nachricht) eine Übertragung, so wird durch das ABP-System nach und nach der gesamte Nachrichtenstrom – selbst wenn er unendlich ist – übertragen. Diese Verpflichtung des Mediums kann durch folgende Bedingung einer solchen „Fairness" der Übertragung ausgedrückt werden (hier stehen die Kanalnamen $c1$ und $c2$ für die Datenströme, die über die Kanäle übertragen werden, also für endliche oder unendliche Sequenzen von Nachrichten und $\#c1$ für die Zahl der Nachrichten in dem Strom; stets gilt $\#c1 \in \mathbb{N}_0 \cup \{\infty\})$[4]:

$$\#c1 = \infty \;\Rightarrow\; \#c2 = \infty.$$

*Anmerkung (zu Fairness)* Das Konzept der Fairness wird uns in unterschiedlichen Ausprägungen immer wieder begegnen. Im Kern geht es dabei darum, ob es erlaubt ist, aus einer Menge von Auswahlschritten, die unendlich sein kann, eine der Auswahlmöglichkeiten unendlich oft abzulehnen. Wir erläutern dies an einem einfachen Beispiel.

Nehmen wir an, dass in einem Spiel ein Teilnehmer immer wieder eine Teilmenge von Zahlen aus der Menge der natürlichen Zahlen $\mathbb{N}_0$ zur Auswahl angeboten bekommt und dann eine der Zahlen wählt. Formal ausgedrückt betrachten wir Teilmengen $T_i \subseteq \mathbb{N}_0$, $T_i \neq \emptyset$, $i \in \mathbb{N}_0$ und eine Auswahl von Zahlen $a_i \in T_i$. Die Auswahl heißt

- *schwach fair*, wenn für alle Zahlen $n \in \mathbb{N}_0$ gilt

$$(\forall i \in \mathbb{N}_0: n \in T_i) \;\Rightarrow\; \forall i \in \mathbb{N}_0: \exists j \in \mathbb{N}_0: i \leq j \wedge n = a_j$$

- *stark fair*, wenn für alle Zahlen $n \in \mathbb{N}_0$ gilt

$$(\forall i \in \mathbb{N}_0: \exists j \in \mathbb{N}_0: i \leq j \wedge n \in T_j) \Rightarrow \forall i \in \mathbb{N}_0: \exists j \in \mathbb{N}_0: i \leq j \wedge n = a_j$$

---

[4] Im Weiteren bezeichnen wir mit $\mathbb{N}_0$ die Menge der natürlichen Zahlen mit Null und mit $\mathbb{N}_+$ die Menge der natürlichen Zahlen ohne Null.

Schwache Fairness besagt, dass eine Zahl unendlich oft gewählt wird, wenn sie stets gewählt werden kann. Starke Fairness besagt, dass eine Zahl unendlich oft gewählt wird, wenn sie unendlich oft gewählt werden kann.    ■

Der Empfänger (Receiver) erwartet in jedem Zustand der Übertragung Nachrichten mit einem bestimmten Bit. Natürlich müssen dabei Sender und Empfänger den Übertragungsvorgang mit dem gleichen Bit beginnen, damit das Verfahren korrekt arbeitet (andernfalls wird die erste zu übertragende Nachricht vom Empfänger nicht weitergegeben). Wir nehmen an, dass beide abgestimmt mit L beginnen, sodass zu Beginn $bs$ = L = $br$ gilt.

Der Empfänger überprüft bei jeder empfangenen Nachricht, ob das Bit mit dem erwarteten übereinstimmt. Wenn ja, gibt er die Nachricht über den Kanal $r$ weiter und sendet das Bit über den Bestätigungskanal $c3$ an den Sender zurück. Das von diesem Moment an erwartete Bit ist das Komplement des bisher erwarteten Bit. Solange das Bit nicht dem erwarteten entspricht, ignoriert der Empfänger die Nachricht (da er davon ausgehen kann, dass es sich um eine Kopie einer bereits empfangenen Nachricht handelt) und sendet das Bit der Nachricht über den Bestätigungskanal, um dem Sender mitzuteilen, dass die Nachricht bereits eingegangen ist und nicht mehr wiederholt werden muss.

Die Komponentensicht auf den Empfänger ist in Abb. 1.6 gegeben.

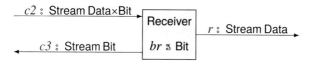

**Abb. 1.6**  Komponentensicht auf den Empfänger

Wir können das Verhalten des Empfängers auch durch ein Paar von Funktionen seldat und retbit über den Sequenzen, den „Datenströmen" der Ein- und Ausgabenachrichten beschreiben. Wir definieren

$$\text{Receiver}_{br}(c2) \;=\; (r, c3)$$
$$r \;=\; \text{seldat}(c2, \text{L})$$
$$c3 \;=\; \text{retbit}(c2)$$

wobei gelte (hier bezeichnet $\langle a \rangle$ eine einelementige Sequenz bestehend aus dem Element $a$ und $s_1 \,^\frown s_2$ die Konkatenation der Sequenz $s_1$ mit dem Datenstrom[5] $s_2$ – für Details s. Abschn. 4.2):

$$\text{retbit}(\langle \text{m}(d,b) \rangle \,^\frown c2) \;=\; \langle b \rangle \,^\frown \text{retbit}(c2)$$
$$\text{seldat}(\langle \text{m}(d,b) \rangle \,^\frown c2, b) \;=\; \langle d \rangle \,^\frown \text{seldat}(c2, \neg b)$$
$$\text{seldat}(\langle \text{m}(d,b) \rangle \,^\frown c2, \neg b) \;=\; \text{seldat}(c2, \neg b)$$

---

[5] Die Konkatenation von Sequenzen wird wie in [Bro19] mit ° bezeichnet.

Man beachte, dass seldat und retbit Funktionen sind, die Datenströme auf Datenströme abbilden. Die Gleichungen beschreiben, dass der Strom der Bit-Anteile über das zweite Medium zurückgeschickt wird und als Ergebnis der Strom bestehend jeweils aus den Nachrichten bei Wechsel der Bits geschickt wird.

Allerdings müssen wir noch den Sonderfall betrachten, dass im Strom $c2$ das Bit $b$ nicht auftritt. Sei alld das schwächste Prädikat auf Strömen der Sorte (Data, Bit) mit

$$\text{alld}(\langle \text{m}(d, b)\rangle \mathbin{\frown} c2, b') \;=\; ((b = b') \wedge \text{alld}(c2, b'))$$

Damit spezifizieren wir

$$\text{alld}(c2, \neg b) \;\Rightarrow\; \text{seldat}(c2, b) \;=\; \langle\rangle$$

In Worten: Wenn alle Bits der Nachrichten im Strom $c2$ nicht mit $\neg b$ übereinstimmen, ist der von seldat$(c2, \neg b)$ gelieferte Strom leer.

Das Verhalten des Empfängers, konkret seine Zustandssicht, wird in Abb. 1.7 alternativ in Form eines Zustandsübergangsdiagramms mit Ein- und Ausgabe beschrieben.

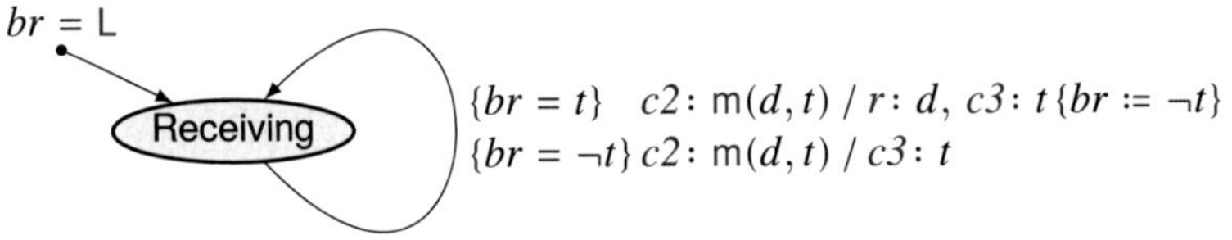

**Abb. 1.7** Zustandsübergangssicht des Empfängers in Form eines Zustandsübergangsdiagramms. Man beachte, dass der Empfänger auf eine Nachricht wartet, die mit dem Bit $br$ markiert ist. Kommt eine solche Nachricht, gibt der Empfänger das Datenelement nach außen weiter und wartet dann auf die Nachricht $\neg br$. In jedem Fall schickt er über Kanal $c3$ das Bit $t$ als Bestätigung.

Wir erhalten für den Empfänger eine Beschreibung, in der das Prinzip der Fairness nicht benötigt wird. Für die Teilsysteme Sender, Medium1 und Medium2 nutzen wir bei ihrer Beschreibung allerdings das Konzept der Fairness.

Das Beispiel, so einfach und elementar wie es ist, zeigt doch auch eine Reihe von Eigenschaften auf, wie sie typischerweise für verteilte interaktive Systeme auftreten und dabei teilweise zu Komplikationen führen. Zunächst wird deutlich, dass wir die Teilsysteme Sender, Medium1, Medium2 und Receiver wie auch das gesamte System ABP als Datenflussknoten auffassen können, also als Einheit, die Ströme von Daten empfangen und Ströme von Daten erzeugen. Jedes der Teilsysteme und auch das Gesamtsystem können wir auch als Zustandsübergangssysteme auffassen. In jedem Zustand ist dann jedes der Systeme bereit bestimmte Daten über die Eingangskanäle zu empfangen. Dadurch wird dann ein Zustandsübergang ausgelöst und Daten werden über die

Ausgangskanäle gesendet. Das Systemverhalten ergibt sich aus einer Folge von Zustandsübergängen. Hierbei weist das Teilsystem Sender eine Besonderheit auf. Der Sender schickt die aktuell zu versendende Nachricht $(d, b)$ nicht nur erneut, wenn er über den Kanal $c4$ das Bit $\neg b$ erhält. Er wiederholt das Senden der Nachricht $(b, d)$ so lange, bis das Bit $b$ über den Kanal $c4$ als Bestätigung für korrektes Übertragen eintrifft. Er sendet also Daten nicht etwa nur als Reaktion auf eintreffende Nachrichten, sondern auch als Reaktion auf *nicht* eintreffende Nachrichten. Wie wir sehen werden, führt dies auf gewisse Schwierigkeiten bei der Formalisierung des Verhaltens, sowohl bei der Darstellung des Datenflussverhaltens als auch bei der Modellierung durch Zustandsmaschinen. Eine Lösung dabei ist die explizite Modellierung der Zeit. Dann wird der Sender als System dargestellt, das pro Zeiteinheit die Nachricht $(b, d)$ wiederholt sendet, bis zu dem Zeitpunkt, an dem über Kanal $c4$ die Bestätigung in Form der Nachricht $b$ eintrifft.

Das Beispiel, so einfach es ist, zeigt bereits die Komplexität und Vielschichtigkeit vernetzter, verteilter Systeme und ihrer Modellierung. Im Folgenden werden wir auf diese Aspekte in allen Details eingehen.

Der Übertragungsvorgang kann anschaulich durch Beispielabläufe illustriert werden. Wir stellen Abläufe mithilfe sogenannter Sequenzdiagramme (engl. *message sequence chart, MSC*, vgl. [Bro91]) dar, einem ITU-Standard[6] der im Zusammenhang mit der Beschreibungssprache SDL entstand (s. [Bro91]) und der später Eingang in die UML gefunden hat.

Abb. 1.8 gibt die erfolgreiche Übertragung einer Nachricht ohne Nachrichtenverlust durch ein MSC wieder. Jede Komponente wird durch eine vertikale „Lebenslinie" dargestellt. Die horizontalen Pfeile symbolisieren einen einzelnen Nachrichtenaustausch und damit einhergehende Zustandsübergänge.

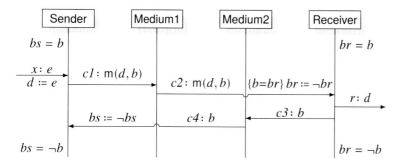

**Abb. 1.8** Engl. *Message Sequence Chart* (MSC): Szenario für erfolgreiche Übertragung und erfolgreiche Rückbestätigung

Abb. 1.9 beschreibt den Fall der erfolglosen Übertragung.

---

[6] Engl. *International Telecommunication Union.*

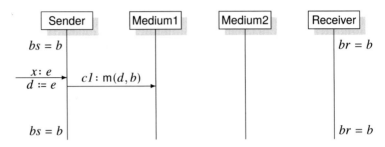

**Abb. 1.9**  Szenario: erfolglose erste Übertragung

Abb. 1.10 zeigt die erfolgreiche Übertragung mit erfolgloser Rückbestätigung.

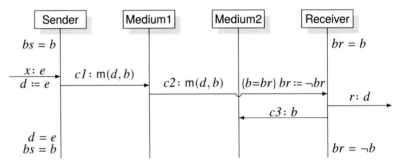

**Abb. 1.10**  Szenario: erfolgreiche erste Übertragung – erfolglose Rückbestätigung

Abb. 1.11 zeigt die Situation der erfolgreichen Rückbestätigung einer vorher
erfolgten erfolgreichen Übertragung.

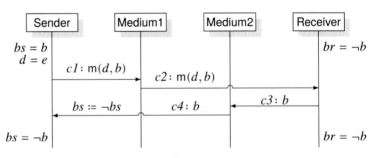

**Abb. 1.11**  Szenario: erfolgreiche erneute Übertragung – erfolgreiche Rückbestätigung

Die MSCs zeigen exemplarische Interaktionsmuster (Szenarien) für das
betrachtete System. Sie illustrieren damit das Verhalten der betroffenen Kom-

ponenten in der Regel nicht vollständig, zeigen aber anschaulich beispielhaft, wie diese zusammenwirken.

Die in Abb. 1.12 wiedergegebene Form der Darstellung von Prozessen ist an die Entwurfssprache GRAPES angelehnt (s. [Hag+90]).

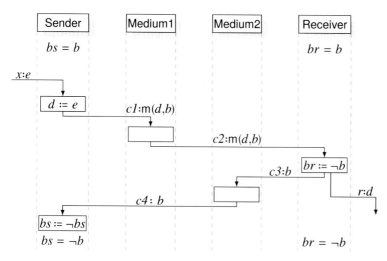

**Abb. 1.12** Prozessdiagramm (wie in GRAPES) – erfolgreiche erste Übertragung

Ähnliche Beschreibungen finden sich in UML [Obj19b], in betriebswirtschaftlichen Anwendungen, bei denen Prozesse darzustellen sind. Typische Beispiele für solche Prozessdarstellungen finden sich in ARIS, einer Prozessbeschreibungssprache nach August-Wilhelm Scheer zur Beschreibung von betriebswirtschaftlichen Prozessen im Umfeld des Softwaresystems SAP R/3 (vgl. [SJ02] und [Sei15] oder [BSL99]).

Dieses Buch zielt auf die sorgfältige und formale Behandlung der wesentlichen Phänomene im Bereich der parallelen interaktiven Systeme, einschließlich Verteilung und Echtzeit. Gleichzeitig zeigen wir, wie auf Basis dieser Konzepte praktisch bedeutsame und hilfreiche Methoden und Modellierungstechniken herausgebildet werden können. Somit erhebt dieses Buch den Anspruch, die Grundlagen für das gesamte Gebiet im Wesentlichen abzudecken und deutlich zu machen, wie aus den Grundlagen heraus praktische Probleme im Bereich der Modellierung, Spezifikation, Verifikation und Verfeinerung in Angriff genommen werden können. Zwangsläufig muss dabei auf die Behandlung großer umfangreicher Systeme in Beispielen verzichtet werden. Trotzdem ist das Ziel, dass deutlich wird, dass die eingeführten Konzepte in praktischen Aufgabenstellungen eingesetzt werden können.

## 1.6 Konventionen, Notationen und grundlegende Strukturen

Am Ende dieses Einführungskapitels vereinbaren wir noch eine Konvention und führen vier für das Buch wesentliche Strukturen und Notationen zur Beschreibung von Systemen ein, die mehrfach Verwendung finden.

### 1.6.1 Konvention: Sorten und Trägermengen

In [Bro19] haben wir bewusst sehr genau zwischen Sorten als Bezeichnungen von Datentypen und den damit verbundenen Trägermengen unterschieden. In verschiedenen Modellen für eine Spezifikation einer Rechenstruktur konnten unterschiedliche Trägermengen mit einer Sorte verbunden werden. Dies betont die Unterscheidung zwischen Syntax (Sortenbezeichnung) und Semantik (Trägermenge).

In diesem Buch gehen wir der Einfachheit halber davon aus, dass zu jeder Sorte genau eine Trägermenge festgelegt ist. So steht die Sorte Nat für die Trägermenge $\mathbb{N}_0$ und die Sorte Bool für die Trägermenge $\mathbb{B}$.[7] Deshalb können wir und werden wir auch zur Vereinfachung der Notation die geläufige Mengenschreibweise für Sorten verwenden und somit Sorten wie Mengen auffassen und umgekehrt Mengen von Datenelementen wie Sorten.

### 1.6.2 Endliche und unendliche Sequenzen

Wir folgen in unserer Notation der Schreibweise für reguläre Ausdrücke und unendliche formale Sprachen [RS97]. Wir erweitern jedoch die Schreibweise von endlichen Alphabeten und formalen Sprachen endlicher und unendlicher Wörter darüber auf beliebige Mengen und endliche und unendliche Sequenzen von Elementen dieser Mengen.

Sei $M$ eine beliebige Menge. Mit $M^*$ bezeichnen wir die endlichen Sequenzen von Elementen aus $M$. Für Sequenzen $s \in M^*$ stehen die auch aus [Bro19] bekannten Funktionen first, rest, ° (Konkatenation), last, head zur Verfügung. Wir bezeichnen mit $\langle \rangle$ die leere Sequenz und für $m \in M$ mit $\langle m \rangle$ die einelementige Sequenz sowie mit $\langle m_1 \cdots m_n \rangle$ für $m_1, \ldots, m_n \in M$ die Sequenz der Länge $n$ mit den Elementen $m_1, \ldots, m_n$.

Für $m \in M$ bezeichnen wir mit

$$m^k \in M^*$$

---

[7] Wie in [Bro19] verwenden wir auch Trägermengen, die $\perp$ als Darstellung für undefinierte Werte enthalten. Wie geben, soweit von Bedeutung und nicht aus dem Kontext klar, jeweils explizit an, welche Trägermenge (mit oder ohne $\perp$) gewählt wird.

die Sequenz $\underbrace{\langle m \rangle \circ \cdots \circ \langle m \rangle}_{k \text{ Terme } \langle m \rangle}$. Formal

$$m^0 = \langle \rangle$$
$$m^{n+1} = m \circ m^n$$

Mit #$s$ bezeichnen wir die Länge einer Sequenz $s$.

Eine besondere Rolle spielt die Menge

$$M^{*|\omega} = M^* \cup M^\omega$$

die Menge der endlichen und unendlichen Sequenzen über $M$. Diese Menge bezeichnen wir auch mit Stream $M$, was wir als Sortenbezeichnung verwenden.

Die Menge der unendlichen Sequenzen bezeichnen wir analog zu Sprachen unendlicher Wörter ($\omega$-Sprachen) mit $M^\omega$. Wir verwenden die Funktionen first, rest, Konkatenation analog zu endlichen Sequenzen für unendliche Sequenzen. Die Elemente von $M^\omega$ nennen wir auch *unendliche Ströme*, die Elemente von $M^*$ auch endliche Ströme.

*Unendlicher Strom*

Auf Strömen $s_1, s_2 \in M^{*|\omega}$ definieren wir eine Relation $\sqsubseteq$:

$$s_1 \sqsubseteq s_2 \quad \Leftrightarrow \quad \exists z \in M^{*|\omega} : s_1 \,\widehat{\,}\, z = s_2$$

Hier bezeichnet $s_1 \,\widehat{\,}\, z$ die Konkatenation des Stroms $s_1$ mit dem Strom $z$. Die Relation $\sqsubseteq$ heißt *Präfixordnung*. Gilt $s_1 \sqsubseteq s_2$, so heißt $s_1$ *Präfix* von $s_2$. Dann gilt:

*Präfixordnung*
*Präfix*

- Die Relation $\sqsubseteq$ ist partielle Ordnung mit kleinstem Element $\langle \rangle$.
- Die Menge $M^{*|\omega}$ ist durch $\sqsubseteq$ vollständig partiell geordnet, denn jede abzählbare aufsteigende Kette (Folge $m = (m_i)_{i \in \mathbb{N}_0}$ derart, dass $\forall i \in \mathbb{N}_0 : m_i \sqsubseteq m_{i+1}$ gilt) hat eine kleinste obere Schranke.
- Präfixmonotone Funktionen haben kleinste Fixpunkte.

Elemente aus $M^{*|\omega}$ werden auch als (Daten-)Ströme bezeichnet.

Wir verwenden endliche Sequenzen sowohl als Trägermengen für die Datenstruktur der endlichen Sequenzen wie für „partielle", also unvollständige Ströme. Sei $D \cup \{\bot\}$ die Trägermenge zum Datentyp Data.

Der Datentyp Seq Data steht für die Trägermenge

$$D^* \cup \{\bot\}$$

wobei $\bot$ für die Werte von Ausdrücken vom Typ Data steht, die keinen (definierten) Wert in $D$ besitzen.

Der Datentyp Stream Data steht für die Trägermenge

$$D^* \cup D^\omega$$

wobei die leere Sequenz $\langle \rangle \in D^*$ für den Wert der Ausdrücke der Sorte Stream Data steht, die keinen definierten Wert besitzen.

Für die Elemente der Trägermenge zu Seq Data definieren wir als partielle Ordnung die "flache" Ordnung (engl. *flat order*) wie in [Bro19] ausführlich behandelt.

Wesentlich ist der Unterschied zwischen den Zugriffsfunktionen für Sequenzen und Ströme[8]

$$\text{rest} : \text{Seq Data} \to \text{Seq Data}$$
$$\text{first} : \text{Seq Data} \to \text{Data}$$
$$\cdot \,^\circ \cdot : \text{Seq Data, Seq Data} \to \text{Seq Data}$$
$$\text{append} : \text{Data, Seq Data} \to \text{Seq Data}$$

und

$$\text{rt} : \text{Stream Data} \to \text{Stream Data}$$
$$\text{ft} : \text{Stream Data} \to \text{Data}$$
$$\cdot \,\frown \cdot : \text{Stream Data, Stream Data} \to \text{Stream Data}$$
$$\cdot \,\& \cdot : \text{Data, Stream Data} \to \text{Stream Data}$$

der sich in folgenden Gleichungen zeigt (sei $d \in D$)

$$\text{first}(\text{append}(d, \perp)) = \perp$$
$$\text{ft}(d \,\& \,\langle\rangle) = d$$

Letztlich gilt, dass die Datenstruktur der Sequenzen als Datentyp in Programmen und Algorithmen Verwendung findet, wohingegen der Datentyp der Ströme von Daten zur Darstellung des Datenaustauschs dient.

### 1.6.3 Prädikate und Zusicherungen

Ein (einstelliges) Prädikat $p$ für eine Menge $M$ ist eine Abbildung

$$p : M \to \mathbb{B}$$

wobei $\mathbb{B}$ die zweielementige Menge der Wahrheitswerte bezeichnet. Hier steht $\mathbb{B} = \{F, T\}$ für die Menge boolescher Werte, wobei F für „falsch" (engl. *false*) und T für „wahr" (engl. *true*) steht. Prädikate können auch mehrstellig sein. Für beliebige Mengen $M_1, \ldots, M_n$ ist

$$p : M_1 \times \cdots \times M_n \to \mathbb{B}$$

---

[8] In Deklarationen von Funktionen mit Nicht-Präfix-Schreibweise nutzen wir den vertikal zentrierten kleinen Punkt, um die Stellung der Argumente anzugeben. Etwa $\cdot \,^\circ \cdot$ bedeutet, dass die Funktion $^\circ$ zwei Argumente annimmt und eine Anwendung dieser Funktion in Infixnotation geschrieben wird, also mit dem ersten Argument vor und dem zweiten Argument nach dem Funktionssymbol.

ein $n$-stelliges Prädikat. Für $m_1 \in M_1, \ldots, m_n \in M_n$ bezeichnet

$$p(m_1, \ldots, m_n)$$

dann einen booleschen Wert.

Häufig wollen wir ein Prädikat für eine Menge benannter Werte betrachten. Sei eine Menge $A$ von Attributen oder Variablen $a_1, \ldots, a_k$, mit $k \in \mathbb{N}_0$ gegeben und $M$ eine Menge von Werten. Jede Abbildung

$$\beta \colon A \to M$$

definiert eine *Belegung* der Variablen. Dann bezeichnet $\beta(a)$ für $a \in A$ den Wert der Variable $a$ für die Belegung (oder den Zustand) $\beta$.        *Belegung*

Häufig verwenden wir Belegungen von Variablen auch, um Zustände zu bezeichnen. Da Zustände dann durch die Werte der Zustandsvariablen oder Attribute festgelegt werden, sprechen wir von *attributierten Zuständen*.        *Attributierter Zustand*

Häufig betrachten wir Mengen von Variablen, bei denen für jede Variable eine Sorte vorgegeben ist. Wir sprechen dann von *typisierten* Variablen. Sei $S$        *Typisierte Variable*
die Sorte für die Variable $a \in A$ mit Trägermenge $M_S$. Dann fordern wir das für Belegungen und Zustände $\beta$ stets

$$\beta(a) \in M_S$$

Wir sprechen von typisierten Belegungen oder Zuständen. Dabei betrachten wir nur Belegungen und Zustände, in denen alle Variablen Werte tragen, die den ihnen zugeordneten Sorten entsprechen. Die Menge dieser Belegungen oder Zustände, also den Zustandsraum, bezeichnen wir mit

$$\{\!| a_1 \colon S_1, \ \ldots, \ a_n \colon S_n |\!\}$$

Attributierte Zustandsräume $\Sigma$ sind gegeben durch eine Menge von typisierten Variablen (Attributen):

$$a_1 \colon M_1, \ \ldots, \ a_k \colon M_k$$

Für ein Element eines attributierten Zustandsraumes schreiben wir auch

$$(a_1 \mapsto w_1, \ldots, a_n \mapsto w_n) \quad \text{mit} \quad w_i \in M_i, \ 1 \leq i \leq n$$

wobei das Element $w_i$ die Sorte $S_i$ hat ($1 \leq i \leq n$).

Die Menge $\Sigma$ der Zustände ist gegeben durch (sei $M$ das Universum der Datenwerte) die Menge der Abbildungen von Attributen in der Menge $A$ auf Werte in $M$:

$$\Sigma \ = \ (A \to M) \, .$$

Um eine flexible Notation verwenden zu können, spezifizieren wir den Zustandsraum $\Sigma$ auch durch das direkte Produkt

$$\Sigma \ = \ M_1 \times \cdots \times M_n$$

und verstehen die Attribute als Abbildungen

$$a_i \colon \Sigma \to M_i \qquad (1 \le i \le n)$$

Prädikate über $\Sigma$ sind Abbildungen

$$p \colon \Sigma \to \mathbb{B}$$

Die Elemente von $\Sigma$ bezeichnen wir dann auch durch $n$-Tupel

$$(w_1, \dots, w_n) \quad \text{mit} \quad w_i \in M_i$$

*Zusicherung*  Jedes Prädikat über dem Zustandsraum $\Sigma$ kann dann durch eine prädikatenlogische Formel, genannt *Zusicherung*, über dem Zustandsraum $\Sigma$ beschrieben
werden. Dabei verwenden wir die Attribute der Zustände als logische Variablen. Demnach ist eine Zusicherung über einer Menge von Attributen eine
prädikatenlogische Formel, in der die Attribute als logische Variablen auftreten.
Durch diese Technik können auch die Menge der Anfangszustände, die Menge
der erreichbaren Zustände oder aber auch Zustandsübergänge mit logischen
Mitteln beschrieben werden.

*Beispiel 1.6.3.1 (Zustandsraum als Belegung von Attributen)* Wir betrachten einen einfachen Zustandsraum zur Beschreibung des Zustands eines Fahr-
zeugs. Wir verwenden die Attribute

$$
\begin{aligned}
&\textit{handbrake} \colon \text{Bool} \\
&\textit{speed} \colon \quad \text{Nat} \\
&\textit{gear} \colon \quad \text{Nat} \\
&\textit{turn\_signal} \colon \text{Turn\_Signal} \\
&\textit{lights} \colon \quad \text{Lights}
\end{aligned}
$$

wobei Nat die Sorte der natürlichen Zahlen, Bool die Sorte boolescher Werte
sind. Ferner seien die Sorten Turn_Signal und Lights wie folgt definiert:

**sort** Turn_Signal = off | left | right | emergency_flashers
**sort** Lights  = off | position | low_beams | high_beams

Die Menge der typisierten Attribute definiert über die Belegungen einen Zustandsraum. Eine Zusicherung kann dann beispielsweise wie folgt formuliert
werden:

$$\textit{gear} > 2 \;\Rightarrow\; \textit{speed} > 30 \land \neg\textit{handbrake}$$

Diese Zusicherung definiert ein Prädikat auf Zuständen. Ein Zustand entspricht
einer Belegung der Attribute.          ■

Man beachte die unterschiedlichen logischen Möglichkeiten, Prädikate über
einem attributierten Zustandsraum zu formulieren. Wir können Prädikate

$$q \colon \Sigma \to \mathbb{B}$$

über dem Zustandsraum verwenden oder Zusicherungen, also prädikatenlogische Formeln $Q$ mit den Attributen als logische Variablen. Jeder Zustand $\sigma \in \Sigma$ liefert zu jedem Attribut $a$ einen Wert $\sigma(a)$. Setzt man diese Werte in die Zusicherung $Q$ für die entsprechenden Attribute ein, bekommen wir einen prädikatenlogischen Ausdruck, der einen booleschen Wert bezeichnet.

⌖ *Beispiel (Zustandsraum als Belegung von Attributen – Beschreibung mit Zusicherungen oder Prädikaten)* Für das Beispiel 1.6.3.1 erhalten wir den Zustandsraum

$$\Sigma = \{\!| \mathit{handbrake} \colon \mathsf{Bool}, \dots, \mathit{lights} \colon \mathsf{Lights} |\!\}$$

Ein Prädikat über dem Zustandsraum $\Sigma$ ist eine Abbildung

$$q \colon \Sigma \to \mathbb{B}$$

Für einen Zustand $\sigma \in \Sigma$ können wir das Prädikat $q$ beispielsweise wie folgt spezifizieren:

$$q(\sigma) = (\sigma(\mathit{gear}) > 2 \Rightarrow \sigma(\mathit{speed}) > 30 \land \neg \sigma(\mathit{handbrake}))$$

Die entsprechende Zusicherung über $\Sigma$ ist gegeben durch den booleschen Ausdruck $Q$

$$Q = (\mathit{gear} > 2 \Rightarrow \mathit{speed} > 30 \land \neg \mathit{handbrake})$$

Für jede Belegung $\sigma \in \Sigma$ können wir dem booleschen Ausdruck $Q$ einen Wahrheitswert $Q_\sigma$ zuordnen

$$Q_\sigma \equiv Q[\sigma(\mathit{handbrake})/\mathit{handbrake}, \dots, \sigma(\mathit{lights})/\mathit{lights}]$$

Es gilt

$$Q_\sigma = q(\sigma) \qquad\qquad\qquad \blacksquare$$

Wir haben damit zwei Schreibweisen für logische Aussagen über attributierte Zustände zur Verfügung: Zusicherungen oder Prädikate auf Zuständen.

Eine nützliche Operation auf Belegungen und Zuständen ist die Substitution. Sei $\beta$ eine Belegung über der Attributmenge $A$, $a$ ein Attribut der Sorte $S$ und $w$ ein Wert der Sorte $S$. Dann bezeichne $\beta[w/a]$ eine Belegung, für die

$$\beta[w/a](c) = \begin{cases} \beta(c) & \text{falls } a \neq c \\ w & \text{falls } a = c \end{cases}$$

gilt, wobei $c$ ein Attribut in $A$ ist.

Die Substitution lässt sich auf Zusicherungen übertragen. Sei nun $E$ ein Ausdruck der Sorte $S$ über der Attributmenge $A$ und $Q$ eine Zusicherung. Dann gelte

$$Q[E/a]_\beta = Q_{\beta[\beta(E)/a]}$$

wobei $\beta(E)$ der Wert des Ausdrucks $E$ für die Belegung $\beta$ sei.

Umfangreiche Zustandsräume können übersichtlich durch E/R-Diagramme beschrieben werden. Dies gilt insbesondere für Datenbanken. Jeder Zustand entspricht dann einer Entitätsmenge für jede Entität und Relationen zwischen diesen Mengen für jede Beziehung (s. [Bro19]).

Im Prinzip können wir für die Attribute beliebige Signaturen und entsprechend Algebren verwenden, um Zustände darzustellen. Die Signatur definiert die Attribute und ihre Sorten. Auch Funktionen sind als Attribute zugelassen. Dann entspricht der Zustandsraum einer Menge von Algebren. Jede Algebra

*Evolving algebra*    entspricht einem Zustand. Diese Idee liegt auch dem Ansatz der „*evolving algebras*" oder abstrakten Zustandsmaschinen zugrunde (s. [Gur94] und [BG94]). Die Algebren lassen sich dabei durch algebraische Spezifikation (s. [Bro19]) beschreiben.

Häufig wollen wir Relationen zwischen zwei Belegungen oder Zuständen $\sigma$ und $\sigma'$ spezifizieren. Dann bietet es sich an, Zusicherungen zu schreiben, die sich auf die Zustandsvariablen der beiden Zustände beziehen. Zusicherungen sind dann prädikatenlogische Formeln, die die Variablen $a_1, \ldots, a_n$ sowie $a'_1, \ldots, a'_n$ als freie Identifikatoren enthalten. Dann gilt für die durch die Zusicherung $Q$ beschriebene Relation

$$p(\sigma, \sigma')$$

die Aussage

$$p(\sigma, \sigma') \Leftrightarrow Q[\sigma(a_1)/a_1, \ldots, \sigma(a_n)/a_n, \sigma'(a_1)/a'_1, \ldots, \sigma'(a_n)/a'_n]$$

Wir beschreiben durch die Aussage $p(\sigma, \sigma')$ Zustandsübergänge von Zustand $\sigma$ zu Nachfolgezuständen $\sigma'$ des attributierten Zustandsraums

$$\{s : \mathsf{Seq\,Nat},\ t : \mathsf{Seq\,Nat}\}$$

wie folgt:

$$(t = \langle\rangle \wedge s \neq \langle\rangle \wedge t' = \langle \mathsf{first}(s)\rangle \wedge s' = \mathsf{rest}(s))$$

$$\vee \Big( t \neq \langle\rangle \wedge s \neq \langle\rangle \wedge$$

$$\big( \mathsf{first}(s) < \mathsf{first}(t) \wedge t' = \mathsf{append}\big(\mathsf{first}\langle t\rangle, \mathsf{append}(\mathsf{first}(s), \mathsf{rest}(t))\big)$$

$$\wedge s' = \mathsf{rest}(s)\big)$$

$$\vee \big( \mathsf{first}(s) \geq \mathsf{first}(t) \wedge t' = \mathsf{rest}(t) \wedge s' = \mathsf{append}(\mathsf{first}(t), s)\big)\Big)$$

Sei $t = \langle\rangle$ mit beliebigen $s$ der Anfangszustand. Gilt $s = \langle\rangle$, ist kein Zustands-übergang möglich. Hier schreiben wir $s$ für $\sigma(s)$ und $s'$ für $\sigma'(s)$. Auf diese Weise können wir (s. später) die Übergangsrelation für Zustandsmaschinen mit attributierten Zuständen durch Zusicherungen beschreiben.

### 1.6.4 Linear-temporale Logik (LTL)

Temporale Logiken oder Zeitlogiken sind Erweiterungen der Logik, durch die zeitliche Zusammenhänge ausgedrückt werden können. Es sind Anwendungen von Modallogik [Wik22]. Sie zielen darauf, Aussagen, die zu unterschiedlichen Zeitpunkten zutreffend sind, zueinander in Beziehung zu setzen. Das Verhalten von Software wird formal oft mithilfe von logischen Formeln spezifiziert. Eine sehr spezielle solche Logik ist LTL (linearzeitliche temporale Logik, engl. *linear-time temporal logic*, oder abgekürzt linear-temporale Logik, engl. *linear-temporal logic*); damit werden üblicherweise Mengen von zeitlich oder kausal linear angeordneten Ereignissen und Aktionen beschrieben.

*LTL*
*Linearzeitliche temporale Logik*
*Linear-time temporal logic*
*Linear-temporal logic*
*Future LTL with Next*

Es gibt viele Varianten temporaler Logiken; wir beschreiben die sogenannte Zukunfts-LTL mit Next (engl. *future LTL with Next*) und verweisen auf [MP92] für alternative LTL und auf [Kam68] für andere temporale Logiken. Die von uns gewählte temporale Logik heißt Zukunfts-LTL, weil sie, informell gesprochen, stets ausgehend von einer Aktion oder einem Zustand über Eigenschaften der Folge zukünftiger Aktionen oder Zustände spricht; die Erwähnung von „Next" bedeutet, dass es sogar möglich ist, ausgehend von einer Aktion oder einem Zustand über seine eindeutige, unmittelbare Nachfolgeaktion oder einen Nachfolgezustand (im Falle seiner Existenz) zu sprechen.

Sei $(T, \leq)$ eine linear geordnete nichtleere Menge, für die gilt: Für jedes Element $x \in T$ ist die Menge

$$\{z \in T : z \leq x\}$$

endlich.

Dann existiert ein kleinstes Element in $T$, definiert durch

$$\min\{z \in T : z \leq x\}$$

für alle $x \in T$. Man beachte, dass für beliebiges $x \in T$ das Minimum immer das gleiche ist. Ferner gilt: Zu jedem Element $x \in T$ gibt es einen unmittelbaren Nachfolger, wenn $x$ nicht das Maximum der Menge $T$ ist. Dieser Nachfolger ist definiert durch das Minimum der Menge

$$\{z \in T : x < z \leq y\}$$

für beliebige $y \in T$ mit $x < y$. Man beachte, dass für jedes $y \in T$ diese Menge endlich und nichtleer ist. Ein solches $y \in T$ existiert genau dann, wenn $x$ nicht das Maximum von $T$ ist.

Ferner gilt: $(T, \leq)$ ist isomorph zu einer Teilmenge $N \subseteq \mathbb{N}_0$ der natürlichen Zahlen. Falls $T$ unendlich ist, ist $(T, \leq)$ isomorph zu $(\mathbb{N}_0, \leq)$; falls $T$ endlich mit $|T| = n$ ist, ist $(T, \leq)$ isomorph zu $(\{m \in \mathbb{N}_+ : m \leq n\}, \leq)$.

🔆 *Beispiel 1.6.4.1* Für $(T, \leq)$ betrachten wir die Monate des astronomischen Kalenders im Format „(Jahr, Monat)" (mit dem ganzzahligen Jahr und dem natürlichzahligen Monat zwischen 1 und 12) mit der natürlichen Ordnung „gleich oder zeitlich vor":

$$T \;\overset{\text{def}}{=}\; \{(J, M) \; : \; J \in \mathbb{Z} \wedge M \in \mathbb{N}_+ \wedge M \leq 12\}$$

$$(J, M) \leq (J', M') \quad\overset{\text{def}}{\Longleftrightarrow}\quad J < J' \vee (J = J' \wedge M \leq M')$$

für alle $J \in \mathbb{Z}$ und $M \in \mathbb{N}_+$ mit $M \leq 12$. Der Nachfolgeroperator zählt Monate hoch, wie erwartet:

$$\text{suc}: \qquad T \to T,$$

$$(J, M) \;\mapsto\; \textbf{if}\ M = 12\ \textbf{then}\ (J{+}1, 1)\ \textbf{else}\ (J, M{+}1)\ \textbf{fi}$$

für alle $J \in \mathbb{Z}$ und $M \in \mathbb{N}_+$ mit $M \leq 12$. Würden wir diesem Kalender ein Enddatum geben (zum Beispiel, wenn sich die politischen, sprachlichen oder astronomischen Gegebenheiten in entfernter Zukunft so ändern, dass eine solche Unterteilung in Jahre und Monate keinen Sinn mehr ergibt), würden wir den Definitionsbereich des Nachfolgeroperators um den letzten Monat kürzen. ∎

Betrachten wir Systeme, so gibt es eine Reihe von nützlichen Verwendungen für linear geordnete Mengen $(T, \leq)$:

- Eine naheliegende Interpretation ist es, mit $T$ eine Menge von Zeitpunkten zu verbinden. Dann betrachtet man lineare Ordnungen zur Darstellung linearer Zeit. Allerdings können wir auch eine Menge abstrakter Zeitpunkte betrachten für die nur teilweise bekannt ist, wie sie zueinander liegen.
- Eine andere Interpretation erhalten wir, wenn wir allgemein partielle Ordnungen und $T$ als Menge von Ereignissen betrachten, die in kausalen Abhängigkeiten zueinander stehen. Zwei Ereignisse $e, e' \in T$ sind dann zueinander kausal, wenn $e \neq e'$ und $e \leq e'$. Die partielle Ordnung $\leq$ nennen wir dann Kausalitätsordnung. Es ist naheliegend, für Kausalitätsordnung zu fordern, dass für jedes Ereignis $e \in T$ die Menge $\{e' \in T : e' \leq e\}$ endlich ist. Dann heißt $(T, \leq)$ *endlich fundiert*. Wir behandeln kausale Ordnungsstrukturen ausführlich in Kap. 7.

*Endlich fundiert*

Hier gibt es einen interessanten Zusammenhang zum berühmten Zenons Paradoxon „Achilles und die Schildkröte".

Zenons Paradoxon „Achilles und die Schildkröte":

Achilles tritt zu einem Wettlauf mit der Schildkröte an. Da die Schildkröte langsamer ist, bekommt sie einen Vorsprung von $m$ Metern. Nehmen wir an, das Achilles $n$ mal schneller läuft als die Schildkröte. Nun starten beide. Wenn Achilles die $v$ Meter bis zum Startpunkt der Schildkröte zurückgelegt hat, hat diese noch $\frac{m}{n}$ Vorsprung. Hat Achilles die $\frac{m}{n}$ zurückgelegt, liegt die Schildkröte immer noch $\frac{m}{n^2}$ Meter vor Achilles – und so weiter. Achilles holt die Schildkröte nie ein.

Zenons Paradoxon ist einfach aufzulösen. Es konstruiert eine Folge von Zeitpunkten und Punkten auf der Strecke, die gegen den Zeitpunkt konvergieren, an dem Achilles die Schildkröte einholt. Zeitpunkte danach werden nicht betrachtet. Die Menge der betrachteten Zeitpunkte unterhalb des Zeitpunkts, an dem Achilles die Schildkröte einholt, ist unendlich. Solche Vorgänge betrachten wir in digitalen Systemen nicht, wo jeder Schritt eine endliche Spanne von Zeit erfordert und die Dauer dieser Spanne nach unten beschränkt ist. Das ist auch die Begründung dafür, endlich fundierte Kausalitätsordnungen (vgl. Kap. 7) zu betrachten.

Schließlich wählen wir, informell gesprochen, eine Menge $G$ von (für den Entwickler interessanten) Grundaussagen[9]. Die Gültigkeit dieser Aussagen hängt vom dem Zeitpunkt ab, die durch die linear geordnete, diskrete Menge $T$ gegeben sind. Etwas formeller betrachtet, notieren wir Aussagen wie folgt: Für $G$ wählen wir eine Menge von Literalen. Dabei nehmen wir zur Vereinfachung künftiger Schreibweise an, dass die Symbole $\bigcirc, \Diamond, \square, \mathcal{U}$ und boolesche Junktoren innerhalb eines jeden Literals in $G$ nicht vorkommen (sonst wählen wir andere geeignete textuelle Darstellungen). Wir betrachten eine Menge $U$ von Modellen („Universen") und eine Abbildung $\mu$, die in jedem Modell $M \in U$ den Literalen boolesche Werte zuordnet:

$$\mu : U \to (G \to \mathbb{B})$$

Ferner betrachten wir Abbildungen

$$\tau : T \to U$$

die jedem Zeitpunkt $x \in T$ ein Universum $\tau(x)$ zuordnet. Damit ist auch eine Abbildung von Literalen $l \in G$ in Abhängigkeiten von Zeitpunkten $x \in T$ auf Wahrheitswerte $\mu(\tau(x))(l)$ gegeben.

🔅 *Beispiel 1.6.4.2* Zur Fortsetzung von Beispiel 1.6.4.1 wählen wir die Menge $G = \{$„Es gibt zwei deutsche Staaten", „Wahl in den deutschen Bundestag findet statt"$\}$. Das Prädikat zu dem Literal „Es gibt zwei deutsche Staaten" gelte für alle Monate nach 1949-09 und vor 1990-10. Das Prädikat zu dem Literal „Wahl in den deutschen Bundestag findet statt" gelte beispielsweise im

---

[9] Ein Literal ist in dem logischen Kontext, den wir betrachten, ein syntaktisches Element, das eine Grundaussage repräsentiert.

Monat 1949-08, gelte im Monat 2021-09 und gelte nicht in den Monaten ab dem 2021-10. ∎

Das Beispiel zeigt, dass bestimmte logische Aussagen zeitabhängig sind. Sie sind zu bestimmten Zeitpunkten wahr und zu anderen Zeitpunkten falsch.

Die Formeln von LTL sind induktiv folgendermaßen definiert:

- true;
- $g$ für Literale $g \in G$;
- $\bigcirc \varphi$, $\Diamond \varphi$ und $\Box \varphi$ für LTL-Formeln $\varphi$;
- $\varphi \, \mathcal{U} \, \psi$ für LTL-Formeln $\varphi$ und $\psi$;
- $\varphi \wedge \psi$, $\varphi \vee \psi$, $\neg \varphi$, $\varphi \Rightarrow \psi$, $\varphi \Leftarrow \psi$ und $\varphi \Leftrightarrow \psi$ für LTL-Formeln $\varphi$ und $\psi$.

Die Modalitäten lassen sich auf verschiedene Weise lesen:

- $\bigcirc$: engl. *next* oder Nachfolger;
- $\Diamond$: engl. *finally/eventually* oder irgendwann (in der Zukunft);
- $\Box$: engl. *globally/always/henceforth* oder global/immer/durchgehend (in der Zukunft);
- $\mathcal{U}$: engl. *until* oder bis.

🔆 *Beispiel 1.6.4.3* Fortsetzung von Beispiel 1.6.4.2: ¬(„Es gibt zwei deutsche Staaten" $\mathcal{U}$ $\bigcirc$„Wahl in den deutschen Bundestag findet statt") ist eine LTL-Formel. ∎

Wir führen zwei übliche Relationen[10] ein (sei $\mathrm{id}_T$ die Identitätsrelation auf $T$):

$$< \stackrel{\text{def}}{=} \leq \backslash \mathrm{id}_T \quad \text{und} \quad \geq \stackrel{\text{def}}{=} \{(y,x) : x \leq y\} \,.$$

Die Gültigkeit von LTL-Formeln für Elemente $x \in T$ wird rekursiv über den Formelaufbau folgendermaßen definiert:[11]

| | | | |
|---|---|---|---|
| $x \models$ true | | bedingungslos wahr | |
| $x \models g$ | falls | $\mu(\tau(x))(g)$ | (für $g \in G$) |
| $x \models \bigcirc \varphi$ | falls | $x \in \mathrm{dom}\, N$ und $N(x) \models \varphi$ | (für LTL-Formeln $\varphi$) |
| $x \models \varphi \, \mathcal{U} \, \psi$ | falls | es ein $z \geq x$ mit $z \models \psi$ gibt, sodass für alle $y$ mit $x \leq y < z$ die Aussage $y \models \varphi$ gilt | (für LTL-Formeln $\varphi$ und $\psi$) |

Die Bedeutung boolescher Junktoren $\wedge$, $\vee$, $\neg$, $\Rightarrow$ und $\Leftrightarrow$ ist wie üblich in der Aussagenlogik.

Die Bedeutung von $\Diamond$ und $\Box$ ist durch

$$\Diamond \varphi \stackrel{\text{def}}{=} \text{true} \, \mathcal{U} \, \varphi \quad \text{und} \quad \Box \varphi \stackrel{\text{def}}{=} \neg \Diamond \neg \varphi$$

gegeben.

---

[10] Hier bezeichnet $\mathrm{id}_T \stackrel{\text{def}}{=} \{(x,x) : x \in T\}$ die Identitätsrelation von $T$.

[11] Im Folgenden nutzen wir, abweichend von [Bro19], T für den booleschen Wert „Wahr" und F für den booleschen Wert „Falsch".

🔅 *Beispiel* Zur Fortsetzung von Beispiel 1.6.4.3 gilt

$(1949, 09) \models \neg($ „Es gibt zwei deutsche Staaten" $\mathcal{U}$
$\bigcirc$„Wahl in den deutschen Bundestag findet statt")

und

$(2049, 10) \models$ „Es gibt zwei deutsche Staaten" $\mathcal{U}$
$\bigcirc$„Wahl in den deutschen Bundestag findet statt"

und somit

$(1990, 11) \not\models \neg($ „Es gibt zwei deutsche Staaten" $\mathcal{U}$
$\bigcirc$„Wahl in den deutschen Bundestag findet statt"). ∎

Die Beispiele zeigen, dass wir durch LTL, ausgehend von einem Zeitpunkt, Aussagen formulieren können, die sich auf eine Folge von Zeitpunkten beziehen, ohne dass wir genaue Zeitpunkte explizit angeben müssen.

Die eingeführte Klasse von LTL-Formeln kann auf eine Reihe von total geordneten Mengen mit partieller Nachfolgerfunktion angewendet werden.

LTL-Formeln können in Zusammenhang mit unendlichen Strömen von Daten oder von attributierten Zuständen sinnvoll eingesetzt werden. Dann verwenden wir die natürlichen Zahlen als linear geordnete, diskrete Menge und Prädikate auf der Menge der Daten, die in den Strömen auftreten, oder Zusicherungen im Falle der Ströme von attributierten Zuständen.

🔅 *Beispiel* Für einen Strom $x$ von natürlichen Zahlen schreiben wir

$$\square(\geq 10)$$

um auszudrücken, dass für alle Elemente $e$ im Strom $x$ die Aussage $e \geq 10$ gilt. Betrachten wir Zusicherungen über dem attributierten Zustandsraum

$$\{a : \mathsf{Nat}, \ b : \mathsf{Nat}\}$$

so schreiben wir etwa

$$\Diamond \ a > b$$

um auszudrücken, dass in der unendlichen Folge von Zuständen ein Zustand existiert, in dem $a > b$ gilt. ∎

## 1.7 Historische Bemerkungen

Die Anfänge des Gebietes der Modellierung verteilter Systeme liegen in den 60er-Jahren. Mit dem Aufkommen erster Betriebssysteme, mit der Nutzung von Rechensystemen, die teilweise miteinander vernetzt waren, mit dem Einsatz von Rechensystemen als eingebettete Systeme wurden erstmals Fragen der Koordination und Synchronisation von Programmen als wesentliche Fragestellung erkannt. Bahnbrechende Pionierarbeiten sind die Beiträge von Carl Adam Petri (vgl. [Pet63]) mit dem Konzept der Petri-Netze, von Edsger Dijkstra (vgl. [Dij65b]) mit seinem Konzept der Semaphore, die Ansätze zum Coroutinenkonzept in Simula 67 von Ole-Johan Dahl und Kristen Nygaard (vgl. [DN65]) und schließlich Arbeiten von C. A. R. Hoare unter dem Stichwörtern „Monitore" und „bedingte kritische Bereiche" (vgl. [Hoa74]), aber auch Beiträge von einer Reihe weiterer Wissenschaftler wie Per Brinch Hansen (vgl. [Bri78; Bri87]) und vielen anderen.

Bereits lange bevor die internationale Informatik auf dieses Themengebiet aufmerksam geworden ist, nämlich Anfang der 60er-Jahre, hat Carl Adam Petri mit seiner Dissertation (vgl. [Pet62]) das Gebiet der Petri-Netze begründet. Petri-Netze sind ein sehr fundamentaler Ansatz zur abstrakten Beschreibung von Nebenläufigkeit und Synchronisationsaspekten.

Doch erst Ende der 60er-Jahre findet das Thema, ausgelöst von Fragen bei der Gestaltung von Betriebssystemen, breitere Aufmerksamkeit. Die Arbeiten von Dijkstra, Dahl und Hoare schaffen weitere Grundlagen.

Die 70er-Jahre sind gekennzeichnet durch eine Reihe fundamentaler Überlegungen, welche Sprachkonstrukte zur Beschreibung von Nebenläufigkeit und der Interaktion zwischen nebenläufigen Programmen am besten geeignet sind. Dabei sind die Lösungen noch stark durch die Idee des Zentralrechners geprägt, auf dem mehrere Programme zeitlich verschränkt zur Ausführung gelangen (Multiprogrammierung), dabei teilweise auf gemeinsamem Speicher arbeiten und in dieser Hinsicht zu synchronisieren sind. Die Sprachkonstrukte, die dazu entwickelt worden sind, sind maßgeblich von dieser Vorstellung geprägt.

Später löst sich das Gebiet von dieser stark am Zentralrechner orientierten Vorstellung und widmet sich einer allgemeinen Modellierung von nebenläufigen Prozessen, die miteinander kommunizieren. Hervorzuheben sind wieder Arbeiten von Hoare zum Thema „communicating sequential processes" – CSP (vgl. [Hoa85a]) und von Per Brinch Hansen (vgl. [Bri78]). Parallel dazu entsteht eine Fülle von Ansätzen wie beispielsweise zum Datenflusskonzept, ausgehend von Überlegungen von Jack Bonnell Dennis (vgl. [DBL80; Den74]) und durch richtungweisende Arbeiten von Gilles Kahn und David MacQueen (vgl. [KM77]), in denen sie zeigen, wie ein System von kommunizierenden Prozessen über Ströme und Gleichungen dafür modelliert werden kann. Ähnlich zu diesen Ansätzen sind eine Reihe von programmiersprachlichen Untersuchungen und Vorschlägen, etwa die Programmiersprache Lucid von Ashcroft (vgl. [AW76]). Robin Milner greift mit CCS (engl. *Calculus of Communicating Systems*) ähnliche Vorstellungen wie Hoare mit seinem CSP auf (vgl. [Mil80; Mil89;

Mil99]). Allerdings sind seine Arbeiten stärker grundlagenorientiert und eher theoretisch motiviert. Er verfolgt dabei die Linie der operationellen Semantik solcher Systeme und die Frage, wie man für eine gegebene operationelle Semantik eine geeignete Kongruenzrelation findet, um ein semantisches Modell solcher Systeme anzugeben. Wir greifen diesen Ansatz unter dem Stichwort „Bisimulation" in Kap. 9 auf.

In den 80er-Jahren wenden sich die Arbeiten der logischen Behandlung verteilter Systeme und methodischen Themen zu. Wichtige Fragestellungen bei den Programmkonstrukten sind geklärt. Nun wird stärker über Spezifikation und die Verifikation und die Beschreibung der Eigenschaften von nebenläufigen vernetzten Programmen nachgedacht. Es entstehen Ansätze wie temporale Logik (vgl. [BG93; Krö87; MP92; vBen91] etc.), UNITY (vgl. [CM88]) und TLA (engl. *Temporal Logic of Actions*, vgl. [Lam94]), die sich gleichermaßen zum Ziel machen, vernetzte Systeme zu beschreiben, zu implementieren und verifizieren zu können. Mit den 90er-Jahren rücken solche Systeme durch die wachsende Bedeutung der Rechnernetze und eingebetteter Systeme noch stärker in die Aufmerksamkeit.

Beeinflusst von objektorientierten Vorstellungen, aber auch von Überlegungen aus dem Gebiet der Telekommunikation, wie sie sich vor allem in der Modellierungssprache SDL (vgl. [Bro91]) wiederfinden, prägen immer stärker die Vorstellungen einer modellorientierter Darstellung verteilter Systeme. Auf diese Basis entstehen Werkzeuge, in denen solche Modellierungen direkt unterstützt werden.

Parallel dazu werden neue Analysemethoden entwickelt. Sehr viel Aufmerksamkeit findet dabei die sogenannte Modellprüfung (engl. *model checking*, vgl. [BVW94] und [CGP99]). Dies stellt eine Technik dar, bei der für eine endliche Zustandsmaschine mit einem möglicherweise sehr hochdimensionalen Zustandsraum alle erreichbaren Zustände auf bestimmte Eigenschaften überprüft werden. Wird der Zustandsraum mit besonderer Raffinesse kodiert, wird das Absuchen des Zustandsraums besonders geschickt organisiert, gelingt es, Systeme zu untersuchen, die einen Zustandsraum mit sehr vielen Zuständen aufweisen. Diese Technik wird schnell als auch für praktische Anwendungen interessant erkannt und in ersten Experimenten auch praktisch eingesetzt.

Mit der UML (engl. *Unified Modeling Language*, s. [Obj19b]) ist heute ein Quasistandard für die Modellierung von Software und mit SysML (engl. *Systems Modeling Language*, s. [Obj19a]) ein pragmatischer Ansatz für die Modellierung von Systemen verfügbar, der mit großem kommerziellen Nachdruck in die breite Anwendung gebracht wird. Allerdings weist die UML einige Schwächen auf, die nicht zuletzt mit dem Umstand zu tun haben, dass der zugrundeliegende Modellierungsansatz aus einem etwas speziellen Einsatz der Objektorientierung stammt und somit immer noch stark durch sequenzielle Vorstellungen geprägt ist. Konsequenter auf die Beschreibung von Systemen ausgerichtet ist SysML [Obj19a], eine Erweiterung von UML. Zweifellos ist aber die UML und stärker noch die SysML ein wichtiger Schritt in die Richtung auf eine umfangreiche und weit verbreitete Modellierung verteilter Systeme.

Allerdings fehlt eine umfassende semantische Fundierung. UML ist aber ohne jeden Zweifel nur eine Stufe einer Treppe, die wir in den kommenden Jahrzehnten Schritt für Schritt weiter erklimmen werden. Modellierung und systematische Entwicklung verteilter diskreter Systeme werden in den nächsten 10 bis 20 Jahren eine der zentralen Antriebskräfte für Hochtechnologie sein.

## 1.8 Übungsaufgaben

☑ **Übung 1.8.1**    Überlegen Sie die Konsequenzen für das Beispiel des Alternating-Bit-Protokolls, wenn

a) das Medium auch Nachrichten verdoppeln kann,
b) das Medium die Reihenfolge der Nachrichten verändern kann,
c) das Medium die Nachrichten verfälschen kann.

☑ **Übung 1.8.2** Wie kann eine korrekte Übertragung im ABP garantiert werden, wenn der Übertragungskanal Nachrichten in der Reihenfolge vertauschen kann?

☑ **Übung 1.8.3** Was ist im Beispiel ABP aus Abschn. 1.5 die schwächste Bedingung für das Medium, sodass die Übertragung stets funktioniert?

☑ **Übung 1.8.4** Überlegen Sie sich Argumente, warum durch das ABP die korrekte Übertragung gesichert ist.

☑ **Übung 1.8.5** Charakterisieren Sie die Zustände in der Übertragung des ABP für die einzelnen Komponenten und das ABP-System im Ganzen.

☑ **Übung 1.8.6** Wie muss das ABP erweitert werden, wenn eine zweite Nachricht zur Übertragung kommen soll, auch wenn die erste noch nicht erfolgreich übertragen ist?

☑ **Übung 1.8.7** Geben Sie ein Interaktionsdiagramm für die Bedienung eines Geldautomaten für das Beispiel der Geldentnahme an.

☑ **Übung 1.8.8** Betrachten Sie das Beispiel einer Relation auf Zuständen am Ende von Abschn. 1.6.3. Weisen Sie nach, dass es keine unendlichen Folgen von Zuständen $\sigma_i$ mit $p(\sigma_i, \sigma_{i+1})$ gibt. Dabei gilt für $\sigma_0 = (s, t)$ die Aussage

$$t = \langle \rangle$$

Welche Aussage gilt dann für alle $\sigma_i$.

☑ **Übung 1.8.9** Wie sieht eine Spezifikation des Mediums des ABP aus, bei der das Medium nur dann nicht alle Nachrichten verlieren kann, wenn immer wieder die gleiche Nachricht übertragen wird?

☑ **Übung 1.8.10** Vergleichen Sie das Verhalten des Mediums mit dem Verhalten, das wir bekommen, indem wir zwei Exemplare des Mediums hintereinander schalten.

☑ **Übung 1.8.11** Analysieren Sie das Übertragungsverhalten des ABP, wenn zu Beginn $bs = \mathsf{L}$ und $br = \mathsf{O}$ gilt.

# Teil I
# Zustandsbasierte Systemmodelle

Die Idee des Zustandes eines Systems liefert ein sehr allgemeines und mächtiges Konzept nicht nur in der Programmierung und der Informatik. Allgemein ist eine mögliche Sicht auf die Welt, dass diese Welt aus einer Folge von Zuständen besteht und sich durch Zustandsübergänge verändert. In einer stark physikalisch bestimmten Sicht auf die Welt verändert sich deren Zustand kontinuierlich, zu jedem Zeitpunkt findet Veränderung statt. Trotzdem lassen sich Zustände als „Blitzlichtaufnahmen" verstehen, die den Zustand der Welt oder eines Ausschnitts der Welt zu einem bestimmten Zeitpunkt festhalten.

Die Informatik arbeitet mit diskreten digitalen Systemen, bei denen sich deren Zustände in Schritten („Zustandsübergängen") sprunghaft verändern. Damit können Systeme zustandsbezogen als eine Folge von Zuständen verstanden werden, die durch Zustandsveränderungen erzeugt werden.

Diese Idee spiegelt sich in dem allgemeinen Konzept der Zustandsmaschine wieder, die auf einer Menge von Zuständen arbeitet und in jedem Schritt eine Zustandsveränderung vornimmt. Damit können Abläufe modelliert werden, die durch endliche oder unendliche Folgen von Zuständen dargestellt werden. Dieses Konzept der Zustandsmaschine spielt in der Informatik in vielerlei Hinsicht eine Rolle und hat auch einen engen Bezug zum Begriff des Algorithmus. Basierend auf diesen allgemeinen Konzepten von Zustand, Ablauf und Zustandsmaschine lassen sich eine Fülle von grundlegenden Ansätzen entwickeln, die der Beschreibung und Analyse des Verhaltens von Systemen dienen, die durch Zustandsmaschinen modelliert werden.

Für Zustandsmaschinen ist zur Beschreibung von Systemverhalten auch eine Reihe logischer Konzepte entwickelt worden, allen voran das Konzept der Invariante und stabiler Zustandsmengen, die generell dazu dienen, Eigenschaften von Zustandsmaschinen zu beschreiben. Noch allgemeiner werden Methoden der temporalen Logik eingesetzt. Dies ist eine Logik für Zustandsfolgen, die es erlaubt, logische Eigenschaften von Zustandsmaschinen bezogen auf ihre Abläufe und die erreichbaren Zustände zu erfassen.

Eine besondere Bedeutung bekommen Zustandsmaschinen im Zusammenhang mit paralleler Ausführung. Dabei führen mehrere Zustandsmaschinen parallel, nebenläufig, nebeneinander oder verzahnt, im Wechselspiel Zustandsübergänge durch. Solange sie auf unterschiedlichen Zustandsmengen arbeiten, führt das lediglich auf die Frage, ob die Schritte der Zustandsmaschinen synchron oder asynchron ausgeführt werden. Interessanter und technisch bedeutsamer ist die Situation, in der mehrere Zustandsmaschinen auf Zuständen arbeiten, die sich teilweise überlappen. Wir sprechen dann von gemeinsamen Teilzuständen der Zustandsmaschinen. Dieses Überlappen von Zuständen lässt sich besonders gut erfassen, indem Zustände als Belegungen von Attributen durch Werte dargestellt werden. Ein Zustand besteht dann aus einer Menge von Zustandsvariablen, die jeweils mit entsprechenden Werten belegt werden. Sich überlappende Zustände entsprechen der Situation, dass die Systeme gewisse Variablen gemeinsam nutzen. Wir sprechen allgemein auch von gemeinsamen Variablen.

Dann können parallel ablaufende Zustandsmaschinen über die gemeinsamen Variablen auch untereinander Nachrichten austauschen und kooperieren. Daraus ergibt sich eine weitere Problematik: Zustandsmaschinen können jetzt nicht mehr einfach gleichzeitig Zustandsübergänge ausführen, da dies auf den gemeinsamen Variablen zu Inkonsistenzen führen würde. Damit entsteht der Zwang, ein Konzept einzuführen, das landläufig mit Interleaving (Verschränkung oder Verzahnung, engl. *interleaving*) bezeichnet wird. Darunter verstehen wir, dass Zustandsübergänge der Maschinen wechselseitig miteinander verzahnt stattfinden. Mit anderen Worten: Bei zwei parallel ablaufenden Zustandsmaschinen führt zunächst die eine Maschine einen oder mehrere Zustandsübergänge aus, danach die zweite Maschine, dann wieder die erste und so weiter. Damit entsteht auch eine Zustandsfolge, also ein Ablauf. Eine solche Zusammenarbeit von zwei Zustandsmaschinen kann selbst wieder als eine Zustandsmaschine aufgefasst werden, die aber nun in der Regel höchst nichtdeterministisch ist und deren Abläufe davon abhängen, in welcher Reihenfolge die einzelnen Zustandsmaschinen immer wieder Zustandsübergänge durchführen.

Die Idee der Zustandsmaschinen findet sich an vielen Stellen im Bereich der parallelen Programmierung. Eher praktisch oder technisch gesehen, führen sie auf Konzepte zurück, wie sie in den frühen Jahren der Informatik im Zusammenhang mit Betriebssystemen entwickelt wurden. Die ersten Rechenmaschinen arbeiteten grundsätzlich sequenziell. Wenn aber auf Rechnern mehrere Programme gleichzeitig zur Ausführung kommen sollen, werden diese in einem Interleaving-Modus ausgeführt, man spricht dann auch vom Mehrprozessbetrieb. Der Mehrprozessbetrieb bedeutet, dass einzelne Programme als Zustandsmaschinen betrachtet werden, die im Interleaving-Modus ausgeführt werden.

Dies nutzt grundsätzlich die Vorstellung, dass die parallele Ausführung von zustandsorientierten Programmen durch Zustandsmaschinen dargestellt werden kann, die Abläufe erzeugen. Damit bekommt das eher theoretische Modell parallel arbeitender Zustandsmaschinen praktische Bedeutung. Hierbei ist entscheidend, wie die parallel ablaufenden Zustandsmaschinen verschränkt arbeiten und wie wir sicherstellen können, dass die Veränderungen auf den Zuständen, die die Maschinen hervorrufen, in einer synchronisierten Weise ablaufen.

Dazu hat die Informatik eine Fülle von Konzepten entwickelt, von denen wir im Weiteren die wichtigsten behandeln. Entscheidend ist dabei die Idee, dass bestimmte Folgen von Zustandsübergängen einer Maschine ausgeführt werden, ohne dass Zustandsübergänge anderer Maschinen dazwischen geschaltet werden, also diese stören oder beeinflussen. Dies führt auf die Idee der unteilbaren Aktion. Im Sinne der Zustandsmaschinen verstehen wir darunter, dass eine gewisse, meist kurze Folge von Zustandsübergängen der einen Maschine nicht durch störende Zustandsübergänge der anderen Maschinen unterbrochen werden darf. Erreicht wird das durch entsprechende Synchronisationsvariablen oder Attribute, die von der entsprechenden Zustandsmaschine auf Werte gesetzt werden, die anzeigen, dass andere Maschinen keine Änderungen der Werte bestimmter Variablen vornehmen können. Das führt auf ein mächtiges Konzept der Koordination und Synchronisation von Abläufen von Zustandsmaschinen, wirft aber auch eine ganze Reihe durchaus kniffliger Fragen auf. So ist von Bedeutung, ob in der verzahnten Ausführung von Zustandsübergängen mehrerer Zustandsmaschinen sichergestellt ist, dass keine Maschine unbeschränkt lange keine Zustandsübergänge ausführt, solange sie stets oder hinreichend oft dazu bereit ist. Die führt auf das Konzept der Fairness. Keine Maschine darf in unfairer Weise lange von der Mitwirkung ausgeschlossen werden.

Wir erkennen, dass es zwei sich ergänzende Aufgaben gibt: In bestimmten Situationen ist sicherzustellen, dass eine Maschine ohne Unterbrechung gewisse Zustandsübergänge hintereinander ausführen kann, während insgesamt sicherzustellen ist, dass keine Maschine dann unbillig lang ausgeschlossen wird Zustandsübergänge durchzuführen.

In der Informatik ist eine Reihe von Konzepten erdacht worden, um entsprechende Synchronisation und Koordination zu unterstützen. Dies betrifft einfache, sogenannte Test-and-set-Verfahren, bei denen eine Zustandsmaschine in einer unteilbaren Aktion in einem Übergang den Wert einer Zustandsvariable prüft, ob er Vorgaben entspricht, nach denen die Zustandsmaschine etwa in eine sogenannte kritische Phase eintreten darf, in der sie Änderungen auf gemeinsamen Variablen vornimmt. Falls das zutrifft, wird der Wert neu gesetzt, so dass andere Zustandsmaschinen daran gehindert werden in die entsprechende kritische Phase einzutreten.

Umgesetzt ist diese Idee des Schutzes kritischer Phasen durch das Prinzip des Semaphors. Das ist eine nur für die Synchronisation kritischer Phasen eingeführte Zustandsvariable, die von einer Zustandsmaschine auf „0" gesetzt wird, um zu signalisieren, dass keine andere Zustandsmaschine in die entsprechende kritische Phase eintreten darf und erst nach dem Verlassen der kritischen Phase durch die Zustandsmaschine wieder auf einen höheren Wert gesetzt wird.

Auf Basis dieser Idee sind auch noch allgemeinere programmiersprachliche Konzepte wie das sogenannte „await statement" eingeführt worden. Ein „await statement" ähnelt einem „if statement", in dem eine Anweisung nur ausgeführt wird, wenn eine bestimmte Bedingung erfüllt ist. Im Gegensatz zu dem „if statement", bei dem bei Nichterfüllung der Bedingung entweder die Anweisung einfach übergangen wird oder gar ein Programmabbruch erfolgt, wird aber im Falle des „await statement" bei Nichterfüllung der Bedingung gewartet, bis die Bedingung – etwa aufgrund einer Zustandsänderung durch ein anderes, parallel arbeitendes Programm, einen anderen Prozesses – wahr wird. Erst dann wird die entsprechende Anweisung des wartenden Programms ausgeführt und mit der Ausführung des Programms fortgefahren. Das Programm „wartet" also, bis durch andere Programme die Werte der in der Bedingung vorkommenden Zustandsvariablen so verändert werden, dass die Bedingung gilt. Tritt das nie ein, wartet das Programm unbeschränkt lange – terminiert also nicht.

Diese Sichtweise auf parallel ablaufende Programme führt auf hilfreiche Konzepte für Modellierung und Programmierung verteilter Systeme, wirft aber auch eine Reihe von Fragen im Zusammenhang mit der Spezifikation und

Verifikation von Programmen auf. Diese Thematik wird in den nächsten zwei Kapiteln ausführlich behandelt.

Im Zentrum dieses ersten Teils steht somit das Konzept der Zustandsmaschine. Wir behandeln drei Spielarten von Zustandsmaschinen, einfache Zustandsübergangssysteme, Zustandsmaschinen mit Aktionen in den Übergängen und Zustandsmaschinen mit Ein- und Ausgabe. Es werden verschiedene Ansätze behandelt, wie man Zustandsmaschinen semantische Eigenschaften zuordnen kann, wie Folgen von Zuständen, die Menge der erreichbaren Zustände oder logische Eigenschaften wie Invarianten und letztendlich garantierte Eigenschaften von Zuständen, die erreicht werden. Andererseits behandeln wir eine Reihe von Beschreibungstechniken für Zustandsmaschinen wie Tabellen oder Zustandsübergangsdiagramme und schließlich Programme, die auch als Beschreibungen von Zustandsmaschinen dienen können. Dies demonstriert, dass Zustandsmaschinen auch zur Erfassung der Semantik dieser Beschreibungstechniken genutzt werden können.

Ein weiteres Thema ist die Spezifikation und der Nachweis von Eigenschaften sowohl für Zustandsmaschinen wie für Beschreibungsmitteln für Zustandsmaschinen.

# Kapitel 2
# Zustandssicht: Systeme als Zustandsmaschinen

Ein weit verbreitetes, eingängiges Modell für Berechnungen, für die Darstellung von Algorithmen und auch für die Beschreibung von interaktiven Systemen bilden *Zustandsübergangssysteme*, die auch als *Zustandsmaschinen* (engl. *state transition machine*, *STM*) bezeichnet werden.

*Zustandsübergangssystem*
*Zustandsmaschine (ZM)*
*State transition machine (STM)*

In der Informatik gibt es eine Vielzahl von Varianten solcher Zustandsmaschinen, wodurch viele Gesichtspunkte von Hardware- und Softwaresystemen anschaulich modelliert werden können. Rechner und Schaltungen können durch Zustandsmaschinen dargestellt werden. In der Praxis werden bestimmte Betriebssysteme als Mengen von Zustandsmaschinen modelliert. Imperative Programme können als Zustandsmaschinen aufgefasst werden. Zustandsmaschinen mit Eingabe und Ausgabe modellieren die Eingabe, die Übergänge (die Nachfolgezustände) und Ausgaben interaktiver Systeme. Dadurch können auch Programme mit Ein- und Ausgabe als Zustandsmaschinen dargestellt werden.

Wir betrachten folgende drei Klassen unterschiedlicher Zustandsmaschinen:

- Zustandsübergangssysteme mit unmarkierten Übergängen,
- Zustandsübergangssysteme mit durch Aktionen markierten Übergängen,
- Zustandsübergangssysteme mit durch Paare von Eingabe und Ausgabe markierten Übergängen.

Alle solche Zustandsmaschinen lassen sich rein mathematisch durch Übergangsfunktionen oder -relationen oder aber auch anschaulich durch *Zustandsübergangsdiagramme* (engl. *state transition diagrams*, *STDs*) beschreiben. Wir behandeln eine Reihe solcher grafischer Darstellungen von Zustandsübergangssystemen. Ebenso definieren wir die gängigen Semantiken für Zustandsmaschinen.

*Zustandsübergangsdiagramm*
*State transition diagram (STD)*

Das Verhalten eines verteilten Systems oder zumindest gewisse Aspekte seines Verhaltens lassen sich anschaulich durch die Angabe einer Zustandsmenge (des „Zustandsraums") und der bei Systemabläufen stattfindenden Zustandsübergänge beschreiben. Bei dieser Art der Modellierung kommt der Wahl des Zustandsraums und dabei der Struktur der Zustände und der „Granularität" der Zustandsübergänge herausragende Bedeutung zu. Die Granularität der Zu-

M. Broy, *Logische und Methodische Grundlagen der Entwicklung verteilter Systeme*, https://doi.org/10.1007/978-3-662-67317-1_2

standsübergänge bestimmt die Größe der Schritte der Zustandsübergänge und somit auch die Zahl und Eigenschaften auftretender Zwischenzustände und damit auch die Möglichkeit der Interaktion zwischen Zustandsmaschinen anhand der Verzahnung der Zwischenzustände.

## 2.1 Zustandsmaschinen mit unmarkierten Übergängen

Wir betrachten im Folgenden zunächst die elementarste Form von Zustandsmaschinen: Zustandsmaschinen mit unmarkierten Übergängen.

### 2.1.1 Zustandsmaschinen und ihre Darstellungsformen

Zustandsmaschinen mit unmarkierten Übergängen lassen sich grundsätzlich durch eine mathematische Konstruktion und anschaulich grafisch oder tabellarisch beschreiben.

#### 2.1.1.1 Mathematische Definition

Zunächst geben wir die mathematische, formale Definition einer Zustandsmaschine.

*Nichtdeterministische Zustandsmaschine*

*Nichtdeterministische Zustandsmaschine mit unmarkierten Übergängen*

📖 **Definition 2.1.1.1.1 (Nichtdeterministische Zustandsmaschine)** Eine *nichtdeterministische Zustandsmaschine* (genauer, *nichtdeterministische Zustandsmaschine mit unmarkierten Übergängen*[1]) ist ein Paar

$$(\Delta, \Sigma_0)$$

mit[2]

$$\Delta \colon \Sigma \to \mathfrak{P}(\Sigma)$$

*Zustand*
*State*
*Zustandsraum*
*Anfangszustand*
*Initial state*

wobei der Definitionsbereich $\Sigma \stackrel{\text{def}}{=} \text{dom}\, \Delta$ der Abbildung $\Delta$ die Menge der Zustände bezeichnet und $\Sigma_0 \subseteq \Sigma$. Dabei heißen die Elemente von $\Sigma$ *Zustände* (engl. *states*), $\Sigma$ heißt *Zustandsraum* (engl. *state space*), $\Delta$ heißt *Zustandsübergangsfunktion* und $\Sigma_0$ heißt Menge der *Anfangszustände* (engl. *initial states*). Für einen Zustand $\sigma \in \Sigma$ gibt der Ausdruck $\Delta(\sigma)$ die Menge der möglichen *Nachfolgezustände* zu $\sigma$ an.                                          ∎

---

[1] Wir erwähnen hier die volle Bezeichnung *Zustandsmaschine mit unmarkierten Übergängen*, denn später, in Definition 2.2.1.1.1, treffen wir auf *Zustandsmaschinen mit markierten Übergängen*.

[2] Wir bezeichnen mit $\text{dom}\, f$ den Definitionsbereich einer Abbildung $f$ und mit $\mathfrak{P}(X)$ die Potenzmenge einer Menge $X$.

Für eine Zustandsmaschine $(\Delta, \{\sigma_0\})$ mit einem einzigen Anfangszustand vereinfachen wir oft die Schreibweise der Zustandsmaschine $(\Delta, \{\sigma_0\})$ zu $(\Delta, \sigma_0)$.

📖 **Definition 2.1.1.1.2 (Zustandsübergangs-/Nachfolgerrelation)** Die Zustandsübergangsfunktion $\Delta$ einer Zustandsmaschine über der Zustandsmenge $\Sigma$ induziert eine *Zustandsübergangsrelation* (auch *Nachfolgerrelation*) $\to\, \subseteq$ $\Sigma \times \Sigma$, definiert durch $\sigma \to \sigma' \overset{\mathrm{def}}{\Longleftrightarrow} \sigma' \in \Delta(\sigma)$ für alle $\sigma, \sigma' \in \Sigma$. *Zustandsübergangsrelation*

*Nachfolgerrelation*

    Umgekehrt kann man aus einer Zustandsübergangsrelation $\to\, \subseteq \Sigma \times \Sigma$ die Zustandsübergangsfunktion $\Delta$ mittels $\Delta(\sigma) = \{\sigma' \in \Sigma : \sigma \to \sigma'\}$ für alle $\sigma \in \Sigma$ definieren. ∎

Als ein sehr einfaches anschauliches erstes Beispiel wählen wir eine Fußgängerampel:

💡 *Beispiel 2.1.1.1.3 (Fußgängerampel)* Wir betrachten eine Ampel für Fußgänger als eine Zustandsmaschine mit unmarkierten Übergängen. Wir definieren sie wie folgt:

$$\Sigma \;=\; \{\mathsf{stop}, \mathsf{go}\}$$
$$\sigma_0 \;=\; \mathsf{stop}$$
$$\Delta \;:\; \Sigma \;\to\; \mathfrak{P}(\Sigma)$$
$$\Delta(\mathsf{stop}) \;=\; \{\mathsf{go}\}$$
$$\Delta(\mathsf{go}) \;=\; \{\mathsf{stop}\}$$
$$\mathsf{PedLights} \;=\; (\Delta, \sigma_0)$$

Rechts findet sich das Abbild einer typischen Fußgängerampel in Ostberlin. Wir bezeichnen die Maschine durch PedLights, Abkürzung für engl. *pedestrian lights*. ∎

Selbstverständlich ist die Anzahl der Zustände einer Zustandsmaschine in der Regel nicht auf 2 (wie in Beispiel 2.1.1.1.3) und nicht notwendigerweise auf nur endlich viele begrenzt:

💡 *Beispiel 2.1.1.1.4 (Autoampel)* Wir betrachten eine Ampel für Kraftfahrzeuge als eine Zustandsmaschine mit unmarkierten Übergängen, definiert wie folgt (daneben rechts findet sich die Signaldarstellung einer etwas unüblichen Autoampel[3]):

---

[3] Karl Peglau (* 1927-05-18, Muskau – † 2009-11-29, Berlin), leitender Verkehrspsychologe beim Medizinischen Dienst des Verkehrswesens der DDR, schlug diese Ampel vor, um insbesondere den Farbenblinden (10% der Bevölkerung) die Teilnahme am Straßenverkehr zu erleichtern. Wegen großer Umrüstungskosten wurde der Vorschlag nie umfassend verwirklicht.

$$\Sigma = \{\text{red}, \text{yellowred}, \text{yellow}, \text{green}\}$$
$$\sigma_0 = \text{green}$$
$$\Delta : \Sigma \to \mathfrak{P}(\Sigma)$$
$$\Delta(\text{green}) = \{\text{yellow}\}$$
$$\Delta(\text{yellowred}) = \{\text{green}\}$$
$$\Delta(\text{yellow}) = \{\text{red}\}$$
$$\Delta(\text{red}) = \{\text{yellowred}\}$$
$$\text{TrfLights} = (\Delta, \sigma_0)$$

Wir bezeichnen die Maschine mit TrfLights, Abkürzung für engl. *traffic lights*.

Soll auch modelliert werden, dass die Ampel ausgeschaltet ist, so wird zu $\Sigma$ der Zustand switched_off hinzugefügt und $\Delta$ erhält folgende modifizierte Übergänge:

$$\Delta(\text{yellow}) = \{\text{red}, \text{switched\_off}\}$$
$$\Delta(\text{switched\_off}) = \{\text{switched\_off}, \text{yellow}\} \qquad \blacksquare$$

Die Zustandsmenge muss nicht endlich (wie in Beispielen 2.1.1.1.3 und 2.1.1.1.4) sein:

💡 *Beispiel 2.1.1.1.5 (Zähler als Zustandsmaschine)*  Sei die Menge der Zustände durch die natürlichen Zahlen gegeben. Wir nehmen somit

$$\mathbb{N}_0$$

als Zustandsraum und $\sigma_0 = 0$ als Anfangszustand. Die Zustandsübergangsfunktion

$$\Delta: \mathbb{N}_0 \to \mathfrak{P}(\mathbb{N}_0)$$

sei gegeben durch die Gleichung

$$\Delta(x) = \{x + 2\} \qquad (x \in \mathbb{N}_0) .$$

Jeder Übergang der Zustandsmaschine Counter $\stackrel{\text{def}}{=} (\Delta, \sigma_0)$ erhöht den Zähler um zwei (engl. *counter* bedeutet „Zähler").  $\blacksquare$

Bei unseren Beispielen 2.1.1.1.3 bis 2.1.1.1.5 handelt es sich um totale, deterministische Zustandsmaschinen im Sinne der folgenden Definition:

📖 **Definition 2.1.1.1.6 (Totale/deterministische/endliche Zustandsmaschine)** Eine Zustandsmaschine $(\Delta, \Sigma_0)$ mit Zustandsraum $\Sigma = \text{dom } \Delta$ heißt

*Totale, deterministische, endliche Zustandsmaschinen*

(a) *total*, wenn $\Sigma_0 \neq \emptyset \land \forall \sigma \in \Sigma : \Delta(\sigma) \neq \emptyset$ ;
(b) *deterministisch*, wenn $|\Sigma_0| \leq 1 \land \forall \sigma \in \Sigma : |\Delta(\sigma)| \leq 1$ ;
(c) *endlich*, wenn $\Sigma$ endlich ist.  $\blacksquare$

Nichttotale Zustandsmaschinen nennen wir auch (echt) partiell.

Die Zustandsmaschinen PedLights und TrfLights aus Beispielen 2.1.1.1.3 und
2.1.1.1.4 sind endlich, wohingegen Counter aus Beispiel 2.1.1.1.5 nicht endlich
ist.

Auch Algorithmen können durch Zustandsmaschinen dargestellt werden:

💡 *Beispiel 2.1.1.1.7 (Sortieren von Sequenzen durch eine Zustandsmaschine)*
Wir betrachten den Zustandsraum

$$\Sigma = \mathbb{N}_0^* \times \mathbb{N}_0^*$$

Ein Zustand ist demnach ein Paar von Sequenzen natürlicher Zahlen. Die Anfangszustände seien Zustände der Form $(s, \langle\rangle)$ mit beliebiger Sequenz $s \in \mathbb{N}_0^*$.
Jede Berechnung der Zustandsmaschine wird aus einem solchen Anfangszu-
stand nach einer Folge von Übergängen einen Zustand $(\langle\rangle, t)$ erreichen, wobei
$t \in \mathbb{N}_0^*$ die aufsteigende Sortierung der Sequenz $s$ aus dem Anfangszustand
ist. Wir verwirklichen die Sortierung durch eine Abfolge einfacher Zwischen-
schritte und definieren die Zustandsübergangsfunktion $\Delta_{\text{sort}}$ folgendermaßen:

$$\Delta_{\text{sort}}(s \circ \langle n\rangle, \langle\rangle) = \{(s, \langle n\rangle)\}$$

$$\Delta_{\text{sort}}(s \circ \langle m\rangle, \langle n\rangle \circ t) = \begin{cases} \{(s \circ \langle n\rangle \circ \langle m\rangle, t)\}, & \text{wenn } n < m, \\ \{(s, \langle m\rangle \circ \langle n\rangle \circ t)\}, & \text{sonst} \end{cases}$$

$$\Delta_{\text{sort}}(\langle\rangle, t) = \emptyset$$

für alle $n, m \in \mathbb{N}_0$ und $s, t \in \mathbb{N}_0^*$. Wie oben bereits angesprochen führt jede
Berechnung diese Zustandsmaschine von einem Anfangszustand $(s, \langle\rangle)$ nach
endlich vielen Schritten stets in einen Endzustand $(\langle\rangle, t)$, einen Zustand ohne
Nachfolgezustände, wobei $t$ die aufsteigend sortierte Sequenz zu $s$ ist (s. Übung
2.6.1). ∎

Obwohl auch diese Zustandsmaschine noch vergleichsweise einfach ist, ist die
Korrektheit ihrer Funktionsweise bezüglich Sortierung und Terminierung alles
andere als offensichtlich. Später werden wir definieren, was *korrekt* überhaupt
bedeutet, und Methoden für den Nachweis der Korrektheit von Zustandsmaschinen behandeln.

Beispiel 2.1.1.1.7 kann als Darstellung eines anweisungsorientierten Programms gesehen werden. Allgemein stellen wir den Übergang von einem
anweisungsorientierten Programm zu einer Zustandsmaschine in Abschn. 3.2
detailliert dar.

## 2.1.1.2 Grafische Darstellung

Zustandsmaschinen mit endlichen Zustandsräumen kann man als gerichtete
Graphen mit ausgezeichneten Knoten, genannt Anfangsknoten (auch Wurzeln
genannt) auffassen. Solche Graphen sind auch als engl. *multiply rooted directed*

*graphs* in [ET10; Mul20] bekannt. In der einfachsten Form einer solchen Darstellung fasst man die Zustände der Maschine als die Knoten des Graphen, die Anfangszustände als die Anfangsknoten (Wurzeln) und die Paare aus der Nachfolgerrelation aus Definition 2.1.1.1.2 als Kanten auf. Umgekehrt lässt sich eine Zustandsmaschine aus dem gerichteten Graphen mit Anfangsknoten (Wurzeln) auf dieselbe Weise gewinnen: die Zustände der Maschine sind die Graphenknoten, die Anfangszustände sind die Anfangsknoten (Wurzeln) und die Übergangsfunktion liefert zu jedem Knoten seine Nachfolger. In der grafischen Darstellung des Graphen annotieren wir jeden einzelnen Anfangsknoten (also, jede einzelne Wurzel) mit einem eigenen Pfeil, der mit einem dicken Punkt außerhalb aller Knoten und Kanten anfängt und mit der Wurzel endet. Eine solche grafische Darstellung einer Zustandsmaschine nennen wir

*Zustandsüber-* ein *Zustandsübergangsdiagramm.*
*gangsdiagramm*

💡 *Beispiel 2.1.1.2.1 (Grafische Darstellung der Zustandsmaschine für die Fußgängerampel)* Die Zustandsmaschine PedLights aus Beispiel 2.1.1.1.3 wird durch das Diagramm in Abb. 2.1 beschrieben.

**Abb. 2.1** Zustandsübergangsdiagramm für Maschine PedLights mit stop als Anfangsknoten    ∎

💡 *Beispiel 2.1.1.2.2 (Grafische Darstellung der Zustandsmaschine für die Autoampel)* Die Zustandsmaschine TrfLights aus Beispiel 2.1.1.1.4 wird durch das Diagramm in Abb. 2.2 dargestellt.

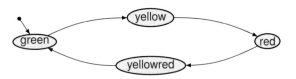

**Abb. 2.2** Zustandsübergangsdiagramm für Maschine TrfLights    ∎

Zustandsmaschinen mit unendlichen Zustandsräumen lassen sich zwar ebenfalls als Graphen auffassen, aber nicht unmittelbar durch ein endliches Diagramm wie in Beispielen 2.1.1.2.1 und 2.1.1.2.2 darstellen. Wir werden jedoch in Abschn. 3.1.1 Diagramme behandeln, die eine endliche Darstellung für gewisse unendliche Zustandsmaschinen ermöglichen. Diese Darstellung von Zustandsmaschinen durch Zustandsübergangsdiagramme, bei der die Knoten des Diagramms den Zuständen entsprechen, ist von grundlegender Form. Wir werden im Weiteren noch eine Reihe von anderen Formen von Zustandsübergangsdiagrammen kennenlernen, bei denen diese unmittelbare Übereinstimmung von Zuständen und Knoten im Diagramm nicht gegeben ist.

### 2.1.1.3 Annotierte Zustandsübergangsdiagramme

Bisher betrachteten wir *Zustandsübergangsdiagramme*, die eine Übergangsrelation $\sigma \to \sigma'$ mit $\sigma, \sigma' \in \Sigma$ und $\sigma' \in \Delta(\sigma)$ einfach als Graphen beschreiben. Praktisch funktioniert das natürlich nur, wenn der Zustandsraum endlich und nicht zu groß ist. Einfache Beispiele zeigen Abbildungen 2.1 und 2.2. Wie man sieht, sind die Zustände die Knoten des Graphen und die Pfeile die Übergänge.

Eine allgemeinere Darstellung ergibt sich, wenn man zunächst unabhängig vom Zustandsübergangssystem für eine Zustandsübergangsmaschine $(\Delta, \Lambda)$ den Zustandsraum $\Sigma$ beschreibt, der auch unendlich sein darf. Wir definieren das Diagramm durch einen Graphen mit einer Menge $V$ von Knoten und einer Menge von gerichteten Kanten $E$ mit Abbildungen

$$\alpha : E \to V \qquad \text{und} \qquad \omega : E \to V$$

Für $e \in E$ definiert $\alpha(e)$ den Startknoten und $\omega(e)$ den Endknoten einer Kante $e$. Im einfachsten Fall stellt jeder Knoten genau einen Zustand dar wie in den Abbildungen 2.1 und 2.2. Knoten können aber auch eine Menge von Zuständen repräsentieren.

🔆 *Beispiel 2.1.1.3.1 (Zustandsübergangsdiagramm)*  Wir betrachten die Zustandsmaschine $(\Delta_{\mathrm{gcd}}, \Lambda)$ mit Zustandsraum

$$\Sigma = \mathbb{N}_+ \times \mathbb{N}_+$$

und Anfangszuständen

$$\Sigma_0 = \{(a, b) \in \Sigma : a < b\}$$

und folgender Übergangsfunktion $\Delta_{\mathrm{gcd}}$:

$$\Delta_{\mathrm{gcd}}(a, b) = \begin{cases} \{(a, b)\}, & \text{falls } a = b, \\ \{(a - b, b)\}, & \text{falls } a > b, \\ \{(a, b - a)\}, & \text{falls } b > a, \end{cases} \qquad (a, b \in \mathbb{N}_+).$$

Wir beschreiben die Maschine durch das Diagramm in Abb. 2.3 durch Zuweisungen für Zustände $(a, b)$ und Nachfolgezustände $(a', b')$ als Markierung an den Kanten.

Die Zustandsmaschine berechnet den größten Teiler von $a$ und $b$. Ein anderes Diagramm zeigt Abb. 2.4.

Beide Diagramme führen schließlich auf die gleichen Zustände.  ■

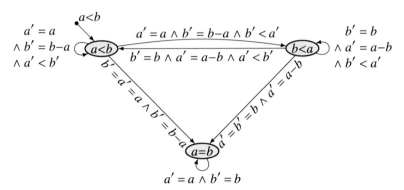

**Abb. 2.3** Zustandsübergangsdiagramm zur Übergangsfunktion $\Delta_{\text{gcd}}$

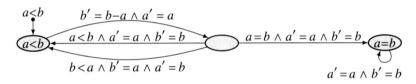

**Abb. 2.4** Zustandsübergangsdiagramm als Alternative zu Abb. 2.3

Allgemein werden mit einem Knoten im Zustandsübergangsdiagramm eine Menge von Zuständen verbunden. Dazu definieren wir für Kanten $e \in E$ eine Relation $h_e \colon \Sigma \times \Sigma \to \mathbb{B}$: Wir erhalten eine Zustandsmaschine $(\Delta', \Lambda')$ mit Zustandsraum

$$\Sigma' = V \times \Sigma$$

und der Übergangsfunktion

$$\Delta'(v, \sigma) = \{(v', \sigma') \colon \exists e \in E \colon \alpha(e) = v \wedge \omega(e) = v' \wedge h_e(\sigma, \sigma')\}$$

Weiter seien gewisse Knoten $v \in V$ durch Pfeile als Anfangsknoten gekennzeichnet, wobei die Pfeile mit Prädikaten $p_v \colon \Sigma \to \mathbb{B}$ dargestellt durch Zusicherungen markiert sind. Wir erhalten die Anfangszustandsmenge

$$\Lambda' = \{(v, \sigma) \colon v \in \mathsf{AV} \wedge p_v(\sigma)\}$$

wobei AV die Menge der Knoten umfasst, die Anfangsknoten sind.

Wenn für ein Zustandsübergangsdiagramm eine Funktion $w \colon \Sigma \to V$ existiert, sodass für jeden erreichbaren Zustand $(v, \sigma)$ folgende Aussage gilt:

$$v = w(\sigma)$$

dann wird jedem Zustand genau ein Knoten zugeordnet. Damit definiert das Übergangsdiagramm eindeutig Zustandsübergänge

$$\Delta \colon \Sigma \to \mathfrak{P}(\Sigma)$$

durch die Gleichung

$$\Delta(\sigma) = \{\sigma' \colon (w(\sigma'), \sigma') \in \Delta'(w(\sigma), \sigma)\}$$

Das Beispiel in Abb. 2.3 entspricht genau dieser Forderung. Abb. 2.4 zeigt ein Beispiel, wo nicht jedem Zustand aus $\mathbb{N}_+ \times \mathbb{N}_+$ eindeutig ein Knoten zugeordnet werden kann.

### 2.1.1.4 Matrixdarstellung von Zustandsmaschinen

Ähnlich wie endliche Graphen können endliche Zustandsmaschinen als Übergangsmatrizen dargestellt werden. Dabei beschreiben wir die Darstellung mithilfe sogenannter *Nachbarschaftsmatrizen* (auch *Adjazenzmatrizen*, engl. *adjacency matrices*) [Aig04]. Eine Zustandsmaschine ($\Delta$, $\Sigma_0$) mit $\Sigma = \text{dom }\Delta$ stellen wir durch eine ($|\Sigma| \times |\Sigma|$)-Matrix $M$ mit Einträgen 0 und 1 dar. Die Zeilen und Spalten von $M$ indizieren wir durch Elemente von $\Sigma$ und definieren die Einträge wie folgt:

*Nachbarschaftsmatrix*

*Adjazenzmatrix*

$$M_{x,y} = \begin{cases} 1, & \text{falls } y \in \Delta(x), \\ 0, & \text{sonst.} \end{cases}$$

Der Eintrag in Zeile $x$ und Spalte $y$ enthält genau dann eine 1, wenn $y$ ein Nachfolger von $x$ ist, ansonsten ist dieser Eintrag 0 (für $x, y \in \Sigma$). Beim Notieren schreiben wir die Indizes in eine zusätzliche Legendezeile oben und eine zusätzliche Legendespalte links und achten darauf, dass die Reihenfolge der Indizes in der Legendezeile (von links nach rechts) dieselbe wie in der Legendespalte (von oben nach unten) ist. Die Anfangszustände markieren wir gesondert, etwa durch Pfeile links vor den mit den Anfangszuständen indizierten Zeilen.

Schematisch sieht eine Matrixbeschreibung wie folgt aus:

$$
\begin{array}{r|cccc}
 & \sigma_0 & \sigma_1 & \dots & \sigma_{n-1} \\
\hline
\to \ \sigma_0 & 1 & 0 & \dots & \\
\sigma_1 & 1 & 1 & \dots & \\
\vdots & \vdots & \vdots & \ddots & \\
\sigma_{n-1} & & & &
\end{array}
$$

Daraus erkennt man, dass der Zustandsraum $\{\sigma_0, \sigma_1, \dots, \sigma_{n-1}\}$ ist, dass $\sigma_0$ der einzige Startzustand ist und dass für die Übergangsfunktion $\Delta$ die Aussagen $\sigma_0 \in \Delta(\sigma_0)$, $\sigma_0 \in \Delta(\sigma_1)$, $\sigma_1 \in \Delta(\sigma_1)$ und $\sigma_1 \notin \Delta(\sigma_0)$ gelten.

Eine geschickte Wahl der Reihenfolge der Spalten beziehungsweise Zeilen erleichtert die Lesbarkeit. Wir empfehlen, die obersten Zeilen und somit auch die am weitesten links stehenden Spalten mit Anfangszuständen zu indizieren (es gibt $|\Sigma_0|!\,|\Sigma\setminus\Sigma_0|!$ Darstellungen).

Aus einer Matrixdarstellung lässt sich die analytische Darstellung der Maschine als mathematisches Paar aus der Übergangsfunktion und der Anfangszustandsmenge rekonstruieren.

⚲ *Beispiel (Fußgängerampel als Nachbarschaftsmatrix)* Die Zustandsmaschine PedLights aus Beispiel 2.1.1.1.3 lässt sich als Matrix auf eine der folgenden zwei äquivalenten Weisen darstellen:

|          | stop | go |
|---------:|:----:|:--:|
| → stop   | 0    | 1  |
| go       | 1    | 0  |

oder

|          | go | stop |
|---------:|:--:|:----:|
| go       | 0  | 1    |
| → stop   | 1  | 0    |

Üblicherweise wird die linke Darstellung (wobei der Anfangszustand die erste Spalte und die erste Zeile der Übergangsmatrix markiert) gewählt.   ∎

⚲ *Beispiel 2.1.1.4.1 (Kfz-Ampel als Nachbarschaftsmatrix)* Die Zustandsmaschine TrfLights aus Beispiel 2.1.1.1.4 lässt sich als Matrix auf die folgende Art darstellen:

|            | green | yellow | red | yellowred |
|-----------:|:-----:|:------:|:---:|:---------:|
| → green    | 0     | 1      | 0   | 0         |
| yellow     | 0     | 0      | 1   | 0         |
| red        | 0     | 0      | 0   | 1         |
| yellowred  | 1     | 0      | 0   | 0         |

∎

Die Darstellung einer Zustandsübergangsrelation durch eine Nachbarschaftsmatrix hat den Vorteil, dass die Matrixmultiplikation (mit der üblichen Addition und Multiplikation auf $\mathbb{Z}$) genutzt werden kann: ist $M$ die Nachbarschaftsmatrix einer Zustandsmaschine und $k \in \mathbb{N}_0$, so gibt der $(i, j)$-te Eintrag von $M^k$ die Anzahl der Wege[4] mit $k$ Kanten in der grafischen Darstellung vom $i$-ten Zustand zum $j$-ten Zustand (in der Reihenfolge, wie die Zeilen beziehungsweise die Spalten indiziert sind) an.

⚲ *Beispiel (Interpretation der Potenzen der Matrix der Kfz-Ampel)* Sei $M$ die Matrix aus Beispiel 2.1.1.4.1. Dann sieht $M^2$, mit Zuständen als Zeilen- und Spaltenindizes und ohne Markierung des Anfangszustands, wie folgt aus:

|            | green | yellow | red | yellowred |
|-----------:|:-----:|:------:|:---:|:---------:|
| green      | 0     | 0      | 1   | 0         |
| yellow     | 0     | 0      | 0   | 1         |
| red        | 1     | 0      | 0   | 0         |
| yellowred  | 0     | 1      | 0   | 0         |

---

[4] Ein *Weg* in einem gerichteten Graphen ist eine Folge von Knoten, sodass von jedem Knoten, abgesehen vom letzten Knoten, zum nachfolgenden Knoten eine Kante führt. Diese Definition findet sich in der einschlägigen Literatur nicht einheitlich; wir folgen [Mat19].

Daran sehen wir etwa, dass es einen Weg mit zwei Übergängen von green nach red gibt und kein Weg mit zwei Übergängen von green zu allen anderen Zuständen existiert. Betrachten wir nun $M^4 = (M^2)^2$:

|  | green | yellow | red | yellowred |
|---|---|---|---|---|
| green | 1 | 0 | 0 | 0 |
| yellow | 0 | 1 | 0 | 0 |
| red | 0 | 0 | 1 | 0 |
| yellowred | 0 | 0 | 0 | 1 |

Die Matrix $M^4$ ist die Einheitsmatrix. Wenn man die Maschine TrfLights in einem beliebigen Zustand (nicht notwendigerweise im Anfangszustand) startet und vier Schritte ausführt, landet man zwangsläufig im Ausgangszustand wieder und folgt dabei genau einem Weg im Übergangsgraphen.  ∎

Anhand der Nachbarschaftsmatrix und ihrer Potenzen kann man Fragen über das Vorhandensein und gegebenenfalls die Anzahl von Wegen bestimmter Längen von einem Zustand zu einem anderen Zustand beantworten.

Unendliche Zustandsmaschinen lassen sich zwar als Nachbarschaftsmatrizen mit Angabe der Anfangszustände mathematisch auffassen, jedoch nicht durch eine Tabelle explizit darstellen.

### 2.1.1.5 Attributierte Zustände

Grundsätzlich kann jede Menge als Zustandsraum für eine Zustandsmaschine gewählt werden. Aus praktischer Sicht allerdings ist es oft sinnvoll, strukturierte Zustände und Zustandsmengen zu betrachten (vgl. Abschn. 1.6.3). Ähnlich wie Programmiersprachen betrachten wir im Weiteren Zustände, die durch eine Menge von Zustandsvariablen, auch Zustandsattribute genannt, festgelegt werden. Eine Zustandsvariable ist dabei in der Regel durch eine Sortenangabe typisiert. Ein Zustandsraum besteht aus Zuständen, die jeweils aus einer Belegung der Zustandsvariablen bestehen. Damit beschreiben wir einen Zustandsraum durch die Angabe, welche Zustandsvariablen im Zustandsraum enthalten sind.

🔆 *Beispiel (Zustandsraum mit Zustandsvariablen)* Wir betrachten einen Zustandsraum $\Sigma$ mit typisierten Zustandsvariablen

$$\Sigma \;=\; \{\!| x : \mathsf{Nat},\; y : \mathsf{Bool},\; z : \mathsf{Color} \,|\!\}$$

Jede Belegung dieser Zustandsvariablen ergibt einen Zustand. So beschreibt die Zusicherung[5]

$$x = 5 \;\wedge\; y = \mathsf{true} \;\wedge\; z = \mathsf{red}$$

einen Zustand. Verkürzt bezeichnet dann das Tripel

---

[5] Hier verwenden wir, wie schon in [Bro19], prädikatenlogische Formeln mit den Zustandsvariablen als freie Identifikatoren als Zusicherungen. Sie beschreiben Mengen von Zuständen.

$$(5, \text{true}, \text{red}) \quad \text{und auch} \quad (x \mapsto 5, \ y \mapsto \text{true}, \ z \mapsto \text{red})$$

einen Zustand. Die Menge aller solcher Tripel bildet den Zustandsraum. ∎

Formal entspricht jeder Zustand $\sigma$ des Zustandsraums über den typisierten Variablen $Var = \{x_1, \dots, x_n\}$ einer Abbildung

$$\sigma : \ Var \to M$$

wobei $M$ die Vereinigung der Trägermengen zu den Sorten $S_1, \dots, S_n$ ist und stets $\sigma(x_i) \in S_i$ gilt.

Die Definition von Zustandsräumen durch Mengen von Zustandsvariablen hat auch den Vorteil, dass man nun Eigenschaften von Zuständen über so strukturierten Zustandsräumen durch Zusicherungen beschreiben kann. Wir geben dafür einige einfache Beispiele.

⌁ *Beispiel 2.1.1.5.1 (Zusicherungen für Zustände)* Wir betrachten den Zustandsraum $\Sigma = [x : \text{Nat}, y : \text{Bool}, z : \text{Color}]$. Ein Beispiel für eine Zusicherung ist gegeben durch die Formel:

$$x > 5 \ \wedge \ \neg y \ \wedge \ z = \text{red}$$

Diese Formel beschreibt eine Teilmenge des Zustandsraums. ∎

Auch die Menge der Anfangszustände und Zustandsübergänge lassen sich auf Zustandsräumen mit typisierten Zustandsvariablen durch Zusicherungen beschreiben. Sei

$$\Delta : \ \Sigma \to \mathfrak{P}(\Sigma)$$

die Zustandsübergangsfunktion. Mithilfe eines Prädikats $Q$ definieren wir eine logische Eigenschaft des Übergangs

$$\sigma' \in \Delta(\sigma) \ \Leftrightarrow \ Q(\sigma, \sigma')$$

Analog schreiben wir unter Verwendung von Zusicherungen dies wie im folgenden Beispiel skizziert.

⌁ *Beispiel 2.1.1.5.2 (Fußgängerampel mit attributiertem Zustandsraum)* In Beispiel 2.1.1.1.3 haben wir eine Fußgängerampel modelliert. Wenn wir den Zustandsraum so wählen, dass die Ampel dadurch direkt dargestellt wird, definieren wir Zustandsvariablen

$$greenLight, redLight : \text{LightState}$$

mit der Sorte

$$\text{LightState} \ = \ \{\text{on}, \text{off}\}$$

Wieder definieren wir den Anfangszustand $\sigma_0$ durch

$$greenLight = \text{off} \ \wedge \ redLight = \text{on}$$

die Zustandsänderung wird durch folgende Zusicherung beschrieben

$$(greenLight = \text{off} \wedge greenLight' = \text{on} \wedge redLight' = \text{off})$$
$$\vee\ (redLight = \text{off} \wedge greenLight' = \text{off} \wedge redLight' = \text{on}) \qquad \blacksquare$$

Allerdings wird im gerade eben betrachteten Beispiel ein größerer, vierele-
mentiger Zustandsraum gewählt als im Beispiel 2.1.1.1.3, wo hingegen der
Zustandsraum dort nur zwei Elemente enthält. Die zwei zusätzlichen Elemente
beschrieben durch die Zusicherung

$$redLight = greenLight$$

sind ausgehend vom Anfangszustand mit der gewählten Übergangsfunktion
nicht erreichbar. Wir können die Zustandsmaschine um Übergänge erweitern, die dem Ausschalten der Fußgängerampel entsprechen. Der Zustand
$redLight = \text{on} \wedge greenLight = \text{on}$ ist für eine Ampel nicht akzeptabel und
muss ausgeschlossen werden.

🔆 *Beispiel* Wir betrachten den Zustandsraum

$$\Sigma\ =\ \{\![pedestrianLights : \text{Color},\ trafficLights : \text{Color},\ time : \text{Nat}]\!\}$$

mit

$$\text{Color}\ =\ \{\text{green, yellow, redyellow, red}\}$$

Das Attribut *pedestrianLights* beschreibt die Stellung der Fußgängerampel,
*trafficLights* die Stellung der Autoampel und *timer* die Zeit bis zum Ende der
Phase.

Wir bezeichnen die Zustandsübergänge durch die Zusicherung

$$
\begin{aligned}
(\quad & timer = 0 \wedge trafficLights = \text{green} \\
\wedge\ & timer' = 3 \wedge trafficLights' = \text{yellow} \wedge pedestrianLights' = \text{red}) \\
\vee\ (\quad & timer = 0 \wedge trafficLights = \text{yellow} \\
\wedge\ & timer' = 20 \wedge trafficLights' = \text{red} \wedge pedestrianLights' = \text{green}) \\
\vee\ (\quad & timer = 0 \wedge trafficLights = \text{red} \\
\wedge\ & timer' = 4 \wedge trafficLights' = \text{redyellow} \wedge pedestrianLights' = \text{red}) \\
\vee\ (\quad & timer = 0 \wedge trafficLights = \text{redyellow} \\
\wedge\ & timer' = 20 \wedge trafficLights' = \text{green} \wedge pedestrianLights' = \text{red}) \\
\vee\ (\quad & timer > 0 \wedge trafficLights' = trafficLights \\
\wedge\ & timer' = timer - 1 \wedge pedestrianLight' = pedestrianLights)
\end{aligned}
$$

Für den Anfangszustand wählen wir

$$timer = 20 \wedge trafficLights = \text{green} \wedge pedestrianLights = \text{red}$$

Wenn man Zustände als Tripel auffasst, so gelte $(pedestrianLights'$, $trafficLights', timer')$ $\in$ $\Delta((pedestrianLights, trafficLights, timer))$ genau dann, wenn die obere Formel mit den Variablen *pedestrianLights*, *trafficLights*, *timer*, *pedestrianLights'*, *trafficLights'* und *timer'* erfüllt ist.

Solche Formen der Zustandsübergänge lassen sich auch übersichtlich in Tabellen darstellen.       ■

Für eine Zustandsmaschine können wir also deren Zustandsübergangsrelation als Relation über dem Zustandsraum $\Sigma$ beschreiben, also als Teilmenge von $\Sigma \times \Sigma$. Ist $\Sigma$ ein attributierter Zustandsraum

$$\{\!| a_1 : S_1, \ldots, a_n : S_n |\!\}$$

so können wir die Relation als Zusicherung über $(\sigma, \sigma') \in \Sigma \times \Sigma$ beschreiben, also durch eine boolesche Formel über den Variablen

$$a_1, \ldots, a_n, a'_1, \ldots, a'_n$$

beschreiben.

💡 *Beispiel 2.1.1.5.3* Eine Uhr können wir über dem Zustandsraum

$$\{\!| h : \mathsf{Nat},\ m : \mathsf{Nat},\ s : \mathsf{Nat} |\!\}$$

beschreiben mit Anfangszustand $(0, 0, 0)$ und die Übergangsrelation durch eine Tabelle

| $s$ | $m$ | $h$ | $s'$ | $m'$ | $h'$ |
|---|---|---|---|---|---|
| $< 59$ | | | $= s-1$ | $= m$ | $= h$ |
| $= 59$ | $< 59$ | | $= 0$ | $= m+1$ | $= h$ |
| $= 59$ | $= 59$ | $< 23$ | $= 0$ | $= 0$ | $= h+1$ |
| $= 59$ | $= 59$ | $= 23$ | $= 0$ | $= 0$ | $= 0$ |

Diese Tabelle steht für eine Zusicherung und jede Zeile steht für eine Zusicherung. Wir erhalten für die zweite Zeile etwa

$$s = 59\ \wedge\ m < 59\ \wedge\ s' = 0\ \wedge\ m' = m+1\ \wedge\ h' = h$$

Die Zusicherung, die durch die Tabelle dargestellt wird, erhalten wir, indem wir alle Zusicherungen, die durch die Zeilen dargestellt werden, durch logische Disjunktion verbinden.       ■

Allerdings ist es oft lästig, wenn sich in einem durch eine Zusicherung beschriebenen Zustandsübergang für mehrere Variablen $v$ mehrere Teilformeln der Form $v' = v$ befinden, diese stets ausdrücklich zu schreiben.

Hier verwenden wir eine einfache Konvention. Falls sich ein Attribut $v$ in einem Übergang nicht ändert, falls sich also nur ein Teil $C \subseteq A$ mit $A = \{a_1, \ldots, a_n\}$ ändert und für $v \notin C$ somit $v' = v$ gilt, schreiben wir für eine Zusicherung $Q$ auch

$$\langle Q \rangle_C$$

folgende Zusicherung auszudrücken:

$$Q \ \wedge \ v'_1 = v_1 \ \wedge \ \cdots \ \wedge \ v'_j = v_j$$

mit $A \setminus C = \{v_1, \dots, v_j\}$.

Wir erhalten für unser Beispiel folgende Zusicherung:

🔅 *Beispiel (Fortsetzung von Beispiel 2.1.1.5.3)*

$$\langle s < 59 \ \wedge \ s' = s + 1 \rangle_{\{s\}}$$
$$\vee \ \langle s = 59 \ \wedge \ m < 60 \ \wedge \ m' = m + 1 \ \wedge \ s' = 0 \rangle_{\{s,m\}}$$
$$\vee \ \langle s = 59 \ \wedge \ m = 59 \ \wedge \ h < 24 \ \wedge \ h' = h + 1 \ \wedge \ m' = 0 \ \wedge \ s' = 0 \rangle_{\{s,m,h\}}$$
$$\vee \ \langle s = 59 \ \wedge \ m = 59 \ \wedge \ h = 23 \ \wedge \ h' = 0 \ \wedge \ m' = 0 \ \wedge \ s' = 0 \rangle_{\{s,m,h\}} \quad \blacksquare$$

Man beachte die Ähnlichkeit der Beschreibung von Zustandsübergängen durch Relationen, dargestellt durch Zusicherungen, zur prädikativen Spezifikation nach Hehner [Heh93] und zum Zuweisungsaxiom in der Hoare-Logik (s. [Bro19]) und TLA (s. später Abschn. 7.7) [Lam94].

## 2.1.2 Semantik: Abläufe und Erreichbarkeit

Eine Zustandsmaschine mit unmarkierten Übergängen wird im Folgenden mit unterschiedlichen Ablaufsemantiken und einer Erreichbarkeitssemantik versehen; wir werden beide Begriffe erklären. Beide Semantiken „sammeln" sogenannte Abläufe oder Zustände der betrachteten Maschine; sie werden daher auch als *Sammelsemantiken* (engl. *collecting semantics*) bezeichnet.                    *Sammelsemantik*

### 2.1.2.1 Abläufe

Eine Zustandsmaschine erzeugt eine Menge von endlichen und unendlichen Sequenzen, genannt *Abläufe*. Jeder Ablauf ist eine endliche oder unendliche Folge von Zuständen; wir sprechen auch von Strömen von Zuständen.

📖 **Definition 2.1.2.1.1 (Abläufe einer Zustandsmaschine)** Ein *Ablauf* (engl.   *Ablauf*
*execution*) einer Zustandsmaschine $(\Delta, \Sigma_0)$ mit Zustandsmenge $\Sigma \overset{\text{def}}{=} \text{dom } \Delta$   *Execution*
ist eine nichtleere Folge $\sigma \in \Sigma^{*|\omega}$ derart, dass $\sigma_0 \in \Sigma_0$ und für alle $i$ mit $i+1$ $< \# \sigma$ die Aussage $\sigma_{i+1} \in \Delta(\sigma_i)$ gilt. Die *Länge* eines Ablaufs $\sigma$ ist spezifiziert durch $\# \sigma \in \mathbb{N}_+ \cup \{\infty\}$.[6]                    $\blacksquare$

---

[6] Achtung, wir zählen für Abläufe die enthaltenden Zustände beginnend mit 0.

Verwendet man die Nachfolgerrelation $\rightarrow$ aus Definition 2.1.1.1.2 (statt der Übergangsfunktion), so schreibt man für einen Ablauf wie in Definition 2.1.2.1.1 unter leichter Erweiterung der Notation auch

$$\sigma_0 \rightarrow \cdots \rightarrow \sigma_n \qquad \text{beziehungsweise} \qquad \sigma_0 \rightarrow \sigma_1 \rightarrow \sigma_2 \rightarrow \cdots .$$

*Anmerkung* Direkt aus den Definitionen ergeben sich folgende Fakten für Zustandsmaschinen mit unmarkierten Übergängen:

- Jeder Ablauf einer Zustandsmaschine enthält zumindest einen Anfangszustand und ist somit nichtleer.
- Jeder endliche Ablauf einer totalen Zustandsmaschine ist erweiterbar (in anderen Worten, er ist, informell gesprochen, Präfix eines längeren Ablaufes).
- Eine totale Zustandsmaschine hat mindestens einen unendlichen Ablauf.
- Jeder endliche Ablauf einer deterministischen Zustandsmaschine ist auf höchstens eine Weise um einen Zustand erweiterbar; insbesondere hat eine deterministische Zustandsmaschine höchstens einen unendlichen Ablauf.

∎

Eine Zustandsmaschine $A$ lässt sich mit drei Arten von Ablaufsemantiken versehen: die Menge aller endlichen Abläufe $\mathrm{Exec}_{\mathrm{fin}}(A)$, die Menge aller unendlichen Abläufe $\mathrm{Exec}_{\mathrm{inf}}(A)$ und die Menge aller (endlichen und unendlichen) Abläufe $\mathrm{Exec}(A) = \mathrm{Exec}_{\mathrm{fin}}(A) \cup \mathrm{Exec}_{\mathrm{inf}}(A)$. Für die Möglichkeiten einer Charakterisierung dieser Ablaufmengen mithilfe von Fixpunkttheorie s. Übung 2.6.4.

*Beispiel 2.1.2.1.2 (Ablaufsemantiken der Fußgängerampel)* Die Abläufe der Fußgängerampel aus Beispiel 2.1.1.1.3 sehen wie folgt aus[7]:

$$\mathrm{Exec}_{\mathrm{fin}}(\mathsf{PedLights}) = \{\langle \mathsf{stop} \rangle,$$
$$\langle \mathsf{stop\ go} \rangle,$$
$$\langle \mathsf{stop\ go\ stop} \rangle,$$
$$\langle \mathsf{stop\ go\ stop\ go} \rangle,$$
$$\vdots$$
$$\}$$
$$\mathrm{Exec}_{\mathrm{inf}}(\mathsf{PedLights}) = \{\langle \mathsf{stop\ go} \rangle^{\omega}\}$$
$$\mathrm{Exec}(\mathsf{PedLights}) = \{\langle \mathsf{stop} \rangle,$$
$$\langle \mathsf{stop\ go} \rangle,$$
$$\langle \mathsf{stop\ go\ stop} \rangle,$$
$$\langle \mathsf{stop\ go\ stop\ go} \rangle,$$
$$\vdots$$
$$\langle \mathsf{stop\ go} \rangle^{\omega}$$

---

[7] Ab hier schreiben wir $\omega$ als oberen rechten Index eines Symbols oder einer durch Klammern begrenzten Symbolkette für die unendliche Wiederholung des Symbols beziehungsweise dieser Symbolkette, zum Beispiel $\langle \mathsf{stop\ go} \rangle^{\omega} = \langle \mathsf{stop\ go\ stop\ go\ stop\ go}\ \cdots \rangle$.

$$\}$$  ∎

*Beispiel 2.1.2.1.3 (Ablaufsemantiken der Kfz-Ampel)* Die Abläufe der Autoampel aus Beispiel 2.1.1.1.4 sehen wie folgt aus:

$$\mathrm{Exec_{fin}(TrfLights)} = \{\langle\text{green}\rangle,$$
$$\langle\text{green yellow}\rangle,$$
$$\langle\text{green yellow red}\rangle,$$
$$\langle\text{green yellow red yellowred green}\rangle,$$
$$\vdots$$
$$\}$$

$$\mathrm{Exec_{inf}(TrfLights)} = \{\langle\text{green yellow red yellowred}\rangle^{\omega}\}$$

$$\mathrm{Exec(TrfLights)} \;\; = \{\langle\text{green}\rangle,$$
$$\langle\text{green yellow}\rangle,$$
$$\langle\text{green yellow red}\rangle,$$
$$\langle\text{green yellow red yellowred}\rangle,$$
$$\langle\text{green yellow red yellowred green}\rangle,$$
$$\vdots$$
$$\langle\text{green yellow red yellowred}\rangle^{\omega}$$
$$\}$$  ∎

In Beispielen 2.1.2.1.2 und 2.1.2.1.3 gibt es einige Abläufe, in denen sich Zustände wiederholen. Eine solche Wiederholung findet in einem Ablauf einer endlichen Zustandsmaschine zwangsläufig statt, wenn der Ablauf mindestens so lang wie die Anzahl der Zustände ist. Bei unendlichen Zustandsräumen hingegen müssen sich die Zustände eines Ablaufes nicht unbedingt, auch nicht in beliebig langen Abläufen, wiederholen (Beispiel: Counter):

*Beispiel 2.1.2.1.4 (Ablaufsemantiken des Zählers)* Die Zählmaschine aus Beispiel 2.1.1.1.5 induziert folgende Ablaufmengen:

$$\mathrm{Exec_{fin}(Counter)} = \{\langle 0\rangle,$$
$$\langle 0\ 2\rangle,$$
$$\langle 0\ 2\ 4\rangle,$$
$$\vdots$$
$$\}$$

$$\mathrm{Exec_{inf}(Counter)} = \{\langle 0\ 2\ 4\ \cdots\rangle\}$$

$$\mathrm{Exec(Counter)} \;\; = \{\langle 0\rangle,$$
$$\langle 0\ 2\rangle,$$
$$\langle 0\ 2\ 4\rangle,$$
$$\vdots$$
$$\langle 0\ 2\ 4\ \cdots\rangle$$
$$\}$$  ∎

In jedem der Beispiele 2.1.2.1.2 bis 2.1.2.1.4 existieren beliebig lange endliche
Abläufe, die alle Präfixe voneinander sind, und zudem existiert ein unendlicher Ablauf, der eine Erweiterung jedes dieser Präfixe ist. Es gibt jedoch
Zustandsmaschinen, die beliebig lange endliche Abläufe besitzen, ohne einen
unendlichen Ablauf zu haben:

🔆 *Beispiel 2.1.2.1.5*   Wir betrachten $\Sigma = \{(0,-1)\} \cup \{(x,y) \in \mathbb{N}_0 \times \mathbb{N}_0 :$
$x \geq y \geq 0\}$, $\Sigma_0 = \{(0,-1)\}$ und

$$\Delta : \Sigma \to \mathfrak{P}(\Sigma),$$

$$\Delta((x,y)) = \begin{cases} \mathbb{N}_0 \times \{0\} & \text{falls } y = -1 \\ \{(x, y+1)\} & \text{falls } x > y \geq 0 \\ \emptyset & \text{sonst} \end{cases}$$

Das Zustandsübergangsdiagramm von $A = (\Delta, \Sigma_0)$ sieht dann wie in Abb. 2.5
aus.

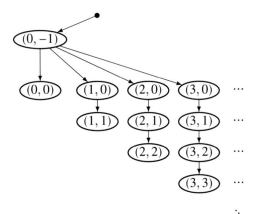

**Abb. 2.5** Übergangsdiagramm einer Maschine mit unbeschränkt langen endlichen Abläufen,
aber ohne unendlichen Ablauf

Die Maschine $A$ hat unbeschränkt lange endliche Abläufe, aber keinen unendlichen Ablauf. Man beachte, dass in diesem Beispiel unendliche Mengen
von Nachfolgezuständen auftreten, wie die Menge $\Delta((0,-1))$. Wir sagen dann,

*Unbeschränkter*
*Nichtdeterminismus*
*Unbounded non-*
*determinism*

die Zustandsmaschine schließt *unbeschränkten Nichtdeterminismus* (engl. *unbounded nondeterminism*) ein. ∎

Mithilfe Königs Unendlichkeitslemma kann man in Übung 2.6.5 eine Klasse
von Zustandsmaschinen angeben, für die nachweisbar unendliche Abläufe
existieren.

### 2.1.2.2 Erreichbarkeit

Eine besondere Rolle spielt für Zustandsmaschinen die Menge der von den Anfangszuständen aus *erreichbaren Zustände*. Anschaulich gesehen ist ein Zustand einer Zustandsmaschine genau dann erreichbar, wenn er in einem Ablauf vorkommt. Man kann die Menge der erreichbaren Zustände allerdings einfacher definieren, ohne auf Abläufe zurückzugreifen. Zu diesem Zweck treffen wir folgende Vereinbarung: Ist $\Delta$ die Zustandsübergangsfunktion einer Zustandsmaschine mit Zustandsmenge $\Sigma$, so nennen wir

*Erreichbarer Zustand*

$$\mathrm{post}_\Delta(\cdot)\colon \mathfrak{P}(\Sigma) \to \mathfrak{P}(\Sigma), \qquad \mathrm{post}_\Delta(X) = \bigcup_{\sigma \in X} \Delta(\sigma)$$

die *Transferabbildung* (auch als *Transferfunktion*, engl. *transfer function*, bekannt).

*Transferabbildung*
*Transferfunktion*

📖 **Definition 2.1.2.2.1 (Erreichbare Zustände)** Sei $A = (\Delta, \Sigma_0)$ eine Zustandsmaschine mit unmarkierten Übergängen und $\Sigma = \mathrm{dom}\,\Delta$. Die Menge der *erreichbaren Zustände* von $A$ ist die kleinste Menge $X$ (bezüglich Teilmengeninklusion), die der Gleichung $X = \Sigma_0 \cup \mathrm{post}_\Delta(X)$ genügt.

*Erreichbare Zustände*

Dabei nennt man die Abbildung auf der rechten Seite der Gleichung, die Abbildung $\lambda\, X \subseteq \Sigma\colon \Sigma_0 \cup \mathrm{post}_\Delta(X)$, den *konkreten Transformator* (engl. *concrete transformer*) von $A$ (oder einfach den *Transformator*, engl. *transformer*, von $A$). ∎

*Konkreter Transformator*
*Concrete transformer*

In Definition 2.1.2.2.1 sprechen wir von einer im Sinn der Mengeninklusion kleinsten Lösung $X$ einer Gleichung der Form $X = f(X)$ für eine Abbildung $f$, deren Definitionsbereich mit dem Wertebereich übereinstimmt. Wir zeigen, dass solch eine Menge existiert, dass es eine kleinste Lösung, einen in der Mengeninklusion kleinster Fixpunkt, gibt, die logischerweise eindeutig ist. Der Transformator ist monoton bezüglich der Teilmengeninklusion[8]. Eine monotone Funktion auf der Potenzmenge einer Menge hat nach Knaster-Tarski immer einen eindeutigen kleinsten Fixpunkt[9] (s. Übung 2.6.3(c)), also hat unser Transformator einen eindeutigen kleinsten Fixpunkt.

Der Begriff *Erreichbarkeitssemantik* für eine Zustandsmaschine steht für die Zuordnung der Menge der erreichbaren Zustände.

*Erreichbarkeitssemantik*

💡 *Beispiel 2.1.2.2.2 (Erreichbare Zustände für Fußgängerampel)* Sei $(\Delta, \Sigma_0)$ die Zustandsmaschine PedLights aus Beispiel 2.1.1.1.3 und $\Sigma$ ihr Zustandsraum. Die Transferabbildung $\mathrm{post}_\Delta(\cdot)\colon \mathfrak{P}(\Sigma) \to \mathfrak{P}(\Sigma)$ von PedLights erfüllt folgende Gleichungen:

---

[8] Eine Funktion $f\colon \mathfrak{P}(\Sigma) \to \mathfrak{P}(\Sigma)$ heißt *monoton* (bezüglich Teilmengeninklusion), wenn $X_1 \subseteq X_2 \Rightarrow f(X_1) \subseteq f(X_2)$ für alle $X_1, X_2 \subseteq \Sigma$ gilt. Wir treffen auf Monotonie später in anderen Kontexten und geben daher eine Verallgemeinerung dieser Definition an: Generell heißt eine Funktion $f\colon \mathcal{X} \to \mathcal{Y}$ zwischen partiell geordneten Mengen $(\mathcal{X}, \leq_{\mathcal{X}})$ und $(\mathcal{Y}, \leq_{\mathcal{Y}})$ *monoton* (bezüglich $\leq_{\mathcal{X}}$ und $\leq_{\mathcal{Y}}$), wenn $x_1 \leq_{\mathcal{X}} x_2 \Rightarrow f(x_1) \leq_{\mathcal{Y}} f(x_2)$ für alle $x_1, x_2 \in \mathcal{X}$ gilt.

[9] Ein Element $x$ heißt *Fixpunkt* einer Funktion $f$, wenn $f(x) = x$ gilt.

$$\begin{aligned}
\mathrm{post}_{\Delta}(\emptyset) &= \emptyset \\
\mathrm{post}_{\Delta}(\{\mathsf{stop}\}) &= \{\mathsf{go}\} \\
\mathrm{post}_{\Delta}(\{\mathsf{go}\}) &= \{\mathsf{stop}\} \\
\mathrm{post}_{\Delta}(\{\mathsf{stop},\mathsf{go}\}) &= \{\mathsf{stop},\mathsf{go}\}
\end{aligned}$$

Der Transformator $T = (\lambda X \subseteq \Sigma : \Sigma_0 \cup \mathrm{post}_{\Delta}(X))$ erfüllt folgende Gleichungen:

$$\begin{aligned}
T(\emptyset) &= \{\mathsf{stop}\} \\
T(\{\mathsf{stop}\}) &= \{\mathsf{stop},\mathsf{go}\} \\
T(\{\mathsf{go}\}) &= \{\mathsf{stop}\} \\
T(\{\mathsf{stop},\mathsf{go}\}) &= \{\mathsf{stop},\mathsf{go}\}
\end{aligned}$$

Der kleinste Fixpunkt von $T$ ist $\{\mathsf{stop},\mathsf{go}\}$, also gilt in diesem Beispiel:

$$\mathrm{ReachSt}(\mathsf{PedLights}) = \Sigma$$ ■

Dass wie in Beispiel 2.1.2.2.2 alle Zustände erreichbar sind, ist keineswegs die Regel:

*Beispiel 2.1.2.2.3 (Fußgängerampel (zu Beispiel 2.1.1.5.2))* Bei der Darstellung der Zustände durch die Belegung der beiden Lichtsignale *greenLight* und *redLight* sind die Zustände charakterisiert durch

$$redLight = \mathsf{on} \wedge greenLight = \mathsf{on}$$

beziehungsweise

$$redLight = \mathsf{off} \wedge greenLight = \mathsf{off}$$

nicht erreichbar. ■

*Beispiel 2.1.2.2.4 (Erreichbare Zustände)* Der Transformator der Maschine Counter aus Beispiel 2.1.1.1.5 ist die Abbildung

$$T \quad = \quad \lambda X \subseteq \mathbb{N}_0 : \ \{0\} \cup \{x+2 : x \in X\}\,.$$

Der kleinste Fixpunkt von $T$ ist $2\mathbb{N}_0 \stackrel{\text{def}}{=} \{2n : n \in \mathbb{N}_0\}$, die Menge aller geraden natürlichen Zahlen inklusive der Null. Also ist die Menge der erreichbaren Zustände dieser Maschine $\mathrm{ReachSt}(\mathsf{Counter}) = 2\mathbb{N}_0$. ■

In Beispiel 2.1.2.2.6 finden wir eine Zustandsmaschine, bei der bestimmte Zustände nicht erreichbar sind.

Die Menge der erreichbaren Zustände einer Maschine lässt sich auch wie folgt beschreiben:

**Theorem 2.1.2.2.5 (Alternative Charakterisierungen der Menge der erreichbaren Zustände)** *Sei A = (Δ, Σ₀) eine Zustandsmaschine mit unmarkierten Übergängen über dem Zustandsraum Σ und T der Transformator von A. Die Menge der erreichbaren Zustände von A lässt sich wie folgt charakterisieren:*

*(a) Es gilt:*

$$T(\mathrm{ReachSt}(A)) \subseteq \mathrm{ReachSt}(A). \tag{2.1}$$

*Ferner ist* $\mathrm{ReachSt}(A)$ *unter allen Mengen* $R \subseteq \Sigma$, *welche die Teilmengenbeziehung*

$$T(R) \subseteq R \tag{2.2}$$

*erfüllen, die kleinste in der Mengeninklusion.*

*(b) Seien die Mengen* $\Theta_i$ $(i \in \mathbb{N}_0)$ *induktiv mittels*

$$\Theta_0 = \emptyset \quad und \quad \Theta_i = T(\Theta_{i-1}) \quad (i \in \mathbb{N}_+)$$

*definiert. Dann gilt:*

$$\Theta_i \subseteq \Theta_{i+1} \quad (i \in \mathbb{N}_0) \tag{2.3}$$

*und*

$$\mathrm{ReachSt}(A) = \bigcup_{i \in \mathbb{N}_0} \Theta_i. \tag{2.4}$$

*(c) Seien die Mengen* $\Sigma_i$ $(i \in \mathbb{N}_+)$ *induktiv durch*

$$\Sigma_i = \mathrm{post}_\Delta(\Sigma_{i-1}) \quad (i \in \mathbb{N}_+)$$

*definiert. Dann gilt:*

$$\mathrm{ReachSt}(A) = \bigcup_{i \in \mathbb{N}_0} \Sigma_i.$$

*(d)* $\mathrm{ReachSt}(A) = \{\sigma_i : \sigma \in \mathrm{Exec}_{\mathrm{fin}}(A) \wedge i \in \mathrm{dom}\,\sigma\}$.
*(e)* $\mathrm{ReachSt}(A) = \{\sigma_i : \sigma \in \mathrm{Exec}(A) \wedge i \in \mathrm{dom}\,\sigma\}$.

**Beweis**

(a) Die Inklusion (2.1) folgt direkt aus Definition 2.1.2.2.1; es gilt sogar die Gleichheit. Nach Übung 2.6.3(c) ist $\mathrm{ReachSt}(A)$ der Durchschnitt aller Postfixpunkte[10] von $T$. Daher ist $\mathrm{ReachSt}(A)$ der kleinste Postfixpunkt des Transformators.

(b) Wir zeigen (2.3) mittels Induktion:

---

[10] Ein *Postfixpunkt* (engl. *postfix point*, auch *postfixed point*, *postfixpoint* oder *post-fixpoint*) einer Abbildung $f: X \to X$ auf einer partiell geordneten Menge $(X, \leq)$ ist ein Element $x \in X$, das $f(x) \leq x$ erfüllt [CC79]. Der Name *Post*fixpunkt betont, dass der Punkt *größer* oder gleich dem kleinsten Fixpunkt ist, wenn $(X, \leq)$ ein sogenannter vollständiger Verband ist.

Sei $i \in \mathbb{N}_0$ und $\Theta_j \subseteq \Theta_{j+1}$ für alle $j \in \mathbb{N}_0$ mit $j < i$. Ist $i = 0$, so gilt $\Theta_i = \emptyset$ $\subseteq \Theta_{i+1}$. Ansonsten $i \geq 1$. Nach Induktionsannahme gilt $\Theta_{i-1} \subseteq \Theta_i$. Nach Definition einer Transformators ist $T$ bezüglich Mengeninklusion monoton wachsend, also gilt $T(\Theta_{i-1}) \subseteq T(\Theta_i)$. Daher $\Theta_i \subseteq \Theta_{i+1}$. Da $i$ beliebig war, ist (2.3) bewiesen.

Um (2.4) zu zeigen, sei $R = \bigcup_{i \in \mathbb{N}_0} \Theta_i$. Wir spalten den Beweis der Gleichheit ReachSt$(A) = R$ in zwei Inklusionen auf:

„$\subseteq$": Dafür zeigen wir, dass $R$ die Teilmengenbeziehung (2.2) erfüllt, also $T(R) \subseteq R$.

Sei $\sigma \in \Sigma_0 \cup \text{post}_\Delta(R)$. Ist $\sigma \in \Sigma_0$, so $\sigma \in \Sigma_0 \cup \text{post}_\Delta(\Theta_0) = T(\Theta_0) = \Theta_1 \subseteq R$. Ansonsten gilt $\sigma \in \text{post}_\Delta(R)$. Nach Definition der Transferfunktion gibt es ein $s \in R$ mit $\sigma \in \Delta(s)$. Nach Definition von $R$ gibt es ein $i \in \mathbb{N}_0$ mit $s \in \Theta_i$. Dann gilt $\sigma \in \text{post}_\Delta(\Theta_i) \subseteq \Theta_{i+1} \subseteq R$. Es gilt $\Sigma_0 \cup \text{post}_\Delta(R) \subseteq R$, also erfüllt $R$ die Teilmengenbeziehung (2.2).

Nach Punkt (a) gilt ReachSt$(A) \subseteq R$.

„$\supseteq$": Wir zeigen ReachSt$(A) \supseteq \bigcup_{i \in \mathbb{N}_0} \Theta_i$ durch Induktion über $i$. Sei $i \in \mathbb{N}_0$ und für alle $i' \in \mathbb{N}_0$ mit $i' < i$ gelte ReachSt$(A) \supseteq \Theta_{i'}$; wir zeigen ReachSt$(A) \supseteq \Theta_i$.

Sei $\sigma \in \Theta_i$. Dann ist $\Theta_i$ nichtleer, also $i \geq 1$ und $\sigma \in T(\Theta_{i-1}) = \Sigma_0 \cup \text{post}_\Delta(\Theta_{i-1})$. Zwei Fälle ergeben sich:

Fall $\sigma \in \Sigma_0$: Dann ReachSt$(A) \overset{\text{nach (2.1)}}{\supseteq} \Sigma_0 \ni \sigma$.

Fall $\sigma \in \text{post}_\Delta(\Theta_{i-1})$: Nach Definition der Transferfunktion gibt es ein $s \in \Theta_{i-1}$ mit $\sigma \in \Delta(s)$. Nach Induktionsvoraussetzung gilt $s \in$ ReachSt$(A)$. Daher $\sigma \in \text{post}_\Delta(\text{ReachSt}(A)) \overset{\text{nach (2.1)}}{\subseteq}$ ReachSt$(A)$.

Es gilt ReachSt$(A) \supseteq \Theta_i$.

Es gilt ReachSt$(A) \supseteq \bigcup_{i \in \mathbb{N}_0} \Theta_i$, also ReachSt$(A) \supseteq R$.

(c) Sei $R = \bigcup_{i \in \mathbb{N}_0} \Sigma_i$. Wir spalten den Beweis der Gleichheit ReachSt$(A) = R$ in zwei Inklusionen auf:

„$\subseteq$": Dafür zeigen wir, dass $R$ die Teilmengenbeziehung (2.2) erfüllt, also $\Sigma_0 \cup \text{post}_\Delta(R) \subseteq R$.

Sei $\sigma \in \Sigma_0 \cup \text{post}_\Delta(R)$. Ist $\sigma \in \Sigma_0$, so $\sigma \in \bigcup_{i \in \mathbb{N}_0} \Sigma_i = R$. Ansonsten gilt $\sigma \in \text{post}_\Delta(R)$. Nach Definition der Transferfunktion gibt es ein $s \in R$ mit $\sigma \in \Delta(s)$. Nach Definition von $R$ gibt es ein $i \in \mathbb{N}_0$ mit $s \in \Sigma_i$. Dann $\sigma \in \Sigma_{i+1} \subseteq \bigcup_{j \in \mathbb{N}_0} \Sigma_j = R$. Da $\sigma$ beliebig war, gilt $\Sigma_0 \cup \text{post}_\Delta(R) \subseteq R$, also erfüllt $R$ die Teilmengenbeziehung (2.2).

Nach Punkt (a) gilt ReachSt$(A) \subseteq R$.

„$\supseteq$": Wir zeigen ReachSt$(A) \supseteq \bigcup_{i \in \mathbb{N}_0} \Sigma_i$ durch Induktion über $i$. Sei also $i \in \mathbb{N}_0$ und für alle $i' \in \mathbb{N}_0$ mit $i' < i$ gelte ReachSt$(A) \supseteq \Sigma_{i'}$; wir zeigen ReachSt$(A) \supseteq \Sigma_i$.

Sei $\sigma \in \Sigma_i$. Zwei Fälle ergeben sich:

Fall $\sigma \in \Sigma_0$: Dann ReachSt$(A) \overset{\text{nach (2.1)}}{\supseteq} \Sigma_0 \ni \sigma$.

Fall $\sigma \notin \Sigma_0$: Dann $i \neq 0$, also $i \geq 1$. Nach Definition von $\Sigma_i$ gibt es ein $s \in \Sigma_{i-1}$ mit $\sigma \in \Delta(s)$. Nach Induktionsvoraussetzung gilt $s \in$ ReachSt$(A)$. Daher $\sigma \in \text{post}_\Delta(\text{ReachSt}(A)) \overset{\text{nach (2.1)}}{\subseteq}$ ReachSt$(A)$.

Es gilt ReachSt$(A) \supseteq \Sigma_i$.

Es gilt ReachSt$(A) \supseteq \bigcup_{i \in \mathbb{N}_0} \Sigma_i$, also ReachSt$(A) \supseteq R$.

(d) Wir zeigen die linke und rechte Mengeninklusion getrennt:

„$\subseteq$": Für die Mengen $\Sigma_0$ und $\Sigma_j$ ($j \in \mathbb{N}_+$) aus Punkt (c) zeigen wir $\forall$ $j \in \mathbb{N}_0$: $\Sigma_j \subseteq \{\sigma_i : \sigma \in \text{Exec}_{\text{fin}}(A) \wedge i \in \text{dom}\,\sigma\}$ mittels Induktion über $j$. Sei $j \in \mathbb{N}_0$ und für alle $j' \in \mathbb{N}_0$ mit $j' < j$ sei $\Sigma_{j'} \subseteq \{\sigma_i : \sigma \in \text{Exec}_{\text{fin}}(A) \wedge i \in \text{dom}\,\sigma\}$.

Sei $s \in \Sigma_j$. Ist $j = 0$, so ist $\sigma \overset{\text{def}}{=} (s)_{i<1} \in \text{Exec}_{\text{fin}}(A)$ ein einelementiger Ablauf mit $\sigma_0 = s$; also gilt $s \in \{\sigma_i : \sigma \in \text{Exec}_{\text{fin}}(A) \wedge i \in \text{dom}\,\sigma\}$. Ansonsten ist $j \geq 1$ und es gibt $\check{s} \in \Sigma_{j-1}$ mit $s \in \Delta(\check{s})$. Nach Induktionsannahme gibt es einen endlichen Ablauf $\sigma \in \text{Exec}_{\text{fin}}(A)$ und ein $i \in \text{dom}\,\sigma$ mit $\check{s} = \sigma_i$. Sei

$$\hat{\sigma} = \left( \begin{cases} \sigma_k, & \text{falls } k \leq i \\ s & \text{falls } k = i+1. \end{cases} \right)_{k \leq i+1}$$

Dann $\hat{\sigma} \in \text{Exec}_{\text{fin}}(A)$ und $s = \hat{\sigma}_{i+1}$. Auch in diesem Fall gilt $s \in \{\sigma_i : \sigma \in \text{Exec}_{\text{fin}}(A) \wedge i \in \text{dom}\,\sigma\}$. Da $s$ beliebig war, zeigten wir $\Sigma_j \subseteq \{\sigma_i : \sigma \in \text{Exec}_{\text{fin}}(A) \wedge i \in \text{dom}\,\sigma\}$.

Es gilt $\bigcup_{j \in \mathbb{N}_0} \Sigma_j \subseteq \{\sigma_i : \sigma \in \text{Exec}_{\text{fin}}(A) \wedge i \in \text{dom}\,\sigma\}$. Mit Punkt (c) gilt somit ReachSt$(A) \subseteq \{\sigma_i : \sigma \in \text{Exec}_{\text{fin}}(A) \wedge i \in \text{dom}\,\sigma\}$.

„$\supseteq$": Wir zeigen die Aussage durch Induktion über die Länge der Abläufe.

Sei $n \in \mathbb{N}_0$ und für alle $n' \in \mathbb{N}_0$ mit $n' < n$ und alle Abläufe $(\sigma_i)_{i \leq n'} \in \text{Exec}_{\text{fin}}(A)$ und alle $i \leq n'$ gelte ReachSt$(A) \ni \sigma_i$.

Sei $\sigma = (\sigma_i)_{i \leq n} \in \text{Exec}_{\text{fin}}(A)$ und $i \leq n$; wir zeigen ReachSt$(A) \ni \sigma_i$. Wir betrachten drei Fälle.

Fall $i - 0$. Dann ist $\sigma_i = \sigma_0$ ein Anfangszustand, also per Definition ein Element von $\Sigma_0 \subseteq$ [nach Punkt (c)] ReachSt$(A)$.

Fall $1 \leq i < n$. Dann gilt $i \in \text{dom}(\sigma_j)_{j \leq n-1}$ und die Induktionsannahme ergibt ReachSt$(A) \ni \sigma_i$.

Fall $1 \leq i = n$. Wenden wir die Induktionsannahme auf den Ablauf $(\sigma_j)_{j \leq n-1}$ an, so erhalten wir ReachSt$(A) \ni \sigma_{n-1}$. Da $\sigma$ ein Ablauf ist, gilt $\sigma_n \in \Delta(\sigma_{n-1})$. Daraus erhalten wir $\sigma_n \in \text{post}_\Delta(\text{ReachSt}(A)) \subseteq$ [nach (2.1)] ReachSt$(A)$. Also, $\sigma_i \in$ ReachSt$(A)$.

Das zeigt ReachSt$(A) \supseteq \{\sigma_i : (\sigma_i)_{i \leq n} \in \text{Exec}_{\text{fin}}(A) \wedge i \leq n\}$.

Das zeigt ReachSt$(A) \supseteq \{\sigma_i : \sigma \in \text{Exec}_{\text{fin}}(A) \wedge i \in \text{dom}\,\sigma\}$.

(e) Wegen $\mathrm{Exec}_{\mathrm{fin}}(A) \subseteq \mathrm{Exec}(A)$ gilt die Inklusion

$$\{\sigma_i : \sigma \in \mathrm{Exec}_{\mathrm{fin}}(A) \wedge i \in \mathrm{dom}\, \sigma\} \subseteq \{\sigma_i : \sigma \in \mathrm{Exec}(A) \wedge i \in \mathrm{dom}\, \sigma\}\,.$$

Da jedoch jedes Element $\sigma_i$ eines endlichen oder unendlichen Ablaufes $\sigma \in \mathrm{Exec}(A)$ auch im endlichen Ablauf $(\sigma_j)_{j \leq i}$ vorkommt ($i \in \mathrm{dom}\, \sigma$), gilt auch die umgekehrte Inklusion und damit die Gleichheit

$$\{\sigma_i : \sigma \in \mathrm{Exec}_{\mathrm{fin}}(A) \wedge i \in \mathrm{dom}\, \sigma\} = \{\sigma_i : \sigma \in \mathrm{Exec}(A) \wedge i \in \mathrm{dom}\, \sigma\}\,.$$

Nach Punkt (d) gilt also $\mathrm{ReachSt}(A) = \{\sigma_i : \sigma \in \mathrm{Exec}(A) \wedge i \in \mathrm{dom}\, \sigma\}$.

q.e.d.

Aussagen (b) oder (c) von Theorem 2.1.2.2.5 werden zur tatsächlichen Berechnung der Menge der erreichbaren Zustände einer endlichen Zustandsmaschine verwendet. Definition 2.1.2.2.1 stellt hingegen keine unmittelbare Vorschrift zur Berechnung der Menge der erreichbaren Zustände dar. Punkte (d) und (e) von Theorem 2.1.2.2.5 stellen Verbindungen zwischen zwei Ablaufsemantiken (nämlich, der Menge der endlichen Abläufe und der Menge aller Abläufe) einerseits und der Erreichbarkeitssemantik andererseits her. (Wie in Beispiel 2.1.2.1.5 gezeigt, kann man im Allgemeinen aus der Menge der unendlichen Abläufe die Erreichbarkeitssemantik nicht gewinnen. Das ist nur für totale Maschinen sowie für Maschinen ohne Anfangszustände möglich. Wir gehen auf Details nicht weiter ein.)

*Beispiel 2.1.2.2.6 (Ampel – erreichbare Zustände)*    Betrachten wir ein System für einen Fußgängerübergang mit zwei Ampeln: eine für Fußgänger aus Beispiel 2.1.1.1.3 und eine für Kraftwagen aus Beispiel 2.1.1.1.4. Sei $\Sigma^{\mathrm{P}}$ der Zustandsraum der Fußgängerampel, $\Sigma_0^{\mathrm{P}}$ die Anfangszustandsmenge der Fußgängerampel, $\Sigma^{\mathrm{T}}$ der Zustandsraum der Autoampel und $\Sigma_0^{\mathrm{T}}$ die Anfangszustandsmenge der Autoampel aus diesen zwei Beispielen. Der hoch stehende rechte Index P steht für engl. *pedestrian*, T für engl. *traffic*. Das System Lights habe den Zustandsraum

$$\Sigma = \Sigma^{\mathrm{T}} \times \Sigma^{\mathrm{P}}\,,$$

den Anfangszustand

$$\sigma_0 = \Sigma_0^{\mathrm{T}} \times \Sigma_0^{\mathrm{P}} = \{(\mathrm{green}, \mathrm{stop})\}$$

und die Übergangsfunktion

$$\Delta(\sigma) = \begin{cases} \{(\mathrm{green}, \mathrm{stop})\}, & \text{falls } \sigma = (\mathrm{yellowred}, \mathrm{stop})\,, \\ \{(\mathrm{red}, \mathrm{stop})\}, & \text{falls } \sigma = (\mathrm{red}, \mathrm{go})\,, \\ \{(\mathrm{yellowred}, \mathrm{stop})\}, & \text{falls } \sigma = (\mathrm{red}, \mathrm{stop})\,, \\ \{(\mathrm{yellow}, \mathrm{stop})\}, & \text{falls } \sigma = (\mathrm{green}, \mathrm{stop})\,, \\ \{(\mathrm{red}, \mathrm{go})\}, & \text{falls } \sigma = (\mathrm{yellow}, \mathrm{stop})\,, \\ \emptyset & \text{sonst}\,. \end{cases}$$

Die Menge der erreichbaren Zustände (ob aus Definition 2.1.2.2.1 oder Theorem 2.1.2.2.5) lautet wie folgt:

$$
\begin{aligned}
\text{ReachSt(Lights)} \;=\; & \{(\text{green}, \text{stop}), (\text{red}, \text{stop}), (\text{yellowred}, \text{stop}), \\
& (\text{yellow}, \text{stop}), (\text{red}, \text{go})\}.
\end{aligned}
$$

Der Zustand (green, go), der bei der Nutzung der Ampel im realen Verkehr zu einem Unfall führen könnte, ist nicht erreichbar. Auch die Zustände (yellow, go) und (yellowred, go), die auch zu Unfällen führen können, sind unerreichbar. Die Maschine Lights modelliert also ein verkehrssicheres System aus Sicht der Auto- und Fußgängerampel.

Das Zustandsübergangsdiagramm für die Zustandsmaschine Lights ist in Abb. 2.6 gegeben.

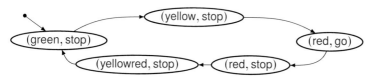

**Abb. 2.6** Zustandsübergangsdiagramm für Maschine Lights

Das Beispiel lässt bereits erkennen, wie man für eine Zustandsmaschine zeigt, dass bestimmte „unsichere" (engl. *unsafe*) Zustände – in unserem Beispiel Zustand (green, go) – nicht eintreten, indem man zeigt, dass diese Zustände nicht erreichbar sind. ∎

### 2.1.3 Logische Spezifikation und Invarianten

Mengen von Zuständen lassen sich über *Zustandsprädikate* charakterisieren. Ein *Zustandsprädikat* ist ein Prädikat $p\colon \Sigma \to \mathbb{B}$ auf der Zustandsmenge $\Sigma$ einer Zustandsmaschine.    *Zustandsprädikat*

Neben der Menge der erreichbaren Zustände sind für die Analyse von Zustandsübergangssystemen auch Zustandsmengen von Interesse, die die Menge der erreichbaren Zustände als Teilmenge enthalten. Diese lassen sich durch sogenannte Invarianten charakterisieren. Eine Reihe von Eigenschaften von Abläufen können wir über solche invariante Zustandsprädikate beschreiben.

📖 **Definition (Zustandsinvariante)** Ein Prädikat

$$p\colon \Sigma \to \mathbb{B}$$

auf der Menge $\Sigma$ der Zustände einer Zustandsmaschine heißt *Zustandsinvari-*    *Zustandsinvariante*

*ante* der Zustandsmaschine, wenn das Prädikat $p$ für alle erreichbaren Zustände gilt[11].                                                                                          ∎

„Zustandsinvariante"[12] wird oft zu „Invariante" abgekürzt, sofern sich die Bedeutung aus dem Kontext erschließt.[13]

Für die Menge ReachSt($A$) der erreichbaren Zustände einer Zustandsmaschine $A$ mit Zustandsraum $\Sigma$ ist das Prädikat

$$\text{reachable}\colon \Sigma \to \mathbb{B}\,,$$

$$\text{reachable}(\sigma) = \begin{cases} T & \text{falls } \sigma \in \text{ReachSt}(A) \\ F & \text{sonst} \end{cases} \tag{2.5}$$

eine Invariante. Unter allen Invarianten ist es die stärkste: ein Prädikat $q\colon \Sigma \to \mathbb{B}$ ist genau dann eine Invariante, wenn $q$ für jeden erreichbaren Zustand $\sigma$ gilt, also wenn $(\text{reachable}(\sigma) \Rightarrow q(\sigma))$ für alle Zustände $\sigma$ gilt.

Wie wir in Abschn. 7.1.2 sehen werden, lassen sich sogenannte Sicherheitseigenschaften oft anschaulich durch Invarianten beschreiben.

Der Nachweis, dass ein Zustandsprädikat eine Invariante ist, lässt sich über stabile Prädikate führen:

▦ **Definition 2.1.3.1 (Stabiles Prädikat)**   Für eine Zustandsmaschine mit Zustandsübergangsfunktion $\Delta$ und Zustandsmenge $\Sigma \overset{\text{def}}{=} \text{dom}\,\Delta$ heißt ein Prädikat

$$p\colon \Sigma \to \mathbb{B}$$

*Stabiles Prädikat*   *stabil*, falls

$$p(\sigma) \land \sigma' \in \Delta(\sigma) \;\Rightarrow\; p(\sigma') \qquad (\sigma, \sigma' \in \Sigma)\,. \qquad ∎$$

Zustände, für die ein stabiles Prädikat gilt, werden durch Zustandsübergänge stets in Zustände überführt, für die das Prädikat ebenfalls gilt. Triviale Beispiele eines stabilen Prädikats sind konstante Funktionen $\lambda\,\sigma \in \Sigma : T$ und $\lambda\,\sigma \in \Sigma : F$, die wir durch die Formeln true und false über dem Zustandsraum $\Sigma$ ausdrücken

---

[11] Diese Definition ist zwar sehr verbreitet (s. etwa [Cla+20, §11.1]), jedoch nicht absolut einheitlich in einschlägiger Literatur: mitunter werden Formeln [Hoa71] oder Mengen von Zuständen [GS97] statt Prädikaten auf Zuständen betrachtet und mitunter (s. [NT06]) steht „Invariante" für eine stabile Invariante (s. Definition 2.1.3.1).

[12] In der Literatur findet man neben den Zustandsinvarianten auch andere Arten von Invarianten (etwa sogenannte Ablaufinvarianten; wie gehen darauf in diesem Buch nicht ein).

[13] Ferner weicht der Gebrauch des Begriffs „Invariante" hier von dem in der Mathematik üblicheren Gebrauch leicht ab. In der Mathematik ist eine Invariante, informell gesprochen, eine mit einem Element assoziierte Größe, die sich bei einer jeweils passenden Klasse von Modifikationen des Elements nicht ändert [Wik11]. Etwa folgende Definition ist in der Mathematik gebräuchlich (obschon keinesfalls eindeutig): Für eine Abbildung $f\colon X \to X$ heißt eine Menge $Y \subseteq X$ eine *invariante Teilmenge*, wenn $f(Y) \subseteq Y$ gilt, in anderen Worten, wenn $f$ jeden Punkt von $Y$ nach $Y$ abbildet. Für eine dazu sehr ähnliche Situation verwenden wir das Wort *stabil* (s. Definition 2.1.3.1) statt *invariant*.

können. Ein weiteres stabiles Prädikat, das für jede Zustandsmaschine existiert, ist reachable aus (2.5); seine Stabilität folgt direkt aus (2.1).

Ist ein Prädikat für eine Zustandsmaschine stabil und gilt das Prädikat für einen Zustand, so gilt es in jedem Ablauf für alle seine Folgezustände.

### Theorem 2.1.3.2 (Zusammenhang zwischen Stabilität und Invarianz)

*Sei $p: \Sigma \to \mathbb{B}$ ein Prädikat auf dem Zustandsraum $\Sigma$ einer Zustandsmaschine $(\Delta, \Sigma_0)$. Dann gilt: Ist $p$ stabil und gilt $p$ für jeden Anfangszustand, dann ist $p$ eine Invariante für $(\Delta, \Sigma_0)$.*

**Beweis** Zu zeigen ist, dass $p$ für alle erreichbaren Zustände gilt. Nach der Charakterisierung der Menge der erreichbaren Zustände in Theorem 2.1.2.2.5(c) als ReachSt$((\Delta, \Sigma_0)) = \bigcup_{i \in \mathbb{N}_0} \Sigma_i$ mit $\Sigma_{i+1} = \{\sigma' \in \Delta(\sigma): \sigma \in \Sigma_i\}$ $(i \in \mathbb{N}_0)$ genügt es zu zeigen, dass $p(\sigma)$ für alle $\sigma \in \Sigma_i$ mit $i \in \mathbb{N}_0$ gilt.

Für $i = 0$ gilt nach Voraussetzung $p(\sigma_0)$ für alle $\sigma_0 \in \Sigma_0$.

Gilt $p(\sigma)$ für alle $\sigma \in \Sigma_i$ für ein $i \in \mathbb{N}_0$, dann gilt aufgrund der Stabilität von $p$ die Aussage $p(\sigma')$ für alle $\sigma' \in \Delta(\sigma)$ und damit für alle $\sigma' \in \Sigma_{i+1} = \bigcup_{\sigma \in \Sigma_i} \Delta(\sigma)$. q.e.d.

Es genügt also der Nachweis der Stabilität eines Prädikates $p$ und seiner Gültigkeit für die Anfangszustände, um sicher zu sein, dass $p$ Invariante ist, also für alle erreichbaren Zustände gilt. (In der Literatur werden für alle Anfangszustände geltende stabile Zustandsinvarianten auch *induktive Zustandsinvarianten* oder einfach *induktive Invarianten* genannt.)

*Induktive Zustandsinvariante*

*Induktive Invariante*

💡 *Beispiel 2.1.3.3 (Stabiles Prädikat für Zähler als Zustandsmaschine)* Für den Zähler aus Beispiel 2.1.1.1.5 sind beide Prädikate

$$\mathsf{odd}: \mathbb{N}_0 \to \mathbb{B},$$

$$\mathsf{odd}(x) = \begin{cases} \mathrm{T} & \text{falls } x \text{ ungerade} \\ \mathrm{F} & \text{sonst} \end{cases}$$

und

$$\mathsf{even}: \mathbb{N}_0 \to \mathbb{B},$$

$$\mathsf{even}(x) = \begin{cases} \mathrm{T} & \text{falls } x \text{ gerade} \\ \mathrm{F} & \text{sonst} \end{cases}$$

stabil, aber nur das Prädikat even ist eine Invariante. ∎

Stabile Prädikate und Invarianten sind ein wichtiges Mittel der Analyse und Verifikation von Eigenschaften von Zustandsmaschinen.

Wir werden Theorem 2.1.3.2 im Beispiel 3.1.1.1 anwenden.

Eine Methode, ein Prädikat $q$, das nicht stabil ist, als Invariante nachzuweisen, besteht darin, eine stärkere und stabile Invariante, etwa $q'$, zu finden und für sie den Nachweis zu führen, dass sie im Anfangszustand gilt und zusätzlich für alle Zustände $\sigma$ die Aussage

$$q'(\sigma) \;\Rightarrow\; q(\sigma)$$

erfüllt. Schwierig ist dabei allerdings oft das Finden einer geeigneten stabilen Invariante.

Wir geben nun ein Beispiel für eine Invariante, die nicht stabil ist, und für den Nachweis der Invarianteneigenschaft ein geeignetes stabiles Prädikat.

☼ *Beispiel (Instabile Invariante)* Wir betrachten den Zustandsraum $\mathbb{Z}$ mit Anfangszustand 0 und der Übergangsfunktion $\Delta$, die die Gleichung

$$\Delta(\sigma) \;=\; \begin{cases} \{\sigma + 2\} & \text{falls } \sigma \text{ gerade} \\ \{-\sigma\} & \text{falls } \sigma \text{ ungerade} \end{cases}$$

für alle Zustände $\sigma$ erfüllt. Das Prädikat $p(\sigma) = (\sigma \geq 0)$ ist Invariante, aber nicht stabil, da etwa

$$\Delta(9) = \{-9\}$$

gilt. Der Nachweis, dass $p$ Invariante ist, erfolgt etwa über das folgende stabile Prädikat $q$:

$$q(\sigma) \;=\; (\sigma \text{ gerade } \wedge \; \sigma \geq 0) \qquad (\sigma \in \mathbb{Z}).$$

Man kann unschwer zeigen, dass $q$ stabil ist, für den Anfangszustand gilt und die Aussage

$$q(\sigma) \;\Rightarrow\; p(\sigma)$$

für alle Zustände $\sigma$ erfüllt.                                              ∎


## 2.1.4 Parallele Komposition

Die bisher betrachteten Zustandsmaschinen sind durchweg sequenziell. Die Maschinen führen Zustandsübergang um Zustandsübergang nacheinander aus. Nebenläufigkeit hingegen wird durch das zeitliche nebeneinander oder parallele Ausführen von Zustandsübergängen auf einem gemeinsamen, genauer gesagt gemeinsam genutzten, Zustandsraum mit eingeschränktem Zugriff modelliert. Gemeint ist dabei, dass die Zustandsräume zweier oder mehrerer Zustandsmaschinen je zweigeteilt sind. Ein Teil wird jeweils nur von der entsprechenden Maschine exklusiv genutzt, der andere Teil des Zustandsraumes ist für alle Maschinen identisch und wird gemeinsam genutzt.

Im Detail gibt es dazu unterschiedliche Konstruktionen. Ihnen allen ist gemeinsam, informell gesprochen, dass der Zustandsraum der Maschine, die durch Komposition entsteht, aus den Zustandsräumen der Ausgangsmaschinen mittels einer geeigneten Produktkonstruktion zusammengebaut wird.

Eingangs beschäftigen wir uns in Abschn. 2.1.4.1 mit einfachsten Zusammensetzungen, bei denen die Ausgangsmaschinen nicht über gemeinsame Zustände zusammenwirken, und dann gehen wir in Abschn. 2.1.4.2 zu Maschinen über, die sich den Zustandsraum teilen und dadurch zusammenwirken.

### 2.1.4.1 Parallele Komposition ohne gemeinsamen Speicher

Sei für $i \in \{1, 2\}$ je eine Zustandsmaschine $A_i = (\Delta_i, \Sigma_0^i)$ mit Zustandsraum $\Sigma_i$ gegeben. Wir definieren eine Zustandsmaschine $(\Delta, \Sigma_0)$ mit einem Zustandsraum $\Sigma$, der das Produkt

$$\Sigma = \Sigma_1 \times \Sigma_2$$

der Zustandsräume der gegebenen Maschinen ist. Als Anfangszustandsmenge wählen wir

$$\Sigma_0 = \Sigma_0^1 \times \Sigma_0^2 .$$

Für die Definition der Zustandsübergangsfunktion

$$\Delta \colon \; \Sigma \to \mathfrak{P}(\Sigma)$$

haben wir die folgenden Optionen.

Beim *Interleaving* (engl. *interleaving* [BB02; Col+00; IBM78; IBM85], auch Verschränkung, zeitliches Verzahnen, zeitliche Verzahnung, *asynchrone Nebenläufigkeit*, „*Oder*"-*Parallelität*) des Verhaltens der beiden Maschinen wird nur jeweils ein Schritt einer der beiden Maschinen ausgeführt:

$$\Delta(\sigma_1, \sigma_2) = \Big\{ (\tau_1, \tau_2) \colon \; (\tau_1 \in \Delta_1(\sigma_1) \wedge \tau_2 = \sigma_2)$$
$$\vee \, (\tau_2 \in \Delta_2(\sigma_2) \wedge \tau_1 = \sigma_1) \Big\} .$$

Die Auswahl, für welche der Maschinen ein Schritt gewählt wird, erfolgt nicht-deterministisch. Ein besonderer Fall von Interleaving ist *Stottern* (engl. *stuttering*), bei dem auch zugelassen wird, dass keine der beiden Maschinen eine Zustandsänderung vornimmt und der Zustand unverändert bleibt:

$$\Delta(\sigma_1, \sigma_2) = \Big\{ (\tau_1, \tau_2) \colon \; (\tau_1 \in \Delta_1(\sigma_1) \wedge \tau_2 = \sigma_2)$$
$$\vee \, (\tau_2 \in \Delta_2(\sigma_2) \wedge \tau_1 = \sigma_1)$$
$$\vee \, (\tau_1 = \sigma_1 \wedge \tau_2 = \sigma_2) \quad \Big\} .$$

Die obige Definition von Interleaving (ob mit Stottern oder ohne) ist für viele Anwendungen zu allgemein: sie lässt potentiell unendliche Abläufe zu, in denen, informell gesprochen, ab einem Zeitpunkt eine der beiden Maschinen keine Schritte mehr ausführt (weil die andere Maschine ständig Übergänge ausführt oder weil ständig Stotterschritte genommen werden), obwohl sie dazu ständig in der Lage wäre. In der Regel erwartet man von einer Implementie-rung der „Oder"-Parallelität keine solchen Ausführungen und konstruiert die Scheduler, etwa in einem Betriebssystem, dementsprechend. In unserer Se-

*Interleaving*
*Verschränkung*
*Verzahnung*
*(asynchrone Nebenläufig-keit,*
*„Oder"-Parallelität)*
*Interleaving*

*Stottern*
*Stuttering*

mantik der unendlichen Abläufe, beschrieben durch $\text{Exec}_{\text{inf}}$ angewandt auf die „oder"-parallele Komposition von $A_1$ mit $A_2$, kommen solche Abläufe, bei denen eine der beiden Maschinen, informell gesprochen, „unfair" behandelt wird, allerdings vor. Daher ist es sinnvoll, die Semantik der unendlichen Abläufe der „oder"-parallelen Komposition einzuschränken und nur sogenannte *schwach faire* unendliche Abläufe (engl. *weakly fair executions*, auch engl. *just executions*)[14] zu betrachten. Es gibt unterschiedliche sinnvolle Formalisierungen dazu. Wir geben eine Formalisierung der Semantik der schwach fairen Abläufe an: Die schwach fairen Abläufe der parallelen Komposition sind alle unendlichen Abläufe, für die gilt: wenn ab irgendeinem Zeitpunkt eine der beiden Maschinen immer einen Zustandsübergang durchführen kann, wird sie nach diesem Zeitpunkt einen Schritt irgendwann einmal ausführen. Induktiv folgt, dass die Maschine, wenn sie immer wieder in diese Situation gerät, unendlich oft Schritte ausführt.

Wir definieren nun formal, wann wir einen unendlichen Ablauf

$$\sigma_0 \to \sigma_1 \to \sigma_2 \to \cdots$$

der durch Interleaving aus zwei Zustandsmaschinen $\Delta_i$ zusammengesetzten Zustandsmaschine $\Delta$ unfair nennen.

Es gelte also $\sigma_{t+1} \in \Delta(\sigma_t)$ für alle $t \in \mathbb{N}_0$, wobei $\Delta$ die Übergangsabbildung der komponierten Maschine ist. Der Ablauf heißt *unfair* für die Maschine $A_i$ mit $i \in \{1, 2\}$, falls ein $t \in \mathbb{N}_0$ existiert, so dass gilt

- Alle Zustandsübergänge für die Zustände $\sigma_r$ mit $t \leq r$ sind keine Übergänge der Maschine mit Übergangsfunktion $\Delta_i$:

$$\sigma_r = (\sigma_1, \sigma_2) \wedge \sigma_{r+1} = (\sigma_1', \sigma_2') \;\Rightarrow\; \sigma_i' \notin \Delta_i(\sigma_i)$$

- In jedem Zustand $\sigma_r$ mit $t \leq r$ ist die Maschine mit Übergangsfunktion $\Delta_i$ bereit, einen Übergang durchzuführen

$$\sigma_r = (\sigma_1, \sigma_2) \;\Rightarrow\; \Delta_i(\sigma_i) \neq \emptyset$$

Ein unendlicher Ablauf heißt *schwach fair*, wenn er für beide Maschinen $i \in \{1, 2\}$ nicht unfair ist.

Es stellt sich die Frage, ob man die Semantik der schwach fairen Abläufe aus der üblichen Semantik der unendlichen Abläufe, $\text{Exec}_{\text{inf}}$, direkt mittels einfacher Operationen gewinnen kann, wenn man kleine Änderungen an den komponierten Maschinen oder an ihrer Kompositionsart vornimmt. Dies ist in der Tat möglich, wie nachstehend gezeigt wird.

Fairness kann man für totale Maschinen durch folgende Ergänzung erzwingen. Wir erweitern die Zustände um eine Position für ganze Zahlen:

---

[14] Es gibt eine Reihe von Varianten von Fairness, wie sogenannte *stark faire Abläufe* (engl. *strongly fair executions*, auch engl. *compassionate executions*) und *bedingungslos faire Abläufe* (engl. *unconditionally fair executions*, auch engl. *impartial executions*) [BK08; Hin14; Kle09], auf die wir allerdings nicht eingehen.

$$\Sigma = (\mathbb{Z} \setminus \{0\}) \times \Sigma_1 \times \Sigma_2$$
$$\Sigma_0 = (\mathbb{Z} \setminus \{0\}) \times \Sigma_0^1 \times \Sigma_0^2$$

und (wir setzen hier voraus, dass beide Maschinen stets zu Übergängen bereit sind)

$$\Delta(z, \sigma_1, \sigma_2) = \{(z', \tau_1, \tau_2):$$
$$(z > 1 \wedge z' = z-1 \wedge \tau_1 \in \Delta_1(\sigma_1) \wedge \tau_2 = \sigma_2)$$
$$\vee (z < -1 \wedge z' = z+1 \wedge \tau_1 = \sigma_1 \wedge \tau_2 \in \Delta_2(\sigma_2))$$
$$\vee (z = 1 \wedge -z' \in \mathbb{N}_+ \wedge \tau_1 \in \Delta_1(\sigma_1) \wedge \tau_2 = \sigma_2)$$
$$\vee (z = -1 \wedge z' \in \mathbb{N}_+ \wedge \tau_1 = \sigma_1 \wedge \tau_2 \in \Delta_2(\sigma_2)) \}$$

Diese Zustandsmaschine verhält sich „fair" in dem Sinn, dass jede der beiden Zustandsmaschinen nach einer endlichen Anzahl von Schritten einen Übergang durchführt. Sie ist allerdings *unbeschränkt* nichtdeterministisch, da in den Schritten mit Zuständen, für die $z = 1$ und $z = -1$ gilt, ein Übergang stattfindet, bei dem $z'$ aus einer unendlichen Menge ausgewählt wird.

*Unbeschränkt nichtdeterministisch*

Bei *synchroner Nebenläufigkeit* (*„Und"-Parallelität*) werden jeweils zwei Schritte der gegebenen Maschinen gleichzeitig in einem Schritt der zusammengesetzten Maschine durchgeführt:

*Synchrone Nebenläufigkeit (*„Und"-Parallelität*)*

$$\Delta(\sigma_1, \sigma_2) = \{(\tau_1, \tau_2): \tau_1 \in \Delta_1(\sigma_1) \wedge \tau_2 \in \Delta_2(\sigma_2)\}.$$

Wenn man eine beliebige Zustandsmaschine $A$ mit einer totalen Maschine parallel komponiert, so kann man aus der zusammengesetzten Maschine die Maschine $A$ wiedergewinnen. Gleichermaßen kann man aus den Abläufen und erreichbaren Zuständen die Abläufe und die erreichbaren Zustände von $A$ wiedergewinnen.

Es sind natürlich auch Mischungen der beiden Konzepte der nebenläufigen Komposition möglich, wobei einige der Schritte synchron und andere im Interleaving-Modus ausgeführt werden:

$$\Delta(\sigma_1, \sigma_2) = \{(\tau_1, \tau_2): (\tau_1 \in \Delta_1(\sigma_1) \wedge \tau_2 = \sigma_2)$$
$$\vee (\tau_2 \in \Delta_2(\sigma_2) \wedge \tau_1 = \sigma_1)$$
$$\vee (\tau_1 \in \Delta_1(\sigma_1) \wedge \tau_2 \in \Delta_2(\sigma_2))\}.$$

Wir können unter der Annahme $\Sigma_1 \cap \Sigma_2 = \emptyset$ aus den gegeben Zustandsmaschinen auch eine Zustandsmaschine mit dem Zustandsraum

$$\Sigma = \Sigma_1 \cup \Sigma_2$$

konstruieren; dabei wählen wir

$$\Sigma_0 = \Sigma_0^1 \cup \Sigma_0^2$$

als Menge der Anfangszustände und als Übergangsfunktion

$$\Delta: \Sigma \rightarrow \mathfrak{P}(\Sigma)$$

wählen wir

$$\Delta(\sigma) = \begin{cases} \Delta_1(\sigma) \cup \Xi_1(\sigma) & \text{falls } \sigma \in \Sigma_1 \\ \Delta_2(\sigma) \cup \Xi_2(\sigma) & \text{falls } \sigma \in \Sigma_2 \end{cases}$$

wobei

$$\Xi_1: \Sigma_1 \rightarrow \mathfrak{P}(\Sigma_2)$$
$$\Xi_2: \Sigma_2 \rightarrow \mathfrak{P}(\Sigma_1)$$

zusätzliche Übergangsfunktionen sind, die die Übergänge zwischen den Zustandsräumen beschreiben. Auf diese Weise erhalten wir eine zusammengesetzte Zustandsmaschine, die stets entweder in einem Zustand der Maschine 1 oder in einem Zustand der Maschine 2 ist. Wir sprechen auch von der disjunkten Vereinigung oder der Summe der Zustandsmaschinen und auch von „Oder"-Komposition in Statecharts (s. [Har87]).

Nebenläufige zusammengesetzte Zustandsmaschinen finden sich in den Statecharts (vgl. [Har87]) und in Folge in der Aufnahme von Statecharts in den Formalismus auch in UML (vgl. [BD00]). Dabei werden die Zustandsräume zusammengesetzter Maschinen aus den Zustandsräumen gegebener Maschinen durch Produktbildung und Vereinigung zusammengesetzt. Bei Statecharts [Har87] (s. Abschn. 2.3.6) spricht man dann von „Und"- sowie „Oder"-Zusammensetzung der Zustandsräume. Strenggenommen hat die Oder-Zusammensetzung wie das Interleaving eher mit sequenzieller (statt paralleler) Zusammensetzung zu tun.

### 2.1.4.2 Zustandsmaschinen mit gemeinsamem Speicher

In den Beispielen betrachteten wir bisher nur die Komposition von Zustandsmaschinen, die auf disjunkten Zustandsräumen arbeiten. Man kann aber auch Zustandsmaschinen nebenläufig komponieren, die überlappende Zustände und damit gemeinsame Zustandsanteile besitzen.

Anders als im Fall des durch ein direktes Produkt gebildeten Produktzustandsraums für nebenläufige Zustandsmaschinen in Abschn. 2.1.4.1 enthalten nebenläufige Zustandsmaschinen, die über den Zustandsraum kommunizieren, überlappende Zustandsanteile. Seien die Mengen $Loc_i$ (*lokaler Zustandsraum*, engl. *local state space*) ($i \in \{1, 2\}$) und Shar (*gemeinsamer Zustandsraum*, engl. *shared state space*) gegeben; wir betrachten Zustandsmaschinen

*Lokaler Zustandsraum*
*Local state space*
*Gemeinsamer Zustandsraum*
*Shared state space*

$$(\Delta_i, \Sigma_0^i) \qquad (i \in \{1, 2\})$$

mit Zustandsräumen

$$\mathrm{dom}\, \Delta_i = \mathrm{Shar} \times \mathrm{Loc}_i \qquad (i \in \{1,2\}).$$

Wir definieren eine Zustandsmaschine

$$(\Delta, \Sigma_0)$$

mit Zustandsraum

$$\Sigma = \mathrm{Shar} \times \mathrm{Loc}_1 \times \mathrm{Loc}_2$$

und Übergangsfunktion

$$\Delta = \Delta_1 \parallel \Delta_2 \colon \Sigma \to \mathfrak{P}(\Sigma),$$

$$\Delta(s, l_1, l_2) = \big\{ (s', l_1', l_2') \colon \quad ((s', l_1') \in \Delta_1(s, l_1) \wedge l_2' = l_2)$$

$$\vee (l_1' = l_1 \wedge (s', l_2') \in \Delta_2(s, l_2)) \big\}$$

und Anfangszustandsmenge

$$\Sigma_0 = \{ (s, l_1, l_2) \colon (s, l_1) \in \Sigma_0^1 \wedge (s, l_2) \in \Sigma_0^2 \}.$$

Die Zusammensetzung $\Delta_1 \parallel \Delta_2$ nennen wir auch die *parallele Komposition der Übergangsfunktionen* $\Delta_1$ und $\Delta_2$. Bei leichter Überladung der Notation bezeichnen wir die *parallele Komposition der Zustandsmaschinen* $A_1$ und $A_2$ durch $A_1 \parallel A_2$, wobei $A_1 \parallel A_2 = (\Delta_1 \parallel \Delta_2, \Sigma_0)$.

*Parallele Komposition*

Je nach Anwendung wird die parallele Komposition der Maschinen mitunter mit einer geeigneten Anfangszustandsmenge versehen. Ferner ist die Komposition mit Kommunikation auf mehr als zwei Zustandsmaschinen verallgemeinerbar.

🔆 *Beispiel 2.1.4.2.1 (Fußgänger- und Autoampel, synchronisiert über den gemeinsamen Zustandsraum)* Wir zeigen, wie sich eine Fußgänger- und eine Kraftfahrzeugampel mit Kommunikation über den gemeinsamen Zustand komponieren lassen. Die Maschinen PedLights aus Beispiel 2.1.1.1.3 und TrfLights aus Beispiel 2.1.1.1.4 eignen sich nicht direkt dafür, da sich ihre Zustände nicht überlappen. Daher statten wir beide Maschinen zusätzlich mit einem gemeinsamen Zustandsraum

$$\mathrm{Shar} \overset{\mathrm{def}}{=} \{\mathsf{P}, \mathsf{T}\}$$

mit den Elementen P und T (P steht für engl. *pedestrian* und T steht für engl. *traffic*) aus und definieren die zwei Ampeln um. Dazu seien $\Sigma^{\mathrm{TL}}$ der Zustandsraum von TrfLights, $\Sigma^{\mathrm{PL}}$ der Zustandsraum von PedLights und

$$\Delta^{\mathrm{TL}}: \; \mathrm{Shar} \times \Sigma^{\mathrm{TL}} \rightarrow \mathfrak{P}(\mathrm{Shar} \times \Sigma^{\mathrm{TL}})$$
$$(\mathsf{T}, \mathsf{green}) \mapsto \{(\mathsf{T}, \mathsf{yellow})\}$$
$$(\mathsf{T}, \mathsf{yellow}) \mapsto \{(\mathsf{P}, \mathsf{red})\}$$
$$(\mathsf{T}, \mathsf{red}) \mapsto \{(\mathsf{T}, \mathsf{yellowred})\}$$
$$(\mathsf{T}, \mathsf{yellowred}) \mapsto \{(\mathsf{T}, \mathsf{green})\}$$
$$(\mathsf{P}, x) \mapsto \emptyset \;\; \text{für alle } x \in \Sigma^{\mathrm{TL}}$$
$$\Sigma_0^{\mathrm{TL}} \stackrel{\mathrm{def}}{=} \{(\mathsf{T}, \mathsf{green})\}$$
$$\Delta^{\mathrm{PL}}: \; \mathrm{Shar} \times \Sigma^{\mathrm{PL}} \rightarrow \mathfrak{P}(\mathrm{Shar} \times \Sigma^{\mathrm{PL}})$$
$$(\mathsf{P}, \mathsf{stop}) \mapsto \{(\mathsf{P}, \mathsf{go})\}$$
$$(\mathsf{P}, \mathsf{go}) \mapsto \{(\mathsf{T}, \mathsf{stop})\}$$
$$(\mathsf{T}, x) \mapsto \emptyset \;\; \text{für alle } x \in \Sigma^{\mathrm{PL}}$$
$$\Sigma_0^{\mathrm{PL}} \stackrel{\mathrm{def}}{=} \{(\mathsf{T}, \mathsf{stop})\}$$

Wir betrachten die Maschinen $(\Delta^{\mathrm{TL}}, \Sigma_0^{\mathrm{TL}})$ und $(\Delta^{\mathrm{PL}}, \Sigma_0^{\mathrm{PL}})$. Jede der zwei Maschinen ist für sich genommen uninteressant: jeder Ablauf endet nach höchstens zwei Schritten. Die parallele Komposition $(\Delta^{\mathrm{TL}}, \Sigma_0^{\mathrm{TL}}) \parallel (\Delta^{\mathrm{PL}}, \Sigma_0^{\mathrm{PL}})$ hingegen hat einen unendlichen Ablauf, und der erreichbare Teil des Zustandsübergangsdiagramms der Komposition ist in Abb. 2.7 dargestellt.

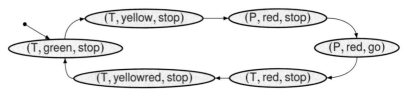

**Abb. 2.7** Der erreichbare Teil des Zustandsgraphen von $(\Delta^{\mathrm{TL}}, \Sigma_0^{\mathrm{TL}}) \parallel (\Delta^{\mathrm{PL}}, \Sigma_0^{\mathrm{PL}})$.

Der gemeinsame Zustand dient hier dazu, festzulegen, welche der beiden Teilmaschinen gerade aktiv ist. Jede der Maschinen führt, wenn sie aktiv ist, Zustandsübergänge aus, und übergibt dann die Aktivität an die andere Maschine, indem diese den gemeinsamen Zustand entsprechend wählt.

Die nicht erreichbaren Zustände, etwa $(\mathsf{P}, \mathsf{green}, \mathsf{go})$ oder $(\mathsf{T}, \mathsf{green}, \mathsf{go})$, sind nicht dargestellt. Die Maschine modelliert ein verkehrssicheres Zusammenspiel der Fußgänger- mit der Kraftfahrzeugampel. ∎

Überlappen sich die Zustände einzelner Maschinen, so hängt die Menge der erreichbaren Zustände der parallelen Komposition der Maschinen entscheidend von der Granularität der Übergangsschritte der Maschinen ab. Unter Granularität verstehen wir dabei, in wie vielen Teilschritten ein umfangreicher Zustandsübergang durchgeführt wird. Spalten wir einen Zustandsübergang etwa in der Maschine $\Delta_1$ in zwei Übergänge mit Zwischenzustand auf, so entstehen durch die Verzahnung von $\Delta_1$ mit $\Delta_2$ neue Abläufe und neue erreichbare Zustände, da nun die Maschine $\Delta_2$ in dem Zwischenzustand möglicherweise Übergänge ausführen kann und damit unter Umständen ganz andere Zustände als vorher erreicht werden, die die Maschine $\Delta_1$ dann für weitere Übergänge nutzen kann.

Besonders typisch für Zustandsmaschinen mit gemeinsamen Zustandsraum sind attributierte Zustandsräume mit gemeinsamen Variablen (engl. *shared variables*). Seien $\Sigma_1$ und $\Sigma_2$ Zustandsräume mit Mengen $\text{Var}_1$ und $\text{Var}_2$ von Zustandsvariablen. Dann bezeichnen wir mit

$$G \;=\; \text{Var}_1 \cap \text{Var}_2$$

die Menge der gemeinsamen Variablen. Diese Menge $G$ bildet einen attributierten Zustandsraum, der die gemeinsamen Zustände enthält. Die Belegungen der Variablen bilden den gemeinsamen Zustandsraum.

Die parallele Komposition führt dann auf den attributierten Zustandsraum mit Zustandsvariablen aus $\text{Var}_1 \cup \text{Var}_2$. Die Menge der Anfangszustände ist durch

$$\Sigma_0 \;=\; \{\, \sigma \in \Sigma : \sigma|_{\text{Var}_1} \in \Sigma_0^1 \wedge \sigma|_{\text{Var}_2} \in \Sigma_0^2 \,\}$$

definiert. Für die Anfangszustände in $\Sigma_0^1$ und $\Sigma_0^2$ fordern wir für gemeinsame Zustände

$$\sigma_g \colon \; \text{Var}_1 \cap \text{Var}_2 \;\to\; \text{Value}$$

$$(\exists\, \sigma_1 \in \Sigma_0^1 \colon \sigma_1|_G = \sigma_g) \quad \Leftrightarrow \quad (\exists\, \sigma_2 \in \Sigma_0^2 \colon \sigma_2|_G = \sigma_g)$$

Durch diese Forderung ist sichergestellt, dass für $i \in \{1,2\}$ die Gleichung $\{\sigma_0|_{\text{Var}_i} \colon \sigma_0 \in \Sigma_0\} = \Sigma_i$ gilt und dass der Zustandsraum $\Sigma_0$ alle Anfangszustände von $\Sigma_1$ und $\Sigma_2$ enthält.

☿ *Beispiel 2.1.4.2.2 (Invarianten bei unterschiedlicher Granularität der komponierten Zustandsmaschinen)* Wir betrachten drei Zustandsmaschinen. Alle drei arbeiten auf dem Zustandsraum $\Sigma_i = \text{Shar} \times \text{Loc}_i$ mit $\text{Shar} = \mathbb{N}_0$ und $\text{Loc}_i = \mathbb{N}_0$ (sie tun nichts auf ihren lokalen Zustandsräumen) und $(2,0)$ als einen einzigen Anfangszustand haben. Ihre Zustandsübergangsfunktionen seien

$$\Delta_i \colon \; \Sigma_i \to \mathfrak{P}(\Sigma_i) \quad \text{für } i \in \{1,2,3\},$$

mit

$$\Delta_1(s,l) \;=\; \left\{ \left( \left( \begin{cases} 0 & \text{falls } s \text{ ungerade} \\ s+2 & \text{falls } s \text{ gerade} \end{cases} \right),\, 0 \right) \right\}$$

$$\Delta_2(s,l) \;=\; \{(s+2,\,0)\}$$

$$\Delta_3(s,l) \;=\; \{(s+1,\,0)\}$$

für alle $s \in \mathbb{N}_0$. Der lokale Zustand ist für alle drei Maschinen stets $0 \in \mathbb{N}_0$. Wir bezeichnen diese Zustandsmaschinen mit $A_i \stackrel{\text{def}}{=} (\Delta_i, (2,0))$ $(i \in \{1,2,3\})$. Die Maschinen $A_2$ und $A_3$ zählen beide den gemeinsamen Zustand hoch, nur in unterschiedlichen Schritten. Für Zustände $(s,l)$ gilt:

Für $A_1$ sind $s \geq 2$ und even($s$) Invarianten.
Für $A_2$ sind $s \geq 2$ und even($s$) Invarianten.
Für $A_3$ ist $s \geq 2$        eine Invariante.

Für Zustände $(s, l_1, l_2)$ gilt:

Für $A_1 \parallel A_2$ sind      $s \geq 2$ und   even($s$) Invarianten.
Für $A_1 \parallel A_3$ ist weder $s \geq 2$ noch even($s$) eine Invariante.    ■

Das einfache Beispiel zeigt, wie sensibel das Verhalten einer zusammengesetzten Zustandsmaschine von der Granularität und der Verzahnung der Zustandsübergänge abhängt. Insbesondere können unter Umständen durch Übergänge der ersten Maschine Zustände erreicht werden, die für die zweite Maschine, für sich genommen, unerreichbar sind. Von diesen Zuständen kann die zweite Maschine weitere Zustände erreichen, die sie für sich allein nicht erreichen kann.

Betrachten wir attributierte Zustandsräume, so komponieren wir Zustandsmaschinen zu einer zusammengesetzten Zustandsmaschine mit Zustandsraum

$$\{\!| a_1 : S_1, \, \ldots, \, a_n : S_n |\!\}$$

falls die Zustandsräume der Maschinen aus einer Teilmenge der Attribute $\{a_1, \ldots, a_n\}$ mit den dafür gegebenen Sorten bestehen. Gemeinsame Teilzustände sind dann die Attribute, die in mehreren Maschinen auftreten. Damit können wir für einen großen Zustandsraum eine hohe Zahl „kleiner" Maschinen angeben, die nur auf einem Teilraum arbeiten. Alle Attribute, die von mehreren dieser Zustandsmaschinen verändert werden, sind gemeinsame Zustandsvariablen; diejenigen Attribute, die von höchstens einer Zustandsmaschine verändert *Lokales Attribut* werden, nennen wir *lokal*.

Für parallele Komposition von Zustandsmaschinen mit gemeinsamen Zustandsanteilen ist es möglich, dass eine der Maschinen immer wieder schaltbereit wird, aber auch immer wieder nicht schaltbereit. Deshalb verfeinern wir unseren Fairnessbegriff. Wieder betrachten wir über einem Zustandsraum $\Sigma$ mit Anfangszustand $\sigma_0$ eine Übergangsabbildung $\Delta \colon \Sigma \to \Sigma$, die aus zwei Zustandsmaschinen $\Delta_k$ ($k \in \{1, 2\}$) mit gemeinsamen Speicheranteilen parallel zusammengesetzt ist. Sei ein Ablauf $(\sigma_i \in \Sigma)_{i \in \mathbb{N}_0}$ mit $\sigma_{i+1} \in \Delta(\sigma_i)$ gegeben. *Unfair in Bezug* Der Ablauf heißt *unfair in Bezug auf starke Fairness für Maschine k*, falls *auf starke Fairness* Folgendes gilt:
(1) $\forall t \in \mathbb{N}_0 \colon \exists i \in \mathbb{N}_0 \colon t < i \land \Delta_k(\sigma_i) \neq \emptyset$
(2) $\exists t \in \mathbb{N}_0 \colon \forall i \in \mathbb{N}_0 \colon t < i \Rightarrow \sigma_{i+1} \notin \Delta_k(\sigma_i)$
Mit anderen Worten: Die Zustandsmaschine $k$ ist immer wieder bereit, Zustandsübergänge durchzuführen, aber ab einem bestimmten Zeitpunkt $t \in \mathbb{N}_0$ finden keine Übergänge mehr statt.
*Stark faire Abläufe* Abläufe, die nicht unfair in Bezug auf starke Fairness sind, heißen *stark fair*.

⚠ **Achtung** Bei der parallelen Komposition von Zustandsmaschinen brauchen wir übereinstimmende Anfangszustände für den geteilten Zustandsanteil.

Die Anfangszustände definieren wir wie folgt:

$$\Sigma_0 = \{(g, l_1, l_2) \colon (g, l_1) \in \Sigma_0^1 \wedge (g, l_2) \in \Sigma_0^2\},$$

wobei $\Sigma_0^i$ die Anfangszustandsmenge der $i$-ten Maschine ist ($i \in \{1, 2\}$). Die Menge der Anfangszustände der Komposition ist leer, falls sich die Maschinen auf Anfangszustände für den geteilten Anteil nicht verständigen können. ∎

Analoges gilt für attributierte Zustände mit gemeinsamen Variablen.

🔆 *Beispiel 2.1.4.2.3 (Anfangszustand bei gemeinsamen Variablen)* Im Folgenden betrachten wir drei Zustandsmaschinen über dem gemeinsamen Zustandsraum Shar $\stackrel{\text{def}}{=} \mathbb{N}_0$. Der lokale Zustandsraum der ersten Maschine sei $\text{Loc}_1$ = {count, alarm} und der lokale Zustandsraum der beiden anderen Maschinen sei $\text{Loc}_2 = \mathbb{N}_0$. Wir betrachten die Übergangsfunktionen

$$
\begin{aligned}
&\Delta_1 \colon \text{Shar} \times \text{Loc}_1 \to \mathfrak{P}(\text{Shar} \times \text{Loc}_1) \\
&\quad \Delta_1(n, \text{count}) \stackrel{\text{def}}{=} \{(n + 2, \text{count})\} \ \text{für alle geraden } n \in \mathbb{N}_0 \\
&\quad \Delta_1(n, \text{count}) \stackrel{\text{def}}{=} \{(1, \text{alarm})\} \ \text{für alle ungeraden } n \in \mathbb{N}_+ \\
&\quad \Delta_1(n, \text{alarm}) \stackrel{\text{def}}{=} \emptyset \ \text{für alle } n \in \mathbb{N}_0 \\
&\Delta_2 \colon \text{Shar} \times \text{Loc}_2 \to \mathfrak{P}(\text{Shar} \times \text{Loc}_2) \\
&\quad \Delta_2(0, m) \stackrel{\text{def}}{=} \{(1, 0)\} \\
&\quad \Delta_2(n, m) \stackrel{\text{def}}{=} \emptyset \ \text{für alle geraden } n \in \mathbb{N}_+ \\
&\quad \Delta_2(n, m) \stackrel{\text{def}}{=} \{(n + 2, 0)\} \ \text{für alle ungeraden } n \in \mathbb{N}_+
\end{aligned}
$$

Wir skizzieren die Zustandsübergangsdiagramme der Maschinen

$$
\begin{aligned}
M_1 &\stackrel{\text{def}}{=} (\Delta_1, \{(0, \text{count})\}) \\
M_2 &\stackrel{\text{def}}{=} (\Delta_2, \{(1, 0)\}) \\
M_3 &\stackrel{\text{def}}{=} (\Delta_2, \{(0, 0)\})
\end{aligned}
$$

in Abb. 2.8.

Die erreichbaren Zustände von $M_1$ und die Komposition von $M_1$ mit den zwei anderen Maschinen sind dann wie folgt:

$$
\begin{aligned}
\text{ReachSt}(M_1) \quad &= \quad \{(n, \text{count}) \colon n \in \mathbb{N}_0 \text{ gerade}\} \\
\text{ReachSt}(M_1 \parallel M_2) &= \quad \emptyset \\
\text{ReachSt}(M_1 \parallel M_3) &= \quad \{(n, \text{count}, 0) \colon n \in \mathbb{N}_0\} \\
& \qquad \cup \{(n, \text{alarm}, 0) \colon n \in \mathbb{N}_+ \text{ ungerade}\}
\end{aligned}
$$

Wir bemerken, dass der Teilzustand alarm in keinem der erreichbaren Zustände von $M_1$ oder $M_1 \parallel M_2$, dafür aber in erreichbaren Zuständen von $M_1 \parallel M_3$ vorkommt. ∎

Das Beispiel zeigt erneut, wie dramatisch sich die Menge der erreichbaren Zustände und damit das Verhalten des Systems im Verhältnis zu den erreichbaren

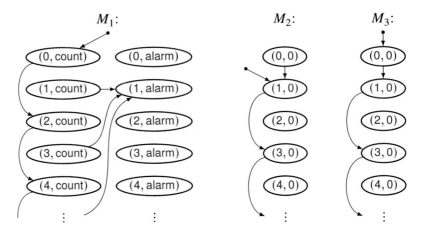

**Abb. 2.8** Zustandsdiagramme der Maschinen $M_1$, $M_2$ und $M_3$.

Zuständen der beiden komponierten Systeme bei der parallelen Komposition mit gemeinsamen Zustandsanteilen ändert. Die Erklärung dafür ist einfach. Durch das Zusammensetzen von Maschinen werden im Zusammenspiel Zustände erreichbar, die keine der beiden Maschinen für sich allein erreichen kann.

🔅 *Beispiel 2.1.4.2.4 (Erzeuger/Verbraucher)* Wir betrachten ein elementares, anschauliches Beispiel, das Erzeuger/Verbraucher-Problem mit einem Puffer. Dazu definieren wir drei Zustandsmaschinen mit gemeinsamen Zustandsraum: Sei die Sorte Product gegeben, die Sorte der Produkte, ferner die Sorte Material, die Sorte des Materials, und die Sorte Construct, die Sorte der Gebilde, die man aus Produkten zusammenfügt. Zusätzlich definieren wir die Sorte

$$\textbf{sort } \text{Pe} \;=\; \text{Product} \mid \{\text{empty}\}$$

Wir wählen für die drei Zustandsmaschinen Producer, Buffer und Consumer die Zustandsräume

$$\Sigma_{\text{Producer}} \;=\; \{\!|\, p : \text{Pe},\; in : \text{Pe},\; m : \text{Material} \,|\!\}$$
$$\Sigma_{\text{Buffer}} \;=\; \{\!|\, in : \text{Pe},\; q : \text{Seq Product},\; out : \text{Pe} \,|\!\}$$
$$\Sigma_{\text{Consumer}} \;=\; \{\!|\, r : \text{Pe},\; out : \text{Pe},\; c : \text{Construct} \,|\!\}$$

sowie die Funktionen

**fct** pro  = (Material) (Product, Material)
**fct** cms  = (Product, Construct) Construct
**fct** enq  = (Product, Seq Product) Seq Product
**fct** dq   = (Seq Product) (Seq Product, Product)

Die Funktionen enq und dq entsprechen den Funktionen einer Warteschlange, die als Sequenz realisiert ist:

$$\text{enq}(p, s) \; = \; s \; ^\frown \langle p \rangle$$

$$\text{dq}(\langle p \rangle ^\frown s) \; = \; (s, p)$$

Die gemeinsamen Variablen *in* und *out* dienen dazu, Nachrichten zwischen den drei Systemen auszutauschen. Der Erzeuger schreibt eine Nachricht der Sorte Product auf die Variable *in* (vorausgesetzt, *in* ist leer). Der Wert von *in* wird vom Puffer gelesen und in der Sequenz $q$ gespeichert und die Variable *in* wird auf empty gesetzt. In gleicher Weise kommuniziert der Puffer mit dem Verbraucher.

Wir definieren

$$\Delta_{\text{Producer}}(p, in, m) \; = \; \{(p', in', m') :$$
$$(p = \text{empty} \wedge (p', m') = \text{pro}(m) \wedge in' = in)$$
$$\vee ( \quad p \neq \text{empty} \wedge in = \text{empty} \wedge m' = m$$
$$\wedge p' = \text{empty} \wedge in' = p \qquad \qquad ) \qquad \}$$

$$\Delta_{\text{Consumer}}(r, out, c) \; = \; \{(r', out', c') :$$
$$( \quad r \neq \text{empty} \wedge r' = \text{empty} \wedge c' = \text{cms}(r, c)$$
$$\wedge out' = out \qquad \qquad )$$
$$\vee ( \quad r = \text{empty} \wedge out \neq \text{empty} \wedge c' = c$$
$$\wedge r' = out \wedge out' = \text{empty} \qquad \qquad ) \qquad \}$$

$$\Delta_{\text{Buffer}}(in, q, out) \; = \; \{(in', q', out') :$$
$$(in \neq \text{empty} \wedge q' = \text{enq}(in, q) \wedge in' = \text{empty} \wedge out' = out)$$
$$\vee (out = \text{empty} \wedge q \neq \langle \rangle \wedge (q', out') = \text{dq}(q) \wedge in' = in) \quad \}$$

Wir wählen die Anfangszustände der drei Maschinen wie folgt (seien $m_0$: Material, $c_0$: Construct gegebene Startwerte)

$$\Sigma^{(0)}_{\text{Producer}} \; = \; \{(\text{empty}, \text{empty}, m_0)\}$$
$$\Sigma^{(0)}_{\text{Buffer}} \; = \; \{(\text{empty}, \langle \rangle, \text{empty})\}$$
$$\Sigma^{(0)}_{\text{Consumer}} \; = \; \{(\text{empty}, \text{empty}, c_0)\}$$

Für die zusammengesetzte Zustandsmaschine (s. Abb. 2.9) ergibt sich folgender Zustandsraum:

$$\Sigma \; = \; [p\colon \text{Pe}, \; in\colon \text{Pe}, \; m\colon \text{Material}, \; q\colon \text{Product}^*, \; out\colon \text{Pe}, \; r\colon \text{Pe}, \; c\colon \text{Construct}]$$

Die Attribute *in*, *out* bilden den gemeinsamen Teilzustand. Wir definieren

$$\Delta \; = \; (\Delta_{\text{Producer}} \parallel \Delta_{\text{Buffer}} \parallel \Delta_{\text{Consumer}})$$

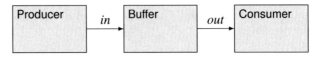

**Abb. 2.9** Die gemeinsamen Variablen *in* und *out* zur Übertragung von Nachrichten

Analysiert man die Zustandsübergangsfunktion $\Delta$, so erkennt man, dass Abläufe möglich sind, bei denen der Erzeuger immer wieder produziert, die Produkte in den Puffer geschrieben werden, aber nie über das Attribut *out* an den Verbraucher gegeben werden. Diese Problematik wird ausgeräumt, indem wir Fairness fordern oder indem wir den Puffer wie folgt definieren:

$$\Delta_{\mathrm{Buffer}}(in, q, out) =$$
$$\{(\mathrm{in}', q', \mathrm{out}') : \quad (\quad in \neq \mathsf{empty} \wedge in' = \mathsf{empty} \wedge q' = \mathsf{enq}(in, q)$$
$$\wedge \, out' = out \wedge (q \neq \langle \rangle \Rightarrow out \neq \mathsf{empty}) \qquad )$$
$$\vee \, (out = \mathsf{empty} \wedge q \neq \langle \rangle \wedge (q', out') = \mathsf{dq}(q) \wedge in' = in)\}$$

Dadurch erhält die Besetzung des Attributs *out* absolute Priorität. Allerdings wird dadurch nicht ausgeschlossen, dass der Verbraucher nie zum Zug kommt und nur der Erzeuger produziert und der Puffer die Ergebnisse der Produktion in die Warteschlange $q$ schreibt. Dies wird vermieden, indem man schwache Fairness fordert.                                                                           ∎

*Anmerkung* Im vergangenen Abschn. 2.1.4.2 behandeln wir die *asynchrone* Nebenläufigkeit. *Synchrone* Nebenläufigkeit spielt im Falle überlappender Zustände eine Rolle für ausfallsichere, redundante Systeme, bei denen der gemeinsame Zustand in einem gleichzeitigen Schritt der einzelnen Komponenten auf eine konsistente Weise (etwa per Mehrheitsbeschluss) geändert wird. Für asynchrone Systeme hingegen würde der gemeinsame Zustand in einem gleichzeitigen Schritt der Teilkomponenten in der Regel in unterschiedlicher, inkonsistenter Weise geändert. Da synchrone Nebenläufigkeit nur wenig Entsprechung in tatsächlicher Software, sondern sich vor allem in Hardware findet, behandeln wir diese Art von Nebenläufigkeit nicht.                                    ∎

Wir demonstrieren die Nützlichkeit des Begriffs der starken Fairness am Beispiel des Alternating-Bit-Protokolls (s. Abschn. 1.5).

💡 *Beispiel (Teilsysteme Medium1 und Sender des ABP)* Wir betrachten zunächst Medium1. Es arbeitet auf zwei Sequenzen

$$c1 : \mathsf{Stream}\,(\mathsf{Data}, \mathsf{Bit})$$
$$c2 : \mathsf{Stream}\,(\mathsf{Data}, \mathsf{Bit})$$

Wir modellieren das Medium durch zwei Maschinen: Eine Maschine verliert immer die Nachricht, eine andere überträgt sie immer. Wir beschreiben die Übergangsrelationen der Maschinen durch Zusicherungen.

$$V: \ (c1 \neq \langle \rangle \ \wedge \ c1' = \text{rest}(c1) \ \wedge \ c2' = c2)$$
$$U: \ (c1 \neq \langle \rangle \ \wedge \ c1' = \text{rest}(c1) \ \wedge \ c2' = c2 \circ \langle \text{first}(c1) \rangle)$$

Die Zustandsmaschine $V \parallel U$ beschreibt das System Medium, wobei wir starke Fairness für die Abläufe annehmen.

In ähnlicher Weise beschreiben wir das System Sender. Wir betrachten den Zustandsraum

$$x \ ß \ \text{Seq Data}$$
$$c4 \ ß \ \text{Seq Bit}$$
$$c1 \ ß \ \text{Seq Data} \times \text{Bit}$$
$$bs \ ß \ \text{Bit}$$

Wir modellieren den Sender durch zwei Zustandsmaschinen:

$$Z_1: \ \begin{pmatrix} x \neq \langle \rangle \ \wedge \ x' = x \ \wedge \ c4' = c4 \\ \wedge \ c1' = c1 \circ \langle (bs, \text{ft}(x)) \rangle \ \wedge \ bs' = bs \end{pmatrix}$$

$$Z_2: \ \begin{pmatrix} x \neq \langle \rangle \ \wedge \ c4 \neq \langle \rangle \ \wedge \ c1' = c1 \ \wedge \ c4' = \text{rest}(c4) \\ \wedge \begin{pmatrix} (\text{first}(c4) = bs \ \wedge \ bs' = \neg bs \ \wedge \ x' = \text{rest}(x)) \\ \vee \ (\text{first}(c4) \neq bs \ \wedge \ bs' = bs \ \wedge \ x' = x) \end{pmatrix} \end{pmatrix}$$

Wieder werden die Zustandsmaschinen $Z_1$ und $Z_2$ parallel komponiert unter der Annahme starker Fairness. ∎

Das folgende Beispiel beschreibt einen parallelen Algorithmus.

*Beispiel (Paralleles Suchen in einer großen Datenmenge)* Sei das Feld

$$a \ ß \ [1:n] \ \text{Array Data}$$

gegeben[15]. Wir suchen in dem Feld nach einem Datenwert $d$ der Sorte Data durch $m$ parallel arbeitende Maschinen.

Jede der Maschinen $j \in \{1, \dots, m\}$ hat den folgenden attributierten Zustandsraum $\Sigma_j$:

$$\{\!| b \ ß \ \text{Bool}, \ i \ ß \ \text{Nat}, \ k_j \ ß \ \text{Nat} \,|\!\}$$

(dabei bezeichnen die beiden Attribute $b$ und $i$ den gemeinsamen Zustand). Der Anfangszustand für die einzelnen Maschinen $j$, $1 \leq j \leq m$ sei

$$\Sigma_0^j \ = \ \{(\text{false}, 1, 0)\}$$

Die Maschinen arbeiten mit folgender Übergangsrelation

---

[15] In Anlehnung an die Sortenangaben von Variablen in Sortenlogik bedeutet für eine Termvariable $a$ die Schreibweise $a \ ß \ S$, dass $a$ die Sorte $S$ hat.

$$i \leq n \quad \Rightarrow \quad \Delta_j(\text{false}, i, 0) = \{(\text{false}, i+1, i)\}$$
$$l > 0 \,\wedge\, a[l] = d \quad \Rightarrow \quad \Delta_j(\text{false}, i, l) = \{(\text{true}, l, 0)\}$$
$$l > 0 \,\wedge\, a[l] \neq d \quad \Rightarrow \quad \Delta_j(\text{false}, i, l) = \{(\text{false}, i, 0)\}$$
$$l > 0 \quad \Rightarrow \quad \Delta_j(\text{true}, i, l) = \{(\text{true}, i, 0)\}$$
$$\Delta_j(\text{true}, i, 0) = \emptyset$$

Die parallele Ausführung der Maschinen

$$\Delta_1 \,\|\, \cdots \,\|\, \Delta_m$$

liefert für alle Maschinen einen Endzustand $(\text{true}, l, 0)$, wobei $l$ ein Wert ist mit $a[l] = d$, und einen Endzustand $(\text{false}, m+1, l)$, falls $a[i] \neq d$ für alle $i$, $1 \leq i \leq n$.                                                                       ∎

### 2.1.4.3 Stabile Prädikate und Invarianten

Für eine durch Interleaving aus zwei Zustandsmaschinen zusammengesetzte Zustandsmaschine ist ein Prädikat auf dem gemeinsamen Zustandsraum, das für beide Zustandsmaschinen stabil ist, ebenfalls stabil:

📖 **Proposition 2.1.4.3.1** *Für gegebene Mengen* Shar *und* $\text{Loc}_i$ *($i \in \{1,2\}$) sei zu jedem $i \in \{1,2\}$ eine Zustandsmaschine $M_i = (\Delta_i, \Sigma_0^i)$ über dem Zustandsraum $\Sigma_i \overset{\text{def}}{=} \text{Shar} \times \text{Loc}_i$ gegeben. Sei $p$ ein Prädikat über* Shar. *Wir betrachten die Prädikate*

$$q\colon \text{Shar}\times\text{Loc}_1\times\text{Loc}_2 \to \mathbb{B},$$
$$q(s, l_1, l_2) \overset{\text{def}}{=} p(s) \qquad (s\in\text{Shar}, l_1\in\text{Loc}_1, l_2\in\text{Loc}_2),$$

*und*

$$r_i\colon \Sigma_i \to \mathbb{B},$$
$$r_i(s, l) \overset{\text{def}}{=} p(s) \qquad (s\in\text{Shar}, l\in\text{Loc}_i, i \in \{1,2\}).$$

*Ist jedes $r_i$ stabil für $M_i$ ($i \in \{1,2\}$), so ist $q$ stabil für $M_1 \| M_2$, wobei die parallele Komposition über dem gemeinsamen Zustandsraum* Shar *gebildet wird.*

**Beweis** Sei $(s, l_1, l_2) \in \text{Shar} \times \text{Loc}_1 \times \text{Loc}_2$ mit $q(s, l_1, l_2)$ und $(s', l_1', l_2')$ ein Nachfolger von $(s, l_1, l_2)$ aufgrund eines Schrittes von $M_i$ für ein $i \in \{1,2\}$. Dann gilt $p(s)$. Dann gilt $r_i(s, l_i)$. Da $r_i$ stabil für $M_i$ ist, gilt $r_i(s', l_i')$. Also gilt $p(s')$. Folglich gilt $q(s', l_1', l_2')$.                                      q.e.d.

Damit können wir die Stabilität eines Prädikats auf dem gemeinsamen Zustandsraum für eine nebenläufige Zustandsmaschine beweisen, indem wir seine

Stabilität für beide Zustandsmaschinen zeigen. Dies liefert ein einfaches modulares Verfahren zum Beweis einer Klasse von Stabilitätseigenschaften für parallele Zustandsmaschinen.

🔆 *Beispiel (Stabilität für parallele Zustandsmaschinen)* Im Kontext von Beispiel 2.1.4.2.2 betrachten wir die Aussage „gemeinsamer Zustand ist gerade", also, formal, die Zusicherung

$$\text{even}(s)$$

für den Zustand $(s, l)$. Die Zusicherung

$$\text{even}(s)$$

(anschaulich: „gemeinsamer Zustand der $i$-ten Maschine ist gerade") ist eine stabile Zusicherung der Maschine $A_i$ für jedes $i \in \{1, 2\}$. Nach Proposition 2.1.4.3.1 ist das Prädikat

$$q(s, l_1, l_2) \overset{\text{def}}{=} \text{even}(s)$$

(anschaulich: „geteilter Zustand der parallelen Komposition ist gerade") auch stabil für die zusammengesetzte Maschine $A_1 \parallel A_2$. ∎

Für parallel komponierte Maschinen sind Invarianten besonders hilfreich.

⚠ **Achtung** Die Aussage aus Proposition 2.1.4.3.1 zur Stabilität kann man nicht auf Invarianten übertragen. Ist das Prädikat $P$ auf dem geteilten Zustandsraum eine Invariante für jede der beiden Zustandsmaschinen $M_1$ und $M_2$, so gilt nicht notwendigerweise, dass $P$ eine Invariante für $M_1 \parallel M_2$ ist, da die Menge der „gemeinsam" erreichbaren Zustände mehr gemeinsame Zustände enthalten kann als die Vereinigung der Mengen von jeder der Maschinen erreichbaren Zuständen. Das sehen wir wieder anhand Beispiel 2.1.4.2.2: $s \geq 2$ ist eine Invariante für $A_1$ und $A_3$, aber $s \geq 2$ ist keine Invariante für $A_1 \parallel A_3$. ∎

Man beachte, dass die Stabilität von Zusicherungen kritisch von der Granularität der Zustandsübergänge abhängt:

🔆 *Beispiel (Stabilität bei unterschiedlicher Granularität der Zustandsmaschinen)* Im Kontext von Beispiel 2.1.4.2.2 kann man $A_3$ als eine „feingranularerere" Maschine denn $A_2$ ansehen: einen Schritt der Maschine $A_2$ führt die Maschine $A_3$, informell gesprochen, durch zwei Schritte aus. Die Zusicherung „der geteilte Zustand ist gerade", also,

$$\text{even}(s)$$

ist stabil für $A_2$, aber nicht für $A_3$. ∎

Unsere Beispiele zeigen, wie sensibel die Granularität und die Wahl der Zwischenzustände für das Verhalten der Ausgangsmaschinen und ihrer Zusammensetzungen sind.

Wie wir am vorigen Beispiel sehen, kann die Stabilität einer Zusicherung sogar ohne parallele Komposition bei der Änderung der Granularität der Zustandsübergänge verletzt werden.

⚠ **Achtung**   Kennen wir nur die Mengen der erreichbaren Zustände bei gegebenen Maschinen, so können wir für die Menge der erreichbaren Zustände der durch parallele Komposition entstehenden Maschine nur untere Schranken angeben. Sogar, wenn die Mengen der erreichbaren Zustände der Ausgangsmaschinen identisch sind (und wenn wir sogar annehmen dürfen, dass die Ausgangsmaschinen identisch sind), können wir daraus die erreichbaren Zustände der Komposition ohne die Kenntnis der Übergangsfunktionen nicht begrenzen (s. Beispiel 2.1.4.3.2). Dabei ist zu beachten, dass bei der parallelen Komposition die lokalen Zustände unabhängig voneinander in den Zustand der komponierten Maschine eingehen. Wir benötigen die Zustandsübergangsfunktionen, um eine nichttriviale obere Schranke für die Menge der erreichbaren Zustände der Komposition angeben zu können (die triviale obere Schranke ist der gesamte Zustandsraum).   ∎

🔆 *Beispiel 2.1.4.3.2 (Invarianten bei paralleler Komposition einer Zustandsmaschine mit sich selbst)*   Für den gemeinsamen Zustandsraum Shar $\stackrel{\text{def}}{=}$ $\{0, 1, 2\}$ und den lokalen Zustandsraum Loc $\stackrel{\text{def}}{=}$ $\{0, 1\}$ betrachten wir die Übergangsfunktion

$$\Delta : \text{Shar} \times \text{Loc} \rightarrow \mathfrak{P}(\text{Shar} \times \text{Loc})$$

die für den Zustand $(s, k)$ folgender Übergangstabelle entspricht

| $s$ $\diagdown$ $k$ | 0 | 1 |
|---|---|---|
| 0 | (1,1) | $\emptyset$ |
| 1 | (2,1) | (0,0) |
| 2 | $\emptyset$ | (1,0) |

oder als Übergangsdiagramm in Abb. 2.10 und die Maschine $A \stackrel{\text{def}}{=} (\Delta, \{(0, 0)\})$.

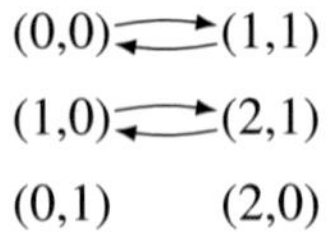

$$(0,0) \rightleftarrows (1,1)$$
$$(1,0) \rightleftarrows (2,1)$$
$$(0,1) \qquad (2,0)$$

**Abb. 2.10** Übergangsdiagramm.

Für Anfangszustand $(0, 0)$ ist nur der weitere Zustand $(1, 1)$ erreichbar. Die Zusicherung $s \leq 1$ ist eine Invariante von $A$.

Die Menge der erreichbaren Zustände der Komposition von $A$ mit sich selbst, $A \parallel A$, wobei jede der beiden Maschinen einen lokalen Zustandsraum besitzt, also der Zustandsraum der zusammengesetzten Maschine Shar × Loc × Loc ist, wird größer, wie man anhand des erreichbaren Teils des Übergangsdiagramms in Abb. 2.11 feststellt (die Abkürzungen li und re an einer Kante bezeichnen dabei die den entsprechenden Übergang ausführende Maschine, wobei li für linke und re für rechte Maschine in $A \parallel A$ steht). Die unerreichbaren Zustände sind nicht eingezeichnet.

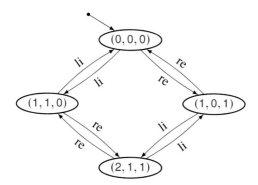

**Abb. 2.11** Zustandsübergangsdiagramm von $A \parallel A$

Wir bemerken, dass für Zustände $(s, k_1, k_2) \in$ Shar×Loc×Loc die Zusicherung $s \leq 1$ keine Invariante von $A \parallel A$ ist. Die stärkste Invariante der parallelen Komposition ist $k_1 + k_2 = s$. ∎

Invarianten sind hilfreiche Mittel zur Charakterisierung von Zustandsmaschinen, reichen aber für Aussagen bei Komposition von Maschinen nicht aus. Die Invarianteneigenschaft ist nicht kompositional. Wie gezeigt, stützt man sich besser auf das Konzept der Stabilität.

## 2.1.5 Verifikation

Wir benutzen temporale Logiken wie LTL zur Spezifikation von Zustandsmaschinen. Wir führen zwei Arten von Aussagen ein, nämlich Invarianzaussagen und Linearzeitaussagen in LTL, und gehen auf ihre Verifikation ein.

### 2.1.5.1 Invarianten

Eine wichtige und zugleich einfache Klasse der Eigenschaften bilden die sogenannten Zustandsinvarianten.

Eine *Zustandsinvarianzaussage* (oder kurz *Invarianzaussage*) für eine Zustandsmaschine $A$ ist eine Aussage der Form „$\forall \, \sigma \in$ ReachSt$(A): \varphi(\sigma)$" (in Worten: „für alle erreichbaren Zustände von $A$ gilt $\varphi$") für eine Formel $\varphi$ auf den Zuständen von $A$. Die Formel $\varphi$ definiert ein Prädikat auf Zuständen. Wenn das Prädikat für alle erreichbaren Zustände gilt, nennen wir $\varphi$ eine *Zustandsinvariante* oder kurz *Invariante*. Im Falle von Gültigkeit ist $\varphi$ eine Invariante der Maschine $A$; in diesem Fall sagt man auch, $A$ genügt der *Invarianzeigenschaft* (engl. *invariance property*) $\forall\ \sigma \in \text{ReachSt}(A): \varphi(\sigma)$.

Aussagen der Form „$\neg\exists\ \sigma \in \text{ReachSt}(A): \psi(\sigma)$" (in Worten: „kein durch $A$ erreichbarer Zustand erfüllt $\psi$") nennt man auch *Unerreichbarkeitsaussagen*; sie führen über die Negation zu Invarianzaussagen $\forall\ \sigma \in \text{ReachSt}(A): \neg\psi(\sigma)$. Insofern fasst man die Unerreichbarkeitsaussagen ebenso als Invarianzaussagen auf. Falls $\psi$ für genau einen Zustand $\rho$ nicht gilt und somit $\psi(\sigma) = (\sigma \neq \rho)$, vereinfacht sich die vorige Unerreichbarkeitseigenschaft zu ihrer einfachsten und zugleich immer noch nützlichen Form „ein bestimmter Zustand von $A$ ist unerreichbar".

*Beispiel* Im Kontext von Beispiel 2.1.4.2.1 sind zum Beispiel folgende Aussagen vom Standpunkt der Verkehrssicherheit interessant:

- die Unerreichbarkeitsaussage „für die Maschine $(\Delta^{\text{TL}}, \Sigma_0^{\text{TL}}) \parallel (\Delta^{\text{PL}}, \Sigma_0^{\text{PL}})$ ist der Zustand $(\mathsf{T}, \mathsf{green}, \mathsf{go})$ unerreichbar",
- die Unerreichbarkeitsaussage „für die Maschine $(\Delta^{\text{TL}}, \Sigma_0^{\text{TL}}) \parallel (\Delta^{\text{PL}}, \Sigma_0^{\text{PL}})$ ist kein Zustand aus der Menge $\text{Shar} \times \{(\mathsf{green}, \mathsf{go})\}$ erreichbar",
- die Invarianzaussage „für alle erreichbaren Zustände $(g, l_1, l_2)$ von $(\Delta^{\text{TL}}, \Sigma_0^{\text{TL}}) \parallel (\Delta^{\text{PL}}, \Sigma_0^{\text{PL}})$ gilt $l_2 = \mathsf{go} \Rightarrow l_1 = \mathsf{red}$".

Dass es sich bei diesen Aussagen um gültige Eigenschaften handelt, erkennt man, indem man die erreichbaren Zustände aus der Abb. 2.7 abliest. ■

Direkt beweist man eine Invarianzaussage für eine Maschine $(\Delta, \Sigma_0)$ über der Zustandsmenge $\Sigma$, indem man die kleinste Menge $X \subseteq \Sigma$ berechnet, welche die Gleichung

$$X = \Sigma_0 \cup \Delta(X)$$

erfüllt. Die Menge $X$ enthält genau die erreichbaren Zustände. Ein Prädikat $\varphi$ ist Invariante, falls

$$\forall\ \sigma \in X: \varphi(\sigma) \tag{2.6}$$

gilt. Lässt sich die Menge $X$ der erreichbaren Zustände explizit berechnen, so liefert dies den Nachweis für Invarianten. Das Absuchen aller erreichbaren Zustände zum Nachweis von Invarianten ist eine Form der Modellprüfung (engl. *model checking*, vgl. [BK08; CGP99]) und somit den Beweis von Invarianzaussagen durch Berechnung. Ein Ansatz für den Beweis von Invarianzaussagen erfolgt dabei durch systematische Berechnung aller erreichbaren Zustände:

### 2.1.5.2 Einschub: Komplexität maschinengestützter Verifikation

Ist jedoch die betrachtete Maschine die parallele Komposition anderer Maschinen, so ist die Berechnung oft aufwendig. Der Zustandsraum der parallelen

Komposition wächst im Allgemeinen exponentiell mit der Anzahl der Komponenten $n$; dieses mathematische Phänomen nennt man *Zustandsexplosion in der Anzahl der parallelen Komponenten*.

Die Zustandsexplosion erschwert die explizite Berechnung der Erreichbarkeitssemantik und damit diese Form der Modellprüfung: die Berechnungen dauern unter Umständen zu lange oder die Erreichbarkeitssemantik ist zu groß für eine explizite Darstellung.[16] Wir geben einige Zahlen für den Schwierigkeitsgrad an. Im Jahre 2019 hatte die Deutsche Bahn 14.000 Lokführer und 5700 Personenbahnhöfe. Will man den Einsatz der Lokführer zum Start eines Tages als ein endliches paralleles System auffassen, so hat es, vereinfacht gerechnet, $5700^{14000}$ Zustände (wovon selbstverständlich nicht alle sinnvoll oder wirtschaftlich sind, aber eine etwas genauere Berechnung würde die Größenordnung nur unwesentlich verkleinern), den geteilten Anteil nicht einberechnet. Will man alle solche Zustände einfach nur aufzählen und die kleinste physikalisch realisierbare Zeit (sogenannte Planck-Zeit, $\approx 5,391247 \cdot 10^{-44}$ s) je Zustand verwenden und würde man jedes der höchstens $\approx 10^{86}$ Atome im beobachtbaren Universum als eine parallel arbeitende Berechnungseinheit auffassen, so würde man für diese Aufzählung etwa $5700^{14000} \cdot 5,4 \cdot 10^{-44} \cdot 10^{-86}$ s $\approx 10^{52445}$ Jahre benötigen. Wegen [Dys79, Formel (41)] ist die Aufzählung nach so einer Zeitspanne für jede chemische Lebensform einschließlich Mensch uninteressant. Das gilt unabhängig davon, welche eisenbahnbezogenen Vorgänge das parallele System modellieren soll und dementsprechend welche Übergänge die Lokführerkomponenten besitzen. An diesem Beispiel sieht man die kombinatorische Dramatik der Parallelität und dass direkte Konstruktionen der Menge aller erreichbaren Zustände solcher parallelen Maschinen praktisch nicht durchführbar sind. Das Beispiel zeigt, dass endliche Zustandsmaschinen zwar endliche, aber riesige Zustandsmengen besitzen können.

Man behilft sich im endlichen Fall mit Heuristiken, die darauf abzielen, die explizite Berechnung der Erreichbarkeitssemantik zu umgehen oder die Erreichbarkeitssemantik möglichst kompakt darzustellen. Eine generelle Heuristik ist etwa die Darstellung der Zustandsräume und der Zustandsübergangsrelationen durch sogenannte binäre Entscheidungsdiagramme (engl. *binary decision diagrams, BDDs*, s. [Bry86]) oder endliche Automaten. Sind die Zustandsübergangsrelationen als BDDs oder Nachbarschaftsmatrizen (aus Abschn. 2.1.1.4) gegeben, so wird die binäre Exponentiation die Berechnung des transitiv-reflexiven Abschlusses der Zustandsübergangsrelationen einzelner Maschinen beschleunigen, falls man erwarten kann, dass die Ausgangsrelation, die Endrelation und alle Zwischenergebnisse kompakt darstellbar sind (etwa als dünn- oder vollbesetzte Nachbarschaftsmatrizen). Viele praktisch nützliche Vertreter solcher Heuristiken finden sich in automatischen Werkzeugen SPIN [Hol03]

---

[16] Für den sich in der Komplexitätstheorie bewanderten Leser: Das Problem, ob ein Zustand der parallelen Komposition endlich vieler endlicher Maschinen von einem anderen Zustand dieser Komposition unerreichbar ist, ist PSpace-vollständig [Mal22]. Allerdings reduziert sich die Komplexität auf NL, wenn die Größe der lokalen Zustandsräume und des geteilten Anteils beschränkt ist [Mal19].

und in frühen Versionen von NuSMV [Cav+07]. In der Praxis lindern diese Heuristiken zwar die Auswirkungen der Zustandsexplosion, können sie jedoch nicht völlig vermeiden.

Aufgrund des exponentiellen Verbrauchs der Ressourcen der automatischen Verifikationswerkzeuge im endlichen Fall hat selbst die beste automatische Verifikationsmethode, solange man sich auf den polynomiellen Zeit- und Platzverbrauch beschränkt, nur die Möglichkeit, zusätzlich zu „ja" und „nein" gegebenenfalls auch „unbestimmt" zu liefern. Das trifft auf sogenannte abstraktionsbasierte Methoden zu. Sie lassen eine Überapproximation bei der Berechnung der Erreichbarkeitssemantik zu. Statt der Frage (2.6) wird dann die Frage

$$\forall \ \sigma \in Y \colon \ \varphi(\sigma) \qquad\qquad (2.7)$$

gestellt, wobei $Y$ kleinste Menge ist mit $Y \ = \ \rho\bigl(\Sigma_0 \cup \text{post}_\Delta(Y)\bigr)$ und $\rho\colon$ $\mathfrak{P}(\Sigma) \to \mathfrak{P}(\Sigma)$ ein methodenabhängiger *Hüllenoperator* [War42] ist (auch als *oberer Abschlussoperator* [CC79] bekannt). Man kann zeigen, dass aus (2.7) die Aussage (2.6) folgt. Die Verifikationsmethoden werden so gewählt, dass zu berechnenden Fixpunkte eine kleine (idealerweise polynomiell beschränkte) Darstellung haben, dass die Funktion $\lambda \ Y \subseteq \ \Sigma \colon \rho\bigl(\Sigma_0 \cup \text{post}_\Delta(Y)\bigr)$ schnell (idealerweise in Polynomialzeit) berechenbar ist, dass jede Kette der Fixpunkte von $\rho$ kurz (idealerweise polynomiell beschränkt) ist und dass die Tests der Form $\varphi(Z)$ für Fixpunkte $Z$ von $\rho$ schnell (idealerweise in Polynomialzeit) erfolgen können. Daraus lässt sich folgern, dass der Fixpunkttest (2.7) insgesamt schnell (idealerweise in Polynomialzeit in der Größe der Systembeschreibung) Ergebnisse liefert. Eine solche Methode bietet etwa die sogenannte *nebenläufige kartesische abstrakte Interpretation* (engl. *multithreaded Cartesian abstract interpretation*) [MPR06a; MPR06b]. Bei diesem Verfahren (auch als Annahme-Verpflichtungs-Verifikationsparadigma und als thread-modulare Modellprüfung [MPR07] bezeichnet) wird der dabei benutzte Hüllenoperator verfeinert und in [Mal10; MP08; MPR10] wird er sogar automatisch und über Gegenbeispiele gesteuert angepasst.

Eine allgemeinere Theorie der Abstraktion (ohne speziellen Bezug zur Parallelität) findet sich in [CC77].

Falls die Maschinen unendlich sind, so ist die Frage (2.6) im Allgemeinen nicht durch Berechnung lösbar, wenn nicht gesagt wird, wie unendliche Zustandsräume, Zustandsübergangsfunktionen darauf und Anfangszustandsmengen dargestellt werden. In aller Regel sind jedoch Verifikationsfragen aufgrund des Satzes von Rice [Ric53] für unendliche Zustandsmaschinen unentscheidbar. Nichtsdestoweniger sind die in der Praxis vom Menschen geschaffenen Systeme oft so konstruiert, dass viele interessante Eigenschaften eine relativ simple, für einen Menschen nachvollziehbare Begründung haben. Diese Begründung kann helfen, die Überapproximationsfunktion $\rho$ wie in (2.7) geeignet zu wählen. Daher verwenden Verifikationswerkzeuge im unendlichen Fall ebenfalls Abstraktionen, um die Korrektheitsbeweise überhaupt automatisch erstellen zu können.

Unabhängig davon, ob die einzelnen Komponenten endlich oder unendlich sind, gilt in der Praxis, dass je kleiner die Beschreibungen der Komponenten sind, desto einfacher es ist, die Eigenschaften ihrer parallelen Komposition zu verifizieren. Daher empfiehlt es sich, die Verifikation der parallelen Komposition „großer" Komponenten modular durch die Verifikation der parallelen Komposition „kleiner" Komponenten zu ersetzen, wenn man die kleinen Komponenten findet, die als Stellvertreter großer Komponenten fungieren können. Ein Beispiel solcher Technik findet sich in [LMQ10].

### 2.1.5.3 Linearzeitaussagen

Eine allgemeinere Klasse der Aussagen über die Zustandsmaschinen bilden die sogenannten Linearzeitaussagen. Eine *Linearzeitaussage* über eine Zustandsübergangsmaschine $A$ ist, salopp gesprochen, eine Aussage von der Form „für alle Abläufe von $A$ gilt $\varphi$" für ein Prädikat $\varphi$ auf der Menge der Folgen von Zuständen von $A$. Je nachdem, welche der drei im Abschn. 2.1.2.1 eingeführten Ablaufsemantiken man dabei wählt, also die Menge endlicher Abläufe (und Prädikate auf der Menge endlicher Zustandsfolgen), die Menge unendlicher Abläufe (und Prädikate auf der Menge unendlicher Zustandsfolgen) oder die Menge endlicher und unendlicher Abläufe (und Prädikate auf der Menge endlicher und unendlicher Zustandsfolgen), erhält man drei unterschiedliche Klassen von Linearzeitaussagen. Ohne auf Details einzugehen, gibt man das Prädikat $\varphi$ in der Aussage „für alle Abläufe von $A$ gilt $\varphi$" durch eine Formel oder durch einen Automaten an. Gilt $\varphi$ tatsächlich für alle Abläufe der Maschine $A$, so sagt man, dass $\varphi$ eine Linearzeiteigenschaft von $A$ ist. Ergibt sich die Maschine $A$ aus dem Kontext, so lässt man „von $A$" oft sprachlich fallen und nennt das Prädikat $\varphi$ eine Linearzeitaussage beziehungsweise Linearzeiteigenschaft. Beispielsweise verifiziert man eine solche Eigenschaft, indem man ein synchrones Produkt von $A$ mit einem Automaten, der die Negation von $\varphi$ beschreibt, konstruiert, und im Produkt die Abwesenheit von erreichbaren Schleifen beweist, die durch bestimmte ausgesonderte Zustande durchgehen. Wir gehen auf diese Einzelheiten der Verifikation von Linearzeiteigenschaften hier nicht weiter ein, da dies in spezielle Themen der Automatentheorie führt, und verweisen auf [BK08].

Man beachte, dass sich die Invarianzaussagen aus Abschn. 2.1.5.1 als eine Unterklasse von Linearzeitaussagen (unabhängig davon, ob man die Semantik endlicher Abläufe, unendlicher Abläufe oder endlicher und unendlicher Abläufe wählt) auffassen lassen: gegeben eine Invarianzaussage „für alle erreichbaren Zustände gilt das Zustandsprädikat $\varphi$", ist die zugehörige Linearzeitaussage „für alle Abläufe gilt: jeder Zustand des Ablaufes erfüllt $\varphi$".

## 2.2 Zustandsmaschinen mit aktionsmarkierten Übergängen

In Zustandsmaschinen, wie wir sie in Abschn. 2.1 behandeln, wird zu Zuständen die Menge der Nachfolgezustände festgelegt. Die Frage, durch was ein Zustandsübergang ausgelöst wird oder was ein Zustandsübergang auslöst, wird dort nicht gestellt.

In diesem Abschn. 2.2 betrachten wir für die Modellierung von Systemen zusätzlich zum Zustandsraum eine Menge von Aktionen. Durch die Zustandsmaschinen wird beschrieben, wie Aktionen mit Zustandsänderungen zusammenspielen. Ein einfaches Beispiel für Aktionen sind etwa die Anweisungen in Programmiersprachen. Die Ausführung einer Anweisung bewirkt einen Zustandsübergang.

### 2.2.1 Darstellungsformen

In diesem Abschnitt beschreiben wir Maschinen, deren Zustandsübergänge mit Aktionen markiert sind. Die Aktionen können unterschiedliche Zusammenhänge beschreiben, wie Anweisungen, die Zustände ändern, oder Signale, die Zustandsänderungen anzeigen.

#### 2.2.1.1 Analytische Darstellung

Wie definieren Zustandsmaschinen mit markierten Übergängen.

📖 **Definition 2.2.1.1.1 (Zustandsmaschine mit markierten Übergängen)**

*Zustandsmaschine mit markierten Übergängen*

Eine *Zustandsmaschine mit markierten Übergängen* ist ein Paar $(\Delta, \Sigma_0)$ mit einer Abbildung $\Delta\colon A \to (\Sigma \to \mathfrak{P}(\Sigma))$ und einer Menge von Anfangszuständen $\Sigma_0 \subseteq \Sigma$. Dabei bezeichnet $\Sigma$ den Zustandsraum und $A$ eine Menge von Aktionen. Die Elemente von $\Sigma$ heißen *Zustände*, die Elemente von $A$ *Aktionen* und die Elemente von $\Sigma_0$ *Anfangszustände*. Den Wert der Abbildung $\Delta$ für die Aktion $a \in A$ schreiben wir auch als $\Delta_a$ und nennen ihn die *Zustandsübergangsfunktion zur Aktion a.* ∎

*Zustand*
*Aktion*
*Anfangszustand*

*Zustandsübergangsfunktion*

Wir schreiben für $\Delta(a)(\sigma)$ dann sowohl $\Delta_a(\sigma)$ als auch $\Delta(a, \sigma)$. Ist die Anfangszustandsmenge einelementig und ihr einziges Element $\sigma_0 \in \Sigma_0$, so vereinfachen wir die Schreibweise der Zustandsmaschine $(\Delta, \{\sigma_0\})$ zu $(\Delta, \sigma_0)$.

📖 **Definition 2.2.1.1.2 (Zustandsübergangs-/Nachfolgerrelation)** Eine Zustandsmaschine mit markierten Übergängen $(\Delta, \Sigma_0)$ mit Zustandsmenge $\Sigma$ und Aktionsmenge $A$ induziert (analog zu Definition 2.1.1.1.2) eine *Zustandsübergangsrelation (mit markierten Übergängen)* $\to\, \subseteq \Sigma \times A \times \Sigma$ mit

*Zustandsübergangsrelation*

$$\sigma \xrightarrow{a} \sigma' \overset{\text{def}}{\iff} \sigma' \in \Delta_a(\sigma) \qquad (\sigma, \sigma' \in \Sigma,\ a \in A).$$

Umgekehrt kann man aus einer Zustandsübergangsrelation (mit markierten Übergängen) $\to\ \subseteq \Sigma \times A \times \Sigma$ die Zustandsübergangsfunktionen $\Delta_a$ mittels $\Delta_a(\sigma) = \{\sigma' \in \Sigma : \sigma \xrightarrow{a} \sigma'\}$ für alle $\sigma \in \Sigma$ und $a \in A$ gewinnen. ∎

Wir nennen eine Zustandsmaschine $(\Delta, \Sigma_0)$ *endlich*, wenn sowohl die Menge der Aktionen als auch die Menge der Zustände endlich sind.

In der Definition 2.2.1.1.1 führen wir keine Endzustände ein. Würde man mit Maschinen mit markierten Übergängen zusätzlich formale Sprachen erkennen oder erzeugen wollen, würde man eine Maschine mit markierten Übergängen etwa als Tripel der Form (Zustandsübergangsrelation, Anfangszustandsmenge, Endzustandsmenge) definieren. In dieser Form stellen endliche Maschinen entweder endliche Automaten oder Büchi-Automaten dar, je nachdem, mit welcher Semantik man sie versieht. Mit diesen Automaten definiert man auch reguläre Sprachen [Yu97] oder ω-reguläre Sprachen [Tho97], die das Verhalten von Systemen auf eine andere Weise strukturiert darstellen.

*Beispiel 2.2.1.1.3 (Fußgängerampel als Zustandsmaschine mit markierten Übergängen)* Wir betrachten nun eine Fußgängerampel mit markierten Übergängen. Beim Umschalten von Grün (Zustand go) auf Rot (Zustand stop) signalisiert die Ampel durch die Aktion im Übergang, dass die Maschine die Grünphase beendet und auf ein Signal zur erneuten Grünphase wartet. Beim Verweilen in Rot (Zustand stop) signalisiert die Ampel entweder, dass interne Übergänge (ohne einen Wechsel zu einem anderen Zustand) stattfinden, oder die Vorbereitung für die gleich folgende Grünphase (Übergang zum Zustand stopEnd). Beim Umschalten von Rot (Zustand stopEnd) auf Grün (Zustand go) signalisiert die Ampel, dass ein interner Übergang stattfindet. Formal definieren wir die Ampel somit wie folgt ($a \in A$, $\sigma \in \Sigma$):

$$\Sigma = \{\text{stop}, \text{stopEnd}, \text{go}\}$$
$$\sigma_0 = \text{stop}$$
$$A = \{\tau, \text{p2t}, \text{t2p}\}$$
$$\Delta : A \to (\Sigma \to \mathfrak{P}(\Sigma)),$$
$$\Delta_a(\sigma) = \begin{cases} \{\text{go}\}, & \text{falls } a = \tau \ \wedge \sigma = \text{stopEnd}, \\ \{\text{stop}\}, & \text{falls } a = \text{p2t} \wedge \sigma = \text{go}, \\ \{\text{stopEnd}\}, & \text{falls } a = \text{t2p} \wedge \sigma = \text{stop}, \\ \{\text{stop}\}, & \text{falls } a = \tau \ \wedge \sigma = \text{stop}, \\ \emptyset, & \text{sonst} \end{cases}$$
$$\text{PedLightsS} = (\Delta, \sigma_0)$$

Die Aktion $\tau$ signalisiert einen internen, stillen Übergang. Die Aktion p2t signalisiert, dass die Fußgängerampel (p) jetzt mit der Grünphase abschließt (damit die noch zu beschreibende Kfz-Ampel dann ihre eigene Grünphase starten kann). Die Aktion t2p signalisiert, dass die Fußgängerampel die Kontrolle über Grünphase in Kürze (von der noch zu beschreibenden Kfz-Ampel) wiedererlangt. Wir bezeichnen die Zustandsmaschine zur Beschreibung der

Fußgängerampel mit PedLightsS; das Anhängsel S deutet auf die S̲ynchroni-
sierung mit der Außenwelt hin.                                                      ∎

Eine Umgebung, mit der die Ampel synchronisiert wird, ist in unserem Fall
durch die Kfz-Ampel dargestellt:

☼ *Beispiel 2.2.1.1.4 (Kfz-Ampel als Zustandsmaschine mit markierten Über-*
*gängen)* Wir betrachten eine Autoampel mit markierten Übergängen. Beim
Umschalten von Grün auf Gelb wird ein interner Übergang signalisiert. Beim
Umschalten von Gelb auf Rot signalisiert die Ampel, dass die Kontrolle über die
Grünphase abgegeben wird. Im Zustand Rot kann die Kfz-Ampel beliebig lange
verweilen und das Stattfinden interner Übergänge nach außen signalisieren oder
in einen neuen Zustand übergehen, der das Ende der Rotphase bedeutet, und
signalisieren, dass die Kontrolle über die Grünphase wieder erlangt wird. Beim
Umschalten vom Ende der Rotphase auf Rot-Gelb und beim Umschalten von
Rot-Gelb auf Grün werden nach außen interne Übergänge signalisiert. Formal
definieren wir die Kfz-Ampel wie folgt:

$$\Sigma \overset{\text{def}}{=} \{\text{red}, \text{redEnd}, \text{yellowred}, \text{yellow}, \text{green}\}$$

$$\sigma_0 \overset{\text{def}}{=} \text{green}$$

$$A \overset{\text{def}}{=} \{\tau, \text{p2t}, \text{t2p}\}$$

$$\Delta : A \to (\Sigma \to \mathfrak{P}(\Sigma)),$$

$$\Delta_a(\sigma) = \begin{cases} \{\text{yellow}\}, & \text{falls } a = \tau \ \wedge \sigma = \text{green}, \\ \{\text{red}\}, & \text{falls } a = \text{t2p} \wedge \sigma = \text{yellow}, \\ \{\text{redEnd}\}, & \text{falls } a = \text{p2t} \wedge \sigma = \text{red}, \\ \{\text{red}, \text{yellowred}\}, & \text{falls } a = \tau \ \wedge \sigma = \text{red}, \\ \{\text{green}\}, & \text{falls } a = \tau \ \wedge \sigma = \text{yellowred}, \\ \emptyset, & \text{sonst} \end{cases}$$

$$\text{TrfLightsS} = (\Delta, \sigma_0)$$

Wie in Beispiel 2.2.1.1.3 deutet das S in TrfLightsS auf die S̲ynchronisierung
mit der Außenwelt hin und $\tau$ bezeichnet einen internen Übergang. Die Aktion
t2p signalisiert, dass die Kfz-Ampel (t) die Kontrolle über Grünphase (an die
beschriebene Kfz-Ampel (p)) abgibt. Die Aktion p2t signalisiert der Kfz-Ampel
(t) die Freigabe (von der Fußgängerampel (p) mitgeteilt), in eine Grünphase
überzugehen.                                                                       ∎

Zustandsmaschinen mit markierten Übergängen werden als Modelle für unterschiedliche Szenarien eingesetzt:

- Aktionen als Auslöser von Übergängen – Aktionen als Eingabe
  Wir können Aktionen so verstehen, dass durch sie ein Übergang ausgelöst
  wird. So könnte man statt (vgl. Beispiel 2.2.1.1.4)

$$\text{green} \overset{\tau}{\to} \text{yellow}$$

mit einer zusätzlichen Aktion pressing_stop_button stattdessen

$$\text{green} \xrightarrow{\text{pressing\_stop\_button}} \text{yellow}$$

spezifizieren, um auszudrücken, dass das Drücken der Halte-Taste den Übergang von green nach yellow auslöst. Durch eine Folge von Aktionen (vgl. Spur in Abschn. 2.2.2.1) kann dann gesteuert werden, welche Übergänge stattfinden.

- Aktionen als Ergebnis und Signale von Übergängen – Aktionen als Ausgabe
  Wir können für einen Übergang

$$\sigma \xrightarrow{a} \sigma'$$

die Aktion $a$ auch als Ergebnis des Übergangs auffassen. Dann steuert die Aktion nicht den Übergang, löst diesen also nicht aus, sondern der Übergang findet statt und dadurch wir die Aktion $a$ ausgelöst. Durch die Aktion $a$ wird signalisiert, dass der Übergang stattfindet. Ein Beispiel bildet der Geldautomat

$$\text{payment\_succeeded} \xrightarrow{\text{return\_card}} \text{ATM\_ready}$$

Das Beispiel zeigt allerdings, dass hier nicht festgelegt wird, ob im Zustand payment_succeeded der Automat stets die Karte auswirft, oder ob die Aktion return_card eine Aktion des Kunden ist, die dazu führt, dass die Karte ausgeworfen wird. Welche dieser Interpretationen gilt, ist durch die Modellierung durch den Automaten mit markierten Übergängen nicht festgelegt.

Wir beschreiben in Abschn. 2.2.4, wie Maschinen mit markierten Übergängen durch Komposition zusammengesetzt werden.

Eine Aktion einer Maschine mit markierten Übergängen ist in der Regel nicht in jedem Zustand ausführbar. Für eine Aktion $a$ und einen Zustand $\sigma$ einer Zustandsmaschine $(\Delta, \Sigma_0)$ heißt Aktion $a$ *(schalt)bereit* (engl. *enabled*) im Zustand $\sigma$, falls $\Delta_a(\sigma) \neq \emptyset$, d. h., falls im Zustand $\sigma$ ein Zustandsübergang durch Ausführung der Aktion $a$ möglich ist. Für diese Aussage schreiben wir formal auch

*Schaltbereite Aktion*
*Enabled action*

$$\text{enabled}(a, \sigma) \,,$$

wenn die Maschine, auf die sich die Aussage bezieht, aus dem Kontext ersichtlich ist. Etwa ist die Aktion p2t im Zustand go bereit und im Zustand stop der Maschine PedLightS aus Beispiel 2.2.1.1.3 nicht bereit.

Zustandsmaschinen mit markierten Übergängen können nicht nur zur Modellierung der Synchronisation von Systemen, sondern auch zur Modellierung sequenzieller, anweisungsorientierter Programme verwendet werden. Die Menge der Aktionen besteht dann aus Anweisungen. Neben Programmen können wir auch den interaktiven Zugriff auf Datenstrukturen, etwa auf Datenbanken, durch Zustandsübergangsmaschinen mit markierten Übergängen modellieren.

Wir geben zunächst ein einfaches Beispiel.

*Beispiel 2.2.1.1.5 (Keller als Zustandsmaschine mit markierten Übergängen)* Sei eine (nicht weiter spezifizierte) Menge Data von Datenelementen gegeben. Ein Keller (engl. *stack*) kann Aktionen aus folgender Menge $A$ von Aktionen ausführen:

$$A = \{\text{initStack}, \text{pop}\} \cup \{\text{top}(d) : d \in \text{Data}\} \cup \{\text{push}(d) : d \in \text{Data}\}.$$

Den Zustandsraum der Maschine definieren wir durch

$$\Sigma = \text{Data}^*$$

Die Zustandsübergangsfunktion

$$\Delta_a : \Sigma \to \mathfrak{P}(\Sigma) \qquad (a \in A)$$

definieren wir für die Aktionen $a \in A_{\text{stack}}$ durch folgende Gleichungen:

$$\Delta_{\text{initStack}}(s) = \{\langle\rangle\}$$
$$\Delta_{\text{pop}}(s) = \{s' : \exists\, d \in \text{Data} : s = \langle d \rangle \circ s'\}$$
$$\Delta_{\text{push}(d)}(s) = \{\langle d \rangle \circ s\}$$
$$\Delta_{\text{top}(d)}(s) = \begin{cases} \{s\}, & \text{falls } \text{first}(s) = d, \\ \emptyset, & \text{sonst.} \end{cases}$$

Hier modellieren wir den Keller so, dass die Aktionen pop und top($d$) nur in den Zuständen bereit (also, die entsprechende Anweisung eines modellierten Programms ausführbar) sind, in denen der Keller nicht leer ist. Die Aktion top($d$) ist nur dann bereit (also, die entsprechende Anweisung eines modellierten Programms ausführbar), wenn $d$ das oberste Element im Keller ist.  ∎

*Beispiel (Das Medium aus dem Alternating-Bit-Protokoll als Zustandsmaschine mit markierten Übergängen)* Für das Medium definieren wir folgende Menge $A$ von Aktionen:

$$A = \{\text{in}(m) : m \in \text{Message}\} \cup \{\text{out}(m) : m \in \text{Message}\}$$

Dabei sei Message die Menge der durch das Medium zu übertragenden Nachrichten.

Den Zustand $\Sigma$ des Mediums definieren wir durch

$$\Sigma = \text{Message}^* \times \mathbb{N}_0$$

mit Anfangszuständen

$$\Sigma_0 = \{(\langle\rangle, n) : n \in \mathbb{N}_0\}$$

Die Zustandsübergangsfunktion

$$\Delta: A \to \Sigma \to \mathfrak{P}(\Sigma)$$

definieren wir wie folgt

$$\Delta_{\mathrm{in}(m)}(s, n) = \begin{cases} \{(s, n-1)\} & \text{falls } n > 0 \\ \{(s \circ \langle m \rangle, k) : k \in \mathbb{N}_0\} & \text{falls } n = 0 \end{cases}$$

$$\Delta_{\mathrm{out}(m)}(s, n) = \begin{cases} \{(\mathrm{rest}(s), n)\} & \text{falls } \mathrm{first}(s) = m \land s \neq \langle \rangle \\ \emptyset & \text{sonst} \end{cases}$$

Man beachte, dass der Zustand $(s, n)$ mit $n > 0$ ausdrückt, dass $n$ Eingaben durch die Aktion $\mathrm{in}(m)$ zum Verlust der Eingabe führen. Im Fall $n = 0$ wird eine Eingabe ohne Verlust akzeptiert. Anschließend wird $n$ durch eine beliebige natürliche Zahl besetzt. ∎

### 2.2.1.2 Grafische Darstellung

Es ist oft hilfreich und anschaulich, Zustandsübergangssysteme mit attributiertem Zustandsraum $\Sigma$ und Aktionsmenge $A$ markierten Übergängen durch Zustandsübergangsdiagramme darzustellen. Zu diesem Zweck definieren wir einen *gerichteten Graphen mit Mehrfachkanten und Kantenmarkierungen* als ein Paar $(V, E)$ mit $E \subseteq V \times L \times V$ für beliebige Mengen $V$ und $L$; die Elemente von $V$ nennen wir *Knoten*, die Elemente von $E$ *Kanten* und die Elemente von $L$ *Kantenmarkierungen*.

Für attributierte Zustandsräume

$$\Sigma = \{\!\{x_1 : S_1, \ldots, x_n : S_n\}\!\}$$

definieren wir die Markierungen in der Menge $L$ wie folgt: Eine Markierung ist ein Tripel

$$\{\varphi\} e \{\psi\}$$

wobei $\varphi$ eine Zusicherung für den Zustandsraum $\Sigma$ ist, $e$ ein Ausdruck, der eine Aktion aus $A$ beschreibt und in dem Zustandsattribute verwendet werden, und $\psi$ ist eine Zusicherung über dem Zustandsraum $\Sigma$ und einen Nachfolgezustand $\sigma'$, wobei die Attribute von $\sigma'$ durch $x_1', \ldots, x_n'$ bezeichnet werden.

Ein Beispiel für eine Markierung für den Stack (s. Abb. 2.13) liest sich wie folgt:

$$\{\#s > 0\}\, \mathrm{top}(\mathrm{first}(s))\, \{s' = s\}$$

Die Markierung drückt aus, dass für einen Zustand, in dem $\# s > 0$ gilt, die Aktion $\mathrm{top}(\mathrm{first}(s))$ möglich ist und ein ein Zustandsübergang zu einem Zustand, in dem $s' = s$ gilt, wobei $s'$ das Attribut im neuen Zustand und $s$ das Attribut im alten Zustand bezeichnet.

Formal ausgedrückt gilt damit, dass die Markierung $\{\varphi\} e \{\psi\}$ einer Kante einen Übergang von einem gegebenen Zustand $\sigma$ in eine Menge von neuen

Zuständen $\sigma'$ beschreibt:

$$[\varphi](\sigma) \wedge a = [e](\sigma) \wedge [\psi](\sigma, \sigma') \Rightarrow \sigma \xrightarrow{a} \sigma'$$

Hier schreiben wir

$[\varphi](\sigma)$       für die Aussage, dass $\sigma$ die Zusicherung $\varphi$ erfüllt;

$[e](\sigma)$       für die Aktion, die der Ausdruck $e$ bezeichnet, wenn die Attribute in $e$ durch den Zustand $\sigma$ belegt werden;

$[\psi](\sigma, \sigma')$       für die Aussage, dass die Zusicherung $\psi$ auf die Zustände $\sigma$ und $\sigma'$ zutrifft.

Zur Vereinfachung der Schreibweise vereinbaren wir zwei nützliche Konventionen. Gilt das mit einem Knoten assoziierte Zustandsprädikat für genau einen Zustand, so notieren wir in der Abbildung im Diagrammknoten anstelle des Prädikats den Zustandsnamen (sofern das Prädikat benannt ist). Ferner lassen wir die Tautologien weg, indem wir die markierten Kanten der Form $\xrightarrow{\{\varphi\}\, e\, \{\psi\}}$ zu

- $\xrightarrow{e\, \{\psi\}}$, wenn $\varphi = \text{true} \neq \psi$,
- $\xrightarrow{\{\varphi\}\, e}$, wenn $\varphi \neq \text{true} = \psi$, und
- $\xrightarrow{e}$, wenn $\varphi = \text{true} = \psi$,

vereinfachen.

Ein Zustandsübergangsdiagramm über einem attributierten Zustandsraum $\Sigma$ und die Aktionsmenge $A$ besteht aus

- einer Menge $V$ von Knoten;
- einer Menge $E \subseteq V \times L \times V$ von Kanten mit Markierungen, wobei $L$ die Menge der Markierungen über $\Sigma$ bezeichnet;
- einer Teilmenge $V_0 \subseteq V$ von Knoten, wobei jedem Knoten $v \in V_0$ eine Zusicherung $\beta(v)$ über $\Sigma$ zugeordnet ist.

Die Menge $V_0$ ist die Menge der Anfangsknoten, wobei jeder Knoten $v \in V_0$ eine Menge von Anfangszuständen zugeordnet bekommt, die durch die Zusicherung $\beta(v)$ beschrieben sind.

Wir definieren nun eine Zustandsmaschine mit Zustandsraum

$$\Sigma' = V \times \Sigma$$

und Anfangszuständen

$$\Sigma'_0 = \{(v, \sigma) : v \in V_0 \wedge [\beta(v)](\sigma)\}$$

Die Aussage $[\beta(v)](\sigma)$ gilt genau dann, wenn der Zustand $\sigma$ die Zusicherung $\beta(v)$ erfüllt.

Wir definieren die durch das Übergangsdiagramm beschriebene Zustandsübergangsabbildung

$$\Delta' : A \to (\Sigma' \to \mathfrak{P}(\Sigma'))$$

mittels

$$\Delta_a'(v, \sigma) = \{(v', \sigma') : \exists \varphi, e, \psi : \quad (v, \{\varphi\}e\{\psi\}, v') \in E \wedge [\varphi](\sigma)$$
$$\wedge \, a = [e](\sigma) \wedge [\psi](\sigma, \sigma') \qquad \}$$

Für den Fall, dass für alle erreichbaren Zustände $R$ der Maschine $(\Delta', \Sigma_0')$ folgende Aussage gilt: Es existiert eine Abbildung

$$w \colon \Sigma \to V$$

sodass gilt

$$(v, \sigma) \in R \Rightarrow w(\sigma) = v$$

können wir eine Zustandsmaschine $(\Delta, \Sigma_0)$ mit

$$\Delta \colon A \to (\Sigma \to \mathfrak{P}(\Sigma))$$

wie folgt aus $(\Delta', \Sigma_0')$ abstrahieren:

$$\Delta_a(\sigma) = \{\sigma' : (w(\sigma'), \sigma') \in \Delta'(w(\sigma), \sigma)\}$$

Jedem erreichbaren Zustand $\sigma$ ist genau ein Knoten zugeordnet. Umgekehrt können wir mithilfe von $w$ jedem Knoten $v \in V$ eine Menge

$$\{\sigma : w(\sigma) = v\}$$

von Zuständen zuordnen. Diese Mengen sind für unterschiedliche Knoten paarweise disjunkt. Diese Konstruktion gilt beispielsweise fürs das Diagramm in Abb. 2.13.

🔆 *Beispiel 2.2.1.2.1 (Fußgängerampel als Zustandsübergangsdiagramm mit markierten Übergängen)* Eine Fußgängerampel wird durch ein Zustandsübergangsdiagramm in Abb. 2.12 beschrieben.

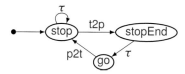

**Abb. 2.12** Eine Fußgängerampel als Zustandsübergangsdiagramm mit markierten Übergängen

Die drei Knoten in Abb. 2.12 entsprechen Prädikaten, die jeweils für genau einen Zustand, der in der Abbildung als Knoteninhalt umringt ist, gelten. ∎

Analog dazu kann ein Diagramm der Kfz-Ampel erstellt werden (s. Übung 2.6.10).

🔆 *Beispiel 2.2.1.2.2 (Keller als Zustandsübergangsdiagramm mit markierten Übergängen)* Hier beschreiben wir die Datenstruktur Keller über einer (nicht weiter spezifizierten) Menge Data von Datenelementen als ein Zustandsdiagramm mit markierten Übergängen. Die Menge der Zustände ist dann $\{\!| s \, \colon \text{Stack Data} |\!\}$.

Als Menge der Aktionen nehmen wir $A$ aus Beispiel 2.2.1.1.5. Als Knoten unseres Diagramms wählen wir den Anfangsknoten Stack_empty = $(\lambda \, s \in \text{Data}^* \colon s = \langle\rangle)$ und seine logische Negation Stack_nonempty = $(s \neq \langle\rangle)$. Das Zustandsübergangsdiagramm mit markierten Übergängen ist in Abb. 2.13 beschrieben.

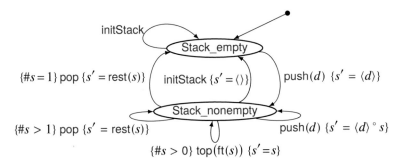

**Abb. 2.13** Ein Keller als Zustandsübergangsdiagramm mit markierten Übergängen, $\grave{s}$ bezeichnet den Zustand vor und $\acute{s}$ den Zustand nach dem Übergang.

Der Term #$s$ für eine endliche Sequenz $s$ bezeichnet ihre Länge. Die Menge $X$ der Parametervariablen ist $\{d \, \colon \text{Data}\}$ für Markierungen, die $d$ syntaktisch enthalten, und leer sonst. ∎

Das Beispiel entspricht genau dem Fall, bei dem jedem Zustand genau ein Knoten zugeordnet wird. Gilt dies für ein Zustandsübergangsdiagramm nicht, so führt die Abstraktion durch Elimination der Knoten in den Zuständen nicht auf ein sinnvoll nutzbaren Zustandsübergangssystem. Kann man jedem Zustand genau einen Knoten zuordnen, ist die Abstraktion möglich.

Durch so interpretierte Diagramme können mit endlichen syntaktischen Darstellungen unendliche Zustandsräume beschrieben werden.

### 2.2.1.3 Tabellarische Darstellung

Endliche Zustandsmaschinen mit markierten Übergängen lassen sich auch in Tabellenform darstellen.

Gegeben eine Maschine $(\Delta, \Sigma_0)$ mit markierten Übergängen über einer endlichen Zustandsmenge $\Sigma$ und einer endlichen Aktionsmenge $A$, erstellen wir eine Tabelle, deren Zeilen mit Aktionen markiert sind und deren Spalten mit Zuständen markiert sind. Die Tabellenzelle in Zeile $a$ und Spalte $\sigma$ füllen wir dabei mit den Elementen der Menge $\Delta_a(\sigma)$ ($a \in A$, $\sigma \in \Sigma$). Insbesondere kann die Tabellenzelle (je nach $\Delta_a(\sigma)$) leer bleiben oder ein oder mehrere

Elemente enthalten. Die Anfangszustände markieren wir mit dem Pfeil von oben über den entsprechenden Spalten. Somit sieht die Tabelle im Allgemeinen so aus:

| Aktion \ Zustand | $\downarrow$ $\sigma_1$ | $...$ | $\downarrow$ $\sigma_n$ | $\sigma_{n+1}$ | $...$ | $\sigma_m$ |
|---|---|---|---|---|---|---|
| $a_1$ | $\Delta_{a_1}(\sigma_1)$ | $...$ | $\Delta_{a_1}(\sigma_n)$ | $\Delta_{a_1}(\sigma_{n+1})$ | $...$ | $\Delta_{a_1}(\sigma_m)$ |
| $\vdots$ | $\vdots$ | | $\vdots$ | $\vdots$ | | $\vdots$ |
| $a_k$ | $\Delta_{a_k}(\sigma_1)$ | $...$ | $\Delta_{a_k}(\sigma_n)$ | $\Delta_{a_k}(\sigma_{n+1})$ | $...$ | $\Delta_{a_k}(\sigma_m)$ |

Bei der Tabelle wurde angenommen, dass

$$\Sigma_0 = \{\sigma_1, \dots, \sigma_n\} \subseteq \{\sigma_1, \dots, \sigma_n, \sigma_{n+1}, \dots, \sigma_m\} = \Sigma$$

und

$$A = \{a_1, \dots, a_k\}$$

für $n, k, m \in \mathbb{N}_0$ mit $n \leq m$ gilt. Die geschweiften Mengenklammern werden dabei zur Vereinfachung weggelassen.

*Beispiel (Fußgängerampel mit markierten Übergängen als Tabelle)* Die Maschine PedLightS aus Beispiel 2.2.1.1.3 lässt sich wie folgt tabellarisch darstellen:

| Aktion \ Zustand | $\downarrow$ stop | stopEnd | go |
|---|---|---|---|
| $\tau$ | stop | go | |
| p2t | | | stop |
| t2p | stopEnd | | |

∎

Natürlich kann man die Zustandsübergangsrelation wie in Definition 2.2.1.1.2 einfach tabellarisch aufschreiben. Bei dieser Form der Darstellung sollte man die Anfangszustände extra vermerken.

*Beispiel (Übergangsrelation der Fußgängerampel mit markierten Übergängen als Tabelle)* Die Zustandsübergangsrelation der Maschine PedLightS aus Beispiel 2.2.1.1.3 lässt sich wie folgt tabellarisch darstellen.

| Anfangszustand: stop | | |
|---|---|---|
| Quellzustand | Aktion | Zielzustand |
| stop | $\tau$ | stop |
| stop | t2p | stopEnd |
| stopEnd | $\tau$ | go |
| go | p2t | stop |

∎

Weitere Beispiele der tabellarischen Darstellung finden sich in Übung 2.6.11.

Unendliche Maschinen lassen sich so schlicht nicht vollständig in den obengenannten Tabellenformen grafisch notieren.

### 2.2.1.4 Matrixdarstellung

Analog zu Abschn. 2.1.1.4 können endliche Zustandsmaschinen mit markierten Übergängen durch Übergangsmatrizen dargestellt werden. Dazu wird die

*Nachbarschaftsmatrix* Darstellung mithilfe *Nachbarschaftsmatrizen* (auch *Adjazenzmatrizen*, engl.
*Adjazenzmatrix* *adjacency matrices*) beschrieben.
*Adjacency matrix*      Eine Zustandsmaschine mit markierten Übergängen $(\Delta, \Sigma_0)$ mit der Zustandsmenge $\Sigma$ und der Aktionsmenge $A$ stellen wir durch eine $(|\Sigma| \times |\Sigma|)$-Matrix $M$ mit Einträgen, die reguläre Ausdrücke enthalten, die man aus den Elementen von $A$, dem Symbol der leeren Sprache $\emptyset$ und dem Auswahlsymbol $|$ bilden kann (wobei wir $\emptyset, | \notin A$ annehmen und sonst diese Aktionen vorab umbenennen), dar. Die Zeilen und die Spalten von $M$ indizieren wir durch Elemente von $\Sigma$ und definieren die Einträge wie folgt:

$$M_{x,y} = \{a \in A : y \in \Delta_a(x)\}$$

wobei nichtleere Mengen $\{a_1, \dots, a_n\}$ durch $a_1 \mid \dots \mid a_n$ in einer beliebigen Reihenfolge dargestellt werden ($n \in \mathbb{N}_+$, $a_1, \dots, a_n \in A$). Der Eintrag in Zeile $x$ und Spalte $y$ enthält genau dann die Aktion $a$, wenn $y$ ein Nachfolger von $x$ ist bezüglich der Übergangsfunktion $\Delta_a$ ist ($x, y \in \Sigma$, $a \in A$). Beim Notieren schreiben wir die Indizes in eine zusätzliche Legendezeile oben und eine zusätzliche Legendespalte links und achten darauf, dass die Reihenfolge der Indizes in der Legendezeile (von links nach rechts) dieselbe wie in der Legendespalte (von oben nach unten) ist. Die Anfangszustände markieren wir auch hier durch Pfeile links vor den mit den Anfangszuständen indizierten Zeilen.

Schematisch sieht eine Matrixbeschreibung etwa wie folgt aus (wobei die Auslassungszeichen im rechten unteren Quadranten der Matrix für unbekannte reguläre Ausdrücke stehen):

$$
\begin{array}{r|ccc}
 & \sigma_0 & \sigma_1 & \dots & \sigma_{n-1} \\
\hline
\rightarrow \sigma_0 & a & \emptyset & \dots \\
\sigma_1 & a|b|c & d|e & \dots \\
\vdots & \vdots & \vdots & \ddots \\
\sigma_{n-1} &
\end{array}
$$

Daraus liest man ab, dass der Zustandsraum $\{\sigma_0, \sigma_1, \dots, \sigma_{n-1}\}$ ist, dass $a, b, c, d$, $e, \dots \in A$ gilt, $\sigma_0$ der einzige Startzustand ist und für die Übergangsfunktionen $\Delta_x$ ($x \in A$) die Aussagen $\sigma_0 \in \Delta_a(\sigma_0) \cap \Delta_a(\sigma_1) \cap \Delta_b(\sigma_1) \cap \Delta_c(\sigma_1)$ und $\sigma_1 \in \Delta_d(\sigma_1) \cap \Delta_e(\sigma_1) \setminus \bigcup_{x \in A} \Delta_x(\sigma_0)$ gelten.

Da sich die Zustandsmenge und die Aktionsmenge einer Maschine mit markierten Übergängen auf viele Arten linear ordnen lassen, ist die Matrixdarstellung der Maschine alles andere als eindeutig. Eine geschickte Wahl der Reihenfolge erhöht in der Regel die Lesbarkeit.

Aus einer Matrixdarstellung lässt sich die analytische Darstellung der Maschine mit markierten Übergängen als ein mathematisches Paar aus der Zustandsübergangsfunktionsfamilie und der Anfangszustandsmenge rekonstruieren. Zu diesem Zweck sei $\Sigma$ die Menge der Indizes von den Zeilen (oder von den Spalten) und der Ausdruck in der Zelle in der Kreuzung der Zeile $s$ und der Spalte $t$ definiere die Sprache $L_{st}$ ($s, t \in \Sigma$); dann lässt sich die Familie der Zustandsübergangsrelationen $\Delta = (\Delta_a)$ ($a \in A$) mittels $\Delta_a(s) = \{t \in \Sigma : a \in L_{st}\}$ (mit $a \in A$, $s \in \Sigma$) wiedergewinnen; die Menge der Anfangszustände besteht aus den Indizes der mit Pfeilen markierten Zeilen.

💡 *Beispiel 2.2.1.4.1 (Matrixdarstellung der Fußgängerampel mit markierten Übergängen)* Die Maschine PedLightsS lässt sich etwa wie folgt als Nachbarschaftsmatrix darstellen:

| von \ nach | stop | stopEnd | go |
|---|---|---|---|
| → stop | $\tau$ | t2p | $\emptyset$ |
| stopEnd | $\emptyset$ | $\emptyset$ | $\tau$ |
| go | p2t | $\emptyset$ | $\emptyset$ |

∎

Aus den Potenzen $M^n$ der Nachbarschaftsmatrix $M$ kann man die Markierungen der Wege der Länge $n$ zwischen zwei Zuständen ablesen; bei der Potenzberechnung nimmt man die Konkatenation, die wir hier zur Deutlichkeit mit dem vertikal zentrierten Punkt $\cdot$ bezeichnen, als Multiplikation und die nichtdeterministische Auswahl $|$ als Addition:

💡 *Beispiel (Potenzen der Matrix der Fußgängerampel mit markierten Übergängen)* Sei $M$ die Matrix aus Beispiel 2.2.1.4.1 ohne die Markierung des Anfangszustands. Dann sieht $M^2$ wie folgt aus:

| von \ nach | stop | stopEnd | go |
|---|---|---|---|
| stop | $\tau^2$ | $\tau \cdot$ t2p | t2p $\cdot \tau$ |
| stopEnd | $\tau \cdot$ p2t | $\emptyset$ | $\emptyset$ |
| go | p2t $\cdot \tau$ | p2t $\cdot$ t2p | $\emptyset$ |

Also sieht $M^3$ wie folgt aus:

| von \ nach | stop | stopEnd | go |
|---|---|---|---|
| stop | $\tau^3$ \| t2p$\cdot \tau \cdot$p2t | $\tau^2 \cdot$t2p | $\tau \cdot$t2p$\cdot \tau$ |
| stopEnd | $\tau \cdot$p2t$\cdot \tau$ | $\tau \cdot$p2t$\cdot$t2p | $\emptyset$ |
| go | p2t$\cdot \tau^2$ | p2t$\cdot \tau \cdot$t2p | p2t$\cdot$t2p$\cdot \tau$ |

Darin ist die Information über die Aktionsfolgen der Länge 3 enthalten. Zum Beispiel sieht man, dass keine Aktionsfolge der Länge 3 die Maschine von stopEnd nach go überführen würde und dass ein Übergang der Länge 3 von stop zu sich selbst mit zwei unterschiedlichen Aktionsfolgen möglich ist. ∎

Ein weiteres Beispiel findet sich in Übung 2.6.12.

Unendliche Maschinen mit markierten Übergängen können zwar mathematisch als Nachbarschaftsmatrizen aufgefasst werden, aber sie können im Allgemeinen nicht explizit dargestellt werden.

## 2.2.2 Semantik

Analog zu Abschn. 2.1.2 definieren wir für Maschinen mit markierten Übergängen mit einer Reihe semantischer Konzepte. Wir ordnen diesen Maschinen Mengen von Folgen aus Zuständen und/oder Aktionen und Mengen von Zuständen zu. Auch diese Semantikmodelle sind Sammelsemantiken.

*Sammelsemantik*

### 2.2.2.1 Sequenzbasierte Semantiken

Im Folgenden führen wir drei Begriffe ein (Berechnungen, Abläufe und Spuren). Alle diese Begriffe beziehen sich auf Folgen (von Zuständen und Aktionen, nur von Zuständen und nur von Aktionen).

Sei eine Maschine mit markierten Übergängen $M = (\Delta, \Sigma_0)$ gegeben. Sei $\Sigma$ die Menge der Zustände und $A$ die Menge der Aktionen von $M$.

#### 2.2.2.1.1 Berechnungen

*Berechnung*
*Computation*

Eine *Berechnung* (engl. *computation*) von $M$ ist eine endliche oder unendliche Folge von Zuständen und Aktionen, wobei zwischen je zwei aufeinander folgenden Zuständen stets genau eine Aktion steht:

$$\langle \sigma_0 \, a_1 \, \sigma_1 \cdots a_n \, \sigma_n \rangle \text{ für ein } n \in \mathbb{N}_0 \quad \text{beziehungsweise} \quad \langle \sigma_0 \, a_1 \, \sigma_1 \, a_2 \, \sigma_2 \cdots \rangle$$

die sich aus einer Berechnung ergibt, indem man die Aktionen löscht. Die *Länge* einer Berechnung beschreibt die Anzahl der Schritte (im endlichen Fall $n$, sonst $\infty$). Die Menge aller endlichen beziehungsweise unendlichen Berechnungen von $M$ bezeichnen wir mit $\mathrm{Comp}_{\mathrm{fin}}(M)$ beziehungsweise $\mathrm{Comp}_{\mathrm{inf}}(M)$. Für die Menge aller (endlichen und unendlichen) Berechnungen von $M$ schreiben wir $\mathrm{Comp}(M) \overset{\mathrm{def}}{=} \mathrm{Comp}_{\mathrm{inf}}(M) \cup \mathrm{Comp}_{\mathrm{fin}}(M)$.

Wir schreiben anschaulich oft

$$\sigma_0 \xrightarrow{a_1} \sigma_1 \xrightarrow{a_2} \cdots$$

für $\sigma_{i+1} \in \Delta_{a_{i+1}}(\sigma_i)$ für alle $i \in \{0, 1, \dots\}$.

#### 2.2.2.1.2 Abläufe

*Ablauf*
*Execution*

Ein *Ablauf* (engl. *execution*) einer Zustandsmaschine $M$ mit durch Aktionen markierten Übergängen ist, analog zur Definition 2.1.2.1.1, eine endliche oder unendliche Folge von Zuständen

$$\langle \sigma_0 \cdots \sigma_n \rangle \quad \text{beziehungsweise} \quad \langle \sigma_0 \, \sigma_1 \, \sigma_2 \cdots \rangle$$

beginnend mit dem Anfangszustand $\sigma_0 \in \Sigma_0$, sodass $\sigma_{i+1} \in \bigcup_{a \in A} \Delta_a(\sigma_i)$ für alle $i \in \mathbb{N}_0$ mit $i < n$ beziehungsweise alle $i \in \mathbb{N}_0$ gilt. Die *Länge* eines Ablaufes beschreibt die Anzahl der Schritte. Die Menge aller endlichen beziehungsweise unendlichen Abläufe von $M$ bezeichnen wir mit $\mathrm{Exec}_{\mathrm{fin}}(M)$ beziehungsweise $\mathrm{Exec}_{\mathrm{inf}}(M)$. Für die Menge aller (endlichen und unendlichen) Abläufe von $M$ schreiben wir $\mathrm{Exec}(M) \overset{\mathrm{def}}{=} \mathrm{Exec}_{\mathrm{inf}}(M) \cup \mathrm{Exec}_{\mathrm{fin}}(M)$.

### 2.2.2.1.3 Spuren

Eine *endliche Spur* (engl. *finite trace*) der Länge $n \in \mathbb{N}_0$ ist eine endliche Sequenz von Aktionen

$$\langle a_1 \cdots a_n \rangle$$

für eine Berechnung $\sigma_0 \overset{a_1}{\longrightarrow} \sigma_1 \overset{a_2}{\longrightarrow} \sigma_2 \cdots \overset{a_n}{\longrightarrow} \sigma_n$. Die Menge der endlichen Spuren bezeichnen wir mit

$$\mathrm{Trace}_{\mathrm{fin}}(M)$$

*Endliche Spur*
*Finite trace*

Das beschreibt die Projektion einer Berechnung auf die Aktionen. Die *Länge* einer endlichen Spur $(a_i)_{i=1}^{n} \in \mathrm{Trace}_{\mathrm{fin}}(M)$ bezeichnet die Anzahl der Aktionen, also $n \in \mathbb{N}_0$. Dies schließt für $n = 0$ die leere Spur ein.

Wir schreiben $X^\omega$ (s. Abschn. 1.6.2) für die Menge der unendlichen Sequenzen über der Menge $X$. Eine *unendliche Spur* (engl. *infinite trace*) ist ein Element der Menge

*Unendliche Spur*
*Infinite trace*

$$\mathrm{Trace}_{\mathrm{inf}}(M) \overset{\mathrm{def}}{=} \{(a_i)_{i \in \mathbb{N}_+} \in (\mathbb{N}_+ \to A) :$$

$$\exists (\sigma_i)_{i \in \mathbb{N}_0} \in \Sigma^\omega : (\sigma_0 \in \Sigma_0 \wedge \forall i \in \mathbb{N}_0 : \sigma_{i+1} \in \Delta_{a_{i+1}}(\sigma_i))\},$$

und damit eine unendliche Folge von Aktionen entlang eines unendlichen Ablaufes. Die *Länge* einer unendlichen Spur $(a_i)_{i \in \mathbb{N}_+} \in \mathrm{Trace}_{\mathrm{inf}}(M)$ ist $\infty$. Für die Menge aller (endlichen und unendlichen) Spuren von $M$ schreiben wir $\mathrm{Trace}(M) \overset{\mathrm{def}}{=} \mathrm{Trace}_{\mathrm{inf}}(M) \cup \mathrm{Trace}_{\mathrm{fin}}(M)$.

Jede der drei Semantiken ist von Interesse. Wenn die Kantenmarkierungen lediglich der Annotation dienen, werden üblicherweise Abläufe betrachtet. Wenn die Kantenmarkierungen der Synchronisation oder der Ein-/Ausgabe dienen, werden üblicherweise die Spuren betrachtet.

Analog zum Operator der unendlichen Wiederholung $\omega$ für endliche Sequenzen in Fußnote 7 betrachten wir einen Operator der unendlichen Wiederholung $\omega$ für beliebige reguläre Ausdrücke, die das leere Wort $\varepsilon$ nicht erzeugen. Beschreibt ein regulärer Ausdruck $e$ eine Sprache $L \not\ni \varepsilon$, so beschreibt $e^\omega$ die Sprache $L^\omega \overset{\mathrm{def}}{=} \{w_0 w_1 w_2 \cdots : \forall i \in \mathbb{N}_0 : w_i \in L\}$. Ausdrücke der Form $e_1 f_1^\omega \mid \cdots \mid e_n f_n^\omega$ mit regulären Ausdrücken $e_1, f_1, \ldots, e_n, f_n$, sodass keiner der Ausdrücke von $f_1, \ldots, f_n$ das leere Wort erzeugt, nennen wir $\omega$-*reguläre Ausdrücke*; wir schreiben $\mathscr{L}(e)$ für die von einem regulären oder $\omega$-regulären Ausdruck definierte Sprache. Innerhalb von regulären und $\omega$-regulären Ausdrücken nutzen wir nicht das Komma, sondern den Leerraum für die Konkatenation, wobei wir jede einzelne Konstante (etwa t2p) als ein unzertrennbares Symbol ansehen (statt als Konkatenation von t, 2 und p).

Ebenso schreiben wir $S^*$ für eine Menge $S$ von Sequenzen für die Menge endlicher Sequenzen, die sich durch die Konkatenation einer beliebigen Zahl von Sequenzen aus $S$ ergibt. Damit gilt, dass die leere Sequenz in $S^*$ enthalten ist. Für eine Sequenz $s$ schreiben wir $s^*$ für $\{s\}^*$.

*⟡ Beispiel (Folgensemantiken von der Fußgängerampel als Maschine mit markierten Übergängen)* Im Kontext von Beispiel 2.2.1.1.3 gilt:

$$\text{Comp}_{\text{inf}}(\text{PedLightsS}) \;=\; \mathscr{L}\big((\text{stop}\,(\tau\,\text{stop})^*\,\text{t2p stopEnd}\,\tau\,\text{go p2t})^\omega\big)$$

$$\text{Comp}_{\text{fin}}(\text{PedLightsS})$$
$$= \mathscr{L}(\quad (\text{stop}\,(\tau\,\text{stop})^*\,\text{t2p stopEnd}\,\tau\,\text{go p2t})^*\,\text{stop}\,(\tau\,\text{stop})^*$$
$$\mid (\text{stop}\,(\tau\,\text{stop})^*\,\text{t2p stopEnd}\,\tau\,\text{go p2t})^*\,\text{stop}\,(\tau\,\text{stop})^*\,\text{t2p stopEnd}$$
$$\mid (\text{stop}\,(\tau\,\text{stop})^*\,\text{t2p stopEnd}\,\tau\,\text{go p2t})^*\,\text{stop}\,(\tau\,\text{stop})^*\,\text{t2p stopEnd}\,\tau\,\text{go}$$
$$)$$

$$\text{Comp}(\text{PedLightsS})$$
$$= \mathscr{L}(\quad (\text{stop}\,(\tau\,\text{stop})^*\,\text{t2p stopEnd}\,\tau\,\text{go p2t})^*\,\text{stop}\,(\tau\,\text{stop})^*$$
$$\mid (\text{stop}\,(\tau\,\text{stop})^*\,\text{t2p stopEnd}\,\tau\,\text{go p2t})^*\,\text{stop}\,(\tau\,\text{stop})^*\,\text{t2p stopEnd}$$
$$\mid (\text{stop}\,(\tau\,\text{stop})^*\,\text{t2p stopEnd}\,\tau\,\text{go p2t})^*\,\text{stop}\,(\tau\,\text{stop})^*\,\text{t2p stopEnd}\,\tau\,\text{go}$$
$$\mid (\text{stop}\,(\tau\,\text{stop})^*\,\text{t2p stopEnd}\,\tau\,\text{go p2t})^\omega$$
$$)$$

$$\text{Exec}_{\text{inf}}(\text{PedLightsS}) \;=\; \mathscr{L}\big(\langle\text{stop}^+\,\text{stopEnd go}\rangle^\omega\big)$$
$$\text{Exec}_{\text{fin}}(\text{PedLightsS}) \;=\; \text{nichtleere endliche Präfixe von Exec}_{\text{inf}}(\text{PedLightsS})$$
$$\text{Exec}(\text{PedLightsS}) \quad=\quad \text{Exec}_{\text{inf}}(\text{PedLightsS})$$
$$\cup \text{ nichtleere endliche Präfixe von Exec}_{\text{inf}}(\text{PedLightsS})$$

$$\text{Trace}_{\text{inf}}(\text{PedLightsS}) = \mathscr{L}\big((\tau^*\,\text{t2p}\,\tau\,\text{p2t})^\omega\big)$$
$$\text{Trace}_{\text{fin}}(\text{PedLightsS}) = \text{endliche Präfixe von Trace}_{\text{inf}}(\text{PedLightsS})$$
$$\text{Trace}(\text{PedLightsS}) \quad=\quad \text{Trace}_{\text{inf}}(\text{PedLightsS})$$
$$\cup \text{ endliche Präfixe von Trace}_{\text{inf}}(\text{PedLightsS}) \quad\blacksquare$$

Ein weiteres Beispiel findet sich in Übung 2.6.13.

### 2.2.2.2 Erreichbarkeitssemantiken

*Erreichbarkeitssemantiken* einer Maschine mit markierten Übergängen legen fest, welche Zustände von den Anfangszuständen aus erreichbar sind, und ferner, welche endlichen Spuren auf welche Zustände führen.

Die *Zustandserreichbarkeitssemantik* einer Maschine mit markierten Übergängen $(\Delta, \Sigma_0)$ mit Zustandsmenge $\Sigma$ und Aktionsmenge $A$ ist die Menge der erreichbaren Zustände

$$\text{ReachSt}(\Delta, \Sigma_0) = X,$$

wobei $X$ die kleinste Menge ist, die folgende Gleichung erfüllt:

$$X = \Sigma_0 \cup \bigcup_{\substack{a \in A \\ x \in X}} \Delta_a(x)$$

Die Aussage von Theorem 2.1.2.2.5 überträgt sich sinngemäß von Maschinen mit unmarkierten Übergängen auf Maschinen mit markierten Übergängen.

Die *Markierungserreichbarkeitssemantik*, also die Menge der erreichbaren Zustandsübergangsmarkierungen (engl. *reachable transition labels*), ist gegeben durch

$$\text{ReachLb}(\Delta, \Sigma_0) \overset{\text{def}}{=} \{\, a \in A : \exists\, \sigma, \sigma' \in \text{ReachSt}(\Delta, \Sigma_0) : \sigma \overset{a}{\to} \sigma' \,\}\,.$$

Für Maschinen mit markierten Übergängen ist die Zustandserreichbarkeitssemantik die wichtigere der beiden; wenn keine Verwechselungsgefahr besteht, sagt man oft (analog zu Abschn. 2.1.2.2) *Erreichbarkeitssemantik* für die Zustandserreichbarkeitssemantik.

🔆 *Beispiel 2.2.2.2.1 (Die Erreichbarkeitssemantiken der Fußgängerampel als Maschine mit markierten Übergängen)* Bei der Fußgängerampel aus Beispiel 2.2.1.1.3 sind alle Zustände und alle Übergangsmarkierungen erreichbar:

$$\text{ReachSt}(\text{PedLightsS}) = \Sigma \quad \text{und} \quad \text{ReachLb}(\text{PedLightsS}) = A\,. \qquad \blacksquare$$

Ein weiteres Beispiel findet sich in Übung 2.6.14.

## 2.2.3 Logische Spezifikation

Logische Spezifikationen von Zustandsmaschinen mit markierten Übergängen dienen dazu, Aussagen über die Zustandsmaschinen durch logische Ausdrücke zu formulieren. Je nach Semantikart (Folgensemantik oder Erreichbarkeitssemantik) betrachtet man unterschiedliche Spezifikationsformen. Bei den Folgensemantiken betrachten wir primär die Spurensemantik (die Spezifikation für die Berechnungssemantik und die Ablaufsemantik geschieht analog), und bei den Erreichbarkeitssemantiken die Markierungserreichbarkeitssemantik (Aussagen über die Zustandserreichbarkeitssemantik erfolgen über Zusicherungen genauso wie in Abschn. 2.1.3).

### 2.2.3.1 Spurlogik

Während man natürlich den gesamten mathematischen Apparat zur Spezifikation nutzen kann, behandeln wir im Folgenden drei spezielle Spezifikationsarten, die eine algorithmische Überprüfung der Korrektheit im Falle endlicher Maschinen erlauben. Eine solche Überprüfung erfolgt, indem man aus der Negation der zu überprüfenden Eigenschaft einen Automaten konstruiert und aus dem Automaten und der Maschine ein Produkt bildet, das man dann auf Vorhandensein von den von Anfangszuständen aus erreichbaren Schleifen mit bestimmten Bedingungen überprüft. Wir behandeln diese Thematik allerdings nicht im Detail.

#### 2.2.3.1.1 Reguläre und ω-reguläre Ausdrücke

Zusätzlich zu den üblichen regulären Ausdrücken können wir ω-reguläre Ausdrücke, wie sie auf S. 105 definiert wurden, zur Spezifikation vom Maschinenverhalten nutzen.

🔅 *Beispiel (Spezifikation der Fußgängerampel als Maschine mit markierten Übergängen mithilfe von ω-regulären Ausdrücken)* Im Kontext von Beispiel 2.2.1.1.3 gilt: $\text{Trace}_{\text{fin}}(\text{PedLightsS}) \subseteq \mathscr{L}(\tau^*(\varepsilon|\text{t2p}|(\text{t2p}\,\tau\,(\text{t2p}|\text{p2t}|\tau)^*)))$. Dies besagt, etwas vereinfachend, dass, wenn die Aktion t2p in einer endlichen Spur stattfindet, so kommt vor dem ersten Auftreten kein p2t und, wenn die Spur nach der ersten Aktion weitergeht, so kommt danach zwangsläufig die interne Aktion $\tau$. ∎

Ein weiteres Beispiel findet sich in Übung 2.6.15.

#### 2.2.3.1.2 LTL

LTL (Linear-temporale Logik) gibt uns eine weitere quantorenfreie Möglichkeit, Mengen von Spuren zu spezifizieren.

Sei $A$ eine beliebige Menge. Wir definieren LTL über der Menge unendlicher und nichtleerer endlicher Sequenzen über $A$ mithilfe von Abschn. 1.6.4. Sei $X = A^{*|\omega} \setminus \{\varepsilon\}$ die Menge dieser Sequenzen. Sei $s \in X$. Ein Suffix von $s$ ist eine Sequenz $x \in X$, so dass gilt

$$\exists\, z \in X\colon\ s = z \,\widehat{}\, x$$

In anderen Worten: Ein Präfix ist ein Anfangsstück von $s$, während ein Suffix ein Endstück ist. Wir schreiben

$$s \leq x$$

für die Aussage: $x$ ist ein Suffix von $s$. Die Suffixrelation $\leq$ ist eine partielle Ordnung. Mit in anderen Worten: Eine Sequenz ist bezüglich $\leq$ kleiner oder gleich jedem ihrer nichtleeren Suffixe (und nicht kleiner oder gleich jeder anderen Sequenz).

Als Menge der Literale, die für Grundformeln von LTL auf $(X, \preceq)$ stehen, wählen wir $A$. Als Interpretationen der Literale $a \in A$ wählen wir $\mu(\tau(t)) = (s_t = a)$, also, informell ausgedrückt, die Prädikate „Ist das Anfangselement der Sequenz gleich $a$?"

💡 *Beispiel 2.2.3.1.2.1 (LTL für einzelne Spuren der Fußgängerampel mir markierten Übergängen)* Wir wählen $A$ als die Menge der Aktionen aus Beispiel 2.2.1.1.3. Dann gilt

$$(\text{t2p } \tau \text{ p2t})^{\omega} \models \square(\text{t2p} \Rightarrow \bigcirc\bigcirc\text{p2t}) \, .$$

Dies besagt, dass in der unendlichen Sequenz $(\text{t2p } \tau \text{ p2t})^{\omega}$ nach jedem Vorkommen von t2p in zwei Schritten ein p2t vorkommt. Zugleich gilt t2p $\tau$ p2t t2p $\not\models$ $\square(\text{t2p} \Rightarrow \bigcirc\bigcirc\text{p2t})$, weil nach dem letzten t2p keine weiteren Sequenzelemente kommen. ∎

Eine LTL-Formel $\varphi$ gelte für eine Maschine $M$ mit markierten Übergängen, wenn die Formel für jede nichtleere Spur gilt. Dabei unterscheiden wir zwischen drei Arten von Gültigkeit, je nachdem, ob wir die Semantik endlicher Spuren, unendlicher Spuren oder beider Arten von Spuren zusammen betrachten:

$$M \models_{\text{fin}} \varphi \quad \overset{\text{def}}{\Longleftrightarrow} \quad s \models \varphi \text{ für alle } s \in \text{Trace}_{\text{fin}}(M) \setminus \{\varepsilon\}$$

$$M \models_{\text{inf}} \varphi \quad \overset{\text{def}}{\Longleftrightarrow} \quad s \models \varphi \text{ für alle } s \in \text{Trace}_{\text{inf}}(M)$$

$$M \models \varphi \quad \overset{\text{def}}{\Longleftrightarrow} \quad s \models \varphi \text{ für alle } s \in \text{Trace}(M) \setminus \{\varepsilon\}$$

💡 *Beispiel (LTL-Spezifikation der Fußgängerampel mit markierten Übergängen)* Im Kontext von Beispiel 2.2.1.1.3 gilt:

$$\text{PedLightsS} \models_{\text{inf}} \square(\text{t2p} \Rightarrow \bigcirc\bigcirc\text{p2t}) \, .$$

Dies besagt, dass in einer unendlichen Spur nach jedem Vorkommen von t2p in zwei Schritten ein p2t vorkommt. Wegen Beispiel 2.2.3.1.2.1 beachte: PedLightsS $\not\models_{\text{fin}} \square(\text{t2p} \Rightarrow \bigcirc\bigcirc\text{p2t})$. ∎

Ein weiteres Beispiel findet sich in Übung 2.6.16.

## 2.2.3.1.3 Prädikatenlogik erster Stufe

Bei den eben aufgeführten Varianten (reguläre Ausdrücke, LTL) sind Quantoren über die Position in den Spuren in der Definition der Semantik versteckt und die Formeln sind quantorenlos. Es gibt aber auch die Möglichkeit, über die Positionen der Aktionen in der Spur oder über Mengen von Positionen in der Spur explizit zu quantifizieren. Eine Position in einer Spur ist durch eine natürliche Zahl $n > 0$ gegeben. Für die Spur $s = \langle s_1\, s_2 \cdots \rangle$ bestimmt dann $n$ die Position der Aktion $s_n$.

In der Prädikatenlogik erster Stufe quantifiziert man über einzelne Positionen.[17] Wir definieren die Menge der Formeln der Prädikatenlogik erster Stufe (engl. *first-order logic, FOL*) über endlichen und unendlichen Sequenzen über eine Aktionsmenge $A$ und (ungesorteten) Variablen aus einer Menge *Var*, die für Positionen in der Sequenz stehen, wie folgt:

- Ist $x \in Var$ eine Variable, die für eine Position in der Sequenz steht, und $a \in A$, so ist $Q_a(x)$ eine Formel.
- Sind $x, y \in Var$ Variablen, die für Positionen in der Sequenz stehen, so sind $S(x, y)$ und $x < y$ Formeln. (Die Formel $S(x, y)$ drückt aus, dass $y$ die nächste Position nach $x$ ist.)
- Ist $x \in Var$ beliebig und $\varphi$ eine Formel, so ist $\exists x\colon \varphi$ eine Formel.
- Die Formeln können mittels $\forall$ analog zu $\exists$ gebildet werden und mittels Junktoren $\wedge$, $\vee$, $\neg$, $\Rightarrow$, $\Leftrightarrow$ auf die übliche Weise verbunden werden.

Die Variablen in $X$ stehen für die Positionen in der Sequenz. Wir schreiben $\mathrm{FV}(\varphi)$ für die freien Variablen einer Formel $\varphi$.

Nun beschreiben wir rekursiv, wann eine Formel $\varphi$ für eine Aktionssequenz $\gamma \in A^{*|\omega}$ und eine Belegung von freien Variablen (und gegebenenfalls weiterer Variablen) $v\colon Y \to \operatorname{dom} \gamma$ mit $\mathrm{FV}(\varphi) \subseteq Y \subseteq Var$ gilt, in Zeichen $\gamma, v \models \varphi$:

$$
\begin{aligned}
\gamma, v &\models Q_a(x), & \text{falls} \quad & v(x) \in \operatorname{dom} \gamma \text{ und } \gamma(v(x)) = a \\
\gamma, v &\models S(x, y), & \text{falls} \quad & v(x) + 1 = v(y) \\
\gamma, v &\models x < y, & \text{falls} \quad & v(x) < v(y) \\
\gamma, v &\models \exists x\colon \psi, & \text{falls} \quad & \gamma, v[x \mapsto i] \models \psi \text{ für ein } i \in \operatorname{dom} \gamma \\
\gamma, v &\models \psi_1 \wedge \psi_2 & \text{falls} \quad & \gamma, v \models \psi_1 \text{ und } \gamma, v \models \psi_2 \\
\gamma, v &\models \neg\psi & \text{falls} \quad & \gamma, v \not\models \psi
\end{aligned}
$$

Die Bedeutung von $\forall$, $\Rightarrow$, $\Leftrightarrow$ wird wie üblich definiert. Wir sagen, dass eine geschlossene Formel (also, eine Formel ohne freie Variablen) erststufiger Logik $\varphi$ für eine Sequenz $\gamma$ gilt, wenn es für die leere Variablenbelegung, für die wir $[]$ schreiben, der Fall ist:

$$
\gamma \models \varphi \quad \overset{\text{def}}{\Longleftrightarrow} \quad \gamma, [] \models \varphi \qquad (\mathrm{FV}(\varphi) = \emptyset)\,.
$$

💡 *Beispiel (Bedeutung von FOL-Formeln für Sequenzen)* Sind $A = \{\mathsf{stop}, \dots\}$, $X = \{x, \dots\}$ und $\gamma \in A^{*|\omega}$ gegeben, so gilt $\gamma \models \exists x\colon Q_{\mathsf{stop}}(x)$ genau dann, wenn stop in $\gamma$ vorkommt. ∎

Eine geschlossene Formel erststufiger Logik $\varphi$ gelte für eine Maschine $M$ mit markierten Übergängen, wenn die Formel für jede Spur gilt:

---

[17] In der zweitstufigen Logik würde man – im Gegensatz zur Prädikatenlogik erster Stufe – über Mengen von Positionen quantifizieren. Darüber reden wir in diesem Abschnitt nicht.

$$M \models \varphi \quad \stackrel{\text{def}}{\Longleftrightarrow} \quad \gamma \models \varphi \text{ für alle } \gamma \in \text{Trace}(M)$$

$$M \models_{\text{fin}} \varphi \quad \stackrel{\text{def}}{\Longleftrightarrow} \quad \gamma \models \varphi \text{ für alle } \gamma \in \text{Trace}_{\text{fin}}(M)$$

$$M \models_{\text{inf}} \varphi \quad \stackrel{\text{def}}{\Longleftrightarrow} \quad \gamma \models \varphi \text{ für alle } \gamma \in \text{Trace}_{\text{inf}}(M)$$

*Beispiel 2.2.3.1.3.1 (FOL-Formeln für die Fußgängerampel als Maschine mit markierten Übergängen)* Im Kontext von Beispiel 2.2.1.1.3 gilt

$$\text{PedLightsS} \models_{\text{inf}} \forall x \colon Q_{\text{t2p}}(x) \Rightarrow \exists y \colon x < y \land Q_{\text{p2t}}(y)$$

und

$$\text{PedLightsS} \not\models_{\text{fin}} \forall x \colon Q_{\text{t2p}}(x) \Rightarrow \exists y \colon x < y \land Q_{\text{p2t}}(y) \, .$$

Die erste Aussage drückt aus, dass in allen unendlichen Abläufen von PedLightsS nach jeder Aktion t2p irgendwann eine Aktion p2t kommt. Die zweite Aussage drückt aus, dass es endliche Abläufe von PedLightsS gibt, in denen es nicht der Fall ist, dass nach jeder Aktion t2p eine Aktion p2t kommt. ∎

Weitere Beispiele finden sich in Übung 2.6.17.

### 2.2.3.2 Erreichbarkeitslogik

Bei Zustandsmaschinen treten charakteristische Mengen von Zuständen auf, wie die Menge der erreichbaren Zustände oder die Menge der Anfangszustände. Mengen von Zuständen lassen sich durch Prädikate (Zusicherungen) charakterisieren. Genauso gut kann man die Mengen von Aktionen spezifizieren, die in Spuren vorkommen. Ein einfaches Beispiel dafür findet man in Beispiel 2.2.2.2.1, ein weiteres folgt:

*Beispiel 2.2.3.2.1 (Zähler für gerade Zahlen)* Wir betrachten die Maschine CCount $\stackrel{\text{def}}{=} (\Delta, \Sigma_0)$ (CCount steht für engl. *communicating counter*), definiert durch

| Zustandsmenge | $\Sigma$ | $= \{\!\mid c \colon \text{Nat} \mid\!\}$ | |
|---|---|---|---|
| Aktionsmenge | $A$ | $= \mathbb{N}_+$ | |
| Übergangsfunktionen | $\Delta_i(c)$ | $= \begin{cases} \{c + 2\}, & \text{falls } i = c + 1, \\ \emptyset, & \text{sonst} \end{cases}$ | $(i \in A)$ |
| Anfangszustand | $c_0$ | $= 0$ | |

Ein Zustandsübergangsdiagramm für diese Maschine ist in Abb. 2.14 skizziert.

Die Knotenmarkierungen 0, even und odd stehen für die Prädikate auf Zuständen $c$ gegeben durch $c = 0$, $c$ gerade und $c$ ungerade. Für die Maschine ist die Menge ungerader natürlicher Zahlen eine triviale Obermenge der Menge der erreichbaren Aktionen. Eine andere, gröbere Spezifikation ist etwa die Menge aller positiven natürlichen Zahlen. ∎

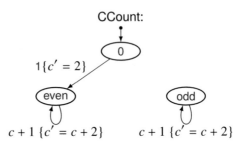

**Abb. 2.14** Zustandsübergangsdiagramm für den Zähler für gerade Zahlen

## 2.2.4 Parallele Zusammensetzung

Maschinen mit markierten Übergängen kann man auf unterschiedliche Art und Weise komponieren. Dabei können die Maschinen dieselbe Aktionsmenge (die wir auch als Alphabet bezeichnen) teilen oder über unterschiedliche Aktionsmengen (Alphabete) verfügen.

Die parallele Zusammensetzung von Zustandsmaschinen mit markierten Übergängen erlaubt es, auf gemeinsame Zustände zu verzichten. Die Zusammenarbeit kann dann über die Markierungen synchronisiert werden.

Wir verzichten hier darauf, diese Form der parallelen Zusammensetzung explizit zu beschreiben, sondern verweisen auf Kap. 8, wo dieses Thema ausführlich behandelt wird.

## 2.3 Zustandsmaschinen mit Eingabe und Ausgabe

In diesem Abschnitt betrachten wir Zustandsmaschinen mit Ein- und Ausgabe. Ein- und Ausgabe stellen besondere Formen von Aktionen in Zustandsübergangssystemen dar.

### 2.3.1 Analytische Darstellung

*Analytische Darstellung*    Bei Zustandsmaschinen mit Ein- und Ausgabe finden die Zustandsübergänge markiert durch Eingaben und Ausgaben statt.

*Zustandsmaschine*    📖 **Definition 2.3.1.1 (Zustandsmaschinen mit Ein-/Ausgabe)**    Eine Zu-
*mit Ein-/Ausgabe*    standsmaschine mit Ein-/Ausgabe, kurz *E/A-Maschine* (engl. *I/O-machine*)
*E/A-Maschine*    ist ein Paar

$$(\Delta, \Sigma_0)$$

aus einer Abbildung $\Delta$

$$\Delta \colon \ \Sigma \times I \ \to \ \mathfrak{P}(\Sigma \times O)$$

wobei $\Sigma$, $I$ und $O$ nichtleere Mengen sind von Zuständen $\sigma \in \Sigma$, Eingaben $a \in I$ und Ausgaben $b \in O$ und

$$\Sigma_0 \subseteq \Sigma$$

gilt.                                                                                         ∎

Wir benennen die Bestandteile einer Zustandsmaschine mit Ein- und Ausgabe aus Definition 2.3.1.1 wie folgt:

- $I$ – eine Menge von *Eingaben* oder kurz die Menge von *Eingaben*,     *Eingaben*
- $O$ – eine Menge von *Ausgaben* oder kurz die Menge von *Ausgaben*,     *Ausgaben*
- $\Sigma$ – eine Menge von *Zuständen*,                                      *Zustände*
- $\Sigma_0$ – eine Menge von *Anfangszuständen* und                         *Anfangszustände*
- $\Delta$ – die *Übergangsfunktion*.                                        *Übergangsfunktion*

Eine Zustandsmaschine $(\Delta, \Sigma_0)$ mit Ein-/Ausgabe heißt

- *total*, wenn                                                            *Totale E/A-Zustandsmaschine*

$$\Sigma_0 \neq \emptyset \ \wedge \ \forall \, \sigma \in \Sigma, \, i \in I \colon \Delta(\sigma, i) \neq \emptyset$$

- *deterministisch*, wenn                                                  *Deterministische E/A-Zustandsmaschine*

$$|\Sigma_0| \leq 1 \ \wedge \ \forall \, \sigma \in \Sigma, i \in I \colon |\Delta(\sigma, i)| \leq 1$$

- *endlich*, wenn die Mengen $I$, $O$ und $\Sigma$ endlich sind           *Endliche E/A-Zustandsmaschine*

Wir sprechen bei E/A-Automaten auch von Mealy-Maschinen, da sie wohl-    *Mealy-Maschine*
bekannten Mealy-Automaten ähneln jedoch ohne die Forderung nach der Endlichkeit des Zustandsraums.

Analog zum Konzept Mealy-Maschine heißt eine E/A-Maschine $(\Delta, \Sigma_0)$   *Ausgabeverzögernde E/A-Maschine*
*ausgabeverzögernd* oder *verallgemeinerte Moore-Maschine*, wenn in jedem
Schritt die Ausgabe nur vom Zustand abhängt. Formal gilt für verallgemeinerte   *Verallgemeinerte Moore-Maschine*
Moore-Maschinen die Bedingung

$\forall \, i, i' \in I, \sigma \in \Sigma \colon$
$$\{a \colon \exists \, \sigma' \in \Sigma \colon (\sigma', a) \in \Delta(\sigma, i)\} \ = \ \{a \colon \exists \, \sigma' \in \Sigma \colon (\sigma', a) \in \Delta(\sigma, i')\}$$

Für eine verallgemeinerte Moore-Maschine existiert also eine Ausgabefunktion

$$\mathrm{out} \colon \Sigma \to \mathfrak{P}(O)$$

mit

$$\mathrm{out}(\sigma) = \{a \colon \exists \, \sigma' \in \Sigma \colon (\sigma', a) \in \Delta(\sigma, i)\}$$

für alle $i \in I$.

Die verallgemeinerten Moore-Maschinen ähneln wohlbekannten Moore-Automaten [Moo56], jedoch ohne die einschränkende Forderung nach der

Endlichkeit des Zustandsraumes und bis auf die Tatsache, dass bei den Moore-Maschinen die Ein- und Ausgabe in einem Schritt passieren (im Gegensatz zu Moore-Automaten, bei denen es abwechselnd geschieht, beginnend mit einer Ausgabe, auch wenn keine Eingabe vorliegt). Wir betonen, dass jede Moore-Maschine ein Spezialfall einer Mealy-Maschine ist. Dabei sind die verallgemeinerten Moore-Maschinen gegebenenfalls nichtdeterministisch.

Die Spezifikation von der Zustandsübergangsfunktion $\Delta$ für Mealy-Maschinen erläutern wir an einem einfachen Beispiel.

🔅 *Beispiel 2.3.1.2 (Speicherzelle)* Eine Speicherzelle, die einen Wert der Sorte Data speichert, kann durch eine Zustandsmaschine mit Ein- und Ausgabe wie folgt beschrieben werden:

$$
\begin{aligned}
I &= \{\mathsf{set}(d) : d \in \mathsf{Data}\} \cup \{\mathsf{read}, \mathsf{empty}\} \\
O &= \{\mathsf{return}(d) : d \in \mathsf{Data}\} \cup \{\mathsf{done}, \mathsf{rejected}\} \\
\Sigma &= \mathsf{Data} \cup \{\mathsf{void}\} \\
\Delta(\mathsf{void}, \mathsf{set}(d)) &= \{(d, \mathsf{done})\} & (d \in \mathsf{Data}) \\
\Delta(d, \mathsf{read}) &= \{(d, \mathsf{return}(d))\} & (d \in \mathsf{Data}) \\
\Delta(x, \mathsf{empty}) &= \{(\mathsf{void}, \mathsf{done})\} & (x \in \Sigma) \\
\Delta(d, \mathsf{set}(d')) &= \{(d, \mathsf{rejected})\} & (d, d' \in \mathsf{Data}) \\
\Delta(\mathsf{void}, \mathsf{read}) &= \{(\mathsf{void}, \mathsf{rejected})\} \\
\sigma_0 &= \mathsf{void}
\end{aligned}
$$

Diese Maschine erlaubt kein Überschreiben eines gespeicherten Werts, und zwar auch dann nicht, wenn der zu schreibende Wert gleich dem gespeicherten ist. Der gespeicherte Wert muss erst gelöscht werden, bevor er erneut gesetzt wird. ∎

Zustandsmaschinen mit Ein-/Ausgabe haben eine starke Ähnlichkeit zu Zustandsübergangssystemen mit Aktionen, bei denen wir jeweils lediglich Ein- oder Ausgabeaktionen betrachten (vgl. Abschn. 2.2 und engl. *I/O-automata* in [Lyn+96]). Allerdings ist hier für ein einfaches Kompositionskonzept durch Nebenbedingungen sicherzustellen, dass in jedem Zustand jede Eingabe möglich ist.

🔅 *Beispiel 2.3.1.3 (Der Empfänger (Receiver) aus dem Alternating-Bit-Protokoll als Zustandsmaschine mit Ein- und Ausgabe)* Das System Receiver wird in Abb. 1.6 als Komponente dargestellt. Wir modellieren es als Zustandsmaschine. Sein Zustand ist nur durch ein Bit beschrieben:

$$\Sigma = \{\!| br : \mathsf{Bit} |\!\}$$

Als Eingabe erhält die Komponente Receiver ein Paar aus Daten und einem Bit.

$$I = \mathsf{Data} \times \mathsf{Bit}$$

Als Ausgabe erzeugt die Komponente Receiver ein Bit und einen Datenwert. Allerdings ist für bestimmte Eingaben die Ausgabe nur ein Bit und kein Datenwert. Wir definieren

$$O = \text{Bit} \times (\text{Data} \cup \{\text{void}\})$$

Hier stellt void den Platzhalter für den leeren Datenwert dar.

Als Anfangszustand $\sigma_0$ wählen wir

$$\sigma_0 = \text{L}$$

Damit definieren wir die Übergangsfunktion der Zustandsmaschine $\Delta$

$$\Delta(br, (d, b)) = \{(\neg br, (b, d))\} \;\Leftarrow\; br = b$$
$$\Delta(br, (d, b)) = \{(br, (b, \text{void}))\} \;\Leftarrow\; br \neq b$$

Die erste Zeile beschreibt das Eintreffen das erwarteten Bits, die zweite ein Eintreffen eines bereits erhaltenen Pakets aus Bit und Datum. Die Maschine ist nicht verzögernd. Wir können auch eine verzögernde Maschine beschreiben. Dazu wählen wir als Zustandsraum

$$\Sigma = \text{Bit} \times (\text{Data} \cup \{\text{void}\})$$

und als Anfangszustand

$$\sigma_0 = (\text{L}, \text{void})$$

Die Zustandsübergangsfunktion definieren wir wie folgt:

$$\Delta((br, da), (d, b)) = \{((\neg br, d), (br, da))\} \;\Leftarrow\; br = b$$
$$\Delta((br, da), (d, b)) = \{((br, \text{void}), (br, da))\} \;\Leftarrow\; br \neq b$$

Diese Maschine ist verzögernd. ∎

Um eine Zustandsmaschine mit Ein- und Ausgabe darzustellen, stehen uns folgende Möglichkeiten zur Verfügung:

- mathematische Angabe der Übergangsfunktion,
- Charakterisierung der Übergangsfunktion mit logischen Zusicherungen,
- Darstellung durch programmiersprachliche Notation,
- grafische Darstellung durch ein Übergangsdiagramm,
- tabellarische Darstellung und
- Darstellung als Matrix.

Wir stellen einige dieser Möglichkeiten im weiteren einander gegenüber. Wir behandeln die Beschreibungsmöglichkeiten für Zustandsmaschinen mit Ein- und Ausgabe. Die Darstellungsformen lassen sich – wie zum Teil bereits gezeigt – auf die anderen Arten von Zustandsmaschinen übertragen.

## 2.3.2 Zustandsübergänge beschrieben durch Zusicherungen

Eine flexible Methode, Zustandsübergänge zu beschreiben, bieten Zusicherungen. Dazu betrachten wir attributierte Zustandsräume und führen auch für die Bestandteile der Ein- und Ausgabe Attribute ein. Wir demonstrieren das an einem einfachen Beispiel.

*Beispiel (Der Empfänger (Receiver) aus Beispiel 2.3.1.3 beschrieben durch Zusicherungen)* Wir beschreiben die Maschine mit verzögerter Ausgabe. Dazu arbeiten wir mit Zuständen mit benannten Attributen.

$$\Sigma \ = \ \{\!| \, br : \text{Bit}, \ da : \text{Data} \cup \{\text{void}\} \, |\!\}$$

und ebenso mit Ein- und Ausgaben mit benannten Werten

$$I \ = \ \{\!| \, d : \text{Data}, \ b : \text{Bit} \, |\!\}$$

$$O \ = \ \{\!| \, ba : \text{Bit}, \ de : \text{Data} \cup \{\text{void}\} \, |\!\}$$

Wir beschreiben die Aussage

$$((br', da'), (ba, de)) \ \in \ \Delta((br, da), (d, b))$$

durch die Zusicherung

$$(br = b \ \wedge \ br' = \neg br \ \wedge \ da' = d \ \wedge \ ba = br \ \wedge \ de = da)$$
$$\vee \ (br \neq b \ \wedge \ br' = br \ \wedge \ da' = \text{void} \ \wedge \ ba = br \ \wedge \ de = da) \qquad \blacksquare$$

## 2.3.3 Zustandsübergangsdiagramme

Ähnlich wie bei den bisher betrachteten Zustandsübergangsmaschinen lassen sich Zustandsmaschinen mit Ein-/Ausgabe anschaulich durch Zustandsübergangsdiagramme beschreiben. Wir setzen dazu einen Zustandsraum $\Sigma$ voraus und zwei Mengen In und Out für Eingabe und Ausgabe.

Das Zustandsübergangsdiagramm ist ein gerichteter Graph mit

| | |
|---|---|
| $V$ | Knotenmenge |
| $E$ | Kantenmenge |
| $\alpha : E \to V$ | Anfangsknoten einer Kante |
| $\omega : E \to V$ | Endknoten einer Kante |

Die Knoten der Teilmenge $V_0 \subseteq V$ der Knoten sind als Startknoten ausgezeichnet. Dazu existiert eine Abbildung

$$\beta : V_0 \to (\Sigma \to \mathbb{B})$$

die kennzeichnet, welche Anfangszustände $\sigma \in \Sigma$ für Knoten $v \in V_0$ gewählt werden. Für diese gilt $\beta(v)(\sigma)$.

Kanten besitzen Markierungen

$$L: E \to (\Sigma \times \text{In} \times \text{Out} \times \Sigma \to \mathbb{B})$$

Die Markierung $p = L(e)$ einer Kante definiert einen möglichen Übergang vom Zustand $\sigma \in \Sigma$ zum Zustand $\sigma' \in \Sigma$ mit Eingabe $a \in \text{In}$ und Ausgabe $b \in$ Out, falls $p(\sigma, a, b, \sigma')$ gilt. Es gibt eine Reihe unterschiedlicher syntaktischer Formen, $p$ zu beschreiben. Wir kommen darauf zurück.

Nun konstruieren wir aus dem Zustandsübergangsdiagramm eine Zustandsmaschine mit Ein- und Ausgabe.

Wir definieren dazu den Zustandsraum $\Sigma_{\text{D}}$ der durch das Diagramm definierten Maschine wie folgt

$$\Sigma_{\text{D}} = \Sigma \times V$$

und die Anfangszustände $\Lambda_{\text{D}} \subseteq \Sigma_{\text{D}}$ durch

$$\Lambda_{\text{D}} = \{(\sigma, v) \colon v \in V_0 \land b(v)(\sigma)\}$$

Die Zustandsübergangsfunktion $\Delta_{\text{D}}$ ist durch

$$\Delta_{\text{D}}((\sigma, v), a) =$$
$$\{((\sigma', v'), b) \colon \exists e \in E \colon \alpha(e) = v \land \omega(e) = v' \land L(e)(\sigma, a, b, \sigma')\}$$

definiert. Wie angesprochen, gibt es unterschiedliche syntaktische Formen, um das Prädikat $L(e)$ und auch $\beta(v)$ syntaktisch zu repräsentieren. Wir geben ein Beispiel.

Wir schreiben für $\beta(v)$ einen Pfeil zum Knoten $v$:

mit einer Zusicherung $Q$ für Zustände aus $\Sigma$. Wir schreiben für $L(e)$ für Kante $e$

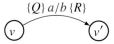

wobei $Q$ Zusicherungen für Zustand $\sigma$ und Eingabe $i$ sind und $R$ eine Zusicherung für Zustände $\sigma$ und $\sigma'$ sowie Eingabe $i$ und Ausgabe $a$ ist. Wir definieren

$$L(e)(\sigma, a, b, \sigma') = (Q(\sigma, i) \land R(\sigma, a, b, \sigma'))$$

Zustandsübergänge von Zustandsmaschinen mit Eingabe $\beta \in I$ und Ausgabe $b$ $\in O$ sowie Ausgangszustand $\sigma \in \Sigma$ und Nachfolgezustand $\sigma' \in \Sigma$ entsprechen der Aussage

$$(\sigma', b) \in \Delta(\sigma, a)$$

Wir schreiben für diese Aussage auch

$$\sigma \xrightarrow{a/b} \sigma'$$

*Grafische Darstellung*   Grafisch kann eine Zustandsmaschine durch Zustandsübergangsdiagramme dargestellt werden.

Allgemein stellen diese Zustandsübergangsdiagramme gerichtete Graphen mit markierten Mehrfachkanten dar; eine Kante mit Quell- und Zielknoten sei dabei in Abb. 2.15 grafisch repräsentiert.

$$\{Q\}\ a/b\ \{R\}$$

$$\overset{\frown}{k} \qquad\qquad \widehat{k'}$$

**Abb. 2.15** Ein allgemeiner Diagrammausschnitt für einen Zustandsübergang bei Ein-/Ausgabemaschinen

Die Diagrammknoten (wie $k, k \in V$ wie in Abb. 2.15) entsprechen Prädikaten auf dem Zustandsraum, $Q$ ist ein Prädikat auf dem Zustandsraum, und $R$ ist ein Prädikat auf dem Raum der Zustandspaare. Gilt für alle erreichbaren Zustände $(\sigma, v)$ und $(\sigma', v')$ die Aussage $\sigma = \sigma' \Rightarrow v = v'$, dann ist jedem erreichbaren Zustand $\sigma$ genau ein Knoten $k(\sigma) = v$ zugeordnet. Das Diagramm definiert dann eine Zustandsmaschine $(\Delta, \Sigma)$ mit Zustandsraum $\Sigma$ und Anfangszuständen

$$\Lambda = \{\sigma : \exists v \in V : (\sigma, v) \in \Lambda_{\mathrm{D}}\}$$

$$(\sigma', 0) \in \Delta(\sigma, a) \Leftrightarrow \big((\sigma', k(\sigma')), 0\big) \in \Delta_{\mathrm{D}}\big((\sigma, k(\sigma)), a\big)$$

Gilt $Q$ = true (beziehungsweise $R$ = true), so lassen wir den Wächter $\{Q\}$ (beziehungsweise die Nachbedingung $\{R\}$) einfach weg.

Wir geben unser Beispiel *Speicherzelle* grafisch in Abb. 2.16 an. Die durch Abb. 2.16 beschriebene Zustandsmaschine ist total und deterministisch.

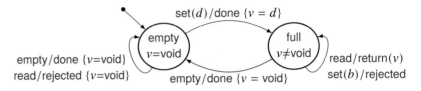

**Abb. 2.16** Zustandsübergangsdiagramm für Speicherzelle

Die Übersetzung des Diagramms in die mathematische Beschreibung der E/A-Maschine ist rein schematisch möglich.

Wir kommen auf dieses Konzept einer Zustandsmaschine mit Ein- und Ausgabe unter dem Stichwort Schnittstellenbeschreibung und stromverarbeitende Funktionen im Kap. 4 zurück. Wir zeigen insbesondere, dass wir jede deterministische Zustandsmaschine mit Ein- und Ausgabe auf eine stromverarbeitende Funktion abbilden können und umgekehrt.

Fasst man in den oben eingeführten Zustandsmaschinen Eingabe und Ausgabe zu jeweils einer Aktion zusammen, dann erhalten wir wieder mit Aktionen markierte Zustandsmaschinen. Allerdings geht damit die Betonung der unterschiedlichen Rollen von Ein- und Ausgabe verloren.

Im Prinzip können alle Arten von Zustandsmaschinen mit Ein- und Ausgabe mit mathematischen Mitteln beschreiben werden. Allerdings werden solche analytische Beschreibungen sehr schnell umfangreich und unübersichtlich.

### 2.3.4 Tabellarische Darstellung

Deterministische Mealy- und Moore-Maschinen lassen sich tabellarisch darstellen. Diese Darstellung ist unterschiedlich für Mealy- und Moore-Zustandsmaschinen. Für Mealy-Maschinen brauchen wir zwei Tabellen: Übergangstabelle *Tabellarische Darstellung* und Ausgabetabelle, in beiden Tabellen sind die Zeilen Eingabewerte und die Spalten Zustände. Für Moore-Maschinen reicht hingegen nur eine Übergangstabelle mit besonders gekennzeichneten Spalten aus.

a) Für eine deterministische Mealy-Maschine
   In der Übergangstabelle schreiben wir in der Kreuzungsstelle von Zeile $i$ und Spalte $j$ den Zustand, in den die Zustandsmaschine ausgehend von dem Zustand $\sigma_j$ durch die Aktion (Eingabe) $x_i$ übergeht.

   In der Ausgabetabelle schreiben wir in der Kreuzungsstelle von Zeile $i$ und Spalte $j$ die Ausgabe, die die Zustandsmaschine liefert, wenn sie von dem Zustand $\sigma_j$ durch die Aktion (Eingabe) $x_i$ übergeht.

☼ *Beispiel 2.3.4.1 (Mealy-Maschine)* Folgende zwei Tabellen beschreiben eine Zustandsmaschine:

Übergangstabelle

| | $\sigma_0$ | $\sigma_1$ | $\sigma_2$ |
|---|---|---|---|
| $x_1$ | $\sigma_2$ | $\sigma_0$ | $\sigma_0$ |
| $x_2$ | $\sigma_0$ | $\sigma_2$ | $\sigma_1$ |

Ausgabetabelle

| | $\sigma_0$ | $\sigma_1$ | $\sigma_2$ |
|---|---|---|---|
| $x_1$ | $y_1$ | $y_1$ | $y_2$ |
| $x_2$ | $y_1$ | $y_2$ | $y_1$ |

Das entsprechende Übergangsdiagramm ist in der Abb. 2.17 angegeben. ∎

b) In der eine deterministische Moore-Maschine beschreibenden Übergangstabelle wird jede Zeile durch eine Eingabe und jede Spalte durch ein Paar aus einem Zustand $\sigma$ und seinem einzigen Element der Ausgabemenge

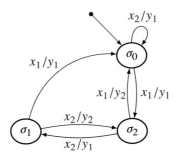

**Abb. 2.17** Mealy-Maschine

out($\sigma$) markiert. Wir schreiben in der Tabellenzelle in der durch $i$ markierten Zeile und der durch das Paar $(\sigma, b)$ aus dem Zustand $\sigma$ und einer Ausgabe $b$ markierten Spalte den Zustand, in den die Zustandsmaschine vom Zustand $\sigma$ durch die Eingabe $a$ übergeht. Runde Klammern um $\sigma, b$ werden dabei weggelassen.

💡 *Beispiel 2.3.4.2 (Moore-Maschine)*

Übergangstabelle

|        | $\sigma_0, y_1$ | $\sigma_1, y_1$ | $\sigma_2, y_3$ | $\sigma_3, y_2$ | $\sigma_4, y_3$ |
|--------|------------|------------|------------|------------|------------|
| $x_1$  | $\sigma_1$ | $\sigma_4$ | $\sigma_4$ | $\sigma_2$ | $\sigma_2$ |
| $x_2$  | $\sigma_3$ | $\sigma_1$ | $\sigma_1$ | $\sigma_0$ | $\sigma_0$ |

∎

Gerade für praktische Fälle ist es oft übersichtlich, Zustandsmaschinen mit Ein- und Ausgabe durch Tabellen darzustellen. Es gibt viele Varianten, wie die Zustandsübergangsfunktion in einer Tabelle angeordnet werden kann. Wir geben deshalb nur zwei einfache Beispiele an.

💡 *Beispiel (Formelbasierte Tabelle für Speicherzelle)*  Für die Speicherzelle aus Beispiel 2.3.1.2 können wir für die Formel

$$\Delta(\sigma, a) = \{(\sigma', b)\}$$

die folgende Tabelle angeben:

| $\sigma$  | $a$        | $\sigma'$ | $b$         |
|-----------|------------|-----------|-------------|
| void      | read       | void      | rejected    |
| void      | set($d$)   | $d$       | done        |
| void/$d$  | empty      | void      | done        |
| $d$       | read       | $d$       | return($d$) |
| $d$       | set($d'$)  | $d$       | rejected    |

Hier gibt es oft Möglichkeiten, durch geschickte Wahl der durch die Tabelle dargestellte Formel eine sehr kompakte, übersichtliche Darstellung zu bekommen. ∎

Wir geben ein weiteres Beispiel für die Verwendung von Tabellen zur Darstellung der Zustandsübergangsfunktion an und beschreiben auch, wie diese als Darstellung einer Zustandsübergangszusicherung verstanden werden kann. Wir betrachten dazu ein Beispiel zur Darstellung eines physischen Systems, in diesem Fall ein Beispiel für ein Fenster, das über einen Fensterheber gesteuert wird.

🔆 *Beispiel (Fenster mit Fensterheber)* Wir betrachten ein sehr einfaches Beispiel: einen Fensterheber und das dazugehörige Fenster sowie Eingaben an den Aktuator für den Fensterheber nebst dem Sensor, der über die Fensterbewegungen informiert. Wir wählen

State $=$ $\{\!|mode : \{stopped, going\_up, going\_down, alarm\}, \ p : [0{:}100]\,|\!\}$

als Zustandsraum. Hier steht das Attribut *mode* für die stattfindende Aktion des Fensters und das Attribut *p* für die Position des Fensters. In diesem einfachen Beispiel kann das Fenster Positionen zwischen 0 und 100 einnehmen. Position 0 bedeutet, dass das Fenster ganz geöffnet ist, und Position 100 bedeutet, dass das Fenster vollständig geschlossen ist. Der Zustand *mode* = going\_up $\wedge$ $p =$ 50 bedeutet, dass sich das Fenster gerade schließt und in dem Zustand halb geschlossen ist.

Die Eingaben und Ausgaben an das Fenster werden durch folgende Mengen beschrieben:

Input $= \{roll\_up, roll\_down, stop, \varepsilon\}$

Output $= \{open, closed, stopped, alarm, mov\_up, mov\_down, \varepsilon\}$

Wir beschreiben die Zustandsübergangsfunktion

$$\Delta : \text{State} \times \text{Input} \ \to \ \mathfrak{P}(\text{State} \times \text{Output})$$

durch Tab. 2.1.

Die Tabelle beschreibt die Zustandsübergänge. Dabei stehen *mode* und *p* für den gegebenen Zustand und *mode'* und *p'* für den darauffolgenden Zustand. Jede Zeile beschreibt einen möglichen Übergang. Formal steht die Zeile für eine Zusicherung. So steht beispielsweise die Zeile

| going\_up | $= 100$ | $\varepsilon$\|roll\_down | stopped | $= 100$ | closed |

für die Zusicherung

$$mode \ = going\_up \ \wedge \ p \ = 100 \ \wedge \ (input = \varepsilon \ \vee \ input = roll\_down)$$
$$\wedge \ mode' = stopped \ \wedge \ p' = 100 \ \wedge \ output = closed$$

Verbindet man die den Zeilen entsprechenden Zusicherungen disjunktiv, also durch ein logisches Oder, erhält man eine Zusicherung, welche die Zustandsmaschine beschreibt. ∎

**Tabelle 2.1** Zustandsübergänge des Fensters mit Fensterheber

| *mode* | $p$ | input | *mode'* | $p'$ | output |
|---|---|---|---|---|---|
| $\neq$ alarm | | stop | stopped | $= p$ | stopped |
| stopped | | $\varepsilon$ | stopped | $= p$ | stopped |
| going_down\|stopped | | roll_up | going_up | $= p$ | mov_up |
| going_up\|stopped | | roll_down | going_down | $= p$ | mov_down |
| going_up | $= 100$ | $\varepsilon$\|roll_down | stopped | $= 100$ | closed |
| going_up | $< 100$ | $\varepsilon$\|roll_down | going_up | $> p$ | mov_up |
| going_up | | | alarm | $= p$ | alarm |
| going_down | $= 0$ | $\varepsilon$\|roll_up | stopped | $= 0$ | open |
| going_down | $> 0$ | $\varepsilon$\|roll_up | going_down | $< p$ | mov_down |
| alarm | $> 0$ | | alarm | $< p$ | alarm |
| alarm | $= 0$ | | stopped | $= 0$ | open |

Das Beispiel macht deutlich, wie die Tabellen eingesetzt werden können, um die Zustandsübergangsfunktion von Zustandsmaschinen durch Zusicherungen übersichtlich zu beschreiben. Es zeigt auch, wie wir physische Systeme durch Zustandsmaschinen, in diesem Fall durch Zustandsmaschinen mit Ein- und Ausgabe, beschreiben können.

### 2.3.5 Matrixdarstellung

*Matrixdarstellung*    Nun wenden wir uns der Matrixdarstellung für Zustandsmaschinen mit Ein- und Ausgabe zu.

a) Für die Mealy-Maschinen
   Quadratische ($|\Sigma| \times |\Sigma|$)-Matrix. Jede Zeile und jede Spalte in der Matrix ist durch einen Zustand gekennzeichnet.
   In der Kreuzungsstelle von Zeile $\sigma$ und Spalte $\sigma'$ schreiben wir eine Menge von Paaren der Form $x/y$ aus Eingabe $x$ und Ausgabe $y$. Die Bedeutung eines jedes solches Paares ist, dass die Zustandsmaschine im Zustand $\sigma$ durch die Aktion (Eingabe) $x$ in den Zustand $\sigma'$ übergehen und dabei die Ausgabe $y$ erzeugen kann. Wenn es keinen Übergang von $\sigma$ nach $\sigma'$ gibt, steht an dieser Kreuzungsstelle der Eintrag „$\emptyset$".

Die Matrix einer Mealy-Maschine sieht beispielsweise wie folgt aus:

$$\begin{array}{c|ccc|}
 & \sigma_0 & \sigma_1 & \sigma_2 \\
\hline
\sigma_0 & x_2/y_1 & \emptyset & x_1/y_1 \\
\sigma_1 & x_1/y_1 & \emptyset & x_2/y_2 \\
\sigma_2 & x_1/y_2 & x_2/y_1 & \emptyset
\end{array}$$

b) Für die Moore-Maschinen
   Quadratische ($|\Sigma| \times |\Sigma|$)-Matrix und ein Vektor $|\Sigma| \times 1$.

Jede Zeile und jede Spalte in der Matrix ist durch einen Zustand gekenn-
zeichnet. In der Kreuzungsstelle von Zeile $\sigma$ und Spalte $\sigma'$ steht eine
Menge von Eingaben: Die Maschine geht im Zustand $\sigma$ durch jede der
Aktionen (Eingaben) dieser Menge in den Zustand $\sigma'$ über. Wenn es keinen
Übergang von $\sigma$ nach $\sigma'$ gibt, steht an dieser Kreuzungsstelle der Eintrag
„$\emptyset$".
Im Vektor steht für jedes $\sigma \in \Sigma$ in der durch $\sigma$ markierten Zeile die Menge
von Ausgaben out($\sigma$).

Die Matrix mit dem Vektor für die Moore-Maschine $A_2$ aus Beispiel 2.3.4.2
sieht wie folgt aus:

$$
\begin{array}{c|ccccc|c}
 & \sigma_0 & \sigma_1 & \sigma_2 & \sigma_3 & \sigma_4 & \\
\hline
\sigma_0 & \emptyset & x_1 & \emptyset & x_2 & \emptyset & y_1 \\
\sigma_1 & \emptyset & x_2 & \emptyset & \emptyset & x_1 & y_1 \\
\sigma_2 & \emptyset & x_2 & \emptyset & \emptyset & x_1 & y_3 \\
\sigma_3 & x_2 & \emptyset & x_1 & \emptyset & \emptyset & y_2 \\
\sigma_4 & x_2 & \emptyset & x_1 & \emptyset & \emptyset & y_3 \\
\end{array}
$$

Wir geben nun ein einfaches Beispiel, bei dem wir mit Tabellen arbeiten,
allerdings in einer etwas anderen Form.

**⚙ Beispiel (Bahnübergang)** Betrachtet wird ein beschrankter Bahnübergang
(s. Abb. 2.18). Das System besteht aus einem Signal, einem Sensor und einem
Schrankenpaar. Das Signal bestimmt, ob ein Zug in den kritischen Abschnitt ein-
fahren darf. Der Sensor erkennt, ob sich ein Zug in diesem kritischen Abschnitt
befindet. Das Schrankenpaar muss den Bahnübergang für den Straßenverkehr
sperren.

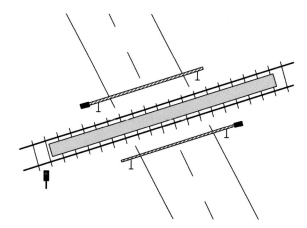

**Abb. 2.18** Schematische Darstellung des Bahnübergangs

Die Bestandteile des Systems können Werte laut Tab. 2.2 einnehmen.

**Tabelle 2.2** Bedeutung der Werte der Zustandsvariablen des Bahnübergangs

| Signal | R<br>Rot | G<br>Grün |
|---|---|---|
| Schranke | auf<br>geöffnet | zu<br>geschlossen |
| Sensor | frei<br>Abschnitt frei | Zug<br>Zug im Abschnitt |

Um das System als Zustandsmaschine zu modellieren, geben wir die Relation zwischen den Zuständen und deren möglichen Folgezuständen in Tab. 2.3 an.

**Tabelle 2.3** Zustandsübergangsrelation des Bahnübergangs

| Zustand | | | Folgezustand | | |
|---|---|---|---|---|---|
| Signal | Schranke | Sensor | Signal | Schranke | Sensor |
| R | auf | frei | R | zu | frei |
| R | zu | frei | R<br>G | auf<br>zu | frei<br>frei |
| R | zu | Zug | R | zu | Zug |
| G | zu | frei | R | zu | frei |
| G | zu | Zug | R | zu | Zug |

Dabei sind die Zustände

$$(\text{Signal} = \text{rot} \wedge \text{Schranke} = \text{auf} \wedge \text{Sensor} = \text{Zug})$$
$$\vee (\text{Signal} = \text{grün} \wedge \text{Schranke} = \text{auf})$$

ausgeschlossen.

Als Anfangszustand wählen wir

$$(\text{Signal} \mapsto \text{rot}, \ \text{Schranke} \mapsto \text{auf}, \ \text{Sensor} \mapsto \text{frei}) \qquad \blacksquare$$

## 2.3.6 Pragmatische Spezifikation von Zustandsmaschinen

Bei den Grundlagen für verteilte, interaktive Systeme geht es zum einen um die Darstellung der Theorie und zum anderen um den Einsatz der beschriebenen Konzepte in der praktischen Entwicklung von Systemen. Die Theorie umfasst in etwa die Synchronisation parallel ablaufender Prozesse, die grundsätzlichen Darstellung von Systemen durch Automaten, die unterschiedlichen Zustandsautomaten und ihre Konzepte wie Invarianten, Abläufe und vieles mehr. Dies schafft ein grundlegendes Begriffssystem und Verständnis für entsprechende Systeme und auftretende Phänomene sowie für eine Reihe grundlegender Konzepte für die Behandlung der Systeme und deren spezifischen Eigentümlichkeiten.

Ein weiterer Themenbereich richtet sich auf Fragen, wie man praktisch Systeme mit den Strukturen und Verhaltensweisen, die typisch für verteilte Softwaresysteme sind, modelliert, spezifiziert und analysiert. Hier ist es wichtig, Beschreibungsmittel zu verwenden, die anschaulich sind und in der Lage, Systeme mit etwas umfangreicherem Verhalten strukturiert und nachvollziehbar darzustellen.

Wir können also die Themen dieses Buches zum einen der grundlegenden Theorie verteilter Systeme zuordnen mit ihren Modellen, Begriffen und Konzepten, zum anderen lassen sich mit ihnen methodische Zielsetzungen und praktische Fragestellungen verfolgen. Das ist eine Herausforderung für die Abfassung dieses Buches und gleichzeitig eine spannende Aufgabe, da es darum geht, die Balance zwischen diesen beiden Sichtweisen zu halten.

Wie bereits angesprochen, unterscheiden wir zwischen Konzepten der Theorie verteilter, parallel ablaufender Systeme und eher pragmatischen Ansätzen zur Beschreibung und den Entwurf von Systemen. Ein pragmatischer, auf praktischen Einsatz ausgerichteter Ansatz ist die von David Harel entwickelte grafische Beschreibungstechnik Statecharts. Durch sie lassen sich Zustandsautomaten mit durch Aktionen markierten Übergängen graphisch anschaulich beschreiben.

Hier erläutern wir die Komposition im Falle eines gemeinsamen Alphabets anhand eines strukturierten Beispiels. Wir folgen dabei den Konzepten und Ideen von Statecharts [Har87], die auch in der UML verwendet werden, arbeiten jedoch mit einer vereinfachten Notation.

In Statecharts werden Oder- und Und-Zusammensetzungen verwendet. Und-Zusammensetzungen werden durch gestrichelte Linien ausgedrückt. Sie entsprechen dem Produkt von Zustandsmaschinen, genauer der Zustandsräume. Oder-Zusammensetzungen werden durch durchgezogene Linien ausgedrückt. Sie entsprechen der Summe von Zustandsmaschinen, genauer der Vereinigung der (disjunkten) Zustandsräume.

🔆 *Beispiel (Summe und Produkt von Zustandsmaschinen zur Modellierung einer Fernsteuerung und des Fernsehers)*   Abb. 2.19 stellt ein TV System mit Fernsteuerung als Zustandsdiagramm (als Beispiel für einen *Und*-Zustand) dar. Die Rechtecke stehen für Zustandsmaschinen; die gestrichelte Linie für parallele Komposition. Man spricht allgemein von „Und"-Zuständen.

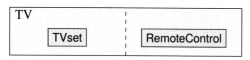

**Abb. 2.19**  Fernsehsystem mit Fernsteuerung als Zustandsdiagramm

Das TV-System gliedert sich in den Fernsehapparat und die Fernbedienung. Ihnen entsprechen zwei Zustandsmaschinen, aus denen das TV-System parallel zusammengesetzt ist.

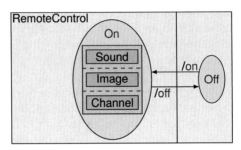

**Abb. 2.20**  Fernsteuerung des Fernsehers

RemoteControl, Sound, Sound, Image und Channel sind Zustandsmaschinen, On und Off sind Zustände und on und off sind Aktionen.

Zustandsmaschinen werden als Rechtecke mit schwarzem Rand und grauem Hintergrund dargestellt. Maschinenbezeichnungen mit fester Bedeutung werden grotesk, aufrecht und in Textfarbe gesetzt. Maschinenzustände werden als Ellipsen mit schwarzem Rand und grauem Hintergrund gesetzt. Zustandsbezeichnungen mit fester Bedeutung werden grotesk, aufrecht und in blau gesetzt. Aktionen mit fester Bedeutung werden grotesk, aufrecht und in blau gesetzt.

Abb. 2.20 beschreibt die Fernsteuerung. Sie lässt sich ein- und ausschalten. Wenn sie eingeschaltet ist, kann man den Ton, das Bild und die Kanäle steuern. Die durchgezogene Linie trennt zwei Bereiche von Zuständen voneinander.

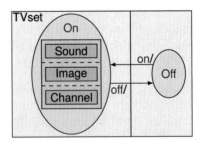

**Abb. 2.21**  Fernsehapparat als strukturierter Zustandsautomat

Die Zustandsmaschine ist entweder im Zustand On oder im Zustand Off. Der Zustand On untergliedert sich in drei Mengen von Unterzuständen und Zustandsmaschinen, die auf diesen Unterzustandsmengen parallel laufen und die Zustände für Ton, Bild und Kanal modellieren. Das Zustandsdiagramm in Abb. 2.21 beschreibt den Fernsehapparat, genannt TVset als Teil des TV-Systems.

Die Zustände sind in blauer Farbe gekennzeichnet. So steht On in Abb. 2.21 für einen Zustand On, in dem drei Maschinen Sound, Image und Channel aktiv sind.

Der Fernseher ähnelt in seiner Struktur und damit seinen Zuständen der Fernsteuerung. Das ist nicht weiter verwunderlich, da die Fernsteuerung dazu dient, die Zustände des Fernsehers zu kontrollieren.

Abb. 2.22 beschreibt die Zustände und Einstellungen des Fernsehbilds.

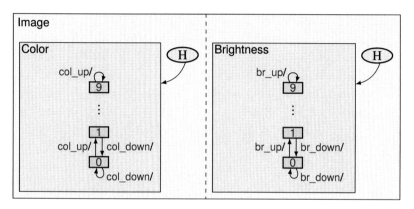

**Abb. 2.22** Bild des Fernsehapparats

Der Knoten markiert mit H (H steht für „Historie") besagt, dass bei „Verlassen" des Zustands On der Zustandsmaschine der in Color erreichte Zustand weiterbesteht, genauer gesagt, wieder eingenommen wird, wenn das TV-Set in den Zustand On wechselt, genauer, die betreffende Maschine wieder aktiviert.

Die auftretenden Teilzustände entsprechen den in Abbildungen 2.20 und 2.22 bis 2.24 angegebenen Zustandsmaschinen. In ähnlicher Weise lässt sich die Fernbedienung modellieren. Die Kontrolle des Fernsehers durch die Fernsteuerung erfordert eine Kommunikation zwischen Fernbedienung und Fernsehapparat. Darauf kommen wir unter dem Stichwort *Interaktion* zurück.

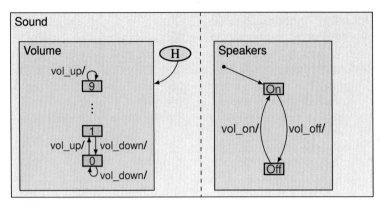

**Abb. 2.23** Ton des Fernsehapparats

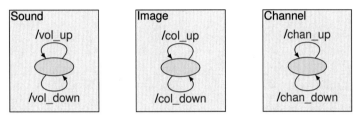

**Abb. 2.24** Zustandsmaschinen für Ton-, Bild- und Kanalwahl des Fernsehapparats ■

Wir unterscheiden bei diesen Diagrammen jeweils Aktionen, die einen Zustandsübergang anstoßen, und Aktionen, die dabei angestoßen werden. Wir schreiben dann an die Übergangspfeile die Aktionen $A_1, \dots, A_n$ und Reaktionen $R_1, \dots, R_m$

$$A_1, \dots, A_n \; / \; R_1, \dots, R_m$$

um auszudrücken, dass die Aktionen $A_1, \dots, A_n$ den Übergang auslösen und durch den Übergang die Reaktion $R_1, \dots, R_m$ ausgelöst werden. Reaktionen sind selbst wieder Aktionen. Als einfache typische Fälle betrachten wir den Fall der Reaktion auf eine Aktion $A$

$$A \; /$$

die einen Übergang ausdrückt, sobald von einem anderen Übergang $A$ ausgelöst wird, dann ist der Übergang geschaltet (und alle anderen, die $A$ erwarten). Der Fall

$$/ \; R$$

drückt aus, dass der Übergang die Aktion $R$ auslöst.
    Der Fall

$$A \; / \; R$$

drückt aus, dass – wenn durch einen anderen Übergang die Aktion *A* ausgelöst wird – der Übergang möglich ist und die Aktion *R* ausgelöst wird.

Die beschriebenen Systeme führen die Aktionen synchron aus. Was durch den Schrägstrich / nicht explizit beschrieben ist, ist, von wem eine Aktion ausgeht und wer darauf lediglich reagiert. Ein Beispiel dafür ist die Fernsteuerung. Die Aktionen der Fernsteuerung sind angegeben, die entsprechenden Aktionen des Fernsehers werden über die Eingaben gesteuert. Diese Unterscheidung zwischen steuernden Aktionen und reagierenden Aktionen ergibt sich, indem man Ein- und Ausgabeaktionen unterscheidet.

Zustandsmaschinen mit Ein-/Ausgabe beschreiben Systeme, die Eingaben empfangen und Ausgaben erzeugen und Zustandsübergänge ausführen. Die Eingaben lösen die Zustandsübergänge aus und die Zustandsübergänge lösen die Ausgaben aus. Viele interaktive Systeme lassen sich dadurch beschreiben.

Abschließend behandeln wir ein Beispiel, eine relativ einfache Form eines Geldautomaten, den wir durch eine Zustandsmaschine mit Ein- und Ausgabe beschreiben. Wie das Beispiel zeigt, ist es in der Regel nicht so einfach, ein Zustandsübergangsdiagramm anzugeben, bei dem die Zustandsübergangskanten mit entsprechenden Informationen und Daten annotiert sind. Typischerweise handelt es sich in der Praxis dabei um oft umfangreiche Annotationen. Wir geben deshalb ein Beispiel an, bei dem wir zeigen, wie man die Annotationen in getrennten Kästen notiert und in den Zustandstransitionen an den Kanten im Diagramm auf diese Kästen verweist. Dadurch entsteht eine strukturierte Sicht auf das System: Zum einen kann man im Zustandsübergangsdiagramm sehr gut nachvollziehen, wie bestimmte Transitionen aufeinander folgen können und zum anderen kann man in der Beschreibung der einzelnen Zustandsübergänge in strukturierter Weise nachverfolgen, wie die Zustände sich durch die Transitionen verändern und welche zusätzlichen Ein- und Ausgaben damit verbunden sind. Letztendlich beschreiben wir eine Zustandsmaschine mit Ein- und Ausgabe. Solche Zustandsmaschinen sind, wie wir später sehen werden, auch eine gute Methode, um Schnittstellenverhalten von Datenflussknoten zu beschreiben (s. Kap. 4 bis 6).

Im Folgenden konzentrieren wir uns ganz darauf, das Verhalten eines Geldautomaten zu beschreiben, in dem wir das Zustandsübergangsdiagramm (s. Abb. 2.25) angeben, in dem die Transitionen mit bestimmten Kennworten versehen sind und zu jedem dieser Kennworte wird in einem eigenen Kasten beschrieben, welche Zustandsübergänge möglich sind. Da häufig die Zustandsübergänge von gewissen Daten abhängen, beschreibt ein Kasten genau genommen mehrere mögliche Zustandsübergänge, bei denen abhängig vom Zustand und von der Eingabe unterschiedliche Ausgaben generiert werden. Zusätzlich gilt, dass die durch Kästen beschriebenen Übergänge an mehreren Stellen im Zustandsübergangsdiagramm auftreten können. Dies ist einfach zu bewerkstelligen, indem man die entsprechenden Schlüsselworte dort und im Zustandsübergangsdiagramm angibt.

⌖ *Beispiel (Geldautomat)* Eine „Transitionsbox" für ein Zustandsübergangsdiagramm hat die folgende Form:

⟨Identifikator⟩
**pre**: ⟨Formel⟩
**in**: ⟨Kanal⟩ : ⟨Sequenzterm⟩ {, ⟨Kanal⟩ : ⟨Sequenzterm⟩} | −
{⟨Kommentar⟩
**out**: ⟨Kanal⟩ : ⟨Sequenzterm⟩ {, ⟨Kanal⟩ : ⟨Sequenzterm⟩} | −
**post**: ⟨Formel⟩}$^+$

Am Anfang wird ein Identifikator „Name" und nach **pre** eine Formel angegeben, welche die Vorbedingung für den Zustandsübergang beschreibt, und
unter **in** dafür erforderlichen Eingaben über Eingabekanäle. Dann folgen jeweils
ein Kommentar und unter **out** Angaben über Ausgaben auf Ausgabekanäle
und unter **post** eine Formel, die die Zustandsänderung beziehungsweise eine
Eigenschaft des Zustands beschreibt. Wir schauen uns ein etwas ausführliches
Beispiel an. Eine Transitionsbox beschreibt somit die Bestandteile von Transitionen. Wir beschreiben dieses Konzept im Wesentlichen durch ein Beispiel.

Seien die folgenden Sorten gegeben: Der Automat arbeitet auf dem Zustandsraum ATMstate.

$$\textbf{sort}\ \text{Girocard} \quad = \text{record}(\text{owner} : \text{Person}, \text{pin} : \text{Pin}, \dots)$$

$$\textbf{sort}\ \text{ATMinput} \quad = \text{Girocard} \mid \text{Pin} \mid \text{Amount} \mid \cdots$$

$$\textbf{sort}\ \text{ATMoutput} = \text{String} \mid \text{Girocard} \mid \text{Money}$$

Der Zustand des Zustandsautomaten ATM ist wie folgt definiert

$$\text{ATMstate} \ = \ \langle\!\langle\ \textit{girocard} : \text{Girocard} \qquad\qquad\quad ,$$
$$\textit{pinat} \quad : \text{Bool} \qquad\qquad\qquad ,$$
$$\textit{pin\#} \quad : \text{Nat} \qquad\qquad\qquad\ ,$$
$$\textit{nexttrans} : \{\text{"withdraw\_money"}, \dots \}\ ,$$
$$\vdots$$
$$\rangle\!\rangle$$

Das Attribut *nexttrans* beschreibst eine mögliche nächste anstehende Transaktion. Wieder benutzen wir die Konvention, das wir den Wert eines Attributs $a$
im Nachfolgezustand mit $a'$ bezeichnen.

Girocard insert
**pre**: *girocard* = void
**in**: *giro* : Girocard
success
**out**: display: "Karte angenommen – geben Sie einen PIN ein"
**post**: *girocard'* = giro ∧ pin#' = 0
failure
**out**: display: "Karte abgelehnt"
**post**: *girocard'* = void

Wir geben für eine Eingabe gegebenenfalls zwei Ausgabeaktionen an. Im obigen Beispiel gibt es eine Reaktion mit Namen success und eine mit Namen failure.

Die Transitionsbox beschreibt zwei mögliche Zustandsübergänge einer Zustandsmaschine mit Ein- und Ausgabe. Wenn für einen Zustand

$$\sigma \in (\text{girocard} : \text{Girocard}, \dots)$$

die Zusicherung

$$girocard = \text{void}$$

gilt und die Eingabe einer Bankkarte *giro* der Sorte Girocard vorliegt, dann sind zwei Reaktionen möglich.

- success: Über das Display wird der Text „Karte angenommen – geben Sie einen PIN ein" ausgegeben und der Zustand $\sigma$ wechselt in einen Zustand $\sigma'$ mit

$$\sigma'(girocard) = giro$$
$$\sigma'(pin\#) = 0$$
$$\sigma'(pinat) = \sigma(pinat)$$
$$\vdots$$

- failure: Über das Display wird der Text „Karte abgelehnt" ausgegeben und der Zustand $\sigma$ wechselt zum Zustand $\sigma'$ mit

$$\sigma'(girocard) = \text{void}$$
$$\sigma'(pinat) = \sigma(pinat)$$
$$\vdots$$

---

PIN insert
**pre**:
**in**: *pin* : Pin
success
**out**: display: "PIN angenommen – wählen Sie einen Dienst aus"
**post**: $pinat' = \text{true} \land \text{correct}(girocard, pin)$
failure
**out**: display: "PIN nicht korrekt – bitte nochmals versuchen"
**post**: $pin\#' = pin\# + 1 \land \neg\text{correct}(girocard, pin)$

---

Select transaction
**pre**: −
**in**: textin : trans
Display selected transaction
**out**: display: "Transaktion" trans "ausgewählt"
**post**: *nexttrans* := trans

---

Transaction withdraw money
**pre**: *nexttrans* = withdraw_money
**in**: −
Display: choose amount
**out**: display: "Wählen Sie einen Betrag aus"
**post**: −

---

Select amount
**pre**: *nexttrans* = withdraw_money
**in**: textin : n
amount approved
**out**: display: "Betrag freigegeben", $n$ ⁏ Money
**post**: girocard′(*amount*) = girocard(*amount*) − $n$ ∧ girocard(*amount*) ≥ $n$
amount rejected
**out**: display: "Betrag abgelehnt"
**post**: girocard′(*amount*) < $n$

---

End transaction
**pre**: −
**in**: textin : "Karte ausgeben"
Card removal
**out**: display: "Karte nehmen", *cardout* ⁏ Girocard
**post**: *girocard′* = void ∧ *pinat′* = false

---

Abort/end transaction
**pre**: −
**in**: textin : "Karte ausgeben"
Card removal
**out**: display: "Karte nehmen", *cardout* ⁏ Girocard
**post**: *girocard′* = void

Das Zustandsübergangsdiagramm aus Abb. 2.25 zeigt an, wie die Transitionen aufeinander folgend ausgeführt werden. Dabei fassen wir bestimmte Übergänge in eigenen Kästen, wie Authentication und Transaction, zusammen. Die Rauten kennzeichnen Entscheidungen aufgrund von genannten Bedingungen. So steht # < 3 für die Bedingung, dass weniger als drei Versuche der PIN-Eingabe aufgetreten sind. Das Beispiel ist bewusst „halbformal" gehalten,

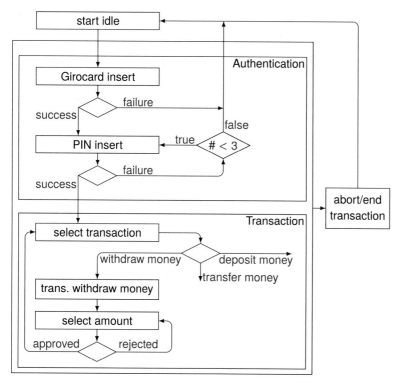

**Abb. 2.25** Zustandsübergangsdiagramm des Automaten ATM

also nicht völlig formalisiert mit dem Ziel, ein Verständnis für das Verhalten der Zustandsmaschine ATM zu vermitteln. Diese Art von Beschreibungen findet sich in der Praxis. Sie dienen dem Entwurf von Systemen. ∎

## 2.4 Abschließende Bemerkungen zu Zustandsmaschinen

In diesem Kapitel haben wir drei grundsätzliche Konzepte von Zustandsmaschinen kennengelernt:

- Maschinen mit einfachen („unmarkierten") Zustandsübergängen,
- Zustandsmaschinen mit durch Aktionen markierten Übergängen und
- Zustandsmaschinen mit Ein-/Ausgabe.

Daneben hat die Informatik eine Reihe weiterer Konzepte für Zustandsmaschinen entwickelt. Prominente Beispiele sind Turing-Maschinen (s. [Tur37; Tur38]) oder endliche Automaten (s. [RS59]). Beide können wir als Spezialfälle von Maschinen mit einfachen Zustandsübergängen auffassen.

Zustandsmaschinen werden allgemein für ganz unterschiedliche Zwecke eingesetzt, etwa um den Begriff des Algorithmus und der Berechenbarkeit zu erfassen oder etwa um im Rahmen der Komplexitätstheorie den Berechnungsaufwand für gegebene Probleme zu beschreiben. Wir verwenden die drei Ausprägungen zu Zustandsmaschinen, die wir eingeführt haben, in den folgenden Kapiteln an geeigneten Stellen, um Konzepte paralleler, interaktiver Systeme zu modellieren.

## 2.5 Historische Bemerkungen

Die Idee, Zustandsmaschinen als Darstellungen und Modelle für Algorithmen und Systeme zu verwenden, ist so alt wie die Informatik. Sehr früh wurden Zustandsmaschinen für die unterschiedlichsten Zwecke eingesetzt. So können Rechner stets als Zustandsmaschinen beschrieben werden. Auch endliche Automaten, Kellerautomaten und *Turingmaschinen* [Tur37] sind eine Variante von Zustandsmaschinen, die die Grundlage für theoretische Überlegungen zur Berechenbarkeit und Komplexität von Problemen legen. Ferner finden sich zu Beginn der Informatik Zustandsmaschinen und endliche Automaten – die in der theoretischen Informatik etwa zur Definition formaler Sprachen eingesetzt werden und auch im Compilerbau eine durchaus praktische Bedeutung haben.

Petri-Netze [Pet62] sind eine besondere Art von Zustandsmaschinen, bei denen die Nebenläufigkeit in der Struktur der Maschine explizit zum Ausdruck kommt. In den 30 bis 40 Jahren des Entstehens der Informatik hat sich eine Vielzahl unterschiedlicher Konzepte von Zustandsmaschinen herausgebildet, die für die Modellierung von Systemen mehr oder weniger gut geeignet sind (s. auch Abschn. 7.4)

Auch Betriebssysteme wurden oft als eine Menge von kooperierenden Zustandsmaschinen dargestellt. Insgesamt ist die Idee, einen Rechner als Zustandsmaschine zu modellieren und auch das Betriebssystem eines Rechners als eine Erweiterung dieser Zustandsmaschine aufzufassen, schon in den 60er-Jahren zu finden.

Die Idee der Zustandsmaschine mit einer Ausgabe oder markierten Übergängen kommt erst in den 70er-Jahren bedeutsamer zum Tragen, auch wenn die Ideen für solche Maschinen deutlich weiter zurückgehen, man denke nur an die Theorie der endlichen Automaten zur Beschreibung von Sprachen. Erst in den 70er- und 80er-Jahren wird erkannt, dass diese Variante der Zustandsmaschine geeigneter für die Modellierung und Behandlung von Nebenläufigkeit ist als programmiersprachliche Notationen.

Eine wesentliche Aufgabe in der Praxis besteht darin, Zustandsmaschinen anschaulich darzustellen. So hat die grafische Darstellung von Zustandsübergangssystemen durch Zustandsübergangsdiagramme eine lange Tradition in der Informatik. Allerdings standen zunächst sogenannte Kontrollablaufdiagramme („Kontrollflussdiagramme") stärker im Vordergrund, die sich etwa in der Spezifikationssprache SDL finden. Heute sind Zustandsübergangsdiagramme in Modellierungssprachen wie UML und SysML stärker vorherrschend. Dabei sind diese beeinflusst von den Ideen von David Harel, die er unter dem Stichwort „*Statecharts*" publiziert hat (vgl. [Har87]). Zugrunde liegt die Vorstellung, den Zustandsraum grafisch strukturiert vorzugeben und so die Zustandsübergangsdiagramme gleichzeitig zu nutzen, um die Struktur der Zustandsräume darzustellen. Statecharts haben schnell Verbreitung gefunden und sind insbesondere in Ansätzen wie ROOM [Sel96] wie auch UML die vorherrschende Form der Zustandsübergangsdiagramme.

Ein wesentliches Thema ist auch der Nachweis (die Verifikation) von Eigenschaften für Zustandsmaschinen. Ein weiteres Thema ist die Ausführung von Zustandsmaschinen. Wir kommen darauf im folgenden Kapitel zurück.

# 2.6 Übungsaufgaben

☑ **Übung 2.6.1** Betrachten Sie den Algorithmus zum Sortieren einer Sequenz aus Beispiel 2.1.1.1.7 erneut.

1. Geben Sie an, ob die Maschine
   - total,
   - deterministisch und
   - endlich

   ist.
2. Spezifizieren Sie die Prädikate „$t$ ist Permutation von $s$" und „$t$ ist aufsteigend sortiert" formal.

☑ **Übung 2.6.2** Betrachten Sie Beispiel 2.1.1.1.7 erneut.

1. Zeigen Sie, dass von jedem Anfangszustand der Form $(s, \langle\rangle)$ genau ein Zustand der Form $(\langle\rangle, t)$ erreichbar ist.
2. Bestimmen Sie die Menge der erreichbaren Zustände, wenn die Maschine mit Anfangszuständen der Form $(s, \langle\rangle)$ gestartet wird. Welche Invarianten gelten dann?
3. Mit welchem Zustand endet die Zustandsmaschine, wenn sie in einem Zustand $(s, t)$ gestartet wird, wobei $s$ und $t$ beliebige Sequenzen sind?
4. Geben Sie ein prozedurales Programm an, das den gleichen Algorithmus wie die Zustandsmaschine realisiert.

☑ **Übung 2.6.3 (Knaster-Tarski)** Für eine Abbildung $f$ heißt ein Element $x \in \text{dom} f$ *Fixpunkt* von $f$, wenn $f(x) = x$ gilt. Ein *Verband* ist ein Paar $(X, \leq)$ aus einer Menge $X$ und einer partiellen Ordnung $\leq \subseteq X \times X$, sodass zu jedem Paar von Elementen $a, b \in X$ die kleinste obere Schranke $\sup\{a, b\}$ und die größte untere Schranke $\inf\{a, b\}$ (bezüglich $\leq$) in $X$ existiert. Ein Verband $(X, \leq)$ heißt *vollständig*, wenn sogar zu jeder Teilmenge $A \subseteq X$ die kleinste

*Fixpunkt*

*Verband*

*Vollständiger Verband*

obere Schranke[18] $\sup A$ und die größte untere Schranke[19] $\inf A$ in $X$ existiert.
Zeigen Sie den *Fixpunktsatz von Tarski*[20] (auch als Fixpunktsatz von Tarski
und Knaster bekannt):

Sei $(X, \leq)$ ein vollständiger Verband, $f\colon X \to X$ monoton und $P$ die Menge
aller Fixpunkte von $f$. Dann gilt:

(a) $P$ ist nichtleer.

(b) $(P, \leq \cap (P \times P))$ ist ein vollständiger Verband.

(c) Der kleinste Fixpunkt von $f$ existiert und ist gleich

$$\inf\{x \in X \colon f(x) \leq x\}.$$

(d) Der größte Fixpunkt von $f$ existiert und ist gleich

$$\sup\{x \in X \colon x \leq f(x)\}.$$

Wie lässt sich der Fixpunktsatz auf die Menge der erreichbaren Zustände anwenden?

☑ **Übung 2.6.4** Sei $\Sigma$ eine beliebige Menge.

Zeigen Sie oder widerlegen Sie:

(a) Ist $\Sigma_0 \subseteq \Sigma$ Menge der Anfangszustände, $\Delta\colon \Sigma \to \mathfrak{P}(\Sigma)$ eine Zustandsübergangsfunktion, $\underline{\Sigma_0} = \{(\sigma_0)_{i<1} \in \Sigma^* \colon \sigma_0 \in \Sigma_0\}$ die Menge aller
einelementigen Abläufe der Zustandsmaschine $A = (\Delta, \Sigma_0)$ und

$$\underline{\Delta}\colon \mathfrak{P}(\Sigma^*) \to \mathfrak{P}(\Sigma^*),$$

$$\underline{\Delta}(S) = \left\{ \left( \begin{cases} \sigma_i, & \text{falls } i \leq n \\ \hat{\sigma}, & \text{falls } i = n+1 \end{cases} \right)_{i \leq n+1} \colon (\sigma_i)_{i \leq n} \in S \wedge \hat{\sigma} \in \Delta(\sigma_n) \right\}$$

der Operator, der endliche Sequenzen um einen Nachfolgezustand erweitert,
so gilt[21]

---

[18] Die kleinste obere Schranke einer Teilmenge einer partiell geordneten Menge wird auch
das Supremum der Teilmenge genannt. Nicht jede Teilmenge hat ein Supremum, aber im
Falle der Existenz ist es eindeutig.

[19] Die größte untere Schranke einer Teilmenge einer partiell geordneten Menge wird auch
das Infimum der Teilmenge genannt. Nicht jede Teilmenge hat ein Infimum, aber im Falle
der Existenz ist es eindeutig.

[20] Alfred Tarski, polnisch-amerikanischer Mathematiker. Geboren als Alfred Tajtelbaum
(in anderer Schreibweise, Teitelbaum) am 14. Januar 1901 in Warschau, Kongresspolen. Im
Jahre 1923 wechselte er seinen Namen zu Alfred Tarski. Gestorben am 26. Oktober 1983 in
Berkeley, USA.

[21] Hat eine Funktion $f\colon X \to X$ auf einer partiell geordneten Menge $(X, \leq)$ einen kleinsten
Fixpunkt (engl. *least fixed point*), so bezeichnet man ihn mit lfp $f$. Hat die Menge der Fixpunkte
von $f$ kein kleinstes Element (etwa weil $f$ gar keine Fixpunkte hat oder wenn es zwei Fixpunkte
ohne eine gemeinsame untere Schranke gibt, die zugleich ein Fixpunkt wäre, oder wenn es
zu jedem Fixpunkt einen noch kleineren gibt), ist lfp $f$ undefiniert.

$$\mathrm{Exec_{fin}}(A) \;=\; \mathrm{lfp}(\lambda\, x\colon \underline{\Sigma_0} \cup \underline{\Delta}(x))\,.$$

(Anmerkung: wir nutzen die unterstrichenen Bezeichner $\underline{\Sigma_0}$ und $\underline{\Delta}$, um sie von den üblichen Menge der Anfangszustände und der üblichen Transferabbildung auf der Potenzmenge der Zustände zu unterscheiden.)

(b) Die Funktion $\mathrm{Exec_{inf}}\colon (\Sigma \to \mathfrak{P}(\Sigma)) \times \mathfrak{P}(\Sigma) \to \mathfrak{P}(\Sigma^{\omega})$ ist die punktweise größte Funktion, sodass für alle Zustandsübergangsfunktionen $\Delta\colon \Sigma \to \mathfrak{P}(\Sigma)$, alle $\Sigma_0 \subseteq \Sigma$ und alle $(\sigma_i)_{i\geq 0} \in \mathrm{Exec_{inf}}(\Delta, \Sigma_0)$ die Aussagen $\sigma_0 \in \Sigma_0$, $\sigma_1 \in \Delta(\sigma_0)$ und $\forall\, \Sigma_1 \subseteq \Sigma\colon \sigma_1 \in \Sigma_1 \Rightarrow (\sigma_{i+1})_{i\geq 0} \in \mathrm{Exec_{inf}}(\Delta, \Sigma_1)$ gelten.

☑ **Übung 2.6.5 (Lemma von König)**   Zeigen Sie unter Verwendung des Lemmas von König[22]:

Wir betrachten eine Zustandsmaschine $(\Delta, \Sigma_0)$ mit unmarkierten Übergängen. Seien $\Sigma_i$ ($i \in \mathbb{N}_+$) paarweise disjunkte endliche nichtleere Mengen, $\Sigma = \bigcup_{i\in\mathbb{N}_0} \Sigma_i$ mit $\Delta\colon \Sigma \to \mathfrak{P}(\Sigma)$ derart, dass es zu jedem $i \in \mathbb{N}_0$ und jedem $\sigma' \in \Sigma_{i+1}$ ein $\sigma \in \Sigma_i$ mit $\sigma' \in \Delta(\sigma_i)$ gibt. Dann hat die Zustandsmaschine $(\Delta, \Sigma_0)$ einen unendlichen Ablauf.

☑ **Übung 2.6.6** Berechnen Sie die Menge der erreichbaren Zustände von TrfLights aus Beispiel 2.1.1.1.4.

☑ **Übung 2.6.7** Betrachten Sie Beispiel 2.1.4.2.1.

(a) Erstellen Sie das vollständige Zustandsübergangsdiagramm der parallelen Komposition inklusive der nicht erreichbaren Zustände.

(b) Ändern Sie die Ausgangsmaschinen $(\Delta^{\mathrm{TL}}, \Sigma_0^{\mathrm{TL}})$ und $(\Delta^{\mathrm{PL}}, \Sigma_0^{\mathrm{PL}})$ so, dass die entstandene parallele Komposition mehr als einen Anfangszustand hat und eine verkehrssichere Ampel modelliert.

(c) Konstruieren Sie das vollständige Zustandsübergangsdiagramm der parallelen Komposition aus Punkt (b).

☑ **Übung 2.6.8** Beschreiben Sie eine interaktive Warteschlange als Zustandsmaschine und durch ein Zustandsübergangsdiagramm.

☑ **Übung 2.6.9** Beschreiben Sie einen Fahrkartenautomaten als Zustandsmaschine.

☑ **Übung 2.6.10** Erstellen Sie ein Zustandsübergangsdiagramm mit markierten Übergängen für die Kfz-Ampel aus Beispiel 2.2.1.1.4.

---

Die Bezeichnung $\mathrm{lfp}\,f$ ist in der Literatur nicht einheitlich; mitunter wird für den kleinsten Fixpunkt auch $\mu\,f$ geschrieben. Wir nutzen lfp statt $\mu$, da erstens lfp im Gegensatz zu $\mu$ „sprechend" ist und zweitens $\mu$ im sogenannten $\mu$-Kalkül vorkommt und dort eine leicht andere (obgleich verwandte) Bedeutung hat.

[22] Dénes Kőnig (* 1884-09-21, Budapest – † 1944-10-19, Budapest), ungarischer Mathematiker jüdischer Abstammung [Gal78]. Seinen Nachnamen schreibt man im Ungarischen mit einem Doppelakut, aber den Namen des Lemmas im Deutschen üblicherweise mit einem Umlaut. Ein anderer Name für das Lemma von König ist *Königs Unendlichkeitslemma*.

☑ **Übung 2.6.11** Schreiben Sie die Kfz-Ampel-Maschine TrfLightsS aus Beispiel 2.2.1.1.4 in tabellarischer Form auf zwei Arten, wie im Abschn. 2.2.1.3 beschrieben, auf.

☑ **Übung 2.6.12** Beschreiben Sie die Kfz-Ampel-Maschine TrfLightsS aus Beispiel 2.2.1.1.4 in Form einer Nachbarschaftsmatrix wie im Abschn. 2.2.1.4 auf.

☑ **Übung 2.6.13** Geben Sie alle Folgensemantiken (Berechnungen, Abläufe, Spuren) von TrfLightsS aus Beispiel 2.2.1.1.4 an.

☑ **Übung 2.6.14** Geben Sie alle Erreichbarkeitssemantiken (erreichbare Zustände, erreichbare Markierungen) von TrfLightsS aus Beispiel 2.2.1.1.4 an.

☑ **Übung 2.6.15** Finden Sie im Kontext von TrfLightsS aus Beispiel 2.2.1.1.4 einen $\omega$-regulärer Ausdruck, der eine nichttriviale obere Schranke für die Menge der unendlichen Spuren beschreibt. Finden Sie auch einen $\omega$-regulärer Ausdruck, der eine nichttriviale untere Schranke für die Menge der unendlichen Spuren beschreibt.

☑ **Übung 2.6.16** Finden Sie im Kontext von TrfLightsS aus Beispiel 2.2.1.1.4 eine LTL-Spezifikation, die eine nichttriviale obere Schranke für die Menge der endlichen Spuren beschreibt.

☑ **Übung 2.6.17** Finden Sie im Kontext von TrfLightsS aus Beispiel 2.2.1.1.4 eine Formel erststufiger Logik, die für die Semantik endlicher, aber nicht unendlicher Spuren gilt, und eine andere Formel erststufiger Logik, die für die Semantik unendlicher, aber nicht endlicher Spuren gilt.

☑ **Übung 2.6.18** Beschreiben Sie ein Flip-Flop als Zustandsmaschine mit Eingabe und Ausgabe.

☑ **Übung 2.6.19** Beweisen Sie die Korrektheit der Zustandsmaschine aus der Übung 2.6.9 mit der Zusicherungsmethode.

☑ **Übung 2.6.20** Schreiben Sie Beispiel 2.1.4.3.2 auf Maschinen mit attributierten Zustandsräumen um.

☑ **Übung 2.6.21** Ändern Sie im Beispiel 2.1.4.2.4 den Puffer so, dass er maximal 10 Werte des Erzeugers in Sequenz $q$ zwischenspeichert. Sind dann alle Abläufe schwach fair?

☑ **Übung 2.6.22** Diskutieren Sie für das Beispiel 2.1.4.2.4, welche Fairnessannahmen sinnvoll sind. Wie muss das Beispiel geändert werden, dass der Prozess der Erzeugung und des Verbrauchs nicht zum Stocken kommt?

☑ **Übung 2.6.23** Erweitern Sie die E/A-Maschine aus Beispiel 2.3.1.2 so, dass das Setzen eines Wertes auch auf einen Fehler führen kann. Die Maschine ist dann nichtdeterministisch.

☑ **Übung 2.6.24** Beschreiben Sie die Ampel aus Beispiel 2.1.1.1.3 durch einen attributierten Zustandsraum. Charakterisieren Sie die erreichbaren Zustände.

# Kapitel 3
# Attributierte Zustandsräume und parallele Programme

Im Zentrum dieses Kapitels stehen schwerpunktmäßig anweisungsorientierte Programme und Nebenläufigkeit. Diese Programme arbeiten über attributierten Zustandsräumen und definieren Zustandsübergänge. Wir haben bereits Beispiele für attributierte Zustandsräume behandelt. Im Folgenden gehen wir darauf gezielt ein. Wir erläutern den Zusammenhang zwischen Zustandsübergangsmaschinen und anweisungsorientierten Programmen.

## 3.1 Programmnahe Zustandsübergangssysteme

Zustandsräume, die durch eine Menge typisierter Programmvariablen bestimmt sind, entsprechen dem Zustandskonzept einfacher anweisungsorientierter Programme. Wir sprechen auch hier von attributierten Zuständen. Wie bereits in Kap. 2 verwendet, konzentrieren wir uns im Weiteren auf attributierte Zustandsräume und parallel arbeitende Programme darüber.

Mit dem Konzept des Zustands und des Zustandsübergangs eng verbunden ist das Konzept der Programmvariablen. Sei $\sigma$ ein attributierter Zustand und $v$ eine Programmvariable, ein Attribut, dafür. Dann bezeichnet $\sigma(v)$ den Wert der Programmvariable $v$ im Zustand $\sigma$. Eine Zuweisung

$$v := E;$$

entspricht dann einer Zustandsänderung von $\sigma$ zu einem Zustand $\sigma'$, der die Gleichungen

$$\sigma'(v) = w \qquad \text{und}$$
$$\sigma'(u) = \sigma(u) \quad \text{für } u \text{ verschieden von } v$$

erfüllt, wobei $w$ der Wert des Ausdrucks $E$ vom Datentyp zu $v$ entspricht. Wir schreiben dann für die Zuweisung

$$v' = E$$

statt der obigen Definition von $\sigma'$.

### 3.1.1 Logische Spezifikation

Sind Zustände durch Belegungen von Zustandsattributen definiert, die durch Zustandsvariablen gegeben sind, so lassen sich Prädikate über Zustände einfach als *Zusicherungen* formulieren (s. Abschn. 1.6.3).

ℚ *Beispiel 3.1.1.1 (Zustandsmaschine mit Invariante)*   Für eine natürliche Zahl $m > 1$ sei eine einfache Zustandsmaschine durch das Zustandsübergangsdiagramm in Abb. 3.1 über dem Zustandsraum $\Sigma = (\{x, y\} \to \mathbb{N}_0)$ gegeben. Dabei kürzen wir im Diagramm und in der folgenden Invariante die Bezeichnungen $\sigma(x)$ beziehungsweise $\sigma(y)$ (für $\sigma \in \Sigma$) mit $x$ beziehungsweise $y$ ab und schreiben die Zustandsänderung als Zuweisung.

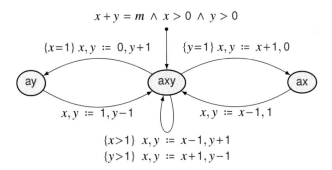

**Abb. 3.1** Beispiel Zustandsmaschine

Für diese Zustandsmaschine gilt die Invariante

$$\mathsf{Inv} \overset{\text{def}}{=} (x + y = m).$$

In Zustandsübergangsdiagrammen stellen die Knoten Kontrollzustände[1] dar. Wie Kontrollzustände in Programmen lassen sich diese Knoten mit Zusicherungen versehen, die stets gelten, wenn bei der Ausführung der durch das Übergangsdiagramm beschriebenen Zustandsmaschine der Knoten erreicht wird. Die Kontrollzustände, genauer die Knoten im Diagramm, lassen sich dabei durch Zusicherungen wie folgt charakterisieren.

---

[1] Ein „Kontrollzustand" ist in der Rechnerarchitektur der Wert des Kontrollflusszählers eines Programms. Ein Kontrollzustand in einem Programm kann mit der Position im Programm beschrieben werden und mit der Menge der Datenzustände annotiert werden, die bei Ablauf des Programms in diesem Kontrollzustand eingenommen werden.

In dem durch den entsprechenden Knoten bezeichneten Kontrollzustand gelten folgende Zusicherungen:

Im Kontrollzustand ay gilt die Zusicherung $(x = 0 \land \text{Inv})$.
Im Kontrollzustand ax gilt die Zusicherung $(y = 0 \land \text{Inv})$.
Im Kontrollzustand axy gilt die Zusicherung $(x > 0 \land y > 0 \land \text{Inv})$.

Formal bedeutet das, dass mit jedem Kontrollzustand eine Menge von Zuständen verbunden wird:

$$\text{ay} \sim \{\sigma \in \Sigma : \sigma(x) = 0 \land \text{Inv}(\sigma)\}$$

$$\text{ax} \sim \{\sigma \in \Sigma : \sigma(y) = 0 \land \text{Inv}(\sigma)\}$$

$$\text{axy} \sim \{\sigma \in \Sigma : \sigma(x) > 0 \land \sigma(y) > 0 \land \text{Inv}(\sigma)\}$$

wobei $\text{Inv}(\sigma) = (\sigma(x) + \sigma(y) = m)$. Wie im Abschn. 2.3.3 zu Zustandsübergangsdiagrammen erklärt, entspricht jeder Zustand genau einem Knoten im Diagramm. Es gilt somit, dass in jedem Zustand stets genau einer dieser Kontrollzustände gültig ist.

Es ist einfach, nachzuweisen, dass die Invariante zu Beginn (für den Anfangszustand) gilt und stabil ist. ∎

Das obige Beispiel entspricht einem abstrakten, nichtdeterministischen Programm.

*Beispiel 3.1.1.2 (Bubblesort als Zustandsübergangsdiagramm)* Wir erläutern diesen Zusammenhang zwischen Zustandsübergangsdiagrammen und Programmen an einem einfachen Beispiel – einer Version von Bubblesort (auch als Sortieren durch Vertauschen oder Sortieren durch Aufsteigen bezeichnet). Der Zustandsraum sei gegeben durch die Zustandsvariablen

$$a : \text{Seq Nat}$$

$$z : \text{Seq Nat}$$

Wir beschreiben Bubblesort durch das Zustandsübergangsdiagramm in Abb. 3.2 ($s$ sei beliebige gegebene zu sortierende Sequenz).

In Abb. 3.2 schreiben wir Aktionen beziehungsweise Anweisungen und Zuweisungen. Diese definieren Relationen auf Zuständen.

Das Zustandsübergangsdiagramm entspricht nachstehenden Programm Bubblesort (aufsteigend) auf Sequenzen

```
a : var Seq Nat := ⟨⟩;
z : var Seq Nat := s;
{a = ⟨⟩ ∧ z = s};
do z ≠ ⟨⟩ then
    if    a = ⟨⟩              then  a, z := ⟨first(z)⟩, rest(z)
    elif last(a) ≤ first(z) then  a, z := a ° ⟨first(z)⟩, rest(z)
                             else  a, z := head(a), ⟨first(z)⟩ ° ⟨last(a)⟩ ° rest(z)
```

$a = \langle\rangle \wedge z = s$

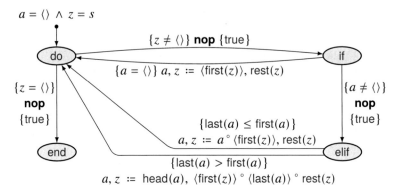

**Abb. 3.2** Zustandsübergangsdiagramm von Bubblesort

**fi**
**od**
$\{\text{sorted}(a) \wedge a \approx s\};$

Wobei sorted und $\approx$ wie folgt definiert sind:

$$\text{sorted}(\langle\rangle) = \text{true}$$
$$\text{sorted}(\langle i\rangle) = \text{true}$$
$$\text{sorted}(\langle i\rangle \circ \langle j\rangle \circ s) = \big((i \leq j) \wedge \text{sorted}(\langle j\rangle \circ s)\big)$$
$$a \approx s = (\forall\, n \in \text{Nat}\colon n\#a = n\#s)$$

Wir können die Knotenmarkierungen des Zustandsübergangsdiagramms aus Abb. 3.2 mit Zusicherungen anreichern

do  : $\text{sorted}(a) \wedge a \circ z \approx s$
if   : $z \neq \langle\rangle \wedge \text{sorted}(a) \wedge a \circ z \approx s$
elif : $z \neq \langle\rangle \wedge a \neq \langle\rangle \wedge \text{sorted}(a) \wedge a \circ z \approx s$
end: $\text{sorted}(a) \wedge a \approx s \wedge z = \langle\rangle$

Zusätzlich gilt die Invariante

$$\text{sorted}(a) \wedge a \circ z \approx s \qquad\blacksquare$$

Das Beispiel zeigt, wie man anweisungsorientierte Programme durch Zustands-übergangsdiagramme darstellen kann und umgekehrt. Wir kommen in Abschnitte 3.1.3 und 3.1.4 ausführlich darauf zurück.

Wir betrachten attributierte Zustandsräume $\Sigma$ und Zustandsübergangsdiagramme. Gegeben sei eine Menge von Kontrollflussknoten $K$ sowie Kanten der in Abb. 3.3 dargestellten Form.

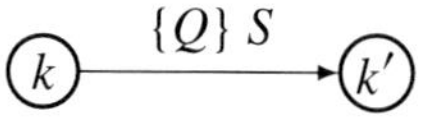

$$\overset{\{Q\}\ S}{\underset{}{(k) \longrightarrow (k')}}$$

**Abb. 3.3** Zustandsübergangskante mit Wächter und Anweisung $S$

Wir können auch weitere Zusicherungen wie Nachbedingungen hinzufügen. Jeder Übergang hat dann die Form wie in Abb. 3.4, wobei $Q$ und $Q'$ Zusicherungen sind und $S$ eine Anweisung, die einer Aktion entspricht.

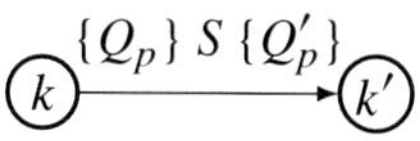

$$\overset{\{Q_p\}\ S\ \{Q_p'\}}{\underset{}{(k) \longrightarrow (k')}}$$

**Abb. 3.4** Zustandsübergangskante $p$ mit Wächter und Nachbedingung

Die Knotenmarkierungen $k$ und $k'$ entsprechen Kontrollzuständen.

Wir erhalten für den attributierten Zustand $\Sigma$ und die Menge $K$ der Kontrollzustände eine Zustandsmaschine

$$\Delta : (\Sigma \times K) \to \mathfrak{P}(\Sigma \times K)$$

mit

$$\Delta(\sigma, k) = \{(\sigma', k') : \exists p \in \mathsf{Edge}(k, k') : \mathsf{do}(p)\}$$

wobei $\mathsf{Edge}(k, k')$ die Menge der Kanten des Übergangsdiagramms, wie in Abb. 3.3 gezeigt ist, und für $p \in \mathsf{Edge}(k, k')$ folgende Festlegung gelte:

$$\mathsf{do}(p) = (Q_p(\sigma) \wedge Q_p'(\sigma, \sigma'))$$

Hier bezeichnet $Q_p$ die Vorbedingung für den Zustandsübergang $Q_p'$ die durch die Anweisung $S$ auf der Kante $p$ beschriebene Relation auf Zuständen. Man beachte, dass jede Anweisung $S$ in einem zuweisungsorientierten Programm einer Relation auf Zuständen entspricht.

Jedem Kontrollzustand $k$ können wir eine Zusicherung $P_k$ hinzufügen wie im Beispiel 3.1.1.2 demonstriert.

Damit erhalten wir mithilfe von Annotationen ein Verifikationssystem wie bei der Hoare-Logik (s. [Bro19]). Die Übergänge sind korrekt annotiert, wenn die Aussage folgenden Hoare-Tripels

$$\{P_k \wedge Q\}\ S\ \{Q' \wedge P_{k'}\}$$

gilt. Dies zeigt, wie wir Zustandsmaschinen mit dieser Form von Übergängen verifizieren können. Wieder gilt, dass $\Delta$ einer Zustandsmaschine auf dem Zustandsraum $\Sigma$ entspricht, wenn wir jedem Zustand $\sigma \in \Sigma$ genau einen Knoten $k$ zuordnen können.

Die Knoten eines Zustandsübergangsdiagramms stehen für Kontrollzustände. Jeder Kontrollzustand kennzeichnet auch eine Teilmenge von Datenzuständen der Maschine, die auch durch eine Zusicherung charakterisiert werden kann.

Ein Zustandsübergangsdiagramm mit Markierungen, wie in Abb. 3.4 beschrieben, wobei $Q_p$ eine Bedingung für den Ausgangszustand ist, $a$ eine Aktion (die einer Anweisung über dem Zustandsraum entspricht) und $Q_p'$ eine Bedingung über den Ausgangs- und den Zielzustand, definiert ein Zustandstransitionssystem und auch ein anweisungsorientiertes Programm. In manchen Fällen, wenn keine Einschränkungen der Übergänge durch Vor- oder Nachbedingung erforderlich sind, dürfen diese auch weggelassen werden, dies ist gleichwertig mit der Zusicherung true.

Abb. 3.4 beschreibt eine Zustandsübergangsregel in einem Zustandsübergangsdiagramm. Ist die Zustandsmaschine in einem durch den Startknoten $k$ gekennzeichneten Ausgangszustand und gilt die Bedingung $Q$, so ist der Übergang zum Knoten $k'$ möglich. Dazu wird die Anweisung $S$ ausgeführt und ein Zielzustand in dem durch den Zielknoten gekennzeichneten Kontrollzustand eingenommen. Hinzu kann neben der Ausführung der Anweisung $S$ das Eintreten weiterer Ereignisse kommen (s. später).

### 3.1.2 Von Zustandsübergangsdiagrammen zu Zustandsmaschinen

Zur Erläuterung der Semantik von Zustandsübergangsdiagrammen betrachten wir ein einfaches Beispiel. Seien im Zustandsraum die Variablen $s : \mathsf{Seq\,Nat}$ und $n : \mathsf{Nat}$ gegeben. Wir betrachten folgende annotierte Anweisung:

$$\{\neg \mathsf{iseseq}(s)\}\ s, n := \mathsf{rest}(s), \mathsf{first}(s)\ \{\mathsf{iseseq}(s) \Rightarrow n > 0\}$$

Diese Annotation durch Zusicherungen ist nicht allgemeingültig. Der so annotierte Zustandsübergang soll nur stattfinden, wenn Vor- und Nachbedingungen gelten und somit

$$\neg \mathsf{iseseq}(s) \wedge \Big(\mathsf{iseseq}(\mathsf{rest}(s)) \Rightarrow \mathsf{first}(s) > 0\Big)$$

Der Übergang liefert dann einen Zustand $\sigma' = (s', n')$ mit

$$s' = \mathsf{rest}(s) \wedge n' = \mathsf{first}(s) \wedge (\mathsf{iseseq}(s') \Rightarrow n' > 0)$$

Die Zusicherung $Q_p'$ aus Abb. 3.4 ist eine zusätzliche Bedingung für den Übergang und für den erzeugten Nachfolgezustand.

Gegeben sei ein Zustandsraum $\Sigma$, der durch eine Menge von getypten Variablen $\{v_1 : S_1, \ldots, v_n : S_n\}$ beschrieben ist. Eine Annotation $a = \{Q_p\}S\{Q_p'\}$ auf einem Zustandsübergangspfeil wie in Abb. 3.4 entspricht einer Abbildung

$$\Delta_a : \Sigma \to \mathfrak{P}(\Sigma)$$

Der Zustandsübergang $\Delta_\alpha$ ist für einen Zustand $\sigma \in \Sigma$ aktiviert, falls

$$\Delta_\alpha(\sigma) \neq \emptyset$$

Dann kann ein Zustandsübergang stattfinden und es wird ein Zustand $\sigma' \in \Delta_\alpha(\sigma)$ und der Knoten $k'$ eingenommen.

Die Annotation $\alpha$ wird wie in Abb. 3.4 durch zwei Zusicherungen $Q$ und $Q'$ und eine Anweisung $S$ beschrieben. Eine Anweisung entspricht einer Relation $\varrho_S$ auf Zuständen. Wir definieren

$$\alpha = (\{Q\}S\{Q'\}) \Rightarrow \Delta_a(\sigma) = \{\sigma' \in \Sigma : Q_p(\sigma) \wedge \varrho_S(\sigma, \sigma') \wedge Q_p'(\sigma, \sigma')\}$$

wobei $\varrho_S$ die Relation auf Zuständen sei, $Q_p$ ein Prädikat auf $\Sigma$ und $Q_p'$ ein Prädikat auf $\Sigma \times \Sigma$. Ein Zustandsübergangsdiagramm ist gegeben durch einen gerichteten Graphen mit annotierten Kanten und ausgezeichneten Anfangszuständen mit Zusicherungen für die Anfangszustände. Der Graph besteht aus folgenden Elementen:

| | |
|---|---|
| $V$ | Knotenmenge |
| $E$ | Kantenmenge |
| $\alpha : E \to V$ | Anfangsknoten einer Kante |
| $\omega : E \to V$ | Endknoten einer Kante |

Kanten besitzen Annotationen aus der Menge $A = (\Sigma \to \mathfrak{P}(\Sigma))$ von Zustandsübergängen:

$$L : E \to A$$

Die Menge der Anfangsknoten sei gegeben durch $K \subseteq V$ mit

$$\beta : K \to \mathfrak{P}(\Sigma)$$

Die Menge $\beta(k)$ für $k \in K$ entspricht der Menge der Anfangszustände für den Knoten $k$.

Wie definieren den Zustandsraum des Zustandsautomaten, der durch das Zustandsübergangsdiagramm beschrieben ist, durch

$$\Sigma' = \Sigma \times V$$

mit Anfangszuständen

$$\Lambda = \{(\sigma, k) : k \in K \wedge \sigma \in \beta(k)\}$$

sowie Zustandsübergangsfunktion

$$\Delta : \Sigma' \to \mathfrak{P}(\Sigma')$$

mit

$$\Delta(\sigma, k) = \{(\sigma', k') : \exists e \in E : \alpha(e) = k \wedge \sigma' \in L(e)(\sigma) \wedge \omega(e) = k'\}$$

Dies definiert die Zustandsmaschine $(\Delta, \Lambda)$, die durch das Diagramm beschrieben wird.

Nicht notwendigerweise sind die Mengen der Zustände der Programmvariablen zu unterschiedlichen Kontrollzuständen disjunkt. In diesem Fall sind die Kontrollzustände nicht eindeutig durch Zustände der Programmvariablen charakterisiert. Will man dies erreichen, dann werden spezielle weitere Attribute (im einfachsten Fall genau ein Attribut zur Abspeicherung des Kontrollzustandes) eingeführt, die den Kontrollzustand festhalten. Ein Beispiel dafür ist der Befehlszähler in Prozessoren.

Um Kontrollzustände in dieser Weise eindeutig zu machen, gibt es prinzipiell zwei Möglichkeiten. Für ein Zustandsübergangsdiagramm mit den Kontrollzuständen $k_1, \ldots, k_n$ können wir

- eine Variable $pc$ (engl. *position control*, program counter) einführen mit der Sorte

$$k_1 \mid \ldots \mid k_n$$

- die Kontrollattribute $k_1, \ldots, k_n$ als boolesche Attribute in den Zustandsraum einführen mit der Annahme (Invariante), dass stets genau eines dieser Attribute gültig ist:

(1) $\forall\, i, j \in \mathbb{N}_+ : (i,j \leq n \wedge k_i \wedge k_j) \Rightarrow i = j$ ;
(2) $\exists\, j \in \mathbb{N}_+ : j \leq n \wedge k_j$ .

Dies führt dazu, dass in einem sequenziellen Zustandsübergangsdiagramm bei Ausführung stets genau ein Kontrollzustand gültig ist.

Sind die Menge der Zustände des Übergangsdiagramms in den Kontrollzuständen paarweise disjunkt, so können wir in einfacher Weise ein Zustandsübergangsdiagramm in ein logisches Regelsystem zur Definition einer Zustandsmaschine überführen.

Eine weitere Möglichkeit der Darstellung von Zustandsmaschinen durch Programme sind verschränkt rekursive Prozeduren (in repetitiver Rekursion), indem wir eine Prozedur für jeden Kontrollzustand vorsehen. Dies entspricht der Technik zum Schreiben von Scannern und Parsern im Übersetzerbau auf Basis von Automaten.

Die bisher betrachteten Maschinen sind sequenziell. Die Übergänge werden sequenziell (hintereinander) ausgeführt. Im Folgenden werden wir parallele Maschinen behandeln, in denen mehrere Teilzustände gleichzeitig gültig sind und gewisse Transitionen gleichzeitig ausgeführt werden.

### 3.1.3 Zustandsübergangssysteme als anweisungsorientierte Programme

Jedes Zustandsübergangsdiagramm, bei dem die Zustandsübergänge mit Anweisungen markiert sind, kann in ein anweisungsorientiertes Programm übersetzt werden. Wir zeigen, wie dies schematisch erfolgen kann.

Sei $V$ eine Menge von sortenspezifischen (getypten) Identifikatoren (Programmvariablen, Attributen) und die Menge der Zustände gegeben durch die folgende Menge von Belegungen der Identifikatoren

$$\Sigma \;=\; (V \to M)\,,$$

wobei $M$ für das Universum der Datenwerte steht. Zusätzlich gelte, dass die Variablen $v \in V$ an Sorten gebunden sind und ihre Werte $\sigma(v)$ mit $\sigma \in \Sigma$ stets den Sorten entsprechen. Gegeben sei eine Zustandsmaschine über dem Zustandsraum durch ein Zustandsübergangsdiagramm. Um das Zustandsübergangsdiagramm in ein Programm zu übersetzen, führen wir eine zusätzliche Variable $pc$ (für engl. *program counter*) ein.

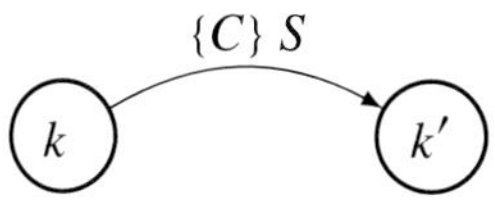

**Abb. 3.5** Zustandsübergang mit Wächter $C$ und Anweisung $S$

Jede Kante der in Abb. 3.5 beschriebenen Form mit dem Wächter $C$ und der Anweisung $S$ wird in den Rahmen einer großen Wiederholungsanweisung (vgl. Befehlszyklus bei Rechenmaschinen) übersetzt, der dem Ablauf der Zustandsmaschine (iteriertes Ausführen von Zustandsübergängen) entspricht:

**do**
$\dots$
$[\!]$ $pc = k \wedge C$ **then** $S$; $pc := k'$
$\dots$
**od**

Dadurch erhalten wir schematisch ein Programm für eine gegebene Zustandsmaschine. Nach diesem Schema können wir aus einem Zustandsübergangsdiagramm Code „generieren".

### 3.1.4  Anweisungsorientierte Programme als Zustandsübergangssysteme

Jedes anweisungsorientierte Programm kann schematisch in ein Zustandsübergangssystem umgeschrieben werden, indem wir über die Menge der Belegungen seiner Programmvariablen einen Zustandsraum definieren. Zusätzlich benötigen wir einen abstrakten Befehlszähler. Dazu wird jede der Anweisungen mit einer Marke zur Kennzeichnung des Kontrollzustands eindeutig markiert.

Wir demonstrieren dies für bewachte Anweisungen. Zuerst führen wir eine Menge $M$ von Marken ein und reichern dann das Programm mit paarweise verschiedenen („eindeutigen") Marken an, so dass vor jeder Anweisung (ob einfach oder zusammengesetzt) und am Ende jeder Anweisungen genau eine Marke eingefügt wird. Zusammengesetzte Anweisungen enthalten ebenfalls eine Marke zur Markierung und im Inneren weitere Marken für jede Unteranweisung. Auch das Ende des Programms wird durch eine Marke gekennzeichnet. Die Marken kennzeichnen Positionen im Programm und identifizieren somit die Kontrollzustände des Programms eindeutig. Die so durch Marken angereicherten Programme brechen wir schrittweise durch folgende Regeln in einzelne Aktionen auf. Im Ergebnis erhalten wir ein Programm, bei dem vor und nach jeder Anweisung eineindeutige Marken stehen. Durch die Marken werden die Kontrollzustände explizit repräsentiert.

*Sequenzielle Komposition*  Wir beginnen mit der *sequenziellen Komposition*: Jedes durch Marken annotierte Programm entspricht einer Anweisungsfolge

$$m_1 : S_1 ; \ldots ; m_n : S_n ; m_{n+1} :$$

und wird dann in die semantisch gleichwertige Wiederholungsanweisung

$$
\begin{aligned}
&pc := m_1 ; \\
&\textbf{do} \\
&\quad \vdots \\
&\quad [\!]\ pc = m_i\ \textbf{then}\ S_i ;\ pc := m_{i+1} \qquad\qquad \textit{für jedes } i = 1, \ldots, n \\
&\quad \vdots \\
&\textbf{od}
\end{aligned}
$$

umgeformt. Die Wiederholungsanweisung lässt sich, wie wir am Ende des Abschnitts illustrieren, direkt in ein Zustandsübergangsdiagramm umschreiben, wenn die Anweisungen $S_1, \ldots, S_n$ Zuweisungen sind. Andernfalls lassen sich die Anweisungen $S_i$ aufbrechen und in die entsprechende Form bringen. Nun

*Wiederholungsanweisung*  brechen wir innerhalb dieser *Wiederholungsanweisung* zusammengesetzte Anweisungen in bewachte Teilanweisungen der Form (hier sei $S$ eine Anweisung und $G$ ein Wächter, also boolescher Ausdruck)

$$[\!]\ G \wedge pc = m_0\ \textbf{then}\ m_2 : S;\ pc := m_1$$

weiter auf.

Eine bewachte Sequenz aus zwei Anweisungen der Form

$$\llbracket\ G \wedge pc = m\ \textbf{then}\ m_0\colon S_0;\ m_1\colon S_1;\ pc := m_2$$

ersetzen wir durch zwei bewachte Anweisungen, die wir mithilfe des Befehlszählers ansteuern:

$$\llbracket\ G \wedge pc = m\quad \textbf{then}\ m_0\colon S_0;\ pc := m_1$$
$$\llbracket\ pc = m_1\qquad\ \textbf{then}\ m_1\colon S_1;\ pc := m_2$$

Wir ersetzen geschachtelte **if**-Anweisungen der Form

$$\llbracket\ G \wedge pc=m\ \textbf{then}\ m_0\colon\ \textbf{if}\ \dots\ \llbracket\ G_i\ \textbf{then}\ m_1\colon S_1\ \llbracket\ \dots\ \llbracket\ m_n\colon\ \textbf{fi};\ pc := m_{n+1}$$

durch Anweisungen

$$\llbracket\ G_1 \wedge G \wedge pc = m \qquad\qquad\qquad \textbf{then}\ m_1\colon S_1;\ pc := m_{n+1}$$
$$\vdots$$
$$\llbracket\ G_n \wedge G \wedge pc = m \qquad\qquad\qquad \textbf{then}\ m_n\colon S_n;\ pc := m_{n+1}$$
$$\llbracket\ \neg G_1 \wedge \cdots \wedge \neg G_n \wedge G \wedge pc = m\ \textbf{then}\ pc := \text{error};$$

Hier verwenden wir einen ausgewählten Kontrollzustand error, den einen Fehlerzustand darstellt.

Die Anweisung

$$\llbracket\ G \wedge pc = m\ \textbf{then}\ m_0\colon\ \textbf{do}\ \dots\ \llbracket\ G_i\ \textbf{then}\ m_i\colon S_i\ \llbracket\ \dots\ \textbf{od};\ pc := m_{n+1}$$

wird durch das Programmstück

$$\llbracket\ G \wedge pc = m \qquad\qquad\ \textbf{then nop};\ pc := m_0 \qquad \textit{Einstieg in \textbf{do}…\textbf{od}}$$
$$\llbracket\ G_1 \wedge pc = m_0 \qquad\qquad \textbf{then}\ m_1\colon S_1;\ pc{:=}m_0 \left.\begin{array}{l}\\ \end{array}\right\}$$
$$\vdots \qquad\qquad\qquad\qquad\qquad\qquad\qquad\qquad \textit{Ausführung}$$
$$\llbracket\ G_n \wedge pc = m_0 \qquad\qquad \textbf{then}\ m_n\colon S_n;\ pc{:=}m_0 \qquad \textit{der Wiederholung}$$
$$\llbracket\ \neg G_1 \wedge \cdots \wedge \neg G_n \wedge pc=m_0\ \textbf{then nop};\ pc{:=}m_{n+1} \quad \textit{Ausstieg aus \textbf{do}…\textbf{od}}$$

ersetzt.

Zusammengesetzte Anweisungen werden durch diese Regeln Schritt für Schritt aufgebrochen. Aus einem baumartig hierarchisch strukturierten Programm entsteht eine einzige große **do**-Wiederholung, wobei diese Wiederholungsanweisung eine Zustandsmaschine beschreibt. Man beachte, dass durch das Programm auch die Granularität der Zustandsmaschine (das Aufbrechen von Anweisungen in Teilschritte) festgelegt wird. Auf diese Weise entsteht aus einem Programm eine Menge von Aktionen, wobei jede Aktion aus einer Bereitschaftsbedingung (dem Wächter) und einer Anweisung besteht.

Der Übergang zu einem Zustandsübergangsdiagramm ist nun trivial. Wir erhalten nach Abschluss der Umformung ein Programm der Form

$$\textbf{do}\ \dots\ \llbracket\ G_k \wedge pc = a_k\ \textbf{then}\ b_k\colon S_k;\ pc := c_k\ \llbracket\ \dots\ \textbf{od}$$

Dabei sind $a_k$, $b_k$ und $c_k$ Marken aus einer endlichen Menge $M$ von Marken und $S_k$ ist eine Anweisung.

Wir konstruieren für diese Zustandsmaschine ein Zustandsübergangsdiagramm wie folgt: Die Kontrollzustände sind gegeben durch die Elemente der Menge $M$. Für jede bewachte Anweisung $k$ in oben angegebener Form führen wir in den Graphen eine Kante von $a_k$ nach $c_k$ ein mit der Markierung $\{G_k\}\,S_k$.

*⏻ Beispiel 3.1.4.1 (Aufbrechen eines Programms in Zustandsübergangsdiagramm)* Das Programm

$$\textbf{do } min < max \textbf{ then } k := (min + max) \div 2;$$
$$\textbf{if } a[k] \leq x \textbf{ then } min := k$$
$$[\!] \; a[k] \geq x \textbf{ then } max := k \textbf{ fi}$$
$$\textbf{od}$$

wird durch das Einführen von Marken angereichert. Dies führt zu dem Programm

$$m_0: \textbf{do } min < max \textbf{ then } m_1: \; k := (min + max) \div 2;$$
$$m_2: \textbf{ if } a[k] \leq x \textbf{ then } m_3: \; min := k$$
$$[\!] \; a[k] \geq x \textbf{ then } m_4: \; max := k$$
$$\textbf{fi}$$
$$\textbf{od}$$
$$m_5:$$

Wir erhalten durch die Anwendung unserer Umformungsregeln das Programm

$$pc := m_0;$$
$$m_0: \textbf{do } min < max \qquad \land pc = m_0 \textbf{ then nop}; \; pc := m_1$$
$$[\!] \qquad\qquad\qquad\quad pc = m_1 \textbf{ then } k := (min + max) \div 2; \; pc := m_2$$
$$[\!] \; a[k] \leq x \qquad \land pc = m_2 \textbf{ then } min := k; \; pc := m_0$$
$$[\!] \; a[k] \geq x \qquad \land pc = m_2 \textbf{ then } max := k; \; pc := m_0$$
$$[\!] \; \neg(min < max) \land pc = m_0 \textbf{ then nop}; \; pc := m_5$$
$$\textbf{od}$$
$$m_5:$$

und daraus schließlich die im Abb. 3.6 abgebildete Zustandsmaschine.

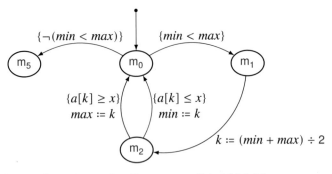

**Abb. 3.6** Zustandsmaschine zu dem Programm aus Beispiel 3.1.4.1                ■

Oft ist es dabei günstig, große Anweisungsfolgen als eine Anweisung aufzufassen, wenn sie keine Ein-/Ausgabeanweisungen oder Zugriffe auf gemeinsame Programmvariable enthalten und einen lokalen sequenziellen Kontrollfluss besitzen. Dies erlaubt uns statt einer langen Folge von kleinen Einzelschritten erheblich größere Einzelschritte zu betrachten. Das erleichtert das Verständnis für Systemabläufe, weil die Kombinatorik eingeschränkt wird. Wichtig ist dabei für parallel ablaufende Programme (s. später) die Granularität des Aufbrechens des Programms in Einzelanweisungen. Wir brechen nur Anweisungen auf, die nicht als unteilbar gekennzeichnet sind.

🔆 *Beispiel (Aufbrechen eines Programms (Fortsetzung))* Wenn wir im Programm die Granularität der Anweisungen ändern, wirkt sich das auf die Gültigkeit der Invarianten aus. Nehmen wir an, dass in einem Programm die Invariante $min \leq k \leq max$ gilt. Wenn wir statt $k := (min + max)/2$ zwei Anweisungen

$$k := (min + max);$$
$$k := k/2;$$

verwenden, gilt die Invariante $min \leq k \leq max$ im Zustand zwischen diesen beiden Aktionen nicht mehr. ■

Der entscheidende Unterschied zwischen einem Programm und dem daraus generierten Zustandsübergangsdiagramm besteht darin, dass in dem Programm die Positionen im Programmtext vor jeder Anweisung einen impliziten Kontrollzustand beschreiben, wohingegen in dem Zustandsübergangsdiagramm die Kontrollzustände explizit Teil des Zustandsraums sind.

## 3.2 Imperative Programme mit gemeinsamen Variablen

Eine besondere Form nebenläufiger Zustandsübergangssysteme bilden parallel ablaufende Programme, die auf gemeinsamen Variablen und damit auf nicht disjunkten Zustandsräumen arbeiten. Eine *gemeinsame Variable* (engl. *shared variable*) ist ein Zustandsattribut, auf das von unterschiedlichen, zeitlich parallel ablaufenden Programmen lesend und zumindest von einem der Programme schreibend zugegriffen wird. Gemeinsame Variablen dienen der Koordination, Synchronisation und allgemeiner der Kommunikation zwischen parallel ablaufenden Programmen und Zustandsmaschinen.

*Gemeinsame Variable (shared variable)*

Über gemeinsame Variablen können wir den Ablauf parallel zusammengesetzter Zustandsmaschinen steuern und koordinieren. Über gemeinsame Variablen können die parallel ablaufenden Programme Daten austauschen, also interagieren. Ist für eine der Zustandsmaschinen für bestimmte Belegungen der gemeinsamen Programmvariablen kein Zustandsübergang möglich, so können ausschließlich die anderen Zustandsmaschinen Zustandsübergänge ausführen, bis durch einen Übergang ein Zustand hergestellt wird, in dem die eine Maschine wieder Übergänge ausführen kann (vgl. [Hoa76]). Die Zustandsmaschine „wartet".

Wie in Abschn. 2.3.1 demonstriert sind Zustandsmaschinen mit attributierten Zustandsräumen sehr ähnlich zu prozeduralen Programmen.

Eine ausführliche Theorie und Methodik zur Behandlung unmarkierter Zustandsübergangssysteme findet sich unter dem Stichwort UNITY in [CM88]. Dort werden die Zustände durch Belegungen von Programmvariablen mit festgelegten Sorten dargestellt und die Zustandsübergänge durch bedingte Zuweisungen.

Die Zustandsübergänge bestehen dann aus einer Menge bedingter Anweisungen der Form

**if** Bedingung **then** $x_1, \ldots, x_n := E_1, \ldots, E_n$
            **else nop**
**fi**

Für jeden Zustandsübergang wird nichtdeterministisch eine Anweisung ausgeführt. Zusätzlich gilt in UNITY eine Fairnessbedingung (für Details s. Abschn. 2.1.4.1): Jede Anweisung wird unendlich oft ausgeführt. Da in UNITY stets unendliche Abläufe betrachtet werden, ist diese Forderung immer erfüllbar.

### 3.2.1 Parallele Komposition

Seien die Zustandsmaschinen über attributierten Zustandsräumen mit Menge $V_i$ von Programmvariablen und Übergangsfunktionen

$$\Delta_1 \text{ mit Zustandsraum } \Sigma_1 = (V_1 \rightarrow M) \text{ und Anfangszuständen } \Sigma_0^1$$

und

$$\Delta_2 \text{ mit Zustandsraum } \Sigma_2 = (V_2 \rightarrow M) \text{ und Anfangszuständen } \Sigma_0^2$$

*Gemeinsame Programmvariable*    gegeben. Sei $V = V_1 \cup V_2$. Die Menge $V_1 \cap V_2$ der *gemeinsamen Variablen* sei dabei nicht notwendigerweise leer. Die Zustandsräume können sich also überlappen.

Wir definieren eine Zustandsmaschine $(\Delta, \Sigma_0)$ mit Zustandsraum

$$\Sigma = (V \rightarrow M)$$

und Anfangszuständen

$$\Sigma_0 = \{\sigma \in \Sigma : \sigma|_{V_1} \in \Sigma_0^1 \wedge \sigma|_{V_2} \in \Sigma_0^2\}. \tag{3.1}$$

Hier bezeichnet $\sigma|_X$ für eine Menge $X$ die Einschränkung der Abbildung $\sigma$ auf die Elemente aus $X$. So gilt im Kontext von (3.1) Folgendes: $\sigma|_{V_1} : V_1 \rightarrow M$ und $\sigma|_{V_2} : V_2 \rightarrow M$.

Wir definieren die Übergangsfunktion $\Delta = \Delta_1 \parallel \Delta_2$, wobei

$$\Delta : \Sigma \rightarrow \mathfrak{P}(\Sigma)$$

durch *Interleaving* (*Verzahnung, asynchrone Nebenläufigkeit*) der beiden Über- gangsfunktionen definiert wird. Es wird in einem Schritt der zusammengesetz- ten Übergangsfunktion jeweils nur ein Schritt einer der beiden Übergangsfunk- tionen ausgeführt:

$$\Delta(\sigma) = \{\sigma' : V \to M \colon (\sigma'|_{V_1} \in \Delta_1(\sigma|_{V_1}) \wedge \sigma'|_{V \backslash V_1} = \sigma|_{V \backslash V_1}) \vee$$
$$(\sigma'|_{V_2} \in \Delta_2(\sigma|_{V_2}) \wedge \sigma'|_{V \backslash V_2} = \sigma|_{V \backslash V_2})\}$$

für alle $\sigma \colon V \to M$.

Die zusammengesetzte Zustandsmaschine ist selbst wieder eine Zustands- maschine. Allerdings ist die Generierung eines Zustandsübergangsdiagramms aus den Übergangsdiagrammen der Teilmaschinen aufwendig und die Veri- fikation erfordert bestimmte Techniken, auf die wir in einem etwas anderen Kontext in Abschn. 3.1.3 eingehen. Dabei handelt es sich um einen Spezialfall der Definition der parallelen Komposition in Abschn. 2.1.4.2.

## 3.2.2 Syntax

Wie bereits erläutert, kommt es bei der parallelen Komposition von Zustandsma- schinen mit gemeinsamen Variablen stark auf die Granularität der Zustandsüber- gänge genauer auf die dabei auftretenden Zwischenzustände an. Beschreiben wir die parallel ablaufenden Zustandsmaschinen durch Programme, so benötigen wir geeignete Mittel, um die Granularität („Atomizität der Anweisungen", auch Unteilbarkeit der Anweisungen) festzulegen und insbesondere einzuschränken.

Seien $S_1, S_2, \dots$ zusammengesetzte Anweisungen, etwa bewachte Anweisun- gen (Guarded Commands (vgl. [Bro19]). Für eine zusammengesetzte Anwei- sung, die darin besteht, dass die Anweisungen $S_1$ und $S_2$ parallel ausgeführt werden, schreiben wir:

$$\llbracket\, S_1 \parallel S_2 \,\rrbracket$$

und allgemeiner

$$\llbracket\, S_1 \parallel S_2 \parallel S_3 \parallel \cdots \parallel S_m \,\rrbracket$$

für die parallele Komposition von Zustandsmaschinen oder Anweisungen $S_1$ bis $S_m$. Werden Anweisungen parallel ausgeführt, so ist für die Festlegung ihrer Wirkung im Sinn der erreichten Zustände die Frage entscheidend, ob sie gemeinsame Variable enthalten. Andernfalls unterscheidet sich die syn- chrone Ausführung im Ergebnis von der Ausführung im Interleaving-Modus nicht, solange im Falle von nichtdeterministischen Anweisungen die Auswahl der Übergänge fair stattfindet. Gibt es jedoch gemeinsame Variablen, so hat das Interleaving der Anweisungen entscheidenden Einfluss auf die erzeugten Zwischenzustände und insbesondere den Endzustand. Es entsteht Nichtdeter- minismus.

Um bei Anweisungen $S$, die mit gemeinsamen Variablen ausgeführt werden, sicherzustellen, dass sie in einem Stück – ohne Verzahnung mit anderer Anweisung parallel ablaufende Programme – als „unteilbare" Aktion ausgeführt werden, verwenden wir die Klammern $\langle\rangle$. Wir schreiben

$$\langle S \rangle$$

um auszudrücken, dass bei Ausführung dieser Anweisung in einem Kontext dazu parallel ablaufender Programme, die Anweisung $S$ in einem Schritt – „unteilbar" – als ein Zustandsübergang ausgeführt wird. Damit können wir die Granularität von parallel auszuführenden Anweisungen kontrollieren.

Wir schreiben in Erweiterung der Notation der bewachten Anweisungen wie folgt:

$$\textbf{if } \ldots \text{ } [\!] \text{ } \langle G_i \textbf{ then } S_i \rangle; T_i \text{ } [\!] \ldots \textbf{ fi}$$

um auszudrücken, dass der $i$-te Zweig der bedingten Anweisung nur gewählt wird, wenn die Bedingung $G_i$ wahr ist; dann wird, ohne dass die Ausführung unterbrochen wird, $S_i$ als unteilbare Aktion (also ohne, dass durch Interleaving andere Anweisung in der Ausführung dazwischengeschaltet werden, die die Bedingung falsifizieren könnten). Anschließend wird $T_i$ ausgeführt. Allerdings können vor der Ausführung von $T_i$ andere Anweisungen ausgeführt werden. Da jedoch $T_i$ auf gemeinsame Variablen nicht abhebt, beeinflusst das die Wirkung von $T_i$ nicht. Bei der Ausführung der bewachten Anweisung wird sichergestellt, dass parallel zur Auswertung des Wächters $G_i$ und Ausführung von $S_i$ keine andere Aktion dazwischen ausgeführt wird und somit $G_i$ bei Beginn der Ausführung von $S_i$ sicher wahr ist. Sind alle Zweige gesperrt, so wird gewartet, bis $G_i$ (oder einer der anderen Wächter) wahr wird. Erfolgt das nie, terminiert die Anweisung nicht. Diese Notation verwenden wir analog auch für Wiederholungsanweisungen.

### 3.2.3 Semantik

Bei parallelen Programmen mit gemeinsamen Variablen bietet sich, wie unter Abschn. 2.1.4.2 beschrieben, der Interleaving-Modus an, da gewisse Anweisungen, die gemeinsame Variable ändern, ohnehin nicht echt nebeneinander ausgeführt werden können, da sie sich unter Umständen widersprechen würden. Dabei ist die „Granularität" der Ausführung, wie bereits deutlich gemacht, entscheidend für das Verhalten (s. Abschn. 2.1.4.2). Abhängig davon, in wie viele Teilschritte eine Anweisung aufgebrochen wird, können nämlich die Teilanweisungen unterschiedlich miteinander verzahnt ausgeführt werden, unterschiedliche Zwischenzustände auftreten und somit radikal unterschiedliche Resultate erzielt werden.

### 3.2.4 Spezifikation

Aufgrund der Verzahnung der Ausführung sind parallele Programme in der Regel hoch nichtdeterministisch und entsprechend schwierig zu spezifizieren. Wir verzichten deshalb darauf, eine Spezifikationsmethode für parallel ablaufende Programme anzugeben (s. dazu [Hoo+03; Jon83b]).

Laufen Programme mit gemeinsamen Variablen parallel zu einander ab, so ist das Interleaving der Anweisungen, die Verschränkung der Ausführung, in der Regel entscheidend für das Resultat. Betrachten wir folgendes elementares Beispiel zweier parallel ablaufender Programme mit gemeinsamen Variablen, die nicht im Inneren unteilbarer Aktionen auftreten. Sei $x$ dabei eine Variable der Sorte Nat.

$$\llbracket\ x := 0\ \|\ x := 1;\ x := 2 * x\ \rrbracket$$

Abhängig davon, in welcher Reihenfolge die Anweisungen ausgeführt werden, erhalten wir am Ende der Ausführung die Aussage

$$x = 0$$

oder

$$x = 2$$

Eine weitere Schwierigkeit besteht darin, dass nicht einmal unbedingt sichergestellt ist, dass die Anweisung $x := 2 * x$ in einem Schritt ausgeführt wird. Ersetzt ein Interpreter oder Übersetzer die Anweisungen etwa durch die Folge von Anweisungen (mit Hilfsvariable $h$)

$$h := x;\ x := 0;\ x := x + h;\ x := x + h$$

So können die beiden parallel ablaufenden Programme auch den Zustand $x = 1$ liefern.

Wir benötigen demnach Hilfsmittel in der Programmierung, die es erlauben, für die Reihenfolge und die Verzahnung der Ausführung von Anweisungen Einschränkungen zu formulieren. Wir betrachten zunächst ein Beispiel, diese Einschränkung durch eine sehr elementare Konstruktion zu erreichen.

### 3.2.5 Wechselseitiger Ausschluss

Ein wesentliches Ziel der Einschränkung des Interleaving ist die Sicherstellung des gegenseitigen Ausschlusses. Damit ist gemeint, dass in einem parallelen Programm eine entsprechend gekennzeichnete Folge von Anweisungen eines der parallelen Programme ausgeführt wird, ohne dass diese Ausführung durch die Ausführung von Anweisungen parallel ablaufender Programme unterbrochen wird. Dadurch lassen sich Konflikte bei gleichzeitig ausgeführten Anweisungen und unerwünschter Nichtdeterminismus ausschließen. Für das im Weiteren behandelte Beispiel verwenden wir eine Konstruktion, die das Warten auf das Eintreten einer Bedingung explizit ausdrückt. Wir schreiben

$$\textbf{await} \; \langle G \; \textbf{then} \; S \rangle \; \textbf{end}$$

oder unter Verwendung zyklischen Wartens für (sei $b$ ⦂ Bool eine frische lokale Variable)

$b$ := true;
**do** $\langle \; G \wedge b \quad \textbf{then} \; S \; \rangle$; $b$ := false
  ⫴ $\langle \; \neg G \wedge b \; \textbf{then nop} \; \rangle$
**od**

Dadurch drücken wir Warten auf die Bedingung $G$ aus[2]. Zunächst verwenden wir das Konstrukt $\langle G \; \textbf{then} \; S \rangle$ nur in der einfachen Form $\langle G \; \textbf{then nop} \rangle$ oder $\langle G \; \textbf{then} \; v := \text{true} \rangle$ oder $\langle G \; \textbf{then} \; v := \text{false} \rangle$. Dies entspricht der Idee der „Test-and-Set"-Anweisung, die in einer unteilbaren Aktion eine Bedingung überprüft und eine boolesche Variable auf true oder false setzt. Wir definieren folgende Rechenvorschrift über der globalen, gemeinsamen Variable $v$.

💡 *Beispiel (Dekkers Algorithmus)* Es sind die Abläufe zweier Prozesse zu koordinieren. Jeder Prozess durchläuft abwechselnd eine kritische und eine unkritische Phase, so dass Folgendes sichergestellt wird:

(1) beide Prozesse führen nie gleichzeitig ihre kritische Phase aus;
(2) beide Prozesse behindern sich durch die Anforderung (1) nicht mehr als nötig.

Sei die Sorte

$$\textbf{sort} \; \text{ID} \; = \; \text{A} \, | \, \text{B}$$

der Identifikatoren der Prozesse gegeben mit unterschiedlichen Konstanten A und B. Wir definieren das Komplement $\neg$ wie folgt:

$$\neg \text{A} \; = \; \text{B}$$
$$\neg \text{B} \; = \; \text{A}$$

Wir arbeiten mit folgendem Programm, das unter anderem die globale gemeinsame Variable

$$v \; ⦂ \; \textbf{var} \, \text{ID}$$

benutzt.

**proc** dekker = $(x, y$ ⦂ **var** Bool, $p$ ⦂ ID) :
  ⌐Nichtkritische Phase von Prozess $p$;

---

[2] Achtung: Eine Form der Abarbeitung dieser Wiederholungsanweisung für den Fall $\neg G$ ist, dass unendlich oft der zweite Zweig durchlaufen wird. Wir nehmen hier jedoch eine Form der „Fairness" an (für Details, s. Abschn. 2.1.4.1). Das bedeutet, dass immer wieder parallel auszuführende Anweisungen schließlich zur Ausführung kommen, sodass $G$ gegebenenfalls geändert wird.

$\langle x := \text{true} \rangle;$
**if** $\langle \; \neg y \; \textbf{then nop} \; \rangle$    $\{ y = \text{false} \}$
⟧ $\langle \; y \quad \textbf{then nop} \; \rangle;$    $\{ y = \text{true} \}$
             **if** $\langle \; v = p \; \textbf{then nop} \; \rangle$
               ⟧ $\langle \; v \neq p \; \textbf{then} \; x := \text{false} \; \rangle;$
                     **await** $\langle \; v = p \; \textbf{then} \; x := \text{true} \; \rangle$ **end**
             **fi**; $\{ v = p \}$
             **await** $\langle \; \neg y \; \textbf{then nop} \; \rangle$ **end** $\{ v = p \wedge \neg y \}$ $\{ y = \text{false} \}$
**fi** $\{ y = \text{false} \}$
Kritische Phase des Prozesses $p$;
$\langle v := \neg p \rangle;$
$\langle x := \text{false} \rangle;$
dekker$(x, y, p)$ ⌋

Die Variablen $x$ und $y$ sind Synchronisationsvariablen. Man beachte, dass in der Prozedur dekker die Variable $y$ nur abgefragt, aber nicht geändert wird. Dabei dient die Variable $x$ dazu, anzuzeigen, dass das Programm in seine kritische Phase eintritt. Die Variable $p$ zeigt an, welcher Prozess im Konfliktfall den Vortritt erhält. Wir starten das Programm parallel zu einem anderen Programm durch (sei die Programmvariable $v$ beliebig mit A oder B vorbesetzt) durch die Anweisung

$$\text{⟦ dekker}(x, y, \text{A}) \; \| \; \text{dekker}(y, x, \text{B}) \text{ ⟧}$$

Man beachte die etwas trickreiche Beschreibung der beiden parallel ablaufenden Programme. Die beiden gemeinsamen Programmvariablen $x, y$ tauschen in dem zweiten Programm ihre Rolle. Für das erste Programm zeigt $y = \text{false}$ an, dass das zweite Programm nicht in seiner kritischen Phase ist. Für das zweite Programm zeigt $x = \text{false}$ an, dass das erste Programm nicht in seiner kritischen Phase ist.

Das dem Dekker-Algorithmus entsprechende Zustandsübergangsdiagramm ist in Abb. 3.7 gegeben (dabei bezeichnet cs die kritische Phase, ncs die nicht-kritische Phase).

Das Beispiel zeigt die Behandlung kritischer Bereiche. Gilt $x \wedge y$, dann ist einer der beiden Prozesse im zweiten Zweig der ersten **if**-Anweisung. Sei $p$ die ID dieses Prozesses. Den Zweig verlässt der Prozess $p$ erst, wenn $v$ den Wert $p$ hat und der andere Prozess seine Synchronisationsvariable auf false gesetzt hat. Damit ist gewährleistet, dass der andere Prozess nicht in seiner kritischen Phase ist. ∎

Solange wir nur Programme betrachten, die sequenziell, isoliert von der Umgebung Anweisungen ausführen, ergibt das Warten auf das Eintreten gewisser Bedingungen oder Ereignisse keinen Sinn. Laufen jedoch parallel zur Ausführung eines Programms andere Programme oder Vorgänge in der Umgebung des Programms ab, so ist es nicht nur sinnvoll, sondern für bestimmte Aufgabenstellungen unverzichtbar, dass auf bestimmte Ereignisse, wie das Eintreten bestimmter Bedingungen, gewartet wird.

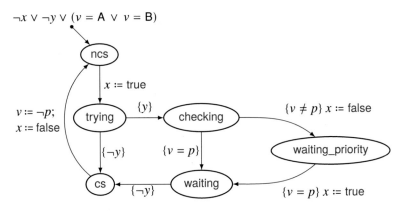

**Abb. 3.7** Zustandsübergangsdiagramm für den Dekker-Algorithmus $dekker(x, y, p)$ – cs bezeichnet die kritische Phase, ncs die nichtkritische Phase

Eine frühe Form der Synchronisation parallel ablaufender Programme ist das Test-and-Set-Konzept. Dazu verwendet man eine gemeinsame Variable

$$lock \text{: } \textbf{var } \text{Nat}$$

die nur Werte 0 und 1 annimmt. Der Zustand $lock = 1$ signalisiert, dass ein Programm in einem kritischen Bereich ist. Ein anderes Programm testet dies durch die Anweisung Test-and-Set und die lokale Hilfsvariable $h$ : **var** Nat:

$$\langle lock, h := 1, lock \rangle$$

Dann kann das Programm über den Wert von $h$ nach Ausführung dieser Zuweisung feststellen, ob $lock$ vor der Ausführung der Zuweisung den Wert 0 oder 1 hatte. Gilt $h = 1$, so ist bereits ein anderes Programm in der kritischen Phase. Das Programm muss warten und $lock$ erneut testen. Gilt $h = 0$ nach der Ausführung von Test-and-Set, dann ist kein anderes Programm in einer kritischen Phase. Das Programm kann in die kritische Phase eintreten und nach deren Abschluss $lock$ wieder auf 0 setzen.

Ein zum Konzept „Test-and-Set" verwandtes Synchronisationsprimitiv sind Semaphore. Sie wurden von Dijkstra vorgeschlagen [Dij65a].

💡 *Beispiel (Semaphor)* Ein *Semaphor* ist eine gemeinsame Variable $s$ : **var** Nat, auf die ausschließlich durch die zwei Operationen P und V zugegriffen wird. Stark vereinfacht, bezweckt der Prozeduraufruf P($s$) in einem Prozess, die den Prozessen gemeinsamen Daten gegen gleichzeitigen Zugriff von mehr als $s$ Prozessen (nebst dem Aufrufer) zu schützen, und der Prozeduraufruf V($s$) bezweckt, diese Beschränkung aufzuheben. Mnemonisch steht P für „passieren" (niederl. *passeren*) und V für „freigeben" (niederl. *vrijgeven*) [AO94].[3] Die Prozedur V ist einfach zu beschreiben:

$$\textbf{proc } V \ = \ (s \ ❙ \ \textbf{var } Nat) ❙ \ \langle \ s := \textsf{succ}(s) \ \rangle$$

Schwieriger ist die Prozedur P, die gewissermaßen eine Umkehrung von V sein soll. Der Aufruf $P(s)$ entspricht dem Herunterzählen des Semaphors $s$ um eins, aber nur, falls $s > 0$ gilt; andernfalls wird gewartet bis $s > 0$ gilt.

Man könnte auf die Idee kommen, den Rumpf der Prozedur P wie folgt zu beschreiben:

$$\textbf{if } \langle \ s > 0 \ \textbf{then } s := \textsf{pred}(s) \ \rangle \ \textbf{fi}\,.$$

Diese Anweisung drückt aber nicht aus, dass auf das Eintreten der Bedingung gewartet werden soll. Vielmehr wird dadurch ausgedrückt, dass die Auswertung der Anweisung äquivalent zu **abort** ist[4], falls die Bedingung $s > 0$ nicht gilt, und andernfalls $s$ um eins verringert wird. In jedem Fall wird die bewachte Anweisung ausgeführt, ohne dass zwangsläufig ein Wartezustand eintritt, falls $s > 0$ nicht gilt.

Deshalb deklarieren wir die Prozedur P rekursiv wie folgt:

$$\textbf{proc } P = \quad (s \ ❙ \ \textbf{var } Nat) ❙$$
$$\textbf{if } \langle \ s > 0 \ \textbf{then } s := s - 1 \ \rangle$$
$$[\!] \ \langle \ s = 0 \ \textbf{then nop} \ \rangle; P(s) \ \textbf{fi}$$

Die Anweisung im Rumpf von P terminiert, falls die Bedingung $s > 0$ eintritt. Solange $s = 0$ gilt, wird die Rekursion immer wieder durchlaufen („engl. *busy waiting*"). Der Unterschied zur obigen Anweisung ist subtil. Natürlich terminiert auch mit der zweiten Festlegung $P(s)$ nicht, falls $s > 0$ nie eintritt. Setzen wir jedoch zusätzlich voraus, dass parallel ablaufende Programme stark fair ausgeführt werden, das heißt, dass jedes Programm immer wieder in die Lage versetzt wird, eigene Anweisungen auszuführen, wenn diese immer wieder durchführbar werden. Dadurch wird sicher gestellt, dass $s$ erhöht wird, falls ein Programm eine V-Operation auszuführen versucht, und schließlich, soweit vorhanden, eine Ausführung der Schleife der P-Operation fortgesetzt wird und bei unter der Bedingung $s > 0$ der Wert von $s$ um eins verringert und terminiert.

*Busy waiting*

Mithilfe unserer bewachten kritischen Bereiche können wir P auch einfach wie folgt definieren:

$$\textbf{proc } P = (s \ ❙ \ \textbf{var } Nat) ❙ \ \textbf{await } \langle s > 0 \ \textbf{then } s := s - 1 \rangle \ \textbf{end} \qquad \blacksquare$$

---

[3] Einem des Niederländischen mächtigen Leser mag die folgende, ursprüngliche Bedeutung der Buchstaben besser einleuchten: P steht für „versuche zu senken" (ausgedachte niederländische Abkürzung *prolaag* = *probeer te verlagen*) und V für „erhöhen" (niederl. *verhoog*) [Dij65a].

[4] Man beachte, dass die Guarded Commands so definiert sind, dass **if** … **fi** nicht terminiert, wenn alle Wächter false sind.

Das obige Beispiel zeigt, wie unter der Annahme einer fairen Ausführung[5] das Warten auf das Eintreten einer Bedingung formuliert werden kann. Man beachte, dass im obigen Beispiel zu Semaphoren die Möglichkeit, unteilbare Aktionen zu formulieren, von grundsätzlicher Bedeutung ist.

*Beispiel 3.2.5.1 (Der Empfänger des Alternating-Bit-Protokolls als Programm)* Wir stellen den Empfänger als Programm dar, das die gemeinsamen Variablen

$$c2 \; \colon \quad \textbf{var} \; \mathsf{Seq} \; (\mathsf{dat} \; \colon \mathsf{Data}, \; \mathsf{bi} \; \colon \mathsf{Bit})$$

$$c3 \; \colon \quad \textbf{var} \; \mathsf{Seq} \; \mathsf{Bit}$$

$$r \; \colon \quad \textbf{var} \; \mathsf{Seq} \; \mathsf{Data}$$

sowie die lokalen Variablen

$$br \; \colon \; \textbf{var} \; \mathsf{Bit}$$

$$q \; \colon \; \mathsf{Seq} \; \mathsf{Data}$$

nutzt.

Das Programm für den Receiver liest sich wie folgt:

```
proc Receiver =
  ⌜br : var Bit      = L;
   q  : var Seq Bit = ⟨⟩;
   do true then
       ⟨c2, q := ⟨⟩, q ∘ c2⟩;
       if q=⟨⟩ then nop
       ▯ q≠⟨⟩ then if bi(first(q)) = br then ⟨r, c3, br :=
                                      r∘⟨dat(first(q))⟩, c3∘⟨br⟩, ¬br⟩
                  ▯ bi(first(q)) ≠ br then ⟨c3 := c3 ∘ ⟨¬br⟩⟩
                  fi;
                  q := rest(q)
       fi
   od ⌟
```

Man beachte, dass der Zugriff auf gemeinsame Variablen nur in unteilbaren Aktionen erfolgt.                                                                      ∎

Parallel ablaufende Programme mit gemeinsamen Variablen und unteilbaren Aktionen besitzen ein komplexes, oft schwer zu analysierendes Verhalten. We-

---

[5] Diese Fairnessannahmen, die für das Funktionieren der betrachteten Konstrukte zwingend gelten müssen, werden praktisch durch entsprechende Operationen des Betriebssystems bei der Ausführung der Programme realisiert. In pragmatischen Ansätzen wird dann oft diese Form der starken Fairness gar nicht explizit konstatiert, sondern stillschweigend vorausgesetzt. Besonders kritisch wird das Thema, wenn mehrere parallel ablaufende Programme für ein Semaphor $s$ Aufrufe P($s$) tätigen und auf die Freigabe warten. Eine besondere Form der Fairness garantiert dann, dass kein Programm für immer wartet, wenn nur immer wieder Freigaben erfolgen. Praktisch wird das über Warteschlangen realisiert.

sentliche Eigenschaften, die es sicherzustellen gilt, sind Verklemmungsfreiheit und gegenseitiger Ausschluss beim Durchlaufen kritischer Phasen.

Wir fordern im Folgenden weiter, dass in parallel ablaufenden Programmen gemeinsame Variablen nur im Innern unteilbarer Aktionen auftreten.

### 3.2.6 Verifikation anweisungsorientierter paralleler Programme

Ein Zusicherungsbeweis für ein anweisungsorientiertes Programm ist ein „annotiertes" Programm, bei dem jede Anweisung mit einer Vorbedingung und Nachbedingung versehen ist, die für die Anweisung korrekt im Sinne der Hoare-Logik sind (s. etwa [Bro19]). Eine Methode für einen Korrektheitsbeweis für derartige anweisungsorientierte parallele Programme durch Zusicherungen nach C. A. R. Hoare wurde von Susan Owicki und David Gries (vgl. [OG76]) eingeführt. Die Beweise werden allerdings ungleich komplizierter, da Wechselwirkungen durch das Interleaving und den parallelen Zugriff auf gemeinsame Variablen zwischen den Programmen auftreten können. Wechselwirkungen zwischen den Programmen über die gemeinsamen Variablen heißen *Interferenzen*.

*Interferenzen*

Zwei anweisungsorientierte, parallel ablaufende Programme heißen *interferenzfrei*, wenn keines der Programme Variablen verändert, auf die das andere Programm Lese- oder Schreibzugriff hat. Formal:

📖 **Definition  (Disjunkt parallele Programme)** Programme $S_1, \ldots, S_n$ heißen *interferenzfrei*, wenn

*Interferenzfreie Programme*

$$\forall\, i, k \in \{1, \ldots, n\}\colon\ i \neq k \ \Rightarrow\ \mathsf{change}(S_i) \cap \mathsf{var}(S_k) \ = \ \emptyset$$

gilt, wobei $\mathsf{change}(S)$ die Menge aller Variablen eines Programms $S$ bezeichnet, die durch das Programm möglicherweise verändert werden, die also auf der linken Seite einer Zuweisung in $S$ stehen, wobei $\mathsf{var}(S)$ die Menge aller Variablen in $S$ sei. ∎

Interferenzfreie Programme beeinflussen sich gegenseitig nicht. Wir erhalten die folgende einfache Beweisregel für Programme $S_1, \ldots, S_n$ im Stil des Hoare-Kalküls:

$$\frac{\{Q\}\ S_1; \ldots; S_n\ \{R\}}{\{Q\}\ [\![\, S_1 \parallel \cdots \parallel S_n \,]\!]\ \{R\}} \quad S_1, \ldots, S_n \text{ disjunkt parallel}$$

Sind Programme nicht interferenzfrei, so ist ihre Verifikation bei paralleler Komposition erheblich komplizierter. Insbesondere ist dann die Granularität der Anweisungen für das Interleaving und damit für das berechnete Resultat entscheidend.

Wir wenden uns nun Zusicherungsbeweisen für parallele Programme mit gemeinsamen Variablen zu. Wir entwickeln dafür korrekt durch Zusicherungen annotierte Programme. Die Regeln für Korrektheit der Zusicherungen für unteilbare Aktionen sind dabei so, als ob die Klammern ⟨ ⟩ nicht im Programm stehen würden. Zusicherungsbeweise können für parallel ablaufende Programme ohne gemeinsame Variablen problemlos geführt werden, da dann in den Zusicherungen nicht auf gemeinsame Variable Bezug genommen werden muss. Bei gemeinsamen Variablen ist jedoch zunächst nicht sichergestellt, dass parallel ablaufende Programme nicht deren Wert in einer Weise ändern, so dass Zusicherungen dadurch ungültig beziehungsweise unzutreffend werden.

📖 **Definition (Interferenzfreier Zusicherungsbeweis)**   Wir nennen zwei Zusicherungsbeweise $\{Q_1\} \, S_1 \, \{R_1\}$ und $\{Q_2\} \, S_2 \, \{R_2\}$ (wobei wir annehmen, dass die zusammengesetzten Anweisungen $S_1$ und $S_2$ alle Zusicherungen enthalten, die für die Beweise der Zusicherungen $R_1$ beziehungsweise $R_2$ unter den Vorbedingungen $Q_1$ beziehungsweise $Q_2$ erforderlich sind) *interferenzfrei*, wenn alle Zusicherungen (auch im Inneren von $S_1$ und $S_2$) in den annotierten Programmen $\{Q_1\} \, S_1 \, \{R_1\}$ und $\{Q_2\} \, S_2 \, \{R_2\}$ nicht auf gemeinsame Variable Bezug nehmen. ∎

*Interferenzfreier Zu-sicherungsbeweis*

Wir erhalten die folgende Beweisregel:

$$\frac{\{Q_1\} \, S_1 \, \{R_1\} \qquad \{Q_2\} \, S_2 \, \{R_2\} \qquad \text{beide Beweise interferenzfrei}}{\{Q_1 \wedge Q_2\} \; \llbracket \, S_1 \parallel S_2 \, \rrbracket \; \{R_1 \wedge R_2\}}$$

Achtung: Wie in der Regel beschrieben, genügt es nicht, dass die Aussagen $\{Q_i\} S_i \{R_i\}$ für $i \in \{1, 2\}$ gelten, sondern dass (zueinander) interferenzfreie Beweise von $\{Q_i\} S_i \{R_i\}$ für $i \in \{1, 2\}$ existieren. Treten in den Zusicherungen der beiden Programme $S_1$ und $S_2$ gemeinsame Variable auf, so können die Beweise für die einzelnen Programme nicht ohne weiteres für die parallele Komposition übernommen werden, da sie in der Regel nicht interferenzfrei sind.

Der Begriff der Interferenzfreiheit von Beweisen lässt sich allerdings verallgemeinern.

📖 **Definition (Interferenzfreiheit annotierter Anweisungen)**   Seien $\{Q_1\}$ $S_1 \, \{R_1\}$ und $\{Q_2\} \, S_2 \, \{R_2\}$ annotierte Anweisungen, bei denen alle Zuweisungen an gemeinsame Variablen oder Abfragen gemeinsamer Variablen ausschließlich in unteilbaren Anweisungen vorgenommen werden. Die annotierte Anweisung $\{Q_1\} S_1 \{R_1\}$ und damit den dadurch gegebenen Beweis nennen wir in Bezug auf $\{Q_2\} S_2 \{R_2\}$ *interferenzfrei*, wenn für jede Zusicherung $J$ in dem annotierten Programm $\{Q_1\} S_1 \{R_1\}$ gilt: Für jede Anweisung $S$ im Programm $S_2$, die eine Zuweisung außerhalb einer unteilbaren Aktion oder eine unteilbare Aktion mit Vorbedingung $\{B\}$ ist, gilt:

*Interferenzfreiheit an-notierter Anweisungen*

$$\{B \wedge J\} \, S \, \{J\} \, .$$

Dies heißt, dass durch die Ausführung von Anweisungen im Programm $S_2$ keine der Zusicherungen im annotierten Programm $S_1$ ungültig werden. ∎

Damit können auch Beweise über parallel ablaufende Programme mit gemeinsamen Variablen geführt werden. Setzen wir zwei Programme mit Zusicherungsbeweisen zusammen, die wechselseitig interferenzfrei sind, so bleiben die Beweise gültig. Für jedes Programm gilt dann: Durch die Ausführung von Anweisungen im anderen Programm werden Zusicherungen im betrachteten Programm nicht ungültig. Allerdings reicht diese Regel allein im Allgemeinen nicht aus, um die für ein Programm gültigen Nachbedingungen auch zu beweisen, wie ein einfaches Beispiel zeigt.

*Beispiel 3.2.6.1 (Unvollständigkeit des Beweiskalküls)* Der Nachweis der Korrektheit des offensichtlich korrekt (aber unvollständig) annotierten folgenden Programms

$$\{x = a\}$$
$$\llbracket \langle\, x := x + 1 \,\rangle \,\|\, \langle\, x := x + 1 \,\rangle \,\rrbracket$$
$$\{x = a + 2\}$$

ist mit obiger Regel allein nicht möglich. Die obige Regel ist nicht unmittelbar anwendbar, da die für den Beweis erforderlichen Zusicherungen die Voraussetzungen der Interferenzfreiheit, dass sie nicht auf gemeinsame Variablen Bezug nehmen, nicht erfüllen. ∎

Wir benötigen einen Verifikationsansatz, der in der Lage ist, für Programme dieser Art Beweise zu führen. Dazu verwenden wir Hilfsvariablen und globale Invarianten.

Treten in einem Programm $P$ alle gemeinsamen Variablen nur in unteilbaren Aktionen auf und ist eine Zusicherung $J$ für jede unteilbare Anweisung $S$ und auch für alle übrigen Anweisungen $S$ im Programm stabil und damit eine Invariante, das heißt, sind stets

$$\{J\}\, S\, \{J\}$$

für alle Anweisungen $S$ im Programm $P$ so schreiben wir

$$P \text{ inv } J$$

Es gelten die folgenden Regeln:

$$\frac{P \text{ inv } J}{\{J\}\, P\, \{J\}} \qquad \frac{P_1 \text{ inv } J \qquad P_2 \text{ inv } J}{\{J\}\, \llbracket P_1 \,\|\, P_2 \rrbracket\, \{J\}}\,.$$

Ist $\{Q\}\, S\, \{R\}$ ein Zusicherungsbeweis und gilt für jedes Tripel mit Zuweisung $S'$, die nicht im Inneren einer unteilbaren Aktion steht, und jede unteilbare Aktion $S'$ mit Zusicherungen $Q'$ und $R'$, in denen keine gemeinsamen Variablen auftreten

$$\{Q'\}\, S'\, \{R'\}$$

in diesem Beweis auch

$$\{Q' \wedge J\}\, S'\, \{J\}$$

so gilt auch

$$\{Q' \wedge J\}\, S'\, \{R' \wedge J\}\,.$$

Mithilfe solcher Invarianten, in denen gemeinsame Variablen auftreten dürfen, können wir Beweise über Programme mit gemeinsamen Variablen führen.

*Geistervariable*  Allerdings benötigen wir dafür in vielen Fällen zur Formulierung der Invarianten zusätzlich sogenannte *Geistervariablen* (s. [OG76], engl. *ghost variables*, auch engl. *history variables* genannt) und *Geisteranweisungen*. Geistervariablen und Geisteranweisungen dienen der Annotation eines Programms durch zusätzliche Variable und zusätzliche Anweisungen, so dass dabei aber der ursprüngliche Programmablauf erhalten bleibt (vgl. auch *Slicing* in [AH90; Ste99; Tip95]). Durch die zusätzliche Annotation und die zusätzliche Programmvariable werden Aussagen über Kontrollzustände festgehalten und in Zusicherungen genutzt und über Hilfsvariablen Zusicherungsbeweise und Invarianten formuliert, die sonst nicht formulierbar wären. Dadurch kann in parallel ablaufenden Programmen in Zusicherungen auf die Kontrollposition der anderen Programme explizit Bezug genommen werden.

🔎 *Beispiel (Beweiskalkül – Verwendung von Geistervariablen (Fortsetzung von Beispiel 3.2.6.1))*  Wir annotieren das Programm aus Beispiel 3.2.6.1 mit den „Geistervariablen" $h$ und $k$:

$$\{x = a\}$$
$$h, k := 0, 0;$$
$$\ulcorner \langle\, x := x + 1;\ h := 1 \,\rangle \parallel \langle\, x := x + 1;\ k := 1 \,\rangle \lrcorner$$
$$\{x = a + h + k \wedge h = 1 \wedge k = 1\}$$
$$\{x = a + 2\}$$

Wir beweisen unschwer:

$$\{h = 0 \wedge J\}\ \langle\, x := x + 1;\ h := 1 \,\rangle\ \{h = 1 \wedge J\}$$
$$\{k = 0 \wedge J\}\ \langle\, x := x + 1;\ k := 1 \,\rangle\ \{k = 1 \wedge J\}$$

wobei $J \stackrel{\text{def}}{=} (x = a + h + k)$ eine Invariante ist und außerhalb der unteilbaren Anweisungen keine Anweisungen auftreten, die über gemeinsame Variablen sprechen. Die Invariante $J$ darf dann zu jeder Zusicherung des Programms hinzugefügt werden. Wir erhalten die Nachbedingung

$$x = a + h + k \wedge h = 1 \wedge k = 1$$

Die Kombination der beiden Beweismethoden liefert die gewünschte Aussage. Am Ende des Programms gilt die Invariante $J$ und ferner $h = 1$ und $k = 1$ und damit $x = a + 2$.[6]  ∎

---

[6] Man beachte: Die Hilfsvariablen $h$ und $k$ ändern den Ablauf der Programme nicht. Sie bilden den Stand der Befehlszähler ab, durch welche die „Kontrollzustände" der Programme erfasst werden.

Man beachte, dass im obigen Beispiel an den Werten der Programmvariablen der Kontrollzustand des Programms abgelesen werden kann (dabei gelten unteilbare Anweisungen als eine Anweisung):

| $h$ | $k$ | $x$ | |
|---|---|---|---|
| 0 | 0 | $a$ | Programm vor der Ausführung der parallelen Anweisung |
| 1 | 0 | $a+1$ | 1. parallele Anweisung ausgeführt |
| | | | 2. parallele Anweisung vor der Ausführung |
| 0 | 1 | $a+1$ | 1. parallele Anweisung vor der Ausführung |
| | | | 2. parallele Anweisung ausgeführt |
| 1 | 1 | $a+2$ | beide parallele Anweisungen ausgeführt |

Dies entspricht dem Übergangsgraphen aus Abb. 3.8 (wir schreiben $(n, m, b)$ für die Werte von $h, k, x$).

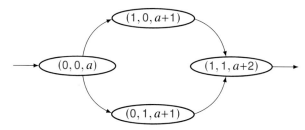

**Abb. 3.8** Zustandsübergangsdiagramm für das mit Geistervariablen angereicherten Programm

Durch die eingeführten Geistervariablen wird der Kontrollzustand durch die Werte der Variablen dokumentiert.

Wir können generell Programme mit geeigneten Hilfsvariablen und Anweisungen dafür anreichern, ohne ihr ursprüngliches Verhalten zu ändern.

📖 **Definition (Anreicherung eines Programms um Hilfsvariable (Geistervariable) und Geisteranweisungen, Slicing)** Sei $S$ ein Programm, eine zusammengesetzte Anweisung. Die Anweisung $S'$ nennen wir ein um *Geistervariablen* angereichertes Programm, wenn die Anweisung $S'$ aus $S$ entsteht, indem wir einige *zusätzliche Programmvariablen* (genannt *Geistervariablen*) einführen und Zuweisungen an genau diese Geistervariable hinzufügen. Dabei wird vorausgesetzt, dass die rechten Seiten dieser Zuweisungen keine undefinierten Ausdrücke enthalten. Die Anweisung $S$ heißt dann auch *Slice* von $S'$. ∎

*Slice*
*Slicing*

Jeder Zusicherungsbeweis $\{Q\}S'\{R\}$ über ein Programm $S'$, das durch Anreicherung aus dem Programm $S$ mit Geistervariablen und Geisteranweisungen entsteht, bei dem die Zusicherungen $Q$ und $R$ auf Geistervariablen nicht Bezug nehmen, ist auch ein Beweis für $\{Q\}S\{R\}$. Wir erhalten die Regel:

$$\frac{\{Q\}\,S'\,\{R\}}{\{Q\}\,S\,\{R\}} \quad S' \text{ ist eine Anreicherung von } S \text{ um Geistervariablen;}$$
$$\phantom{\frac{\{Q\}\,S'\,\{R\}}{\{Q\}\,S\,\{R\}}} \quad Q \text{ und } R \text{ sind frei von Geistervariablen}$$

Um Beweise zu kombinieren, verwenden wir die folgende Regel:

$$\frac{\{Q_1\}\,S\,\{R_1\} \quad \{Q_2\}\,S\,\{R_2\} \quad \text{wechselseitig interferenzfrei}}{\{Q_1 \wedge Q_2\}\,S\,\{R_1 \wedge R_2\}}$$

Dadurch können wir Beweise mit Interferenzfreiheit mit Invariantenbeweisen kombinieren. Dies liefert eine (relativ zur Logik der verwendeten Datenstrukturen) vollständige Beweismethode (vgl. [OG76]). Relativ vollständig heißt im Wesentlichen Folgendes: Setzen wir voraus, dass wir ein vollständiges Beweissystem für die Rechenstrukturen besitzen, auf denen die Programme arbeiten und jede gültige Formel beweisbar ist, so können wir jedes Paar von zutreffenden annotierten Programmen auch beweisen [Coo78; Coo81].

Wir geben ein etwas umfangreicheres Beispiel für die Beweisführung.

🔆 *Beispiel 3.2.6.2 (Parallele Suche in einem Feld)* Wir betrachten die parallele Suche nach einen String in einem Feld. Sei

**fct** encode  =  (String) Bool

In einem Feld $a$ der Länge $n \geq 1$, das Elemente der Sorte String enthält, sollen $m \geq 1$ parallel ablaufende Programme $p_k$ einen String $s$ finden, für den $\text{encode}(s)$ gilt.

Die Programme arbeiten auf den Variablen $c_k, i, j$ : **var** Nat und den Geistervariablen $A_k, B_k \in \text{Set}\{1, \dots, n\}$, $1 \leq k \leq m$.

Hier sind $A_k, B_k$ und $c_k$ jeweils lokale Variablen des Prozesses $k$.

Wir verwenden folgendes Prädikat:

$$\text{found}(S : \text{Set}\{1, \dots, n\}) = \exists\, e \in S : \text{encode}(a[e])$$

und folgende Invariante:

$$J = \left( \text{found}(\{1, \dots, \min\{i, n\}\}) \Rightarrow \text{found}\left(\bigcup_{k=1}^{m}(A_k \cup B_k)\right) \right)$$
$$\wedge\, \left( \text{found}\left(\bigcup_{k=1}^{m} A_k\right) \Rightarrow \text{encode}(a[j]) \right)$$
$$\wedge\, \forall k,\ 1 \leq k \leq m : c_k \leq i$$

Das Programm lautet wie folgt:

$\ulcorner i, j := 1, 0$
Für alle $k$, $1 \leq k \leq m$ : $A_k, B_k := \emptyset, \emptyset$
$c_k := 0$

Programm $k$:

$\{J\}$

**do** $c_k \le n$ **then**

    $\{A_k = B_k \wedge J\}$

    $\langle c_k, i, B_k := i, \min\{i+1, n+1\}, B_k \cup \{\min\{i,n\}\}\rangle$;

    $\{B_k = A_k \cup \{\min\{c_k,n\}\} \wedge J\}$

    **if**

        $[\!]$   $c_k \le n \wedge \mathsf{encode}(a[c_k])$      **then** $\langle j, i, A_k := c_k, n+1, B_k\rangle$

        $[\!]$   $c_k \le n \Rightarrow \neg\mathsf{encode}(a[c_k])$   **then** $A_k := B_k$

    **fi**

    $\{B_k = A_k \wedge J\}$

**od** $\{c_k > n \wedge J\}$

Nach Terminierung aller Prozesse gilt:

$$J \wedge \forall k, 1 \le k \le m: B_k = A_k \wedge c_k > n$$

Daraus folgt:

$$\bigcup_{k=1}^{m} A_k = \bigcup_{k=1}^{m} B_k$$

und damit folgt aus $J$ die Nachbedingung

$$\mathsf{found}(\{1, \ldots, n\}) \Rightarrow \mathsf{encode}(a[j])$$

Die Grundidee des Beweises ist wie folgt:

- Die Menge $A_k$ mit $1 \le k \le m$ bezeichnet die Menge der Zahlen $k$ mit $1 \le k \le m$, für die eine Inspektion durch Prozess $k$ erfolgt ist.
- Die Menge $B_k$ mit $1 \le k \le m$ bezeichnet die Menge der Zahlen $k$ mit $1 \le k \le m$, für die eine Inspektion durch Prozess $k$ erfolgt ist oder erfolgen wird.

Ferner gilt für die **do**-Wiederholung die Invariante $J$.

Wenn alle Prozesse terminiert haben und $j = 0$ gilt, enthält $a$ keine passende Zeichenkette. Ist aber nach der Terminierung $j > 0$, so gilt $\mathsf{encode}(a[j])$. Diese Feststellung ergibt sich daraus, dass am Ende jedes Programms $c_k \ge n \vee c_k \ne 0$ und die Invariante $J$ gelten. ∎

Das Beispiel zeigt erneut die enorme kombinatorische Komplexität paralleler Programme. Durch die zahlreichen Abhängigkeiten sind parallel ausgeführte Programme extrem schwer zu verstehen, zu spezifizieren und zu verifizieren.

Allerdings ist bei diesem Beispiel der Gewinn an Ausführungsgeschwindigkeit durch Parallelisierung nicht offensichtlich. Ist jedoch die Auswertung von encode aufwendig, so lohnt sich die parallele Auswertung.

## 3.3 Historische Bemerkungen

Die parallele Ausführung von Programmen gewann in der Informatik zunächst im Zusammenhang mit Betriebssystemen an Bedeutung. So wurden Kommandos auf Betriebssystemebene in Programme und Programmiersprachen eingefügt. Ein typischer und berühmter Vertreter dieser Vorgehensweise sind die Semaphore von E. W. Dijkstra [Dij65a], die dieser im Rahmen seiner Arbeiten zu Betriebssystemen entwickelte. Schnell nahm das Interesse an programmiersprachlichen Konstruktionen für die parallele Programmierung und an entsprechenden Sprachkonzepten zu. Beispiele dazu sind Simula 67, Monitore oder die Idee der bewachten kritischen Bereiche. Allerdings wurde schnell deutlich, dass die wichtige Eigenschaft sequenzieller Programme, dass man anhand des Programmtextes den Ablauf eines Programms gut verfolgen kann, bei parallelen Programmen nur eingeschränkt gilt. Die Abarbeitung der einzelnen parallel ablaufenden Programme wird unterbrochen, die Programme stückweise miteinander verschränkt ausgeführt. Die Reihenfolge der Aufschreibung gibt die Reihenfolge der Ausführung nur bruchstückhaft wieder.

Diese Schwierigkeit spiegelt sich in den Ansätzen zur Verifikation paralleler Programme, etwa nach Owicki und Gries [Owi75], und den dabei auftretenden Komplikationen. Auch die weiterführenden Ansätze wie der *Annahme-* *Verpflichtungs-Ansatz* (engl. *rely/guarantee approach*) von Cliff Jones [Jon83a],

*Annahme-* *Verpflichtungs-Ansatz* *(rely/guarantee approach)* kämpfen mit diesen Schwierigkeiten. Sehr anschaulich wird dies in dem Papier von Cliff Jones [Jon03] zur Kompositionalität paralleler Programme dargestellt. Konsequenterweise entstehen Ansätze, die sich von den Kontrollstrukturen der Programmiersprachen lösen und Mengen von Zustandsänderungen stärker in den Mittelpunkt stellen.

Eine Fülle von Publikationen zu parallelen Programmen erschließt diesen Themenbereich. Besonders herauszuheben sind die Arbeiten zu UNITY (vgl. [CM88]), bei denen völlig von Kontrollstrukturen in Programmen abstrahiert wird und Systeme als reine Zustandsübergangssysteme modelliert werden. Jedes der parallel im Interleaving-Modus ausgeführten Programme besteht aus einer Bedingung und einer bei Gültigkeit der Bedingung auszuführenden Anweisung.

Auf der gleichen Linie liegt der Ansatz von Leslie Lamport unter dem Stichwort *TLA* (*Temporal Logic of Actions*, vgl. [Lam94]). Auch hier werden Systeme im Wesentlichen als Zustandsübergangsrelationen modelliert, wobei prinzipiell zwischen Zustandsübergängen eines Systems und seiner Umgebung unterschieden wird. TLA verzichtet völlig auf die Verwendung von Kontrollstrukturen wie Zuweisung, bedingte Anweisung oder Wiederholungsanweisungen, sondern beschreibt Systeme durch Angabe sogenannter Aktionen. Aktionen sind Relationen zwischen Zustand und Nachfolgezustand, die als Zusicherungen geschrieben werden und letztlich die Schritte von Zustandsmaschinen beschreiben. Auf diese Weise wird TLA im Gegensatz zu UNITY sehr viel stärker zu einem Ansatz zur Beschreibung verteilter Systeme (s. Abschn. 7.7).

Großes Interesse hat für die Behandlung von Zustandssystemen das Thema der *temporalen Logik* gefunden. Temporale Logik (vgl. [vBen91]) wird generell als die Logik der Zustandsübergangssysteme gesehen. Allerdings ist hierbei zu bemerken, dass die Ausdrucksstärke der temporalen Logik eingeschränkt ist. Entsprechend gibt es Erweiterungen der temporalen Logik, um die Ausdrucksmächtigkeit zu verbessern. Allerdings werden umfangreichere temporallogische Ausdrücke schnell unübersichtlich. Wir greifen das später auf.

Die Möglichkeiten der *Modellprüfung* (engl. *model checking*) für endliche Zustandsübergangssysteme, bei der im Prinzip alle erreichbaren Zustände eines Systems überprüft werden, um die Gültigkeit von Invarianten zu zeigen, haben auch das Interesse an Zustandsübergangssystemen noch einmal verstärkt. Besonderes Interesse besteht dabei in der Abstraktion von Zustandsübergangssystemen mit unendlichen Zustandsräumen auf Zustandsübergangssysteme mit endlichen Zustandsräumen, auf denen dann Model-Checking-Untersuchungen durchgeführt werden können (vgl. [CGP99]).

## 3.4 Übungsaufgaben

☑ **Übung 3.4.1** Schreiben Sie ein Programm, das aus zwei parallel ablaufenden Teilprogrammen besteht, die gemeinsam parallel die Fakultät $n!$ berechnen.

☑ **Übung 3.4.2** Beweisen Sie die Korrektheit des Programms aus Übung 3.4.1.

☑ **Übung 3.4.3** Beweisen Sie für den Dekker-Algorithmus mit der Zusicherungsmethode, dass jeweils höchstens eines der beiden Programme sich im kritischen Bereich befindet.

☑ **Übung 3.4.4** Fügen Sie für Beispiel 3.2.6.2 die erforderlichen Zusicherungen in das Programm ein, die beweisen, dass die Invariante $J$ gilt.

☑ **Übung 3.4.5** Übertragen Sie das Programm für Bubblesort aus Abschn. 3.1.1 in eine Zustandsmaschine.

☑ **Übung 3.4.6** Schreiben Sie die Zustandsmaschine aus Beispiel 2.1.4.2.4 in ein nebenläufiges Programm um.

☑ **Übung 3.4.7** Schreiben Sie eine Zustandsmaschine, die eine Sequenz durch schrittweises Einfügen ihrer Elemente in eine sortierte Sequenz verwandelt, als paralleles Programm aus zwei Teilprogrammen. Das erste Teilprogramm zerlegt dabei die Ausgangssequenz in Elemente und stellt diese für das zweite Teilprogramm bereit und das zweite Teilprogramm fügt die bereitgestellten Elemente in eine sortierte Sequenz ein, beginnend mit einer leeren Sequenz.

☑ **Übung 3.4.8** Beweisen Sie die Korrektheit des Programms aus Übung 3.4.7.

☑ **Übung 3.4.9** Führen Sie die zwei parallelen Teilprogramme aus Übung 3.4.7 in Zustandsmaschinen über.

☑ **Übung 3.4.10** Diskutieren Sie, wie man Sortieren durch Parallelisierung beschleunigen kann.

☑ **Übung 3.4.11** Formulieren Sie das Programm Receiver aus Beispiel 3.2.5.1 mit Semaphoren statt mit den Klammern ⟨⟩.

☑ **Übung 3.4.12** Überlegen Sie eine Form des parallelen Programms auf S. 166 in Beispiel 3.2.6.2, bei der die parallel ablaufenden Teilprogramme stets Intervalle der Indexmenge durchsuchen und so die Interaktion verringert wird.

# Teil II
# Asynchrone Interaktion, Verteilung und Zeit

Heutige Softwaresysteme sind in der Regel verteilt und interaktiv. Sie sind räumlich auf unterschiedlichen Rechnern implementiert und interagieren miteinander sowie mit ihrer Umgebung. In einer Reihe von Fällen ist diese Interaktion zeitsensitiv, abhängig vom Zeitpunkt oder von der Dauer der Übertragung von Nachrichten und von der Dauer einzelner Berechnungsschritte im System.

Typisch sind folgende Ausprägungen von Systemen:

- Reaktive oder eingebettete Systeme:
  Dabei ist Software über Sensoren und Aktuatoren mit ihrer Umgebung – etwa mit technischen Systemen – verbunden und überwacht und steuert diese. Beispiele dafür sind Systeme in Fahrzeugen wie der Airbag oder das automatische Antiblockiersystem (ABS) von Bremsen.
- Systeme für die Mensch-Maschine-Interaktion:
  Durch diese findet eine Interaktion zwischen dem Nutzer des Softwaresystems und dem Softwaresystem selbst statt. Klassische Beispiele dafür sind heutige Browsersysteme wie webbasierte Bestellsysteme oder auch eingebettete Systeme mit spezifischen Nutzerschnittstellen wie softwarebasierte Flugsteuerung (engl. *fly-by-wire*).
- Systeme für die Kommunikation und verteilte Systeme:
  Das sind interaktive Softwaresysteme, die verteilt auf verschiedenen Rechnern laufen, miteinander – in der Regel über Protokolle – interagieren und auf diese Weise Informationen übertragen und austauschen. Dadurch sind sie vernetzt und lösen gemeinsam Aufgaben. Typische Beispiele für diese Systeme sind das Internet, softwarebasierte Vermittlungssysteme für die Telefonie oder lokale Netze zur Verbindung mehrerer Hardware-Einheiten.

Die aufgeführten Beispiele für Softwaresysteme zeigen bereits, dass heute fast alle Softwaresysteme in einem bestimmten Grad verteilt und interaktiv ablaufen. In vielen Fällen finden sich bei heutigen Systemen mehrere dieser Arbeitsweisen. Diese Auflistung lässt erkennen, dass alle diese betrachteten Systeme gemeinsam haben, dass sie untereinander Daten austauschen. Wie angesprochen, kann dieser Datenaustausch

- zwischen Softwaresystemen,
- zwischen physischen Systemen, die mit Sensoren und Aktuatoren ausgestattet sind, oder
- zwischen menschlichen Nutzern, die über Peripheriegeräte Nachrichten ins System eingeben oder aus dem System empfangen,

stattfinden. Stets geht es um Interaktion.

Ein wichtiges Thema ist die Mensch-Maschine-Interaktion. Mensch-Maschine-Interaktion hat zwei unterschiedliche Aspekte:

- Die Daten – und damit auch die Informationen – die als Eingaben und Ausgaben zwischen den Nutzern eines Systems und dem System ausgetauscht werden. Für die Logik spielt es keine Rolle, wie die Ein- und Ausgaben für den menschlichen Nutzer physisch repräsentiert werden.

- Die konkrete physische Repräsentation der Ein- und Ausgaben aus Sicht des Nutzers. So werden Ein- oder Ausgaben akustisch repräsentiert – etwa in Form von Sprachein- oder -ausgabe – oder visuell oder aber durch Tasteneingaben und Bildschirmanzeigen. Ein- und Ausgabe können auch haptisch erfolgen, etwa in Fahrzeugen durch das Drehen eines Lenkrades oder in Flugzeugen durch das Betätigen eines Steuerknüppels (engl. *joy stick*). Dabei kann Rückkopplung integriert werden, etwa durch Vibration des Lenkrads oder des Steuerknüppels.

Wir konzentrieren uns auf den ersten Aspekt und betrachten Verfahren der physikalischen Mensch-Maschine-Interaktion, so wichtig sie sind, ausdrücklich nicht.

Wir betrachten bewusst nicht klassische Systemsoftware, wie Anteile von Betriebssystemen und Systemsoftware für heutige Hardwaresysteme und -netze, etwa verteilte Betriebssysteme[7], verteilte Laufzeitumgebungen[8] oder Verteilungsplattformen für Client-Server-Systeme, die den Ablauf von Applikationen unterstützen, die auf verschiedenen Rechnern ausgeführt werden, mit ihren systemtechnischen Besonderheiten. Vielmehr konzentrieren wir uns auf die Anwendungslogik interaktiver Systeme.

In heutigen Programmiersprachen sind Interaktion, Verteilung und Zeit heute immer noch nicht ausreichend abgebildet. Die Gründe dafür liegen auf der Hand: Die einzelnen Hardwaresysteme arbeiten für sich genommen im Wesentlichen immer noch nach dem Prinzip der Von-Neumann-Architektur, in der Programme sequenziell abgearbeitet werden, wenn auch häufig unter Verwendung von Methoden des Mehrprozessbetriebs und der Quasiparallelität sowie der Synchronisation und des Nachrichtenaustauschs über gemeinsame Variablen. Nichtsdestoweniger ist die Logik der so implementierten Systeme die Logik interaktiver, verteilter Systeme. Das schlägt auf die Programmiersprachen durch.

Hinzu kommt, dass die Systeme – zumindest, wenn es sich um eingebettete Systeme oder um Kommunikationssysteme handelt – häufig unter starken Zeitanforderungen zur Ausführung kommen. Auch für die übrigen Systeme spielt Zeit eine Rolle, aber nicht unbedingt in der Form „harter" Zeitbedingungen. Es kommt dann in der Regel nicht darauf an, ob eine bestimmte Antwort um einige Millisekunden verspätet erfolgt. Wenn allerdings diese Zeitverzögerung einen höheren, negativ spürbaren Umfang annimmt, ist das in der Regel nicht tolerierbar.

---

[7] Ein verteiltes Betriebssystem mit einer Übertragungsschicht (vgl. engl. *middleware* als Teil verteilter Systeme) kann man grob als ein verteiltes Programm charakterisieren, das die Prozesse auf mehreren unabhängigen, kommunizierenden Rechenknoten steuert, wobei die einzelnen Knoten den Benutzern und deren Prozessen verborgen bleiben und ihnen das System als einzelner großer Computer erscheint [Bau17; Tan93; Tan95].

[8] Eine Verteilungsplattform kann man als ein Bündel von Protokollen auffassen, welche die Interaktionen zwischen den auf unabhängigen, kommunizierenden Rechenknoten ausgeführten Anwendungskomponenten tragen und die auf einer höheren Schicht als jener der Transportschicht ablaufen [Lin13; Wik19].

In diesem Teil II betrachten wir Systeme, für die Interaktion und Verteilung in der Regel nicht primär zur Leistungssteigerung oder Verkürzung der Ausführungszeit von Interesse sind, sondern inhärent mit der Art und Weise zu tun haben, wie diese Systeme arbeiten und im Hinblick auf eine physische Umgebung gestaltet sind. Die Verteilung spiegelt häufig die geografische Anordnung der Systeme wieder. Die Schritte der Interaktion beschreiben im Detail den Prozess, der in diesen Systemen abläuft, in denen unterschiedliche, verteilte Systemteile zielgerichtet miteinander interagieren.

Diesem gesamten Komplex widmen wir uns in diesem Teil II. Im Gegensatz zu Teil I, in dem auch die programmiertechnische Realisierung von Parallelität und Nachrichtenaustausch beschrieben ist, konzentrieren wir uns nun auf abstrakte Modelle, welche die Schnittstellen und den Datenfluss zwischen Systemen beschreiben. Somit stehen drei Phänomene im Vordergrund: Verteilung, Interaktion und Zeit.

Wir wenden uns zunächst der *Interaktion* zu. Implementiert und beschrieben wird sie im Allgemeinen mithilfe spezifischer interaktiver Schnittstellen. Wir betrachten im Folgenden zunächst interaktive Schnittstellen, in denen Zeit keine Rolle spielt, und später in einem eigenen Kapitel Schnittstellen, die zeitsensitiv sind, und behandeln auch die Frage, wie zeitsensitive Schnittstellen mit zeitfreien Schnittstellen in Beziehung gesetzt werden können.

*Interaktion*

Die zweite, wichtige Thematik ist die *Verteilung*. Verteilung von Systemen wird im Folgenden auf Komposition von Systemen zurückgeführt: Ausgehend von zwei Teilsystemen, die verteilt sind, etwa weil sie an unterschiedlichen Orten auf geografisch verteilter Hardware zur Ausführung kommen, ergibt sich das System, das aus den beiden Teilsystemen zusammengesetzt ist, durch spezifische Kompositionsoperationen. Diese verbinden die beiden Teilsysteme zu einem System und schalten diese dazu über die interaktiven Schnittstellen der beiden Teilsysteme zusammen.

*Verteilung*

Das dritte Konzept ist *Zeit*. Wir beschreiben interaktive Systeme im Wesentlichen durch die Angabe ihres Datenflusses, also durch die Datenströme, die zwischen den Systemen ausgetauscht werden. Um Zeit zu modellieren, verwenden wir eine sehr einfache Variante eines Zeitmodells, wie es für diskrete Systeme ausreicht. Dazu versehen wir die Datenströme mit Zeitinformationen, sodass die Schnittstellen, das Verhalten und damit die Interaktion der Systeme in einem zeitlichen Rahmen beschrieben werden können. Damit kann festgelegt werden, welche Daten in dem beschriebenen Datenstrom zu welchen Zeitpunkten übertragen werden.

*Zeit*

Verteilte interaktive Systeme sind aus unterschiedlichen Gesichtspunkten für die Informatik von Interesse. Eine Motivation ist die Verkürzung der Laufzeit, indem die Teilsysteme eines verteilten Systems zeitlich parallel auf unterschiedlichen, verteilt angeordneten Rechnern oder auf Mehrprozessorrechnern ausgeführt werden. Durch Letzteres lassen sich Ausführungszeiten verkürzen und bei datenintensiven Anwendungen die Speicher mehrerer Rechner nebeneinander verwenden. Dies führt auf folgende zwei Anwendungsfelder (Stichwort „massive Parallelität"):

- verteilte Softwaresysteme, die Algorithmen implementieren, wobei die Berechnungsschritte auf die verschiedenen Teilsysteme verteilt werden, die parallel auf unterschiedlicher Hardware ausgeführt werden, was die Gesamtausführungszeit verkürzt (Beispiel: Berechnung großer Primzahlen, Lösung NP-harter Probleme);
- verteilte Systeme, die große Datenmengen verarbeiten, wobei die Datenmengen auf die verschiedenen Teilsysteme verteilt werden, die auf unterschiedlichen Rechnern ausgeführt werden, und somit die Speicherkapazität dieser Rechner insgesamt nutzen (Beispiele: Verarbeitung von Wetterdaten, Map/Reduce auf großen Datenbeständen etwa bei der Suchmaschine Google, Simulation).

Natürlich können beide Anwendungsfelder kombiniert eingesetzt werden.

Neben diesen auf Leistungsverbesserung ausgerichteten Anwendungen parallel ausgeführter Systeme werden verteilte interaktive Systeme eingesetzt, um Aufgabenstellungen der Einsatzumgebung anzugehen. Dies umfasst, wie bereits beschrieben, folgende Anwendungsfelder:

- reaktive Systeme,
- Systeme mit Nutzerschnittstellen,
- verteilte Kommunikationssysteme.

Man beachte den entscheidenden Unterschied. Massive Parallelität wird eingesetzt, um aufwendige Berechnungen zu beschleunigen und damit schneller zu einem Ergebnis zu kommen. Schneller arbeitende Rechner hätten den gleichen Effekt, ohne dass parallel arbeitende Prozesse zum Einsatz kommen müssten.

Signifikant ist Interaktion und Verteilung für reaktive Systeme, Kommunikationssysteme und Mensch-Maschine-Interaktion. Hier sind Verteilung, Parallelität, Interaktion und Zeitverhalten essenziell. Durch die enge Verknüpfung solcher Systeme mit der physischen Realität sind Parallelität, Interaktion und Zeit inhärente Aspekte. Allerdings werden für massive Parallelität ähnliche Konzepte eingesetzt wie für reaktive Systeme, für Mensch-Maschine-Interaktion und zeitkritische Systeme. Wir konzentrieren uns stärker auf solche Systeme und behandeln massive Parallelität nur am Rande.

Viele frühe Konzepte zu Koordination, Interaktion und Verteilung – etwa Semaphore – entstanden historisch im Kontext von Systemsoftware. Wir betrachten dieses Gebiet im Weiteren nicht, höchstens einige Konzepte, die in diesem Umfeld entstanden und für Interaktion und Verteilung von Interesse sind.

Abhängig von den Besonderheiten des Verhaltens interaktiver Systeme bieten sich unterschiedliche Techniken für deren Beschreibung, Spezifikation und Implementierung an:

- Schnittstellenverhalten beschrieben durch Schnittstellenzusicherungen:

  - Prädikatenlogik höherer Ordnung für die Beschreibung von Datenfluss und stromverarbeitende Funktionen,

– Temporale Logik mit ihrer spezifischen Notation als eine spezielle Form der logischen Beschreibung,
– Annahme-Verpflichtungs-Spezifikationen (engl. *assumption/commitment specifications*); dabei handelt es sich um spezielle prädikatenlogische Formeln in der Gestalt von Implikation. Sie drücken aus: Wenn die Annahmen erfüllt sind, halten die Systeme ihre Verpflichtungen ein.

- Programme, funktional oder imperativ (deterministisch und nichtdeterministisch);
- Interaktionsdiagramme;
- Zustandsmaschinen (beschrieben durch Zustandsübergangsdiagramme, Zustandsübergangstabellen oder spezifiziert durch logische Zusicherungen);
- Datenflussdiagramme, Architekturdiagramme.

Um entsprechende Systeme modellieren zu können, nutzen wir sowohl das Konzept der Interaktion durch entsprechende interaktive Schnittstellen als auch das Konzept der Verteilung durch Angabe von Kompositionsoperatoren, die es gestatten, Einzelsysteme zu verteilten Systemen zu komponieren.

Bei der Modellierung von interaktiven, verteilen Systemen sind unterschiedliche Gesichtspunkte zu beachten:

- das grundlegende Modell für Darstellung der Verteilung und Interaktion (Beispiele: Datenflusssysteme, Zustandsmaschinen mit gemeinsamen Speicher);
- die Methodik für die Darstellung und die Spezifikation des Verhaltens (Beispiele: Schnittstellenzusicherungen, temporale Logik).

Dabei sind folgende Fragen bei der Beschreibung interaktiver, verteilter Systeme von besonderer Bedeutung:

- Ausdrucksmächtigkeit: Welches Systemverhalten kann erfasst werden?
- Strukturiertheit und Lesbarkeit: Sind die Beschreibungsmittel einfach handhabbar, gut lesbar und für Spezifikation, Analysen, Verifikation, Änderungen und den Übergang zu Implementierungen geeignet?
- Skalierung: Können umfangreiche Systeme angemessen beschrieben werden?

Dabei ist ein wesentlicher Unterschied, ob die Beschäftigung mit Fragen der Modellierung von Systemen eher aus grundsätzlichen, auch theoretischen Motiven erfolgt, etwa (wie in diesem Buch) um die grundsätzlichen Ideen und Konzepte zu erläutern, oder ob es um die Entwicklung realistischer praktischer Systeme geht. So lassen sich etwa Zustandsübergangsdiagramme gut für kleine übersichtliche Beispiele verwenden, um grundsätzliche Fragen zu erörtern. Für größere praktische Beispiele verwendet man strukturierte Zustandsübergangsdiagramme wie Statecharts oder Übergangstabellen oder halbformale Beschreibungstechniken wie SysML [Obj19a].

Wesentliche Ziele der Modellierung verteilter, interaktiver Systeme sind angemessene Formen der Abstraktion. Ein Grundprinzip dafür ist die Kapselung, die Zusammenfassung der Bestandteile eines Systems unter einer Zugriffs-schnittstelle und das Konzept der Informationsverbergung (engl. *information hiding*). Dadurch wird ausgedrückt, dass Kenntnis über das Innere und die Implementierungsdetails der Kapsel nicht erforderlich ist, sondern nur das Schnittstellenverhalten von Bedeutung ist. Kapselung und Verhaltensspezifika-tion führen auf das fundamentale Konzept der Modularität. Dies zielt darauf, dass die Spezifikation des Schnittstellenverhaltens eines zusammengesetzten Systems aus den Spezifikationen des Schnittstellenverhaltens der Teilsysteme konstruiert werden kann. Damit kann die Wirkungsweise von Architekturen und das vorgesehene Zusammenwirken der Teilsysteme ohne Betrachtung deren Implementierungen gesehen werden.

# Kapitel 4
# Schnittstellen asynchroner interaktiver Systeme

In der Zustandssicht auf ein System haben wir Systemzustände und Zustands-übergänge sowie Abläufe betrachtet. Das gibt uns gleichsam eine „Innensicht" auf das System und sein Verhalten, insbesondere auf seine lokalen Zustände. Die Auswirkungen des Systems auf seine Umgebung und seine Interaktionen mit der Umgebung werden dabei nur indirekt betrachtet. Wenn wir ein System nutzen oder es als Komponente in ein verteiltes System einbringen wollen, ist jedoch für uns weniger der „interne" Zustand oder Aufbau des Systems von Interesse, als vielmehr seine Außenwirkung, die Wirkung auf seine Umgebung, etwa die auftretenden Interaktionsfolgen, die wir bei Nutzung des Systems erwarten können. Dies bestimmt die Außensicht, auch *Schnittstellensicht* ge- *Schnittstellensicht* nannt. Typischerweise beschreiben wir dabei ein System, seine Nutzung und Wirkung, indem wir die Wechselwirkung mit seiner Umgebung spezifizieren. Im Vordergrund steht dabei, welche Informationen zwischen dem System und seiner Umgebung ausgetauscht werden und wie System und Umgebung dadurch zusammenwirken. Wir sprechen von der *Schnittstelle* des Systems. Typischerweise werden in der Schnittstelle auch die Daten, Nachrichten oder Signale beschrieben, die zwischen dem System und seiner Umgebung über die Systemgrenze ausgetauscht werden.

In diesem Kapitel behandeln wir die Schnittstellen- und Nutzungssicht auf ein System, das mit seiner Umgebung interagiert und auf Ereignisse in seiner Umgebung reagiert. Es handelt sich um die Außensicht auf ein interaktives oder reaktives System.

## 4.1 Interaktive Schnittstellen

Das Konzept der Schnittstelle ist grundlegend für Software und Systems Engineering. Je nachdem welche Art von Systemteilen wir betrachten, Datenmodelle, Anweisungen, Funktionen, Prozeduren und Methoden, Klassen etc. oder eben interaktive Systeme, ergeben sich unterschiedliche Formen von Schnittstellen.

© Der/die Autor(en), exklusiv lizenziert an
Springer-Verlag GmbH, DE, ein Teil von Springer Nature 2023
M. Broy, *Logische und Methodische Grundlagen der Entwicklung
verteilter Systeme*, https://doi.org/10.1007/978-3-662-67317-1_4

Die Grundidee einer Schnittstelle ist jedoch immer die gleiche. Beschrieben wird die Wirkung, die von einem Systemteil ausgeht. Wie ein Systemteil realisiert ist und intern arbeitet, ist dabei nicht von Belang. Wir sprechen deshalb auch von Kapselung, Informationsverbergung (engl. *information hiding*) und von Schnittstellenabstraktion. Diese Konzepte erläutern und nutzen wir im Folgenden für interaktive, verteilte Systeme.

### 4.1.1 Schnittstellensicht für interaktive Systeme

Wir betrachten in diesem Kapitel Schnittstellen für interaktive Systeme, kurz gesagt interaktive Schnittstellen.

Ein System arbeitet in der Regel in einer Umgebung und interagiert mit dieser. Durch die Systemgrenze wird ein klarer Schnitt zwischen System und Umgebung vorgenommen. Alle relevanten Informationen über das Zusammenwirken des Systems mit seiner Umgebung beschreiben wir durch seine

*Schnittstelle*     *Schnittstelle*. Die Schnittstelle abstrahiert von allen internen Details eines Systems, die für das Verständnis des Zusammenwirkens des Systems mit seiner Umgebung ohne Bedeutung sind und konzentriert sich auf die Wechselwirkung zwischen dem System und seiner Umgebung.

In einer Schnittstellensicht werden möglichst genau die Informationen dokumentiert, die erforderlich sind, um das Zusammenwirken des Systems mit geeigneten Systemumgebungen zu beschreiben. Da das Zusammenwirken eines Systems $T$ mit einer Umgebung $U$ der Komposition der beiden Systeme $T$ und $U$ entspricht, ist es das Ziel der Schnittstellensicht, genau die Informationen über das System (und gegebenenfalls auch Annahmen über die Umgebung) zu spezifizieren, sodass das Verhalten des zusammengesetzten Systems (wieder im Sinne der Schnittstellensicht auf das zusammengesetzte System) daraus

*Modularer Ansatz*     bestimmt werden kann. Ist dies möglich, so nennen wir den Ansatz *modular*.

Uns interessieren in diesem Kapitel folgende Fragen:

- Wie können wir eine Schnittstelle am besten festlegen, beschreiben und spezifizieren?
- Wann haben zwei Systeme das gleiche Schnittstellenverhalten?

Die zweite Frage ist abstrakt leicht zu beantworten:

📖 **Definition (Schnittstellenkompatibilität bei der Ersetzung eines Systems durch ein anderes System)** Ein System $A$ heißt zu einem System $B$

*Schnittstellen-*     *schnittstellenkompatibel* (im Sinne von ersetzungskompatibel), wenn in be-
*kompatibilität*     liebigen Umgebungen in einem korrekt arbeitenden System das Teilsystem $A$ durch $B$ ersetzt werden kann, ohne dass die Korrektheit zerstört wird und damit kein aus Sicht der Umgebung und damit aus Schnittstellensicht bisher nicht beobachtetes Schnittstellenverhalten auftritt. ∎

Kompatibilität erfordert zunächst syntaktische Kompatibilität (s. nächsten Abschnitt); es müssen die syntaktischen Schnittstellen übereinstimmen und zusammenpassen. Hinzu kommt die Verhaltenskompatibilität.

Schnittstellenkompatibilität ist keine Äquivalenzrelation, sondern eine partielle Ordnung. Wenn $A$ schnittstellenkompatibel zu $B$ ist und $B$ schnittstellenkompatibel zu $C$, so ist $A$ schnittstellenkompatibel zu $C$. Fordern wir, dass $A$ schnittstellenkompatibel zu $B$ ist und umgekehrt, so sprechen wir von *Schnittstellenäquivalenz*.

Wir sind im Folgenden an einer expliziten Angabe der Information für ein System interessiert, die das Schnittstellenverhalten und auch die Schnittstellenkompatibilität und -äquivalenz charakterisiert. Dazu führen wir ein spezielles Modell für Systeme ein.

Im Kap. 5 wenden wir uns dann der für die Verteilung und Nebenläufigkeit zentralen Frage zu: Wie können wir Systeme, spezifiziert durch ihr Schnittstellenverhalten, komponieren? Dabei wird ein Modell verwendet, das beschreibt, wie Systeme über Schnittstellen interagieren.

## 4.1.2 Syntaktische Schnittstellen: Kanäle und gemeinsame Variablen

Bei den Komponenten eines verteilten Systems ist es für die Schnittstellensicht von entscheidender Bedeutung, in welcher Weise die Komponenten in ihrem Verhalten von außen beeinflusst werden können und wie die Komponenten durch ihr Verhalten Einfluss nach außen ausüben können. Dazu müssen Informationen zwischen der Komponente und ihrer Umgebung ausgetauscht werden. Wir sprechen bei der Festlegung, in welcher grundsätzlichen Form solch ein Informationsaustausch möglich ist, von der *syntaktischen Schnittstelle* einer Systemkomponente. Hinzu kommt das Schnittstellenverhalten.

*Syntaktische Schnittstelle*

Es existieren im Wesentlichen zwei Erscheinungsformen von Schnittstellen zwischen einem System und seiner Umgebung:

- „gemeinsame" Variablen, gemeinsamer Speicher (s. Kapitel 2 und 3),
- Übertragungskanäle für Ein-/Ausgabe von Daten (Nachrichtenaustausch über Datenströme).

Gemeinsame Variable sind Programmvariablen (Zustandsattribute) und somit Bezeichnungen für Teile des Zustands des Systems, die sowohl durch die Umgebung als auch durch die Komponenten selbst geschrieben und/oder gelesen werden können. Wir erhalten Spezialfälle, falls gewisse gemeinsame Variable jeweils nur durch die Komponenten oder aber nur durch ihre Umgebung gelesen oder geschrieben werden können. Dies führt auf Systemstrukturen, bei denen ein Teilsystem auf eine Variable schreibt, während ein anderes Teilsystem darauf ausschließlich lesend zugreift (s. das Konzept des gemeinsamen Speichers in Abschn. 2.1.4.2 und Beispiel 2.1.4.2.4).

Die Schnittstelle einer Komponente, die mit ihrer Umgebung über gemeinsame Variable kommuniziert, wird also durch die Angabe der Variablen, deren Sorten und der Angabe der Schreib-/Lese-Rechte beschrieben. Lokale Variablen, also Variablen auf die eine Komponente exklusives Lese- und Schreibrecht besitzt, sind nicht Teil der Schnittstelle, da auf sie von außen nicht zugegriffen werden kann (vgl. Kap. 3). Dies entspricht dem Prinzip der Kapselung.

Die Interaktion und Synchronisation von Systemen über gemeinsamen Speicher und gemeinsame Variablen haben wir bereits im Teil I behandelt. In diesem Kapitel konzentrieren wir uns auf die Interaktion von Systemen mit ihrer Umgebung durch Datenaustausch über Kanäle.

Kanäle dienen zum Austausch von Nachrichten zwischen Systemen oder zwischen einem System und seiner Umgebung. Ein Kanal entspricht einer Verbindung, über die ein Strom von Nachrichten fließt und die auf diese Weise ausgetauscht werden. Für den Nachrichtenaustausch gilt: Die syntaktische Schnittstelle beschreibt, welche Sorten von Nachrichten ausgetauscht werden können. Ein Kanal ist gekennzeichnet durch einen Namen, genannt Kanalidentifikator, und eine Sorte, die Sorte der Nachrichten, die über dem Kanal ausgetauscht werden. Hinzu können noch Angaben über die spezifischen Regeln des Nachrichtenaustauschs kommen.

Beispielsweise können wir einen Geldautomaten als ein System mit Eingabe- und Ausgabekanälen beschreiben.

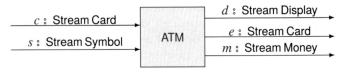

**Abb. 4.1** Geldautomat als System mit Kanälen – Datenflussdarstellung

Abb. 4.1 zeigt stark vereinfacht den Geldautomaten ATM als System mit Eingabe- und Ausgabekanälen. Jeder Kanal hat einen Namen und eine Sorte. Der Kanal mit Namen $s$ und Sorte Symbol überträgt einen Strom von Symbolen der Sorte Symbol.

Wir beschränken uns im Weiteren auf gerichtete Kanäle, über die Nachrichten stets in nur einer Richtung streng sequenziell ausgetauscht werden. Das bedeutet, dass die Nachrichten genau in der Reihenfolge, in der sie gesendet werden, empfangen werden. Bedeutsam ist dabei welche Pufferkapazität ein Kanal besitzt. Die Pufferkapazität entspricht der maximalen Zahl von Nachrichten, die über einen Kanal gesendet werden können, bevor die erste empfangen und aus dem Kanal entfernt wird. Wir beschäftigen uns insbesondere mit zwei extremen Fällen, mit der Pufferkapazität 0 und $\infty$.

Ist die Pufferkapazität 0, so wird keine Nachricht zwischengespeichert. Eine Übertragung erfordert demnach zwingend, dass neben dem zum Nachrichtenaustausch bereiten Sender auch ein Empfänger bereit ist, die Nachricht sofort *Nachrichtensynchro-* entgegenzunehmen. Wir sprechen von *nachrichtensynchroner Kommunikation,*
*ne Kommunikation*

in der Literatur auch *Handshake-Kommunikation* oder *Rendezvous* genannt. Dabei ist es naheliegend, mehrere Sender und Empfänger pro Kanal zuzulassen. Dazu nehmen wir an, dass ein bilateraler Nachrichtenaustausch erfolgt, wenn mindestens einer der Sender und mindestens einer der Empfänger zur Kommunikation bereit ist. Dann erfolgt der Nachrichtenaustausch Punkt-zu-Punkt (als Handshake) zwischen diesem Sender und diesem Empfänger. Die übrigen Sender und Empfänger bleiben davon unberührt. Sind mehrere Sender oder Empfänger gleichzeitig kommunikationsbereit, so wird nichtdeterministisch ein Paar ausgewählt. Wir kommen in Kap. 8 unter dem Stichwort „nachrichtensynchrone Systeme" ausführlich auf diese Form der Interaktion zurück.

*Handshake-Kommunikation Rendezvous*

Ist die Pufferkapazität eines Kanals unbeschränkt, so können Nachrichten immer gesendet werden. Nach dem Senden kann der jeweilige Sender seine Aktivitäten ohne zu warten fortsetzen. Die Nachrichten werden gepuffert und an einen Empfänger ausgeliefert, sobald dieser zum Empfang bereit ist. Tritt die Empfangsbereitschaft nie ein, so wird die Nachricht nie ausgeliefert.

Wesentlich ist auch die Adressierung zwischen Sender und Empfänger. So kann der Sender den Empfänger identifizieren oder der Empfänger den Sender. Wir betrachten den grundlegenden Fall, bei dem die Adressierung der Kommunikation über Kanäle stattfindet.

Im einfachsten Fall existiert pro Kanal genau ein Sender und ein Empfänger. Dann wird durch den Nachrichtenaustausch keinerlei Nichtdeterminismus durch die Wahl eines Empfängers eingeführt. Wir können auch viele Empfänger zulassen, die alle den gleichen Nachrichtenstrom erhalten. Wir sprechen dann von *Broadcast-Übertragung*. Schließlich können wir auch mehrere Sender auf einem Kanal zulassen. Dann werden die gesendeten Nachrichten zu einem sequenziellen Nachrichtenstrom auf dem Kanal gemischt. Das Mischen erfolgt dann nichtdeterministisch. Analoges gilt im Falle mehrerer konkurrierender Empfänger. Jede Nachricht wird dann an genau einen Empfänger zugestellt.

*Broadcast-Übertragung*

Im Prinzip können über einen Kanal also mehrere Systeme senden und empfangen. Wir beschränken uns zunächst jedoch auf den einfachen Fall, bei dem für jeden Kanal genau ein Sender und ein Empfänger existieren.

Kanäle können auch als Spezialfall gemeinsamer Programmvariablen der Sorte Puffer verstanden werden. Umgekehrt können wir über Systeme mit Kanälen auch gemeinsame Programmvariablen nachbilden.

Wir können schließlich auch Komponenten betrachten, die sowohl mit Kanälen als auch mit gemeinsamen Variablen arbeiten. Dann besteht die syntaktische Schnittstelle aus der Angabe der Kanäle (genauer der Kanalnamen und Sorten) und der gemeinsamen Variablen. Wir behandeln im Folgenden schwerpunktartig Systeme mit Kanälen mit unbeschränkter Kapazität.

## 4.2 Ströme

In diesem Abschnitt führen wir ein Modell für interaktive Systeme ein, die durch über Kanäle übertragene Datenströme untereinander und mit ihrer Umgebung kommunizieren. Wir sprechen von *asynchroner* Kommunikation, da die Systeme, ohne auf die Empfangsbereitschaft der Empfänger zu warten, also ohne sich mit dem Empfänger zu synchronisieren, Nachrichten austauschen.

*Strom*    Eine besondere Rechenstruktur, die zur Modellierung sequenzieller Systemabläufe und der Kommunikation der Folgen von Nachrichten auf Kanälen verwendet wird, sind *Ströme* (auch *Nachrichten-* oder *Datenströme* genannt). Ein Nachrichtenstrom ist eine möglicherweise unendliche Sequenz von Nachrichten (vgl. Abschn. 1.6.2). Er dient zur Darstellung der Folge von Nachrichten (Daten, Ereignissen), die über einen Kanal, der ein sequenzielles Kommunikationsmedium zur Nachrichtenübertragung ist, geschickt werden. Da wir über die Dauer der Nutzung des Mediums keine Einschränkungen machen wollen, betrachten wir als Grenzfall auch unendliche Ströme.

Ströme entsprechen demnach endlichen und unendlichen Sequenzen von Datenelementen wie Signalen, Nachrichten, Aktionen, Ereignissen oder auch Zuständen. Sie sind damit eine zentrale Struktur in der Modellierung interaktiver, nebenläufiger Systeme. Wir betrachten im Weiteren zahlreiche Spielarten von Strömen wie Datenströme, Signalströme, Ereignisströme, Ströme von Zuständen und auch Ströme von Aktionen zur Darstellung sequenzieller Aktionsstrukturen. Zustandsmaschinen wie in Definition 2.1.2.1.1 definieren eine Menge von Abläufen in der Form von Strömen (endlichen oder unendlichen Sequenzen) von Zuständen.

Für eine beliebige Sorte $\alpha$ mit Trägermenge $M^{\perp}$ (hier gelte $M^{\perp} = M \cup \{\perp\}$, wobei $\perp \notin M$ vorausgesetzt ist; $\perp$ bezeichnet das Symbol für das Ergebnis einer nichtterminierender Berechnung ohne definiertes Ergebnis, für Details vgl. [Bro19]) definieren wir die polymorphe Sorte

$$\textbf{sort } \text{Stream } \alpha$$

mit der Trägermenge

$$M^{*|\omega} \quad = \quad M^* \cup M^{\omega}$$

In manchen Fällen betrachten wir Ströme, bei denen endliche Ströme mit einem bestimmten Element eos enden können. Wir betrachten also die Menge der Ströme mit Endemarkierung

$$M^{[*|\omega]} \quad \overset{\text{def}}{=} \quad M^* \cup (M^* \times \{\langle \text{eos} \rangle\}) \cup M^{\omega}$$

*Partieller Strom*    Die endlichen Ströme, dargestellt durch endliche Sequenzen, nennen wir auch
*Totaler Strom*    *partielle Ströme*, und die unendlichen Ströme *totale Ströme*. Dabei steht $\langle \rangle$ für den leeren Strom, der für den undefinierten Strom steht.

Für eine gegebene Menge $M$ bezeichnet $M^{\omega}$ die Menge der unendlichen Sequenzen über $M$. Diese entsprechen den Abbildungen $\mathbb{N}_0 \to M$.

Die Menge $M^{*|\omega}$ entspricht also den endlichen und unendlichen Sequenzen von Elementen aus $M$. Auf der Menge der Ströme verwenden wir die folgenden charakteristischen Funktionen (hier steht ft für engl. _first_, das erste Element in einem Strom und rt für engl. _rest_, den Strom ohne das erste Element):

$$
\begin{array}{ll}
\cdot \, \& \, \cdot : & \alpha \times \text{Stream } \alpha \to \text{Stream } \alpha \\
\text{rt}: & \text{Stream } \alpha \to \text{Stream } \alpha \\
\text{ft}: & \text{Stream } \alpha \to \alpha \\
\langle \rangle, \langle \text{eos} \rangle : & \text{Stream } \alpha \\
\cdot \, \widehat{\phantom{x}} \, \cdot : & \text{Seq } \alpha \times \text{Stream } \alpha \to \text{Stream } \alpha \\
\text{iseos}: & \text{Stream } \alpha \to \text{Bool}
\end{array}
$$

mit den folgenden Axiomen für alle $x \in \alpha \setminus \{\bot\}$ und $s \in \text{Stream } \alpha$:

$$
\begin{array}{ll}
\text{ft}(x \, \& \, s) & = x \\
\text{ft}(\langle \rangle) & = \bot \\
\bot \, \& \, s & = \langle \rangle \\
\text{rt}(x \, \& \, s) & = s \\
\text{rt}(\langle \rangle) & = \langle \rangle \\
\text{iseos}(\langle \text{eos} \rangle) & = \text{true} \\
\text{iseos}(x \, \& \, s) & = \text{false}
\end{array}
$$

Die dritte Gleichung modelliert folgende Regel: Soll das Ergebnis einer Berechnung übertragen werden, die nicht terminiert, so ist der Nachrichtenstrom zwangsläufig undefiniert, da das zu übertragende Element nicht als definiertes Element existiert. Für den undefinierten Strom $\langle \rangle$ gilt:

$$
\text{iseos}(\langle \rangle) \; = \; \bot
$$

Die Bezeichnung eos steht für engl. _end of stream_.

Ein partieller Strom $\langle d_1 \; d_2 \; \cdots \; d_n \rangle$ mit $d_i \in M$ für alle $i \in \mathbb{N}_+$ mit $i \leq n$ modelliert die Situation, bei der die Nachrichten $d_1, \ldots, d_n$ übertragen werden, aber die weitere Übertragung nicht definiert ist. Man beachte, dass auch Bool, die Sorte der Wahrheitswerte, neben true und false das Element $\bot$ enthält, das für „undefiniert" steht.

⚠ **Achtung**  Der Operator & ist nicht strikt (vgl. [Bro19]), sondern lediglich _linksstrikt_. Es gilt auf Grund der nicht gegebenen Rechtsstriktheit des &-Operators:

$$
\bot \, \& \, \langle 3 \rangle \; = \; \bot
$$
$$
1 \, \& \, 3 \, \& \, \bot \, \& \, 10 \, \& \, \cdots \; = \; 1 \, \& \, 3 \, \& \, \langle \rangle = \langle 1 \; 3 \rangle.
$$

Dabei verwenden wir die folgende Schreibweise

$$\langle a_1 \cdots a_n \rangle \stackrel{\text{def}}{=} a_1 \,\&\, (\cdots \& (a_n \,\&\, \langle \rangle)) \qquad (n \in \mathbb{N}_+, \; a_1, \ldots, a_n \in \alpha)$$

für den Strom der Sorte Stream $\alpha$, der aus den Elementen $a_1$ bis $a_n$ in dieser Reihenfolge besteht.                                                                                            ∎

Stellt man unendliche Ströme $x$ über der Menge $M$ als Abbildungen

$$\mathbb{N}_+ \to M$$

dar und endliche Sequenzen $x$ der Länge $n \in \mathbb{N}_0$ als Abbildungen

$$\{1, \ldots, n\} \to M$$

so liefert $x(i)$ für $i \in \mathbb{N}_+$ im Fall der unendlichen Ströme und für $1 \le i \le n$ im Fall der endlichen Sequenzen der Länge $n$ den $i$-ten Wert im Strom bzw. in der Sequenz. Mit #$s$ bezeichnen wir die Länge eines endlichen oder unendlichen Stroms.

Zwei Ströme $x$ und $y$ sind genau dann gleich, wir schreiben $x = y$, wenn

$$\#x = \#y$$
$$\land \;\; \forall \; n \in \mathbb{N}_+ \colon \; n \le \#x \Rightarrow x(n) = y(n)$$

Wir schreiben auch (etwas umständlicher) für $n \in \mathbb{N}_0$

$$\mathsf{ft}(\mathsf{rt}^{[n]}(x)) = x(n + 1)$$

wobei $\mathsf{rt}^{[n]}$ wie folgt definiert sei:

$$\mathsf{rt}^{[0]}(x) = x \quad \text{und} \quad \mathsf{rt}^{[n+1]}(x) = \mathsf{rt}^{[n]}(\mathsf{rt}(x)) \; (n \in \mathbb{N}_+).$$

Auf Strömen ist – wie auch auf Sequenzen – die Konkatenation[1] eine charakteristische Operation.

$$\frown \colon \; \text{Stream } \alpha \times \text{Stream } \alpha \to \text{Stream } \alpha \; ,$$

die durch die Gleichungen (wobei $s, s_1, s_2 \in \text{Stream } \alpha$ beliebig seien)

$$(x \,\&\, s_1) \frown s_2 = x \,\&\, (s_1 \frown s_2) \qquad (x \in \alpha)$$
$$(s_1 \frown s_2) \frown s = s_1 \frown (s_2 \frown s)$$
$$\langle \rangle \frown s = s \frown \langle \rangle = s$$
$$s_1 \in M^\omega \Rightarrow s_1 \frown s_2 = s_1$$
$$\langle \text{eos} \rangle \frown s = \langle \text{eos} \rangle$$

Ein Kanal überträgt sequenziell Nachrichten. Dadurch entsteht ein Strom von Nachrichten. Da ein Kanal prinzipiell in seiner Lebensdauer zeitlich nicht

---

[1] Wir verwenden statt des Zeichens ° für die Konkatenation auf Sequenzen das Zeichen ⌢ für die Konkatenation auf Strömen.

beschränkt ist, kann über ihn ein unendlicher Strom von Nachrichten übertragen
werden. Ein partieller Strom repräsentiert dann die Sequenz der Nachrichten,
die bis zu einem bestimmten Zeitpunkt übertragen werden. Er stellt somit eine
partielle Übertragung dar und kann um weitere Nachrichten ergänzt werden.
Dies wird durch die Präfixordnung zwischen Strömen $x$ und $y$ ausgedrückt:

$$x \sqsubseteq y$$

Die Präfixordnung ist wie folgt definiert:

$$x \sqsubseteq y \iff \exists z \in M^{*|\omega} : x \,\widehat{\phantom{x}}\, z = y$$

Diese Definition sagt aus, dass $y$ die gleiche Übertragungsfolge wie $x$ darstellt,
allerdings möglicherweise ergänzt um weitere Nachrichten. Für unendliche
Ströme $x$ gilt somit

$$x \sqsubseteq y \Rightarrow x = y$$

Der leere Strom $\langle\rangle$ stellt keinerlei Aussage über die übertragenen Daten dar.
Entsprechend gilt

$$\langle\rangle \sqsubseteq x$$

für alle Ströme $x$. Es gilt dann auch

$$a \,\&\, x \sqsubseteq b \,\&\, y \iff (a = b) \wedge x \sqsubseteq y$$

für alle $a, b \in \alpha$ mit $a \neq \bot \neq b$.

Eine etwas trickreiche Frage ist, welche Kommunikation durch den leeren
Strom $\langle\rangle$ dargestellt wird. Der Strom $\langle\rangle$ repräsentiert den nichtdefinierten Strom,
also ein Kommunikationsverhalten, bei dem bis zu einem beliebigen Zeitpunkt
keine Nachricht auftritt, bei dem aber im Gegensatz zum Strom $\langle\mathsf{eos}\rangle$ auch
keine Information vorliegt, die besagt, dass keine Nachricht mehr auftritt. Dies
entspricht einem Warten auf Nachrichten über einen Kanal, das unbeschränkt
lange andauert und nie zum Empfang einer Nachricht führt. Die Aussage „Der
Ausgabestrom ist $\langle\rangle$" entspricht damit der Aussage: Unbeschränktes Warten
auf eine Nachricht führt schließlich nicht zu einer Nachricht. Im Gegensatz
dazu steht der Strom $\langle\mathsf{eos}\rangle$ für die Aussage: Es werden definitiv keine weiteren Nachrichten übertragen, der Kanal wird geschlossen. Die Aussage „Der
Ausgabestrom ist $3 \,\&\, 4 \,\&\, \bot \,\&\, \cdots$" entspricht der Aussage: Die ersten beiden
Ausgaben sind 3 und 4, darüber hinaus treten keine weiteren Nachrichten auf.

Die Präfixordnung $\sqsubseteq$ ist in der Tat eine partielle Ordnung. Der undefinierte
Strom $\langle\rangle$ ist das kleinste Element in dieser Ordnung. Die Menge der Ströme hat
bezüglich der Präfixordnung noch eine weitere bemerkenswerte Eigenschaft:
Eine unendliche Kette hat die Form

$$\{s_i \in M^{*|\omega} : i \in \mathbb{N}_0\}$$

mit geeigneten Strömen $s_i$ ($i \in \mathbb{N}_0$), sodass $s_i \sqsubseteq s_{i+1}$ für alle $i \in \mathbb{N}_0$ gilt. Jede Kette hat eine kleinste obere Schranke. Die partiell geordnete Menge ($M^{*|\omega}$, $\sqsubseteq$) ist somit kettenvollständig[2] mit kleinstem Element $\langle\rangle$ und erfüllt damit die Voraussetzung zur Bildung von Fixpunkten für monotone Funktionen.

⚠ **Achtung**  Jeder unendlicher Strom $x$ kann als Grenzwert (kleinste obere Schranke) einer Kette endlicher Ströme $z$ dargestellt werden:

$$x = \sup\{z\colon z \sqsubseteq x \text{ und } z \text{ endlich}\} .$$

Man beachte den folgenden allgemein bekannten Fixpunktsatz: Jede monotone Funktion auf einer kettenvollständigen partiellen Ordnung hat einen kleinsten Fixpunkt [Mar76, Thm. 9(i)]. Daraus folgt die Existenz kleinster Fixpunkte für präfixmonotone Funktionen auf Strömen.  ∎

## 4.3 Stromverarbeitende Funktionen

Eine einfache Sicht auf das Schnittstellenverhalten interaktiver Systeme erhalten wir, wenn wir festlegen, dass ein System $n$ Eingänge und $m$ Ausgänge (Kanäle, Anschlüsse, auch engl. *ports*) (mit $n, m \in \mathbb{N}_0$) besitzt, für die Sorten festgelegt sind. Über jeden dieser Kanäle fließen Datenströme von Datenelementen der angegebenen Sorten.

Ein System stellen wir grafisch als einen Datenflussknoten durch ein Rechteck dar, wobei die Kanäle durch ein- und ausgehende Pfeile repräsentiert werden. Über die Eingänge und Ausgänge fließen Ströme von Nachrichten der entsprechenden Sorte, wobei jeder einzelne Ein/Ausgang (Kanal) diese Nachrichten streng sequenziell überträgt. Eine grafische Darstellung eines solchen Systems zeigt Abb. 4.2.

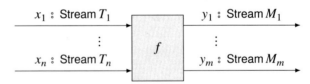

**Abb. 4.2** Syntaktische Schnittstelle eines Systems mit Ein- und Ausgabekanälen in Form eines Datenflussknotens

Diese Vorstellung vom Verhalten eines Systems wird durch stromverarbeitende Funktionen modelliert. Das Verhalten eines deterministischen Systems entspricht einer Funktion

---

[2] Eine partiell geordnete Menge heißt *kettenvollständig*, wenn jede Kette ein Supremum in der partiellen Ordnung hat.

$$f: \quad \text{Stream } T_1, \dots, \text{Stream } T_n \quad \to \quad \text{Stream } M_1, \dots, \text{Stream } M_m \quad (4.1)$$

wobei $T_1, \dots, T_n$ und $M_1, \dots, M_m$ die Sorten der Datenströme sind, die über die Ein- und Ausgänge fließen.

Stromverarbeitende Funktionen heißen auch Datenflussfunktionen. Die grafische Darstellung einer stromverarbeitenden Funktion wie in Abb. 4.2 wird *Datenflussknoten* genannt. Datenflussknoten treten als Knoten in Datenfluss-  *Datenflussknoten* graphen auf, die Kanten entsprechen dann Strömen (s. Abb. 5.6). Abb. 4.2 stellt die Funktion $f$ als Datenflussknoten dar. Oft nennt man die Funktion $f$ auch Datenflussknoten. Wir schreiben dafür auch unter Einführung von Namen für die Ausgabeströme

$$\textbf{fct } f = (x_1 : \text{Stream } T_1, \dots, x_n : \text{Stream } T_n)$$
$$(y_1 : \text{Stream } M_1, \dots, y_m : \text{Stream } M_m)$$

Dann können wir das Verhalten einer solchen Funktion auch durch logische Ausdrücke beschreiben, die auf $x_1, \dots, x_n$ und $y_1, \dots, y_n$ Bezug nehmen. Wir geben ein einfaches Beispiel an:

$$\textbf{fct } \text{arithm} = (x, z : \text{Stream Nat}) \, (y1, y2 : \text{Stream Nat}) :$$
$$y1 : \text{Stream Nat} = \text{sadd}(x, z)$$
$$\wedge \; y2 : \text{Stream Nat} = \text{smult}(x, z)$$

Die Funktionen sadd und smult werden nachstehend in Beispielen beschrieben.

Datenflusssysteme lesen Schritt für Schritt ihre Eingaben (die Elemente ihrer Eingabeströme) und erzeugen Schritt für Schritt die Ausgaben (die Elemente der Ausgabeströme). Stimmen in zwei Sätzen von Eingabeströmen die jeweiligen Anfangssequenzen überein, so stimmen in den Ausgabeströmen ebenfalls die entsprechende Anfangssequenzen überein (Prinzip der Präfixmonotonie). Formal nehmen wir deshalb an, dass die Resultate der Funktion $f$, die das Verhalten eines Systems beschreibt, im Sinne der Präfixordnung monoton und stetig von der Eingabe von $f$ abhängen.

Formal wird die Monotonie einer stromverarbeitenden Funktion genauso wie die Monotonie einer jeden anderen Funktion definiert (vgl. Fußnote 8 in Kap. 2), wobei wir als partielle Ordnung auf den Strömen die Präfixordnung nehmen und als partielle Ordnung auf dem Definitionsbereich und als partielle Ordnung auf dem Wertebereich einer stromverarbeitenden Funktion jeweils die entsprechenden komponentenweisen partiellen Ordnungen[3] nehmen. Die Monotonie ist, wie wir später sehen werden, eine wesentliche Eigenschaft, um bei der Komposition von Systemen mit Rückkopplungskanälen die Verhaltensfunktion festzulegen.

---

[3] Gegeben eine Indexmenge $I$ und partiell geordnete Mengen $(X_i, \leq_i)$ für alle $i \in I$, ist die *komponentenweise partielle Ordnung* auf dem Produkt $\prod_{i \in I} X_i$ durch $v \sqsubseteq v' \overset{\text{def}}{\Longleftrightarrow} (v_i \leq_i v'_i$ für alle $i \in I)$ für alle $v, v' \in \prod_{i \in I} X_i$ definiert.

Das Prinzip der schrittweisen Berechnung wird durch das Konzept der Stetigkeit erfasst. Eine Funktion $f: X \to Y$ zwischen kettenvollständigen partiellen

*Stetig*   Ordnungen $X$ und $Y$ heißt *stetig*, wenn

$$\sup f(N) = f(\sup N)$$

für alle in der Präfixordnung aufsteigenden Ketten[4] $N \subseteq X$ gilt; dabei wird

$$f(N) \stackrel{\text{def}}{=} \{f(x): x \in N\}$$

für das punktweise Bild der Menge $N$ unter $f$ geschrieben. Anschaulich gesprochen ist eine Funktion also genau dann stetig, wenn das Supremum mit der Funktionsanwendung auf aufsteigenden Ketten kommutiert[5]. Man bemerke, dass die komponentenweise partielle Ordnung auf einem Produkt von kettenvollständigen partiell geordneten Mengen selbst kettenvollständig ist; daher ist die Stetigkeit (und somit auch die Nichtstetigkeit) der Funktionen der Form (4.1) wohldefiniert.

Wird die Funktion $f$ als präfixmonoton und präfixstetig vorausgesetzt, bedeutet dies, dass aufgrund der Monotonie eine Verlängerung der Eingabeströme höchstens zu einer Verlängerung der Ausgabeströme führen kann und aufgrund der Stetigkeit die Ausgabeströme als Grenzwerte der Ausgaben auf beliebig große endliche Präfixen der Eingaben festgelegt sind.

☼ *Beispiel 4.3.1 (Einfache stromverarbeitende Funktionen (Datenflussfunktionen))*

(1) Kommunikationspuffer

$$\textbf{sort } \text{Item} = \{\checkmark\}$$

**fct** buffer = $(b :$ Stream Data, $r :$ Stream Item) Stream Data
  **if** $\text{ft}(r) = \checkmark$ **then** $\text{ft}(b)$ & buffer$(\text{rt}(b), \text{rt}(r))$ **else** $\langle\rangle$ **fi**

(2) Die Funktion

$$\text{rt}: \text{Stream } \alpha \to \text{Stream } \alpha$$

wie in Abschn. 4.2 beschrieben.

(3) Elementweise Addition von Strömen von Zahlen
  Die folgende Funktion dient der elementweisen Addition der Elemente zweier Zahlenströme

**fct** sadd = $(s1, s2 :$ Stream Nat) Stream Nat:
  $(\text{ft}(s1) + \text{ft}(s2))$ & $\text{sadd}(\text{rt}(s1), \text{rt}(s2))$

---

[4] In einer partiell geordneten Menge nennen wir eine Kette $N$ *aufsteigend*, wenn es eine monotone Surjektion (surjektive Abbildung) von den natürlichen Zahlen auf $N$ gibt.

[5] Für den Leser mit mathematischem Hintergrund: Diese Definition ist analog zu einer Definition von Stetigkeit auf metrischen Räumen, bei der man einen Grenzwert statt eines Supremums bildet.

Die Funktion sadd kann als Beschreibung des Schnittstellenverhaltens eines Addierwerks verstanden werden, das auf Strömen von Zahlen arbeitet.

(4) Summation

Die folgende Funktion sum bildet einen Strom auf den Strom der Summe seiner Präfixe ab.

**fct** sum = ($s$ ⦂ Stream Nat) Stream Nat:

$$\text{ft}(s) \ \& \ \text{sum}\big((\text{ft}(s) + \text{ft}(\text{rt}(s))) \ \& \ \text{rt}(\text{rt}(s))\big)$$

Eine andere Beschreibung der Funktion sum erhalten wir durch Einführung der Hilfsfunktion

**fct** sumk = ($n$ ⦂ Nat, $s$ ⦂ Stream Nat) Stream Nat:

$$n \ \& \ \text{sumk}(n + \text{ft}(s), \text{rt}(s))$$

und durch die Gleichung

$$\text{sum}(s) \ = \ \text{sumk}(\text{ft}(s), \text{rt}(s))$$

Man beachte die besondere Form der Rekursion in der Spezifikation der Funktion sumk. Wir illustrieren die Auswertung der Funktion sum kurz. Nehmen wir einen einfachen Fall: Wir betrachten einen endlichen Strom

$$s \ = \ \langle 1\ 2\ 3\ 4\ 5\ 6\ 7 \rangle.$$

Die Summe aller Elemente dieses Stroms ist

$$1 + 2 + 3 + 4 + 5 + 6 + 7 = \frac{(1 + 7) \cdot 7}{2} = 28$$

Berechnen wir zuerst den Strom $s$ mit der Funktion sum:

$$
\begin{aligned}
\text{sum}(s) \ &= \text{ft}(s) \ \& \ \text{sum}\big((\text{ft}(s) + \text{ft}(\text{rt}(s))) \ \& \ \text{rt}(\text{rt}(s))\big) \\
&= 1 \ \& \ \text{sum}(3 \ \& \ \langle 3\ 4\ 5\ 6\ 7 \rangle) \\
&= 1 \ \& \ 3 \ \& \ \text{sum}(6 \ \& \ \langle 4\ 5\ 6\ 7 \rangle) \\
&= 1 \ \& \ 3 \ \& \ 6 \ \& \ \text{sum}(10 \ \& \ \langle 5\ 6\ 7 \rangle) \\
&= 1 \ \& \ 3 \ \& \ 6 \ \& \ 10 \ \& \ \text{sum}(15 \ \& \ \langle 6\ 7 \rangle) \\
&= 1 \ \& \ 3 \ \& \ 6 \ \& \ 10 \ \& \ 15 \ \& \ \text{sum}(21 \ \& \ \langle 7 \rangle) \\
&= 1 \ \& \ 3 \ \& \ 6 \ \& \ 10 \ \& \ 15 \ \& \ 21 \ \& \ \text{sum}(28 \ \& \ \langle \rangle)
\end{aligned}
$$

$$
\left[
\begin{aligned}
&\text{da } \text{sum}(28 \ \& \ \langle \rangle) = 28 \ \& \ \text{sum}((28 + \text{ft}(\langle \rangle)) \ \& \ \text{rt}(\langle \rangle)) \\
&\ = 28 \ \& \ \text{sum}((28 + \bot) \ \& \ \langle \rangle) = 28 \ \& \ \langle \rangle
\end{aligned}
\right]
$$

$$
\begin{aligned}
&= 1 \ \& \ 3 \ \& \ 6 \ \& \ 10 \ \& \ 15 \ \& \ 21 \ \& \ 28 \ \& \ \langle \rangle \\
&= \langle 1\ 3\ 6\ 10\ 15\ 21\ 28 \rangle
\end{aligned}
$$

Berechnen wir jetzt den gleichen Strom $s$ mit der Funktion sumk:

$$\begin{aligned}
\text{sumk}(\text{ft}(s), \text{rt}(s)) \ &= \ \text{sumk}(1, \langle 2\ 3\ 4\ 5\ 6\ 7\rangle) \\
&= \ 1\ \&\ \text{sumk}(3, \langle 3\ 4\ 5\ 6\ 7\rangle) \\
&= \ 1\ \&\ 3\ \&\ \text{sumk}(6, \langle 4\ 5\ 6\ 7\rangle) \\
&= \ 1\ \&\ 3\ \&\ 6\ \&\ \text{sumk}(10, \langle 5\ 6\ 7\rangle) \\
&= \ 1\ \&\ 3\ \&\ 6\ \&\ 10\ \&\ \text{sumk}(15, \langle 6\ 7\rangle) \\
&= \ 1\ \&\ 3\ \&\ 6\ \&\ 10\ \&\ 15\ \&\ \text{sumk}(21, \langle 7\rangle) \\
&= \ 1\ \&\ 3\ \&\ 6\ \&\ 10\ \&\ 15\ \&\ 21\ \&\ \text{sumk}(28, \langle\rangle)
\end{aligned}$$

$$\left[ \begin{aligned}
&\text{da sumk}(28, \langle\rangle) = 28\ \&\ \text{sumk}(28 + \text{ft}(\langle\rangle), \text{rt}(\langle\rangle)) \\
&= 28\ \&\ \text{sumk}(28 + \bot, \langle\rangle) = 28\ \&\ \langle\rangle
\end{aligned} \right]$$

$$\begin{aligned}
&= \ 1\ \&\ 3\ \&\ 6\ \&\ 10\ \&\ 15\ \&\ 21\ \&\ 28\ \&\ \langle\rangle \\
&= \ \langle 1\ 3\ 6\ 10\ 15\ 21\ 28\rangle
\end{aligned}$$

Schließlich kommen wir zu dem Ergebnis

$$\begin{aligned}
&\text{sumk}(1, \langle 2\ 3\ 4\ 5\ 6\ 7\rangle) \\
&= \ \langle 1\ 3\ 6\ 10\ 15\ 21\ 28\rangle \\
&= \ \text{sum}(\langle 1\ 2\ 3\ 4\ 5\ 6\ 7\rangle)
\end{aligned}$$

Wir erkennen, dass $\text{sum}(s) = \text{sumk}(0, s)$ gilt. Formal lässt sich diese Aussage durch Induktion beweisen.

(5) Elementweise Multiplikation der Werte zweier Ströme von Zahlen
Die folgende Funktion dient der elementweisen Multiplikation der Werte zweier Ströme von Zahlen:

**fct** smult = $(s1, s2 \ \colon \ \text{Stream Nat}) \ \text{Stream Nat} \colon$
$(\text{ft}(s1) * \text{ft}(s2)) \ \&\ \text{smult}(\text{rt}(s1), \text{rt}(s2))$

(6) Den unendlichen aufsteigenden Strom aller natürlichen Zahlen $\geq n$ können wir durch den Aufruf enum(0) generieren. Dabei sei die Funktion enum wie folgt definiert:

**fct** enum = $(n \ \colon \ \text{Nat}) \ \text{Stream Nat} \colon n\ \&\ \text{enum}(\text{succ}(n))$

(7) Filtern
Das Filtern von Datenelementen in einem System kann durch die Funktion

$$\text{filter} \colon \ (c \ \colon \ \text{Stream Bool}, \ s \ \colon \ \text{Stream Data}) \ \text{Stream Data}$$

mit den Axiomen

$$\begin{aligned}
\text{filter}(\text{true}\ \&\ c, s) \ &= \ \text{ft}(s)\ \&\ \text{filter}(c, \text{rt}(s)) \\
\text{filter}(\text{false}\ \&\ c, s) \ &= \ \text{filter}(c, \text{rt}(s))
\end{aligned}$$

beschrieben werden. Der boolesche Eingabestrom steuert das Verhalten der Funktion filter. Der Wahrheitswert true bewirkt die Weitergabe des auf $s$ empfangenen Wertes. Der Wahrheitswert false bewirkt das Löschen des Wertes im Strom $s$.

(8) Differenzieren auf Strömen

Ströme von natürlichen Zahlen können als diskretes Gegenstück zu kontinuierlichen Funktionen auf reellen Zahlen aufgefasst werden. Das Konzept des Differenzierens (Berechnen der Ableitung einer stetigen Funktion auf reellen Zahlen) können wir auf Ströme von ganzen (oder auch reellen[6]) Zahlen übertragen.

$$\text{diff} : \text{Stream Int} \rightarrow \text{Stream Int}$$

spezifiziert durch

$$\text{diff}(x \,\&\, y \,\&\, s) \;=\; (y - x) \,\&\, \text{diff}(y \,\&\, s)$$

Auch die Integration ist übertragbar:

$$\text{integ} : \text{Int}, \text{Stream Int} \rightarrow \text{Stream Int}$$

spezifiziert durch

$$\text{integ}(z, \, x \,\&\, s) \;=\; z \,\&\, \text{integ}(z + x, \, s)$$

Beide Funktionen sind zueinander invers:

$$\text{integ}(x, \text{diff}(x \,\&\, y \,\&\, s))$$
$$= \text{integ}(x, \, (y - x) \,\&\, \text{diff}(y \,\&\, s))$$
$$= x \,\&\, \text{integ}(y, \text{diff}(y \,\&\, s))$$

woraus mithilfe von Induktion

$$\text{integ}(\text{ft}(s), \text{diff}(s)) \;=\; s$$

folgt.

Analog lässt sich ein beträchtlicher Teil der Integral- und Differentialrechnung für kontinuierliche Funktionen auf Ströme übertragen.  ∎

Wie in Abb. 4.2 schematisch dargestellt, können stromverarbeitende Funktionen immer als Datenflussknoten aufgefasst werden (s. Abb. 4.3).

Datenflussknoten können zu Datenflussnetzen komponiert werden. Umfangreiche Beispiele finden sich in Kap. 5. Für ein einfaches Beispiel s. Abb. 4.4.

Die Beispiele zeigen die Reichhaltigkeit und Ausdrucksmächtigkeit der Theorie der Datenströme. Das vorletzte Beispiel zeigt bereits, dass auch Kom-

---

[6] Für den Leser mit mathematischem Hintergrund: Streng genommen werden hier lediglich die Eigenschaften einer abelschen Gruppe genutzt.

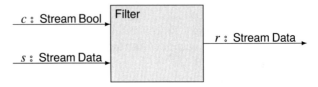

**Abb. 4.3** Funktion filter aus Beispiel 4.3.1 (7) als Datenflussknoten

ponenten mit gekapselten Zuständen als stromverarbeitende Funktion beschreibbar sind. Wir geben noch ein weiteres, etwas komplizierteres Beispiel.

*Beispiel 4.3.2 (Warteschlange)* Auch eine Komponente, die zur Verwaltung einer Warteschlange dient, kann als stromverarbeitende Funktion

$$q\colon \text{Stream } M \;\to\; \text{Stream } M$$

modelliert werden. Dies erfolgt über die charakteristischen Axiome. Zunächst führen wir die Sorte der Nachrichten ein:

$$\textbf{sort } M \;=\; \text{Data} \cup \{\text{req}\}$$

Das Signal req kennzeichnet die Anforderung, das nächste Element in der Warteschlange auszugeben.

$$q(\langle d\rangle \,\widehat{\;}\, z \,\widehat{\;}\, \langle\text{req}\rangle \,\widehat{\;}\, x) \;=\; \langle d\rangle \,\widehat{\;}\, q(z\,\widehat{\;}\,x) \;\Leftarrow\; z \in \text{Data}^*$$
$$q(z) \;=\; \langle\rangle \;\Leftarrow\; z \in \text{Data}^*$$

Durch diese Gesetze wird die Funktion $q$ nicht eindeutig beschrieben. Die Gesetze lassen die Funktion $q$ unterspezifiziert. Es wird beispielsweise für das Ergebnis von $q(\text{req} \,\&\, x)$ nichts festgelegt. Genau gesagt, wird das Verhalten der Funktion $q$ nur für eine Teilmenge der Eingabeströme festgelegt. Diese Teilmenge kann man genau beschreiben. Wir kommen darauf unter dem Stichwort Annahmen zurück.  ∎

Das Beispiel zeigt bereits, wie durch einfache Gleichungsaxiome für Ströme und stromverarbeitende Funktionen interaktive Systeme beschrieben werden können. Die Präfixmonotonie stellt die Existenz von kleinsten Fixpunkten für stromverarbeitende Funktionen sicher. Somit können wir unendliche Ströme durch rekursive Gleichungen beschreiben.

*Beispiel (Rekursive Gleichungen für Ströme)*

(1) Wir betrachten die rekursive Gleichung (Deklaration des Stroms $s$):

$$\text{Stream Nat } s \;=\; 1 \,\&\, s \tag{4.2}$$

Der einzige Strom, der diese Gleichung erfüllt, ist der unendliche Strom, der nur den Wert 1 und den unendlich oft enthält. Es gilt $s = \langle 1\;1\;1\;\cdots\rangle$.

Man beachte, dass $1 \mathbin{\&} \langle\rangle \neq \langle\rangle$ gilt. Wäre der Operator & strikt und würde somit $1 \mathbin{\&} \langle\rangle = \langle\rangle$ gelten, wäre der undefinierte Strom $\langle\rangle$ die kleinste Lösung (der kleinste Fixpunkt) von (4.2).

(2) Sei die Funktion sum wie oben spezifiziert. Die Gleichung

$$\text{Stream Nat } s \;=\; \text{sum}(1 \mathbin{\&} s)$$

hat folgende Lösung (berechnet durch Auffalten)

$$
\begin{aligned}
s \\
&= \text{sum}(1 \mathbin{\&} s) \\
&= 1 \mathbin{\&} \text{sum}((1 + \text{ft}(\text{rt}(1 \mathbin{\&} s))) \mathbin{\&} \text{rt}(\text{rt}(1 \mathbin{\&} s))) \\
&= 1 \mathbin{\&} \text{sum}((1 + \text{ft}(s)) \mathbin{\&} \text{rt}(s)) \\
[\text{da ft}(s) = 1] \\
&= 1 \mathbin{\&} \text{sum}((1 + 1) \mathbin{\&} \text{rt}(s)) \\
&= 1 \mathbin{\&} 2 \mathbin{\&} \text{sum}((2 + \text{ft}(\text{rt}(s))) \mathbin{\&} \text{rt}(\text{rt}(s))) \\
&= 1 \mathbin{\&} 2 \mathbin{\&} \text{sum}(3 \mathbin{\&} \text{rt}(\text{rt}(s))) \\
&= \cdots
\end{aligned}
$$

Wir erkennen, dass wir für $s$ den Strom aller partiellen Summen des Stroms $1 \mathbin{\&} 1 \mathbin{\&} 1 \mathbin{\&} \cdots$ erhalten und damit den Strom $1 \mathbin{\&} 2 \mathbin{\&} 3 \mathbin{\&} \cdots$ aller positiven natürlichen Zahlen. ∎

Das Beispiel zeigt, wie sich unendliche Ströme als Fixpunkte durch Rekursion definieren lassen und wie einfach wir auch mit unendlichen Strömen Rechnungen durchführen und Algorithmen formulieren können. Auch die Struktur von Systemen können wir durch Ströme und stromverarbeitende Funktionen beschreiben, wie das folgende Beispiel zeigt.

**Beispiel 4.3.3 (Erzeuger/Verbraucher mit Strömen)** Sei Box eine Sorte zur Speicherung von Elementen, in unserem Beispiel zur Speicherung der verbrauchten Elementen. Mit den beiden Funktionen

```
fct produce  = (x ⦂ Product) Stream Product:
                 if last_product(x) then x & ⟨eos⟩
                                     else x & produce(next_product(x))
                 fi
fct consume  = (y ⦂ Stream Product, z ⦂ Box) Box:
                 if iseos(y) then z
                             else consume(rt(y), put_in_box(ft(y), z))
                 fi
```

erhalten wir zwei Beschreibungen von stromverarbeitenden Systemen. Dabei seien put_in_box und next_product vorgegebene Funktionen und last_product ein gegebenes Prädikat.

Sei $b$ der Zustand der Box zu Beginn und $x_0$ ein gegebener Eingabestrom. Wir können die Funktionen in folgenden Deklarationen von Strömen verwenden:

$$\text{Stream Product } y \; = \; \text{produce}(x_0)$$
$$\text{Box } b \; = \; \text{consume}(y, \text{emptybox}) \tag{4.3}$$

Dies modelliert eine Erzeuger-/Verbrauchersituation durch Ströme.                ∎

Eine berühmte Aufgabe für die Programmierung ist das Sieb des Eratosthenes zur Berechnung der Folge aller Primzahlen in aufsteigender Reihenfolge. Sie lässt sich elegant mit Strömen lösen.

💡 *Beispiel (Das Sieb des Eratosthenes)* Den unendlichen Strom aller Primzahlen bezeichnen wir durch den Strom

$$eratosthenes$$

der durch
$$\text{Stream Nat } eratosthenes \; = \; \text{sieve}(\text{enum}(2))$$

definiert sei, wobei enum in Beispiel 4.3.1(6) definiert wurde und sieve rekursiv durch die Deklaration

**fct** sieve $= (s : \text{Stream Nat})$ Stream Nat:
$$\text{ft}(s) \; \& \; \text{sieve}\big(\text{elim}(\text{ft}(s), \text{rt}(s))\big)$$

gegeben ist. Die Hilfsfunktion elim eliminiert im Aufruf $\text{elim}(n, s)$ im Strom $s$ alle Zahlen, die durch die Zahl $n$ teilbar sind. Sie ist durch folgende Deklaration gegeben:

**fct** elim $= (n : \text{Nat}, \; s : \text{Stream Nat})$ Stream Nat:
    **if** $n$ divides $\text{ft}(s)$ **then** $\text{elim}(n, \text{rt}(s))$
                        **else** $\text{ft}(s) \; \& \; \text{elim}(n, \text{rt}(s))$
    **fi**

Dabei liefert $n$ divides $m$ den Wert true, wenn $n$ ein Teiler von $m$ ist und sonst false. Dies ergibt eine sehr einfache, knappe, elegante Formulierung des Programms zur Berechnung des Siebs des Eratosthenes.                ∎

Dieses einfache Beispiel zeigt bereits die Mächtigkeit der Ausdrucksmittel beim Einsatz von stromverarbeitenden Funktionen. Neben Berechnungen von nicht abbrechenden, unendlichen Folgen von Werten können stromverarbeitende Funktionen für die Modellierung des Ein-/Ausgabeverhaltens verteilter Systeme eingesetzt werden.

Ströme eignen sich nicht nur zur Formulierung von Algorithmen, sondern auch zur Modellierung von Systemstrukturen wie dem Zusammenwirken von Benutzer und System in einem Dialog.

💡 *Beispiel (Nutzer und System als stromverarbeitende Funktionen)* Das Verhalten des Benutzers eines Systems und das Verhalten des Systems selbst entsprechen den Funktionen:

**fct** user = ($s$ : Stream Output, $t$ : Userstate) Stream Input :
       **if** enough$(\text{ft}(s), t)$ **then** $\langle\text{eos}\rangle$
                     **else** newinput$(\text{ft}(s), t)$ &
                            user$\big(\text{rt}(s), \text{newuserstate}(\text{ft}(s), t)\big)$
   **fi**

**fct** system = ($s$ : Stream Input, $t$ : Systemstate) Stream Output :
        **if** iseos$(s)$ **then** $\langle\text{eos}\rangle$
                    **else** newoutput$(\text{ft}(s), t)$ &
                    system$\big(\text{rt}(s), \text{newsystemstate}(\text{ft}(s), t)\big)$
    **fi**

Das Zusammenwirken von Nutzer und System definieren die verschränkt rekursiven Gleichungen für die beiden auftretenden Ströme:

Stream Output *systemoutput* = system(*userinput*, *initialsystemstate*)
Stream Input *userinput* = initialinput & user(*systemoutput*, *initialuserstate*)

Dieses Zusammenwirken von durch stromverarbeitende Funktionen beschriebenen Systemen kann grafisch durch ein Datenflussdiagramm dargestellt werden, wie es in Abb. 4.4 gegeben ist. Die Kanten repräsentieren Datenströme.

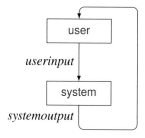

**Abb. 4.4** Datenflussnetz für Nutzer und Programm        ■

Das Zusammenwirken zwischen Nutzer und Programm ist ein einfaches Beispiel eines verteilten Systems, das aus zwei Teilsystemen (Komponenten) zusammengesetzt – komponiert – ist. In ähnlicher Weise wie im obigen Beispiel können wir stets das Zusammenwirken von Systemen modellieren und auch grafisch darstellen. In der Praxis werden dazu Datenflussdiagramme verwendet. Dieses Thema behandeln wir ausführlicher im Kap. 5 unter dem Stichwort Struktursicht und Architektursicht.

Beispiele für stromverarbeitende Funktionen finden wir auch unter anderem im Zusammenhang mit booleschen Schaltwerken. Selbst Schaltwerke können wir als Komponenten, sprich Datenflussknoten, darstellen, die auf Strömen von booleschen Werten arbeiten.

## 4.4 Spezifikation von Strömen

Mit Strömen können wir den Datenfluss zwischen Systemen beschreiben. Eine Spezifikation eines Stroms über einer vorgegebenen Grundmenge kann im Prinzip mit den gleichen Konzepten erfolgen, die für die Beschreibung sequenzieller Programme verwendet werden. Wie vielfältig die Möglichkeiten der logischen Beschreibung von Strömen sind, demonstrieren wir an einfachen Beispielen.

✧ *Beispiel 4.4.1 (Der Strom der natürlichen Zahlen)* Wir beschreiben den Strom $s$ der natürlichen Zahlen in aufsteigender Folge durch eine Reihe unterschiedlicher Techniken. Beispiele sind:

(1) $\text{ft}(s) = 0 \wedge$
      $\forall \; r \in \text{Seq Nat}, \, n \in \text{Nat}: \; r \,\hat{}\, \langle n \rangle \sqsubseteq s \Rightarrow r \,\hat{}\, \langle n \rangle \,\hat{}\, \langle n+1 \rangle \sqsubseteq s$
(2) $s = 0 \;\&\; \text{ssucc}(s)$,
    wobei
    **fct** ssucc  =  $(s \, \colon \text{Stream Nat}) \, \text{Stream Nat}: \; \text{succ}(\text{ft}(s)) \;\&\; \text{ssucc}(\text{rt}(s))$
(3) $s = f(0)$,
    wobei
    **fct** $f$  =  $(n \, \colon \text{Nat}) \, \text{Stream Nat}: \; n \;\&\; f(n + 1)$
(4) $\forall \, i \in \text{Nat}: \; \text{itrest}(s, i) = i$,
    wobei

    **fct** itrest = $(s \, \colon \text{Stream Nat}, \, i \, \colon \text{Nat}) \, \text{Nat}:$
        **if** $i = 0$ **then** $\text{ft}(s)$
                **else** $\text{itrest}(\text{rt}(s), \, i - 1)$
    **fi**

Dies spezifiziert eine Funktion itrest, die iteriert die Restfunktion anwendet. ∎

Oft ist es nötig, bestimmte Eigenschaften von Strömen zu beschreiben, die wir für Ausgabeströme eines Systems fordern oder für die Eingabeströme einer Komponente voraussetzen, damit diese korrekt arbeitet. Wir führen für die Spezifikation von Strömen geeignete Hilfsoperatoren ein.

Eine typische Hilfsfunktion für die Spezifikation von Strömen ist die Längenfunktion

$$\# \, \colon \; \text{Stream} \; \alpha \;\; \rightarrow \;\; \text{NatInf}$$

mit

$$\#\langle \rangle \quad\;\; = 0$$
$$\#(x \;\&\; s) = 1 + \# s \qquad (x \in \alpha, \; x \neq \bot)$$

Dabei ist NatInf die Rechenstruktur der natürlichen Zahlen mit Unendlich. Die Rechenstruktur wird in Spezifikation 4.1 beschrieben. Man beachte, dass die Operation # nicht strikt und nicht monoton ist. Sie dient Spezifikationszwecken.

**SPEC** NATINF = {
  **based_on** BOOL
  **sort** NatInf

  $0, \infty$:      NatInf
  pred, succ:  NatInf $\to$ NatInf
  iszero:      NatInf $\to$ Bool
  $\cdot + \cdot, \ \cdot * \cdot$:  NatInf, NatInf $\to$ NatInf *Infix*

  NatInf **generated_by** $0$, succ, $\infty$

  iszero$(0)$ = true
  iszero$(\text{succ}(x))$ = false

  $x \neq \infty \ \Rightarrow \ \text{pred}(\text{succ}(x)) = x$
  $\neg(\textbf{DEF}[\text{pred}(\infty)])$
  $\text{succ}(\infty) = \infty$

  $0 + y = y$
  $x + \text{succ}(y) = \text{succ}(x + y)$
  $\infty + y = \infty$
  $y + \infty = \infty$

  $y \neq \infty \ \Rightarrow \ 0 * y = 0$
  $\neg(\textbf{DEF}[0 * \infty])$
  $\neg(\textbf{DEF}[\infty * 0])$
  $\text{succ}(x) * y = y + (x * y)$
  $\infty * \text{succ}(y) = \infty$
  $\text{succ}(x) * \infty = \infty$
}

**Spezifikation 4.1** Algebraische Spezifikation NATINF für die natürlichen Zahlen erweitert um das Symbol $\infty$ für Unendlich und das universelle Fehlerelement $\bot$. Die Semantik der Spezifikationstechnik ist in [Bro19] erklärt. Wie dort beschrieben, stehen die Formeln **DEF**$[t]$ für $t \neq \bot$ (für alle Terme $t$).

Eine weitere typische Funktion ist die Filterfunktion

$$\cdot \, \copyright \, \cdot : \ \ \text{Set} \, \alpha \, , \ \text{Stream} \, \alpha \ \to \ \text{Stream} \, \alpha$$

(das Symbol $\copyright$ ist ein umringtes Teilmengensymbol), das wie folgt spezifiziert wird:

$$M \copyright \langle \rangle \quad = \langle \rangle$$

$$M \copyright (x \, \& \, s) = \begin{cases} M \copyright s, & \text{falls } x \notin M \ \wedge \ x \neq \bot \\ x \, \& \, (M \copyright s), & \text{falls } x \in M \ \wedge \ x \neq \bot \end{cases}$$

Wir schreiben auch

$$M \, \# \, x \quad \text{für} \quad \#(M \copyright x)$$
$$a \, \# \, x \quad \text{für} \quad \{a\} \, \# \, x$$

## 4.5 Spezifikation stromverarbeitender Funktionen

Wie allgemein Funktionen lassen sich stromverarbeitende Funktionen mithilfe folgender Techniken beschreiben:

(1) rekursive Definitionen,
(2) Gleichungsformeln,
(3) Zusicherungen in Form allgemeiner Prädikate über Eingabe- und Ausgabeströme (einschließlich der Nutzung temporaler Logik).

Nichtdeterministische Komponenten (Knoten in einem Datenflussgraphen) lassen sich durch Mengen von stromverarbeitenden Funktionen oder durch mengenwertige Funktionen beschreiben.

⚙ *Beispiel (Spezifikation stromverarbeitender Funktionen)* Wir geben zwei Versionen von Spezifikationen für eine Funktion

$$f : \text{Stream Nat}, \text{Set Nat} \to \text{Stream Nat}$$

an, die durch den Aufruf $f(s, m)$ jedes zweite Vorkommen eines Elements $x$ im Strom $s$, falls $x \in m$, löscht und falls $x \notin m$, das erste Vorkommen und im restlichen Strom jedes zweite.

(1) Rekursive Definition

> **fct** $f$ = $(s : \text{Stream Nat}, m : \text{Set Nat})$ Stream Nat :
> > **if** $\text{ft}(s) \in m$ **then** $\text{ft}(s) \,\&\, f(\text{rt}(s), m \setminus \{\text{ft}(s)\})$
> > > **else** $f(\text{rt}(s), m \cup \{\text{ft}(s)\})$
> **fi**

(2) Spezifikation durch Zusicherungen und Gleichungen

$$x \in m \;\Rightarrow\; f(x \,\&\, s, m) \;=\; x \,\&\, f(s, m \setminus \{x\})$$
$$x \notin m \;\Rightarrow\; f(x \,\&\, s, m) \;=\; f(s, m \cup \{x\}) \qquad\qquad ■$$

Die Beschreibung komplexer stromverarbeitender Funktionen kann äußerst schwierig sein. Dies ist nicht erstaunlich, da sich über stromverarbeitende Funktionen im Prinzip die ganze Vielfalt des Schnittstellenverhaltens inter-aktiver Systeme beschreiben lässt. Wichtig dabei ist die für das betrachtete Schnittstellenverhalten geschickte Wahl der Beschreibungstechnik und des Spezifikationsstils.

⚙ *Beispiel 4.5.1 (Spezifikation stromverarbeitender Funktionen)*

(1) *Mischfunktion*
   Eine Mischfunktion dient dazu, zwei Ströme in einen Strom zusammenzu-mischen. Sie ist wie folgt beschrieben:

$$\text{merge} : \text{Stream } \alpha, \text{Stream } \alpha \to \text{Stream } \alpha$$

Die charakteristischen Gleichungen sind nachfolgend angegeben:

$$\mathsf{merge}(x, y) \;=\; \mathsf{ft}(x) \;\&\; \mathsf{merge}(\mathsf{rt}(x), y)$$
$$\vee \;\; \mathsf{merge}(x, y) \;=\; \mathsf{ft}(y) \;\&\; \mathsf{merge}(x, \mathsf{rt}(y))$$

Diese Formel beschreibt die Mischfunktion nicht eindeutig. Mit anderen Worten, es existieren viele Funktionen, die alle die obige Gleichung erfüllen. Jede dieser Funktionen verdient die Bezeichnung Mischfunktion. Sind beide Eingabeströme unendlich, so erzeugt jede Mischfunktion einen unendlichen Strom. Allerdings ist eine so spezifizierte Mischfunktion nicht notwendigerweise „fair", denn im Extremfall werden nur die Elemente eines der beiden Ströme berücksichtigt. Weiterhin kann eine Funktion, die die Gesetze von merge erfüllt, einen endlichen Strom liefern, selbst wenn einer der Ströme endlich ist, wenn nur einer der Parameter ein unendlicher Strom ist. Das Mischen ist fair, wenn alle Elemente beider Ströme im Ergebnis auftreten. Allerdings sind faire Mischfunktionen nicht präfixmonoton. Wir kommen auf diese Problematik des fairen Mischens in Kap. 6 zurück.

(2) *Aufspaltfunktion* fork

Seien die Sorten $A$, $B$ und $C$ mit $A = B \cup C$ und $B \cap C = \emptyset$ gegeben. Die Funktion fork spaltet einen Strom von Elementen der Sorte $A$ in zwei Ströme der Sorten $B$ und $C$ auf[7]:

> **fct** fork $=$ $(a : \mathsf{Stream}\,A)$ $(\mathsf{Stream}\,B, \mathsf{Stream}\,C):$
> > **if** $\mathsf{ft}(a) \in B$ **then** $(\langle\mathsf{ft}(a)\rangle, \langle\rangle) \;\frown\; \mathsf{fork}(\mathsf{rt}(a))$
> > > **else** $(\langle\rangle, \langle\mathsf{ft}(a)\rangle) \;\frown\; \mathsf{fork}(\mathsf{rt}(a))$
> > **fi**

Achtung, hier verwenden wir die Konkatenation für Paare von Strömen. Gemeint ist natürlich die Konkatenation der beiden Sequenzen mit den entsprechenden Strömen.

(3) *Unzuverlässige Übertragungsfunktion*

Bei der Beschreibung von Systemen zur Übertragung von Informationen in Telekommunikationsanwendungen sind wir häufig daran interessiert, das Verhalten möglicherweise fehlerhafter Systeme genau zu beschreiben (vgl. das Medium im Alternating-Bit-Protokoll, Abschn. 1.5). Erforderlich ist dabei die präzise Beschreibung, welche Arten von Fehlern auftreten können, um entsprechende Fehlerkorrekturverfahren vorsehen zu können. Wir beschreiben nun eine einfache Übertragungsfunktion:

$$\mathsf{transmit} : \;\mathsf{Stream}\,\alpha \;\rightarrow\; \mathsf{Stream}\,\alpha$$

Wir spezifizieren eine Übertragungsfunktion, die gewisse Nachrichten im zu übertragenden Nachrichtenstrom verlieren kann, aber Nachrichten weder verfälscht, keine zusätzlichen Nachrichten hinzufügt oder deren

---

[7] Der Einfachheit halber verwenden wir hier die Mengenschreibweise für Sorten – wir setzen die Sorte mit ihrer Trägermenge gleich.

Reihenfolge ändert. Bei der fehlerhaften Übertragungsfunktion mit Fehlerelement wird ein Element in ein Fehlerelement umgewandelt. Somit kann der Empfänger Fehler bemerken. Wir spezifizieren die Übertragungsfunktion so, dass sie nicht ständig fehlerhaft überträgt. Nach Fehlern treten immer wieder erfolgreich übertragene Elemente auf.

(a) Ohne Fehlerelement:

$\exists\, oracle \in \text{Stream Bool}$:

$$\text{transmit}(s) = \text{filter}(oracle, s) \;\wedge\; \text{true}\,\#\,oracle = \infty$$

wobei

$$\text{filter} : \text{Stream Bool}, \text{Stream } \alpha \;\rightarrow\; \text{Stream } \alpha$$
$$\text{filter}(\text{true } \& \, c, s) \;=\; \text{ft}(s) \,\&\, \text{filter}(c, \text{rt}(s))$$
$$\text{filter}(\text{false } \& \, c, s) \;=\; \text{filter}(c, \text{rt}(s))$$

(b) Mit Fehlerelement:

$\exists\, oracle \in \text{Stream Bool}$:

$$\text{transmit}(s) = \text{schedule}(oracle, s) \;\wedge\; \text{true}\,\#\,oracle = \infty$$

wobei

$$\text{schedule} : \text{Stream Bool}, \text{Stream } \alpha \;\rightarrow\; \text{Stream } \alpha$$
$$\text{schedule}(\text{true } \& \, c, \, s) \;=\; \text{ft}(s) \,\&\, \text{schedule}(c, \text{rt}(s))$$
$$\text{schedule}(\text{false } \& \, c, \, s) \;=\; \text{error} \,\&\, \text{schedule}(c, \text{rt}(s)) \qquad \blacksquare$$

Diese Form der Beschreibung von Schnittstellenverhalten nutzt Schnittstellenzusicherungen in der Form von Gleichungen.

💡 *Beispiel 4.5.2 (Spezifikation stromverarbeitender Funktionen (Fortsetzung))*

(4) Filtern eines Stroms
Sei Sorte $M = \text{Data}|\{\text{req}\}$ gegeben. Hier verwenden wir die Idee der Vereinigungssorten in einfacher Notation. Eine Funktion, die aus ihrem Eingabestrom $s$, der Eingaben für eine Warteschlange darstellt, diejenigen Ausgabeanforderungen löscht, die sich auf die Ausgabe nicht vorhandener Daten beziehen, kann durch $\text{delete}(s, 0)$ wie folgt spezifiziert werden:

**fct** delete $= (s : \text{Stream } M, \; n : \text{Nat})$ Stream $M$:
    **if** ft$(s) = $ req **then if** $n = 0$
                    **then** delete$(\text{rt}(s), n)$
                    **else** ft$(s)$ & delete$(\text{rt}(s), n-1)$
                    **fi**
          **else** ft$(s)$ & delete$(\text{rt}(s), n + 1)$

**fi**

Der Aufruf $\mathsf{delete}(s, 0)$ löscht im Strom $s$ alle Anforderungssignale req, die an die leere Warteschlange gerichtet sind.

Mithilfe dieser Funktion können wir eine Annahme (engl. *assumption*) über den Eingabestrom formulieren

$$\mathsf{asm} : \mathsf{Stream}\, M \;\to\; \mathsf{Bool}$$
$$\mathsf{asm}(x) \;\equiv\; (x = \mathsf{delete}(x, 0))$$

formulieren. Die Aussage $\mathsf{asm}(x)$ drückt aus, dass in jedem Präfix von $x$ die Anzahl der Vorkommen der Nachricht req höchstens so groß ist wie die Anzahl der Nachrichten der Sorte Data. Sie lässt sich auch wie folgt spezifizieren:

$\mathsf{asm}(x) \;\Leftrightarrow\;$

$\qquad \forall z \in \mathsf{Stream}\, M : \#z < \infty \;\wedge\; z \sqsubseteq x \;\Rightarrow\; \#(\{\mathsf{req}\} \copyright z) \;\leq\; \#(\mathsf{Data} \copyright z)$

Gilt die Aussage $\mathsf{asm}(x)$ für den Eingabestrom für die Warteschlange, so tritt in $x$ nie eine Anforderung durch req auf, wenn die Warteschlange leer ist. Damit können wir die Funktion

$$q : \mathsf{Stream}\, M \;\to\; \mathsf{Stream}\, \mathsf{Data}$$

wie folgt spezifizieren

$$\mathsf{asm}(x) \;\Rightarrow\; \mathsf{com}(x, q(x))$$

wobei com die Verpflichtung (engl. *commitment*) für die Warteschlange darstellt

$$\mathsf{com}(x, y) \;=\; (y \sqsubseteq (\mathsf{Data} \copyright x) \;\wedge\; \#y = \mathsf{req}\#x)$$

Eine Spezifikation einer Warteschlange, die die Annahme für die Eingabe sicherstellt, lautet wie folgt:

$$\mathsf{com}\big(\mathsf{delete}(x, 0), q(\mathsf{delete}(x, 0))\big)$$

In dieser Formel wird garantiert, dass die Eingabe die Annahme erfüllt. Anforderungen von Daten durch req, die an die leere Schlange gerichtet sind, werden ignoriert. Es gilt

$$\forall x : \mathsf{asm}(\mathsf{delete}(x))$$

Auf diese Art der Spezifikation mit Annahmen und Zusicherungen gehen wir in Abschn. 4.8 ausführlich ein.

(5) Allgemeine Spezifikation eines Datenpools (engl. *data pool*)

Ein Datenpool dient der Speicherung von Datenelementen der Sorte Data und deren Rückgabe auf Anforderung. Dabei ist die Reihenfolge der Rückgabe nicht festgelegt. Sei asm wie eben in (4) spezifiziert.

$$\textbf{sort } \mathsf{DataR} \; = \; \mathsf{Data} \mid \{\mathsf{req}\}$$

$$q \colon \mathsf{Stream\ DataR} \; \rightarrow \; \mathsf{Stream\ Data}$$

$$\mathsf{asm}(x) \; \Rightarrow \; \mathsf{pool}\big(x, q(x)\big)$$

wobei pool die schwächste Zusicherung sei, für die die folgende Gleichung gilt:

$$
\begin{aligned}
\mathsf{pool}(x, y) \; = \quad & (\mathsf{req\#}x = 0 \,\wedge\, \#y = 0)\\
& \vee \; \Big( \exists\, a, b \in \mathsf{Seq\ Data},\ x' \in \mathsf{Stream\ Data} \colon \\
& \qquad a \,^\frown \langle \mathsf{ft}(y)\rangle \,^\frown b \,^\frown \langle \mathsf{req}\rangle \,^\frown x' = x \\
& \qquad \wedge\, \mathsf{pool}\big(a{^\frown}b{^\frown}x', \mathsf{rt}(y)\big) \Big)
\end{aligned}
$$

Dies liefert eine hochgradig unterspezifizierte Spezifikation der Funktion $q$. ∎

*Beispiel (Der Empfänger des Alternating-Bit-Protokolls als stromverarbeitende Funktion)* Im Kap. 1 Abb. 1.6 ist der Empfänger als Datenflussknoten dargestellt. Der Empfänger entspricht der Funktion

$$\mathsf{Receiver} \colon \mathsf{Bit} \;\rightarrow\; \big(\mathsf{Stream\,(Data{\times}Bit)} \;\rightarrow\; (\mathsf{Stream\ Bit},\ \mathsf{Stream\ Data})\big)$$

die wir wie folgt beschreiben:

$$(c3, r) = \mathsf{Receiver}(br)\big((b, d)\ \&\ c2'\big)$$

$$
\Rightarrow \left(
\begin{aligned}
& \left( b = br \Rightarrow \left(
\begin{aligned}
& \exists\, c3' \in \mathsf{Stream\ Bit},\ r' \in \mathsf{Stream\ Data} \colon \\
& \quad (c3', r') = \mathsf{Receiver}(\neg br)(c2') \\
& \quad \wedge\, r = d\ \&\ r'
\end{aligned}
\right) \right) \\
& \wedge \left( b \neq br \Rightarrow \big((c3', r') = \mathsf{Receiver}(br)(c2') \,\wedge\, r = r'\big)\right) \\
& \wedge\, c3 = b\ \&\ c3'
\end{aligned}
\right)
$$

Damit ist das Verhalten des Empfängers als Datenflussfunktion beschrieben. ∎

Wir geben eine zweite Version der Spezifikation des Empfängers.

*Beispiel (Spezifikation des Empfängers des Alternating-Bit-Protokolls als Datenflussfunktion)* Wie im Kap. 1, Abb. 1.6, kann man den Empfänger des Alternating-Bit-Protokolls als Datenflussknoten spezifizieren.

$$\mathsf{Receiver}(br)(c2) \; = \; \big(\mathsf{bits}(c2),\ \mathsf{data}(c2, br)\big)$$

wobei

$$\text{bits}(\langle\rangle) \ = \ \langle\rangle$$
$$\text{bits}((b,d)\ \&\ x) \ = \ b\ \&\ \text{bits}(x)$$
$$br\ \#\ \text{bits}(x) = 0 \ \Rightarrow\ \text{data}(x, br) = \langle\rangle$$
$$\text{data}((b,d)\ \&\ x, br) \ = \ \textbf{if}\ br = b\ \textbf{then}\ d\ \&\ \text{data}(x, \neg br)$$
$$\textbf{else}\ \text{data}(x, br)$$
$$\textbf{fi} \qquad\qquad\qquad \blacksquare$$

Die Beispiele zeigen die Vielfalt stromverarbeitender Funktionen, aber auch ein Spektrum von Möglichkeiten, diese zu spezifizieren.

## 4.6 Kommunikation zwischen imperativen Programmen

Bisher haben wir Datenflusssysteme als Funktionen mit Datenströmen als Ein- und Ausgabe modelliert. Nun wenden wir uns der Beschreibung von Datenflusssystemen durch anweisungsorientierte Programme zu.

### 4.6.1 Imperative Programme mit Kommunikationsanweisungen

Wir nutzen die Notation für die Programmiersprache der bewachten Anweisungen aus [Bro19]. Zusätzlich führen wir zwei Arten von Kanälen für Anweisungen ein (s. [Heh93]):

- Eingabekanäle,
- Ausgabekanäle.

Jeder Kanal, bezeichnet durch einen Identifikator, ist entweder ein Eingabekanal oder ein Ausgabekanal.

Über Eingabekanäle können Nachrichten empfangen werden. Wir schreiben

$x\ \textbf{?}\ v$

für die Anweisung, die den Empfang einer Nachricht über den Kanal $x$ bewerkstelligt, wobei dieser empfangene Wert in der Variable $v$ gespeichert wird. Die Variable $v$ ist dabei von der gleichen Sorte wie die Nachrichten im Kanal $x$.

Falls der Kanal leer ist, wird gewartet, bis ein Element verfügbar ist. Geschieht das nie, tritt ein Fehler auf (unendliches Warten).

Über Ausgabekanäle $y$ können Werte ausgegeben werden. Wir schreiben

$y\ \textbf{!}\ E,$

um auszudrücken, dass der Wert des Ausdrucks $E$ auf dem Kanal $y$ ausgegeben wird. Wieder gilt, dass die Sorte des Ausdrucks $E$ und des Kanals $y$ übereinstimmen müssen. Reichern wir die Sprache der bewachten Anweisungen um diese Anweisungen an, so können wir Programme schreiben, die über Kanäle kommunizieren.

❊ *Beispiel (Programm mit Kommunikation über Kanäle)* Ein einfaches Beispiel ist eine Prioritätsschlange für Zahlen. Das Programm liest Zahlen ein, speichert diese und gibt auf Anforderung die größte gespeicherte Zahl aus und löscht diese aus dem Speicher.

Wir verwenden zwei Kanäle

$$x \; \text{:} \; \textbf{in} \; \text{Chan} \; (\text{Nat} \,|\, \{\text{req}\})  \qquad\qquad \text{für die Eingabe}$$
$$y \; \text{:} \; \textbf{out} \; \text{Chan} \; (\text{Nat} \,|\, \{\text{error}\}) \qquad\qquad \text{für die Ausgabe}$$

zur Formulierung folgenden Programms:

```
proc pq =:
  ⌐v : var Nat|{req};
   q : var Seq Nat := ⟨⟩;
   do true then x ? v;
              if  v = req ∧ q ≠ ⟨⟩  then  y ! first(q); q := rest(q)
              []  v = req ∧ q = ⟨⟩  then  y ! error
              []  v ≠ req          then  q := insert(q, v)
              fi
   od⌐
```

wobei die Hilfsfunktion insert wie folgt definiert ist:

```
fct insert = (q : Seq Nat, v : Nat) Seq Nat :
  if   isempty(q) then ⟨v⟩
  elif v ≥ first(q) then ⟨v⟩ ° q
                    else ⟨first(q)⟩ ° insert(rest(q), v)
  fi
```
∎

Man beachte, dass es sich bei pq um ein nichtterminierendes Programm handelt, das auf einen unendlichen Strom von Eingaben mit einem unendlichen Strom von Ausgaben antwortet.

Für zuweisungsorientierte Programme mit Kommunikationsanweisungen zeigt sich ein essenzieller Unterschied zu zuweisungsorientierten Programmen ohne Kommunikationsanweisungen. In zuweisungsorientierten Programmen ohne Kommunikationsanweisungen berechnet ein Programm, ausgehend von einem Anfangszustand, einen Endzustand, falls es terminiert. Terminiert es nicht, gibt es keinen Endzustand und auch kein Ergebnis der Berechnung.

Bei zuweisungsorientierten Programmen mit Kommunikationsanweisungen ist das anders. Selbst wenn ein Programm nicht terminiert, können über Ausgabekanäle bereits Teilergebnisse erzeugt werden. Die Ergebnisse solcher

Programme bestehen somit, falls das Programm terminiert, aus dem erreichten Endzustand sowie aus den auf den Ausgabekanälen generierten endlichen Strömen von Nachrichten – falls Programme terminieren, sind die Ströme von generierten Nachrichten sicherlich endlich. Falls das Programm nicht terminiert, können über Ausgabekanäle Ergebnisse festgehalten werden. Die Ströme auf diesen Ausgabekanälen können unendlich sein. Ein definierter Endzustand liegt dann nicht vor.

Betrachten wir Programme mit Kommunikationsanweisungen, dann können wir konsequenterweise ganz auf die Betrachtung der Endzustände verzichten und nur auf die Ausgabe über Ausgabekanäle Ergebnisse festhalten. Allerdings erfordert die sequenzielle Komposition von Anweisungen die Betrachtung der Zustände. Ein imperatives Programm mit Kommunikationsanweisungen kann somit letztlich als ein Programm verstanden werden, das Ströme von Daten empfängt und sendet. Dann sind seine Zustände nur noch lokal von Bedeutung. Nach außen wird das Programm dann als stromverarbeitende Einheit verstanden.

## 4.6.2 Prädikative Spezifikation

In [Bro19] werden anweisungsorientierte Programme durch prädikative Spezifikation beschrieben. In der prädikativen Spezifikation anweisungsorientierter Programme können wir neben den in sequenziellen Programmen behandelten Anweisungen auch Kommunikationsaktionen als Anweisungen betrachten.

Wir folgen der Idee der prädikativen Spezifikation aus [Bro19] und verwenden in einer prädikativen Spezifikation einer Anweisung für jeden Kanal $c$ zwei logische Variablen $c$ und $c'$ (gesprochen „$c$ in" und „$c$ out"), wobei $c$ den Strom auf dem Kanal $c$ vor Ausführung der Anweisung und $c'$ den Strom nach Ausführung der Anweisung bezeichnet. Jede der Bezeichnungen steht also für eine Zustandsvariable für einen Datenstrom.[8]

Wir betrachten Programme, die auf einer Menge $V$ von Programmvariablen arbeiten, und auf einer Menge $X$ von Eingabekanälen sowie auf einer Menge $Y$ von Ausgabekanälen. Eine prädikative Spezifikation ist ein prädikatenlogischer Ausdruck, in dem wir für die Programmvariablen $v \in V$ die Eingabebelegung $v$ und die Ausgabebelegung $v'$ als logische Variablen der beschriebenen Sorte verwenden. Gleiches gilt für die Kanalnamen in $X$ und $Y$. Für $c \in X \cup Y$ beschreiben $c$ und $c'$ Datenströme der bezeichneten Sorte. Das Tripel $(V, X, Y)$ nennen wir auch *syntaktische Schnittstelle* des Programms.

*Syntaktische Schnittstelle*

Die *Eingabeanweisung* (sei $x$ ein Eingabekanal der Sorte $M$, $v$ eine Programmvariable der Sorte $M$)

*Eingabeanweisung*

$x ? v$   (lies einen Wert für $v$ vom Eingabekanal $x$)

impliziert für den Fall $x \neq \langle \rangle$ die folgende prädikative Spezifikation:

---

[8] Im Gegensatz zu Hehner (s. [Heh93]) und [Bro19] schreiben wir statt $\grave{x}\, x$ und statt $\acute{x}\, x'$.

$$x \neq \langle \rangle \ \wedge \ x' = \mathrm{rt}(x) \ \wedge \ v' = \mathrm{ft}(x)$$

Falls $\mathrm{ft}(x) = \bot$, also $x$ der leere oder der undefinierte Strom ist, ist die prädikative Spezifikation äquivalent zu true, also zu „Chaos".

Wir folgen dieser Idee und schneiden sie auf kommunizierende Programme zu. Dabei ist jedoch ein essenzieller Unterschied zwischen zuweisungsorientierten Programmen ohne Anweisungen zum Nachrichtenaustausch und Anweisungen für den Nachrichtenaustausch enthalten.

In den zuweisungsorientierten Programmen ohne Nachrichtenaustausch entspricht die Wirkung eines Programms, einer zusammengesetzten Anweisung einer Relation zwischen dem Anfangszustand, in dem das Programm gestartet wird, und dem Endzustand – falls es terminiert. Terminiert es nicht, gibt es keinen Endzustand. Wie formal ausgedrückt wird, dass es keinen Endzustand gibt, ist unterschiedlich. Der in [Bro19] beschriebene Ansatz folgt der Festlegung von Hehner, der Nichtterminierung formal durch Chaos darstellt, also dadurch, dass keinerlei Aussage über den Endzustand gemacht wird, oder, genauer, dass jeder Endzustand möglich ist. Diese Festlegung Hehners wurde heftig kritisiert, da sie folgende Nachteile mit sich bringt:

(1) Formal ergibt sich kein Unterschied zwischen einem Programm, das nichtdeterministisch ist, alle Zustände als Endzustände aufweist und stets terminiert und einem nichtterminierenden Programm.

(2) Existiert in einem nichtdeterministischen Programm ein nichtterminierender Zweig, so überdeckt das dadurch hervorgerufene Chaos alle anderen Endzustände, in denen das Programm terminiert.

Hehner [Heh93] begründet seine Festlegung, Nichtterminierung durch Chaos darzustellen, damit, dass er argumentiert, dass die Fälle (1) und (2) ohnehin für praktische Zwecke nicht von Interesse wären. Dass Nichtterminierung ein wichtiger Aspekt ist, ist dabei unbestritten.

In kommunizierenden Programmen kommt allerdings Terminierung und Nichtterminierung eine besondere Rolle zu. Denn für solche Programme gilt, dass auch nichtterminierende Programme Ergebnisse liefern, wenn sie etwa über Kanäle Nachrichten an ihre Umgebung senden.

Betrachten wir Programme mit nur einer Programmvariable $b$ der Sorte Bool, so werden nach [Heh93] folgende beide Programme

$P_1:$     **if** true **then** $b := $ true
　　　 [] true **then** $b := $ false
　　 **fi**

$P_2:$     **abort**

auf die prädikative Spezifikation

$$\text{true}$$

abgebildet.

Entsprechend wird

$P_1$; $b := \text{true}$
$P_2$; $b := \text{true}$

auf die prädikative Spezifikation

$$\text{true}$$

abgebildet, obwohl wir für

$$P_1; \ b := \text{true}$$

die Spezifikation

$$b' = \text{true}$$

erwarten würden.

In Programmen mit Kommunikationsanweisungen gilt, dass auch nichtterminierende Programme durch die Ausgabe von Werten über Ausgabekanäle nicht einfach mit Chaos gleichgesetzt werden können. Sei $E$ ein Ausdruck der gleichen Sorte wie die Sorte der Daten im Ausgabekanal $y$. Das Programm

$$y\,!\,E; \ \textbf{abort}$$

terminiert nicht, liefert also keinen definierten Endzustand, gibt aber den Wert von $E$ über dem Ausgabekanal $x$ aus. Dies impliziert die prädikative Spezifikation

$$y \frown \langle E \rangle \sqsubseteq y'$$

Allgemein gilt dann: Jedes Programm und jede Anweisung hat einen Zustandsraum, der sich aus folgenden Attributen ergibt:

$V$    eine Menge typisierter Programmvariablen
$X$    Menge der typisierten Eingabekanäle
$Y$    Menge der typisierten Ausgabekanäle

Es gelten allgemeine Regeln:

(1) Für Eingabekanäle $x$ gilt stets $\#x' \leq \#x$; genauer ist $x'$ Suffix von $x$.
(2) Für Ausgabekanäle $y$ gilt stets $y \sqsubseteq y'$.

Zusätzlich gilt, dass eine Anweisung in der Regel nur gewisse Variablen ändert und alle übrigen gleich lässt. Um dies auszudrücken, schreiben wir für eine prädikative Spezifikation $Q$

$$\langle Q \rangle_W$$

mit $W \subseteq V \cup X \cup Y$ und der Festlegung, dass für alle Variablen $v$ nicht in $W$ die Regel

$$v' = v$$

gilt. Gilt $(V \cup X \cup Y) \setminus W = \{z_1, z_2, \dots, z_n\}$, so erhalten wir für $\langle Q \rangle_W$ in ausgeschriebener Form

$$Q \wedge z_1' = z_1 \wedge \cdots \wedge z_n' = z_n$$

Entspricht die Menge $W$ der Menge der freien Variablen in $Q$, so schreiben wir statt $\langle Q \rangle_W$ auch kürzer $\langle Q \rangle$.

Eine prädikative Spezifikation ist eine Zusicherung, die einer Belegung der Identifikatoren der Menge $\mathsf{ID} = V \cup X \cup Y$ einen Wahrheitswert zuordnet. Eine Belegung $\eta$ ist eine Abbildung

$$\eta \colon \mathsf{ID} \to D \cup D^{*|\omega}$$

wobei $D$ das Universum der Datenwerte darstellt und $\eta$ die Typisierung der Identifikatoren beachtet. Sei VAL (für engl. *valuation*) die Menge aller Belegungen. Dann definiert eine prädikative Spezifikation $Q$ ein Prädikat

$$Q \colon \mathsf{VAL} \times \mathsf{VAL} \to \mathbb{B}$$

Dabei drückt die Spezifikation $Q(\eta, \eta')$ aus, dass die Belegung $\eta$ auf die Belegungen $\eta'$ abgebildet werden. Prädikative Spezifikationen werden in der Regel als Zusicherungen geschrieben. Dies sind prädikatenlogische Formeln, die Identifikatoren aus ID als freie Bezeichnungen enthalten, die entsprechend ihrer Typisierung auftreten. Wie wir sehen werden, definieren wir die prädikative Spezifikation von rekursiven Prozeduren durch rekursiv definierte prädikative Spezifikationen. Dies gilt auch für Wiederholungsanweisungen, die als Spezialfall einer rekursiven Prozedur aufgefasst werden (siehe auch [Bro19]).

Wir verwenden die Substitution, die üblicherweise auf Formeln und Ausdrücken als syntaktische Operation definiert ist, auch auf prädikativen Spezifikationen, also auch auf Prädikaten über Belegungen. Es gilt dann ($\eta \in \mathsf{VAL}, v \in \mathsf{ID}$) für Ausdrücke $E$

$$(Q[E/v])(\eta) = Q(\eta')$$

wobei für alle $w \in \mathsf{ID}$

$$\eta'(w) = \eta(w) \Leftarrow w \neq v$$
$$\eta'(v) = \llbracket E \rrbracket_\eta$$

Hier bezeichnet $\llbracket E \rrbracket_\eta$ den Wert des Ausdrucks $E$ für die Belegung $\eta$. Man beachte, dass für die Substitution folgende Regeln gelten (FV$[E']$ bezeichnet die freien Variablen in $E'$):

$$Q[w/v][E'/w] = Q[E'/v]$$
$$Q[E/v][E'/w] = Q[E'/w][E[E'/w]/v] \Leftarrow v \neq w \wedge v \notin \mathrm{FV}[E']$$
$$Q[E/v][E'/v] = Q[E[E'/v]/v]$$

Für eine Anweisung $S$ schreiben wir PS$[S]$ für die prädikative Spezifikation von $S$. Die entscheidende Regel, die für alle prädikativen Spezifikationen $Q$ und für alle Ausgabekanäle $y \in Y$ gilt, lautet wie folgt:

$$Q = \exists y^+ \colon y' = y \,\widehat{}\, y^+ \wedge Q[\langle\rangle/y, y^+/y']$$

Die Regel besagt, dass bereits ausgegebener Werte auf $y$ stets in $y'$ enthalten sind. Die Regel impliziert

$$Q \;\Rightarrow\; y \sqsubseteq y'$$

⚠ **Achtung** Das gilt auch für **abort**:

$$\mathrm{PS}[\textbf{abort}] \;\Rightarrow\; y \sqsubseteq y'$$

Wir definieren folgende prädikative Spezifikationen:

| Anweisung $A$ | implizierte prädikative Spezifikation PS[$A$] |
|---|---|
| $x := E$ | $\langle x' = E \rangle_{\{x\}}$ |
| **if** ... $[\!]\ C_i$ **then** $S_i$ $[\!]$ ... **fi** | $((\forall i \in \mathbb{N}_+ : i \le n \Rightarrow \neg C_i) \Rightarrow \mathsf{AG}[Y])$ $\land (\forall i \in \mathbb{N}_+ : i \le n \Rightarrow (C_i \Rightarrow \mathrm{PS}[S_i]))$ |
| **abort** | $\mathsf{AG}[Y]$ |
| **nop** | $\langle \mathsf{true} \rangle_\emptyset$ |
| $S_1 ; S_2$ | $\exists ID'' : \ \mathrm{PS}[S_1][ID''/ID']$ $\land\ \mathrm{PS}[S_2][ID''/ID]$ |

Sei dabei $\mathsf{ID} = V \cup X \cup Y$. Dabei steht $Q[ID''/ID']$ (und analog $Q[ID''/ID]$) für die Zusicherung $Q$, in der jeder Identifikator $z' \in ID'$ in $Q$ durch den Identifikator $z'' \in ID''$ ersetzt wurde (und analog für die Zusicherung $Q$, in der jeder Identifikator $z \in ID$ in $Q$ durch den Identifikator $z'' \in ID''$ ersetzt wurde). Die Menge $Y$ bezeichnet die Menge der Ausgabekanäle. Mit $\mathsf{AG}[Y]$ bezeichnen wir die folgende Aussage:

$$y' = y \text{ gilt für jeden der Ausgabekanäle } y \in Y.$$

Zusätzlich betrachten wir rekursive Prozeduren.

Die *Ausgabeanweisung* (sei $y$ Ausgabekanal der Sorte $M$ und $E$ Ausdruck *Ausgabeanweisung* der Sorte $M$):

$y \,!\, E$     (schreibe den Wert von $E$ auf den Kanal $p$)

entspricht der prädikativen Spezifikation

$$\langle y' = y \,\widehat{}\, \langle E \rangle \rangle_{\{y\}}$$

Für *Ausgabekanäle* $y$ gilt stets das Axiom     *Axiom für Ausgabekanäle*

$$\exists s \in \mathsf{Stream}\ \alpha : \ y \,\widehat{}\, s = y'$$

Damit gilt stets

$$y \sqsubseteq y'$$

Dieses Gesetz gilt auch für nichtterminierende Programme. Es formalisiert den Umstand, dass wir auf Ausgabekanälen nur weitere Werte schreiben, aber keine bereits geschriebenen Werte wieder entfernen können. Insbesondere gilt dies auch für die Anweisung **abort** in einem Programm, das den Ausgabekanal $y$ verwendet.

$$y \sqsubseteq y'$$

Betrachten wir das einfache Beispiel (sei $y$ Ausgabekanal der Sorte Nat)

$$y!1; \textbf{abort}$$

so liefert dieses Programm nicht die prädikative Spezifikation true, sondern impliziert

$$y \,\widehat{}\, \langle 1 \rangle \sqsubseteq y'$$

und für $y = \langle \rangle$

$$\langle 1 \rangle \sqsubseteq y'$$

was gleichbedeutend ist zu

$$\mathrm{ft}(y') = 1$$

Wir betrachten zunächst ein einfaches Beispiel mit Ausgabekanal $y$: Wir definieren eine einfache Prozeduren ohne Parameter

$$\textbf{proc } g = S$$

wobei $S$ eine zusammengesetzte Anweisung ist, die rekursive Aufrufe von $g$ enthalten kann. Nehmen wir nun an, dass $PS[g]$ die prädikative Spezifikation von $g$ ist, so erhalten wir aus den Axiomen zur Ableitung prädikativer Spezifikation eine Gleichung

$$PS[g] = Q$$

wobei $Q$ eine prädikative Spezifikation ist, die $PS[g]$ enthält, falls $g$ rekursiv ist, also $g$ in $S$ auftritt.

Die Sendeanweisung

$$y!E$$

ergibt

$$PS[y!E] = \langle y' = y \,\widehat{}\, \langle E \rangle \rangle_{\{y\}}$$

Setzen wir die Sendeanweisung mit einer Anweisung $S$ zusammen, erhalten wir

$$PS[y!E; S] \Rightarrow \exists y'' : y'' = y \widehat{}\langle E \rangle \wedge PS[S][y''/y]$$
$$\Rightarrow PS[S][y \widehat{}\langle E \rangle / y]$$
$$\Rightarrow \exists y'' : y' = y \widehat{}\langle E \rangle \widehat{} y'' \wedge PS[S][\langle \rangle / y, y''/y']$$

Wir betrachten zunächst ein einfaches Beispiel (sei $v :$ **var** Nat und $y$ Ausgabekanal der Sorte Nat). Für die Prozedurdeklaration

$$\textbf{proc gen} = \ulcorner y!v; v := v + 1; \textbf{gen} \lrcorner$$

erhalten wir für $PS[\text{gen}]$ die Zusicherung

$$\langle \exists v'' \in \text{Nat}, y'' \in \text{Stream Nat} : y \widehat{}\langle v \rangle = y'' \wedge v'' = v+1 \wedge PS[\text{gen}][v''/v, y''/y] \rangle_{\{v,y\}}$$

Das lässt sich umformen zu

$$\langle PS[gen][v+1/v,\ y^\frown\langle v\rangle/y]\rangle_{\{v,y\}}$$

und unter der Annahme $y = \langle\rangle$ erhalten wir

$PS[gen] \quad\Rightarrow$

$\qquad \langle \exists\, y^+ \in \mathsf{Stream\ Nat}\colon PS[gen][\langle\rangle/y,\ v+1/v,\ y^+/y'] \wedge y' = \langle v\rangle \,^\frown y^+\rangle_{\{v,y\}}$

Aus dieser Implikation für $PS[gen]$ ergibt sich für $y = \langle\rangle$, $v = 0$ (Beweis durch Induktion)

$$\langle 0\rangle \,^\frown \langle 1\rangle \,^\frown \langle 2\rangle \,^\frown \cdots \sqsubseteq y'$$

Wir zeigen durch Induktion für

$$y_i = \langle 0\rangle \,^\frown \langle 1\rangle \,^\frown \cdots \,^\frown \langle i-1\rangle$$

die Aussage: $PS[gen] \wedge y = \langle\rangle \wedge v = 0$ impliziert

$$\forall\, i \in \mathbb{N}_0\colon\ y_i \sqsubseteq y' \wedge PS[gen][i/v,\ y_i/y]$$

Es gilt $y_0 = \langle\rangle$; der Induktionsanfang ist trivial.

Gilt die Induktionsannahme für $i$, so erhalten wir aus

$$PS[gen][i/v,\ y_i/y]$$

die Zusicherung

$$\exists\, v'', y''\colon\ y_i \,^\frown \langle i\rangle = y'' \wedge v'' = i+1 \wedge PS[gen][i+1/v,\ y''/y]$$

und damit

$$y_i \,^\frown \langle i\rangle \sqsubseteq y' \wedge PS[gen][i+1/v,\ y_{i+1}/y]$$

und schließlich

$$y_{i+1} \sqsubseteq y' \wedge PS[gen][i+1/v,\ y''/y]$$

Man beachte, dass für Ausgabekanäle $y$ die Implikation

$$PS[gen][i+1/v,\ y_{i+1}/y] \ \Rightarrow\ y_{i+1} \sqsubseteq y'$$

gilt. Damit ist der Beweis erbracht.

Mithilfe der obigen Übersetzung von Ein-/Ausgabe-Anweisungen in prädikative Spezifikationen lassen sich für interaktive anweisungsorientierte Programme Beweise erbringen. Umgekehrt können wir auch prädikative Spezifikation schreiben, die funktionale Anforderungen für Programme darstellen.

☼ *Beispiel 4.6.2.1 (Anweisungsorientierte Programme mit Ein- und Ausgabe)*
Sei im Folgenden stets $r$ der Lesekanal, $p$ der Schreibkanal, beide von der Sorte Nat.

(1) Aufsummieren

Das Aufsummieren einer Eingabe von Kanal $x$ auf der Variable $s$ unter der Verwendung der Hilfsvariable $v$ und Ausgabe der Summe auf Kanal $y$ vor dem Aufsummieren ist wie folgt beschrieben.

$$\langle v' = \text{ft}(x) \ \wedge \ x' = \text{rt}(x) \ \wedge \ s' = s + v' \ \wedge \ y' = y \circ \langle s' \rangle \rangle_{\{v,x,y\}}$$

Dies entspricht der Anweisung

$$x\,?\,v; \ \ s := s + v; \ \ y\,!\,s$$

(2) Vergleich von Eingaben

Die folgende prädikative Spezifikation beschreibt ein Programm, das die Eingabe darauf prüft, ob sie zur Sicherheit ein zweites Mal eingegeben wird und falls nicht, eine entsprechende Fehlermeldung absetzt:

$$\begin{pmatrix} r' = \text{rt}(\text{rt}(r)) \ \wedge \ \# r \geq 2 \\ \wedge \ (\text{ft}(r) = \text{ft}(\text{rt}(r)) \ \Rightarrow \ p' = p \ ^\frown \langle\text{„Korrekte Eingabe"}\rangle) \\ \wedge \ (\text{ft}(r) \neq \text{ft}(\text{rt}(r)) \ \Rightarrow \ p' = p \ ^\frown \langle\text{„Fehlerhafte Eingabe"}\rangle) \end{pmatrix}$$
$$\vee \ \# r < 2$$

Beispielsweise wird der Strom $\langle a\ a\ b\ b\ c\ c \rangle$ als Eingabe auf dem Kanal $r$ als korrekt angesehen, der Strom $\langle a\ b\ b\ c\ c\ d \rangle$ aber nicht.

(3) Ausgabe der Eingabe $p' = p \ ^\frown r$.  ∎

⚠ **Achtung**  Die adäquate Behandlung der sequenziellen Komposition anweisungsorientierter Programme erzwingt, dass Eingabekanäle in beschränkter Weise als veränderte Werte im Folgezustand (genauer als Teil des Endzustands) behandelt werden und Ausgabekanäle in beschränkter Weise als Eingabe (genauer als Bestandteil des Anfangszustands) dienen, da aus ihnen die Gesamtausgabe konstruiert wird.  ∎

💡 *Beispiel (Programme zu den prädikativen Spezifikationen (2) und (3) aus Beispiel 4.6.2.1)*  Programmbeispiele, die den prädikativen Spezifikationen genügen, die wir oben angegeben haben, sind nachfolgend als Programme wiedergegeben.

(1) $r\,?\,x;$
   $r\,?\,y;$
   **if** $x = y$ **then** $p\,!$ „korrekte Eingabe"
   ▯ $x \neq y$ **then** $p\,!$ „fehlerhafte Eingabe"
   **fi**

(2) **do** true **then** $r\,?\,x; \ p\,!\,x$ **od**
   Eine etwas aufwendigere Form liest sich wie folgt:

(3) $p\,!$ „gib Eingabe";
   **if** iseos$(r)$   **then nop**
   ▯ ¬iseos$(r)$ **then** $r\,?\,x;$

$p\,!\,$„bestätige";
**if** iseos($r$)  **then nop**
$[\!]$ ¬iseos($r$) **then** $r\,?\,y$;
            **if** $x{=}y$ **then** $p\,!\,x;\;p\,!\,$„o.k."
            $[\!]$ $x{\neq}y$ **then** $p\,!\,x;\;p\,!\,$„negativ"
            **fi**
    **fi**
**fi**

(4) Filter($n$ ⦂ Data)
Abb. 4.5 gibt die Komponente Filter($n$) grafisch wieder.

**Abb. 4.5** Die Filterfunktion als Datenflussknoten

Das folgende Programm beschreibt das Verhalten des Datenflussknotens Filter($n$); seien $n$ und $v$ Variablen der Sorte Data und $a$ ein Eingabekanal sowie $b$ ein Ausgabekanal der Sorte Data:

$a\,?\,n$;
**do** true **then** $a\,?\,v$;
            **if** $n \neq v$ **then nop**
            $[\!]$ $n = v$ **then** $b\,!\,v$
            **fi**
**od**

Die prädikative Spezifikation des Filterknotens ist deutlich einfacher als das entsprechende anweisungsorientierte Programm:

$$b' \;=\; b \,\widehat{}\, (\mathrm{ft}(a) \,\circledcirc\, \mathrm{rt}(a))$$

Einer der Gründe für die Kürze dieser Spezifikation ist die Verwendung des Spezifikationsoperators $\circledcirc$.                    ∎

Die prädikative Spezifikation und die dazugehörigen Programme stellen eine Möglichkeit dar, Datenflussknoten prozedural zu spezifizieren, zu programmieren und somit Datenflussknoten eine Realisierung und eine formale Bedeutung zuzuordnen. Die Datenflussknoten arbeiten zueinander parallel. Grundsätzlich entspricht ein Datenflussgraph damit einem interaktiven Programm.

☼ *Beispiel (Der Empfänger des Alternating-Bit-Protokolls als prozedurales Programm mit Senden und Empfangen)* Der Empfänger des Alternating-Bit-Protokolls liest sich wie folgt:

$c2$⦂ **in** Chan (Bit,Data)
$c3$⦂ **out** Chan Bit

$r$ : **out** Chan Data
$br$: **var** Bit := L;
$v$ : **var** pair(b : Bit, d : Data)
**do** true **then** $c2$ **?** $v$;
             **if** b($v$) = $br$ **then** $r$ **!** d($v$);
                           $c3$ **!** b($v$);
                           $br$ := $\neg br$
          ⟦ b($v$) ≠ $br$ **then** $c3$ **!** b($v$)
          **fi**
**od**                                                                              ∎

💡 *Beispiel (Die Warteschlange als Programm mit Ein- und Ausgabe)* Wir betrachten das folgende Programm $P$ mit Eingabekanal $x$ und Ausgabekanal $y$ der Sorte Data:

$q$ : **var** Seq Data := ⟨⟩;
$v$ : **var** $M$;
**proc** $p$ =:
    ⌜$x$ **?** $v$;
         **if** $v$ = req ∧ $q$ ≠ ⟨⟩ **then** $y$ **!** first($q$); $q$ := rest($q$)
         ⟦ $v$ ≠ req               **then** $q$ := $q$ ° ⟨$v$⟩
         ⟦ $v$ = req ∧ $q$ = ⟨⟩ **then** **nop**
         **fi**;
         $p$⌟

Die prädikative Spezifikation PS der Anweisung $p$ ergibt sich wie folgt:

$$\text{PS}[p] \wedge x \neq \langle\rangle$$

$$\Rightarrow \begin{pmatrix} \exists x'' \in \text{Stream Data}|\{\text{req}\}, \ y'' \in \text{Stream Data}, \\ q'' \in \text{Seq Data}, \ v'' \in \text{Data}: \\ x \neq \langle\rangle \wedge x'' = \text{rt}(x) \wedge v'' = \text{ft}(x) \\ \wedge \begin{pmatrix} (v'' = \text{req} \wedge q \neq \langle\rangle \wedge y'' = y^\frown\langle\text{first}(q)\rangle \wedge q'' = \text{rest}(q)) \\ \vee (v'' \neq \text{req} \wedge q'' = q^\frown\langle v''\rangle \wedge y'' = y) \\ \vee (v'' = \text{req} \wedge q = \langle\rangle \wedge y'' = y \wedge q'' = \langle\rangle) \end{pmatrix} \\ \wedge \text{PS}[p][q''/q, \ y''/y, \ v''/v, \ x''/x] \end{pmatrix}$$

$$\Leftrightarrow \begin{pmatrix} (q \neq \langle\rangle \wedge \text{ft}(x) = \text{req} \wedge \text{PS}[p][\text{rest}(q)/q, \ y^\frown\langle\text{first}(q)\rangle/y, \ \text{ft}(x)/v, \ \text{rt}(x)/x]) \\ \vee (\text{ft}(x) \neq \text{req} \wedge \text{PS}[p][q^\frown\langle\text{ft}(x)\rangle/q, \ \text{ft}(x)/v, \ \text{rt}(x)/x]) \\ \vee (\text{ft}(x) = \text{req} \wedge q = \langle\rangle \wedge \text{PS}[p][\langle\rangle/q, \ \text{ft}(x)/v, \ \text{rt}(x)/x]) \end{pmatrix}$$

                                                                       ∎

Durch prädikative Spezifikation können kommunizierende Programme mit lokalen Zustandsvariablen durch logische Zusicherungen beschrieben werden.

In [Bro19] wird definiert, dass nichtterminierende anweisungsorientierte Programme $S$ ohne Kommunikationsanweisungen keinen (definierten) Endzustand haben und damit kein Ergebnis liefern. Im Kalkül der prädikativen Spezifikation gilt dann PS[$S$] = true.

Für anweisungsorientierte Programme mit Kommunikationsanweisungen ist das anders. Wir erhalten für beliebige Anweisungen $S$ für einen Ausgabekanal $y$ für PS[$S$] in der Regel eine logische Aussage zu den über $y$ ausgegebenen Strom von Nachrichten:

$$\text{PS}[S] \;\Rightarrow\; \exists z\colon y' = y\,\widehat{\ }\,z$$

Die bereits vor der Ausführung von $S$ generierte Ausgabe auf $y'$ wird in $S$ nicht verändert. Hinzu kommen allerdings weitere Ausgaben in $S$. Es gilt die Formel $y \sqsubseteq y'$. Diese gilt auch für die prädikative Spezifikation nichtterminierender anweisungsorientierter Anweisungen $S$.

🔆 *Beispiel (Nichtterminierendes Programm zur Übertragung von Nachrichten)* Wir betrachten ein kurzes Beispiel für das Arbeiten mit Kanälen in Form eines Programms, das auf einem Eingabekanal und einem Ausgabekanal arbeitet, und geben für das Beispiel eine prädikative Spezifikation an. Das Programm arbeitet mit einer lokalen Hilfsvariable $v$ : **var** Nat.

> **proc** gen $= \quad (x$ : **in** Chan Nat, $y$ : **out** Chan Nat) : $x?v; y!v;$ gen

Wir überführen den Rumpf des Programms in eine prädikative Spezifikation. Wir tun dies unter der Annahme

$$\#x = \infty \;\wedge\; \#y = 0$$

Wir verwenden die Formeln für die sequenzielle Komposition und erhalten für den Rumpf:

$$
\begin{aligned}
&\text{PS}[x?v; y!v; \text{gen}] \\
&\Rightarrow \exists v_1, x_1, y_1\colon (v' = \text{ft}(x) \wedge x' = \text{rt}(x) \wedge y' = y)[v_1/v', x_1/x', y_1/y'] \\
&\quad\wedge (\exists v_2, x_2, y_2\colon (v' = v \wedge x' = x \wedge y' = y\,\widehat{\ }\,\langle v\rangle))[v_1/v, x_1/x, y_1/y]) \\
&\hspace{9cm} [v_2/v', x_2/x', y_2/y'] \\
&\quad\wedge \text{PS}[\text{gen}][v_2/v, x_2/x, y_2/y] \\
&= \exists v_1, x_1, y_1\colon (v_1 = \text{ft}(x) \wedge x_1 = \text{rt}(x) \wedge y_1 = y \\
&\quad\wedge (\exists v_2, x_2, y_2\colon \;(v_2 = v_1 \wedge x_2 = x_1 \wedge y_2 = y_1\,\widehat{\ }\,\langle v_1\rangle) \\
&\hspace{3.5cm}\wedge \text{PS}[\text{gen}][v_2/v, x_2/x, y_2/y])) \\
&= \exists v_1, x_1, y_1\colon (\;\; v_1 = \text{ft}(x) \wedge x_1 = \text{rt}(x) \wedge y_1 = y \\
&\hspace{2cm}\wedge (\exists v_2, x_2, y_2\colon \; v_2 = v_1 \wedge x_2 = x_1 \wedge y_2 = y_1\,\widehat{\ }\,\langle v_1\rangle \\
&\hspace{3.5cm}\wedge \text{PS}[\text{gen}][v_2/v, x_2/x, y_2/y])) \\
&= \text{PS}[\text{gen}][\text{ft}(x)/v, \text{rt}(x)/x, y\,\widehat{\ }\,\langle\text{ft}(x)\rangle/y] \\
&[\text{da } y = \langle\rangle] \\
&= (y' = \text{ft}(x)\,\widehat{\ }\,\text{rt}(y') \wedge \text{PS}[\text{gen}][\text{ft}(x)/v, \text{rt}(x)/x, \langle\rangle/y, \text{rt}(y')/y'])
\end{aligned}
$$

Ein Induktionsbeweis liefert für alle $k \in \mathbb{N}_+$:

$$\text{PS[gen]} \wedge y = \langle\rangle \Rightarrow (\quad y' = (x{\downarrow}k) \,\widehat{}\, \text{rt}^k(y')$$
$$\wedge \text{PS[gen]}[\text{ft}(\text{rt}^{k-1}(x))/v, \text{rt}^k(x)/x, \langle\rangle/y, \text{rt}^k(y')/y'])$$

wobei $x \downarrow k$ für Ströme $x$ wie folgt definiert ist:

$$x \downarrow 0 = \langle\rangle$$
$$x \downarrow (k+1) = \langle\text{ft}(x)\rangle \,\widehat{}\, (\text{rt}(x) \downarrow k)$$

Der Induktionsbeweis läuft wie folgt ab:
  Für $k = 0$ gilt

$$\text{ft}(y') = \text{ft}(x) \wedge \text{PS[gen]}[\text{true}/\Theta, \text{ft}(x)/v, \text{rt}(x)/x, \langle\rangle/y, \text{rt}(y')/y']$$

und das liefert die Induktionshypothese für $k = 0$.
  Gelte nun die Induktionshypothese für $k$. Wir erhalten

$$\text{PS[gen]} \wedge y = \langle\rangle$$
$$\Rightarrow (\quad y' = (x{\downarrow}k) \,\widehat{}\, \text{rt}^k(y')$$
$$\wedge \text{PS[gen]}[\text{ft}(\text{rt}^{k-1}(x))/v, \text{rt}^k(x)/x, \langle\rangle/y, \text{rt}^k(y')/y])$$
$$= (\quad y' = (x{\downarrow}k) \,\widehat{}\, \text{rt}^k(y') \wedge \text{ft}(\text{rt}^k(y')) = \text{ft}(\text{rt}^k(x))$$
$$\wedge \text{PS[gen]}[\text{ft}(\text{rt}^{k-1}(x))/v, \text{rt}(\text{rt}^k(x))/x, \langle\rangle/y, \text{rt}(\text{rt}^k(x))/y'])$$
$$= (\quad y' = (x \downarrow k+1) \,\widehat{}\, \text{rt}^{k+1}(y')$$
$$\wedge \text{PS[gen]}[\text{ft}(\text{rt}^k(x))/v, \text{rt}^{k+1}(x)/x, \langle\rangle/y, \text{rt}^{k+1}(x)/y'])$$

Das liefert die Induktionshypothese für $k + 1$.
  Wir erhalten daraus für alle $k \in \mathbb{N}_0$ die Zusicherung $y' = (x{\downarrow}k) \,\widehat{}\, \text{rt}^k(y')$
und damit die Aussage

$$\text{PS[gen]} \Rightarrow y' = x \qquad\qquad \blacksquare$$

Das Beispiel zeigt, wie wir für nichtterminierende Anweisungen, die mit Ausgabe auf Ausgabekanälen arbeiten, Zusicherungen über die Ausgabe ableiten können.

## 4.7 Sicherheits- und Lebendigkeitsbedingungen auf Strömen

Die Menge $M^{*|\omega}$ enthält „unendliche" Ströme. Das hat gute Gründe, da wir Programme und Systeme darstellen, die auf unendlichen Strömen arbeiten. Allerdings wird durch unendliche Ströme die Behandlung solcher Programme und Systeme komplizierter. Dies gilt auch für Prädikate auf Strömen. Wir unterscheiden Prädikate, die sich nur auf endliche Präfixe von Strömen beziehen, von solchen, die Eigenschaften unendlicher Ströme Aussagen charakterisieren. Wir sprechen von Sicherheitseigenschaften und Lebendigkeitseigenschaften.

Sicherheitseigenschaften gelten für einen Strom, wenn sie für alle endlichen Präfixe des Stroms gelten. Umgekehrt gelten sie nicht, wenn ein Präfix existiert, für das sie nicht gelten. Sicherheitseigenschaften sind demnach auf endliche Beobachtungen ausgerichtet. Dies ist im Gegensatz zu Lebendigkeitseigenschaften.

Wir betrachten Prädikate der Form

$$M^{\omega} \to \mathbb{B}$$

Wir geben zwei Beispiele.

🔆 *Beispiel (Prädikate auf Strömen)* Wir betrachten die Sorte $M = \text{Data}|\{\text{req}\}$ und die Prädikate

$$ps, pl \colon M^{\omega} \to \mathbb{B}$$

definiert durch (sei $x \in M^{\omega}$)

$$ps(x) \quad = \quad \forall z \in M^* \colon z \sqsubseteq x \Rightarrow \text{req} \# x \leq \text{Data} \# x$$
$$pl(x) \quad = \quad (\text{req} \# x = \text{Data} \# x) \qquad\qquad ∎$$

Ein Prädikat $p$ auf unendlichen Strömen heißt *Sicherheitsbedingung*, wenn    *Sicherheitsbedingung*

$$(\forall z \in M^* \colon z \sqsubseteq x \Rightarrow p^{\exists}(z)) \Rightarrow p(x)$$

wobei $p^{\exists}$ die Übertragung des Prädikats $p$ von unendlichen auf endliche Ströme ist, für $z \in M^*$ gelte:

$$p^{\exists}(z) \quad = \quad \exists x \in M^{\omega} \colon p(z \frown x)$$

Ein Prädikat $p$ auf Strömen heißt *Lebendigkeitsbedingung*, wenn    *Lebendigkeitsbedingung*

$$\forall z \in M^* \colon p^{\exists}(z)$$

gilt. Im obigen Beispiel ist $ps$ eine Sicherheits- und $pl$ eine Lebendigkeitsbedingung.

Jedes Prädikat

$$p \colon M^{\omega} \to \mathbb{B}$$

lässt sich in eine Sicherheitsbedingung

$$p^s \colon M^{\omega} \to \mathbb{B}$$

und eine Lebendigkeitsbedingung

$$p^{\ell} \colon M^{\omega} \to \mathbb{B}$$

zerlegen

$$p^s(x) \quad = \quad \forall \, z \in M^* \colon p^{\exists}(z)$$
$$p^{\ell}(x) \quad = \quad (\neg p^s(x) \vee p(x))$$

Dann gilt

$$p \; = \; (p^s \wedge p^{\ell})$$

Dabei ist die Sicherheitsbedingung eindeutig bestimmt. Im Allgemeinen gibt es jedoch mehrere Lebendigkeitsbedingungen, die diese Gleichung erfüllen. Betrachten wir dazu das obige Beispiel. Wir definieren

$$p(x) = (ps(x) \wedge pl(x))$$

und erhalten

$$p^s(x) \; = \; ps(x)$$
$$p^{\ell}(x) \; = \; (\neg ps(x) \vee p(x))$$

Es gilt

$$pl(x) \; \Rightarrow \; (\neg ps(x) \vee p(x))$$

Das Prädikat $p^{\ell}$ ist schwächer als $pl$. Allgemein gilt: $p^{\ell}$ ist das schwächste Prädikat, das eine Lebendigkeitsbedingung darstellt, so dass $p = (p^s \wedge p^{\ell})$ gilt.

Man beachte: Sicherheitsbedingungen sind Prädikate $p$, für die gilt, dass, falls das Prädikat für einen Strom $x$ falsch ist, ein endlicher Strom $z \sqsubseteq x$ existiert, sodass $\neg p^{\exists}(z)$.

Fairnessbedingungen sind Lebendigkeitsbedingungen. Wir erläutern das an einem einfachen Beispiel, dem Mischen von zwei unendlichen Strömen von natürlichen Zahlen in einen Strom. Wir definieren, dass der erste Strom $x = 1 \,\&\, x$ nur aus Einsen besteht und der zweite Strom $z = 2 \,\&\, z$ nur aus Zweien. Das Ergebnis $y$ des Mischens erfüllt folgendes Prädikat mix:

$$y = \mathrm{mix}(x, z) \;\Rightarrow\; \big((1\#y = \infty \wedge 2\#y = \infty) \wedge \forall \, n \in \mathbb{N}_0 \colon n\#y > 0 \Rightarrow (n{=}1 \vee n{=}2)\big)$$

Die Zusicherungen $1\#y = \infty$ und $2\#y = \infty$ stellen Lebendigkeitsbedingungen dar, die Zusicherung

$$\forall \, n \in \mathbb{N}_0 \colon n\#y > 0 \;\Rightarrow\; (n = 1 \vee n = 2)$$

ist eine Sicherheitsbedingung dar.

## 4.8 Spezifikation durch Annahmen und Verpflichtungen

Eine große Zahl von Systemen arbeitet nicht auf allen möglichen Eingabeströmen sinnvoll, sondern setzt bestimmte Eigenschaften für die Eingabe voraus. Wir sprechen von Annahmen (engl. *assumptions*), welche die Eingaben erfüllen sollen. Fehlerhaft ist eine Spezifikation, die festlegt, dass die Eingabe eine nichttriviale Annahme erfüllen muss. Die Spezifikation ist dann nicht erfüllbar (s. Beispiel 4.8.1). In solchen Fällen ist die Spezifikation so zu formulieren, dass über das Verhalten der beschriebenen Funktion nichts vorgeschrieben wird, wenn die Eingabe die Annahme nicht erfüllt (vgl. Beispiel 4.3.2).

Suggestiv sind in solchen Fällen sogenannte *Annahme-Verpflichtungs-Spezifikationen* (engl. *assumption/commitment specifications*); manchmal wird statt *Annahme-Verpflichtungs-Spezifikation* synonym dazu *Annahme-Zusage-Spezifikation* oder *Annahme-Garantie-Spezifikation* gesagt, während man im Englischen auch statt über *assumption/commitment specification* synonym dazu über *assume/guarantee specification* oder *rely/guarantee specification* redet. Dabei beschreiben wir die Anforderungen an ein Systemverhalten durch zwei Prädikate, eine Annahme (engl. *assumption*), die festlegt, welche Eigenschaften für die Eingabeströme gefordert werden, damit das System ordnungsgemäß arbeitet und eine Verpflichtung (engl. *commitment*), die unter dieser Annahme ordnungsgemäßes Verhalten beschreibt. Die Spezifikation nutzt dann das Muster: „Wenn die Annahme gilt, gilt auch die Verpflichtung", oder etwas genauer „Solange die Eingabeströme die Annahme einhalten, wird für die Ausgabeströme die Verpflichtung eingehalten". Ein typisches Beispiel für diese Art der Spezifikation liefert ein unbeschränkter Puffer (s. Beispiel 4.5.2(4)).

*Annahme-Verpflichtungs-Spezifikation (assumption/commitment specification)*

*Annahme-Zusage-Spezifikation*

*Annahme-Garantie-Spezifikation*

*assume/guarantee specification*

*rely/guarantee specification*

🔅 *Beispiel (Spezifikation der Bedingungen an die Eingabe für eine Warteschlange)* Die Eingabe an eine Warteschlange ist ein Strom $x$ : Stream $M$ mit

$$M = \text{Data} \cup \{\text{req}\}$$

Wir sagen für dieses Beispiel, dass eine Eingabe die Eingabeannahme erfüllt, wenn von der Warteschlange nie Daten in einem Zustand angefordert werden, in dem die Warteschlange leer ist:

$$\forall z \in \text{Stream } M : \quad z \sqsubseteq x \;\Rightarrow\; \text{Data} \# z \geq \text{req} \# z$$

Diese Formel definiert eine „Sicherheitseigenschaft" für die Eingabe (eine genaue Definition des Begriffs Sicherheitseigenschaft findet sich in Abschn. 4.7), die eine Annahme (engl. *assumption*) für die Eingabe darstellt. Die Formel definiert eine formale Sprache (die Menge der Ströme, die diese Formel erfüllen). ∎

Ein ähnliches Beispiel ergibt sich für ein System, das einen Keller realisiert. Hier geht man davon aus, dass die Abfrage des obersten Elements im Keller und sein Löschen im Eingabestrom als Nachricht nur dann auftreten darf, wenn der Keller nicht leer ist. Entsprechend erhalten wir eine Bedingung, die ein Eingabestrom erfüllen muss, damit kein Problem auftritt oder – formaler ausgedrückt – die Verpflichtung des Kellers erfüllt wird. Formal kann dann eine Spezifikation mit Verpflichtung unter einer speziellen Annahme wie im folgenden Beispiel formuliert werden:

*Beispiel 4.8.1 (Interaktiver Keller)*  Wir spezifizieren einen interaktiven Kellerspeicher. Dazu führen wir folgende Datensätze ein:

$$\textbf{sort } M \;=\; \text{Data} \cup \{\text{req}\}$$

Das Signal req stellt die Aufforderung dar, das oberste Element im Keller (das zuletzt gespeicherte) auszugeben. Wir spezifizieren

$$\text{stk} : \text{Stream } M \;\to\; \text{Stream Data}$$

durch folgende Gleichung (sei $d \in \text{Data}$, $z \in \text{Data}^*$):

$$\text{stk}(z \,\frown\, \langle d \rangle \,\frown\, \langle \text{req} \rangle \,\frown\, x) \;=\; \langle d \rangle \,\frown\, \text{stk}(z \,\frown\, x)$$

Diese Spezifikation sagt beispielsweise nichts über das Ergebnis von stk für den Fall

$$\text{stk}(\langle \text{req} \rangle \,\frown\, x)$$

aus. Die Spezifikation spricht nur über Eingabeströme, die eine bestimmte Form haben. Das können wir als eine Annahme formulieren. Der Strom $\langle \text{req} \rangle \,\frown\, x$ erfüllt die Annahme nicht. Allgemein formulieren wir die Annahme im Hinblick auf die Eingabe von stk durch ein Prädikat

$$\text{astk} : \text{Stream Data}, \text{Nat} \;\to\; \text{Bool}$$

wie folgt

$$\text{astk}(\langle \rangle, n) \;=\; \text{true}$$
$$\text{astk}(\langle \text{req} \rangle \,\frown\, x, 0) \;=\; \text{false}$$
$$\text{astk}(\langle \text{req} \rangle \,\frown\, x, n+1) \;=\; \text{astk}(x, n)$$
$$\text{astk}(\langle d \rangle \,\frown\, x, n) \;=\; \text{astk}(x, n+1)$$

Für unendliche Ströme $x$ definieren wir

$$\text{astk}(x, n) \;=\; \forall\, x' : x' \sqsubseteq x \;\Rightarrow\; \text{astk}(x', n)$$

Das Prädikat $\text{astk}(x, 0)$ beschreibt eine Annahme für die Eingabe $x$, die erfüllt sein muss, damit die Funktion stk ein spezifiziertes Ergebnis abliefert. Es handelt sich um eine Sicherheitsbedingung. Wir spezifizieren eine Verpflichtung

$$\text{cstk} : \text{Stream } M, \text{Stream Data} \;\to\; \text{Bool}$$

für den Fall, dass die Annahme gilt, die das Ergebnis (für $d \in \text{Data}$, $z \in \text{Data}^*$, $x \in \text{Stream } M$) wie folgt charakterisiert:

$$\mathsf{cstk}(x, y) \;\Rightarrow\; \mathsf{req\#}x = \#y$$

$$\mathsf{cstk}(z \frown \langle d \rangle \frown \langle \mathsf{req} \rangle \frown x, y) \;=\; \Big(\mathsf{ft}(y) = d \;\wedge\; \mathsf{cstk}(z \frown x, \mathsf{rt}(y))\Big)$$

$$\mathsf{cstk}(x, \langle \rangle) \;=\; (\mathsf{req\#}x = 0)$$

Das Prädikat cstk beschreibt die Verpflichtung, die gilt, solange die Annahme erfüllt ist. Damit können wir die Funktionen stk wie folgt spezifizieren:

$$\mathsf{astk}(x, 0) \Rightarrow \mathsf{cstk}(x, \mathsf{stk}(x))$$

Dies ist die typische Beschreibung einer Funktion durch Annahmen (hier astk) und Verpflichtungen (hier cstk). Man beachte, dass hingegen die Spezifikation

$$\mathsf{astk}(x, 0) \;\wedge\; \mathsf{cstk}(x, \mathsf{stk}(x))$$

unerfüllbar und inkonsistent ist. Es existiert keine (totale) Funktion stk, die diese Formel erfüllt. ∎

Das Beispiel illustriert, dass die Konjunktion einer Annahme mit einer Verpflichtung in der Regel eine inkonsistente Spezifikation liefert. Deshalb wird aus der Annahme eine Prämisse einer Implikation und die Verpflichtung ergibt die Konklusion. Die Verpflichtung gilt, wenn die Annahme erfüllt wird.

Diese Form der Spezifikation hat in der Literatur viel Interesse gefunden. Es gibt dazu zahlreiche Publikationen unter den Stichworten „assume-guarantee", „assumption-commitment" oder auch „rely-guarantee". Die Idee ist immer die gleiche: Eine Spezifikation wird in zwei Teilspezifikationen aufgespalten. Die eine Spezifikation formuliert Annahmen über die Eingaben und die andere Spezifikation beschreibt Verpflichtungen über das Systemverhalten, die gelten, vorausgesetzt, die Annahmen treffen zu.

Annahmen sind für gewisse Spezifikationen aus folgendem Grund erforderlich. Für bestimmte Systeme ist nicht jede Eingabe, nicht jeder Eingabestrom sinnvoll oder zulässig. Dann existieren nur für bestimmte Eingabeströme wohldefinierte Ausgabeströme. Für welche Eingabeströme Ausgabeströme spezifiziert sind, kann in einer Zusicherung beschrieben werden. Wir demonstrieren dies anhand eines Beispiels. Es handelt sich dabei um einen unzuverlässigen Puffer, bei dem nichtdeterministisch Schreibaktionen abgewiesen werden können. In diesem Fall sind sie gegebenenfalls zu wiederholen. Das beschreibt eine Situation, in der die Eingabe oder genauer die Korrektheit der Eingabe im Hinblick auf die Annahme auch davon bestimmt ist, welche der Schreibaktionen bis dahin auf dem Keller erfolgreich waren und welche nicht. Wir erhalten dadurch eine kompliziertere Annahme, da in diesem Fall auch die bisherigen Ausgaben des Kellers miteinbezogen werden müssen.

Die Spezifikation liest sich dann wie folgt:

💡 *Beispiel 4.8.2 (Unzuverlässiger Puffer)* Wir betrachten wieder die Sorte

$$\mathbf{sort}\ M \;=\; \mathsf{Data} \cup \{\mathsf{req}\}$$

sowie die Sorte

$$\textbf{sort}\ R\ =\ \mathsf{Data} \cup \{\mathsf{fail}\}$$

Wir beschreiben den unzuverlässigen Puffer zunächst durch ein Prädikat

$$\mathsf{que} : \ \mathsf{Stream}\,M, \ \mathsf{Stream}\,R \ \to \ \mathsf{Bool}$$

wobei que die geforderte Relation zwischen Ein- und Ausgabeströmen beschreibt und für $z \in \mathsf{Data}^*$ folgende Zusicherungen erfüllt:

$$\mathsf{que}(\langle\rangle, \langle\rangle) = \mathsf{true}$$

$$\mathsf{que}(x,y) \ \Rightarrow \ \mathsf{req}\#x = \#y$$

$$\mathsf{que}(\langle\mathsf{req}\rangle \frown x, y) \ = \ \mathsf{false}$$

$$\mathsf{que}(\langle d\rangle\frown z\frown\langle\mathsf{req}\rangle\frown x, y) \ = \ \Big( \big(\mathsf{ft}(y) = d \wedge \mathsf{que}(z\frown x, \mathsf{rt}(y))\big)$$

$$\vee\big(\mathsf{ft}(y) = \mathsf{fail} \wedge \mathsf{que}(\langle d\rangle\frown z\frown x, \mathsf{rt}(y))\big)\Big)$$

Es existiert nicht für jedes $x \in M^{*|\omega}$ ein $y \in R^{*|\omega}$, sodass die Zusicherung $\mathsf{que}(x,y)$ gilt. Deshalb formulieren wir eine Annahme, die auch über die Ausgaben sprechen muss. Falls nämlich eine Eingabe von $d \in \mathsf{Data}$ in der Ausgabe auf ein fail führt, so ist das in der Annahme zu berücksichtigen. Wir spezifizieren zwei Prädikate, die Annahme aque und die Verpflichtung cque,

$$\mathsf{aque}, \mathsf{cque} : \ \mathsf{Stream}\,M, \ \mathsf{Stream}\,R \ \to \ \mathsf{Bool}$$

die (sei $z \in \mathsf{Data}^*$) folgende Gleichungen erfüllt:

$$\mathsf{aque}(z, \langle\rangle) \ = \ \mathsf{true}$$

$$\mathsf{aque}(\langle d\rangle \frown z \frown \langle\mathsf{req}\rangle \frown x, y) \ = \ \Big( \big(\mathsf{ft}(y) = \mathsf{fail} \wedge \mathsf{aque}(\langle d\rangle \frown z \frown x, \mathsf{rt}(y))\big)$$

$$\vee\big(\mathsf{ft}(y) \neq \mathsf{fail} \wedge \mathsf{aque}(z\frown x, \mathsf{rt}(y))\big)\Big)$$

$$\mathsf{aque}(\langle\mathsf{req}\rangle \frown x, y) \ = \ \mathsf{false}$$

Die Zusicherung $\mathsf{aque}(x,y)$ besagt, dass im Strom $x$ nie eine Anforderung auf ein Datenelement auftritt, wenn aus $y$ hervorgeht, dass die Warteschlange leer ist. Weiter spezifizieren wir die Verpflichtung, die folgende Gleichungen erfüllt:

$$\mathsf{cque}(\langle\rangle, \langle\rangle) \ = \ \mathsf{true}$$

$$\mathsf{cque}(\langle d\rangle \frown z \frown \langle\mathsf{req}\rangle \frown x, y) \ = \ \Big( (\mathsf{ft}(y) = d \wedge \mathsf{cque}(z\frown x, \mathsf{rt}(y)))$$

$$\vee (\mathsf{ft}(y) = \mathsf{fail} \wedge \mathsf{cque}(\langle d\rangle \frown z \frown x, \mathsf{rt}(y)))\Big)$$

Wir erhalten die Spezifikation von Funktionen $f: \mathsf{Stream}\,M \to \mathsf{Stream}\,R$

$$\forall x \in M^{*|\omega} : \mathsf{aque}(x, f(x)) \ \Rightarrow \ \mathsf{cque}(x, f(x))$$

Für jede so spezifizierte Funktion $f$ können wir für jede Eingabe $x \in M^{*|\omega}$ folgende Fälle unterscheiden:

(1) $\mathsf{aque}(x, f(x))$ gilt: Dann gilt auch $\mathsf{cque}(x, f(x))$ und auch $\mathsf{que}(x, f(x))$; $x$ ist in Bezug auf $f$ eine Eingabe, welche die Annahme erfüllt.

(2) $\neg\mathsf{aque}(x, f(x))$ gilt: Dann erfüllt $x$ die Annahme in Bezug auf $f$ nicht.

Hier wird der Unterschied zu Annahmen sichtbar, die nur von $x$ und nicht von $f(x)$ abhängen. Allerdings gilt für die Spezifikationen von $f$, dass wir immer eine Eingabe finden können, für die der Fall (1) zutrifft. Diese lässt sich induktiv konstruieren.

Gegeben $x \in M^*$, sodass Fall (1) zutrifft. Wir konstruieren $x' \in M^*$ mit $x' = x \,\widehat{}\, \langle m \rangle$, $m \in M$, sodass $\mathsf{aque}(x', f(x'))$ gilt. Wir können stets $m \in \mathsf{Data}$ wählen. Die Wahl $m = \mathsf{req}$ ist unter der Bedingung $\mathsf{aque}(x', f(x'))$ korrekt.

Diese Überlegung zeigt, dass wir eine Funktion

$$g \colon M^{*|\omega} \times R^{*|\omega} \to M^{*|\omega}$$

spezifizieren können, die in Eingaben alle Einträge löscht, die gegen die Verpflichtung verstoßen.

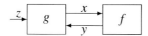

**Abb. 4.6** Zusammenspiel $g$ und $f$

Wir spezifizieren $g$, sodass gilt:

$$\mathsf{aque}\Big( g(z, f(x)), f(x) \Big)$$

und $x$ aus $z$ durch Löschen von Elementen erfolgt, wobei ein Element in $x$ nur dann gelöscht wird, wenn es gegen die Verpflichtung verstößt. ∎

Man beachte dabei jedoch, dass hier zusätzlich folgende Grundannahme gilt: Solange für eine Eingabe die Annahme gilt, muss die Ausgabe die Verpflichtung erfüllen. Dadurch entsteht eine charakteristische Beziehung zwischen der Annahme für die Eingabe und der Verpflichtung für die Ausgabe. Wenn Eingabe und Ausgabe die Annahme und/oder die Verpflichtung nicht erfüllen, lässt sich (solange es sich um Sicherheitseigenschaften handelt, s. Abschn. 4.7) für jeden Ablauf immer eindeutig festlegen, wo zuerst ein Fehler aufgetreten ist: Bezogen auf die Annahmen in der Eingabe oder bezogen auf die Verpflichtung in der Ausgabe (s. [Bro17]).

Dazu betrachten wir Präfixe der Ein- und Ausgabe der obigen Spezifikation aque und cque:

Ein Fehler liegt in der Eingabe, wenn er zuerst in der Eingabe aufgetreten ist, wenn also für $x \,\widehat{}\, \langle e \rangle$ ein Präfix der Eingabe die Annahme nicht erfüllt ist, obwohl für die Eingabe $x$ für ein Präfix der Ausgabe die Verpflichtung erfüllt wurde. Der Fehler liegt in der Ausgabe, wenn er zuerst in der Ausgabe auftritt, wenn also für das Präfix $x$ die Eingabeannahme eingehalten wird, aber für das Präfix $x \frown \langle e \rangle$ die Ausgabeverpflichtung nicht erfüllt wurde.

☼ *Beispiel (Fortsetzung von Beispiel 4.8.2)* Ein Fehler in der Eingabe beziehungsweise in der Ausgabe wird wie folgt beschrieben:

Gegeben sei eine Eingabe $x \in M^*$ und eine dazugehörige Ausgabe $y \in R^*$.

Im Paar $(x, y)$ sprechen wir von einem Eingabefehler, also von einem Verstoß gegen die Annahme, falls ein $z \in M^*$ und ein $y' \in R^*$ existiert mit

$$z \frown \langle \text{req} \rangle \sqsubseteq x, \quad y' \sqsubseteq y$$

so dass die Zusicherungen

$$\text{que}(z, y')$$
$$\neg \text{que}(z \frown \langle \text{req} \rangle, y)$$

gelten. Ein Ausgabefehler – ein Verstoß gegen die Zusage – liegt vor, wenn für ein $z \sqsubseteq x$ folgende Zusicherungen gelten:

$$\text{aque}(z, y)$$
$$\neg \text{cque}(z, y') \quad \text{für } y' \sqsubseteq y \text{ mit req} \# z = \# y'$$

Dies entspricht der Vorstellung, dass ein Eingabe- beziehungsweise ein Ausgabefehler vorliegt, wenn dies entsprechend der erste Fehler ist, der auftritt. ∎

So ist bei dem Ablauf eines Systems durch die Annahme-Verpflichtungs-Spezifikation immer eindeutig festgelegt, ob die Eingabe die Annahme verletzt hat oder, genauer genommen, zuerst die Annahme verletzt wird oder ob zuerst die Verpflichtung verletzt wird also eine inkorrekte Ausgabe generiert wurde.

Eine ausführliche Behandlung von Annahmen und Verpflichtungen findet sich in [Bro17].

## 4.9 Schnittstellenabstraktion: Von Zustandsmodellen zu stromverarbeitenden Funktionen und zurück

Ströme spielen für interaktive Programme eine zentrale Rolle. Wie wir gezeigt haben, können Programme mit Ein- und Ausgabe als Funktionen oder Relationen auf Ein- und Ausgabeströmen modelliert werden. In diesem abschließenden Kapitel behandeln wir den Zusammenhang von Funktionen auf Strömen und Zustandsmaschinen mit Ein- und Ausgabe. Wir zeigen, dass Funktionen auf Strömen als Abstraktionen dieser Zustandsmaschinen dienen können. Im Folgenden beschränken wir uns aus Einfachheit auf deterministische Systeme. Eine Verallgemeinerung des gezeigten Vorgehens auf nichtdeterministische Systeme ist möglich, aber notationell und inhaltlich aufwendiger.

### 4.9.1 Zustandsmaschinen zur Beschreibung stromverarbeitender Funktionen

Durch stromverarbeitende Funktionen erhalten wir ein abstraktes Zustandskonzept. Ein Zustand ist durch die entsprechende Verhaltensfunktion gegeben. Umgekehrt können wir einer Zustandsmaschine mit Eingabe und Ausgabe eine stromverarbeitende Funktion zuordnen. Seien Input und Output gegebene Datenmengen. Wir betrachten die Übergangsfunktion (wir beschränken uns auf den deterministischen Fall):

$$\Delta\colon\ \Sigma \times \mathsf{Input}\ \to\ \Sigma \times \mathsf{Output}$$

Wir definieren für jeden Zustand $\sigma \in \Sigma$ eine stromverarbeitende Funktion durch die Abbildung

$$f\colon\ \Sigma\ \to\ (\mathsf{Input}^{*|\omega} \to \mathsf{Output}^{*|\omega})\ ,$$

wobei für den Zustand $\sigma \in \Sigma$ die Funktion

$$f_\sigma\colon\ \mathsf{Input}^{*|\omega}\ \to\ \mathsf{Output}^{*|\omega}$$

durch die Gleichung

$$f_\sigma(i \,\&\, x)\ =\ b \,\&\, f_{\sigma'}(x) \qquad (i \in \mathsf{Input},\ b \in \mathsf{Output},\ x \in \mathsf{Input}^{*|\omega})$$

spezifiziert wird, wobei der Zustand $\sigma'$ und die Ausgabe $b$ durch

$$(\sigma', b)\ =\ \Delta(\sigma, i)$$

definiert sind. Die Funktion $f_{\sigma'}$ ist somit eindeutig bestimmt. Sie wird auch *Fortsetzung* (engl. *resumption*) genannt.     *Fortsetzung (resumption)*

Dadurch erhalten wir für jeden Zustand $\sigma$ der Maschine eine stromverarbeitende Funktion, die das Ein-/Ausgabeverhalten (das Schnittstellenverhalten) der Maschine ausgehend vom Zustand $\sigma$ beschreibt. Damit ordnen wir jedem Zustand ein Verhalten in Form einer Funktion zu.

Diese Konstruktion liefert eine Abstraktion für Zustandsmaschinen. Die Funktion $f_\sigma$ beschreibt das Verhalten für einen Zustand $\sigma$, ohne auf andere Zustände Bezug zu nehmen. Gilt für zwei Zustände $\sigma_1, \sigma_2 \in \Sigma$ die Gleichung $f_{\sigma_1} = f_{\sigma_2}$, so nennen wir die Zustände *funktional äquivalent*.     *Funktional äquivalent*

Sehr unterschiedliche Zustandsmaschinen (Maschinen mit sehr unterschiedlichen Zustandsräumen) können für ihre Anfangszustände auf die gleichen Funktionen abgebildet werden. Wir sprechen von *Schnittstellenabstraktion* und der Elimination des Zustandes.

Sei

$$\Delta\colon\ \Sigma \times \mathsf{Input}\ \to\ \Sigma \times \mathsf{Output}$$

eine Zustandsübergangsfunktion und sei $\sigma \in \Sigma$ Anfangszustand, dann repräsentiert

$$f_\sigma: \ \text{Input}^{*|\omega} \ \rightarrow \ \text{Output}^{*|\omega}$$

das Schnittstellenverhalten (unabhängig vom Zustandsraum).

## 4.9.2 Stromverarbeitende Funktionen als Zustandsmaschinen

Stromverarbeitende Funktionen haben wir als Mittel der Schnittstellenabstraktion eingeführt. Wie wir im Folgenden zeigen, entsprechen sie selbst unmittelbar abstrakten Zustandsmaschinen, wobei die Funktionen selbst die Rolle der Zustände einnehmen. Dies gibt eine fundamentale Einsicht wieder. Jede stromverarbeitende Funktion beschreibt ein Verhalten der Zustandsmaschine und entspricht damit abstrakt dem Anfangszustand der Zustandsmaschine, der auf dieses Verhalten führt.

Sei Input eine Sorte von Eingabenachrichten und Output eine Sorte von Ausgabenachrichten. Wir zeigen diesen Übergang nur für den Spezialfall der Datenflusskomponente mit einem Eingabestrom $r$ und einem Ausgabestrom $a$:

$$f: \ \text{Input}^{*|\omega} \ \rightarrow \ \text{Output}^{*|\omega}$$

Sei State die Menge aller monotonen Funktionen, die Ströme der Sorte Input auf Ströme der Sorte Output abbilden:

$$\text{State} \ = \ \{h \in (\text{Input}^{*|\omega} \rightarrow \text{Output}^{*|\omega}): h \ \text{präfixmonoton}\}\,.$$

Wir definieren eine Zustandsmaschine (vgl. Moore- und Mealy-Zustandsmaschinen)

$$\Delta: \ \text{State} \times \text{Input} \ \rightarrow \ \text{State} \times \text{Stream Output}$$

durch die Gleichung

$$\Delta(h, a) = (h', r)\,,$$

für alle $h, h' \in$ State, $a \in$ Input und $r \in$ Seq Output, welche die folgende Eigenschaft erfüllen:

$$h(\langle a \rangle) \ = \ r$$
$$h(a \ \& \ x) \ = \ r \ ^\frown h'(x) \qquad (x \in \text{Stream Input})$$

*Fortsetzung* *(resumption)* Die Abbildung $h'$ heißt *Fortsetzung* (engl. *resumption*) und ist durch diese Gleichung eindeutig bestimmt, falls die Sequenz $r$ endlich ist. Falls $h(\langle a \rangle)$ ein unendlicher Strom ist, definieren wir $h'(x) = \langle \rangle$ für alle Eingabeströme $x$.

Eine stromverarbeitende Funktion definiert damit gleichzeitig

• einen Zustand,

- eine Zustandsmaschine mit Ein- und Ausgabe.

Umgekehrt können wir auch Ströme von Zuständen betrachten und Funktionen, die Ströme von Zuständen auf Ströme von Zuständen abbilden. Mithilfe dieses Modells lassen sich Programme modellieren, die mit gemeinsamen Variablen (Stichwort gemeinsamer Speicher) arbeiten.

Stromverarbeitende Funktionen mit benannten Eingabe- und Ausgabekanälen lassen sich auch bequem durch anweisungsorientierte Programme beschreiben (s. Abschn. 4.6). Damit ergeben sich folgende Zusammenhänge für stromverarbeitende Funktionen:

- *Abläufe*: Für jeden Eingabestrom ergibt sich eine Menge von Abläufen. Dies stellt eine Beziehung her zwischen ablauforientierter Modellierung und stromverarbeitenden Funktionen (s. Abschn. 7.5).
- *Zustandsmaschinen*: Eine stromverarbeitende Funktion $f$ definiert eine deterministische, totale Zustandsmaschine mit Anfangszustand $f$ und der Menge der erreichbaren Zustände, die selbst wieder stromverarbeitende Funktionen sind.

Stromverarbeitende Funktionen stellen ein sehr abstraktes Modell für das Verhalten der Komponenten (Datenflussknoten) verteilter Systeme dar. Häufig sind wir jedoch an konkreteren Zustandsräumen im Sinne attributierter Zustände interessiert.

### 4.9.3 Schnittstellenabstraktion

Den Übergang von der internen Sicht eines Systems, etwa der Zustandssicht im Sinne einer Zustandsmaschine oder eines Programms, zur Schnittstellensicht eines Systems nennen wir *Schnittstellenabstraktion*.

Wir demonstrieren die Schnittstellenabstraktion zunächst an einem einfachen Beispiel zweier Zustandsmaschinen mit unterschiedlichen Zustandsräumen, aber gleichem Schnittstellenverhalten in Hinblick auf ihre Ein-/Ausgabe.

⚙ *Beispiel (Zwei ZM mit Ein-/Ausgabe mit unterschiedlichen Zustandsräumen, aber mit gleichem Schnittstellenverhalten)* Im Folgenden betrachten wir zwei Zustandsmaschinen mit Ein-/Ausgabe. Wir wählen die Ein-/Ausgabe als Schnittstelle. Wir betrachten zwei Zustandsräume[9]

$$\Sigma_1 \ = \ \text{Seq Data}$$
$$\Sigma_2 \ = \ \text{Fset Data}$$

---

[9] Die Sorte der endlichen Mengen über der Sorte $\alpha$, nämlich Fset $\alpha$, wurde in [Bro19] mit eigenen null- und mehrstelligen Funktionssymbolen efset, add, del, isefset, isel geeigneter Sorten ausgestattet. In diesem Buch nutzen wir stattdessen die in der Mathematik üblicheren Symbole $\emptyset$, $\cup$, $\{\ldots : \ldots\}$, $\setminus$ und $\in$.

und zugehörige Zustandsübergangsfunktionen

$$\Delta_1 \colon \ \Sigma_1 \times \text{Input} \to \mathfrak{P}(\Sigma_1 \times \text{Output})$$
$$\Delta_2 \colon \ \Sigma_2 \times \text{Input} \to \mathfrak{P}(\Sigma_2 \times \text{Output})$$

wobei die Sorten Input und Output wie folgt definiert werden:

$$\textbf{sort } \text{Input} \ \ = \text{in}(x \colon \text{Data}) \,|\, \text{get}$$
$$\textbf{sort } \text{Output} = \text{out}(x \colon \text{Data}) \,|\, \text{empty}$$

Seien $\langle\rangle \in \Sigma_1$ und $\emptyset \in \Sigma_2$ die jeweiligen Anfangszustände. Wir definieren die Zustandsübergänge wie folgt:

$$\Delta_1(\langle\rangle, \text{get}) \qquad = \{(\langle\rangle, \text{empty})\}$$
$$\Delta_1(\langle d \rangle \circ s, \text{get}) = \{(s, \text{out}(d))\}$$
$$\Delta_1(s, \text{in}(d)) \qquad = \{(s_1 \circ \langle d \rangle \circ s_2, \text{empty}) \colon s_1 \circ s_2 = s\}$$

$$\Delta_2(\emptyset, \text{get}) \qquad = \{(\emptyset, \text{empty})\}$$
$$\Delta_2(m, \text{get}) \qquad = \{(m \setminus \{d\}, \text{out}(d)) \colon d \in m\} \ \Leftarrow \ m \neq \emptyset$$
$$\Delta_2(m, \text{in}(d)) \qquad = \{(m \cup \{d\}, \text{empty})\}$$

In dieser Form sind beide Maschinen nicht schnittstellenäquivalent. Die wiederholte Eingabe des gleichen Datenelements führt bei Maschine $\Delta_1$ zur wiederholten Ausgabe des Datenelements, bei $\Delta_2$ jedoch nur zur einmalige Ausgabe.

Um das gleiche Verhalten zu bekommen, wählen wir die dritte Gleichung für die erste Maschine so, dass das Hinzufügen eines Elementes zu einer Sequenz nach den gleichen Regeln wie das Hinzufügen eines Elementes zur einen Menge erfolgt:

$$(\exists s_1, s_2 \colon s_1 \circ \langle d \rangle \circ s_2 = s) \ \Rightarrow \ \Delta_1(s, \text{in}(d)) = \{(s, \text{empty})\}$$
$$(\neg \exists s_1, s_2 \colon s_1 \circ \langle d \rangle \circ s_2 = s) \ \Rightarrow \ \Delta_1(s, \text{in}(d)) = \{(s_1 \circ \langle d \rangle \circ s_2, \text{empty}) \colon s_1 \circ s_2 = s\}$$

Beide Maschinen zeigen jetzt das gleiche Ein-/Ausgabeverhalten, wenn wir als Anfangszustände die leere Sequenz $\langle\rangle$ beziehungsweise die leere Menge $\emptyset$ wählen. Es gilt für die den Zuständen $\langle\rangle$ und $\emptyset$ zugeordneten Funktionen $f_{\langle\rangle}$ und $f_\emptyset$ die Gleichung $f_{\langle\rangle} = f_\emptyset$. Die Zustandsmaschinen haben jedoch unterschiedliche Zustandsräume und dementsprechend auch unterschiedliche Übergangsfunktionen. ∎

Dies liefert eine wesentliche Erkenntnis: Auch wenn Systeme dargestellt durch Zustandsmaschinen unterschiedliche Zustandsräume haben, können sie doch das gleiche Schnittstellenverhalten aufweisen. Die Schnittstellenabstraktion abstrahiert vom Zustandsraum (vgl. auch Abschn. 9.5).

## 4.10 Historische Bemerkungen

Die Idee der Schnittstelle ist fundamental für die Informatik. Frühe Arbeiten von David Parnas ([Par02]) weisen auf die Bedeutung des Konzepts der Schnittstelle und auch der Schnittstellenspezifikation hin. Wichtige Stichworte dabei sind Kapselung des Inneren eines System mit Zugriff nur über eine spezifische Schnittstelle sowie das Prinzip der Informationsverbergung (engl. *information hiding*), das deutlich machen soll, das es für die Nutzung einer Komponente in einem System nicht notwendig ist, die Implementierungsdetails der Komponente zu kennen, sondern dass es nur wichtig ist, die Nutzungsschnittstelle zu kennen. Dies hat den Vorteil, dass dann Implementierungsdetails geändert werden können, ohne dass andere Systemteile betroffen sind, so lange nur die Schnittstelle unverändert bleibt.

Dies führt auf den fundamentalen Begriff der Modularität, der besagt, dass die Kenntnis, genauer die Spezifikation, der Schnittstelle ausreicht, um ein System nutzen zu können. Genauer gesagt, wird für Modularität gefordert, dass bei der Komposition von Teilsystemen zu einem System sich aus den Spezifikationen der Teilsysteme die Spezifikation des Systems ergibt. Analog gilt, dass die Schnittstelle die Anforderung an ein System beschreibt, die der Implementierer zu beachten hat.

Trotz dieser frühen Erkenntnis der Wichtigkeit der Schnittstellen und der Betonung der Bedeutung von Schnittstellen in vielen praktischen Ansätzen sind die Fähigkeiten, Schnittstellenverhalten verteilter, interaktiver Systeme zu beschreiben, in den letzten Jahrzehnten nur sehr eingeschränkt weiter entwickelt worden. Viele Modelle sind stärker operational und so finden sich oft Schnittstellenbeschreibungen, in denen Schnittstellen nicht in der größtmöglichen Abstraktion dargestellt werden, sondern eher stellvertretend Implementierungen angegeben werden, welche die entsprechenden Schnittstellen modellhaft beschreiben.

Auch die in der Objektorientierung vorherrschende Idee der Kapselung von Zustandsattributen und Methoden (s. [Bro19]) führt auf Schnittstellen. Allerdings werden in der Praxis in der Regel nur syntaktische Schnittstellen für Objekte angegeben. Spezifikationstechniken auf objektorientierten Sprachen, die bisher bekannt sind, beziehen sich im Gegensatz zur konsequenten Schnittstellensicht auch auf Implementierungsdetails wie die Attribute der spezifizierten Klasse, die für die Schnittstelle selbst eigentlich ohne Bedeutung sein sollten.

Leslie Lamport betont in seinem Ansatz TLA (vgl. [Lam94]), dass die zustandsbasierte Beschreibung des Systemverhaltens nur exemplarisch im Sinne eines speziellen Modells zu verstehen ist und dass bei TLA-Spezifikationen eben auch der Schnittstellengedanke im Vordergrund steht.

Eine konsequente Schnittstellenbeschreibung bieten Ansätze wie Focus (vgl. [Bro+92] und [BS01b]), bei denen die Ein-/Ausgabe-Relationen zur Beschreibung der Schnittstelle dienen. Interessant ist in diesem Zusammenhang auch die Möglichkeit, Interaktionsdiagramme einzusetzen, um Schnittstellen zu beschreiben.

## 4.11 Übungsaufgaben

☑ **Übung 4.11.1** Beschreiben Sie den Strom der 2-er Potenzen $\langle 2^0\ 2^1\ 2^2\ \cdots \rangle$ mithilfe unterschiedlicher Spezifikationstechniken.

☑ **Übung 4.11.2** Beschreiben Sie ein System, das Daten der Sorte Data speichert und auf Anforderung durch das Signal flush alle diese Daten nichtdeterministisch in beliebiger Reihenfolge ausgibt.

☑ **Übung 4.11.3** Beschreiben Sie einen Sortierknoten, der einen Strom von Daten der Sorte Data als Eingabe nimmt und mithilfe des Prädikates

$$p\colon \text{Data} \to \text{Bool}$$

in zwei Ströme aufteilt, bestehend aus den Elementen, für die $p$ gilt, und denen, für die $p$ nicht gilt.

☑ **Übung 4.11.4 (für Fortgeschrittene)** Konstruieren Sie eine möglichst präzise abstrakte Spezifikation der Rechenstruktur der Ströme in der Schreibweise „**SPEC** Stream = { Sorten, Bezeichner, Axiome }" wie in [Bro19].
*Hinweis*: Es ist erlaubt, **generated_by**-Aussagen in Spezifikationen wegzulassen.

☑ **Übung 4.11.5** Spezifizieren Sie eine Funktion $f$, die einen Strom $x$ der Sorte Nat|{end} auf einen Strom $y$ gleicher Sorte abbildet, so dass für $x = a_1 \frown \langle \text{end} \rangle \frown a_2 \frown \langle \text{end} \rangle \frown \cdots$ gilt, dass $y = b_1 \frown \langle \text{end} \rangle \frown b_2 \frown \langle \text{end} \rangle \frown \cdots$ gilt (seien die $a_i$ und $b_i$ dabei Sequenzen über Nat) und $b_i$ das Ergebnis des Sortierens von $a_i$ ist.

☑ **Übung 4.11.6** Spezifizieren Sie in Anlehnung an Beispiel 4.5.1(3) eine Übertragungsfunktion, die

- Nachrichten verfälscht,
- die Reihenfolge ändert.

☑ **Übung 4.11.7** Beweisen Sie die Aussage am Ende des Beispiels 4.5.2 (4).

☑ **Übung 4.11.8** Geben Sie für Beispiel 4.8.1 für die zuerst angegebene Gleichung von stk an, für welche Eingabeströme die Gleichung die Ausgabe nicht eindeutig spezifiziert.

☑ **Übung 4.11.9** Ändern Sie im Beispiel 4.8.2 die Spezifikation so, dass auf eine Eingabe von req auf den leeren Puffer mit fail reagiert wird.

☑ **Übung 4.11.10** Unter welchen Bedingungen liefert die Gleichung (4.3) im Beispiel 4.3.3 einen definierten Wert für $b$?

☑ **Übung 4.11.11** Ändern Sie Beispiel 4.8.1 so, dass der unzuverlässige Puffer auf die Eingabe eines Datenelements mit fail oder ok reagieren kann, wobei fail ausdrückt, dass das Datenelement nicht in den Puffer gespeichert wurde. Beschreiben Sie die Annahme und Zusicherungen.

☑ **Übung 4.11.12** Beweisen Sie für Beispiel 4.4.1 für die Spezifikationen (1), (2), (3) und (4), dass diese jeweils den Strom $s = \langle 0\ 1\ 2\ 3\ \cdots \rangle$ spezifizieren.

# Kapitel 5
# Asynchrone Systemarchitekturen

In der Programmierung und Systementwicklung sind wir aus naheliegenden Gründen an einer abstrakten Beschreibung von Programmen, Software, Systemen und ihrer Logik interessiert, an deren modularen Strukturierung in *Teilsysteme* und an dem Zusammenwirken der Teilsysteme über Schnittstellen. Im Rahmen einer Systementwicklung zerlegen wir ein System in einem Entwurf (Design) in geeigneter Weise in eine Reihe von Teilsystemen, die wir auch die *Komponenten* des Systems nennen.

*Teilsystem*

*Komponente*

Die Komponenten sind selbst wieder Systeme. Sie interagieren und kooperieren miteinander und nach außen, etwa durch Nachrichtenaustausch über Schnittstellen. Sie werden gegebenenfalls auf unterschiedlicher Hardware ausgeführt, auch an unterschiedlichen geografischen Orten, und bilden ein verteiltes, vernetztes System mit einer Architektur. Die Komponenten arbeiten asynchron. Sie empfangen Nachrichten und senden Nachrichten in asynchroner Weise. Wir sprechen deshalb von asynchronen Architekturen.

Diese Zerlegung eines Systems in Teilsysteme kann wiederholt auf die Teilsysteme angewandt werden. Es entsteht eine hierarchische Zerlegung eines Systems in Teilsysteme. Dieses Vorgehen nennen wir *hierarchischen Top-down-Entwurf*. Setzen wir umgekehrt ein System aus einer Reihe vorgegebener Teilsysteme zusammen, so sprechen wir vom *Bottom-up-Vorgehen*.

*Hierarchischer Top-down-Entwurf*

*Bottom-up-Vorgehen*

In beiden Fällen gilt: Die Teilsysteme kooperieren und kommunizieren untereinander und mit der Systemumgebung. Durch ihr Zusammenwirken entsteht das Verhalten des Gesamtsystems.

Ein verteiltes System besteht aus einer Familie von Teilsystemen, die über gemeinsame Variablen oder über Kanäle untereinander und auch mit der Systemumgebung Informationen austauschen und sich auf diese Weise koordinieren und miteinander kommunizieren. Unter dem Stichwort *Verteilung* interessiert uns weniger die räumliche, etwa geografische Verteilung eines Systems als vielmehr die logische Untergliederung in Teilsysteme, die allerdings die Voraussetzung für eine räumliche Verteilung ist.

Auch das Zusammenwirken eines Systems mit seiner Umgebung, die wir den *operationellen Kontext* nennen, fassen wir als Komposition der Systemschnittstelle mit der Schnittstelle der Umgebung auf. Dadurch lassen sich eingebettete Systeme darstellen.

Im Folgenden behandeln wir die Struktur- oder Verteilungssicht eines Systems. Wir wählen zur Darstellung des Datenflusses zwischen den Systemteilen *Datenflussmodell* sogenannte *Datenflussmodelle* (auch Pipes-and-Filters-Architekturen genannt) für verteilte Systeme. Ein Datenflussmodell eines Systems wird anschaulich grafisch durch ein Datenflussnetz beschrieben, das die Architektur des Systems darstellt (s. Abb. 5.2). Ein interaktionsorientiertes Modell für das Verhalten der Teilsysteme (dargestellt durch Datenflussknoten) eines Datenflussnetzes erhalten wir durch stromverarbeitende Funktionen.

## 5.1  Verteilte Systeme

Ein verteiltes System besteht aus einer Familie von Teilsystemen, die untereinander Informationen austauschen und so miteinander interagieren. Ist eine Schnittstellenspezifikation für die Teilsysteme gegeben und präzise festgelegt, wie die Teilsysteme im Sinne des Informationsaustauschs miteinander verbunden sind, so ist damit das Verhalten des verteilten Systems auf Architekturebene festgelegt. Wir gehen davon aus, dass die Teilsysteme eines verteilten Systems nebenläufig, also zeitlich parallel, agieren.

Es gibt viele Spielarten der Erfassung von Interaktion, der Modellierung und Beschreibung verteilter Systeme. Dabei ist von Bedeutung, wie die Teilsysteme und insbesondere deren Schnittstelle charakterisiert sind und auf welche Weise sie zusammenwirken.

### 5.1.1  Architekturen verteilter Systeme

Ein verteiltes System besitzt eine Architektur, die die Struktur des Systems beschreibt. Die Struktur ist gegeben durch die in der Regel endliche Menge $K$ der Teilsysteme des Systems und die Angabe, welche dieser Teilsysteme wie untereinander oder mit der Systemumgebung verbunden sind.

Abb. 5.1 zeigt ein einfaches verteiltes System $S$, genauer seine Struktur im Sinne der Untergliederung in die Teilsysteme $A$, $B$ und $C$ sowie deren Verbindung über die Kommunikationskanäle $a$, $b$, $c$, $d$, $e$, $f$, $g$ und $h$, die Teil der Schnittstellen der Teilsysteme sind (s. Abb. 5.1). Dabei ist noch nichts zu der Frage ausgesagt, von welcher Natur die Teilsysteme sind und wie die Schnittstellen im Sinne des Verhaltens des Systems zu beschreiben sind. Jedes Teilsystem eines Systems können wir gegebenenfalls selbst wieder weiter zerlegen. Abb. 5.2 zeigt die Zerlegung des Teilsystems $A$ in eine Reihe weiterer Teilsysteme.

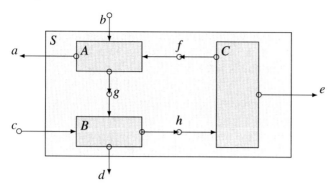

**Abb. 5.1** Einfaches verteiltes System als Datenflussnetz, aufgebaut aus Datenflussknoten

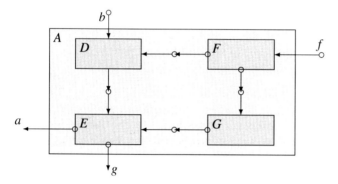

**Abb. 5.2** Zerlegung der Komponente *A*

Ebenso können wir die Teilsysteme *B* und *C*, aber auch die Teilsysteme *D*, *E*, *F* und *G* von *A* weiter zerlegen. Es entsteht eine hierarchische Zerlegung und ein Komponentenbaum, wie er Abb. 5.3 dargestellt ist.

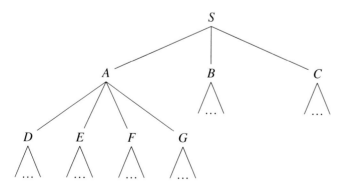

**Abb. 5.3** Komponentenbaum

Die Teilsysteme können geografisch oder über eine Hardwareplattform, etwa ein Rechnernetz, verteilt sein. Dann sprechen wir auch von einem verteilten System. Alle Systeme, das System $S$ und die Systeme $A$, $B$ und $C$ wie auch $D$, $F$, $E$ und $G$ sind Datenflussknoten (vgl. Kap. 4).

## 5.1.2  Parallele Komposition

Der vorangegangene Abschnitt beschreibt die hierarchische Zergliederung von Systemen in Teilsysteme. So untergliederte Systeme nennen wir *verteilt*. Verteilte Systeme und ihr Verhalten ergeben sich aus der parallelen Komposition ihrer Teilsysteme. Abhängig von der speziellen Wahl und Modellierung der Teilsysteme und ihrer Schnittstellen wird die parallele Komposition definiert. Entsprechend können wir verteilte Systeme durch parallele Komposition von

- Zustandsmaschinen mit Ein-/Ausgabe,
- Zustandsmaschinen mit gemeinsamen Speichern

oder ähnlich konzipierten Systemen definieren.

Typisch ist dabei, dass nur Teilsysteme sinnvoll komponiert werden können, die syntaktisch zusammenpassen – genauer gesagt, fordern wir, dass die syntaktischen Schnittstellen zusammenpassen. Nur dann entsteht ein syntaktisch korrektes Gebilde. Das Verhalten der Teilsysteme wird über Schnittstellenbeschreibungen spezifiziert. Auch das Schnittstellenverhalten der Teilsysteme muss zusammenpassen, damit ein System entsteht, das das gewünschte Verhalten aufweist.

## 5.1.3  Modularität

Das Verhalten eines verteilten Systems ergibt sich aus dem Verhalten seiner Teilsysteme und daraus, wie das System aus den Teilsystemen zusammengesetzt ist – wir sprechen von der Struktur (der Verbindung, auch von den „Konnektoren"), auch von der Architektur des Systems. Wenn das Verhalten der Teilsysteme, etwa im Sinne von Schnittstellen, so spezifiziert ist, dass sich die Spezifikation des Verhaltens des Gesamtsystems, das daraus durch Komposition entsteht, aus den Spezifikationen der Teilsysteme ermitteln lässt, so nennen wir den Ansatz zur Modellierung von Systemen und deren Komposition *modular*.

Ein Spezifikations- oder Modellierungskonzept für zusammengesetzte Systeme heißt somit *modular*, wenn aus den Modellen, genauer den Spezifikationen des Verhaltens der Komponenten eines Systems, die Spezifikation des Verhaltens des durch Komposition entstandenen Gesamtsystems konstruiert werden kann.

Modularität ist nicht selbstverständlich und nicht immer gegeben. Wir werden Beispiele für nichtmodulare Systemmodelle kennenlernen.

## 5.2 Komposition von Systemen zu Datenflussnetzen

Ein sehr elementares modulares Modell verteilter Systeme sind Datenflussnetze (auch Pipes-and-Filters-Architekturen genannt). Dabei wird der Informationsfluss zwischen den Komponenten eines Systems durch Kanalverbindungen und Datenströme dargestellt.

### 5.2.1 Systeme als Datenflussnetze

Mithilfe der parallelen Komposition von Datenflusskomponenten können wir Datenflussnetze aufbauen, die ein elementares Modell für verteilte Systeme bilden. Die Kanäle lassen sich auch einfach als Kommunikationsverbindungen auffassen, über die Ströme von Daten fließen. Kanäle sind dann in jedem Systemablauf Identifikatoren für Ströme. Dies haben wir bereits im Beispiel am Ende des vorangegangenen Kapitels erläutert.

Datenflussdiagramme entsprechen den oben besprochenen Graphen zur Darstellung der Systemarchitektur.

💡 *Beispiel 5.2.1.1 (Alternating-Bit-Protokoll)* Das Alternating-Bit-Protokoll wird im Abschn. 1.5 eingeführt. Wir betrachten die vier Komponenten des Systems in Abb. 5.4.

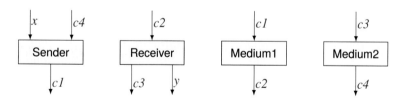

**Abb. 5.4** Die vier Komponenten des Alternating-Bit-Protokolls und ihre Kanäle

Die parallele Komposition der vier Komponenten Sender, Receiver, Medium1 und Medium2 liefert durch Verbindung der gleich bezeichneten Ein- und Ausgabekanäle das Datenflussnetz

$$\text{Sender} \otimes \text{Receiver} \otimes \text{Medium1} \otimes \text{Medium2},$$

das in Abb. 5.5 dargestellt ist. Das Symbol ⊗ bezeichnet hier den Operator für die Komposition von Systemen. Durch die parallele Komposition werden gleich benannte Ein- und Ausgabekanäle miteinander verschaltet.

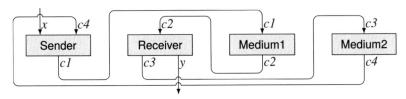

**Abb. 5.5** Datenflussnetz der verschalteten, komponierten Komponenten aus Abb. 5.4

Etwas übersichtlicher als in Abb. 5.5 wird das Datenflussnetz durch eine etwas geschicktere Anordnung der Knoten in Abb. 5.6.

**Abb. 5.6** Datenflussnetz aus Abb. 5.5 in übersichtlicher Form                    ■

Datenflussnetze können auch durch Deklarationen ihrer Kanäle textuell dargestellt werden. Für Beispiel aus Abb. 5.6 erhalten wir folgende Darstellung:

$$
\begin{aligned}
(c_3, y) &= \text{Receiver}(c_2) \\
c_2 &= \text{Medium}(c_1) \\
c_4 &= \text{Medium}(c_3) \\
c_1 &= \text{Sender}(x, c_4)
\end{aligned}
$$

Dies entspricht genau der bereits behandelten Konzeption der rekursiven Deklaration von Strömen durch verschränkt rekursive Gleichungssysteme. Damit haben wir zwei sich ergänzende Möglichkeiten die Komposition von Datenflussknoten zu beschreiben: grafisch durch ein Datenflussdiagramm und mathematisch durch ein System rekursiver Gleichungen für Datenströme.

💡 *Beispiel 5.2.1.2 (Reaktives System: einfache Schrankensteuerung)* Wir behandeln die Steuerung einer einfachen Schranke (engl. *barrier*), die sich nach oben für Durchlass öffnet (s. Abb. 5.7).

**Abb. 5.7** Schranke (engl. *barrier*) in geschlossener (engl. *closed*) und offener (engl. *open*) Stellungen

**sort** BarrierInput   = {raise, lower, restart}
**sort** BarrierOutput = {isopen, isclosed, isstopped}
**sort** BarrierState   = {open, closed, stopped}

Wir definieren die Funktion der Schranke.

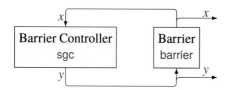

**Abb. 5.8** Datenflussnetz aus Barrier und Barrier Controller

Abb. 5.8 zeigt das Zusammenwirken von Barrier Controller und Barrier als Datenflussnetz. Das Verhalten des Systems Barrier als Reaktion auf den Eingabestrom $y$ wird durch die Funktion barrier beschrieben, das Verhalten des Barrier Controller durch die Funktion sgc. Es handelt sich um ein geschlossenes System. Sein Verhalten kann über die Ströme $x$ und $y$ beobachtet werden. Zusätzlich kann ein Strom hinzugefügt werden, der als Eingabe für den Barrier Controller dient und von außen steuert, wann die Schranke geöffnet oder geschlossen wird.

Der Strom $y$ repräsentiert dabei die Eingaben der Schrankensteuerung und $s$ den Zustand der Schranke:

barrier($y$ ⦂ Stream BarrierInput) Stream BarrierOutput : barriers($y$, closed)

barriers($y$ ⦂ Stream BarrierInput, $s$ ⦂ BarrierState) Stream BarrierOutput :
  **case** (ft($y$), $s$) **of**
    (raise, closed)      **then**  (isopen & barriers(rt($y$), open))
                          | (isstopped & barriers(rt($y$), stopped))
    (raise, open)        **then** isstopped & barriers(rt($y$), stopped)
    (lower, stopped)     **then** isstopped & barriers(rt($y$), stopped)
    (lower, open)        **then**  (isclosed & barriers(rt($y$), closed))
                          | (isstopped & barriers(rt($y$), stopped))
    (lower, closed)      **then** isstopped & barriers(rt($y$), stopped)

    (raise, stopped)    **then** isstopped & barriers(rt($y$), stopped)
    (restart, stopped) **then** isclosed & barriers(rt($y$), closed)
    (restart, closed)   **then** isstopped & barriers(rt($y$), stopped)
    (restart, open)     **then** isstopped & barriers(rt($y$), stopped)
**esac**

Die Funktion ist nichtdeterministisch (der Operator | steht für die nichtdeterministische Auswahl), da nichtdeterministisch Fehler auftreten können und die Schranke dann stoppt. Sie muss dann erneut initialisiert werden. Dazu wird sie geschlossen.

Nun definieren wir den Barrier Controller sgc:

sgc($x$ : Stream BarrierOutput) Stream BarrierInput: raise & awaitsgc($x$,open)

In dem Funktionsaufruf awaitsgc($x, s$) wird geprüft, ob der im Strom $x$ gemeldete Zustand der Schranke mit dem erwarteten übereinstimmt. Falls ja, wird die Schranke im Wechsel geöffnet und geschlossen; falls nein, wird ein Neustart (engl. *restart* vollzogen. Dazu wird die Schranke in den Zustand stopped versetzt.

awaitsgc($x$ : Stream BarrierOutput, $s$ : BarrierState) Stream BarrierInput:
  **case** (ft($x$), $s$) **of**
    (isopen, open)       **then** lower & awaitsgc(rt($x$), closed)
    (isclosed, closed)   **then** raise & awaitsgc(rt($x$), open)
    (isopen, closed)    **then** restart & awaitsgc(rt($x$), stopped)
    (isclosed, open)    **then** restart & awaitsgc(rt($x$), stopped)
    (isopen, stopped)   **then** restart & awaitsgc(rt($x$), stopped)
    (isclosed, stopped)  **then** restart & awaitsgc(rt($x$), stopped)
    (isstopped, stopped) **then** restart & awaitsgc(rt($x$), closed)
    (isstopped, open)   **then** restart & awaitsgc(rt($x$), closed)
    (isstopped, closed)  **then** restart & awaitsgc(rt($x$), closed)
  **esac**

Wir definieren das System durch

$$x = \text{barrier}(y)$$
$$y = \text{sgc}(x)$$

Wir erhalten ein Beispiel für einen Ablauf in Abb. 5.9.

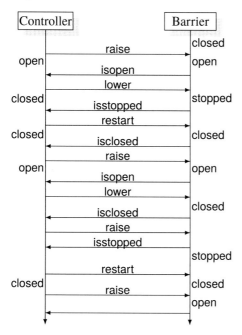

**Abb. 5.9** Ein beispielhafter Ablauf der einfachen Schrankensteuerung ∎

Das Beispiel ist typisch für die Überwachung und Steuerung eines physischen Systems (des Barrier) durch eine Kontrolleinheit (den Barrier Controller).

### 5.2.2 Komponenten von Datenflussnetzen

Wir betrachten Systeme und Komponenten, deren Verhalten durch Abbildungen zwischen Datenströmen oder genauer zwischen Belegungen von Kanälen durch Datenströme darstellbar ist. Sei $C$ eine Menge typisierter Kanäle.

Mit $\overline{C}$ bezeichnen wir die Menge der Belegungen der Kanäle in $C$ durch Ströme. Es gilt

$$\overline{C} = \prod_{c \in C} \textbf{sort}(c)^{*|\omega} ,$$

(wobei $\cdot^{*|\omega}$ in Abschn. 4.2 erklärt wird) ist die Menge der Abbildungen mit Definitionsbereich $C$, die jedem Kanal $c \in C$ einen Strom aus $\textbf{sort}(c)^{*|\omega}$ zuordnen; dieses Element ist ein Strom von Elementen der Trägermenge zur Sorte von $c$. Für eine Kanalbelegung $x \in \overline{C}$ schreiben wir $x(c)$ für den Strom, der in $x$ Kanal $c$ belegt.

Eine Abbildung zwischen Belegungen von Kanälen durch Ströme ist dann gegeben durch die Funktion

$$f: \overline{I} \to \overline{O} ,$$

wobei $I$ und $O$ Mengen von Kanälen bezeichnen. Die Menge $I$ steht für die Menge der Eingabekanäle, die Menge $O$ für die Menge der Ausgabekanäle. Mit dem Paar $(I, O)$ bezeichnen wir die syntaktische Schnittstelle eines Systems.

Ist die Abbildung $f$ *präfixmonoton*, so sprechen wir von *einer (deterministischen) datenstromverarbeitenden Funktion*. Die Funktion beschreibt das Schnittstellenverhalten einer deterministischen Datenflusskomponente.

Für eine gegebene syntaktische Schnittstelle $(I, O)$ beschreibt eine Spezifikation $S$ eine Menge von Datenflussfunktionen. Demnach entspricht $S$ einem Prädikat

$$S\colon (\bar{I} \to \overline{O}) \to \mathbb{B}$$

Ist $Q$ Prädikat über den Belegungen der Kanäle in $I$ und $O$, also eine logische Formel, in der die Kanäle $I$ und $O$ als freie Variablen für Ströme von Daten entsprechend ihrer Sorten vorkommen, so definieren wir

$$S(f) \quad = \quad \forall x \in \bar{I}\colon Q[x, f(x)]$$

wobei $Q[x, f(x)]$ den Wahrheitswert der Zusicherung $Q$ bezeichnet, der sich ergibt, wenn wir für jeden Kanal $c \in I$ den Wert $x(c)$ einsetzen und für jeden $c \in O$ den Wert $f(x)(o)$.

### 5.2.3 Parallele Komposition mit Rückkopplung

Nun zeigen wir, wie wir aus gegebenen stromverarbeitenden Funktionen eine Funktion durch parallele Komposition mit Rückkopplung (engl. *feedback*) erhalten.

Sind $O_1$ und $O_2$ disjunkte Mengen von Ausgabekanälen und $I_1$ und $I_2$ Mengen von Eingabekanälen mit konsistenten Sortenzuordnungen und sei ferner $I_1 \cap O_1 = \emptyset$ und $I_2 \cap O_2 = \emptyset$ und sind

$$f_k\colon \overline{I_k} \to \overline{O_k} \quad \text{mit } k \in \{1, 2\}$$

stromverarbeitende Funktionen, so definieren wir die *parallele Komposition mit Rückkopplung*

*Parallele Komposition*
*Rückkopplung*

$$f_1 \otimes f_2$$

wie folgt. Zunächst definieren wir die Mengen der Ein-/Ausgabekanäle

$$I = (I_1 \cup I_2) \setminus (O_1 \cup O_2) \quad \text{und} \quad O = (O_1 \cup O_2) \setminus (I_1 \cup I_2)$$

des zusammengesetzten Systems $f$. Abb. 5.10 zeigt die Komposition grafisch. Die Menge

$$L = (I_1 \cup I_2) \cap (O_1 \cup O_2)$$

bezeichnet die *Menge der internen Kanäle* des durch Komposition entstehenden Systems.

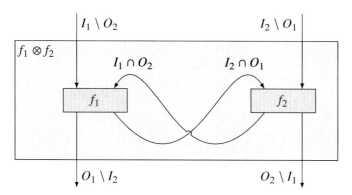

**Abb. 5.10** Grafische Darstellung der Komposition $f = f_1 \otimes f_2$

Abb. 5.10 illustriert die parallele Komposition der Datenflusskomponenten $f_1$ und $f_2$.

Das Verhalten $f = f_1 \otimes f_2$ ist gegeben durch die Funktion

$$f_1 \otimes f_2 \colon \bar{I} \to \overline{O}.$$

Mit $C$ bezeichnen wir die Menge aller Kanäle:

$$C = O_1 \cup O_2 \cup I_1 \cup I_2$$

Für die Eingabe $x \in \bar{I}$ definieren wir die Ausgabe $y$ durch

$$(f_1 \otimes f_2)(x) = y$$

mit $y \in \overline{O}$, $y = z|_O$, wobei die Belegung $z \in \overline{C}$ der kleinste Fixpunkt der Gleichungen

$$z|_{I_1 \cup I_2} = x$$
$$z|_{O_1} = f_1(z|_{I_1})$$
$$z|_{O_2} = f_2(z|_{I_2})$$

sei. Dabei bezeichnet $z|_O$ die Restriktion (Einschränkung) der Belegung $z$ auf die Teilmenge $O \subseteq C$. Man beachte, dass aufgrund der Monotonie der Funktionen $f_1$ und $f_2$ Fixpunkte existieren und der kleinste Fixpunkt eindeutig definiert ist.

Die Wahl des kleinsten Fixpunktes stellt sicher, dass die Ströme auf den Rückkopplungskanälen in $I_1 \cap O_2$ und $I_2 \cap O_1$ nur Nachrichten tragen, die auch zwingend gesendet werden.

### 5.2.4 Komposition von Systemspezifikationen

Systeme wie cyber-physische Systeme oder Kommunikationssysteme sind typischerweise verteilt. Aus konstruktiver Sicht entspricht diese Verteilung dem Umstand, dass das System aus einer Reihe von Teilsystemen besteht, die eigenständig agieren und ausschließlich über Ströme Daten austauschen. Es spielt für die Logik der Systeme keine Rolle, ob verteilte Systeme geografisch weit voneinander entfernt sind oder ob sie auch auf einer gemeinsamen Hardware nahe beieinander liegen. Dies mag die Zeit beeinflussen, die der Austausch von Nachrichten erfordert, aber nicht die Logik der Systeme, solange das Zeitverhalten auf den Datenfluss keine Auswirkung hat. Der Fall, in dem die Zeit eine Rolle spielt, wird in Kap. 6 behandelt.

Der folgende Ansatz für Konstruktion verteilter Systeme ist unabhängig von der Hardwareplattform und spricht nur über die Logik des Systemverhaltens bei der Zusammensetzung und die Interaktion. Gemäß dem Modell wird die Interaktion durch Verbinden von Schnittstellen von zwei (oder mehr) Systemen beschrieben. Tatsächlich kann diese Form der Verbindung auch verwendet werden, um die Interaktion eines Systems mit seiner Umgebung zu beschreiben und insbesondere um die Interaktion einer Steuerung mit dem gesteuerten Gerät zu beschreiben. Eine spezifische Technik zur Beschreibung der Beziehung zwischen einem Kontext und einem System sind Annahme-Verpflichtungs-Ansätze, die in Kap. 4 und [Bro17] ausführlich beschrieben werden.

Zwei komponierbare Systemspezifikationen für die Systeme $S_1$ und $S_2$ werden analog zu Abb. 5.10 zusammengesetzt (siehe Abb. 5.13). Das Kompositionsschema ist eindeutig definiert, wenn wir für jedes dieser Systeme Mengen von Funktionen auf Strömen spezifizieren. Die Komposition funktioniert auch für mehr als zwei Systeme, da sie assoziativ und kommutativ ist, unter der Annahme, dass für alle zusammengesetzten Systeme ihre Mengen von Eingangskanälen disjunkt und ihre Mengen von Ausgangskanälen disjunkt sind. Dann ist jeder Eingabe- und jeder Ausgabestrom genau einer Komponente zugeordnet.

Dabei ist zu bemerken, dass die Zusammensetzung von Systemen in Bezug auf ihre Schnittstellen im Hinblick auf Schnittstellenaussagen beschrieben wird. Die Komposition erfolgt auf logischer Ebene, indem Systemspezifikationen mit der einfachen logischen Operation Konjunktion zusammengesetzt werden. Dies führt zu einem mächtigen Entwurfs- und Verifizierungskalkül, bei dem das Schnittstellenverhalten zusammengesetzter Systeme abgeleitet werden kann und auf diese Weise auch Eigenschaften der zusammengesetzten Systeme erfasst und bewiesen werden können.

Sei $S$ ein System mit Eingabekanälen in der Menge $I$ und Ausgabekanälen in der Menge $O$. Dann beschreibt eine Relation $R$

$$R \subseteq \bar{I} \times \overline{O}$$

eine Spezifikation für $S$. Eine monotone Funktion

$$f\colon \bar{I} \to \overline{O}$$

erfüllt die Spezifikation $R$, wenn

$$\forall x \in \bar{I}\colon\ R(x, f(x))$$

gilt. Die Funktion $f$ heißt auch Realisierung von $S$. Wir schreiben dann auch $f \subseteq R$ für

$$\forall x \in \bar{I}\colon\ R(x, f(x))$$

Wir betrachten die folgenden zwei Spezifikationen von Systemen, die zusammensetzbar sind (s. Abb. 5.11).

**Abb. 5.11** Zwei komponierbare Systeme $S_1$ und $S_2$ mit Spezifikationen $R_1$ und $R_2$ mit komplementären gemeinsamen Kanälen $z_1$ und $z_2$

Seien $R_1$ und $R_2$ Prädikate für Funktionen mit Eingabe- und Ausgabeströmen wie die Systeme $S_1$ und $S_2$ aus Abb. 5.11.

| $S_1$ | | |
|---|---|---|
| **in** $x_1, z_1$ ⦂ Stream Data | | |
| **out** $y_1, z_2$ ⦂ Stream Data | | |
| $(y_1, z_2) = f_1(x_1, z_1)$ **where** $f_1 \subseteq R_1$ | | |

| $S_2$ | | |
|---|---|---|
| **in** $x_2, z_2$ ⦂ Stream Data | | |
| **out** $y_2, z_1$ ⦂ Stream Data | | |
| $(y_2, z_1) = f_2(x_2, z_2)$ **where** $f_2 \subseteq R_2$ | | |

Hier schreiben wir für einen logischen Ausdruck

$$\exists f\colon\ (f \subseteq R \wedge Q)$$

kürzer

$$Q \ \textbf{where} \ f \subseteq R$$

Die Komposition der Systeme anhand ihrer Spezifikation ergibt eine zusammengesetzte Spezifikation $S_1 \times S_2$ (vgl. Abb. 5.12).

Wir definieren für Paare $(y_1, z_2)$ und $(y_2, z_1)$ die Konkatenation zu einem Quadrupel durch $(y_1, z_2) \odot (y_2, z_1) = (y_1, z_2, y_2, z_1)$.

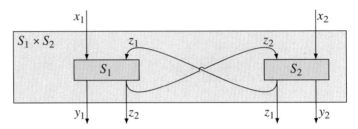

**Abb. 5.12** Komposition von Systemen $S_1$ und $S_2$ mit nach außen sichtbaren Rückkopplungskanälen $z_1$ und $z_2$

| $S_1 \times S_2$ |
| --- |
| **in**   $x_1, x_2$ : Stream Data |
| **out**  $y_1, y_2, z_1, z_2$ :  Stream Data |
| $(y_1, z_1, y_2, z_2) = \text{lfp } \lambda\, y_1, z_1, y_2, z_2 : f_1(x_1, z_1) \bowtie f_2(x_2, z_2)$ |
| **where**   $f_1 \subseteq R_1 \wedge f_2 \subseteq R_2$ |

Die Formel entspricht den kleinsten Fixpunkten $z_1$ und $z_2$ der folgenden verschränkt rekursiven Gleichungen:

$$(y_1, z_2) = f_1(x_1, z_1)$$
$$(y_2, z_1) = f_2(x_2, z_2)$$

Das Ausblenden von Rückkopplungskanälen führt zur Spezifikation $S_1 \otimes S_2$ (s. Abb. 5.13), in der die Rückkopplungskanäle ausgeblendet sind – logisch ausgedrückt durch existenzielle Quantifizierung.

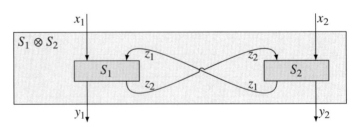

**Abb. 5.13** Komposition von Systemen $S_1$ und $S_2$ mit versteckten Rückkopplungskanälen

Es existiert aufgrund der Monotonie von $f_1$ und $f_2$ für jedes Paar $(x_1, x_2)$ von Eingaben ein kleinster Fixpunkt $(y_1, z_1, y_2, z_2)$, der diese Gleichungen erfüllt und in der Präfixrelation zu jeder anderen Lösung der Gleichung steht.

Man beachte, dass $S_1 \times S_2$ eine Verfeinerung von $S_1 \otimes S_2$ ist (s. Kap. 10).

| $=S_1 \otimes S_2=$ |
|---|
| **in**   $x_1, x_2$ ⦂ Stream Data |
| **out** $y_1, y_2$ ⦂ Stream Data |
| $\exists\ z_1, z_2$ ⦂ $(y_1, z_1, y_2, z_2) = $ lfp $\lambda\ y_1, z_1, y_2, z_2$ ⦂ $f_1(x_1, z_1) \times f_2(x_2, z_2)$ |
| **where**  $f_1 \subseteq R_1 \wedge f_2 \subseteq R_2$ |

Wir erklären nun an einem einfachen Beispiel, warum eine Fixpunktdefinition und die Wahl des kleinsten Fixpunkts erforderlich ist.

💡 *Beispiel 5.2.4.1 (Komposition mit Fixpunktbildung)* Wir betrachten für $f_1$ und $f_2$ aus der Definition von Komposition auf S. 247 folgende einfache Spezifikation von Identitätsfunktionen:

$$f_1(x_1, z_1) = (x_1, z_1) \qquad\qquad (= (y_1, z_2))$$
$$f_2(x_2, z_2) = (x_2, z_2) \qquad\qquad (= (y_2, z_1))$$

Die Formel für Komposition liefert die Gleichungen

$$(y_1, z_2, y_2, z_1) = \text{lfp } \lambda\ y_1, z_1, y_2, z_2 ⦂ (x_1, z_1, x_2, z_2)$$

Wir erhalten die Fixpunktgleichung (für gegebene $x_1$ und $x_2$)

$$(y_1, z_2, y_2, z_1) = (x_1, z_1, x_2, z_2)$$

also

$$y_1 = x_1 \wedge y_2 = x_2 \wedge z_1 = z_2 \wedge z_2 = z_1$$

Die eigentliche Fixpunktgleichung entspricht folgenden Gleichungen:

$$(y_1, z_2) = f_1(x_1, z_1) = (y_1, z_1)$$
$$(y_2, z_1) = f_2(x_2, z_2) = (y_2, z_2)$$

Wir erhalten

$$z_1 = z_2$$
$$z_2 = z_1$$

Jeder Strom $s$ mit $z_1 = z_2 = s$ erfüllt diese Gleichung. Nur der in der Präfixordnung kleinste Strom $s = \langle\rangle$ ist kleinster Fixpunkt. Dieser kleinste Fixpunkt entspricht auch dem, was wir intuitiv erwarten. Es werden nur Nachrichten übertragen, die von einer der beiden Funktionen zwingend erzeugt werden, also kausal sind (s. Kap. 6).

Betrachtet man statt kleinster Fixpunkte beliebige Fixpunkte $s$, so gilt die Zusicherung

$$Q \overset{\text{def}}{=} (y_1 = x_1 \wedge y_2 = x_2 \wedge z_1 = z_2)$$

die durch Konjunktion der Zusicherungen

$$R_1 \overset{\text{def}}{=} (y_1 = x_1 \wedge z_2 = z_1)$$
$$R_2 \overset{\text{def}}{=} (y_2 = x_2 \wedge z_1 = z_2)$$

gebildet wird. Die Zusicherung $Q^+$, die sich auf kleinste Fixpunkt stützt, lautet

$$Q^+ \overset{\text{def}}{=} (y_1 = x_1 \wedge y_2 = x_2 \wedge z_1 = \langle\rangle \wedge z_2 = \langle\rangle)$$

Offensichtlich gilt:

$$Q^+ \Rightarrow Q$$

Die Formel $Q^+$ ist eine logisch stärkere Zusicherung als $Q$. Alle Aussagen, die sich aus $Q$ ableiten lassen, gelten auch für $Q^+$. ∎

Wie das Beispiel zeigt, gilt mit

$$Q = ((y_1, z_2) = f_1(x_1, z_1) \wedge (y_2, z_1) = f_2(x_2, z_2))$$

und

$$Q^+ = ((y_1, z_2, y_2, z_1) = \text{lfp } \lambda\, y_1, z_1, y_2, z_2 : f_1(x_1, z_1) \bowtie f_2(x_2, z_2))$$

stets

$$Q^+ \Rightarrow Q$$

Die Formel $Q^+$ ist die stärkste Zusicherung, die sich aus der Komposition ergibt. Allerdings gibt es Fälle, in denen $Q^+$ und $Q$ übereinstimmen.

🔆 *Beispiel 5.2.4.2 (Komposition)* Wir betrachten Datenflussfunktionen $f_1$ und $f_2$ mit folgender Spezifikation:

$$f_1(x_1, z_1) = (z_1, x_1)$$
$$f_2(x_2, z_2) = (z_2, x_2)$$

Die Formel für die Komposition liefert

$$(y_1, z_1, y_2, z_2) = \text{lfp } \lambda\, y_1, z_1, y_2, z_2 : (z_1, x_2, z_2, x_1)$$

Wir erhalten als kleinsten Fixpunkt

$$(y_1, z_1, y_2, z_2) = (z_1, x_2, z_2, x_1)$$

und somit $z_1 = x_2$, $z_2 = x_1$ und somit folgen aus $y_1 = z_1$ und $y_2 = z_2$ die Gleichungen $y_1 = x_2$ und $y_2 = x_1$.
   Die durch

$$Q^+ = ((y_1, z_2, y_2, z_1) = \text{lfp } \lambda\, y_1, z_1, y_2, z_2 : (z_1, x_2, z_2, x_1))$$

und

$$Q = ((y_1, z_2) = (z_1, x_1) \wedge (y_2, z_1) = (z_2, x_2))$$

gegebenen Spezifikationen stimmen in diesem Fall überein.                              ■

Das Fazit des Beispiels ist wie folgt: Ersetzen wir die Funktionsgleichungen in den Teilsystemen durch logische äquivalente Zusicherungen $R_1$ und $R_2$, so sind alle Aussagen, die wir aus $R_1$ und $R_2$ ableiten können, auch für die kleinsten Fixpunkte der Fixpunktgleichungen gültig. Die Umkehrung gilt jedoch im Allgemeinen nicht. In der Regel gilt: $Q$ ist schwächer als $Q^+$.

Wir betrachten ein weiteres einfaches Beispiel. Dabei ersetzen wir die Spezifikationen durch Angabe von Funktion und die Definition der Komposition durch die Fixpunktkonstruktion durch Zusicherungen auf Ein- und Ausgabeströmen. In dem folgenden Beispiel ersetzen wir die Zusicherungen

$$f_i(x_i, z_i) = (y_i, z_{3-i})$$

durch Zusicherungen $R_i$ über den Stromidentifikatoren $x_i, z_i, y_i$ mit $i = 1, 2$. Wie beschrieben erhalten wir eine Zusicherung über die Komposition

$$Q = (Q_1 \wedge Q_2)$$

beziehungsweise durch Verbergen der Feedback-Ströme

$$Q' = \exists z_1, z_2 \colon Q_1 \wedge Q_2$$

Diese Zusicherung ist in der Regel schwächer als die Definition der Komposition auf Basis des kleinsten Fixpunkts. Alle Aussagen, die aus $Q$ beziehungsweise $Q'$ folgen, gelten auch für die Definition mit kleinsten Fixpunkten.

Wie Beispiel 5.2.4.1 zeigt, gibt es in der Regel Zusicherungen, die aus der fixpunktbasierten Definition folgern, nicht aber aus der Konjunktion der Zusicherungen. Dass jedoch in manchen Fällen die Konjunktion der Zusicherungen ausreicht (wie im Beispiel 5.2.4.2), um alle Eigenschaften zu beweisen, zeigen wir nun an einem etwas anspruchsvolleren Beispiel.

🔆 *Beispiel (Komposition durch Konjunktion der Zusicherungen der Teilsysteme)*

| =$S_1$= |
|---|
| **in**  $a \colon$ Stream Data, $z \colon$ Stream {req} |
| **out**  $c \colon$ Stream Data, $y \colon$ Stream {req} |
| $\#c = \min\{\#a, \#z\} \ \wedge \ \forall d \in$ Data$\colon d\#c \le d\#a \ \wedge \ y = c$ |

| =$S_2$= |
|---|
| **in**  $c \colon$ Stream Data, $x \colon$ Stream {req} |
| **out**  $b \colon$ Stream Data, $z \colon$ Stream {req} |
| $\#b = \min\{\#c, \#x\} \ \wedge \ \forall d \in$ Data$\colon d\#b \le d\#c \ \wedge \ z = x$ |

Die Komposition durch Konjunktion der Zusicherungen von $S_1$ und $S_2$ ergibt

---

**in**   $a$ : Stream Data, $x$ : Stream {req}
**out** $y, z$ : Stream {req}, $b, c$ : Stream Data

$S_1 \times S_2$

---

$\#b = \min\{\#c, \#x\} \;\land\; \forall d \in \text{Data}: d\#b \leq d\#c \;\land\; z = x$

$\land \;\#c = \min\{\#a, \#z\} \;\land\; \forall d \in \text{Data}: d\#c \leq d\#a \;\land\; y = c$

---

Und durch verbergen der Rückkopplungskanäle führen die Spezifikationen auf

---

$S_1 \otimes S_2$

**in**   $a$ : Stream Data, $x$ : Stream {req}
**out** $y$ : Stream {req}, $b$ : Stream Data

---

$\exists z, c : \quad \#b = \min\{\#c, \#x\} \;\land\; \forall d \in \text{Data}: d\#b \leq d\#c \;\land\; z = x$

$\land \;\#c = \min\{\#a, \#z\} \;\land\; \forall d \in \text{Data}: d\#c \leq d\#a \;\land\; y = c$

---

Einfache logische Umformung führt auf:

---

$S_1 \otimes S_2$

**in**   $a$ : Stream Data, $x$ : Stream {req}
**out** $y$ : Stream {req}, $b$ : Stream Data

---

$\#b = \min\{\#a, \#x\} \;\land\; \forall d : d\#b \leq d\#a \;\land\; y = x$

---

Man beachte, dass die Spezifikation $S_1 \otimes S_2$ bis auf die Benennung der Kanäle identisch zu den beiden Spezifikationen $S_1$ und $S_2$ ist.  ∎

Man beachte ferner, dass für die Teilsysteme $S_1$ und $S_2$ die Konjunktion $R_1 \land R_2$ Eigenschaften des zusammengesetzten Systems beschreibt. Wenn $R_1$ und auch $R_2$ nur bestimmte Verhaltensaspekte der Teilsysteme beschreiben, so gilt das auch für das zusammengesetzte System. Die Schnittstellenzusicherung $R_1 \land R_2$ beschreibt somit in der Regel nur bestimmte Aspekte des zusammengesetzten Systems. Gilt jedoch, dass $R_1$ und auch $R_2$ eine Menge von monotonen Funktionen auf Strömen beschreiben, so gilt das auch für das zusammengesetzte System. Allerdings ist es dann für die Vollständigkeit der Beschreibung erforderlich, bei der Komposition die kleinsten Fixpunkte für die Rückkopplungsströme zu wählen.

### 5.2.5 Nichtdeterministische Komponenten

Ein nicht deterministisches System reagiert auf einen Satz von Eingabeströmen nicht stets mit genau einem Satz von Ausgabeströmen, sondern kann unterschiedliche Ströme als Ausgabe wählen. Es wird durch eine Menge von stromverarbeitenden Funktionen

$$F \subseteq (\bar{I} \to \bar{O})$$

dargestellt. Die Funktionen stellen die unterschiedlichen Verhaltensweisen des Systems dar. Die Komposition von Mengen von Funktionen erfolgt dabei elementweise:

$$F_1 \otimes F_2 \;=\; \{f_1 \otimes f_2 : f_1 \in F_1 \wedge f_2 \in F_2\}$$

Hier setzen wir voraus, dass die Funktionen $f_1 \in F_1$ und $f_2 \in F_2$ kombinierbar sind. Damit können wir das Verhalten nichtdeterministischer Systeme und auch von Netzen mit nichtdeterministischen Systemen beschreiben.

## 5.3 Formen von Datenflussnetzen

Ein Datenflussgraph ist ein gerichteter Graph mit markierten Kanten und Datenflussknoten. Die Kanten entsprechen Kanälen, über die Datenströme fließen. Gewisse Kanten brauchen keinen Ursprung im Inneren des Systems zu haben. Sie kommen von außen und werden deshalb Eingangskanten genannt. Sie entsprechen Eingabekanälen an das Gesamtsystem. Andere Kanten haben kein Ziel im Inneren des Systems und heißen deshalb Ausgangskanten. Sie entsprechen Ausgabekanälen des Gesamtsystems. Jede Kante hat höchstens einen Ursprung, kann jedoch viele Ziele haben. Jede Komponente eines Netzes wird in ihrem Verhalten selbst wieder im Sinne der hierarchischen Dekomposition durch ein Netz beschrieben oder als stromverarbeitende Funktion beschrieben.

Durch die Dekomposition stromverarbeitender Funktionen in Datenflussnetze erhalten wir eine modulare Darstellung stromverarbeitender Funktionen. Es entstehen hierarchische Netze von Datenflussknoten. Durch Datenflussnetze können wir auch parallele Berechnungen (verteilte Algorithmen) beschreiben.

### 5.3.1 Algorithmen als Datenflussnetze

In diesem Abschnitt zeigen wir ein elementares Beispiel für die Darstellung eines Algorithmus durch ein Datenflussnetz.

⚙ *Beispiel 5.3.1.1 (Hamming-Folge als Strom)* Das Problem der Generierung der Hamming-Folge wurde von Edsger Dijkstra als Beispiel verwendet (vgl. [DDH72]). Es handelt sich um folgende Aufgabe: Erzeuge einen Strom von Zahlen, der in strikt aufsteigender Ordnung genau die Zahlen aus der Menge

$$\{2^i 3^j 5^k : i, j, k \in \mathbb{N}_0\}$$

enthält. Dieser Strom heißt Hamming-Folge und seine ersten 10 Elemente ergeben sich wie folgt [Wei19]:

$$1$$
$$2 = 2$$
$$3 = 3$$
$$4 = 2 * 2$$

$$5 = 5$$
$$6 = 2 * 3$$
$$8 = 2 * 2 * 2$$
$$9 = 3 * 3$$
$$10 = 2 * 5$$
$$12 = 2 * 2 * 3$$
$$\vdots$$

Wir arbeiten mit folgenden Hilfsfunktionen als Komponenten zur Erzeugung der Hamming-Folge:

**fct** streammult $= (n : \text{Nat}, s : \text{Stream Nat})$ Stream Nat:
$$(n * \text{ft}(s)) \, \& \, \text{streammult}(n, \text{rt}(s))$$

**fct** omerge $= (s_1, s_2 : \text{Stream Nat})$ Stream Nat:
    **if** $\text{ft}(s_1) \leq \text{ft}(s_2)$ **then** $\text{ft}(s_1) \, \& \, \text{omerge}(\text{rt}(s_1), s_2)$
                    **else** $\text{ft}(s_2) \, \& \, \text{omerge}(s_1, \text{rt}(s_2))$ **fi**

Die Funktion omerge gibt bei Eingabe zweier aufsteigend geordneter Ströme einen aufsteigend geordneten Strom aus, der die Elemente der beiden Eingabeströme enthält. Mithilfe dieser Funktionen definieren wir das Datenflussnetz in Abb. 5.14 durch folgende Gleichungen:

$$\text{Stream Nat } s_1 \; = \; \text{streammult}(5, 1 \, \& \, s_1)$$
$$\text{Stream Nat } s_2 \; = \; \text{omerge}(\text{streammult}(3, 1 \, \& \, s_2), \, s_1)$$
$$\text{Stream Nat } s_3 \; = \; \text{omerge}(\text{streammult}(2, 1 \, \& \, s_3), \, 1 \, \& \, s_2)$$

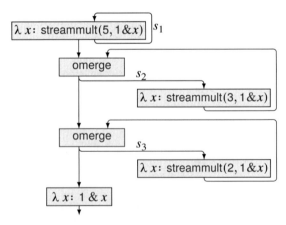

**Abb. 5.14** Datenflussnetz zur Berechnung der Hamming-Folge

Wir erhalten durch einfaches Rechnen

$$s_1 = \text{streammult}(5, 1 \,\&\, s_1)$$
$$= (5 \times 1) \,\&\, \text{streammult}(5, s_1)$$
$$= 5 \,\&\, \text{streammult}(5, s_1)$$

Auf solche Weise erhalten wir für $s_1$ einen unendlichen Strom bestehend aus den natürlichen Zahlen der Form $5^k$ ($k \in \mathbb{N}_+$). Dies ergibt den Strom $\langle 5\ 25\ 125\ \cdots \rangle$. Weiter erhalten wir den Strom

$$s_2 \;=\; \text{omerge}(\text{streammult}(3, 1 \,\&\, s_2),\, s_1)$$

[nach Def. von streammult]

$$= \text{omerge}((3 \times 1) \,\&\, \text{streammult}(3, s_2),\, \langle 5\ 25\ 125\ \cdots \rangle)$$
$$= \text{omerge}(3 \,\&\, \text{streammult}(3, s_2),\, \langle 5\ 25\ 125\ 625\ \cdots \rangle)$$

[nach Def. von omerge und wegen $3 \le 5$]

$$= 3 \,\&\, \text{omerge}(\text{streammult}(3, s_2),\, \langle 5\ 25\ 125\ 625\ \cdots \rangle)$$

[nach Def. von omerge und wegen $5 \le 9$]

$$= 3 \,\&\, 5 \,\&\, \text{omerge}(\text{streammult}(3, s_2),\, \langle 5\ 25\ 125\ \cdots \rangle)$$
$$\cdots$$
$$= \langle 3\ 5\ 9\ 15\ 25\ 27\ 45\ 75\ 81\ 125\ \cdots \rangle$$

Der Strom $s_2$ enthält alle Zahlen, die als Primfaktoren nur 3 und 5 enthalten.

$$s_3 = \text{omerge}(\text{streammult}(2,\ 1 \,\&\, s_3),\, 1 \,\&\, s_2)$$

[nach Def. von streammult]

$$= \text{omerge}(2 \,\&\, \text{streammult}(2, s_3),\, \langle 1\ 3\ 5\ 9\ 15\ 25\ 27\ 45\ 75\ 81\ 125\ \cdots \rangle)$$

[nach Def. von omerge und wegen $1 \le 2$]

$$= 1 \,\&\, \text{omerge}(2 \,\&\, \text{streammult}(2, s_3),\, \langle 3\ 5\ 9\ 15\ 25\ 27\ 45\ 75\ 81\ 125\ \cdots \rangle)$$

[nach Def. von omerge und wegen $2 \le 3$]

$$= 1 \,\&\, 2 \,\&\, \text{omerge}(\text{streammult}(2, s_3),\, \langle 3\ 5\ 9\ 15\ 25\ 27\ 45\ 75\ 81\ 125\ \cdots \rangle)$$
$$\vdots$$
$$= \langle 1\ 2\ 3\ 4\ 5\ 6\ 8\ 9\ 10\ 12\ 15\ \cdots \rangle$$

Der Strom $s_3$ entspricht der Hamming-Folge, die aus der aufsteigenden Folge aller Zahlen besteht, die nur 2, 3 und 5 als Primfaktoren besitzen. Dieses System von Deklarationen für die Ströme $s_1$, $s_2$ und $s_3$ (Gleichungen) können wir, wie in Abb. 5.14, durch ein Datenflussnetz darstellen. Im Datenflussdiagramm treten neben den Kanten für die Ströme $s_1$, $s_2$ und $s_3$ weitere Ströme auf, die den Werten der Teilausdrücke auf den rechten Seiten der definierenden Gleichungen entsprechen. ∎

Wir können die Gleichungen im Beispiel noch weiter aufbrechen, so dass abgesehen von der Eingangskante für jede Kante im Netz genau eine Stromgleichung angegeben wird.

Wie das Sieb des Eratosthenes ist die Hamming-Folge besonders geschickt mit stromverarbeitenden Funktionen zu behandeln, da es sich in beiden Fällen um die Aufgabe handelt, eine unendliche Folge von Zahlen zu generieren. Generell können wir das Prinzip der rekursiven Aufzählung [Soa87] durch Ströme erfassen.

*Beispiel 5.3.1.2 (Map/Reduce)*  Suchmaschinen sammeln rund um die Uhr Daten aus dem Internet. Diese massiven Datenmengen sind schnell und effizient zu verarbeiten. Hierbei kommt das Map/Reduce-Konzept zum Einsatz. Es wird unter anderem von Google zum Analysieren seiner Suchergebnisse verwendet.

Wir erläutern das Konzept an einem stark vereinfachten Beispiel. Die Aufgabe besteht darin, aus einem Strom von Wörtern („Strings") einen Strom von Paaren (String, Zahl) zu erstellen, wobei die Paare in alphabetischer Reihenfolge der Strings anfallen und die Zahl angibt, wie oft der String im Strom auftritt, bis jeweils der String "end" festlegt, dass neu mit der Zählung begonnen wird. Wir erhalten eine Statistik über die Häufigkeiten der auftretenden Wörter. Diese Statistik kann dann für Suchmaschinen genutzt werden. Die Sorte String steht für die Sorte der Wörter über einem Alphabet. Im Folgenden geben wir eine Reihe von Funktionen an. Wir beginnen mit der Hauptfunktion map, die sich auf nachfolgend angegebene Hilfsfunktionen count, send und insert direkt oder indirekt stützt. Die Funktionen count und send sind verschränkt rekursiv.

**fct** map $(x :$ Stream String) Stream pair(w $:$ String, n $:$ Nat) $:$  count$(x, \langle \rangle)$

**fct** count $(x :$ Stream String, $z :$ Seq pair(w $:$ String, n $:$ Nat))
         Stream pair(w $:$ String, n $:$ Nat) $:$
         **if** ft$(x) =$ "end" **then** send$(z, \mathrm{rt}(x))$
                          **else** count$(\mathrm{rt}(x), \mathrm{insert}(z, \mathrm{ft}(x)))$
         **fi**

**fct** send $(z :$ Seq pair(w $:$ String, n $:$ Nat), $x :$ Stream String)
         Stream pair(w $:$ String, n $:$ Nat) $:$
         **if** iseseq$(z)$ **then** pair("end", 0) & count$(x, \langle \rangle)$
                      **else** first$(z)$ & send$(\mathrm{rest}(z), x)$
         **fi**

**fct** insert$(z :$ Seq pair(w $:$ String, n $:$ Nat), $g :$ String) $:$
         Seq pair(w $:$ String, n $:$ Nat)
         **if** iseseq$(z)$
         **then** $\langle$pair$(g, 1)\rangle$
         **else if** w$(\mathrm{first}(z)) < g$
             **then** $\langle$first$(z)\rangle °$ insert$(\mathrm{rest}(z), g)$
             **else if** w$(\mathrm{first}(z)) = g$
                 **then** $\langle$pair$(g, \mathrm{n}(\mathrm{first}(z)) + 1)\rangle °$ rest$(z)$

> **else** $\langle \text{pair}(g, 1) \rangle \,^\circ z$
> **fi**
> **fi**
**fi**

Durch diese vier Funktionen ist die Funktion map definiert. Die Funktion map verarbeitet einen Strom von Strings, zählt wie oft darin auftretende Strings vorkommen und gibt jeweils, wenn das Ende eines Teilstroms durch den String "end" angezeigt wird, für die aufgetretenen Strings an, wie oft sie auftreten. Dies wird durch eine Folge von Paaren aus String und natürlicher Zahl im Ausgabestrom angezeigt, wobei die Paare geordnet in alphabetischer Reihenfolge ausgegeben werden. Die lineare Ordnung $\leq$ auf Strings (und die entsprechende Striktordnung $<$) sei die alphabetische Ordnung.

Wir können diese Aufgabe verteilt durchführen und dadurch parallelisieren, indem wir die Eingabe an map in zwei Ströme aufspalten und diese dann an zwei Kopien von map übergeben und das Ergebnis durch reduce zusammenführen.

Bei der detaillierten funktionalen Beschreibung bedienen wir uns der Konstruktion **let** … **in** …. Für eine Variable $v$ und Terme $t$ und $t'$ steht „**let** $v$ = $t$ **in** $t'$", etwas vereinfacht gesehen, für den Term $t'[t/v]$. Betrachtet man nichtdeterministische Ausdrücke $t$, so bekommt man als Wert eine Menge $\{t'[w/v] \colon w \in M[t]\}$ von Werten, wobei $M[t]$ die Menge der möglichen Werte von $t$ beschreibt. Analog kann man mehrere Variablen binden, wie in unserem Beispiel.[1] Die Funktion

**fct** split $= (x \mathbin{\vcentcolon} \text{Stream String})\ (\text{Stream String}, \text{Stream String})$

beschreiben wir durch Gleichungen wie folgt:

$$(z_1, z_2) = \text{split}(\text{rt}(x))$$

$$\Rightarrow \Big( \quad (\text{ft}(x) = \text{"end"} \Rightarrow \text{split}(x) = (\text{"end"} \,\&\, z_1, \text{"end"} \,\&\, z_2))$$

$$\wedge \Big( \quad \text{ft}(x) \neq \text{"end"} \wedge \text{ft}(\text{rt}(x)) = \text{"end"}$$

$$\Rightarrow \text{split}(x) = (\text{ft}(x) \,\&\, \text{"end"} \,\&\, z_1, \text{"end"} \,\&\, z_2) \Big)$$

$$\wedge \Big( \quad \text{ft}(x) \neq \text{"end"} \wedge \text{ft}(\text{rt}(x)) \neq \text{"end"}$$

$$\Rightarrow \text{split}(x) = \big( \text{ft}(x) \,\&\, \text{"end"} \,\&\, z_1, \text{ft}(\text{rt}(x)) \,\&\, \text{"end"} \,\&\, z_2 \big) \Big) \Big)$$

---

[1] Für den sich im üblichen (deterministischen, sequenziellen) $\lambda$-Kalkül auskennenden Leser: **let** $v = t$ **in** $t'$ ist strenggenommen syntaktischer Zucker für $(\lambda\, v \colon t')\, t$, gegebenenfalls mit passenden Sorten versehen. Stehen links und rechts vom Gleichheitszeichen Tupel, so erfolgt die Bindung nacheinander: **let** $(v_1, \dots, v_n) = (t_1, \dots, t_n)$ **in** $t'$ ist syntaktischer Zucker für $(\lambda\, v_n \colon \dots (\lambda\, v_1 \colon t')t_1 \dots )t_n$. Steht links vom Gleichheitszeichen ein Paar, rechts aber ein Nicht-Paar-Term, etwa eine Applikation $t\, t'$, so werden die Variablen an die Komponenten des zu erzeugenden Paares gebunden: **let** $(v_1, v_2) = t\, t'$ **in** $t''$ ist äquivalent zu **let** $v = t\, t'$ **in** **let** $v_2 = \text{snd}(v)$ **in** **let** $v_1 = \text{fst}(v)$ **in** $t''$ für eine frische Variable $v$ und Selektoren fst und snd, die die erste und zweite Komponente eines Paares liefern.

**fct** reduce = $(y1, y2 :$ Stream pair(w $:$ String, n $:$ Nat)) $:$
Stream pair(w $:$ String, n $:$ Nat))
**if** ft$(y1)$ = pair("end", 0)
**then if** ft$(y2)$ = pair("end", 0)
**then** pair("end", 0) & reduce(rt$(y1)$, rt$(y2)$)
**else** ft$(y2)$ & reduce$(y1,$ rt$(y2)$)
**fi**
**else if** ft$(y2)$ = pair("end", 0)
**then** ft$(y1)$ & reduce(rt$(y1)$, $y2$)
**else if** w(first$(y1)$) < w(first$(y2)$)
**then** ft$(y1)$ & reduce(rt$(y1)$, $y2$)
**else if** w(first$(y1)$) > w(first$(y2)$)
**then** ft$(y2)$ & reduce$(y1,$ rt$(y2)$)
**else** $\langle$pair(w(ft$(y1)$)), n(ft$(y1)$)) + n(ft$(y2)$))$\rangle$
& reduce(rt$(y1)$, rt$(y2)$)
**fi**
**fi**
**fi**
**fi**

Das Datenflussdiagramm aus Abb. 5.15 entspricht folgenden Gleichungen:

$$(x1, x2) = \text{split}(x)$$
$$y1 = \text{map}(x1)$$
$$y2 = \text{map}(x2)$$
$$y = \text{reduce}(y1, y2)$$

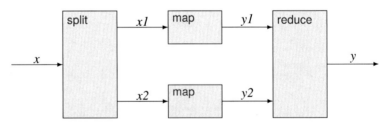

**Abb. 5.15** Datenflussdiagramm map_reduce

Interessant ist für dieses Beispiel, dass das Verhalten, das durch das Datenflussdiagramm in Abb. 5.15 beschrieben wird, mit dem Verhalten von map
übereinstimmt. Dadurch ist es möglich, die Teilsysteme map in map_reduce
durch map_reduce zu ersetzen und somit einen hohen Grad von Parallelität zu
erzielen. Wir erhalten ein Datenflussdiagramm mit vier parallel arbeitenden
map Knoten in Abb. 5.16.

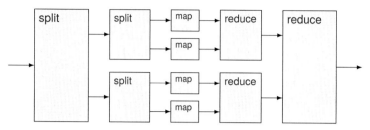

**Abb. 5.16** Datenflussdiagramm map_reduce nach Entfalten von map

Für das Datenflussnetz in Abb. 5.15 gilt:

$$\exists\, y_1, y_2, z_1, z_2 : \quad (x_1, x_2) = \text{split}(x) \ \wedge\ y_1 = \text{map}(x_1)$$
$$\wedge\ y_2 = \text{map}(x_2) \ \wedge\ y = \text{reduce}(y_1, y_2)$$

$$\Leftrightarrow$$

$$y = \text{map}(x)$$

Der Beweis kann durch Induktion erbracht werden. Diese einfache Variante von Map/Reduce demonstriert, wie eine Aufgabe durch ein verteiltes System effizient gelöst werden kann. ∎

Für das Beispiel Map/Reduce können wir die Ersetzung von map durch das Datenflusssystem map_reduce auch dynamisch vornehmen.

*Beispiel 5.3.1.3 (Dynamische Map/Reduce)* Wir setzen das Beispiel Map/Reduce fort, indem wir das System map dynamisch parallelisieren.

```
fct dyn_map = (x : Stream String) Stream pair(w : String, n : Nat) :
              if ft(x) = "end"
              then pair("end", 0) & map(rt(x))
              else let (x1, x2) = split(x)
                   in  let (y1, y2) =
                           (if ft(x1) = "end" then map(x1)
                                              else dyn_map(x1)
                        fi,
                        if ft(x2) = "end" then map(x2)
                                          else dyn_map(x2)
                        fi)
                   in reduce(y1, y2)
              fi
```

Wir erzeugen durch den Aufruf dyn_map$(x)$ für einen Strom von Zeichenketten maximalen Parallelismus. ∎

Das Beispiel Map/Reduce (Beispiel 5.3.1.2) stellt ein Entwicklungsmuster für die Parallelisierung einer Funktion dar, die dann auf mehreren Rechnern ausgeführt werden kann.

⚙ *Beispiel 5.3.1.4 (Quicksort – parallelisiert)*  Der Quicksort-Algorithmus, der auch in [Bro19] behandelt wird, kann ebenfalls parallelisiert werden. Wir beschreiben eine Funktion, die einen Strom von natürlichen Zahlen, unterbrochen von dem Trennsymbol end, als Eingabe nimmt und den Strom von sortierten Sequenzen, unterbrochen von dem Trennsymbol end, als Ausgabe erzeugt.

$$\textbf{fct } \mathsf{qsort} = (x : \mathsf{Stream\ Nt})\ \mathsf{Stream\ Nt}$$

Dabei sei die Sorte Nt wie folgt deklariert:

$$\mathsf{Nt} = \mathsf{Nat} \mid \{\mathsf{end}\}$$

Wir spezifizieren qsort für $s : \mathsf{Seq\ Nat}$ durch

$$\mathsf{qsort}(\langle\rangle) = \langle\rangle$$
$$\mathsf{qsort}(s \ ^\frown \langle\mathsf{end}\rangle \ ^\frown x) = \mathsf{sort}(s) \ ^\frown \langle\mathsf{end}\rangle \ ^\frown \mathsf{qsort}(x)$$

wobei die Funktion sort und die Prädikate sorted und ~ wie folgt spezifiziert sind:

$$\mathsf{sort}(s) = s' \overset{\mathsf{def}}{\Longleftrightarrow} (s \sim s' \wedge \mathsf{sorted}(s'))$$

$$\mathsf{sorted}(s) \overset{\mathsf{def}}{\Longleftrightarrow} \forall\, a, b \in \mathsf{Nat},\ s_1, s_2 \in \mathsf{Seq\ Nat} : s = s_1 \ ^\circ \langle a\,b\rangle \ ^\circ s_2 \Rightarrow a \leq b$$

$$s \sim s' \overset{\mathsf{def}}{\Longleftrightarrow} \forall\, n \in \mathsf{Nat} : n\#s = n\#s'$$

Zur Parallelisierung verwenden wir zwei Funktionen

$$\textbf{fct } \mathsf{split} = (x : \mathsf{Stream\ Nt})\ (\mathsf{Stream\ Nt},\ \mathsf{Stream\ Nt})$$
$$\textbf{fct } \mathsf{join} = (y, z : \mathsf{Stream\ Nt})\ \mathsf{Stream\ Nt}$$

die wie folgt spezifiziert sind (sei $n \in \mathsf{Nat}$)

$$\mathsf{split}(\mathsf{end}\ \&\ x) = (\mathsf{end}\ \&\ y,\ \mathsf{end}\ \&\ z) \Leftarrow (y, z) = \mathsf{split}(x)$$
$$\mathsf{split}(n\ \&\ x) = \mathsf{dsplit}(x, n)$$

wobei

$$\textbf{fct } \mathsf{dsplit} = (x : \mathsf{Stream\ Nt},\ n : \mathsf{Nat})\ (\mathsf{Stream\ Nt},\ \mathsf{Stream\ Nt})$$

für $n, m \in \mathsf{Nat}$ folgende Gleichungen erfüllt:

$$\text{dsplit}(\text{end} \& x, n) = (n \& y, z) \Leftarrow (y, z) = \text{split}(\text{end} \& x)$$

$$\text{dsplit}(m\&x, n) = \textbf{if } m \leq n \textbf{ then } (m\&y, z) \textbf{ else } (y, m\&z) \textbf{ fi}$$
$$\Leftarrow (y, z) = \text{dsplit}(x, n)$$

$$\text{dsplit}(\langle\rangle, n) = \langle\rangle$$

$$\text{join}(m \& y, z) = m \& \text{join}(y, z)$$

$$\text{join}(\text{end} \& y, m \& z) = m \& \text{join}(\text{end} \& y, z)$$

$$\text{join}(\text{end} \& y, \text{end} \& z) = \text{end} \& \text{join}(y, z)$$

$$\text{join}(y, \langle\rangle) = \langle\rangle$$

$$\text{join}(\langle\rangle, z) = \langle\rangle$$

Wir definieren

$$\textbf{fct } \text{pqsort} = (x : \text{Stream Nt}) \text{ Stream Nt}$$

durch (sei $j, n, m \in \text{Nat}$)

$$\text{pqsort}(j \& n \& m \& x) = \text{join}(\text{pqsort}(y), \text{pqsort}(z))$$
$$\Leftarrow (y, z) = \text{dsplit}(n \& m \& x, j)$$

$$\text{pqsort}(n \& \text{end} \& x) = n \& \text{end} \& \text{pqsort}(x)$$

$$\text{pqsort}(n \& m \& \text{end} \& x) =$$
$$\textbf{if } n \leq m \textbf{ then } n \& m \& \text{end} \& \text{pqsort}(x) \textbf{ else } m \& n \& \text{end} \& \text{pqsort}(x) \textbf{ fi}$$

Abb. 5.17 illustriert die Funktion pqsort($x$) für den Fall $\exists\, a \in \text{Seq Nat}: \#a > 2$ $\land\, a \sqsubseteq x$.

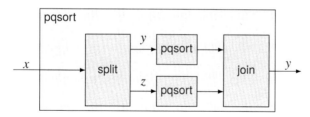

**Abb. 5.17** Parallele Auswertung von pqsort

Abb. 5.17 zeigt, wie pqsort zur Parallelisierung des Quicksorts verwendet werden kann. Diese Form des parallelen Quicksorts spaltet den Strom in zwei Ströme nach dem Quicksortprinzip auf, sortiert diese und fügt sie zusammen.  ∎

Man beachte, dass das Beispiel der Parallelisierung von Quicksort und das Beispiel Map/Reduce dem gleichen Schema folgen.

### 5.3.2 Kantenführung in Datenflussnetzen

In Datenflussdiagrammen treten oft Knoten der in Abb. 5.18 angegebenen
Form auf, wobei zwei Ströme zusammengeführt werden. Diese Knoten werden
in nichtdeterministisches Mischen übersetzt. Sie entsprechen somit den in
Abb. 5.19 angegebenen Knoten. Mischknoten sind in der Regel hochgradig
nichtdeterministisch. Im Zusammenhang mit Rückkopplungsschleifen können
subtile Probleme mit Mischkomponenten auftreten, die mit der „Fairness" des
Mischens zu tun haben. Wir kommen darauf in Abschn. 6.6.2 zurück.

**Abb. 5.18**  Zusammenführung im Datenflussdiagramm

**Abb. 5.19**  Mischknoten

Man kann die Zusammenführung von Kanten auch in gesteuertes Mischen
übersetzen. Dabei werden zwei Ströme deterministisch gemischt. Es wird über
einen booleschen Strom $c$ gesteuert, in welcher Reihenfolge die Elemente
gemischt werden – ein entsprechendes Datenflussnetz ist in Abb. 5.20 gegeben.

**Abb. 5.20**  Gesteuertes Mischen

Das über einen booleschen Strom $c$ gesteuerte Mischen wird durch folgende
Funktion beschrieben:

**fct** inswitch = ($c$ : Stream Bool, $s_1, s_2$ : Stream $\alpha$) Stream $\alpha$ :
  **if** ft($c$) **then** ft($s_1$) & inswitch(rt($c$), rt($s_1$), $s_2$)
        **else** ft($s_2$) & inswitch(rt($c$), $s_1$, rt($s_2$))
  **fi**

Aus dem Gesagten ergibt sich, dass wechselseitige Kommunikation zwischen parallel ablaufenden Einheiten durch verschränkte Rekursion auf Strömen modelliert wird. Die Markierung der Kanten in einem Datenflussnetz verstehen wir als Identifikatoren für Ströme, die Markierung der Funktionssymbole als stromverarbeitende Funktionen.

### 5.3.3 Berechnung von Funktionen durch Datenflussnetze

Durch Datenflussnetze lassen sich auch Funktionen berechnen. Wir beschreiben Algorithmen durch Datenflussnetze.

💡 *Beispiel 5.3.3.1 (Fakultät als Datenflussnetz)* Wir betrachten ein zu dem Beispiel Erzeuger-Verbraucher ähnliches, aber etwas komplizierteres Problem: ein Datenflussprogramm, das die Fakultätsfunktion berechnet.
    Die folgenden rekursiven Gleichungen für Ströme definieren dieses Datenflussprogramm

Stream Nat $s_1$ = merge($x_0, s_5$)      Stream Nat $s_2$ = nfilter($s_3, s_1$)
Stream Bool $s_3$ = C*($s_1$)      Stream Nat $s_4$ = pfilter($s_3, s_1$)
Stream Nat $s_5$ = pro*($s_2$),      Stream Nat $s_6$ = merge($y_0, s_8$)
Stream Nat $s_7$ = pfilter($s_3, s_6$)      Stream Nat $s_8$ = con*($s_2, s_7$)
Stream Nat $s_9$ = nfilter($s_3, s_6$)

wobei wir folgende Hilfsfunktionen zur Beschreibung der Komponenten verwenden.
    Die Filterfunktionen beschreiben das Verhalten des Switch-Knotens. Deshalb können wir den Switch-Knoten (Black-Box-View sehe Abb. 5.21) als ein Netz von Nfilter- und Pfilter-Knoten darstellen (sehe Abb. 5.22).

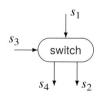

**Abb. 5.21** Switch-Knoten: Black-Box-View

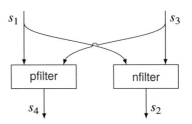

**Abb. 5.22** Switch-Knoten: Glass-Box-View

Die Funktion pfilter($c$ : Stream Bool, $s$ : Stream $\alpha$) Stream $\alpha$ : ... bewirkt Folgendes: Wenn das erste Element des Stroms $c$ true ist, dann wird das erste Element vom Eingangsstrom zum aktuellen (ersten) Element des Ergebnisstroms $s$ und dann wird die gleiche Funktion pfilter (positiven Filter) auf den Rest der Ströme $c$ und $s$ angewendet, wenn aber ft($c$) = false, dann wird ft($s$) ignoriert und die Funktion pfilter wird auf den Rest der Ströme $c$ und $s$ angewendet.

**fct** pfilter = ($c$ : Stream Bool, $s$ : Stream $\alpha$) Stream $\alpha$ :
      **if** ft($c$) **then** ft($s$) & pfilter(rt($c$), rt($s$))
               **else** pfilter(rt($c$), rt($s$))
   **fi**

Die Funktion nfilter (negativer Filter) ist sehr ähnlich zur Funktion pfilter, der Unterschied liegt darin, dass ft($s$) ignoriert wird, wenn ft($c$) = true:

**fct** nfilter = ($c$ : Stream Bool, $s$ : Stream $\alpha$) Stream $\alpha$ :
      **if** ft($c$) **then** nfilter(rt($c$), rt($s$))
               **else** ft($s$) & nfilter(rt($c$), rt($s$))
   **fi**

Für eine beliebige Funktionen $f$: $\alpha \rightarrow \alpha$ erhalten wir mit $f^*$ eine Erweiterung auf Ströme:

      **fct** $f^*$ = ($s$ : Stream $\alpha$) Stream $\alpha$ : $f$(ft($s$)) & $f^*$(rt($s$))

Auf solche Weise sind die Funktionen $C^*$, pro$^*$ und con$^*$ definiert. Funktion $C^*$ liefert den Wahrheitswert true, wenn die Berechnung der Fakultät für die aktuelle Zahl beendet ist.

   **fct** $C^*$   = ($s$ : Stream Nat) Stream Bool :  $C$(ft($s$)) & $C^*$(rt($s$))

   **fct** C    = ($n$ : Nat) Bool : **if** $n = 0$ **then** true **else** false **fi**

   **fct** pro$^*$ = ($s$ : Stream Nat) Stream Nat :
           **if** isempty($s$) **then** empty
                  **else** pro(ft($s$)) & pro$^*$(rt($s$))
      **fi**

   **fct** pro  = ($x$, $y$ : Nat) Nat :  $x - 1$

**fct** con* = $(s_1, s_2 \ : \ \text{Stream Nat})$ Stream Nat:
      **if** isempty$(s_1)$ ∨ isempty$(s_2)$
         **then** empty
           **else** con(ft$(s_1)$, ft$(s_2)$) & con*(rt$(s_1)$, rt$(s_2)$)
      **fi**

**fct** con = $(x, y \ : \ \text{Nat})$ Nat: $x * y$

Jetzt können wir das obige Gleichungssystem in grafischer Form als Daten-flussnetz wiedergeben, wie in Abb. 5.23 dargestellt.

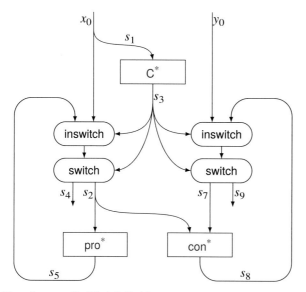

**Abb. 5.23** Datenflussnetz für Fakultät-Problem

Im Datenflussnetz gelten folgende Gesetze: Aus

$$x_0 = \langle n_1 \ n_2 \ n_3 \ \cdots \rangle \qquad \text{und} \qquad y_0 = \langle 1 \ 1 \ 1 \ \cdots \rangle$$

folgt

$$s_4 = \langle \text{true true true} \ \cdots \rangle \qquad \text{und} \qquad s_9 = \langle n_1! \ n_2! \ n_3! \ \cdots \rangle,$$

wobei jedes Element des Stroms das Ende der Fakultätsberechnung für die aktuelle Zahl signalisiert. Das Datenflussdiagramm beschreibt ein verteiltes System, bei dem die arithmetischen Operationen und Vergleichsoperationen im eigenen Teilsystem parallel auf den Datenströmen arbeiten. ∎

Beispiel 5.3.3.1 zeigt, wie schon Beispiele 5.3.1.1 und 5.3.1.4, dass wir durch Datenflussnetze verteilte Algorithmen darstellen können. Letztlich können wir Schaltnetze und Schaltwerke durch Datenflussnetze darstellen, wobei dann oft

Zeit (s. Kap. 6) eine zusätzliche Rolle spielt. Durch Datenflussnetze können wir jedoch auch die Architektur verteilter Systeme beschreiben wie durch das Alternating-Bit-Protokoll.

Bei diesen unterschiedlichen Konzepten von Systemen, verteilter Algorithmen oder der Architektur gelten unterschiedliche Prinzipien. Bei der Architektur verteilter Systeme ist ein Prinzip, Teilsysteme zu schaffen, die in sich eine geschlossene Teilaufgabe bewältigen, so dass nur eine geringe Kopplung zwischen den Teilsystemen erforderlich ist (vgl. Microservice-Architekturen).

### 5.3.4 Annahmen und Verpflichtungen in der Komposition

In Abschn. 4.8 ist die Spezifikation mit Annahmen und Verpflichtungen beschrieben. Diese Vorgehensweise mit Annahmen und Verpflichtungen zu arbeiten, passt natürlich besonders gut für die Situation, wo wir Systeme zusammensetzen. Wenn wir den einfachen Fall von zwei Systemen betrachten, die wir miteinander komponieren und sie sind beide durch Annahmen und Verpflichtungen beschrieben, so ist die Komposition letztendlich nur dann sinnvoll, wenn durch die Komposition sichergestellt ist, dass für beide Komponenten die dafür geforderten Annahmen gelten, gegebenenfalls unter der Voraussetzung, dass bestimmte Annahmen für die Eingaben von außen gelten und dass dadurch die Verpflichtungen gesichert sind.

Wir geben auch dafür ein einfaches Beispiel, indem wir den „stack" mit einem System komponieren, das den „stack" als Hilfsspeicher verwendet. Die Annahmen und Verpflichtungen des „stacks" haben wir ja bereits formuliert. Das System, das den „stack" als Hilfsspeicher verwendet, geht nun davon aus, dass der „stack" nur gespeicherte Daten zurückliefert, wobei es in unserem Beispiel keine Rolle spielt, in welcher Reihenfolge der „stack" dies erledigt. Die Verwaltung der Daten kann aber nur dann erfolgreich durch den „stack" geschehen, wenn nie Elemente angefordert werden, wenn der „stack" leer ist. Dies wird durch folgende Spezifikationen sichergestellt:

*Beispiel (Stack als Hilfsstruktur)* Abb. 5.24 zeigt ein System aus der Kellerdatenstruktur und einem Nutzer des Kellers.

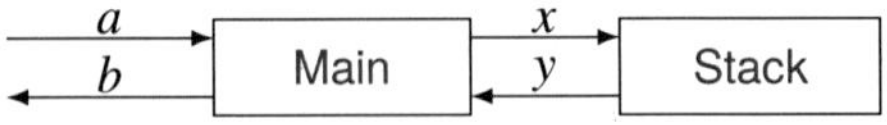


**Abb. 5.24** Keller mit einem Klienten

Wir spezifizieren:

$$(x, b) = \mathsf{Main}(y, a) \;\Rightarrow\; \mathsf{astk}(x)$$

Für die Spezifikation von $astk(x)$ s. Beispiel 4.8.1. Die Funktion Main stellt dann sicher, dass die Eingabe am Stack die Annahme erfüllt. ∎

Wir betrachten im Weiteren zwei Spezifikationen mit Annahmen und Verpflichtungen für das allgemeine Schema zur Zusammensetzung zweier Systeme in Abb. 5.25.

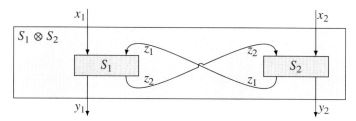

**Abb. 5.25** Komposition zweier Systeme $S_1$ und $S_2$

Wir nehmen an, dass beide Systeme durch Annahmen und Verpflichtungen spezifiziert sind:

$$(y_1, z_2) = S_1(x_1, z_1) \iff (\mathsf{asu1}(x_1, z_1, y_1, z_2) \Rightarrow \mathsf{com1}(x_1, z_1, y_1, z_2))$$

und $S_2$ analog beschrieben ist. Die Komposition $S_1 \otimes S_2$ liefert die Schnittstellenzusicherung

$$\exists z_1, z_2 : \mathsf{SZ}$$

mit

$$\mathsf{SZ} = \big(\ (\mathsf{asu1}(x_1, z_1, y_1, z_2) \Rightarrow \mathsf{com1}(x_1, z_1, y_1, z_2))$$
$$\wedge\ (\mathsf{asu2}(x_2, z_2, y_2, z_1) \Rightarrow \mathsf{com2}(x_2, z_2, y_2, z_1))\big)$$

Falls die Annahmen aus der Spezifikation SZ folgen (etwa indem $S_1$ die Annahme von $S_2$ garantiert und umgekehrt):

$$\mathsf{SZ} \Rightarrow \mathsf{asu1}(x_1, z_1, y_1, z_2) \wedge \mathsf{asu2}(x_2, z_2, y_2, z_1)$$

dann gilt

$$\mathsf{SZ} = \mathsf{asu1}(\dots) \wedge \mathsf{com1}(\dots) \wedge \mathsf{asu2}(\dots) \wedge \mathsf{com2}(\dots)$$

Wir demonstrieren das an einem Beispiel.

☼ *Beispiel 5.3.4.1* Wir betrachten die Systeme Monitor und Queue in Abb. 5.26.

Das Teilsystem Monitor stellt sicher, dass das Teilsystem Queue eine Eingabe $x$ erhält, der Annahme entspricht, dass nie Daten durch req angefordert werden, wenn diese nicht nicht vorher eingegeben wurden.

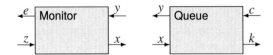

**Abb. 5.26** Die Systeme aus Monitor und Queue als Datenflussknoten

Das Teilsystem Queue wird ferner durch die Eingabe $c$ gebremst und gibt höchstens so viele Ausgaben heraus, wie es der Anzahl der Werte in $c$ entspricht. Die Ausgabe $k$ zeigt an, wie viel Ausgabenachrichten auf dem Strom $y$ erzeugt wurden.

Die Ströme darin haben folgende Sorten:

$$x : \text{Stream } \{\text{req}\}|\text{Data}$$
$$y : \text{Stream Data}$$
$$c : \text{Stream } \{❖\}$$
$$k : \text{Stream } \{❖\}$$
$$e : \text{Stream Data}$$
$$z : \text{Stream } \{\text{req}|\text{Data}\}$$

Wir definieren die Annahme für das System Queue

$$\text{asm} : \text{Stream } (\{\text{req}\}|\text{Data}) \;\rightarrow\; \text{Bool}$$

durch (sei $d \in \text{Data}$)

$$\text{asm}(x) \;=\; (\forall z \in \text{Stream } \{\text{req}\}|\text{Data} : z \sqsubseteq x \;\Rightarrow\; \text{req}\#z \le \text{Data}\#z)$$

und

$$\textbf{fct clean} = (z : \text{Stream } \{\text{req}\}|\text{Data}, \; n : \text{Int}) \; \text{Stream } \{\text{req}\}|\text{Data}$$

Es gelte für $d : \text{Data}$

$$\text{clean}(\langle\rangle, n) \;=\; \langle\rangle$$
$$n \ge 0 \;\Rightarrow\; \text{clean}(d\&z, n) \;=\; d \,\&\, \text{clean}(z, n+1)$$
$$n > 0 \;\Rightarrow\; \text{clean}(\text{req}\&z, n) \;=\; \text{req} \,\&\, \text{clean}(z, n-1)$$
$$n \le 0 \;\Rightarrow\; \text{clean}(\text{req}\&z, n) \;=\; \text{clean}(z, n-1)$$
$$n < 0 \;\Rightarrow\; \text{clean}(d\&z, n) \;=\; d \,\&\, \text{req} \,\&\, \text{clean}(z, n+1)$$

Die Aussage $x = \text{clean}(z, 0)$ beschreibt für gegebenes $z$ einen Strom $x$, indem die Nachrichten req zurückgehalten werden, bis genügend Daten gesendet wurden. Es gilt

$$x = \text{clean}(z, 0) \;\Rightarrow\; \text{asm}(x)$$

Die Systeme Monitor und Queue sind wie folgt spezifiziert

$$(x, e) = \text{Monitor}(z, y) \ \Rightarrow \ (x = \text{clean}(z, 0) \ \wedge \ e = y)$$

$$(y, k) = \text{Queue}(x, c) \Rightarrow$$
$$\left(\text{asm}(x) \Rightarrow (y \sqsubseteq \text{Data}{\odot}x \wedge \#y = \min\{\text{req}\#x, \#c\} \wedge \#k = \#y)\right)$$

Durch Komposition erhalten wir

$$(x, e) = \text{Monitor}(z, y) \ \wedge \ (y, h) = \text{Queue}(x, c)$$

Aus der Spezifikation des Teilsystems Monitor folgt

$$x = \text{clean}(z, 0)$$

und aus $x = \text{clean}(z, 0)$ schließlich

$$\text{asm}(x)$$

Damit ist die Annahme für die Spezifikation von Queue erfüllt und wir erhalten

$$e = y \ \wedge \ x = \text{clean}(z, 0) \ \wedge \ y \sqsubseteq \text{Data}{\odot}x \ \wedge \ \#y = \min\{\text{req}\#x, \#c\}$$

Das zusammengesetzte System

$$\text{Monitor} \otimes \text{Queue}$$

erfüllt diese Spezifikation ohne weitere Annahmen, da das Teilsystem Monitor die Annahmen für Queue impliziert, also garantiert. ∎

Wir betrachten nun den allgemeinen Fall der Komposition mit Annahmen.

| $S_1$ |
| --- |
| **in** $\quad x_1, z_1 :$ Stream Data |
| **out** $\ y_1, z_2 :$ Stream Data |
| $\text{asu1}(x_1, z_1, y_1, z_2) \ \Rightarrow \ \text{com1}(x_1, z_1, y_1, z_2)$ |

| $S_2$ |
| --- |
| **In** $\quad x_2, z_2 :$ Stream Data |
| **out** $\ y_2, z_1 :$ Stream Data |
| $\text{asu2}(x_2, z_2, y_2, z_1) \ \Rightarrow \ \text{com2}(x_2, z_2, y_2, z_1)$ |

Komposition ergibt:

| $S_1 \times S_2$ |
| --- |
| **in** $\quad x_1, x_2 :$ Stream Data |
| **out** $\ y_1, y_2, z_1, z_2 :$ Stream Data |
| $(\text{asu1}(x_1, z_1, y_1, z_2) \ \Rightarrow \ \text{com1}(x_1, z_1, y_1, z_2))$ |
| $\wedge \ (\text{asu2}(x_2, z_2, y_2, z_1) \ \Rightarrow \ \text{com2}(x_2, z_2, y_2, z_1))$ |

Wir erhalten die Aussage, dass für das komponierte System die Zusicherungen asu1 und asu2 gelten, falls folgende zwei Aussagen gelten:

$$(\mathsf{asu1}(x_1, z_1, y_1, z_2) \Rightarrow \mathsf{com1}(x_1, z_1, y_1, z_2)) \Rightarrow \mathsf{asu2}(x_2, z_2, y_2, z_1)$$

$$(\mathsf{asu2}(x_2, z_2, y_2, z_1) \Rightarrow \mathsf{com2}(x_2, z_2, y_2, z_1)) \Rightarrow \mathsf{asu1}(x_1, z_1, y_1, z_2)$$

Falls also diese Aussagen gelten, vereinfacht sich $S_1 \times S_2$ zu

| $S_1 \times S_2$ |
|---|
| **in**   $x_1, x_2$ : Stream Data |
| **out**   $y_1, y_2, z_1, z_2$ : Stream Data |
| $\mathsf{com1}(x_1, z_1, y_1, z_2) \;\wedge\; \mathsf{com2}(x_2, z_2, y_2, z_1)$ |

Die Komposition von Systemen mit Annahmen führt auf ein zusammengesetztes System mit trivialen Annahmen, da die Annahmen von den Teilsystemen gegenseitig erfüllt werden.


## 5.4 Kompositionsformen

Bisher haben wir nur eine allgemeine, sehr mächtige Form der Komposition auf Komponenten mit Rückkopplung beschrieben. Nun betrachten wir eine Reihe elementarer Kompositionsformen aus der sich die allgemeinere Form zusammensetzen lässt.


### 5.4.1 Parallele Komposition ohne Rückkopplung

Die parallele, unabhängige Komposition zweier stromverarbeitenden Komponenten mit disjunkten Mengen von Ausgabekanälen ist sehr einfach. Seien die Komponenten

$$f_1 : \overline{I_1} \to \overline{O_1}$$
$$f_2 : \overline{I_2} \to \overline{O_2}$$

gegeben und gelte $O_1 \cap O_2 = \emptyset$. Wir definieren die Funktion

$$f_1 \| f_2 : \overline{I} \to \overline{O} \quad \text{mit} \quad I = I_1 \cup I_2 \text{ und } O = O_1 \cup O_2$$

durch

$$(f_1 \| f_2)(x) = (f_1(x|_{I_1})) \uplus (f_2(x|_{I_2}))$$

Dabei bezeichnen wir durch $x|_I$ für $I \subseteq C$ und $x \in \overline{C}$ die Belegung in $\overline{I}$, die durch die Einschränkung von $x$ auf die Kanäle in $I$ entsteht. Ferner steht $\uplus$ für das Zusammenführen zweier Belegungen für disjunkte Mengen von Kanälen. Sei $y_i \in O_i$; es gilt $y_1 \uplus y_2 \in \overline{O_1 \cup O_2}$ mit

$$(y_1 \uplus y_2)(c) = \begin{cases} y_1(c), & \text{falls } c \in O_1, \\ y_2(c), & \text{falls } c \in O_2. \end{cases}$$

Die *parallele Komposition* ist in Abb. 5.27 grafisch dargestellt.

*Parallele Komposition*

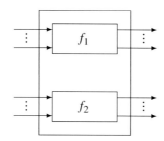

**Abb. 5.27**  Parallele Komposition

## 5.4.2  Sequenzielle Komposition: Pipeline

Sei $O_1 = I_2$, dann ist $f_1 \circ f_2$ eine stromverarbeitende Funktion mit Eingangskanälen $I_1$ und Ausgangskanälen $O_2$. Die Komposition durch Hintereinanderschaltung ist in Abb. 5.28 dargestellt. Es gilt:

*Sequenzielle Komposition*

$$(f_1 \circ f_2)(x) = f_2(f_1(x))$$

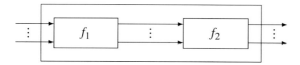

**Abb. 5.28**  Komposition durch Hintereinanderausführung (Pipeline)

Ein Beispiel für die Pipeline liefert das Map/Reduce-System aus Abschn. 5.3.1.

### 5.4.3 Rückkopplung

*Rückkopplung*
*Feedback* Die *Rückkopplung* (engl. *feedback*) eines Ausgabekanals auf ein Eingabekanal einer Komponente definieren wir wie folgt. Sei die stromverarbeitende Funktion

$$f : \bar{I} \to \bar{O}$$

gegeben und seien $r \in I$ sowie $p \in O$ Kanäle gleicher Sorte. Wir definieren die Funktion

$$[r \leftarrow p : f] : \bar{I'} \to \bar{O}$$

mit $I' = I \setminus \{r\}$, die durch Rückkopplung der Ausgabe auf Ausgabekanal $p$ auf den Eingabekanal $r$ entsteht, wie folgt:

$$[r \leftarrow p : f](x) = \operatorname{lfp}\left( \lambda\, y : f\big(x \uplus (r \mapsto y(p))\big) \right)$$

Dies entspricht einer rekursiven Definition des Feedback-Stroms $p$. Die Präfix-Monotonie von $f$ garantiert die Existenz eines kleinsten Fixpunktes. Wir erhalten folgende Definition für die Funktion $f' = [r \leftarrow p : f]$: Es gilt $y = f'(x)$ falls $y$ der kleinste Fixpunkt folgender Gleichung ist:

$$y = f(x') \ \text{ mit } \ x'(c) = \begin{cases} x(c), & \text{falls } c \neq r, \\ y(c), & \text{falls } c = r. \end{cases}$$

Die Ausgabe der Funktion $f'$, die durch Rückkopplung entsteht, entspricht also der Ausgabe der Funktion $f$ auf die Eingabe $x$, wobei der Kanal $r$ den kleinsten Datenstrom (im Sinne der Präfixmonotonie) enthält, der die Rückkopplungs-gleichung erfüllt. Mithilfe der beiden Operatoren können wir beliebige Daten-flussnetze aufbauen. Es existieren auch grafische Veranschaulichungen für die Operatoren. Abb. 5.29 stellt die Rückkopplung grafisch dar.

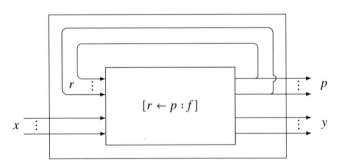

**Abb. 5.29** Rückkopplung über mehrere Kanäle

Durch diese Kompositionsformen und durch eine Reihe einfacher Kompo-nenten für das Kopieren und Permutieren von Eingangsströmen lassen sich alle Datenflussnetze durch die parallele Komposition und das Hintereinanderschalten der Komponenten und eine Reihe von Rückkopplungen darstellen. Ebenso können wir sie durch ein rekursives Gleichungssystem für die Ströme darstellen.

Wie bereits gesagt, können wir aber auch nur den universellen Operator $\otimes$ einführen, der die parallele Komposition und die Rückkopplung kombiniert.

### 5.4.4 Das Beispiel Fensterheber

Mithilfe der eingeführten Operatoren können wir verteilte Systeme durch Terme gleichsam als Programme in einer Datenflusssprache darstellen. Daneben existiert eine grafische Darstellung durch Datenflussnetze. Beide Darstellungen sind schematisch ineinander überführbar. Die Bedeutung eines verteilten Systems lässt sich durch die Definition der Operatoren in Form einer stromverarbeitenden Funktion angeben.

Der Übergang zwischen stromverarbeitenden Funktionen und Zustandsmaschinen kann in der einen Richtung als Schnittstellenabstraktion und in der anderen Richtung als Implementierungsschritt verstanden werden.

Als Beispiel beschreiben wir einen einfachen Fensterheber. Wir demonstrieren einige Modellierungstechniken an dem Beispiel.

☼ *Beispiel (Fensterheber – informelle Spezifikation)* Für den Fensterheber werden folgende Anforderungen vorgegeben:

- Das Fenster wird über einen einfachen Wippschalter gesteuert, der drei Stellungen einnehmen kann: Hochfahren, Herunterfahren, Arretiert.
- Die Fenstersteuerung verfügt über folgende Funktionen:

  - Manuellen Schließen und manuelles Öffnen
  - Einklemmschutz
  - Komfortschließen/-öffnen

- Wird die Wippe in Öffnen- oder Schließstellung festgehalten, so fährt das Fenster bis in seine Endposition, falls nicht die Wippe vorher losgelassen wird.
- Wird die Wippe nur kurz angetippt, so schließt/öffnet das Fenster völlig, soweit der Vorgang nicht durch erneutes Antippen der Wippe oder durch Ansprechen des Einklemmschutzes unterbrochen wird.
- Spricht beim Schließen des Fensters der Einklemmsensor an, so öffnet sich das Fenster völlig (unabhängig von der Stellung der Wippe), das Fenster geht in einen Nothalt, der erst verlassen wird, wenn die Zündung aus- und wieder eingeschaltet wird.

Als ersten Schritt definieren wir eine sogenannte Funktionsarchitektur, welche die Aufgaben des Fensterhebers in Teilaufgaben gliedert (s. Abb. 5.30).

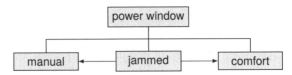

**Abb. 5.30** Funktionsbaum (engl. *functional feature tree*) für den Fensterheber, die roten Pfeile beschreiben Abhängigkeiten

Abb. 5.30 drückt aus, dass das Fenster drei Funktionen umfasst: Manuelles Betätigen, Komfortschließen, Einklemmschutz Als nächstes definieren wir das Datenmodell Fensterheber.

Bereits im Datenmodell entscheiden wir über die Abstraktionsebene. So können wir die Stellung der Wippe (engl. *switch*) wie folgt vereinbaren (für Down, Stop, Up):

$$\text{\textbf{sort} Switchout} = \{D, S, U\}$$

Wollen wir aber das kurze Antippen der Wippe nicht im Steuergerät, sondern im Schalter modellieren, können wir auch wie folgt die Signale definieren, die von der Wippe ausgehen:

$$\text{\textbf{sort} Switchsig} = \{DD, D, S, U, UU\}$$

Hier stehen DD und auch UU für das Antippen der Wippe. Die Architektur bestehend aus den Komponenten des Fensterhebers geben wir durch einen Datenflussdiagramm an, das das Strukturmodell und die Gliederung in Komponenten zeigt (s. Abb. 5.31).

**Abb. 5.31** Fensterheber als Datenflussdiagramm

Das Datenflussdiagramm weist drei Teilsysteme für den Fensterheber auf:

- den Wippschalter,
- die Steuerung für den Fensterheber und
- das Fenster als mechanische Einheit, das über Sensoren und Aktuatoren mit der Steuerung interagiert.

Diese Teilsysteme sind durch folgende Kanäle verbunden, die Datenströme beschreiben:

$$w : \text{Stream Switchsig}$$
$$x : \text{Stream \{Up, Down, Stop, IgnOffOn\}}$$
$$y : \text{Stream \{End, Alarm\}}$$

Das System Fenster wird noch unterteilt in Teilsysteme Motor, K-Sensor (für Einklemmsensor) und P-Sensor, der das Erreichen einer Endstellung für das Fenster angibt.

Ein Beispiel für das Verhalten des Fensterhebers wird durch ein Interaktionsdiagramm für den Fensterheber angegeben (s. Abb. 5.32). Wir betrachten den Fall Einklemmschutz.

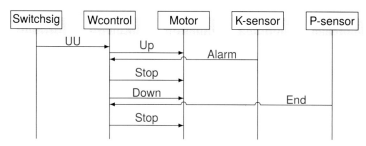

**Abb. 5.32** Interaktionsdiagramm für den Fensterheber

Schließlich geben wir in der Zustandssicht das Steuergerät Fensterheber als Zustandsübergangsdiagramm an. Das Zustandsübergangsdiagramm mit Ein- und Ausgabe nennt keine Kanäle, da die angezeigten Signale die Kanäle eindeutig identifizieren.

Abb. 5.33 zeigt das Verhalten der Komponente Wcontrol des Fensterhebers als Zustandsübergangsdiagramm. Wir betrachten nur die Fälle UU und DD.

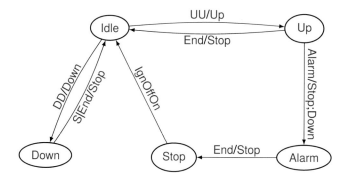

**Abb. 5.33** Zustandsübergangsdiagramm für Wcontrol ∎

## 5.5 Schichtenarchitekturen

Mit den eingeführten Modellen und Methoden zur Spezifikation des Schichten-verhaltens für interaktive Systeme lassen sich auch sogenannte Schichtenarchitekturen (engl. *layered architectures*) beschreiben. Die Idee der Schichtenarchitektur ist zentral für viele Softwaresysteme, insbesondere Kommunikationssysteme (vgl. ISO/OSI-Schichtenmodell [ISO96; Tel94]). Eine Schichtenarchitektur ist aus einer Reihe von Schichten aufgebaut (s. Abb. 5.34).

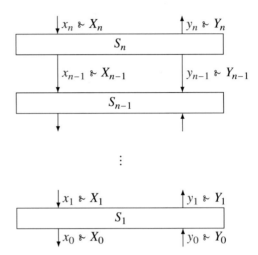

**Abb. 5.34** Schichtenarchitektur

Eine Schicht $S_n$ besteht aus zwei Schnittstellen, die Dienste beschreiben, den erbrachten Dienst $PS_n$ (engl. *provided service*) und den benötigten Dienst $RS_n$ (engl. *required service*). Eine Schicht erbringt einen Dienst unter der Voraussetzung, dass der von der Schicht benötigte Dienst zur Verfügung steht. Wir nehmen an, dass die Dienste $RS_n$ und $PS_n$ wie folgt spezifiziert sind:

$$
\begin{array}{|l|}
\hline
=\!PS_n=\\
\textbf{in}\quad x_n : \text{TStream } X_n\\
\textbf{out}\ y_n : \text{TStream } Y_n\\
\hline
\text{RSQ}_n(x_n, y_n)\\
\hline
\end{array}
$$

$$
\begin{array}{|l|}
\hline
=\!RS_n=\\
\textbf{in}\quad x_{n-1} : \text{TStream } X_{n-1}\\
\textbf{out}\ y_{n-1} : \text{TStream } Y_{n-1}\\
\hline
\text{RSQ}_{n-1}(x_{n-1}, y_{n-1})\\
\hline
\end{array}
$$

Hier sind $\text{RSQ}_n(x_n, y_n)$ und $\text{RSQ}_{n-1}(x_{n-1}, y_{n-1})$ Schnittstellenzusicherungen.

Dabei beschreiben wir die Schicht $S_n$ durch eine Annahme-Verpflichtungs-Spezifikation:

$$
\begin{array}{|l|}
\hline
=\!S_n=\\
\textbf{in}\quad x_n : \text{TStream } X_n,\ y_{n-1} : \text{TStream } Y_{n-1}\\
\textbf{out}\ y_n : \text{TStream } Y_n,\ x_{n-1} : \text{TStream } X_{n-1}\\
\hline
\text{RSQ}_{n-1}(x_{n-1}, y_{n-1}) \Rightarrow \text{RSQ}_n(x_n, y_n)\\
\hline
\end{array}
$$

Die Spezifikation folgt dem Annahme-Verpflichtungs-Schema: Wenn $x_{n-1}$ und $y_{n-1}$ die Annahme erfüllen, dass sie den benötigten Dienst $RS_n$ erbringen, dann gilt die Verpflichtung, dass der zu erbringende Dienst $PS_n$ von der Schicht geliefert wird.

Setzt man zwei Schichten zusammen, so ergibt das wieder eine Schicht, wenn die Schichten zusammenpassen, d. h. wenn $RSQ_{n-1}(x_{n-1}, y_{n-1}) \Rightarrow RSQ_n(x_{n-1}, y_{n-1})$. Dann, erhalten wir wieder die Spezifikation einer Schicht. Es gilt: $S_n \otimes S_{n-1}$ erfüllt die Spezifikation

$$\exists x_{n-1}, y_{n-1}: \quad (RSQ_{n-1}(x_{n-1}, y_{n-1}) \Rightarrow RSQ_n(x_n, y_n))$$
$$\wedge (RSQ_{n-2}(x_{n-2}, y_{n-2}) \Rightarrow RSQ_{n-1}(x_{n-1}, y_{n-1}))$$

Wenn also der von $S_{n-1}$ erbrachte Dienst die Annahme der Schicht $S_n$ erfüllt, d. h. wenn $RSQ_{n-1}(x_{n-1}, y_{n-1}) \Rightarrow RSQ_n(x_{n-1}, y_{n-1})$ gilt, dann folgt

$$RSQ_{n-1}(x_{n-2}, y_{n-2}) \Rightarrow RSQ_n(x_n, y_n)$$

Also ist das in Abb. 5.35 beschriebene System selbst wieder eine Schicht.

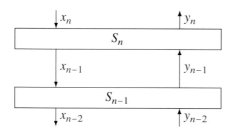

**Abb. 5.35** Komposition $S_n \otimes S_{n-1}$ der Schichten $S_n$ und $S_{n-1}$

Der Vorteil von Schichtenarchitektur ist, dass Schichten ausgetauscht werden können, wenn sie nur die entsprechenden Spezifikationen erfüllen. Schichten sind modular, folgen dem Prinzip der Informationsverbergung (engl. *information hiding*) und der Kapselung. Schichten führen auf Dienstarchitekturen und werden praktisch oft durch „Microservices" realisiert.

Man beachte, dass wir Schichten stark vereinfacht dargestellt haben. Im Grunde kann ein Dienst nicht nur aus einem Eingabe- und einen Ausgabestrom bestehen, sondern auf Familien von Strömen arbeiten und sich aus Teildiensten zusammensetzen.

Das Konzept der Schichtenarchitektur ist für die Praxis von großer Bedeutung. Viele – gerade auch umfangreiche Softwaresysteme – sind als Schichtenarchitekturen aufgebaut. Wir geben im folgenden nur ein einfaches Beispiel an, da die Darstellung einer umfassenden Schichtenarchitektur den Rahmen sprengen würde.

*☼ Beispiel (Schichtenarchitektur)* Wir geben zwei Schichten einer einfachen Schichtenarchitektur an. Diese beschreiben wir, indem wir die angebotenen und erforderlichen Dienste beschreiben. Wir geben ein sehr einfaches Beispiel für zwei Schichten. Die obere Schicht stellt als Dienst eine kellerartige Konstruktion zur Verfügung, die jedoch im Gegensatz zum Dienst Keller auch mit Eingaben mit Eingaben zurechtkommt, in denen mehr Anforderungen durch req auftreten, als Daten eingegeben wurden. In diesem Fall werden die Anforderungen zurückgestellt und ausgeführt, sobald entsprechend Daten eingegeben werden. Der von dieser Schicht benötigte Dienst ist der klassische Keller. Dieser Dienst wird von der unteren Schicht erbracht. Die untere Schicht benötigt einen Dienst, der zur Speicherung von Daten unter bestimmten Identifikatoren dient, die durch natürliche Zahlen repräsentiert werden. Wir verwenden die folgenden Sorten.

$$\text{Data}$$
$$\text{Dr} = \text{Data} \mid \{\text{req}\}$$
$$\text{Pair} = \{\text{one} : \text{Data}, \text{ two} : \text{Nat}\}$$
$$\text{As} = g(i : \text{Nat}) \mid p(i : \text{Id}, d : \text{Data})$$

und die folgenden Funktionen

$$\text{get} : \text{Array}, \text{Nat} \rightarrow \text{Data} \mid \{\text{nil}\}$$
$$\text{put} : \text{Array}, \text{Nat}, (\text{Data} \mid \{\text{nil}\}) \rightarrow \text{Array}$$
$$\text{empty} : \text{Array}$$

Die Axiome für die Funktionen lauten wie folgt:

$$\text{get}(\text{empty}, i) = \text{nil}$$
$$\text{get}(\text{put}(a, i, d), j) = \textbf{if } i = j \textbf{ then } d \textbf{ else } \text{get}(a, j) \textbf{ fi}$$

Wir definieren folgende Dienste:

$$\text{prestack} : \text{Stream Dr} \rightarrow \text{Stream Data}$$
$$\text{stack} : \text{Stream Dr} \rightarrow \text{Stream Data}$$
$$\text{ar} : \text{Stream As} \rightarrow \text{Stream (Data} \mid \text{nil)}$$

Die Dienste sind wie folgt spezifiziert (sei $r : \text{Seq}\{\text{req}\}$, $s : \text{Seq Data}$, $d : \text{Data}$):

$$\text{stack}(d \,\&\, (s \,^\frown\, \langle\text{req}\rangle \,^\frown\, x)) = d \,\&\, \text{stack}(s \,^\frown\, x)$$
$$\text{prestack}(r \,^\frown\, (d \,\&\, x)) = \text{prestack}(d \,\&\, (r \,^\frown\, x))$$
$$\text{prestack}(s \,\&\, (d \,^\frown\, \langle\text{req}\rangle \,^\frown\, x)) = d \,\&\, \text{prestack}(s \,^\frown\, x)$$
$$\text{prestack}(x) = \langle\rangle \Leftarrow \text{Data}\#x = 0$$

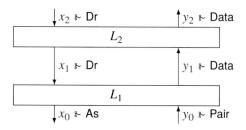

**Abb. 5.36** Schichtenarchitektur

Wir formen eine Schichtenarchitektur aus nur zwei Schichten wie in Abb. 5.36 illustriert.

Wir spezifizieren die Funktion ar mithilfe der Funktion

$$\text{make}: \ \text{Stream As, Array} \ \rightarrow \ \text{Stream Data} \mid \text{nil}$$

wie folgt:

$$\text{ar}(x) \ = \ \text{make}(x, \text{empty})$$
$$\text{get}(a, i) = w \ \Rightarrow \ \text{make}(g(i) \ \& \ x, \ a) \ = \ w \ \& \ \text{make}(x, a)$$
$$\text{make}(p(i, d) \ \& \ x, \ a) \ = \ \text{make}(x, \text{put}(a, i, d))$$

Wir erhalten die folgende Spezifikation für die Schichten

$$L_2: \qquad y_1 = \text{stack}(x_1) \ \Rightarrow \ y_2 = \text{prestack}(x_2)$$
$$L_1: \qquad y_0 = \text{ar}(x_0) \ \Rightarrow \ y_1 = \text{stack}(x_1)$$

Damit können wir $L_2$ wie folgt realisieren:

$$\text{prestack}(x) \ = \ \text{stack}(\text{pre}(x, 0))$$
$$\text{pre}: \ \text{Stream Dr, Int} \ \rightarrow \ \text{Stream Dr}$$
$$n < 0 \ \Rightarrow \ \text{pre}(d \ \& \ x, \ n) \ = \ d \ \& \ \text{req} \ \& \ \text{pre}(x, \ n+1)$$
$$n \geq 0 \ \Rightarrow \ \text{pre}(d \ \& \ x, \ n) \ = \ d \ \& \ \text{pre}(x, \ n+1)$$
$$n > 0 \ \Rightarrow \ \text{pre}(\text{req} \ \& \ x, \ n) \ = \ \text{req} \ \& \ \text{pre}(x, \ n-1)$$
$$n \leq 0 \ \Rightarrow \ \text{pre}(\text{req} \ \& \ x, \ n) \ = \ \text{pre}(x, \ n-1)$$

Dies zeigt, wie die Schicht $L_2$ ihren Dienst mithilfe des von ihr benötigten Dienstes, der von der Schicht $L_1$ erbracht wird, erbringt. ∎

## 5.6 Parallele, anweisungsorientierte, interaktive Programme

Auch wenn die Komponenten durch anweisungsorientierte interaktive Programme beschrieben sind, können wir die parallele Komposition auf der logischen Ebene durch die entsprechenden Zusicherungen vornehmen. Wir zeigen nun auf, wie Datenflusssysteme, beschrieben durch anweisungsorientierte Programme, komponiert werden können.

### 5.6.1 Parallele Komposition interaktiver, anweisungsorientierter Programme

Anweisungsorientierte Programme $S_1$ und $S_2$ mit Kommunikationsanweisungen lassen sich parallel zusammensetzen, solange die Mengen der in $S_1$ und $S_2$ auftretenden Kanäle und Programmvariablen disjunkt sind. Wir schreiben dann

$$S_1 \parallel S_2$$

Sind $Q_1$ und $Q_2$ prädikative Spezifikationen der Programme $S_1$ beziehungsweise $S_2$, dann ist

$$Q_1 \wedge Q_2$$

eine prädikative Spezifikation von $S_1 \parallel S_2$.

Sei $PS[S]$ die prädikative Spezifikation des Programms $S$ mit Eingabekanal $r$ und Ausgabekanal $p$ für Nachrichten der Sorte $M$. Die Rückkopplung der Ausgabe auf Kanal $p$ in die Eingabe auf Kanal $r$ lässt sich wie folgt beschreiben. Im Programm schreiben wir dann die Anweisung

$$\textbf{chan}\, M\, r \leftarrow p;\; S\ . \tag{5.1}$$

Ist $PS[S]$ die prädikative Spezifikation von $S$, so ist die prädikative Spezifikation von (5.1) gegeben durch

$$p = \langle\rangle \,\wedge\, r = p' \,\wedge\, PS[S]$$

Dies charakterisiert wiederum eine Fixpunkteigenschaft durch die Gleichsetzung

$$r = p'\ .$$

Die Rückkopplung wird als Fixpunktgleichung für den Eingabe- und Ausgabestrom beschrieben.

Wir betrachten zunächst folgendes einfache Beispiel für $S$ mit $M = \text{Nat}$ und $v \,\text{\scriptsize ⁚}\, \textbf{var}\, \text{Nat}$:

$$\textbf{proc}\, S\ =:\ p\, !\, v + 1;\ r\, \textbf{?}\, v;\ S$$

und nehmen der Einfachheit halber an, dass außer $p$, $r$ und $v$ keine weiteren Variablen auftreten. Wir erhalten für PS[$S$]:

$$
\begin{aligned}
&\text{PS}[S] \\
&= \exists\, r'', p'' \in \mathbb{N}_0^{*|\omega},\, v'' \in \mathbb{N}_0: \\
&\quad p'' = p \,\widehat{}\, \langle v{+}1 \rangle \wedge r'' = \text{rt}(r) \wedge v'' = \text{ft}(r) \wedge \text{PS}[S][p''/p, r''/r, v''/v] \\
&= \text{PS}[S][p \,\widehat{}\, \langle v{+}1\rangle/p, \text{rt}(r)/r, \text{ft}(r)/v]
\end{aligned}
$$

Es gilt für **chan** Nat $r \leftarrow p$; $S$ somit für $v = n$

$$
\begin{aligned}
&(p = \langle\rangle \wedge \text{PS}[S][p \,\widehat{}\, \langle n{+}1\rangle/p, \text{rt}(r)/r, \text{ft}(r)/v]) \\
&= (\quad p = \langle\rangle \wedge p' = \langle n{+}1\rangle \,\widehat{}\, \text{rt}(p') \wedge \text{ft}(r) = n{+}1 \wedge \text{rt}(r) = \text{rt}(p') \\
&\qquad \wedge \text{PS}[S][\langle\rangle/p, \text{rt}(r')/r, \text{rt}(p')/p', n{+}1/v] \qquad )
\end{aligned}
$$

Induktion zeigt, dass daraus für $n = 0$ die Zusicherung

$$
p' \quad = \quad \langle 1\ 2\ 3\ 4 \cdots\rangle
$$

folgt.

Nun betrachten wir

$$
\textbf{proc }\, T \;=:\; r\,?\,v;\; p\,!\,v{+}1;\; T
$$

Wir erhalten

$$
\begin{aligned}
&\text{PS}[T] \\
&= \quad (r = \langle\rangle \wedge p' = p) \\
&\quad \vee (\exists\, v'' \in \mathbb{N}_0, p'', r'' \in \mathbb{N}_0^{*|\omega}: \\
&\qquad r \neq \langle\rangle \wedge v'' = \text{ft}(r) \wedge p'' = \langle v''{+}1\rangle \,\widehat{}\, p \wedge \text{PS}[T][\text{rt}(r)/r, p''/p, \text{ft}(r)/v]) \\
&= \quad (r = \langle\rangle \wedge p' = p) \\
&\quad \vee (r \neq \langle\rangle \wedge \text{PS}[T][\text{rt}(r)/r, \langle\text{ft}(r){+}1\rangle \,\widehat{}\, p/p, \text{ft}(r)/v])
\end{aligned}
$$

Wir erhalten für

$$
\textbf{chan}\ \text{Nat}\ r \leftarrow p;\, T \tag{5.2}
$$

die prädikative Spezifikation

$$
\begin{aligned}
&(p = \langle\rangle \wedge r = p') \\
&\wedge \Big(\quad (r = \langle\rangle \wedge p' = p) \\
&\qquad \vee (r \neq \langle\rangle \wedge \text{PS}[T][\text{rt}(r)/r, \langle\text{ft}(r){+}1\rangle \,\widehat{}\, p/p, \text{ft}(r)/v])\Big)
\end{aligned}
$$

Daraus können wir nicht ableiten, dass $p' \neq \langle\rangle$ ist. Allerdings können wir auch $p = \langle\rangle$ nicht ableiten. Dieses Beispiel zeigt, dass der Kalkül der prädikativen Spezifikation im folgenden Sinn unvollständig ist. Für gewisse Programme, insbesondere solche, die in Rückkopplungen auf Kanäle lesend zugreifen, die leer sind, können wir nicht alle Aussagen, die im Sinne einer intuitiv klaren

operationellen Semantik gelten, beweisen. So können wir für das Programm
(5.2) nicht zeigen, dass die Anweisung $r?v$ dazu führt, dass das erste Element
eines leeren Stroms angefordert wird, das nicht existiert, und somit ein Fehlerfall
eintritt. Dazu müsste $p' = \langle \rangle$ nachgewiesen werden, woraus $r = \langle \rangle$ folgt. Dies
lässt sich im Kalkül aber nicht ableiten.

Diese Darstellung lässt sich wie folgt im Kalkül nachvollziehen: Ein Strom
$s \in M^{*|\omega}$ heißt Fixpunkt des Programms

$$\textbf{chan } M \; x \leftarrow p; \; S$$

falls die Annahme $p' = s$ und $r = s$ und damit

$$PS[S][s/r, s/p']$$

auf keinen Widerspruch führt.

So ist $s = \langle \rangle$ ein Fixpunkt des Programms

$$\textbf{proc } W =: r?v; \; p!v; \; W$$

welcher der operationellen Erwartung entspricht.

Allerdings ist auch für $v = 0$ der Strom $s = 0^\omega$ Fixpunkt. Dies illustriert, dass
in Fällen, wo eine Anweisung $r?v$ auf den leeren Strom auf Kanal $r$ trifft, weitere
Fixpunkte existieren können, die durch die abgeleitete prädikative Spezifikation
nicht ausgeschlossen werden. Der Kalkül der prädikativen Spezifikation ist
unvollständig, jedoch korrekt.

Sind $S_1$ und $S_2$ Programme ohne gemeinsame Variablen und nutzt $S_1$ den
Ausgabekanal $p$ und $S_2$ den Eingabekanal $q$ für Daten gleicher Sorte $M$, so
ergibt

$$\textbf{chan } M \; r \leftarrow p; \; \lceil S_1 \parallel S_2 \rfloor$$

ein Programm, in dem $S_1$ und $S_2$ parallel arbeiten und über die Kanäle $p$ und $r$
kommunizieren.

⚘ *Beispiel (Kooperation durch Kommunikation)* Wir betrachten ein einfaches
Beispiel. Dazu definieren wir folgende Prozeduren:

**proc** gen   =   $p!n; \; n := n + 1; \;$ gen
**proc** con   =   $r?m; \; w := w * m; \; q!w; \;$ con

und betrachten das Programm

$$\textbf{chan } \text{Nat} \; r \leftarrow p; \; n := 1; \; w := 1; \; \lceil \text{gen} \parallel \text{con} \rfloor \qquad (5.3)$$

Wie in Abschn. 4.6 für gen gezeigt, gilt für $p = \langle \rangle$ und $n = 1$:

$$PS[\text{gen}] \quad \Rightarrow \quad p' \; = \; \langle 1 \; 2 \; 3 \; \cdots \rangle$$

Auf die gleiche Weise zeigen wir

$$PS[\text{con}] \quad \Rightarrow \quad q' \; = \; \langle q_1 \; q_2 \; q_3 \; \cdots \rangle$$

wobei

$$q_1 = r_1$$
$$q_{i+1} = q_i * r_{i+1} \quad \text{für} \quad i \in \mathbb{N}_+$$

Ferner folgt aus der prädikativen Anweisung für (5.3)

$$p = \langle \rangle \wedge r = p'$$

und somit $r_i = i$ sowie

$$q_i = i!$$

wie ein einfacher Induktionsbeweis zeigt.                                              ∎

⚠ **Achtung**  Anweisungen, die nicht terminieren und keine Ausgabekanäle besitzen, werden in diesem Ansatz (vgl. [Bro19; Heh93]) mit der All-Relation true („Chaos") gleichgesetzt.                                              ∎

💡 *Beispiel (Erzeuger/Verbraucher als prozedurales Programm)*   Ein Erzeuger-/Verbraucherprozess kann mit asynchroner Kommunikation wie folgt beschrieben werden. Beachte, dass es hier keine Begrenzung der Größe des Puffers gibt. Abb. 5.37 gibt ein Datenflussdiagramm wieder.

**Abb. 5.37** Erzeuger/Verbraucher-System als Datenflussdiagramm

Das Programm liest sich wie folgt. Der Einfachheit halber stellen wir die Resultate als natürliche Zahlen dar und starten mit 0. Die Funktion next bildet Zahlen (die allgemeine Resultate symbolisieren) auf Zahlen ab. Die Prozedur consume symbolisiert den Verbrauch von Resultaten. Über die booleschen Variablen $s$ und $t$ wird angezeigt, ob weitere Resultate benötigt werden. Weiter benutzen wir als Programmvariablen $v$ und $w$ der Sorte Nat. Die Bezeichner $a$ und $b$ stellen boolesche Kanäle dar; $c$ und $e$ sind Kanäle für die Sorte Nat.

```
chan Bool b ← a;
chan Nat  c ← e;
 Ɩ Erzeuger:      v := produce(0);
                  b ? s;
                  do s then e ! v;
                         v := next(v);
                         b ? s
```

$\parallel$

**od**

  Verbraucher:    $t := \text{true};$
                      $a \,!\, t;$
                    **do** $t$ **then** $c \,?\, w;$
                              $\text{consume}(t, w);$
                              $a \,!\, t$
            **od**                             $\rrbracket$

Hier dient der Kanal $a$ als Ausgabekanal des Verbrauchers und als Eingabe für den Kanal $b$ des Erzeugers zur Synchronisation von Verbraucher und Erzeuger.
           ∎

Das folgende Beispiel demonstriert die Übersetzung eines parallelen Programms in eine prädikative Spezifikation.

*Beispiel (Übertragung eines prozeduralen parallelen Programms in eine prädikative Spezifikation)* Die Anweisung

$$\textbf{chan } a\ i \leftarrow q;\ (r\,?\,v;\ q\,!\,v) \parallel (i\,?\,w;\ p\,!\,w)$$

genügt der prädikativen Spezifikation

$$(r = \langle\rangle \vee (r \neq \langle\rangle \wedge r' = \text{rt}(r) \wedge v' = \text{ft}(r) \wedge q' = q \,\widehat{}\, \langle v'\rangle))$$
$$\wedge\, (i = \langle\rangle \vee (i \neq \langle\rangle \wedge i' = \text{rt}(i) \wedge w' = \text{ft}(i) \wedge p' = p \,\widehat{}\, \langle w'\rangle))$$
$$\wedge\, q' = i$$

Wir können die Formel zu

$$q' = i$$
$$\wedge\, \left(r = \langle\rangle \vee (r \neq \langle\rangle \wedge r' = \text{rt}(r) \wedge v' = \text{ft}(r) \wedge q' = \langle\rangle\widehat{}\langle v'\rangle)\right)$$
$$\wedge\, \left(q' = \langle\rangle \vee (q' \neq \langle\rangle \wedge i' = \text{rt}(x) \wedge w' = \text{ft}(q') \wedge p' = p\widehat{}\langle w'\rangle)\right)$$

umformen und erhalten

$$r = \langle\rangle \vee (r \neq \langle\rangle \wedge r' = \text{rt}(r) \wedge v' = \text{ft}(r) \wedge w' = v' \wedge p' = p\widehat{}\langle w'\rangle) \quad ∎$$

⚠ **Achtung** Bei diesem Stil der Programmierung mit asynchroner, gepufferter Kommunikation entsteht durch Parallelität und Kommunikation kein Nichtdeterminismus, da die Kommunikation immer gepuffert erfolgt. Dies demonstrieren wir wie folgt: Die Anweisung

(1)    $p\,!\,v;\ r\,?\,v$

impliziert die prädikative Spezifikation

$$p \, \widehat{} \, \langle v \rangle = p' \wedge \left( r = \langle \rangle \vee (v' = \text{ft}(r) \wedge r' = \text{rt}(r)) \right)$$

Die Anweisung

(2)   $r\,?\,v; \; p\,!\,v$

ergibt

$$r = \langle \rangle \vee [v' = \text{ft}(r) \wedge r' = \text{rt}(r) \wedge p \, \widehat{} \, \langle v' \rangle \sqsubseteq p'] \qquad \blacksquare$$

Die Kommunikation ist *asynchron*, gesendete Nachrichten werden gepuffert, bis der Empfänger sie entgegennimmt. Im Fall synchroner, durch Rendezvous kommunizierender Programme wird die Semantik deutlich komplizierter (s. Kap. 8).

## 5.6.2 Interaktive Systeme anweisungsorientierter Programme

Mit den eingeführten Mitteln können wir die asynchronen Komponenten auch durch Anweisungen beschreiben und das Ergebnis ihrer Komposition festhalten.

🔆 *Beispiel (Hamming-Folge durch Anweisungen)* Die Hamming-Folge haben wir in Abschn. 5.3.1 beschrieben. In dem Beispiel der Hamming-Folge verwenden wir den Datenflussknoten (mit expliziter Copy-Funktion), der in Abb. 5.38 dargestellt ist. Das prädikative Programm zeigt die folgende Form der Kopplung von Ausgabe- mit Eingabekanälen:

$$zi \leftarrow z0, \; ai \leftarrow a0, \; bi \leftarrow b0, \; ci \leftarrow c0$$

Dies entspricht genau den Kanten in Abb. 5.38.

Die benötigten Datenflussknoten lassen sich als anweisungsorientierte Programme wie folgt beschreiben (ohne Angabe der Deklaration lokaler Variablen).

omerge:  $xi\,?\,vx; \; ci\,?\,vc;$
           **do** $vx \leq vc$ **then** $zo\,!\,vx; \; xi\,?\,vx$
            ▯ $vc \leq vx$ **then** $zo\,!\,vc; \; ci\,?\,vc$ **od**

copy:  **do** true **then** $zi\,?\,vz; \; y\,!\,vz; \; ao\,!\,vz$ **od**

do1:  $bo\,!\,1;$ **do** true **then** $ai\,?\,va; \; bo\,!\,va$ **od**

streammult:  **do** true **then** $bi\,?\,vb; \; co\,!\,(vb * n)$ **od**

Man beachte, dass die anweisungsorientierte Beschreibung von Komponenten nur einen anderen Stil der Spezifikation und zur Programmierung des Verhaltens darstellt. Wir erhalten folgendes paralleles Programm (s. Abb. 5.38):

    **chan** $ci \leftarrow co, \; zi \leftarrow zo, \; ai \leftarrow ao, \; bi \leftarrow bo, \; ci \leftarrow co;$
    ⟦ omerge ∥ copy ∥ do1 ∥ streammult ⟧           ■

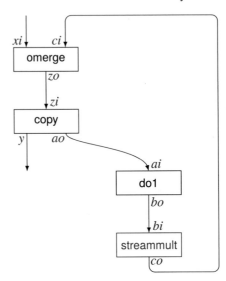

**Abb. 5.38** Datenflussknoten als Datenflussschema

Die anweisungsorientierten Programme mit Kommunikationsanweisungen lassen sich in prädikative Spezifikationen übersetzen. Dadurch wird das Verhalten der Datenflussknoten in Logik ausgedrückt.

## 5.7 Parallele Programme als stromverarbeitende Funktionen

In diesem Abschnitt gehen wir auf den Zusammenhang zwischen parallel ablaufenden, zuweisungsorientierten Programmen (s. Abschn. 3.2) und stromverarbeitenden Funktionen ein. Wir zeigen, wie wir das verschränkte Ausführen von Programmen der stromverarbeitenden Funktionen modellieren, wobei die Funktionen auf Strömen von Zuständen arbeiten. Setzen wir Programme parallel zusammen, so dass sie über gemeinsame Programmvariable kommunizieren, so müssen wir sicherstellen, dass Anweisungen, die einerseits schreibend und andererseits lesend oder schreibend auf gemeinsame Variablen zugreifen, nie gleichzeitig ausgeführt werden. Diese Anweisungen müssen unter gegenseitigem Ausschluss ausgeführt werden. Dies heißt, dass sie in einer willkürlich (nichtdeterministisch) gewählten Reihenfolge hintereinander ausgeführt werden.

Entscheidend ist dabei die Granularität der einzelnen Anweisungsfolgen, da diese bestimmt, in welcher Weise die Anweisungen ineinander verflochten ablaufen können. Wir modellieren in diesem Abschnitt Anweisungen nicht mehr als Funktionen oder Relationen zwischen Zuständen, sondern als Funktionen oder Relationen zwischen Strömen von Zuständen (s. Kap. 3).

Eine zustandsbasierte Komponente mit gemeinsamen Variablen modellieren wir wie folgt. Sei $\Sigma$ der Zustandsraum, auf dem die Komponente arbeitet. Gehen wir davon aus, dass die Komponente auf gewisse Programmvariable (Attribute des Zustands) zugreift, die auch von anderen Komponenten gelesen und/oder geschrieben werden können, so können wir die Wirkung (Black-Box-Sicht) der Komponente wir folgt charakterisieren:

Die Komponente ist stets bereit, Zustandsübergänge durchzuführen (ist die Komponente blockiert, etwa in einem Wartezustand, so führt sie eben einen leeren Zustandsübergang durch). Die Komponente wartet, bis sie aktiviert wird. Durch einen Scheduler wird die Komponente aktiviert. Sie führt auf dem gegebenen globalen Zustand eine Reihe von Aktionen durch, die Zustandsübergänge auslösen. Nach endlich vielen Schritten unterbricht sie ihre Tätigkeit (oder wird unterbrochen). Den bis dahin erzeugten Zustand erhält dann eine andere Komponente als Eingabe für deren Aktivierungsphase.

Den Gesamtablauf eines Systems mit drei Komponenten können wir uns dann wie in Abb. 5.39 beispielhaft dargestellt vorstellen.

Wollen wir die Wirkung einer Komponente, die auf einem gemeinsamen Speicher arbeitet, unabhängig vom restlichen System darstellen, so können wir gemäß der beschriebenen Idee die Wirkungsweise der Komponente wie folgt modellieren: Die Komponente erhält in der Aktivierungsphase $k$ einen Zustand $\sigma_{k-1}$ und erzeugt einen Zustand $\sigma_k$. Fassen wir alle Eingabezustände einer Komponente zu einem Strom zusammen und alle Ausgabezustände ebenfalls zu einem Strom, so erhalten wir zwei Ströme. Die Komponente bildet einen Strom von Eingabezuständen auf einen Strom von Ausgabezuständen ab. Wir modellieren die Wirkung einer deterministischen Komponente dementsprechend durch eine Funktion

$$f\colon \text{Stream } \Sigma \ \rightarrow \ \text{Stream } \Sigma$$

Die Beschreibung des Verhaltens einer Komponente durch die Angabe solch einer Funktion ist allerdings außerordentlich abstrakt und deshalb praktisch nicht gut handhabbar. Für praktische Zwecke ist es sinnvoll, eine solche Komponente mithilfe lokaler Zustandsvariablen als Zustandsmaschine zu beschreiben (vgl. TLA, Abschn. 7.7).

Die *syntaktische Schnittstelle einer Komponente*, die auf gemeinsame Programmvariable zugreift beschreiben wir durch die Angabe

*Syntaktische Schnittstelle*

- der *globalen (gemeinsamen) Variablen*, deren Sorte und unter Umständen, ob nur lesend, nur schreibend oder lesend und schreibend von der Komponente auf die entsprechende Variable zugegriffen wird;
- der *lokalen Variablen* auf denen die Komponente arbeitet.

*Globale (gemeinsame) Variable*

*Lokale Variable*

Im Modell können wir die lokalen Variablen der Komponenten einfach als Attribute des Zustandsraums ansehen. Natürlich gilt die Regel, dass sich Werte lokaler Variablen einer Komponente in Zustandsübergängen anderer Komponenten nicht ändern.

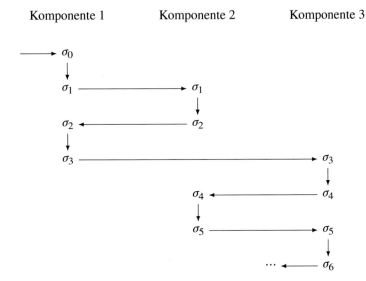

**Abb. 5.39** Aktivierungsphasen der drei Komponenten eines Systems

Die parallele Komposition von $n$ Komponenten, gegeben durch Verhaltensfunktionen (für $k \in \mathbb{N}_+, k \leq n$)

$$f_k\colon \ \text{Stream } \Sigma \ \rightarrow \ \text{Stream } \Sigma$$

können wir mithilfe abstrakter Scheduler definieren:

$$\text{schedule}\colon \ \text{Stream } [1 \dots n] \times \text{SPF}^n \times \text{Stream Shar} \rightarrow \text{Stream Shar}$$

wobei Shar der gemeinsame Zustandsraum ist und SPF für die Menge der präfixmonotonen Funktionen der Form

$$\text{Stream } \Sigma \ \rightarrow \ \text{Stream } \Sigma$$

steht. Dabei nehmen wir an, dass jede der Funktionen $f_k$ für jeden gegebenen Zustand $\sigma \in \Sigma$ die Gleichungen erfüllt.

$$\forall s\colon \ \exists \sigma', f'\colon f(\sigma \ \& \ s) = \sigma' \ \& f'(s)$$

Dabei sei $s$ ein beliebiger Strom von Zuständen. Wir spezifizieren den Scheduler durch folgende Gleichung

$$\text{schedule}(k \ \& \ p, \ (f_1, \dots, f_n), \ \sigma \ \& \ s) \ = \ \sigma' \ \& \ \text{schedule}(p, \ (\hat{f}_1, \dots, \hat{f}_n), \ s)$$

wobei die Funktionen $\hat{f}_1, \dots, \hat{f}_n$ wie folgt definiert seien:

$$\hat{f}_j = f_j \quad \text{falls } j \neq k$$

und für alle Ströme $x$:

$$f_k(\sigma \,\&\, x) \;=\; \sigma' \,\&\, \hat{f}_k(x) \,.$$

Man beachte, dass die Funktion $\hat{f}_k$ durch diese Gleichung eindeutig bestimmt ist.

Ein *Orakel* (engl. *oracle* oder *prophecy*) ist nach [BS01b] ein Wert oder ein Strom, die für die Auswahl zwischen nichtdeterministische Alternativen verwendet wird. Wir sprechen von einem „Orakel", weil dadurch die zukünftige Verhaltensweise bestimmt wird. Das Orakel fixiert im Voraus die Wahl der Funktionen, die zur Ausführung kommen, und damit das Scheduling. *Orakel* *Oracle* *Prophecy*

Für jedes Orakel $p \in$ Stream $[1 \dots n]$ erhalten wir mit der Funktion

$$\lambda\, s\colon \text{schedule}(p, (f_1, \dots, f_n), s)$$

ein Komponentenverhalten.

Ist ein Anfangszustand $\sigma_0$ gegeben, so ergibt der Strom $s$ für ein gegebenes Orakel durch die Gleichung

$$s \;=\; \sigma_0 \,\&\, \text{schedule}(p, (f_1, \dots, f_n), s)$$

den Strom der Zustände, den wir erhalten, indem wir die $n$ Komponenten, deren Schnittstellenverhalten durch die Funktionen $f_1, \dots, f_n$ beschrieben ist, parallel ablaufen lassen, ohne dass weitere Komponenten einwirken.

Man beachte, dass diese Konstruktion der Komposition der Zustandsübergänge der Komponenten im Interleaving-Modus entspricht. In TLA von Lamport [Lam94] wird die Identität der einzelnen Komponenten völlig aufgelöst. Die Zustandsübergänge der Komponenten werden in einem großen Zustandsübergang zusammengefasst und unter Fairness-Festlegungen ausgeführt (siehe Abschn. 7.7). *TLA*

## 5.8 Historische Bemerkungen

Die Struktur- oder auch Verteilungssicht wurde früh in der Informatik als ein wesentliches Mittel zur Gliederung von Systemen erkannt. Eine Reihe früher Ansätze zielt darauf, die Struktur der Systeme darzustellen. Auch bei Petri-Netzen und den daraus hervorgegangenen Datenflussdiagrammen ist dies der Fall (s. Kap. 7). Die Verteilungsstruktur wird dabei häufig durch das Stichwort *Architektur* bezeichnet. In vielen pragmatischen Ansätzen des Software Engineerings finden sich Vorschläge, frühzeitig bei einer Systementwicklung, insbesondere im Design, die Struktur- oder Verteilungssicht, die Software- oder Systemarchitektur, klar festzulegen und zu dokumentieren.

Frühe Beispiele sind die Ansätze von Douglas Ross unter dem Stichwort
SADT (Structured Analysis and Design Technique, vgl. [Ros77] und [Ros90])
und die Ansätze von Michael Jackson unter dem Stichwort „Jackson Systems
Development – JSD" (vgl. [Jac83]).

Unter dem Stichwort „*Structured Analysis*" finden sich eine Vielzahl von
Vorschlägen, in denen jeweils Datenflusssichten für Systeme angegeben werden,
die die konzeptuelle Verteilung und strukturelle Aufteilung eines Systems
darstellen und die Informationsflüsse zwischen den Systemteilen (vgl. z. B.
[DeM79]).

Später wurden diese Arbeiten unter dem Stichwort der *Softwarearchitektur*
weitergeführt und vertieft. Umfangreiche Architekturbeschreibungssprachen
wurden entwickelt, wie beispielsweise Wright (vgl. [AG96]) und Rapide (vgl.
[Luc+95]). Dabei muss man sich klar vor Augen führen, dass es sich bei Architekturbeschreibungssprachen grundsätzlich um Beschreibungssprachen für
verteilte, interagierende Systeme handelt. Wichtig ist dabei, dass nicht nur die
grafische Darstellung der einzelnen Komponenten und ihrer Kommunikationsverbindungen in einer Architekturbeschreibung dokumentiert werden, sondern
vielmehr auch das Verhalten der Komponenten und das Zusammenwirken der
Komponenten zur Generierung des gewünschten Systemgesamtverhaltens.

Beschreibt man Architekturen wie in Abb. 5.1, so ist eine zentrale Frage,
ob in den Teilsystemen *A*, *B* und *C* gleichzeitig Aktivitäten stattfinden oder
ob es immer genau ein Teilsystem gibt, in dem gerade Aktivitäten stattfinden.
Letzteres entspricht im Allgemeinen der Ausführung sequenzieller objektori-
entierter Programme, wie sie typischerweise vorherrschen. Stets ist höchstens
ein Objekt aktiv. Ruft Objekt *A* das Objekt *B* auf (was nur möglich ist, wenn *A*
aktiv ist), so wechselt die Aktivität von *A* zu *B*. *B* wird aktiv, *A* wird inaktiv.

Auch bei der Beschreibung paralleler Programme mit gemeinsamen Variablen durch Interleaving (s. Teil I und Kap. 3) tritt letztlich keine „echte"
Parallelität auf. Stets ist nur ein Programm aktiv. Der Wechsel der Aktivität von
einem Programm zu einem anderen findet nichtdeterministisch statt, lediglich
unter Beachtung unteilbarer Aktionen.

Ganz anders ist die Datenflussinterpretation in Abb. 5.1: Alle drei Teilsysteme in der dort beschriebenen Beispiel gleichzeitig sind aktiv und senden
und empfangen parallel Nachrichten auf ihren Ausgabekanälen und auf ihren
Eingabekanälen.

Häufig finden sich in praktischeren Arbeiten zum Thema der Architektur
von Betriebssystemen, zu Softwarearchitekturen oder Entwurfsmustern (engl.
*design patterns*, vgl. [Gam+95]) informelle Systemstrukturdiagramme, die die
Verteilungsarchitektur von Systemen illustrieren. Meist handelt es sich hierbei
um Architekturskizzen, die die Struktur verteilter Systeme veranschaulichen
sollen. In den in diesem Kapitel beschriebenen Techniken zeigen wir, wie die
Struktur verteilter Systeme, also auch die Architektur von Systemen direkt
durch die formalen Modellierungstechniken, die wir entwickeln, dargestellt
werden kann.

Wichtig ist dabei darauf hinzuweisen, dass eine modulare hierarchische Strukturierung von Systemen wichtige Ingenieursprinzipien sicherstellt. Legt man die Architektur fest und die Schnittstellen der beteiligten Komponenten, so können die Komponenten voneinander unabhängig entwickelt und verifiziert werden, zudem ist es möglich, eine stufenweise Integration vorzunehmen und auch in der Integration der Architektur- und der Qualitätssicherung der Architektur und der Verifikation ihre Korrektheit in Hinblick auf das Gesamtsystemverhalten, unabhängig von den Komponentenimplementierungen zu argumentieren.

## 5.9 Übungsaufgaben

☑ **Übung 5.9.1** Beschreiben Sie eine stromverarbeitende Funktion, die als Eingabe einen Strom $x$ über $\mathsf{Nat}|\{end\}$ nimmt, so dass für $x = s_1 \,\widehat{\ }\, \langle end \rangle \,\widehat{\ }\, s_2 \,\widehat{\ }\, \langle end \rangle \,\widehat{\ }\, s_3 \,\widehat{\ }\, \langle end \rangle \,\widehat{\ }\, \cdots$ mit $s_i \in \mathsf{Seq\,Nat}$ gilt, dass die Ausgabe $y$ die Form $y = s_1' \,\widehat{\ }\, \langle end \rangle \,\widehat{\ }\, s_2' \,\widehat{\ }\, \langle end \rangle \,\widehat{\ }\, s_3' \,\widehat{\ }\, \langle end \rangle \,\widehat{\ }\, \cdots$ hat, wobei für alle $i$ die Sequenz $s_i'$ die Sortierung der Sequenz $s_i$ in aufsteigender Ordnung sind.

☑ **Übung 5.9.2** Parallelisieren Sie die stromverarbeitende Funktion aus Übung 5.9.1 analog zu dem Beispiel Map/Reduce (Beispiele 5.3.1.2 und 5.3.1.3).

☑ **Übung 5.9.3** Überlegen Sie für Beispiel 5.2.1.2, inwieweit man da BarrierOutput durch die Menge {done, stop} ersetzen kann.

☑ **Übung 5.9.4** Übersetzen Sie die Funktion split aus Beispiel 5.3.1.2 in ein anweisungsorientiertes Programm im Stil von Abschn. 4.8. Machen Sie das Gleiche für die Teilsysteme in Abb. 5.15 und setzen Sie diese zusammen.

☑ **Übung 5.9.5** Beschreiben Sie für Beispiel 5.2.1.2 beide Funktionen barrier und sgc als Zustandsmaschinen mit Ein- und Ausgabe.

☑ **Übung 5.9.6** Fügen Sie für Beispiel 5.2.1.2, wie dort skizziert, einen weiteren Strom (Eingabe an Barrier Controller) und einen weiteren Strom (Ausgabe von Barrier Controller) hinzu, die es erlauben, das Tor von außen zu steuern und zu kontrollieren.

☑ **Übung 5.9.7** Geben Sie für Beispiel 5.3.1.2 eine Version von Map/Reduce an, die in dem gegebenen String nach einer Menge von vorgegebenen Wörtern sucht. Überlegen Sie, wie diese Aufgabe gelöst werden kann, wenn man das Ergebnis des Programms aus Beispiel 5.3.1.2 nutzt.

☑ **Übung 5.9.8** Beschreiben Sie Beispiel 5.3.4.1 als prozedurales Programm mit Sende- und Empfangsanweisungen.

☑ **Übung 5.9.9** Beschreiben Sie die Kompositionsform aus Abb. 5.10 durch parallele Komposition ohne Rückkopplung (s. Abschn. 5.4.3).

☑ **Übung 5.9.10** Sei $S$ eine Menge von Strömen der Sorte Stream Nat, welche die folgende Zusicherung erfüllt:

$$x \in S \quad \Rightarrow \quad \exists y \in S \colon (x = 1\&y \lor x = 2\&y)$$

Welche Eigenschaften haben die Elemente in $S$? Welche ist eine in der Inklusionsordnung minimale Menge, die die Zusicherung erfüllt, und welches sind die maximalen Mengen?

☑ **Übung 5.9.11** Schreiben Sie ein prozedurales Programm für den Empfänger für das Alternating-Bit-Protokoll und für das Medium mithilfe von Anweisungen zum Senden und Empfangen über Kanäle. Komponieren Sie die beiden Programme.

# Kapitel 6
# Zeit- und Datenfluss

Bisher haben wir nur Systemmodelle betrachtet, bei denen quantitative Zeit, also die zeitliche Dauer von Aktionen, auch die zeitliche Dauer zwischen zwei Aktionen, und auch zwischen Kommunikationsaktionen, wie der zeitliche Abstand zwischen Senden und Empfangen, zwischen Eingabe und Reaktion oder zwischen der Ausführung von Aktionen, keine explizite Rolle spielt. Wesentlich war bisher lediglich die Frage, ob eine Aktion vor oder nach einer anderen Aktion stattfindet. Für viele Anwendungen, insbesondere für eingebettete Systeme, sind jedoch Fragen der quantitativen Zeit von besonderer Bedeutung. Man spricht dabei auch von *Echtzeitsystemen*.

Explizite Zeitmodelle erlauben die Darstellung folgender Verhaltensmuster in interaktiven und reaktiven Systemen:

- zeitlich verzögerte Reaktionen (engl. *delay*);
- sofortige Unterbrechung (mit späterer Fortsetzung (engl. *preemption*) oder endgültigem Abbruch) einer Aktivität;
- Reaktion vor oder beim Ablauf von *Zeitschranken* (engl. *deadline*), dem erreichen vorgegebener Zeitpunkte (engl. *urgency*) und *Zeitüberschreitung* (engl. *time-out*);
- Reaktion auf Ereignisse innerhalb von Zeitschranken (Einhalten von Fristen (engl. *deadlines*));
- Ein- oder Ausgabe von Nachrichten in bestimmten minimalen oder maximalen Zeitabständen (zyklische Ereignisse mit vorgegebener Frequenz).

Solche Konzepte und Verhaltensweisen können in Systemen ohne einen expliziten Zeitbegriff nicht präzise erfasst werden. Zur Erfassung quantitativer Zeiteigenschaften von Systemen können wir folgende unterschiedliche Zeitmodelle einsetzen:

- *diskrete Zeit*, dargestellt durch die ganzen oder die natürlichen Zahlen, oder vielfache oder Bruchteile davon, sowie — *Diskrete Zeit*
- *kontinuierliche Zeit*, dargestellt durch die reellen Zahlen. — *Kontinuierliche Zeit*

Für kontinuierliche Zeit können wir mit kontinuierlichen Nachrichten- oder Zustandsströmen (diese entsprechenden klassischen stetigen Funktionen der mathematischen Analysis) oder mit diskreten Datenströmen, die mit Zeitstempel (s. [Bro83]) versehen sind, arbeiten. In Modellen kontinuierlicher Zeit auftretende kontinuierliche Nachrichtenströme entsprechen reellen Funktionen, die von durch eine reelle Zahl dargestellten Zeitparametern abhängig sind. Diese werden in der klassischen Mathematik (Differential- und Integralrechnung), in der Physik und in der Regelungstechnik betrachtet. Im Folgenden führen wir kurz in die Modellierung von Zeit ein. Wir behandeln jedoch ausschließlich ein einfaches Modell diskreter Zeit, wie es für Softwaresysteme und digitale Systeme in der Regel ausreicht.

## 6.1 Ein einfaches diskretes Zeitmodell

In diesem Abschnitt führen wir ein einfaches Systemmodell mit diskreter Zeit ein. Dafür stellen wir Zeit durch eine unendliche Folge von Zeitintervallen gleicher Länge dar. Welche physische Zeit ein Zeitintervall benötigt, legen wir dabei nicht fest. Wählt man eine konkrete physische Zeitspanne für ein Zeitintervall, etwa eine Millisekunde, so ergibt sich ein physisches Zeitmodell und ein konkretes Zeitverhalten.

Die Zeitintervalle werden durchnummeriert. Die Menge $\mathbb{N}_+$ entspricht dann der Menge der Bezeichner (der Nummerierung) der Zeitintervalle. In diesem Modell betrachten wir gezeitete Ströme, die neben dem Strom von Elementen der ihnen zugeordneten Sorte Zeitinformationen enthalten.

Ein gezeiteter Strom $z$ wird durch eine Abbildung

$$z\colon \ \mathbb{N}_+ \ \to \ A^*$$

dargestellt. Dabei ist $z(n)$ für $n \in \mathbb{N}_0$ die Sequenz von Nachrichten, die im Zeitintervall $n$ übertragen werden. Ein Beispiel ist mit etwa (sei $a, b, c \in A$)

$$z(1) \ = \ \langle b\,b\,c \rangle$$
$$z(2) \ = \ \langle a \rangle$$
$$z(3) \ = \ \langle\rangle$$
$$z(4) \ = \ \langle b\,c\,a\,c \rangle$$
$$\vdots$$

*Gezeiteter Strom*

Der Strom $z$ enthält in jedem Zeitintervall $t \in \mathbb{N}_+$ eine Sequenz $z(t)$ von Nachrichten. Solche Ströme nennen wir *gezeitete Ströme* und geben ihnen die Sorte

TStream $\alpha$

wobei $\alpha$ die Sorte der Nachrichten in den gezeiteten Strömen bezeichnet.

Ein gezeiteter Strom $z$ ergibt sich also, indem wird die Zeit in eine unendliche Folge von Zeitintervallen unterteilen und die Zeitintervalle durchnummerieren.

Der Term $z(t)$ bezeichnet dann die Sequenz der Nachrichten, die in Zeitintervall mit Nummer $t$ übertragen werden. Diese Sequenz kann natürlich leer sein.

Offensichtlich können wir den gezeiteten Strom $z$ zu einem ungezeiteten Strom $\bar{z}$ abstrahieren, indem wir alle seine Sequenzen in den Zeitintervallen konkatenieren:

$$\bar{z} = z(1) \smallfrown z(2) \smallfrown z(3) \smallfrown \cdots$$

Formal bezeichnen wir die Zeitabstraktion also mit $\bar{z}$ und definieren sie rekursiv wie folgt:

$$\bar{z} = \mathsf{ft}(z) \smallfrown \overline{\mathsf{rt}(z)}$$

Manchmal ist es allerdings bequemer, den gezeiteten Strom $z$ als Strom $z^{\checkmark}$ mit Zeitticks darzustellen. Wir schreiben dann

$$z^{\checkmark} = \langle b\,b\,c\,\checkmark\,a\,\checkmark\,\checkmark\,d\,c\,\checkmark\,g\,f\,a\,b\,\checkmark\,c\,d\,e\,e\,\checkmark\,\cdots \rangle$$

für den gezeiteten Strom $z = \langle \langle bbc \rangle\, \langle a \rangle\, \langle \rangle\, \langle dc \rangle\, \langle gfab \rangle\, \langle cdee \rangle\, \cdots \rangle$. Das Ende jedes Zeitintervalls wird dann durch das Element $\checkmark$ gekennzeichnet, das wir als *Zeittick* bezeichnen. Mit dem Signal $\checkmark$ bezeichnen wir ein Ticken der (globalen) Uhr. Offensichtlich ist das eine alternative Darstellung für einen gezeiteten Strom. In dieser Darstellung enthält der Strom $z^{\checkmark}$ stets eine unendliche Anzahl von Zeitticks $\checkmark$.

Da zeitbehaftete Ströme ein Spezialfall allgemeiner Ströme sind, wobei statt allgemeiner Nachrichten Sequenzen von Nachrichten in den Strömen als Elemente auftreten, steht der gesamte Begriffsapparat, den wir für Ströme eingeführt haben, weiterhin zur Verfügung.

Wir geben ein Beispiel für die Beschreibung eines Systems auf gezeiteten Strömen, eine Weckerkomponente, genannt Zeitgeber (engl. *timer*).

☼ *Beispiel (Zeitgeber)* Die Schnittstelle des Zeitgebers ist in Abb. 6.1 dargestellt. Wir beschreiben den Zeitgeber als Zustandsmaschine. Der Zustandsraum des Systems ist gegeben durch das Attribut

$$c : \mathbf{var}\ \mathsf{Nat}$$

das die Zeit anzeigt, nach der der Zeitgeber ein Zeitsignal (Weckruf, Alarm) absetzt. Das Verhalten des Zeitgebers ist durch die Zustandsmaschine in Abb. 6.2 angegeben (sei $x \in \mathsf{Nat}$). Falls die Maschine im Zustand Not_set ist, ist der Zeitgeber nicht aktiviert und es gilt $c = 0$.

**Abb. 6.1** Schnittstelle des Zeitgebers, dargestellt als Datenflussknoten

Dabei definieren wir zwei Sorten

$$\textbf{sort } \text{Tin} \ = \text{TStream (Nat} \cup \{\text{undo}\})$$

$$\textbf{sort } \text{Tout} \ = \text{TStream Event}$$

wobei

$$\textbf{sort } \text{Event} \ = \ \{\text{alarm}\}$$

Abb. 6.2 beschreibt den Zeitgeber als Zustandsübergangsdiagramm. Dabei nehmen wir an, dass der gezeitete Strom $x$ durch $x^\checkmark$ repräsentiert ist.

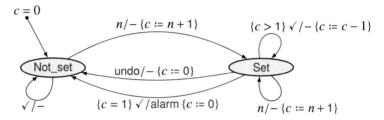

**Abb. 6.2** Zustandsübergangsdiagramm für den Zeitgeber mit Eingabe $x^\checkmark$

Die Kontrollzustände der Zustandsmaschine entsprechen den folgenden Prädikaten auf den Zustandsraum:

$$\text{Not\_set}: \quad c = 0$$

$$\text{Set}: \quad c \geq 1$$

Dieses Beispiel benutzt die globale Zeit zur Modellierung des Zeitverhaltens. ∎

Zeitkritische Komponenten können wir durch Funktionen (oder Relationen) auf zeitbehafteten Strömen modellieren. Damit diese Komponenten den Zeitfluss realistisch wiedergeben, müssen sie folgende Kausalitätsbedingung erfüllen.

⚠ **Achtung (Korrekter Zeitfluss und Kausalität)** Die Ausgaben zum Zeitpunkt $i$ hängen nur von den Eingaben bis zu Zeitpunkt $i$ (bei Komponenten mit Zeitverzögerung und damit starker Kausalität $i - 1$) ab. Starke Kausalität modelliert, dass bei hinreichend feiner Granularität der Zeit (physikalische Länge eines Zeitintervalls) die Antwort auf eine Eingabe erst frühstens im nächsten Zeitintervall erfolgt. Diese „physikalisch" motivierte Eigenschaft bildet die Grundlage für ein Induktionsprinzip und für die Charakterisierung von Fixpunkten bei Rückkopplung. Diese Eigenschaft eines zeitabhängigen Systems formalisieren wir nachstehend unter dem Stichwort „Kausalität". Abgesehen von diesen speziellen Eigenschaften des Zeitflusses können Informationen über die Zeit wie beliebige andere Informationen behandelt werden. Wir kommen darauf ausführlich im Abschn. 6.6.4 zurück. ∎

Neben den unendlichen gezeiteten Strömen können wir auch endliche gezeiteten Ströme betrachten. Die Menge der unendlichen gezeiteten Ströme über einer Menge $M$ von Nachrichten bezeichnen wir mit

$$(M^*)^\omega$$

Die Menge der endlichen gezeiteten Ströme bezeichnen wir mit

$$(M^*)^*$$

Die Menge der endlichen und unendlichen gezeiteten Ströme über der Nachrichtenmenge $M$ ist durch

$$(M^*)^{*|\omega}$$

gegeben.

Einen gezeiteten Strom $x \in (M^*)^\omega$ können wir aufspalten in

- den ungezeiteten Strom $\bar{x}$ (den dargestellten Datenstrom) und
- sein Zeitverhalten $\tilde{x} \in \mathbb{N}_0^\omega$.

Dabei ist das Zeitverhalten $\tilde{x}$ ein unendlicher Strom in $M^{*|\omega}$ mit

$$\tilde{x}.n \ = \ \# x(n)$$

Das Zeitverhalten bestimmt, wie viele Datenelemente in dem jeweiligen Zeitintervall übertragen werden. Den ungezeiteten Strom $\bar{x}$ nennen wir die Zeitabstraktion von $x$. Hier bezeichnet $x(n)$ die Sequenz der Nachrichten im $n$-ten Intervall in $x$ und $\bar{x}.n$ die $n$-te Nachricht im Strom $\bar{x}$.

*Anmerkung 6.1.1* Aus $\bar{x}$ und $\tilde{x}$ können wir den gezeiteten Strom $x$ eindeutig rekonstruieren. ∎

Im Folgenden beschreiben wir das Verhalten stark kausaler Funktionen durch Zustandsmaschinen mit attributierten Zuständen und Ein-/Ausgabe über Kanäle.

Ein anderes, verwandtes Modell für gezeitete Ströme ist wie folgt definiert:

$$(M \cup \{\varepsilon\})^\omega$$

In jedem Zeitintervall kommt dann höchstens eine Nachricht. Wir betrachten somit unendliche Ströme mit Elementen aus $M \cup \{\varepsilon\}$, wobei $\varepsilon$ für die leere Nachricht steht. Die Menge $(M \cup \{\varepsilon\})^\omega$ lässt sich in $(M^*)^\omega$ einbetten, indem wir etwa den Strom (für $x_i \in M$)

$$x_1 \ \& \ x_2 \ \& \ \varepsilon \ \& \ x_3 \ \& \ \varepsilon \ \& \ x_4 \ \& \ \cdots$$

durch den Strom

$$\langle x_1 \rangle \ \& \ \langle x_2 \rangle \ \& \ \langle \rangle \ \& \ \langle x_3 \rangle \ \& \ \langle \rangle \ \& \ \langle x_4 \rangle \ \& \ \cdots$$

darstellen. Die Ströme der Menge $(M \cup \{\varepsilon\})^\omega$ bilden ebenfalls die Grundlage eines Modells für zeitabhängige Systeme, das stärker an einem globalen Takt orientiert ist. Alle Konzepte für Ströme aus der Menge $(M^*)^\omega$ lassen sich auf Ströme aus der Menge $(M \cup \{\varepsilon\})^\omega$ übertragen.

Da stromverarbeitende Funktionen in der Regel viele Eingabeströme und Ausgabeströme besitzen, ist es in aller Regel notationell vom Vorteil, diese Ströme durch die Kanalidentifikatoren zu benennen und diese Identifikatoren als Teil der syntaktischen Schnittstelle in Spezifikationen zur Verfügung zu stellen, statt mit Tupeln von Strömen zu arbeiten. Nach dieser Konzeption besteht die syntaktische Schnittstelle einer Komponente aus zwei Mengen von Kanalidentifikatoren und deren Sorten. Die eine Menge bezeichnet die Menge der Eingabekanäle und die zweite Menge die Menge der Ausgabekanäle.

Sei $C$ eine Menge von Kanälen (genauer von Kanalnamen), wobei für jeden Kanal $c \in C$ eine Sorte festgelegt sei. Eine Kanalbelegung $x$ für $C$ ist eine Abbildung, die jedem Kanal $c \in C$ einen gezeiteten Strom der Sorte TStream $M$ zuordnet, falls der Kanal $c$ die Sorte $M$ hat. Mit $x(c)$ bezeichnen wir den Strom, der dem Kanal durch die Belegung $x$ zugewiesen wird. Mit $\vec{C}$, wobei

$$\vec{C} = C \to (M^*)^\omega$$

bezeichnen wir die Menge aller Kanalbelegungen für die Kanalmenge $C$ mit gezeiteten Strömen. Seien $C_1$ und $C_2$ disjunkte Mengen von Kanälen. Für $x_1 \in \vec{C_1}$ und $x_2 \in \vec{C_2}$ bezeichnen wir mit

$$x_1 \uplus x_2$$

die Kanalbelegung in $\vec{C}$ mit $C \stackrel{\text{def}}{=} C_1 \cup C_2$, die durch die Gleichung

$$(x_1 \uplus x_2)(c) = \begin{cases} x_1(c) & \text{falls } c \in C_1 \\ x_2(c) & \text{falls } c \in C_2 \end{cases} \tag{6.1}$$

definiert ist.[1] Sei $\{c_1, \ldots, c_n\}$ eine Menge von Kanälen der Sorten $\{M_1, \ldots, M_n\}$ und sei $\{s_1, \ldots, s_n\}$ eine Menge von Strömen, sodass $s_i$ ein gezeiteter Strom der Sorte $M_i$ ist, die dem Kanal $c_i$ zugeordnet ist ($1 \leq i \leq n$). Mit

$$(c_1 \mapsto s_1, \ldots, c_n \mapsto s_n)$$

bezeichnen wir die Kanalbelegung, die jedem Kanal $c_i \in C$ den Strom $s_i$ zuordnet ($1 \leq i \leq n$). Die Präfixordnung auf Strömen überträgt sich direkt auf Kanalbelegungen mit endlichen oder unendlichen gezeiteten Strömen.

Gegeben sei eine Menge $X$ von typisierten Eingabekanälen und eine Menge $Y$ von typisierten Ausgabekanälen.

---

[1] Ganz allgemein, gegeben Funktionen $g_1 = (G_1, A_1, B_1)$ und $g_2 = (G_2, A_2, B_2)$ (s. Symbolverzeichnis) mit $g_1(x) = g_2(x)$ für alle $x \in A_1 \cap A_2$, ist die *Funktionenvereinigung* von $g_1$ und $g_2$ die Funktion $g_1 \uplus g_2 \stackrel{\text{def}}{=} (G_1 \cup G_2, A_1 \cup A_2, B_1 \cup B_2)$.

$$X = \{x_1 : S_1, \dots, x_n : S_n\}$$
$$Y = \{y_1 : T_1, \dots, y_n : T_m\}$$

Das Verhalten einer deterministischen Komponente mit der Menge $X$ von Eingabekanälen und der Menge $Y$ von Ausgabekanälen ist durch die Funktion

$$f: \vec{X} \to \vec{Y}$$

gegeben.

Wir bezeichnen mit

$$\overline{X} = X \to M^{*|\omega}$$

die Menge der Belegungen der Kanäle in $X$ durch zeitfreie Ströme der entsprechenden Typen. Mit

$$\vec{X}_{\mathrm{fin}} = X \to (M^*)^*$$
$$\overline{X}_{\mathrm{fin}} = X \to M^*$$

bezeichnen wir die Belegungen mit endlichen Strömen. Die Elemente von $\overline{X}, \vec{X}, \vec{X}_{\mathrm{fin}}, \overline{X}_{\mathrm{fin}}$ bezeichnen wir auch als Historien (engl. *histories*).

## 6.2 Spezifikation und Verifikation von zeitbehafteten Systemen

Die Eigenschaften einer stromverarbeitende Funktion können durch logische Formeln beschrieben werden, in denen die Kanalnamen als Identifikatoren für die entsprechenden Ströme auftreten. Dabei setzen wir der Einfachheit halber voraus, dass die Identifikatoren für Eingabe- und Ausgabekanäle verschieden sind.

Stromverarbeitende Funktionen mit benannten Kanälen sind besonders elegant durch logische Formeln zu spezifizieren. Wir nutzen für Spezifikationen folgendes Tableau:

| $f$ | |
|---|---|
| **in** $x_1 :$ TStream $T_1, \dots, x_n :$ TStream $T_n$ | |
| **out** $y_1 :$ TStream $M_1, \dots, y_m :$ TStream $M_m$ | |
| $Q$ | |

mit der Schnittstellenzusicherung $Q$, in der die Kanäle für Ströme der entsprechenden Sorte stehen. Dies bedeutet, dass $f$ eine stromverarbeitende[2] Funktion ist, deren Kanalbelegungen die Zusicherung $Q$ erfüllen. Wir sprechen hier wieder von Datenflusssystemen. Es gelte demnach für Funktionen

---

[2] Später werden wir starke Kausalität fordern (siehe Abschn. 6.3).

$f \colon$ TStream $T_1, \ldots \to$ TStream $M_1, \ldots$, dass sie die Spezifikation $S$ erfüllen, wenn

$$(y_1, \ldots, y_m) = f(x_1, \ldots, x_n) \Rightarrow Q.$$

Mit anderen Worten: $f$ erfüllt die Spezifikation, wenn für $f$ die Schnittstellenzusicherung gilt. Wir schreiben dann $Q \vdash f$. Die Funktion $f$ heißt dann *Realisierung* von $Q$.

🔆 *Beispiel 6.2.1 (Spezifikation der Datenflussfunktion* Barrier*)* Wir spezifizieren das System Barrier mit den Eingabekanälen $x$ der Sorte Data und $y$ der Sorte Ack mit Trägermenge {ack} und dem Ausgabekanal $z$ der Sorte Data wie folgt:

| Barrier |
|---|
| **in** $x \colon$ TStream Data, $y \colon$ TStream Ack |
| **out** $z \colon$ TStream Data |
| $\#z = \min\{\#x, \#y\} \wedge \bar{z} \sqsubseteq \bar{x}$ |

Diese Formel spezifiziert das Verhalten eines Systems, das die Eingaben auf Kanal $x$ auf Kanal $z$ ausgibt, wobei die Zahl der Ausgaben durch die Nachrichten in $y$ beschränkt wird. Wir sprechen von einer Schnittstellenzusicherung.

Eine grafische Darstellung des Systems Barrier als Datenflussknoten einschließlich der spezifizierenden Formel ist in der Abb. 6.3 gegeben.

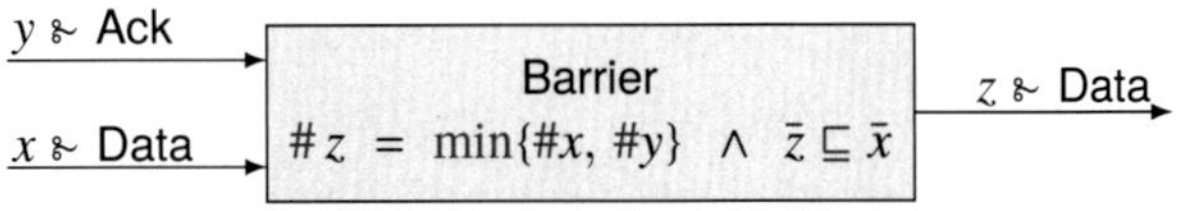

**Abb. 6.3** Grafische Darstellung des Systems Barrier als Datenflussknoten. Die Schreibweise $c \vDash S$ für eine Kanalvariable $c$ und eine Sorte $S$ ist eine Abkürzung für $c \colon$ TStream $S$. (Gedächtnisstütze: $\colon$ steht für „von der Sorte" und $\sim$ steht für einen Fluss mit definierter Zeit.) ∎

Durch diese Notation können wir Verhalten einfach in der Form einer Relation zwischen Belegungen der Eingabekanäle und Belegungen der Ausgabekanäle spezifizieren.

Jede Funktion barrier kann umgekehrt auch als logische Aussage über die Ströme auf den Kanälen verstanden werden. Wir erhalten für unser Beispiel die Spezifikation von Barrier für $z = \text{barrier}(y, x)$:

$$\# \text{barrier}(y, x) = \min\{\#x, \#y\} \wedge \overline{\text{barrier}(y, x)} \sqsubseteq \bar{x}$$

Dies ist eine prädikatenlogische Formel mit den Kanalnamen $z$ und $x$ als freie Variablen.

Jede Funktion $f'$ der Funktionalität

$$f' \colon \text{TStream } T_1, \ldots, \text{TStream } T_n \to \text{TStream } M_1, \ldots, \text{TStream } M_m$$

kann durch die Einführung von Bezeichnungen $x_1, \dots, x_n$ und $y_1, \dots, y_m$ für Kanäle und die Festlegung

$$
\begin{array}{|l|}
\hline
\quad f' \\
\hline
\textbf{in} \quad x_1 : \mathsf{TStream}\, T_1, \dots, x_n : \mathsf{TStream}\, T_n \\
\textbf{out}\ y_1 : \mathsf{TStream}\, M_1, \dots, y_m : \mathsf{TStream}\, M_m \\
\hline
(y_1, \dots, y_m) = f'(x_1, \dots, x_n) \\
\hline
\end{array}
$$

in eine Funktion auf Kanälen umgewandelt werden. Umgekehrt kann jede Funktion

$$f \colon \vec{I} \to \vec{O}$$

auf Belegungen von Kanälen mit $I = \{x_1, \dots, x_n\}$ und $O = \{y_1, \dots, y_m\}$ durch die Festlegung

$$
\begin{aligned}
f' = &\ (a_1 : \mathsf{TStream}\, T_1, \dots, a_n : \mathsf{TStream}\, T_n) \\
&\ (b_1 : \mathsf{TStream}\, M_1, \dots, b_m : \mathsf{TStream}\, M_m) : \\
&\ y = f(x)\ \textbf{where} \\
&\quad x(x_i) = a_i \\
&\quad y(y_i) = b_i
\end{aligned}
$$

in eine Funktion zwischen (unbenannten) Tupeln von gezeiteten Strömen umgewandelt werden. Dies zeigt, dass zwischen stromverarbeitenden Funktionen mit oder ohne benannte Kanäle kein tiefgreifender Unterschied besteht. Lediglich bei der Formulierung der Spezifikationen ist dieser Unterschied vor Belang.

Auch nichtdeterministische Systeme können wir durch die aufgeführten Techniken beschreiben. Nichtdeterministische Systeme modellieren wir durch Mengen stromverarbeitender Funktionen. Dazu ersetzen wir die Formel $(y_1, \dots, y_m)$ $= f'(x_1, \dots, x_n)$ durch eine prädikatenlogische Formel $Q$, die $x_1, \dots, x_n, y_1,$ $\dots, y_m$ als freie Variablen für Ströme enthält, sodass $(y_1, \dots, y_m) = f(x_1, \dots, x_n) \Rightarrow Q$ gilt. Die prädikatenlogische Formel $Q$ heißt dann allgemein Schnittstellenzusicherung. In der Regel gibt es eine Reihe von Funktionen, die eine Schnittstellenzusicherung erfüllen.

Eine Spezifikation eines Systems in Form eines Datenflussknotens ist durch folgende Angaben gegeben:

- Namen des spezifizierten Systems
- syntaktische Schnittstelle
- Schnittstellenzusicherung

$$
\begin{array}{|l|}
\hline
\quad \mathsf{Check} \\
\hline
\textbf{in} \quad x, z : \mathsf{TStream\ Data} \\
\textbf{out}\ y : \mathsf{TStream\ Data} \\
\hline
\forall\, d \in \mathsf{Data} : \quad d\#y \ = \ \min\{d\#x,\, d\#z\} \\
\hline
\end{array}
$$

Das System mit Namen Check hat zwei Eingabekanäle $x$ und $z$ für gezeitete Datenströme und einen Ausgabekanal $y$ für einen Datenstrom. Die Schnittstellenzusicherung $\forall\, d \in \mathsf{Data} : d\#y = \min\{d\#x, d\#z\}$ spezifiziert, dass im

Ausgabestrom für jedes Datenelement $d$ gilt, dass $d$ so oft in der Ausgabe $y$ vorkommt wie es mindestens in jedem der Eingangsströme vorkommt.

Die Spezifikation können wir auch als Datenflussknoten graphisch darstellen (s. Abb. 6.4), wobei folgende Informationen

- Namen des spezifizierten Systems
- syntaktische Schnittstelle
- Schnittstellenzusicherung

als Annotationen auftreten.

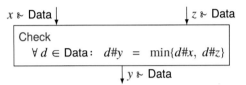

**Abb. 6.4** System Check als Datenflussknoten

Die Schnittstellenzusicherung erlaubt es, Eigenschaften des Systems zu zeigen. Beispielsweise folgt aus der Schnittstellenzusicherung

$$\forall\, d \in \mathsf{Data} \colon \quad d\#y \;=\; \min\{d\#x,\, d\#z\}$$

die Schnittstellenzusicherung

$$\forall\, d \in \mathsf{Data} \colon \quad d\#x \;=\; 0 \;\Rightarrow\; d\#y \;=\; 0$$

Wir können aus den Schnittstellenzusicherungen mit Mitteln der Prädikatenlogik weitere Eigenschaften beweisen.

## 6.3 Zeitschnitte

Für einen gezeiteten Strom $z \in (M^*)^\omega$ bezeichnen wir für die Zeit $t \in \mathbb{N}_0$ mit

$$z \downarrow t \;\in\; (M^*)^*$$

einen *Zeitschnitt* der Länge $t$. Der Term $z \downarrow t$ liefert einen endlichen, gezeiteten Strom der Länge $t$ mit

$$1 \le i \le t \;\implies\; (z \downarrow t)(i) \;=\; z(i)$$

Zeitschnitte übertragen sich von gezeiteten Strömen auf gezeitete Historien $x \in \vec{X}$:

$$(x \downarrow t)(c) \;=\; x(c) \downarrow t$$

Mithilfe von Zeitschnitten können wir für eine Funktion

$$f\colon (M^*)^\omega \to (M^*)^\omega$$

die Eigenschaft der *starken Kausalität* wie folgt formulieren

$$x{\downarrow}t = z{\downarrow}t \implies f(x){\downarrow}t{+}1 = f(z){\downarrow}t{+}1$$

Diese Formel legt fest, dass die Ausgaben der Funktion bis zum Zeitpunkt $t + 1$ nur von den Eingaben bis zum Zeitpunkt $t$ abhängen. Analog definieren wir schwache Kausalität

$$x{\downarrow}t = z{\downarrow}t \Rightarrow f(x){\downarrow}t = f(z){\downarrow}t$$

Durch Zeitschnitte können wir zeitliches Verhalten erfassen. Betrachten wir eine Funktion

$$\mathsf{tid}\colon (M^*)^\omega \to (M^*)^\omega$$

spezifiziert durch

$$\overline{\mathsf{tid}(z)} = \bar{z}$$

die Nachrichten in $z$ als Ausgabe in identischer Reihenfolge generiert, so beschreibt für $d \in \mathbb{N}_+$ die Bedingung

$$\overline{\mathsf{tid}(z) \downarrow (t + d)} \sqsubseteq \overline{z {\downarrow} t}$$

eine zeitliche Verzögerung (engl. *delay*) von mindestens $d$ Zeiteinheiten. Gilt $d > 0$, ist $\mathsf{tid}$ stark kausal.

Ferner können wir auch Fristen (engl. *deadlines*) $s \in \mathbb{N}_0$ formulieren:

$$\overline{z {\downarrow} t} \sqsubseteq \overline{\mathsf{tid}(z) \downarrow (t + s)}$$

Dadurch wird spezifiziert, dass alle Eingaben in $z$ nach spätestens $s$ Zeitschritten als Ausgaben auftreten.

Verzögerungen und Fristen lassen sich kombinieren. Die Spezifikation

$$\overline{\mathsf{tid}(z) \downarrow (t + d)} \sqsubseteq \overline{z {\downarrow} t} \sqsubseteq \overline{\mathsf{tid}(z \downarrow (t + d + s))}$$

besagt, dass die Nachrichten in $z$ durch die Funktion $\mathsf{tid}$ frühestens nach $d$ und spätestens nach $d + s$ Zeitschritten übertragen werden.

## 6.4 E/A/K-Zustandsmaschinen

Wir betrachten eine Zustandsmaschine mit Ein-/Ausgabe über Kanälen und strukturierten Zuständen. Wir betrachten also einen attributierten Zustandsraum

$$\Sigma \ = \ \{\!| v_1 : T_1, \ ..., \ v_n : T_n |\!\}$$

sowie eine nichtleere Menge von Anfangszuständen

$$\Sigma_0 \ \subseteq \ \Sigma$$

und eine (nichtpartielle) Zustandsübergangsfunktion

$$\Delta : \ \Sigma \times \overline{X} \ \to \ \mathfrak{P}(\Sigma \times \overline{Y}) \setminus \{\emptyset\}$$

Wir nennen Zustandsmaschinen dieser Art E/A/K-Zustandsmaschinen. Hier steht E/A für Ein-/Ausgabe und K für kausal. Von besonderer Bedeutung sind im weiteren E/A/K-Zustandsmaschinen, die verallgemeinerten Moore-Maschinen (vgl. Abschn. 2.3.1) entsprechen und stark kausales Verhalten beschreiben.

Eine E/A/K-Zustandsmaschine heißt stark kausal, wenn die Ausgabe nur vom Zustand, aber nicht von der aktuellen Eingabe abhängt. Es gilt dann für alle $x, z \in \overline{X}$ und alle $\sigma \in \Sigma$:

$$\{y \in \overline{Y} : \exists \sigma' : (\sigma', y) \in \Delta(\sigma, x)\} = \{y \in \overline{Y} : \exists \sigma' : (\sigma', y) \in \Delta(\sigma, z)\}$$

Jede stark kausale E/A/K-Zustandsmaschine beschreibt für jeden Zustand $\sigma \in \Sigma$ eine Menge von stark kausalen Funktionen $f_\sigma$ auf gezeiteten Historien durch folgende Festlegung: Sei $x \in \overline{X}_{\text{fin}}$, dann gelte

$$f_\sigma(x \,\&\, x') \in \{y \,\&\, f_{\sigma'}(y') : y \in \overline{Y}_{\text{fin}} \wedge (\sigma', y) \in \Delta(\sigma, x)\}$$

Dabei schreiben wir für $x \in \overline{X}_{\text{fin}}$, $x' \in \dot{X}$, $c \in X$

$$(x \,\&\, x')(c) \ = \ x(c) \,\&\, x'(c)$$

Damit ist durch jede Zustandsmaschine eine Menge stromverarbeitender Funktionen auf gezeiteten Strömen festgelegt.

Daraus lassen sich auch Beschreibungen für Funktionen $\overline{f_\sigma}$ auf ungezeiteten Strömen gewinnen.

$$\overline{f_\sigma}(\bar{x}) \ \in \ \{\overline{f_\sigma(x')} : \overline{x'} = \bar{x}\}$$

Dies zeigt, wie wir durch Zustandsmaschinen Mengen von Funktionen beschreiben.

Wir wenden nun diesen Absatz auf Beispiel 2.3.1.2 an.

*⊙ Beispiel (Fortsetzung von Beispiel 2.3.1.2)* Seien alle Bezeichnungen wie dort. Wir spezifizieren für Zustände $\sigma \in \Sigma$ Funktionen

$$f_\sigma : \text{Stream}\, I \to \text{Stream}\, O$$

und erhalten die Gleichungen (da die Zustandsmaschine deterministisch ist, vgl. auch das Übergangsdiagramm aus Abb. 2.16 für $d \in \text{Data}$):

$$f_d(\text{read} \,\&\, x) \;=\; \text{return}(d) \,\&\, f_d(x)$$
$$f_d(\text{set}(d') \,\&\, x) \;=\; \text{rejected} \,\&\, f_d(x)$$
$$f_{\text{void}}(\text{set}(d) \,\&\, x) \;=\; \text{done} \,\&\, f_d(x)$$
$$f_\sigma(\text{empty} \,\&\, x) \;=\; \text{done} \,\&\, f_{\text{void}}(x)$$
$$f_{\text{void}}(\text{read} \,\&\, x) \;=\; \text{rejected} \,\&\, f_d(x)$$

Der Anfangszustand ist void und führt auf die Verhaltensfunktion $f_{\text{void}}$. ∎

Wie das Beispiel zeigt, erhalten wir aus der Zustandsmaschine eine Reihe von Gleichungen für stromverarbeitende Funktionen. In diesem Beispiel sind diese eindeutig beschrieben.

# 6.5 Parallele Komposition von E/A/K-Zustandsmaschinen

Die parallele Komposition von E/A/K-Zustandsmaschinen ist nur für stark kausale Zustandsmaschinen, also verallgemeinerte Moore-Maschinen, generell definierbar. Gegeben seien für $i \in \{0, 1\}$ zwei ausgabeverzögernde Zustandsmaschinen

$$(\Delta_i, \Sigma_i^0)$$

mit

$$\Delta \colon \Sigma_i \times \overline{(X_i)}_{\text{fin}} \;\to\; \mathfrak{P}(\Sigma_i \times \overline{(Y_i)}_{\text{fin}})$$

Es gelte $X_i \cap Y_i = \emptyset$, $Y_1 \cap Y_2 = \emptyset$. Dann heißen die Zustandsmaschinen *komponierbar*. Mit $Z = (X_1 \cap Y_2) \cup (X_2 \cap Y_1)$ bezeichnet man die Menge der Rückkopplungskanäle.

*Komponierbare Zustandsmaschinen*

Wir definieren die Komposition $(\Delta_1, \Sigma_1^0) \,\|\, (\Delta_i, \Sigma_2^0)$ der Zustandsmaschinen zu einer Zustandsmaschine mit

$$\Sigma_0 \;=\; \Sigma_1^0 \times \Sigma_2^0$$
$$\Sigma \;=\; \Sigma_1 \times \Sigma_2$$

Da die Zustandsmaschinen zeitverzögernd sind, existieren Funktionen

$$\text{out}_i \colon \Sigma_i \;\to\; \mathfrak{P}(\overline{(Y_i)}_{\text{fin}})$$

mit

$$(\exists\, a, \sigma' \colon \Delta_i(\sigma, a) \ni (\sigma', b)) \;\Leftrightarrow\; b \in \text{out}_i(\sigma)$$

Wir definieren

$$\Delta \;=\; \Delta_1 \,\|\, \Delta_2$$

wie folgt mit $x \in \vec{X}$, wobei $X = (X_1 \setminus Y_2) \cup (X_2 \setminus Y_1)$.

$$\Delta((\sigma_1, \sigma_2), x) =$$

$$\Big\{ ((\sigma_1', \sigma_2'), y_1 \oplus y_2) : \ \forall i \in \{1, 2\} : y_i \in \text{out}_i(\sigma_i)$$

$$\wedge \ (\sigma_i, y_i) \in \Delta_i\Big(\sigma_i, (x|X_i) \oplus ((y_1 \oplus y_2)|X_i)\Big) \Big\}$$

Man beachte, dass in dieser Definition keine Rekursion auftritt, da die Ausgabe $y_i$ aus $\text{out}_i(\sigma_i)$ bestimmt wird und aufgrund der Zeitverzögerungseigenschaft immer für jede Wahl von $(x|X_1) \oplus (y|X_1)$ und $(x|X_2) \oplus (y|X_1)$ Ausgaben $(a_1, z_2)$ und $(a_2, z_1)$ existieren, die die zweite Klausel in der Definition erfüllen.

Die Zustandsmaschine $(\Delta, \Sigma_0)$ ist wieder eine verallgemeinerte Moore-Maschine.

Die mit $\sigma \in \Sigma$, $\sigma_1 \in \Sigma_1$, $\sigma_2 \in \Sigma_2$ verbundenen Funktionen $f_\sigma, f_{\sigma_1}, f_{\sigma_2}$ sind stets stark kausal, da die Zustandsmaschinen stark kausal sind. Es gilt für $x \in \overline{X}_{\text{fin}}$, $x' \in \vec{X}$

$$f_{(\sigma_1, \sigma_2)}(x \ \& \ x') \ = \ (y_1 \oplus y_2) \ \& f_{(\sigma_1', \sigma_2')}(x')$$

wobei

$$\text{ft}(f_{\sigma_i}(x_i)) \ = \ y_i$$

Man beachte, dass aufgrund der starken Kausalität die Werte der Ausgabe $y_i$ nicht von den Eingaben $x_i$ abhängen.

Für Zustandsmaschinen, die nicht verzögernd sind, ist diese Definition der Komposition im Allgemeinen nicht konsistent, da nicht sichergestellt ist, dass es Werte $y_1$ und $y_2$ gibt, da im Allgemeinen diese verschränkt rekursiv voneinander abhängen und Widersprüche nicht ausgeschlossen werden können.

## 6.6 Globale Zeit

Zeitsynchrone Systeme verfügen über einen globalen „absoluten" Zeitbegriff, der das Zeitverhalten aller Teilkomponenten global zueinander in Beziehung setzt. Das Fortschreiten der Zeit findet für alle Teilsysteme einheitlich, „synchron", statt. Ein einfaches Modell dafür erhalten wir, indem wir eine globale Variable einführen, die die Zeit darstellt und die wir Schritt um Schritt erhöhen (vgl. [Lam94]).

Diskrete Zeit führt dabei ein Zeitraster ein, in das die Aktionen eines Systems eingeordnet werden. Nehmen wir an, dass jede Aktion und jedes Ereignis einen Punkt in der Zeit darstellt und dass jedes Ereignis genau in einem Zeitintervall liegt, indem wir festlegen, dass ein Ereignis im $t$-ten Zeitintervall liegt, wenn für seinen Zeitpunkt $t'$ gilt $t \le t' < t + 1$, so entsteht ein Zeitraster von Zeitpunkten, so dass in jedem Zeitintervall eine Anzahl von Aktionen liegt. Wir sprechen beim Zeitraster auch von einem Makrotakt und bei der Folge von Aktionen in einem Prozess zwischen zwei aufeinander folgenden Zeitpunkten von dem

Mikroprozess und bei den innerhalb eines Intervalls auftretenden Zeitschritten von eine Mikrotakt.

Funktionen $f$ der Funktionalität

$$f\colon \vec{X} \to \vec{Y}$$

mit

$$y = f(x)$$

spezifizieren wir durch einen prädikatenlogischen Ausdruck, eine Zusicherung, $Q$, der Kanalnamen $x_1, \ldots, x_n \in X$ und $y_1, \ldots, y_m \in Y$ als freie Variablen für Ströme enthält.

Ein Beispiel für solche Spezifikation liest sich wie folgt:

| ═══FirstAdd═══ |
| :--- |
| **in** $x \colon$ TStream Nat, $z \colon$ TStream Nat |
| **out** $y \colon$ TStream Nat |
| $\forall t \in \mathbb{N}_+\colon\ y(t{+}1)\ =\ $ **if** $x(t) = \langle\rangle \vee z(t) = \langle\rangle$ **then** $\langle\rangle$ **else** $\langle \mathrm{ft}(x(t)) + \mathrm{ft}(z(t)) \rangle$ **fi** |

Eine Spezifikation mit Zusicherung $Q$ heißt *zeitinsensitiv*, wenn

*Zeitinsensitive Spezifikation*

$$(\overline{x_1}, \ldots, \overline{x_n}) = (\overline{x'_1}, \ldots, \overline{x'_n}) \wedge Q \Rightarrow$$
$$\exists y'_1, \ldots, y'_n\colon (\overline{y_1}, \ldots, \overline{y_n}) = (\overline{y'_1}, \ldots, \overline{y'_n}) \wedge Q[x'_1/x_1, \ldots, y'_1/y_1 \ldots]$$

Das heißt, der Datenfluss $(\overline{x_1}, \ldots, \overline{x_n}) \rightsquigarrow (\overline{y_1}, \ldots, \overline{y_n})$, den $Q$ für $(x_1, \ldots, x_n)$ spezifiziert, hängt nicht von der zeitlichen Anordnung der Nachrichten in $(x_1, \ldots, x_n)$ ab.

Das obige Beispiel FirstAdd ist zeitsensitiv, wie man einfach zeigt.

## 6.6.1 Fixpunkteigenschaft stark kausaler Systeme

Sei $X$ eine Menge typisierter Kanäle und

$$f\colon \vec{X} \to \vec{X}$$

eine stark kausale Funktion. Dann gilt für $x, z \in \vec{X}$

$$\forall t \in \mathbb{N}_0\colon\ x{\downarrow}t = z{\downarrow}t \Rightarrow f(x){\downarrow}t{+}1 = f(z){\downarrow}t{+}1$$

Wir konstruieren einen Fixpunkt $y \in \vec{X}$. Dazu definieren wir eine Folge $(x_i)_{i \in \mathbb{N}_0} \in (\vec{X})^\omega$ von Historien durch (sei $x_0$ beliebig):

$$x_{i+1} = f(x_i)$$

Einfache Induktion zeigt: $x_i{\downarrow}i = x_{i+1}{\downarrow}i$ und somit gilt aufgrund der starken Kausalität

$$x_{i+2} \downarrow i{+}1 \ = \ f(x_{i+1}) \downarrow i{+}1 \ = \ x_i \downarrow i{+}1 \ = \ x_{i+1} \downarrow i{+}1$$

(Induktionsanfang $x_0{\downarrow}0 = x_1{\downarrow}0$). Wir definieren $y$ für alle $t \in \mathbb{N}_0$ durch $y{\downarrow}t = x_t{\downarrow}t$. Es gilt

$$f(y) = y$$

da $f(y) \downarrow t{+}1 = f(x_t) \downarrow t{+}1 = x_{t+1} \downarrow t{+}1 = y \downarrow t{+}1$. Der Fixpunkt ist eindeutig. Die Konstruktion entspricht der Fixpunkttheorie nach Banach [Ban22].


## 6.6.2 Gezeitete Systeme: Ein einführendes Beispiel

Wir betrachten in diesem Abschnitt spezielle Verhalten, die nicht zeitsensitiv sind, für die aber das Konzept der Zeit hilfreich ist, um eine Reihe von Eigenschaften zu beweisen. Wir betrachten ein einfaches System, das in Abb. 6.5 als Datenflussknoten dargestellt ist. Dabei sei $D$ eine gegebene Datensorte.

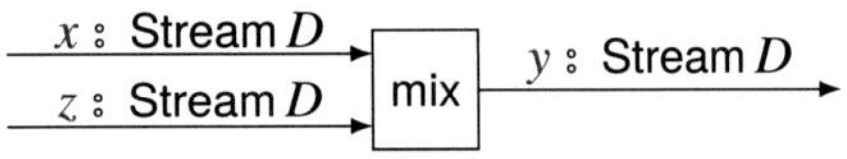

**Abb. 6.5** Der Datenflussknoten mix

Das Verhalten von mix sei durch eine Schnittstellenzusicherung wie folgt spezifiziert:

$$\forall\, d \in D: \ d{\#}x + d{\#}z = d{\#}y$$

Es existiert allerdings keine monotone Funktion auf ungezeiteten Strömen

$$f: \ \text{Stream}\, D,\ \text{Stream}\, D \ \rightarrow \ \text{Stream}\, D$$

die diese Spezifikation erfüllt. Dies sieht man an einem einfachen Argument. Sei $f$ monoton. Seien $a$, $b$ unterschiedliche Elemente der Sorte $D$ und $x, y$ ungezeitete Ströme der Sorte $D$ mit

$$x = \langle a\,a\,a \cdots \rangle$$
$$z = \langle b\,b\,b \cdots \rangle$$

Laut Spezifikation gilt

$$d{\#}x + d{\#}z = d\,{\#}\,f(x, z)$$

Daraus folgt

$$f(x, \langle\rangle) = x$$
$$f(\langle\rangle, z) = z$$

Aufgrund der Monotonie von $f$ gilt ferner

$$f(x, \langle\rangle) \sqsubseteq f(x, z)$$
$$f(\langle\rangle, z) \sqsubseteq f(x, z)$$

und gemäß der Spezifikation gilt

$$a \# f(x, z) = b \# f(x, z) = \infty$$

Wir erhalten einen Widerspruch zur Monotonie, da

$$f(x, \langle\rangle) = x \not\sqsubseteq f(x, z) \neq x$$

Es existiert demnach keine monotone Funktion, die die Spezifikation erfüllt, obwohl solche Funktionen typischerweise in Systemen auftreten. Allerdings existieren Funktionen auf gezeiteten Strömen, die die Spezifikation erfüllen. Dies wird im folgenden Abschnitt gezeigt.

### 6.6.3 Zeit als Mittel zum Nachweis von Systemeigenschaften

Soweit haben wir Zeit als ein Konzept betrachtet, das für bestimmte Anwendungen von Systemen im Zusammenhang mit physischen, technischen Systemen von Bedeutung ist. Zum Beispiel muss sich ein Airbag in einem bestimmten Zeitraum entfalten oder wenn durch ein Kontrollsystem etwa ein Ventil geschlossen werden muss, so muss auch das in einem bestimmten Zeitraum oder zu einem bestimmten Zeitpunkt geschehen. Dabei wird Zeit als ein Bestandteil der physischen Realität begriffen, mit der dann auch in Systemen entsprechend umgegangen werden muss.

Es gibt aber noch eine andere Möglichkeit, mit Zeit in Systemen zu arbeiten. Wir können Zeit in Systemen verwenden, um zeitinsensitive Systeme zu spezifizieren und dabei zusätzlich die Gesetze des Zeitverlaufs wie starke Kausalität nutzen, um Aussagen über Systeme zu spezifizieren und zu beweisen.

Wir betrachten als erstes ein Beispiel, das in seiner zeitlichen Repräsentation einfach zu beschreiben ist, aber unter der Annahme gängiger Eigenschaften von Systemverhalten wie Präfixmonotonie kaum oder gar nicht zu beschreiben ist. Es handelt sich um System mix, das wir bereits kennengelernt haben. Wie wir gesehen haben, gibt es keine monotone zeitfreie Funktion, welche die Spezifikation mix realisiert. Wenn wir aber ein Zeitverhalten voraussetzen, d. h. gezeitete Eingabeströme für die Funktion mix, dann gibt es sehr wohl die Möglichkeit, mix formal zu beschreiben. Wie bereits gezeigt, betrachten wir dabei Kausalitätseigenschaften. Dies erlaubt es uns, ohne unmittelbare Monotonieannahmen, nur durch Annahme der Kausalität, Existenz sowie Eigenschaften von Fixpunkten nachzuweisen, wie sie in Berechnungen auftreten. Diese Fixpunkte sind, wie wir bereits in Kap. 5 gesehen haben, für die Behandlung von Kanalverbindungen zwischen Systemen bedeutsam.

Wir demonstrieren dies an dem Beispiel mix: Wir betrachten statt folgender Spezifikation des Systems

$$\text{mix} : (x, z : \text{Stream } D)\ \text{Stream } D$$

mit der Schnittstellenzusicherung

$$y = \text{mix}(x, z) \iff \forall d \in D : d \# x + d \# z = d \# y$$

eine gezeitete Variante

$$\text{mx} : (x, z : \text{TStream } D)\ \text{TStream } D$$

für die ebenfalls

$$y = \text{mx}(x, z) \iff \forall d \in D : d \# x + d \# z = d \# y$$

gelte. In Abschn. 6.6.2 haben wir gezeigt, dass es keine Funktion $f$ auf Strömen gibt, welche die Spezifikation

$$d \# x + d \# z = d \# f(x, z)$$

für alle $d$, $x$ und $z$ erfüllt. Nun geben wir ein einfaches Beispiel für eine stark kausale Funktion

$$g : \text{TStream } M, \text{TStream } M \rightarrow \text{TStream } M$$

Wir definieren $g$ wie folgt für alle $i \in \mathbb{N}_+$:

$$g(x, z)(1) = \langle \rangle$$
$$g(x, z)(i + 1) = x(i) \circ z(i)$$

Offensichtlich ist $g$ stark kausal und für alle $d$, $x$ und $z$ gilt

$$d \# x + d \# z = d \# g(x, z)$$

Unter der Annahme einer starken Kausalität (für eine allgemeine Formalisierung s. Abschn. 6.6.5) leiten wir zusätzlich die Schnittstellenzusicherung ab

$$\forall d \in D, t \in \mathbb{N}_0 : d \# y \downarrow (t+1) \leq d \# (x \downarrow t) + d \# (z \downarrow t)$$

Betrachten wir nun eine Rückkopplungsschleife, die durch Abb. 6.6 dargestellt ist, so stellt sich die Frage, welche Eigenschaften der Fixpunkt $y$ hat.

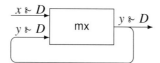

**Abb. 6.6** Datenflussknoten mx mit Rückkopplung von Kanal und damit Strom $y$

Die Festlegung $y = \mathrm{mx}(x, y)$ führt auf die folgende Fixpunkteigenschaft für $y$:

$$\forall\, d \in D \colon d \,\#\, x + d \,\#\, y = d \,\#\, y$$

Daraus können wir schließen (für alle $d \in D$):

$$d \,\#\, x > 0 \Rightarrow d \,\#\, y = \infty$$

Jedes Paar von Strömen $x$ und $y$, das diese Behauptung erfüllt, erfüllt diese Spezifikation.

Allerdings gibt es Fixpunkte $y$, also Ströme, die die Gleichung $y = \mathrm{mx}(x, y)$ erfüllen, die aber nicht der starken Kausalität entsprechen. Ein Beispiel für Fixpunkte, die nicht der starken Kausalität entsprechen, ist beschrieben durch

$$\forall\, d \in D \colon d \,\#\, x = 0 \Rightarrow d \,\#\, y > 0$$

Um solche nichtkausalen Berechnungen entsprechenden Lösungen $y$ mit $y = \mathrm{mx}(x, y)$ auszuschließen, fügen wir der Spezifikation mx die starke Kausalität hinzu. Wir erhalten folgende zusätzliche Zusicherung:

$$\forall\, d \in D,\ t \in \mathbb{N}_0 \colon d \,\#\, y \downarrow (t{+}1) \le d \,\#\, (x \downarrow t) + d \,\#\, (y \downarrow t)$$

Ein einfacher Induktionsnachweis für $t \in \mathbb{N}_0$ liefert für $y = \mathrm{mx}(x, y)$ die Zusicherung

$$d \,\#\, x = 0 \Rightarrow d \,\#\, y = 0$$

Aus dieser Spezifikation erhalten wir für stark kausale Fixpunkte $y$ mit $\mathrm{mx}(x, y, y)$ die Zusicherungen

$$d \,\#\, x = 0 \Rightarrow d \,\#\, y = 0$$
$$d \,\#\, x > 0 \Rightarrow d \,\#\, y = \infty$$

Das ist wieder eine zeitfreie Spezifikation der Funktion mx mit Rückkopplung des Ausgabestroms auf dem Ausgabekanal $y$ auf den Eingabekanal $z$.

Wie das Beispiel zeigt, ist die Einbettung in die Zeit und die Forderung nach starker Kausalität eine Möglichkeit, wichtige Eigenschaften über die Funktion mx nachzuweisen. Anstelle der Monotonie tritt die starke Kausalität für die gezeitete Repräsentation von mx. Wie in [Bro23] gezeigt wird, liefert dieser Ansatz einen korrekten und hinreichend vollständigen Kalkül für den Nachweis von Eigenschaften von Systemspezifikationen, auch im Zusammenhang mit der Komposition.

In Abschn. 6.6.4 behandeln wir die systematische Ergänzung von Spezifikationen um Kausalität, die, wie in diesem Fall von mx, zu aussagekräftigeren Spezifikationen führen, aus denen zusätzliche Eigenschaften nachgewiesen werden können.

## 6.6.4 Zeit und Kausalität

Zeit spielt für Berechnungen stets eine wichtige Rolle. Jede Art von Berechnung läuft physikalisch in einem Zeitrahmen ab. Betrachtet man aus physikalischer Sicht Berechnungsvorgänge, wie sie in Hardwaresystemen ausgeführt werden, so existiert für diese immer ein physikalischer Zeitablauf und -bedarf.

Auch die Vorgänge, die außerhalb eines Rechners stattfinden, finden in einem Zeitrahmen statt. Dies ist insbesondere für eingebettete Softwaresysteme von entscheidender Bedeutung. Interagiert ein Softwaresysteme über Sensoren oder Aktuatoren mit physischen Systemen, so findet sowohl die Berechnung für die eingebettete Software als auch der physikalische Prozess in einem Zeitrahmen statt, der über Sensoren und Aktuatoren mit der Software verbunden ist. Deshalb ist es wesentlich für die Beschreibung von zeitbezogenem Systemverhalten physikalische Eigenschaften der Zeit zu berücksichtigen und gegebenenfalls auch zu nutzen.

Ein wesentlicher Begriff in der Verbindung mit Zeit für alle Bereiche der Naturwissenschaften ist das Prinzip der Kausalität. Kausalität spricht über die Beziehung zwischen Ursache und Wirkung. Die einfachste Form der Kausalität zwischen einer Aktion $A$ und einer Aktion $B$ lässt sich wie folgt beschreiben: Wenn Aktion $A$ ausgeführt wird, dann hat dies zur Folge, dass zu einem späteren Zeitpunkt Aktion $B$ ausgeführt wird. $A$ ist die Ursache und $B$ die Wirkung. Es gibt natürlich noch andere Formen der Beschreibung von Kausalität. Ein Beispiel dafür wäre, wenn wir die Wirkung $B$ beobachten, dann muss zu einem früheren Zeitpunkt die Ursache $A$ stattgefunden haben. Es gibt darüber hinaus noch viel kompliziertere kausale Beziehungen, die aber alle gemeinsam haben, dass es zwischen Ursache und Wirkung eine – wenn auch mitunter nur sehr kleine – zeitliche Distanz gibt.

Nehmen wir ein einfaches Beispiel: Wenn wir einen Lichtschalter betätigen, dann ist das die Ursache dafür, dass das entsprechende Licht angeht. Das Betätigen des Schalters ist die Ursache, das Aufleuchten des Lichts ist die Wirkung. Dabei spielt es keine Rolle, dass es für uns als Menschen oft kaum wahrnehmbar ist, dass eine gewisse (wenn auch sehr geringe) zeitliche Distanz zwischen dem Betätigen des Schalters und dem Aufflammen des Lichtes liegt. Reagieren Lampen allerdings mit einer gewissen Trägheit, so wird das explizit sichtbar.

Man beachte, dass sich daraus ein Unterschied ergibt für die Modellierung von Systemen. Modellieren wir Schalter und Licht in einfacher Aussagenlogik, so kommen wir schnell auf die simple Implikation

$$\text{switch\_on} \Rightarrow \text{light\_on}$$

Das scheint im ersten Augenblick plausibel. Allerdings gilt die Aussage nicht für den winzigen Zeitraum, wenn der Schalter betätigt ist aber es einen Bruchteil eines Augenblicks dauert, bis das Licht eingeschaltet ist. Gleichermaßen gibt es für die Implikation auch eine andere Richtung. Immer wenn das Licht an ist, ist der Schalter ein. Es gilt also demnach auch

$$\text{light\_on} \Rightarrow \text{switch\_on}$$

Diese Implikation gilt in dem eingeschwungenen Zustand nach Einschalten oder Ausschalten des Lichts – wenn alle ausgelösten Reaktionen stattgefunden haben, gibt aber Kausalität nicht angemessen wieder. Wenn der Schalter ausgeschaltet wird, brennt das Licht noch einen Bruchteil eines Augenblicks weiter, bis die Reaktion erfolgt. In diesem Zeitpunkt gilt die Bedingung nicht.[3]

Kontraposition für die Aussage switch\_on ⇒ light\_on ergibt

$$\neg\text{light\_on} \Rightarrow \neg\text{switch\_on} \ .$$

Das könnte zu der Fehlinterpretation verleiten, dass durch das Erlöschen des Lichts der Schalter auf „aus" gestellt wird. Einfache Implikation erfasst Kausalität nicht.

Diese allgemeine Erkenntnis lässt sich auch auf das Verhalten von Systemen übertragen. Betrachten wir die Systeme, die mit bestimmten Ausgaben auf bestimmte Eingaben reagieren, so handelt es sich hier eindeutig um Ursache-Wirkungs-Beziehungen. Eine Ursache ist die Eingabe, die Wirkung ist die Ausgabe. Wenn wir eine Ziffer (sagen wir, etwa 4) in einen Taschenrechner eingeben, genau genommen, die entsprechende Taste betätigen, so ist dies die Ursache dafür, dass bei korrekter Wirkungsweise des Taschenrechners die Ziffer 4 im Display angezeigt wird. Betätigen wir nun die Taste, die dazu führt, dass das Quadrat der angezeigten Zahl gebildet und angezeigt wird, so ist das ein weiterer Ursache/Wirkungsschritt. Das Betätigen der entsprechenden Taste ist die Ursache dafür, dass etwas später als Wirkung statt der Zahl 4 nun die Zahl 16 angezeigt wird.

Diese elementare Eigenschaft von Ursache und Wirkung für Eingabe und Ausgabe machen wir uns im Folgenden zunutze. Betrachten wir einen Strom von Eingaben an ein System in einem Zeitrahmen, so erkennen wir, dass die Eingaben Ursachen für bestimmte Ausgaben sind. Dabei gilt, Eingaben, die später als Zeitpunkt $t$ kommen, können nicht die Ursache sein für Wirkungen, die in den Ausgaben bis zum Zeitpunkt $t$ zu beobachten sind. Wir gehen noch

---

[3] Wegen Selbstinduktion kann das Licht beim Ausschalten sogar stärker nachbrennen.

einen Schritt weiter: Nehmen wir an, dass die gewählte Zeitquantelung fein
genug ist, so gilt, Eingaben, die nach dem Zeitpunkt $t$ kommen, können keine Ausgaben beeinflussen, die bis zum Zeitpunkt $t + 1$ auftreten. Mit dieser
Festlegung lässt sich das zu erwartende physikalische Verhalten in logische Eigenschaften übersetzen, die wir auch für die Verifikation von Systemen nutzen
können.

### 6.6.5 Zeitsynchrone, nachrichtenasynchrone Systeme

Wie eben beschrieben, können wir einen einfachen Zeitbegriff einführen, der
Systemmodelle mit einer diskreten, „globalen" Zeit versieht. Wir nennen ein
Systemmodell zeitsynchron und nachrichtenasynchron, wenn ein einheitlicher
(globaler) Zeitbegriff existiert, aber der Nachrichtenaustausch asynchron erfolgt und in einem Zeitintervall beliebig viele Nachrichten auf einem Kanal
ausgetauscht werden können.

Kausalität ist ein allgemeiner Begriff für eine (zeitliche) Abhängigkeit zwischen Aktionen. Man spricht auch von Ursache und Wirkung. Ist Aktion $A$ die
Ursache für Aktion $B$, die Wirkung, so wird Wirkung $B$ zeitlich später eintreten
als Ursache $A$.

Wir übertragen dieses Prinzip auf das Verhalten von nichtdeterministischen
und unterspezifizierten Systemen. Wir unterscheiden dabei Systeme mit *schwacher* und *starker Kausalität*. Wir stellen dazu nichtdeterministische Systeme
durch Funktionen

$$F\colon (M^*)^\omega \; \to \; \mathfrak{P}((M^*)^\omega)$$

dar. Hier gelte, dass bei Eingabe von $x \in (M^*)^\omega$ für die Ausgabe $y$ die Bedingung $y \in F(x)$ gilt.

*Starke Kausalität*      📖 **Definition (Starke Kausalität)** Wir nennen ein System $F$ *stark kausal*,
wenn für alle Eingabehistorien $x$ und $z$ für $F$ Folgendes gilt: Sind die Eingabehistorien $x$ und $z$ bis zum Zeitpunkt $t$ identisch, so sind auch die entsprechenden
Ausgabehistorien $F(x)$ und $F(z)$ identisch bis zum Zeitpunkt $t+1$. Formal gilt
dann für alle $x, z$ und $t \in \mathbb{N}_0$

$$x \downarrow t \; = \; z \downarrow t \;\; \Rightarrow \;\; F(x) \downarrow (t{+}1) \; = \; F(z) \downarrow (t{+}1)$$

wobei

$$F(x) \downarrow t \; = \; \{y \downarrow t\colon y \in F(x)\} \qquad\qquad \blacksquare$$

Hier schreiben wir für Mengen $M$ gezeiteter Ströme $M \downarrow t$ für die Menge
$\{x \downarrow t\colon x \in M\}$. Starke Kausalität entspricht der Situation, dass ein System auf
Eingabe stets um mindestens eine Zeiteinheit verzögert reagiert. Dies entspricht
der Vorstellung, dass mindestens eine Zeiteinheit vergeht, bis auf eine Eingabe
reagiert wird.

*Schwache Kausalität*      📖 **Definition (Schwache Kausalität)** Wir nennen ein System $F$ *schwach* *kausal*, wenn für alle Eingabehistorien $x$ und $z$ von $F$ Folgendes gilt: Sind die Eingabehistorien $x$ und $z$ bis zum Zeitpunkt $t$ identisch, so sind auch die entsprechenden Ausgabehistorien $F(x)$ und $F(z)$ identisch bis zu diesem Zeitpunkt $t$. Formal gilt dann für alle $x, z$ und $t \in \mathbb{N}_0$

$$x \downarrow t = z \downarrow t \;\Rightarrow\; F(x) \downarrow t = F(z) \downarrow t \qquad\blacksquare$$

Schwache Kausalität erfasst die Erfordernisse eines logischen Zeitflusses. Eine Reaktion auf Eingaben kann nicht früher erfolgen als die Eingabe. Starke Kausalität berücksichtigt den Umstand, dass stets eine kleine Zeitspanne vergeht, bis auf eine Eingabe mit Ausgabe reagiert wird. Ist diese Zeitspanne größer als die Zeitgranularität, die der diskreten Zeit zugrunde gelegt wird, gilt das Gesetz der starken Kausalität. Die beiden Definitionen übertragen sich sofort auf Funktionen zwischen gezeiteten Strömen, wenn man die Menge $F(x)$ einelementig wählt.

💡 *Beispiel (Nichtkausales Verhalten)* Eine nichtkausales Verhalten erhalten wir etwa durch folgende Beschreibung

$$f\colon (\mathbb{N}_0 \cup \{\checkmark\})^\omega \;\to\; (\mathbb{N}_0 \cup \{\checkmark\})^\omega$$

mit (sei $s, s' \in \mathbb{N}_0^*$):

$$f(s \,\widehat{}\, \langle \checkmark \rangle \,\widehat{}\, s' \,\widehat{}\, \langle \checkmark \rangle \,\widehat{}\, x) = s \,\widehat{}\, s' \,\widehat{}\, \langle \checkmark \rangle \,\widehat{}\, f(x)$$

Die Funktion „löscht" gleichsam jeden zweiten Zeittick $\checkmark$. Nimmt man die Zeitticks als Zeitangaben, so erhalten wir Ausgaben dadurch „früher" als sie eingegeben werden. $\qquad\blacksquare$

Nun betrachten wir gezeitete Funktionen

$$g\colon \mathsf{TStream}\,D,\ \mathsf{TStream}\,D \;\to\; \mathsf{TStream}\,D$$

für die die Spezifikation für mx aus Abschn. 6.6.2 gelte. Zusätzlich fordern wir starke Kausalität:

$$\forall d \in D,\ t \in \mathbb{N}_0\colon\quad d \,\#\, (g(x,y) \downarrow (t{+}1)) \;\leq\; d \,\#\, (x \downarrow t) + d \,\#\, (z \downarrow t)$$

Funktionen mit diesen Eigenschaften existieren. Ein einfaches Beispiel ist (sei $t \in \mathbb{N}_+$)

$$g(x,z)(1) = \langle\rangle$$
$$g(x,z)(t+1) = x(t) \,^\circ z(t)$$

Einfaches Nachrechnen zeigt, dass die Spezifikation erfüllt ist und für die Funktion $g$ auch starke Kausalität gilt.

Unsere Spezifikation ist ein Beispiel für eine interessante Klasse von Systemen: Für sie existiert eine Spezifikation ohne explizite Nutzung von Zeit, es gibt aber keine monotone Funktionen auf ungezeiteten Strömen, die die Spezifikation erfüllen, jedoch existieren Funktionen auf gezeiteten Strömen, die stark kausal sind und die Spezifikation erfüllen.

Wir können jede Funktion $g$, die die Spezifikation erfüllt und stark kausal ist, in eine nichtdeterministische Funktion $G$ auf ungezeiteten Strömen abstrahieren, die Mengen von ungezeiteten Strömen als Resultat hat.

$$G(x', z') = \{\bar{y} \colon \exists\, x, z \in \mathsf{TStream}\, D \colon \bar{x} = x' \wedge \bar{z} = z' \wedge y = g(x, z)\}$$

Diese Klasse von Systemen, die durch zeitfreie Spezifikationen beschrieben werden können, für die keine monotone Funktionen auf ungezeiteten Strömen existieren, wohl aber stark kausale Funktionen auf gezeiteten Strömen nennen wir *zeithybrid*.

Eine andere Variante bietet für $n \in \mathbb{N}_0$

$$\left( \bigcup_{i=0}^{n} M^i \right)^{\omega}$$

Hier wird pro Zeitintervall eine Sequenz $x \in M^*$ mit $\#x \leq n$, also mit der maximalen Länge $n$, übertragen.

Alle im Weiteren behandelten Konzepte für gezeitete Ströme können auf diese Varianten gezeiteter Ströme übertragen werden.

## 6.7 Spezifikation stark kausaler Systeme

Die an dem Beispiel in Abschn. 6.6.2 praktizierte Vorgehensweise können wir generell für zeithybride und letztlich auch für ungezeitete Systeme verwenden.

Wir betrachten Spezifikation der Form

| |
|---|
| **in** $x_1 \colon \mathsf{TStream}\, T_1, \ldots, x_n \colon \mathsf{TStream}\, T_n$ |
| **out** $y_1 \colon \mathsf{TStream}\, M_1, \ldots, y_m \colon \mathsf{TStream}\, M_m$ |
| $Q$ |

wobei $Q$ eine Schnittstellenzusicherung ist, die für $X = \{x_1, \ldots, x_n\}$ und $Y = \{y_1, \ldots, y_m\}$ Identifikatoren aus $X$ und $Y$ für gezeitete Ströme der angegebenen Sorten enthält. Kommen alle die Identifikatoren $z$ für Ströme nur in der Form $\bar{z}$

*Zeitfreie Spezifikation*   vor, so nennen wir die Spezifikation *zeitfrei*.

Starke Kausalität braucht in einer Schnittstellenzusicherung $Q$ nicht explizit berücksichtigt zu werden, sondern kann wie folgt schematisch hinzugefügt werden. Wir geben die Formel für das Hinzufügen von starker Kausalität nur für den einfachen Fall eines Systems mit einem Eingabekanal $x$ und einem Ausgabekanal $y$ an.

Wir erhalten eine stark kausale Zusicherung $Q^{\copyright}$ aus $Q$ wie folgt[4]:

$$Q^{\copyright} = (Q \wedge \forall\, x' \in \vec{X}, t \in \mathbb{N}_0 \colon \exists\, y' \in \vec{Y} \colon Q[(x{\downarrow}t)\,\hat{}\,x', (y{\downarrow}t{+}1)\,\hat{}\,y'])$$

Die Zusicherung $Q^{\copyright}$ bezeichnet somit die schwächste Zusicherung, die stark kausal ist und $Q$ impliziert. Es gelten also folgende Eigenschaften

$$Q^{\copyright} \Rightarrow Q$$
$$Q^{\copyright} \wedge x{\downarrow}t = z{\downarrow}t \;\Rightarrow\; \exists\, y' \colon\; Q^{\copyright}[z/x, y'/y] \wedge y{\downarrow}(t{+}1) = y'{\downarrow}(t{+}1)$$

Für das Beispiel mx aus dem vorigen Abschnitt ergibt sich folgende Zusicherung:

$$\forall\, d \in D \colon\; d\#x + d\#z = d\#y \;\wedge\; d\#(x{\downarrow}t) + d\#(z{\downarrow}t) \geq d\#(y{\downarrow}t{+}1)$$

Durch starke Kausalität erhalten wir zusätzliche Eigenschaften für eine Spezifikation, die wir in Beweisen nutzen können.

Wie in [Bro23] nachgewiesen, existiert zu jeder Schnittstellenzusicherung $Q$ eine eindeutig bestimmte Schnittstellenzusicherung $Q^{\copyright}$.

💡 *Beispiel (Der Sender des Alternating-Bit-Protokolls als Funktion über gezeiteten Strömen)* Wir beschreiben den Sender des Alternating-Bit-Protokolls durch eine Spezifikation eines Systems, das über gezeitete Ströme interagiert. Wir wählen einen stark eigenschaftsorientierten Spezifikationsstil.

Er beschreibt den Sender über folgende Eigenschaften:

(1) Die Ausgabe des Senders auf dem Kanal $c1$ besteht aus Paaren aus Daten und Bits. Dabei können aufeinanderfolgende Paare identisch sein. Die Daten dürfen sich nur ändern, wenn sich die Bits ändern.
(2) Der so übertragene Datenstrom entspricht $\mathrm{dat}(\overline{c1}, \mathrm{L})$ und hat eine Länge, die den Minimum von bestätigten Bits auf $c4$ und der Anzahl der Werte in $x$ entspricht.
(3) Werden nicht alle Werte bestätigt, so gilt $\#c1 = \infty$.
(4) Die übertragenen Werte sind ein Präfix von $x$.

| ═══Sender═══ | | |
|---|---|---|
| **in** $\quad x \colon$ TStream Data, $c4 \colon$ TStream Bit | | |
| **out** $\;c1 \colon$ TStream (Data, Bit) | | |
| (1) $\forall\, d, d' \in$ Data, $b \in$ Bit$\colon \exists\, c \in$ Data$^{*} \colon c \,\&\, (d,b) \,\&\, (d',b) \sqsubseteq \bar{x} \Rightarrow d = d'$ | | |
| (2) $\#\,\mathrm{dat}(\overline{c1}, \mathrm{L}) = \min\{\#\,\mathrm{chg}(\overline{c4}, \mathrm{L}), \#x\}$ | | |
| (3) $\#\,\mathrm{dat}(\overline{c1}, \mathrm{L}) < \#x \Rightarrow \#c1 = \infty$ | | |
| (4) $\mathrm{dat}(\overline{c1}, \mathrm{L}) \sqsubseteq \bar{x}$ | | |

wobei

---

[4] Hier steht das Symbol $\copyright$ für *kausal* (engl. *causal*).

$$\text{chg} : \text{Stream Bit, Bit} \;\rightarrow\; \text{Stream Bit}$$
$$\text{chg}(\langle\rangle, b) \;=\; \langle\rangle$$
$$\text{chg}(b \,\&\, c,\ b) \;=\; b \,\&\, \text{chg}(c, \neg b)$$
$$\text{chg}(b \,\&\, c,\ \neg b) \;=\; \text{chg}(c, \neg b)$$
$$b \# c = 0 \;\Rightarrow\; \text{chg}(c, b) = \langle\rangle$$

$$\text{dat} : \text{Stream (Data, Bit)} \;\rightarrow\; \text{Stream Data}$$
$$\text{dat}(\langle\rangle, b) \;=\; \langle\rangle$$
$$\text{dat}((d, b) \,\&\, c,\ b) \;=\; d \,\&\, \text{dat}(c, \neg b)$$
$$\text{dat}((d, b) \,\&\, c,\ \neg b) \;=\; \text{dat}(c, \neg b)$$
$$\{(d, b) : d \in \text{Data}\} \# c \;\Rightarrow\; \text{dat}(c, b) = \langle\rangle \qquad\blacksquare$$

Das Beispiel zeigt, dass die besonderen Lebendigkeitseigenschaften durch gezeitete Ströme unmittelbar ausgedrückt werden können.

## 6.8 Komposition

Durch Schnittstellenzusicherungen spezifizierte Systeme komponieren wir, indem wir ihre Zusicherungen komponieren. Seien folgende Systeme gegeben:

| $S_1$ |
| --- |
| **in** $\quad x_1, z_1$ |
| **out** $\quad y_1, z_2$ |
| $Q_1$ |

| $S_2$ |
| --- |
| **in** $\quad x_2, z_2$ |
| **out** $\quad y_2, z_1$ |
| $Q_2$ |

Wir definieren die Komposition dieser zwei Systeme wie folgt

| $S_1 \times S_2$ |
| --- |
| **in** $\quad x_1, x_2$ |
| **out** $\quad y_1, y_2, z_1, z_2$ |
| $Q_1 \wedge Q_2$ |

und verbergen die Rückkopplungskanäle in folgender Komposition

| $S_1 \otimes S_2$ |
| --- |
| **in** $\quad x_1, x_2$ |
| **out** $\quad y_1, y_2$ |
| $\exists z_1, z_2 : Q_1 \wedge Q_2$ |

Wieder betrachten wir der Einfachheit halber nur Systeme mit jeweils einem Eingabekanal $x_i$, einem Eingabekanal $z_i$, der der Rückkopplung dient, und jeweils zwei Ausgabekanälen, einer davon für die Rückkopplung. Diese Definitionen lassen sich unschwer auf Mengen von Kanälen verallgemeinern.

Wir betrachten ein einfaches Beispiel (alle Kanäle seien von der Sorte $D$):

| $S_1$ |
|---|
| **in** $x, z$ |
| **out** $y$ |
| $\forall\, d \in D\colon d\#x + d\#z \;=\; d\#y$ |

| $S_2$ |
|---|
| **in** $y$ |
| **out** $a, z$ |
| $\bar{a} = \bar{y} \,\wedge\, \bar{z} = \bar{y}$ |

Abb. 6.7 zeigt die Komposition $S_1 \otimes S_2$ der beiden Datenflussknoten durch einen Datenflussgraphen.

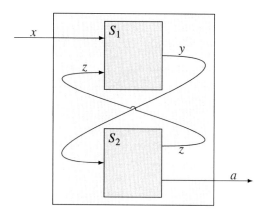

**Abb. 6.7** Komposition von $S_1$ mit $S_2$

Wir erhalten folgende Spezifikation

| $S = S_1 \otimes S_2$ |
|---|
| **in** $x$ |
| **out** $a$ |
| $\exists\, y, z\colon \forall\, d\colon d\#x + d\#z \;=\; d\#y \,\wedge\, \bar{a} = \bar{y} \,\wedge\, \bar{z} = \bar{y}$ |

vereinfacht

| $S$ |
|---|
| **in** $x$ |
| **out** $a$ |
| $\forall\, d\colon d\#x + d\#a \;=\; d\#a$ |

Aus der Zusicherung von $S$ ergibt sich

$$d \# x > 0 \;\Rightarrow\; d \# a = \infty$$

Diese Zusicherung ist für das komponierte System $S$ korrekt. Dies lässt sich durch operationelle Überlegungen überprüfen. Alle Aussagen, die daraus ableitbar sind, sind ebenfalls korrekt. Jedoch nicht alle Aussagen, die anschaulich gesehen operationell gelten, lassen sich ableiten. Folglich gibt dieses Ergebnis das Verhalten des Systems nicht vollständig wieder. Offensichtlich gilt, dass genau die Daten im Strom $x$ unendlich oft im Strom $a$ auftreten und keine anderen.

Um dieses Resultat ableiten zu können, verfeinern wir beide Spezifikationen durch starke Kausalität, indem wir folgende Zusicherungen hinzunehmen:

(1) $\forall d \in D, t \in \mathbb{N}_0 \colon \; d \# (y \downarrow (t+1)) \;\leq\; d \# (x \downarrow t) + d \# (z \downarrow t)$

(2) $\forall t \in \mathbb{N}_0 \colon \; \overline{a \downarrow (t+1)} \sqsubseteq \overline{y \downarrow t} \;\wedge\; \overline{z \downarrow (t+1)} \sqsubseteq \overline{y \downarrow t}$

Wir erhalten aus der Konjunktion von (1) und (2) zusätzlich für $S$ die Zusicherung

$$\forall d \in D \colon \; d \# (a \downarrow (t+1)) \;\leq\; d \# (x \downarrow t) + d \# (a \downarrow t)$$

Mit einfacher Induktion zeigen wir

$$\forall d \in D \colon \quad d \# x = 0 \;\Rightarrow\; d \# a = 0$$
$$\wedge \;\; d \# x > 0 \;\Rightarrow\; d \# a = \infty$$

Dies liefert wiederum eine zeitfreie Spezifikation der Komponente $S$.

Wir erhalten folgende Regel (vgl. [Bro23]). Sind die Zusicherungen $Q_1$ und $Q_2$ stark kausal, so ist $Q_1 \wedge Q_2$ ebenfalls stark kausal. Weitere gültige Aussagen für das komponierte System werden dadurch impliziert. Die Zusicherung, die durch das Hinzufügen starker Kausalität entsteht, ist ausdrucksstärker. Jede Zusicherung, die daraus folgt, gilt für das komponierte System.

Diese Behandlung der Komposition ist analog zur Komposition von Spezifikationen von Systemen, die auf ungezeiteten Strömen arbeiten (s. Abschn. 5.2.4). Allerdings arbeiten wir bei ungezeiteten Systemen mit Mengen von Funktionen und kleinsten Fixpunkten, hier hingegen mit starker Kausalität.

*Anmerkung* Für gewisse Fälle von Lebendigkeitseigenschaften ist es zudem erforderlich, die Eigenschaft der Realisierbarkeit zu betrachten (s. [Bro23]), die die Existenz einer Strategie zur Beobachtung eines korrekten Resultats postuliert. Dadurch werden alle Eigenschaften von Systemen erfasst, die für die Realisierung durch erweiterte Moore-Maschinen gelten. Da dies jedoch nur für sehr spezielle Fälle von Bedeutung ist, gehen wir darauf im Weiteren nicht ein.                                                                                              ∎

## 6.9 Starke Kausalität für Annahme-Verpflichtungs-Spezifikationen

Spezifikationen mit Annahmen und Verpflichtungen werden über Implikationen gebildet. Betrachten wir eine Zusicherung für Eingabe $x$ und Ausgabe $y$ mit Verpflichtung $c$ und Annahme $a$. Dann lautet die Spezifikation

$$a(x, y) \Rightarrow c(x, y) \tag{6.2}$$

Aus Gründen der starken Kausalität gilt dann folgendes Prinzip: Gilt die Annahme bis zum Zeitpunkt $t$ für die Eingabe $x{\downarrow}t$ und die Ausgabe $y{\downarrow}t$, dann gilt die Verpflichtung für die Eingabe $x{\downarrow}t$ und die Ausgabe $y \downarrow t{+}1$. Sobald zum Zeitpunkt $t$ die Annahme verletzt wird, ist auch die Verpflichtung hinfällig.

Wir definieren

$$a(x{\downarrow}t, y{\downarrow}t) = \exists x', y' : x{\downarrow}t = x'{\downarrow}t \wedge y{\downarrow} = y'{\downarrow}t \wedge a(x', y')$$
$$c(x{\downarrow}t, y \downarrow t{+}1) = \exists x', y' : x{\downarrow}t = x'{\downarrow}t \wedge y' \downarrow t{+}1 = y' \downarrow t{+}1 \wedge c(x', y')$$

Dann folgt durch die starke Kausalität aus der Spezifikation (6.2) für alle $t \in \mathbb{N}_0$:

$$a(x{\downarrow}t, y{\downarrow}t) \Rightarrow c(x{\downarrow}t, y \downarrow t{+}1)$$

⌨ *Beispiel (Annahme-Verpflichtungs-Spezifikationen und starke Kausalität: Der unzuverlässige Puffer)* Zur Illustration der Ableitung weiterer Eigenschaften aus einer Spezifikation mit Annahmen und Zusicherungen betrachten wir wieder als einfaches Beispiel den unzuverlässigen Puffer. Wir arbeiten mit folgenden Sorten:

$$\textbf{sort } M = \mathsf{Data} \cup \{\mathsf{req}\}$$
$$\textbf{sort } R = \mathsf{Data} \cup \{\mathsf{fail}\}$$

Die Annahme aqut ist ein Prädikat

$$\mathsf{aqut} : \mathsf{TStream}\,M,\ \mathsf{TStream}\,R \ \rightarrow \ \mathsf{Bool}$$

spezifiziert durch (sei aque wie in Beispiel 4.8.2)

$$\mathsf{aqut}(x, y) = \mathsf{aque}(\bar{x}, \bar{y})$$

Die Verpflichtung wird durch ein Prädikat

$$\mathsf{cqut}(x, y) = \mathsf{cque}(\bar{x}, \bar{y})$$

spezifiziert (sei cque wie in Beispiel 4.8.2). Aus der Spezifikation durch die Zusicherung

$$\mathsf{aqut}(x, y) \Rightarrow \mathsf{cqut}(x, y)$$

folgt durch starke Kausalität:

$$\forall\, t \in \mathbb{N}_0 \colon \mathsf{aqut}(x{\downarrow}t, y{\downarrow}t) \Rightarrow \mathsf{cqut}(x{\downarrow}t, y \downarrow t{+}1)$$

wobei Die Zusicherung $\mathsf{aqut}(x{\downarrow}t, y{\downarrow}t)$ drückt aus, dass aqut bis zum Zeitpunkt $t$ für $x$ und $y$ gilt. Die Zusicherung

$$\forall\, t \in \mathbb{N}_0 \colon \mathsf{aqut}(x{\downarrow}t, y{\downarrow}t) \Rightarrow \mathsf{cqut}(x{\downarrow}t, y \downarrow t{+}1)$$

drückt aus: solange die Annahme gilt (bis zum Zeitintervall $t$) gilt auch die Verpflichtung (bis zum Zeitintervall $t$, beziehungsweise $t + 1$ für $y$).     ■

Wir demonstrieren später im Beispiel 6.10.1, wie dieses Verfahren für die Verifikation genutzt werden kann.

## 6.10  Sender und Empfangen: „Push" und „Pull"

Wir behandeln abschließend ein etwas ausführlicheres Beispiel.

🔆 *Beispiel 6.10.1 (Komposition von Sender und Empfänger)*

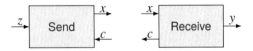

**Abb. 6.8** Sender und Empfänger als Datenflussknoten

Wir spezifizieren einen Sender (s. Abb. 6.8), der seine Eingabe auf dem Kanal $z$ weitergibt, aber nur so viele Daten wie über den Kanal $c$ angefordert werden.

| ═══Send═══ |
|---|
| **in**  $z \colon$ TStream Data,  $c \colon$ TStream {❖} |
| **out** $x \colon$ TStream Data |
| $\#x \;=\; \min\{\#c, \#z\} \;\wedge\; \bar{x} \sqsubseteq \bar{z}$ |

Abgestimmt auf den Sender definieren wir den Empfänger (s. Abb. 6.8), der die Daten auf dem Kanal $x$ in Empfang nimmt, auf dem Kanal $y$ weiterleitet und auf Kanal $c$ weitere Daten anfordert:

| ═══Receive═══ |
|---|
| **in**  $x \colon$ TStream Data |
| **out** $c \colon$ TStream {❖},  $y \colon$ TStream Data |
| $\#c \;=\; 1 + \#x \;\wedge\; \bar{x} = \bar{y}$ |

Die Zusicherung $\#c = 1 + \#x$ gilt trivialerweise, wenn $\#c = \infty$ und $\#x = \infty$. Darüber hinaus führt die Forderung, dass das Verhalten des Systems Receive stark kausal ist, auf die Zusicherung

$$\forall\, t \in \mathbb{N}_0:\; 1 + \#(x{\downarrow}t) \geq \#(c{\downarrow}(t+1))$$

Dies zeigt, dass zu jedem Zeitpunkt höchstens die Anzahl der ausgegebenen Nachrichten auf $c$ um höchstens eins höher ist als die bis dahin empfangenen Nachrichten auf $x$. Der Kanal $x$ beschreibt die auf $c$ ausgegebenen Nachrichten.

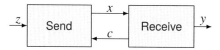

**Abb. 6.9** Komposition des Senders mit dem Empfänger

Sender und Empfänger können komponiert werden (s. Abb. 6.9). Wir erhalten

| ═══Send × Receive═══ |
| --- |
| **in** $z$ ː TStream Data |
| **out** $x, y$ ː TStream Data, $c$ ː TStream $\{\clubsuit\}$ |
| $\#x = \min\{\#c, \#z\} \;\wedge\; \bar{x} \sqsubseteq \bar{z} \;\wedge\; \#c = 1 + \#x \;\wedge\; \bar{x} = \bar{y}$ |

Logische Umformung liefert $\#x = \#z$ und somit

| ═══Send × Receive═══ |
| --- |
| **in** $z$ ː TStream Data |
| **out** $x, y$ ː TStream Data, $c$ ː TStream $\{\clubsuit\}$ |
| $\bar{x} = \bar{z} \;\wedge\; \bar{x} = \bar{y} \;\wedge\; \#c = 1 + \#x$ |

und somit

| ═══Send ⊗ Receive═══ |
| --- |
| **in** $z$ ː TStream Data |
| **out** $y$ ː TStream Data |
| $\bar{z} = \bar{y}$ |

Wir erkennen, dass $c$ ohne wirkliche Funktion ist und lediglich beim Sender Nachrichten freigibt. Letztlich heißt das, dass das Senden zeitlich verzögert erfolgt. Nun modifizieren wir die Spezifikationen. Wir verfeinern die Spezifikationen im Hinblick auf zwei spezielle Verfahren zur Datenübermittlung:

• Beim Pull-Prinzip sendet der Sender nur auf Aufforderung. Es gilt

$$\#(x{\downarrow}(t+1)) \;\leq\; \#(c{\downarrow}t) \;\leq\; 1 + \#(x{\downarrow}(t+1))$$

- Beim Push-Prinzip sendet der Sender die jeweils nächste Nachricht und wartet dann auf eine Anforderung

$$\#(c \downarrow (t{+}1)) \;\leq\; \#(x{\downarrow}t) \;\leq\; 1 + \#(c \downarrow (t{+}1))$$

Aus dieser Charakterisierung der Prinzipien ergeben sich Annahmen und Verpflichtungen für jeweils Sender und Empfänger.

Wir spezifizieren zunächst die Interaktion nach dem Pull-Prinzip. Der Sender arbeitet nun unter der Annahme, dass er eine neue Anforderung durch das Signal ❖ auf Kanal $c$ nur erhält, wenn er als Antwort auf das letzte Signal bereits ein weiteres Datenelement auf Kanal $x$ geschickt hat. Diese Annahme wird wie folgt mithilfe von Zeit formuliert:

$$\text{asus} \;\overset{\text{def}}{\Longleftrightarrow}\; \forall\, t \in \mathbb{N}_0 \colon\; \#(c{\downarrow}t) \;\leq\; 1 + \#(x \downarrow (t{+}1))$$

Ferner schickt der Sender zu jedem Zeitpunkt höchstens die angeforderten Daten

$$\forall t \in \mathbb{N}_0 \colon\; \#(x \downarrow (t+1)) \leq \#(c \downarrow t)$$

┌─────SendL───────────────────────────────────────────────────
│ **in**   $z \colon$ TStream Data,  $c \colon$ TStream $\{❖\}$
│ **out**  $x \colon$ TStream Data
├──────────────────────────────────────────────────────────────
│ asus $\Rightarrow$ $\Big(\#x = \min\{\#c, \#z\} \land \bar{x} \sqsubseteq \bar{z} \land \forall t \in \mathbb{N}_0 \colon\; \#(x \downarrow (t{+}1)) \leq \#(c{\downarrow}t)\Big)$
└──────────────────────────────────────────────────────────────

Abgestimmt auf diesen Sender spezifizieren wir den Empfänger, der die Daten auf dem Kanal $x$ in Empfang nimmt, auf dem Kanal $y$ weiterleitet und auf Kanal $c$ weitere Daten anfordert. Er sendet aber neue Anforderungen jeweils nur, wenn für die alte Anforderung bereits Daten geliefert wurden:

$$\forall\, t \in \mathbb{N}_0 \colon\; 1 + \#(c{\downarrow}t) \leq \#(x \downarrow (t{+}1))$$

Ferner arbeite der Empfänger mit der Annahme, dass er niemals Daten bekommt, die er nicht angefordert hat:

$$\text{asur} \;=\; \forall\, t \in \mathbb{N}_0 \colon\; \#(x \downarrow (t{+}1)) \leq \#(c{\downarrow}t)$$

┌─────ReceiveL────────────────────────────────────────────────
│ **in**   $x \colon$ TStream Data
│ **out**  $c \colon$ TStream $\{❖\}$,  $y \colon$ TStream Data
├──────────────────────────────────────────────────────────────
│ asur $\Rightarrow$ $\Big(\#c = 1 + \#x \land \bar{x} = \bar{y} \land \forall t \in \mathbb{N}_0 \colon\; 1 + \#(c{\downarrow}t) \leq \#(x \downarrow (t{+}1))\Big)$
└──────────────────────────────────────────────────────────────

Komposition liefert

┌─────SendL × ReceiveL────────────────────────────────────────
│ **in**   $z \colon$ TStream Data
│ **out**  $x \colon$ TStream Data,  $c \colon$ TStream $\{❖\}$,  $y \colon$ TStream Data
├──────────────────────────────────────────────────────────────
│ (asus $\Rightarrow \#x = \min\{\#c, \#z\} \land \bar{x} \sqsubseteq \bar{z}$)
│ $\land$ $\Big(\text{asur} \Rightarrow \#c = 1 + \#x \land \bar{x} = \bar{y} \land \forall t \in \mathbb{N}_0 \colon\; 1 + \#(c{\downarrow}t) \leq \#(x{\downarrow}(t{+}1))\Big)$
└──────────────────────────────────────────────────────────────

Durch Induktion über $t$ beweist man folgende zwei Aussagen:

$$(\text{asus} \Rightarrow \#x = \min\{\#c, \#z\} \wedge \bar{x} \sqsubseteq \bar{z}) \qquad\qquad \Rightarrow \text{asur}$$

$$\left(\text{asur} \Rightarrow \#c = 1 + \#x \wedge \bar{x} = \bar{y} \wedge \forall\, t \in \mathbb{N}_0 : 1 + \#(c{\downarrow}t) \leq \#(x{\downarrow}(t+1))\right) \Rightarrow \text{asus}$$

Die Kausalität für beide Systeme liefert durch das Gesetz der Einhaltung der Verpflichtung, solange die Annahme gilt, folgende Spezifikationen:
Für den Sender erhalten wir:

$$\#(c{\downarrow}t) \leq 1 + \#(x{\downarrow}t)$$
$$\Rightarrow \left(\#(x{\downarrow}(t+1)) \leq \min\{\#(c{\downarrow}t), \#(z{\downarrow}t)\} \wedge \overline{x{\downarrow}(t+1)} \sqsubseteq \overline{z{\downarrow}t} \wedge \#(x{\downarrow}(t+2)) \leq \#(c{\downarrow}t)\right)$$
$$(6.3)$$

Für den Empfänger erhalten wir

$$\#(x{\downarrow}(t+1)) \leq \#(c{\downarrow}t)$$
$$\Rightarrow \left(\#(c{\downarrow}(t+1)) \leq 1 + \#(x{\downarrow}t) \wedge \overline{y{\downarrow}t+1} \sqsubseteq \overline{x{\downarrow}t} \wedge 1 + \#(c{\downarrow}(t+1)) \leq \#(x{\downarrow}(t+1))\right)$$
$$(6.4)$$

Wir beweisen mit verschränkter Induktion über $t$ die Annahmen.

$$\#(x \downarrow (t+1)) \leq \#(c \downarrow t) \qquad\qquad (\text{R})$$
$$\#(c \downarrow t) \leq 1 + \#(x \downarrow t) \qquad\qquad (\text{S})$$

Für $t = 0$ gilt (S). Aus (S) folgt (R) durch (6.3). Gelten (R) und (S) für $t$. Dann folgt (S) für $t + 1$ aus (6.4). Aus (S) folgt (6.4) durch (6.3).
Das liefert für die Komposition:

```
══════SendL ⊗ ReceiveL══════════════════════════════════
in    z ⦂ TStream Data
out   y ⦂ TStream Data
─────────────────────────────────────────────────────────
∃ c ∈ TStream {❖}, y ∈ TStream Data：#x = min{#c,#z} ∧ x̄⊑z̄
    ∧ #c = 1+#x ∧ x̄=ȳ ∧ ∀ t∈ℕ₀: 1+#(c↓t) ≤ #(x↓(t+1))
```

$$\exists\, c \in \text{TStream}\,\{\maltese\},\, y \in \text{TStream Data}: \#x = \min\{\#c, \#z\} \wedge \bar{x} \sqsubseteq \bar{z}$$
$$\wedge\ \#c = 1 + \#x \wedge \bar{x} = \bar{y} \wedge \forall\, t \in \mathbb{N}_0 : 1 + \#(c{\downarrow}t) \leq \#(x{\downarrow}(t+1))$$

und schließlich

```
══════SendL ⊗ ReceiveL══════════════════════════════════
in    z ⦂ TStream Data
out   y ⦂ TStream Data
─────────────────────────────────────────────────────────
```
$$\bar{y} = \bar{z}$$

Die Systeme SendL und ReceiveL arbeiten nach dem „Pull"-Prinzip. Der Empfänger fordert Daten an, der Sender reagiert darauf, sendet nur Daten soweit vorhanden und angefordert.

Wir können die Systeme auch nach dem „Push"-Prinzip arbeiten lassen: Der Sender sendet ein erstes Element sobald verfügbar, wartet auf die Quittierung und sendet ein weiteres Element. Der Empfänger arbeitet dann unter der Annahme, dass er ein neues Datenelement nur erhält, wenn er das zuletzt empfangene Datenelement durch das Signal ❖ auf Kanal $c$ quittiert. Diese Annahme wird wie folgt wieder mithilfe von Zeit formuliert:

$$\text{asurs} \;=\; \forall\, t \in \mathbb{N}_0\colon\; \#x{\downarrow}t \le 1 + \#c \downarrow (t{+}1)$$

Ferner schickt der Empfänger dann stets höchstens eine Quittung

$$\forall\, t \in \mathbb{N}_0\colon\; \#c{\downarrow}(t+1) \le \#x{\downarrow}t$$

---

**ReceiveS**

**in**   $x$ ⦂ TStream Data

**out** $c$ ⦂ TStream {❖},  $y$ ⦂ TStream Data

---

asurs $\Rightarrow$ $\#c = 1 + \#x \,\wedge\, \bar{x} = \bar{y} \,\wedge\, \forall\, t \in \mathbb{N}_0\colon\; \#(c{\downarrow}(t+1)) \le \#(x{\downarrow}t)$

---

Abgestimmt auf diesen Empfänger definieren wir den Sender, der die Daten auf dem Kanal $x$ weiterleitet und dann auf die Quittung wartet. Er sendet aber neue Daten jeweils nur, wenn für die alte Daten bereits Quittungen geliefert wurden:

$$\forall\, t \in \mathbb{N}_0\colon\; \#(x{\downarrow}(t+1)) \le 1 + \#(c \downarrow (t+1))$$

Ferner arbeite der Empfänger mit der Annahme, dass er nie Quittungen für Daten bekommt, die er (noch) nicht ausgeliefert hat:

$$\text{asuss} \;=\; \forall\, t \in \mathbb{N}_0\colon\; \#(c{\downarrow}t) \le \#(x{\downarrow}(t+1))$$

---

**SendS**

**in**   $z$ ⦂ TStream Data,  $c$ ⦂ TStream {❖}

**out** $x$ ⦂ TStream Data

---

asuss $\Rightarrow$ $\#x = \min\{\#c, \#z\} \,\wedge\, \bar{x} \sqsubseteq \bar{z} \,\wedge\, \forall\, t \in \mathbb{N}_0\colon\; \#x{\downarrow}(t+1) \le \#c{\downarrow}t$

---

Komposition liefert

---

**SendS × ReceiveS**

**in**   $z$ ⦂ TStream Data

**out** $x$ ⦂ TStream Data,  $c$ ⦂ TStream {❖},  $y$ ⦂ TStream Data

---

$$\begin{aligned}
&\Big(\text{asuss} \Rightarrow \big(\#x = \min\{\#c,\#z\} \wedge \bar{x}\sqsubseteq\bar{z} \wedge \forall\, t\in\mathbb{N}_0\colon \#(x\downarrow(t+1)) \le \#(c{\downarrow}t)\big)\Big) \\
\wedge\; &\Big(\text{asurs} \Rightarrow \big(\#c = 1+\#x \wedge \bar{x}=\bar{y} \wedge \forall\, t\in\mathbb{N}_0\colon \#(c{\downarrow}(t+1)) \le \#(x{\downarrow}t)\big)\Big)
\end{aligned}$$

---

Durch Induktion beweist man folgende zwei Aussagen:

$$\Big(\text{asuss} \Rightarrow \#x = \min\{\#c,\#z\} \wedge \bar{x}\sqsubseteq\bar{z} \wedge \forall\, t\in\mathbb{N}_0\colon \#(x{\downarrow}(t+1)) \le \#(c{\downarrow}t)\Big) \Rightarrow \text{asurs}$$

$$\Big(\text{asurs} \Rightarrow \#c = 1+\#x \wedge \bar{x}=\bar{y} \wedge \forall\, t\in\mathbb{N}_0\colon \#(c\downarrow(t+1)) \le \#(x{\downarrow}t)\Big) \Rightarrow \text{asuss}$$

das liefert

$$\boxed{\begin{array}{l} \underline{\hspace{1em}\text{SendS} \otimes \text{ReceiveS}\hspace{1em}} \\ \textbf{in} \quad z: \text{TStream Data} \\ \textbf{out} \; y: \text{TStream Data} \\ \hline \exists \; c \in \text{TStream}\{\clubsuit\}, x \in \text{TStream Data}: \; \#x = \min\{\#c, \#z\} \;\wedge\; \bar{x} \sqsubseteq \bar{z} \;\wedge\; \bar{x} = \bar{y} \\ \quad \wedge \; \forall t \in \mathbb{N}_0: \; \#(x{\downarrow}(t+1)) \leq \#(c{\downarrow}t) \;\wedge\; \#c = 1 + \#x \wedge \forall t \in \mathbb{N}_0: \; \#(c{\downarrow}(t+1)) \leq \#(x{\downarrow}t) \end{array}}$$

und schließlich

$$\boxed{\begin{array}{l} \underline{\hspace{1em}\text{SendS} \otimes \text{ReceiveS}\hspace{1em}} \\ \textbf{in} \quad z: \text{TStream Data} \\ \textbf{out} \; y: \text{TStream Data} \\ \hline \bar{y} = \bar{z} \end{array}}$$

Die Systeme SendS und ReceiveS arbeiten nach dem „Push"-Prinzip. Der Sender sendet Daten, der Empfänger reagiert.

Komponiert man den Sender mit einem Empfänger, der darauf nicht abgestimmt ist, so erhält man nicht das gewünschte Ergebnis. Dies illustrieren wir an der Komposition des Senders SendL, der nach dem „Pull"-Prinzip arbeitet, mit dem Empfänger ReceiveS, der nach dem „Push"-Prinzip arbeitet.

$$\boxed{\begin{array}{l} \underline{\hspace{1em}\text{SendL} \times \text{ReceiveS}\hspace{1em}} \\ \textbf{in} \quad z: \text{TStream Data} \\ \textbf{out} \; x: \text{TStream Data}, \; c: \text{TStream}\{\clubsuit\}, \; y: \text{TStream Data} \\ \hline \left(\text{asus} \;\Rightarrow\; \left(\#x = \min\{\#c, \#z\} \;\wedge\; \bar{x} \sqsubseteq \bar{z}\right)\right) \\ \wedge \; \left(\text{asurs} \;\Rightarrow\; \left(\#c = 1 + \#x \;\wedge\; \bar{x} = \bar{y} \;\wedge\; \forall t \in \mathbb{N}_0: \; \#(c{\downarrow}(t+1)) \leq \#(x{\downarrow}t)\right)\right) \end{array}}$$

In diesem Fall wartet der Sender darauf, dass Nachrichten abgerufen werden, und der Empfänger wartet darauf, dass Nachrichten gesendet werden. Es findet keine Kommunikation statt. Es gilt $\#x = 0$, auch wenn $\#z > 0$.

Im nächsten Fall komponieren wir den Sender, der nach dem „Push"-Prinzip arbeitet, mit dem Empfänger, der nach dem „Pull"-Prinzip arbeitet.

$$\boxed{\begin{array}{l} \underline{\hspace{1em}\text{SendS} \times \text{ReceiveL}\hspace{1em}} \\ \textbf{in} \quad z: \text{TStream Data} \\ \textbf{out} \; x: \text{TStream Data}, \; c: \text{TStream}\{\clubsuit\}, \; y: \text{TStream Data} \\ \hline \left(\text{asuss} \;\Rightarrow\; \left(\#x = \min\{\#c, \#z\} \;\wedge\; \bar{x} \sqsubseteq \bar{z} \;\wedge\; \forall t \in \mathbb{N}_0: \; \#(x{\downarrow}(t+1)) \leq \#(c{\downarrow}t)\right)\right) \\ \wedge \; \left(\text{asur} \;\Rightarrow\; \left(\#c = 1 + \#x \;\wedge\; \bar{x} = \bar{y} \;\wedge\; \forall t \in \mathbb{N}_0: \; 1 + \#(c{\downarrow}t) \leq \#(x{\downarrow}(t+1))\right)\right) \end{array}}$$

Das führt dazu, dass unter der Annahme, dass die Annahme asuss gilt, die Annahme asur nicht gilt und umgekehrt, unter der Annahme, dass asur gilt, die Annahme asuss nicht gilt. Eine der Annahmen ist demnach nicht gültig und die Spezifikation liefert für das Verhalten der entsprechenden Komponente true.

Das Beispiel zeigt insbesondere die Nutzung von Annahme und Verpflichtung. ∎

## 6.11 Zeitsynchrone, nachrichtensynchrone Systeme und perfekte Synchronität

In zeitsynchronen, nachrichtensynchronen Systemen existiert ein einheitlicher (globaler) Zeitbegriff. Der Nachrichtenaustausch erfolgt synchron. In jedem Zeitintervall wird auf jedem Kanal eine Nachricht ausgetauscht. Dies entspricht einem einfachen Modell für Schaltwerke und Schaltnetze. Entsprechende Systeme sind in der Regel schwach, aber nicht stark kausal.

In der sogenannten perfekten Synchronität (engl. *perfect synchrony*) existiert ein einheitlicher (globaler) Zeitbegriff. Pro Zeiteinheit wird eine Menge von Nachrichten ausgetauscht, die im gleichen Zeitfenster verarbeitet werden und gegebenenfalls zu Ausgabe im gleichen Zeitfenster führen. Wir sprechen auch von einer Menge von Ereignissen. Dabei können Eingaben und die darauf erfolgten Ausgaben im gleichen Zeitfenster liegen.

Damit geht zwar der Begriff der starken Kausalität zwischen den Ereignissen innerhalb eines Zeitfensters verloren; es gilt nur noch schwache Kausalität. Für bestimmte Arten von Systemen entsteht aber auch so eine brauchbare Abstraktion. In den letzten Jahrzehnten entstand sogar die ganze Familie synchroner Sprachen, wie beispielsweise Esterel (unter dem Stichwort „perfekte Synchronität", engl. *perfect synchrony*, vgl. [Ber00]). Eine Schwierigkeit bei schwacher Kausalität besteht darin, dass nun die Existenz von Fixpunkten nicht mehr gewährleistet ist. Ferner gilt, dass nun kausale Schleifen (engl. *causal loops*) nicht ausgeschlossen sind. Kausale Schleifen beschreiben in bestimmten Fällen Fixpunkte, bei denen gewisse Eingaben Ausgaben auslösen, die diesen Eingaben entsprechen. Es handelt sich um Fixpunkte, die nicht minimal sind und dem Phänomen einer selbsterfüllenden Prophezeiung (engl. *self-fulfilling prophecy*) entsprechen.

## 6.12 Historische Bemerkungen

Das Thema der Zeit im Sinne von Berechnungszeit und Antwortzeiten („Echtzeit") von Systemen der Informatik hat für praktische Systeme stets einen hohen Stellenwert. Interessanterweise waren frühe und auch die meisten aktuellen akademische Arbeiten zu Programmiermethodik allerdings bemüht, von Zeitbegriffen zu abstrahieren und Modelle für das Verhalten von Programmen und Systemen zu entwickeln, in denen Zeit keine maßgebliche Rolle für die Verhaltenslogik spielt. Die Gründe hierfür liegen auf der Hand. Ziel war es, Systemverhalten von den Besonderheiten einer Rechenanlage, insbesondere von der Verarbeitungsgeschwindigkeit, weitgehend unabhängig zu beschreiben. Da gerade das Zeitverhalten stark von den individuellen Geschwindigkeiten der Prozessoren und der Ausführung von Kommandos beeinflusst war, wollte man von diesen Implementierungsdetails völlig abstrahieren, um so Portierbarkeit sicherzustellen.

Die Programmierung echtzeitkritischer[5] Systeme wurde hingegen eher unter pragmatischen Vorzeichen betrieben. Es gab dazu vergleichsweise wenig theoretische Ansätze. Typischerweise war Echtzeitprogrammierung ein Handwerk, bei dem man im ersten Ansatz abgestützt auf die Erfahrung der Entwickler Programme schrieb, dann deren Realzeitverhalten am Rechner überprüfte und in Fällen, wo das gewünschte Antwortzeitverhalten mit den aus der Anwendung sich ergebenden Forderungen nicht in Einklang zu bringen war, durch Optimierung und entsprechende Änderungen des Systems schließlich zu einem akzeptablen System- und Zeitverhalten zu gelangen suchte.

Solange man – wie dies typisch für Aufgaben der Kontroll- und Regelungstechnik ist – mit einfachen, nicht vernetzten Fragestellungen konfrontiert war, war diese Vorgehensweise im Wesentlichen zielführend, wenn auch aufwendig und stark auf Versuch und Irrtum ausgerichtet. Gerade zyklische Systeme, wie sie in der Regelungs- und Kontrolltheorie häufig auftreten, bei denen zu fest vorgegebenen Zeitpunkten Sensorwerte gelesen werden und in bestimmten Zeitabständen in Aktuatorwerte umgesetzt werden, sind so noch beherrschbar. Allerdings sind entsprechende Programme nur unter großen Mühen portierbar, da bei dem Wechsel der Hardware ein anderes Zeitverhalten generiert wird und das Programm neu getestet und gegebenenfalls angepasst werden muss. In heutigen Systemen, wo eine starke Vernetzung und eine hohe Komplexität gegeben ist, ist die Notwendigkeit geeigneter Abstraktionen für die Zeitmodellierung stark gestiegen. Aus diesem Grund heraus gibt es heute ein reges Interesse an einer theoretischen Behandlung von Echtzeit.

Nach ersten Ansätzen zur Darstellung von Echtzeit als Teil von denotationellen Modellen (vgl. [Bro83]) sind eine Reihe von Verfahren um Zeitaspekte erweitert worden. Typisch sind dabei Ansätze, in denen gängige Beschreibungsverfahren für verteilte Systeme um Zeitaspekte erweitert worden. Beispiele dafür sind TLA, in denen über einfache Programmvariable, die den Fortschritt der Zeit messen, Echtzeitaufgaben im gleichen formalen Rahmen erledigt werden können (vgl. [Lam78; Lam84; Lam94]).

Weitergehende Ansätze sind Statecharts (vgl. [Har87; HP98; NRS96; PS97a; PS97b; Sch96; SNR97]), die in einer ersten Version bewusst mit einem konkreten Zeitmodell versehen sind. Dieses Zeitmodell erwies sich allerdings als sehr komplex, führt leicht auf Inkonsistenzen und ist in vielen praktischen Situationen kaum gewinnbringend einsetzbar.

Ein konsequenter Ansatz ist die sogenannte perfekte Synchronie (vgl. Gerard Berry [Ber00]), bei der – ähnlich übrigens zu gewissen Ansätzen in Statecharts – bestimmte Zeitabstraktionen vorausgesetzt werden, so dass die Zeit in sehr grobe Segmente unterteilt wird, in denen Mengen von Einzelereignissen zusam-

---

[5] Dabei handelt es sich um Systeme, deren Zeitverhalten für das korrekte Funktionieren kritisch ist, beispielsweise einen Airbag, der sich in einer bestimmten Zeitspanne entfalten muss.

mengefasst werden. Allerdings gibt es auch hier die Gefahr von Inkonsistenzen durch sogenannte kausale Schleifen (engl. *casual loops*).

Daneben ist eine Reihe sehr ausgefeilter Zeitmodelle entstanden. Wichtige Beispiele dafür sind die sogenannten gezeiteten Automaten (engl. *timed automata*) von Alur und Henzinger (vgl. [AFH94; AFH99]) oder der Zeitdauer-Kalkül (engl. *duration calculus*, vgl. [ZHR91]), in dem besonderes Gewicht darauf gelegt wird, über die zeitliche Dauer zu argumentieren, die eine bestimmte Bedingung in einem System gegeben ist. Dies ist insbesondere für eingebettete Systeme, die physikalische Prozesse steuern, von Bedeutung, da dadurch beispielsweise gemessen werden kann, wie viel Treibstoff über einen bestimmten Zeitraum verbraucht wird oder wie viel Brennstoff einem Brenner zugeführt wird.

Eine stärker formale und methodische Fundierung von Zeitmodellen und ihrer systematischen Nutzung ist eine Aufgabe für die Zukunft. Eine besondere Herausforderung ist dabei nach wie vor das Zusammenführen von diskreten und analogen Zeitmodellen sowie die Kombination von Vorgehensweisen der Steuerungs- und Regelungstechnik mit denen der Theorie verteilter Systeme – auch wenn inzwischen erste theoretische Beiträge dazu existieren (vgl. etwa die Dissertation [Sta01]).

## 6.13 Übungsaufgaben

☑ **Übung 6.13.1** Zeigen Sie, dass (s. Anmerkung 6.1.1) ein gezeiteter Strom aus seinem Datenstrom und seinem Zeitverhalten eindeutig rekonstruiert werden kann.

☑ **Übung 6.13.2** Spezifizieren Sie eine Additionskomponente, die auf gezeiteten Strömen arbeitet und zwischen der Ausgabe der Resultate stets drei Zeitticks lässt.

☑ **Übung 6.13.3** Formulieren Sie die Kausalitätseigenschaften für die Funktion, die einen Strom von Eingabenachrichten $x$ auf einen Strom von Ausgabenachrichten $y$ abbildet, so dass gilt: $\bar{x} = \bar{y}$.

☑ **Übung 6.13.4** Überlegen Sie, wie Nichtterminierung in Systemmodellen, die ohne Zeit arbeiten, sich auf Systemmodellen darstellt, die mit Zeit arbeiten.

☑ **Übung 6.13.5** Spezifizieren Sie eine Funktion mit zwei Eingabeströmen, $x$ und $z$, und einen Ausgabestrom, $y$, so dass durch den Strom $z$ gesteuert wird, welche Nachrichten von $x$ nach $y$ übertragen werden und zu welchem Zeitpunkt, dabei habe $z$ zwei Nachrichten stop und resume. Die Nachricht stop bewirkt, dass die Übertragung von $x$ nach $y$ unterbrochen wird, und Nachrichten, die bis zu diesem Zeitpunkt noch nicht übertragen worden sind, eliminiert werden. Die Nachricht resume bedeutet, dass mit der Übertragung fortgefahren wird, und Nachrichten, die nach dem Zeitpunkt kommen, zu dem resume gesendet wurde, übertragen werden bis die Nachricht stop kommt.

Formulieren Sie die Eigenschaft des Stroms $z$, der abwechselnd die Nachricht stop und resume sendet, als Annahme für die Spezifikation.

☑ **Übung 6.13.6** Spezifizieren Sie ein System mit einem Eingabekanal $x$ und einem Ausgabekanal $y$, für das $\bar{x} = \bar{y}$ gilt und das stark kausal ist und das jede Eingabe nach spätestens drei Zeitschritten weitergibt.

☑ **Übung 6.13.7** Spezifizieren Sie eine Pufferkomponente, die Sie zwischen Send und Receive in Beispiel 6.10.1 einsetzen können.

☑ **Übung 6.13.8** Spezifizieren Sie die Übertragungskomponente Medium1 aus dem Alternating-Bit-Protokoll durch eine Schnittstellenspezifikation

- mit gezeiteten Strömen,
- mit ungezeiteten Strömen.

Diskutieren Sie den Zusammenhang zu Fairness.

☑ **Übung 6.13.9** Spezifizieren Sie die Komponenten Medium1, Medium2, Sender und Receiver des Alternating-Bit-Protokolls aus Abschn. 1.5 als gezeitete Systeme.

☑ **Übung 6.13.10** Beschreiben Sie die Identität auf Strömen von Nachrichten als System mit Zeitticks. Definieren Sie schwach und stark kausale Formen dafür. Betrachten Sie eine Rückkopplung und bestimmen Sie die Fixpunkte.

☑ **Übung 6.13.11** Spezifizieren Sie die durch Abb. 6.2 beschriebene Funktion durch Schnittstellenzusicherung.

☑ **Übung 6.13.12** Geben Sie für das Beispiel 6.2.1 eine Zustandsmaschine an, beschrieben durch ein Zustandsübergangsdiagramm.

☑ **Übung 6.13.13** Geben Sie ein Beispiel für eine schwache kausale Komponente, die einen gezeiteten Strom von Zahlen auf einen gezeiteten Strom von Zahlen abbildet, für die kein Fixpunkt existiert.

# Teil III
# Prozesse, synchroner
# Nachrichtenaustausch und Verfeinerung

In den Teilen I und II haben wir grundlegende Modelle für verteilte, interaktive Systeme kennengelernt: zum einen zustandsbasierte Systemmodelle, die in der Regel durch Zustandsmaschinen oder parallel ablaufende anweisungsorientierte Programme repräsentiert werden, und zum anderen datenflussorientierte Systemmodelle, bei denen der Datenaustausch in Form von Datenströmen zwischen den Systemen im Vordergrund steht. Dies sind zwei unterschiedliche, sich jedoch ergänzende Modelle für verteilte, interaktive Systeme: Modelle, die auf Zuständen aufbauen, und Modelle, die auf Interaktion, Abläufe und Datenaustausch sowie Schnittstellenverhalten zielen.

Für die Modellierung von verteilten, interaktiven, parallel ablaufenden Systemen gibt es darüber hinaus noch weitere Konzepte, die jedoch alle mit den bereits eingeführten Konzepten verwandt sind, dafür zusätzliche Sichten einführen oder Variationen davon sind. Wir betrachten in diesem Teil III einige wichtige, ausgewählte Beispiele für diese Konzepte.

Dies betrifft zum Beispiel Prozesse und Abläufe, die in Kap. 7 behandelt werden. Diese sind grundsätzlich verwandt mit der Idee der Ströme, allerdings werden hier nicht wie bei Strömen nur Folgen von Daten betrachtet, die darstellen, welche Nachrichten ausgetauscht werden, sondern es werden Strukturen betrachtet, in denen Folgen von Ereignissen und die damit verbundenen Aktionen zu Prozessen zusammengefasst werden. Ein Prozessmodell beschreibt einen verteilten, parallelen Vorgang, bei dem eine Anzahl von Einzelaktionen stattfinden, die sich aufeinander stützen, in kausalen Abhängigkeiten stehen und zu einem Ergebnis führen. Diese Form der Prozesssicht ist beispielsweise in betriebswirtschaftlichen Systemen von besonderem Interesse. Damit kann man etwa durch einen Prozess darstellen, wie ein eingehendes Schreiben in einer Organisation abgearbeitet wird: Es wird zunächst eingescannt, der Inhalt an den Empfänger weitergeleitet, dieser prüft und bearbeitet das Schreiben und legt fest, welche Schritte erforderlich sind, gibt dann das Schreiben an andere Sachbearbeiter weiter, die die weitere Vorgehensweise festlegen, beispielsweise ob die Bearbeitung von einer zuständigen Instanz genehmigt werden muss, danach wird die festgelegte Vorgehensweise in Aktionen umgesetzt und ausgeführt. Gerade zur Beschreibung von Arbeitsabläufen in Organisationen sind solche Prozesse von hoher Bedeutung.

Dabei lassen sich auch die Mengen von Aktionen, die in verteilten Datenflusssystemen stattfinden, im Sinne einer hierarchischen Zerlegung selbst wieder als Prozesse beschreiben. Das Beispiel der Interaktionsdiagramme ist ein erster Schritt in Richtung auf die Darstellung von Systemverhalten durch Prozesse oder Abläufe. In diesem Teil präsentieren wir die wichtigsten Konzepte für die Beschreibung von Prozessen.

Außerdem behandeln wir nachrichtensynchrone Systeme. Mit den Datenflusssystemen haben wir nachrichtenasynchrone Systeme kennengelernt, typischerweise Systeme, bei denen Nachrichten gesendet und übertragen werden völlig unabhängig davon, ob ein Empfänger bereit ist, die Nachricht aufzunehmen. Im Zweifelsfall werden Nachrichten zwischengespeichert und der Empfänger kann diese Nachrichten dann entgegennehmen, sobald er dafür Zeit findet. Es kann dabei auch passieren, dass das nie geschieht, dann bleibt die Nachricht für immer gepuffert. Im Gegensatz dazu arbeiten nachrichtensynchrone Systeme mit der unmittelbaren Übergabe der Nachricht vom Sender zum Empfänger. Wir sprechen dabei auch vom Handschlag (engl. *handshake*). Dieses Konzept hat den Vorteil, dass nun bei der Versendung einer Nachricht auch in Betracht gezogen werden kann, welches andere System zum Empfangen und zum Bearbeiten der Nachricht bereit ist. Dies liefert ein spezielles Paradigma der Adressierung von Nachrichten. Statt über Kanäle Nachrichten zu schicken, wartet der Sender, bis ein anderes System bereit ist, die Nachricht entgegenzunehmen, und wählt dann, falls etwa mehrere potenzielle Empfänger zur Verfügung stehen, nichtdeterministisch eines der empfangsbereiten Systeme aus, um die Nachricht zu übermitteln. Allgemein gesprochen kann man das noch symmetrischer fassen: Im System gibt es eine Menge von Sendern und eine Menge von Empfängern, die über Kanäle Nachrichten austauschen. Sender signalisieren, dass sie über einen Kanal eine Nachricht senden möchten, sie können auch signalisieren, dass sie über mehrere, unterschiedliche Kanäle mehrere, unterschiedliche Nachrichten senden möchten und über andere Kanäle bereit sind, Nachrichten zu empfangen. Unter der Voraussetzung, dass zwischen zwei Systemen eine sich ergänzende Bereitschaft besteht, also das eine System über einen Kanal eine Nachricht senden will und das andere System über diesen Kanal eine Nachricht empfangen will, wird dieser Nachrichtenaustausch durchgeführt. Dies ergibt ein sehr konsequentes Konzept für die Beschreibung von Interaktion, das wir in Kap. 8 darstellen.

Weitere, interessante Fragen stellen sich hinsichtlich des Übergangs zwischen unterschiedlichen Systemmodellen. Wie bereits angesprochen, lassen sich Systemmodelle zumindest grob in zustandsorientierte und ablauforientiere Modelle einteilen. Daneben gibt es Modelle, in denen sowohl Zustände als auch Abläufe betrachtet werden. Wir wenden uns in Kap. 9 folgenden Fragen zu: Welche Möglichkeiten gibt es, eine Zustandssicht auf ein System in eine Ablaufsicht zu überführen und umgekehrt? Wie beschreibt man Systeme teilweise ablauf- und teilweise zustandsorientiert und stellt dabei sicher, dass sich die Beschreibungen ergänzen und zu einer konsistenten Systembeschreibung zusammengefügt werden können?

Abschließend wenden wir uns in Kap. 10 der Verfeinerung von Systemen zu. Die Idee der Verfeinerung von Systemen und parallel ablaufenden Programmen folgt der gleichen Grundidee wie der Ansatz der Verfeinerung für sequenzielle Programme. Ein Programm oder genauer eine Programmspezifikation ebenso wie eine Systemspezifikation wird dadurch verfeinert, dass in der Spezifikation des Systems, die aus Zusicherungen besteht, durch weitere Zusicherungen zusätzliche Eigenschaften hinzugefügt werden. Eine Verfeinerung $B$ einer Systemspezifikation $A$ ist dann die Spezifikation eines Systems mit einer syntaktischen Schnittstelle, die die syntaktische Schnittstelle von $A$ umfasst, und einer spezifischen Zusicherung, die die Zusicherung von $A$ impliziert. Gerade bei Systemen liefert das eine interessante Möglichkeit, schrittweise die Eigenschaften des Systems und auch seine Implementierung festzulegen.

Bemerkenswert ist dabei, dass der Verfeinerungsbegriff mit dem Kompatibilitätsbegriff übereinstimmt, genauer gesagt mit dem Begriff der Ersetzungskompatibilität. Ist ein System oder ein Systemteil Verfeinerung eines anderen Systems oder Systemteils, so können wir das gegebene System jeweils in beliebigen Kontexten durch seine Verfeinerung ersetzen, ohne dass korrekt arbeitende Programme, die das zu ersetzende System oder Teilsystem als Komponente verwenden, fehlerhaft werden. Wir sprechen von Modularität. Modularität ist eine wichtige, gerade auch im Hinblick auf nebeneinander stattfindende Entwicklungsschritte unverzichtbare Eigenschaft und die Voraussetzung dafür, dass in großen Systemen unabhängig voneinander lokal Änderungen vorgenommen werden können und doch sichergestellt ist, dass die Änderungen in den verschiedenen Systemteilen, solange diese Verfeinerungen entsprechen, zu einer Verfeinerung des Gesamtsystems führen.

# Kapitel 7
# Prozesse als Abläufe verteilter Systeme

In diesem Kapitel behandeln wir die Ablauf- oder Prozesssicht auf Systeme. Das Verhalten von Systemen wird dabei durch Mengen von Spuren (engl. *traces*), Abläufen (engl. *executions*) oder Prozessen beschrieben. Ein Prozess eines Systems besteht aus einer Menge diskreter Ereignisse, die Instanzen von Aktionen (also das Ausführen von Aktionen) darstellen und in einer zeitlichen oder kausaler Beziehung zueinander stehen. Wir formalisieren im folgenden Kapitel den Begriff *Ablauf* beziehungsweise *Prozess*.

Ein *verteiltes System* besteht – wie in den vorangegangenen Kapiteln erläutert – aus einer Familie von *Komponenten* (auch *Akteure* oder *Agenten* genannt), die in einer zeitlichen und räumlichen Verteilung *Aktionen* ausführen. Jede dieser Aktionen kann Teile des Zustands eines Systems ändern (entspricht also der Ausführung einer Anweisung) sowie den Empfang oder das Senden von Nachrichten einschließen. Aktionen können (wie Anweisungen in einem Programm) mehrfach ausgeführt werden. Gewisse Aktionen stehen in einer kausalen Beziehung (einer Ursache-Wirkungs-Beziehung) zueinander, in einer Abhängigkeit, die unter anderem erzwingt, dass gewisse Aktionen hintereinander ausgeführt werden. Es entstehen nichtsequenzielle, „parallele" Abläufe. Wir sprechen auch von *Nebenläufigkeit* (engl. *concurrency*). Sequenzielle Systeme haben *Nebenläufigkeit* sequenzielle Abläufe, parallele Systeme haben parallele, nebenläufige Abläufe, bei denen nur gewisse Ereignisse und Aktionen sequenziell hintereinander ablaufen.

Die Komponenten eines Systems sind entweder durch Kanäle zum Austausch von Nachrichten verbunden oder koordinieren sich über gemeinsamen Speicher. Umfang und Anzahl der Komponenten können sich dynamisch, das heißt während des Ablaufs des Systems, ändern. Dann ist es oft schwierig, das dynamische Verhalten eines verteilten Systems allein durch die Menge seiner Komponenten zu beschreiben. Eine sehr allgemeine, vom Begriff der Komponente unabhängige Beschreibung des dynamischen Verhaltens verteilter Systeme erhalten wir durch die Charakterisierung der Menge der Abläufe eines Systems.

## 7.1 Nebenläufige Prozesse

*Aktion*
*Kausalitätsbeziehung*
*Ereignis*

Die Abläufe eines Systems bilden wir über der Menge der *Aktionen* und mithilfe der *Kausalitätsbeziehungen* zwischen den Ereignissen, die Instanzen der Aktionen darstellen. Jede Ausführung einer Aktion nennen wir ein *Ereignis*. Ein Ereignis ist somit die Instanz einer Aktion. Das *Verhalten* eines Systems ist dann durch die Menge seiner Ereignisse, die damit verbundenen Aktionen und seine Abläufe beschrieben.

Typischerweise gibt es für Systeme eine große Menge unterschiedlicher Abläufe, die jeder für sich recht umfangreich, oft potentiell unendlich sind. Sie erhalten eine große Zahl von Ereignissen und Aktionen. In vielen Fällen ist auch die Menge der Ereignisse und Aktionen unendlich. Deshalb ist es in aller Regel schwierig, die Menge der Abläufe eines Systems genau zu beschreiben. In der Praxis werden deshalb oft vereinfachte Beispielabläufe (Szenarien, dargestellt etwa durch Interaktionsdiagramme als Instanzen von „Use cases" in der Objektorientierung) durch sogenannte Interaktionsdiagramme (engl. *interaction diagrams*, auch engl. *message sequence charts*) beschrieben. Formal beschreiben wir im Weiteren die Abläufe eines Systems durch die Angabe der Menge der Aktionen sowie der Menge der Ereignisse und ihre Anordnung (kausale Abhängigkeit) in Prozessen.

*Interaktionsdiagramm*
*Interaction diagram*
*Message sequence*
*chart (MSC)*

### 7.1.1 Aktionsstrukturen

Die Menge der Aktionen eines Systems bezeichnen wir mit

$$Action$$

Die Menge der Aktionen kann beispielsweise mit den Mitteln der Datenmodellierung, etwa in Form algebraischer Spezifikation durch die Angabe einer Sorte beschrieben werden.

Da in einem Ablauf eines Systems gewisse Aktionen mehrfach auftreten können, verwenden wir zur Kennzeichnung der einzelnen Instanzen der Aktionen innerhalb eines Ablaufs eine Menge von *Ereignissen*. Diese Menge bezeichnen wir mit

*Ereignis*

$$Event$$

Wieder können wir die Menge der Ereignisse in axiomatischen Spezifikationen durch eine Sorte beschreiben.

Ein Ablauf eines Systems besteht somit aus einer partiell (kausal) geordneten Menge von Ereignissen; dabei ist jedem Ereignis eine Aktion zugeordnet. Mathematisch ausgedrückt: Ein Ablauf ist gegeben durch eine partielle Ordnung

$$\leq: Event \times Event \rightarrow \mathbb{B} \qquad\qquad Kausalordnung$$

auf einer Menge Event von Ereignissen und eine Abbildung

$$\mathsf{act} : \mathsf{Event} \rightarrow \mathsf{Action} \qquad \text{Ereignismarkierung}$$

die jedem Ereignis eine Aktion zuordnet.

**Definition (Prozess)** Wir nennen das Paar $(\leq, \mathsf{act})$ eine *Aktionsstruktur* oder einen *Prozess* über der Menge Event und bezeichnen mit dom act seine Ereignismenge und mit img act seine Aktionsmenge. ■

*Aktionsstruktur*
*Prozess*

Wir betrachten ein einfaches Beispiel mit folgenden Aktionen:

| | |
|---|---|
| $FHZ(a \rightarrow b)$ | Fahrzeug *FHZ* wechselt von Spur *a* auf Spur *b* |
| $FHZ1 \curvearrowright FHZ2$ | Fahrzeug *FHZ1* überholt Fahrzeug *FHZ2* |

Wir betrachten die Situationen 1), 2) und 3) wie in Abb. 7.1 dargestellt.

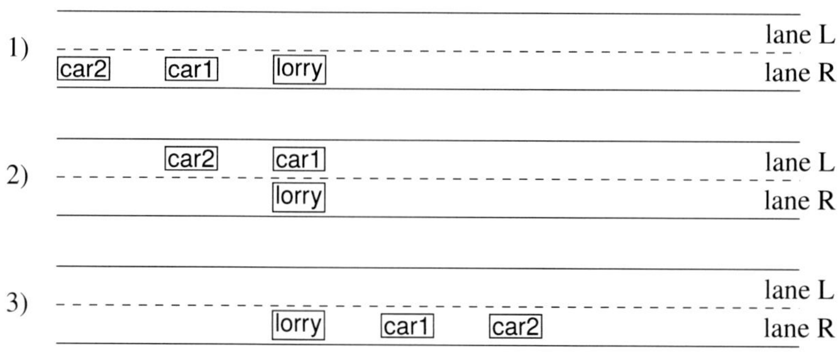

1)
lane L
car2
car1
lorry
lane R
2)
car2
car1
lane L
lorry
lane R
3)
lane L
lorry
car1
car2
lane R

**Abb. 7.1** Drei Blitzlichtaufnahmen der Überholvorgänge von oben

Abb. 7.2 stellt den Vorgang als Aktionsstruktur dar.

car1(R→L)
car1~lorry
car1(L→R)
car2~car1
car2(L→R)
car2(R→L)
car2~lorry

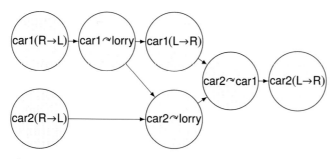

**Abb. 7.2** Überholvorgänge als Aktionsstruktur

Dabei werden Ereignisse durch Kreise und Aktionen durch die Beschriftungen in den Kreisen dargestellt. Die Pfeile beschreiben Kausalitätsbedingungen.

Man beachte: Die Kausalitätsbeziehung

$$e_1 \preceq e_2$$

zwischen zwei Ereignissen in einem Prozess $p$ bedeutet, dass das Ereignis $e_2$ zwingend das Ereignis $e_1$ voraussetzt. Dies impliziert auch eine zeitliche Beziehung zwischen den Ereignissen $e_1$ und $e_2$. Das Ereignis $e_1$ findet zeitlich vor dem Ereignis $e_2$ statt. Umgekehrt kann aus der Tatsache, dass ein Ereignis $e_1$ zeitlich vor einem Ereignis $e_2$ stattfindet, natürlich nicht auf einen kausalen Zusammenhang geschlossen werden.

Wir schreiben für eine Aktionsstruktur $p = (\preceq, \mathrm{act})$

$$\# p$$

für die Kardinalität $|\mathrm{dom\,act}|$ der Menge der Ereignisse $\mathrm{dom\,act}$ und für $A \subseteq$ Action

$$A \,\#\, p$$

für die Kardinalität $|\{e \in \mathrm{dom\,act} \colon \mathrm{act}(e) \in A\}|$. Statt $\{a\} \,\#\, p$ schreiben wir auch $a \,\#\, p$.

Die Menge der Aktionsstrukturen über der Aktionsmenge Action bezeichnen wir mit

ActStruct Action

Die Menge der Aktionsstrukturen könnten wir wieder mit axiomatischen Techniken als eine Sorte spezifizieren: strenggenommen handelt es sich um eine parametrische Sorte ActStruct $\alpha$, die wir mit Action für $\alpha$ instanziieren (für Details zu parametrisierten Sorten s. [Bro19]). Wir studieren im folgenden eine Reihe charakteristischer Eigenschaften von Aktionsstrukturen, wie sie typischerweise für Systemabläufe vorausgesetzt werden können.

Aus naheliegenden Gründen betrachten wir nur Aktionsstrukturen $(\preceq, \mathrm{act})$, für die gilt, dass für jedes Ereignis $e$ die Menge der Ereignisse, die für $e$ kausal sind, endlich ist. Mathematisch ausgedrückt, betrachten wir nur partielle Ordnungen als Kausalitätsordnungen für Aktionsstrukturen, für die folgende Aussage gilt:

$$\forall\, e \in \mathrm{dom}(\mathrm{act}) \colon \ |\{e' \in \mathrm{dom\,act} : e' \preceq e\}| \ < \ \infty$$

Eine Aktionsstruktur $(\preceq, \mathrm{act})$, für die diese Aussage gilt, heißt *endlich fundiert*. Dann ist für jedes Ereignis $e$ die Menge der Ereignisse, die für $e$ kausal sind, endlich.

Endliche Fundierung entspricht der Eigenschaft realer Systeme, dass nur solche Ereignisse stattfinden können, die von nur endlich vielen Ereignissen kausal abhängen. Mit ActStruct Action bezeichnen wir im Weiteren die Menge aller endlich fundierten Aktionsstrukturen über einer gegebenen Aktionsmenge Action, mit

ActStruct$_{\mathrm{fin}}$ Action

die Menge aller endlichen Aktionsstrukturen, das heißt, die Menge aller Aktionsstrukturen ($\leq$, act) mit endlichen Ereignismengen. Für endliche Aktionsstrukturen gilt:

$$|\text{dom act}| < \infty$$

Aktionsstrukturen ergeben ein Modell für das Verhalten verteilter Systeme, in dem Nebenläufigkeit (zeitliches Nebeneinander) explizit ausdrückbar ist.

🔆 *Beispiel (Das Alternating-Bit-Protokoll als Aktionsstrukturen)* Wir beschreiben in Abb. 7.3 eine Aktionsstruktur für das Alternating-Bit-Protokoll. Der Einfachheit halber wählen wir

$$\text{Data} = \{A, B, C, \dots, Z\} \quad \text{(das lateinische Alphabet)}$$

Mit $x\colon C$ beschreiben wir die Aktion „die Nachricht $C$ wird auf Kanal $x$ übertragen". Man beachte, dass das Verlieren von Nachrichten hier dadurch dargestellt wird, dass die Übertragungsaktionen nicht auftreten.

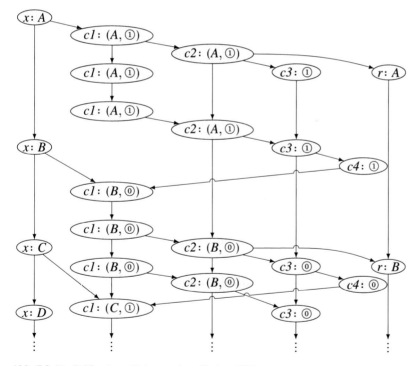

**Abb. 7.3** Ein Präfix einer Aktionsstruktur für den ABP ■

Wir unterscheiden zwischen *vollständigen* und *unvollständigen* Abläufen eines Systems. Ein *unvollständiger Ablauf* enthält – anschaulich gesprochen – alle Ereignisse eines Systemablaufs bis zu einem bestimmten, willkürlich gewählten

*Unvollständiger Ablauf*

Zeitpunkt. Ein unvollständiger endlicher Ablauf entspricht einer unvollständigen (zu einem bestimmten Zeitpunkt abgebrochenen) Beobachtung eines *Vollständiger Ablauf*   Systemablaufs. Ein *vollständiger Ablauf* enthält alle Ereignisse und Aktionen vom Start eines Systems ohne zeitliche Beschränkung.

Um die Struktur von Prozessen analysieren zu können, definieren wir eine *Präfixordnung*   partielle Ordnung $\sqsubseteq$, genannt *Präfixordnung*[1], auf der Menge der Abläufe wie folgt:

$$(\leq, \mathrm{act}) \sqsubseteq (\leq', \mathrm{act}') \overset{\mathrm{def}}{\Longleftrightarrow}$$

$$\begin{pmatrix} (\mathrm{dom\,act}) \subseteq (\mathrm{dom\,act}') \\ \wedge\ (\leq'|_{(\mathrm{dom\,act})\times(\mathrm{dom\,act})}, \mathrm{act}'|_{\mathrm{dom\,act}}) = (\leq, \mathrm{act}) \\ \wedge\ \forall\, e, \hat{e} \in \mathrm{dom\,act}' \colon\ ((\hat{e} \leq e \ \wedge\ e \in \mathrm{dom\,act}) \Rightarrow \hat{e} \in \mathrm{dom\,act}) \end{pmatrix}$$

Hier bezeichnet $\leq|_{M \times M}$ die Einschränkung der partiellen Ordnung $\leq$ auf der Menge $M'$ auf die Teilmenge $M \subseteq M'$.

Ein Prozess $p$ ist Präfix eines Prozesses $p'$, wenn $p$ aus $p'$ durch Weglassen gewisser Ereignisse entsteht, wobei ein Ereignis $e$ stets weggelassen wird, wenn ein anderes Ereignis weggelassen wird, das für $e$ kausal benötigt wird. Durch diese Ordnung ist die Menge der Aktionsstrukturen über einer Ereignismenge vollständig partiell geordnet. Gilt $p \sqsubseteq p'$ und $p \neq p'$, dann ist $p$ unvollständiger Ablauf von $p'$. Durch die Forderung nach endlicher Fundierung wird sichergestellt, dass jede gerichtete Menge von Prozessen, für die die Aussage

$$\forall\, p, q \in P \colon\ \exists\, p' \colon\ p \sqsubseteq p' \ \wedge\ q \sqsubseteq p'$$

gilt, in der Präfixordnung eine kleinste obere Schranke hat und jeder unendliche Prozess als kleinste obere Schranke seiner endlichen Präfixe beschrieben werden kann.

Das Verhalten eines Systems wird im Hinblick auf die auftretenden Prozesse durch die Menge seiner Aktionen sowie die Menge seiner (vollständigen) Abläufe beschrieben.

## 7.1.2 Eigenschaften von Prozessen

Jede Aktionsstruktur modelliert einen Ablauf eines Systems und damit ein mögliches Systemverhalten über ein bestimmtes endliches oder auch unendliches Zeitintervall ausgehend von einem Nullzeitpunkt. Ein Präfix eines Ablaufs repräsentiert einen Ablauf über ein kürzeres Zeitintervall.

Für die Menge der Aktionsstrukturen gelten folgende Aussagen:

---

[1] Unter leichtem Missbrauch durch Überladung der Notation verwenden wir dasselbe Symbol für die Präfixrelation auf der Menge der Ströme wie für die Präfixrelation auf der Menge der Aktionsstrukturen.

- Jeder unvollständige Ablauf ist Präfix eines vollständigen Ablaufs.
- Jeder (vollständige) Ablauf ist durch die Menge seiner endlichen Präfixe eindeutig charakterisiert.

Einem parallelen Programm können wir für einen gegebenen Anfangszustand eine Menge von Abläufen zuordnen, wobei die Aktionen die Einzelanweisungen (etwa Zuweisungen) sind.

⌇◌⌇ *Beispiel 7.1.2.1 (Programmablauf mit Semaphoren)*   Wir betrachten den parallelen Ablauf zweier Programme, die Aktionen $a$ und $b$ beziehungsweise $c$ und $d$ ausführen. Die Aktionen $b$ und $d$ dürfen nicht gleichzeitig ausgeführt werden. Das Programm (vgl. Abschn. 3.2.5)

**semaphor** $s := 1$;
⟦ **do** true **then** $a$; P($s$); $b$; V($s$) **od** ∥ **do** true **then** $c$; P($s$); $d$; V($s$) **od** ⟧

besitzt beispielsweise den in Abb. 7.4 angegebenen Ablauf.

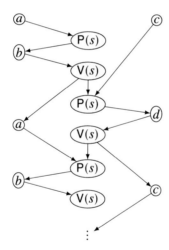

**Abb. 7.4** Beispiel für Ablauf, dargestellt durch einen Graphen; die Kanten beschreiben die kausalen Abhängigkeiten, die Knoten sind die Ereignisse und mit Aktionen markiert

Die Semaphoraktionen P($s$) und V($s$) arbeiten auf der gemeinsamen Variablen $s$, dem Semaphor, und stehen deshalb in kausaler Beziehung.   ∎

Die Menge der Abläufe eines Systems lassen sich durch Prädikate

$$p\colon \text{ActStruct Action} \to \mathbb{B}$$

beschreiben. Die Prädikate beschreiben jeweils eine Menge von Prozessen durch Eigenschaften. Die Menge der Abläufe eines Systems lässt sich durch die Eigenschaften seiner Abläufe beschreiben.

Wir unterscheiden zwei Klassen von methodisch unterschiedlich zu behandelnden Eigenschaften bei diesen Prädikaten über Prozessen:

*Sicherheitseigenschaft*   1. *Sicherheitseigenschaften* (engl. *safety properties*) schließen bestimmte unerwünschte, bereits an endlichen Teilprozessen beobachtbare Verhaltensmuster aus (vgl. Abschnitt 4.7 *partielle Korrektheit* in [Bro19]).

*Lebendigkeitseigenschaft*   2. *Lebendigkeitseigenschaften* (engl. *liveness properties*) stellen sicher, dass bestimmte Aktionen oder Verhaltensmuster schließlich auftreten (vgl. Abschnitt 4.7 *robuste Korrektheit, Terminierung* in [Bro19]).

Wir geben nachstehend eine formale Definition für diese Klassen von Prädikaten für Spuren und für Aktionsstrukturen. Zunächst betrachten wir Spuren (s. § 2.2.2.1.3). Systemeigenschaften sind stets, logisch ausgedrückt, Konjunktionen aus Sicherheits- und Lebendigkeitseigenschaften. Wir zeigen nachstehend, dass die zwei Klassen dieser Eigenschaften bis auf das triviale Prädikat true disjunkt sind und dass sich jede Systemeigenschaft als Konjunktion einer Sicherheits- und einer Lebendigkeitseigenschaft darstellen lässt.

Die Klassifizierung von Prädikaten auf unendlichen Strömen in Sicherheits- und Lebendigkeitseigenschaften haben wir bereits in Abschn. 4.7 vorgenommen. Diese Klassifizierung gilt auch für unendliche Spuren.

☼ *Beispiel 7.1.2.2 (Sicherheits- und Lebendigkeitsbedingungen)*   Wir betrachten ein System mit der Menge $\{a, b, c, d\}$ von Aktionen. Die Aktionsstrukturen enthalten als Präfixe Folgen von Abläufen des Programms

**do** true **then** $a$; $P(s)$; $b$; $V(s)$ **od** $\parallel$ **do** true **then** $c$; $P(s)$; $d$; $V(s)$ **od**

1. Sicherheitsbedingungen sind beispielsweise:

   - die Aktionen $b$ und $d$ sind gegenseitig ausgeschlossen (finden nur hintereinander und nie nebeneinander oder überlappend statt),
   - die Aktionen $a$ und $b$ finden (wenn überhaupt) sequenziell abwechselnd statt,
   - die Aktionen $c$ und $d$ finden (wenn überhaupt) sequenziell abwechselnd statt,
   - in jedem Präfix ist die Anzahl der $P(s)$ Aktionen höchstens um 1 größer als die Anzahl der $V(s)$-Aktionen.

2. Lebendigkeitsbedingungen sind beispielsweise:

   - es findet schließlich die Aktion $a$ statt,
   - nach jeder Aktion $d$ findet schließlich die Aktion $c$ statt,

Der pathologische, „unfaire" Ablauf aus Abb. 7.5 ist durch diese Bedingungen allerdings nicht ausgeschlossen. Dieser Ablauf wird durch die Hinzunahme der folgenden Lebendigkeitsbedingungen (auch Fairnessannahmen genannt) ausgeschlossen:

   - immer wieder finden die Aktionen $a$ und auch $c$ statt

- nach der Aktion $a$ findet stets schließlich auch eine Aktion $b$ statt, nach $c$ stets schließlich $d$,
- nach der Aktion $b$ findet stets schließlich auch eine Aktion $a$ statt, nach $d$ stets schließlich $c$.

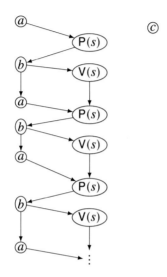

**Abb. 7.5** Unfairer Ablauf für das Beispiel 7.1.2.1

Wir erkennen an dem Beispiel, dass Semaphore dem gegenseitigen Ausschluss der Aktion $b$ und $d$ dienen. Genauer gesagt, finden zwei mit $b$ markierte Ereignisse nicht gleichzeitig statt. Die aufgeführten, informell beschriebenen Bedingungen sind beispielhaft und unvollständig. Eine vollständige Liste von Aussagen findet sich in Beispiel 7.4.1(2). ∎

Typischerweise formulieren wir Sicherheitsbedingungen durch Prädikate auf der Menge der Abläufe, die für alle endlichen (unvollständigen) Teilabläufe eines Systems gelten (diese sind auch zum Begriff der permanenten „Invariante" *Invariante* verwandt). Lebendigkeitsbedingungen formulieren wir hingegen durch Prädikate, die für die vollständigen Abläufe gelten müssen.

Gilt ein Prädikat für alle endlichen (Präfix-)Abläufe eines Systems, so sprechen wir wie bei Zuständen von einer (permanenten) *Invariante*. Sicherheitsbedingungen lassen sich stets als permanente Invariante deuten und auch so beschrieben.

Für unser Beispiel ist eine permanente Invariante, dass die Differenzen der jeweiligen Anzahl der

- mit $a$ markierten Ereignisse mit der Anzahl der mit $b$ markierten Ereignisse,
- mit $c$ markierten Ereignisse mit der Anzahl der mit $d$ markierten Ereignisse,

- mit $P(s)$ markierten Ereignisse mit der Anzahl der mit $V(s)$ markierten Ereignisse,

stets genau durch 1 beschränkt ist.

Wir geben nun eine formale Definition der Begriffe Sicherheits- und Lebendigkeitseigenschaft für Aktionsstrukturen. Ein Prädikat auf der Menge $\mathsf{ActStruct}_{inf}$ der unendlichen Aktionsstrukturen

$$P: \ \mathsf{ActStruct}_{inf} \ \rightarrow \ \mathbb{B}$$

erweitern wir auf endliche Aktionsstrukturen $z$ durch

$$P(z) \ \stackrel{\mathrm{def}}{\equiv} \ \exists \, s \in \mathsf{ActStruct}_{inf} : z \sqsubseteq s \wedge P(s)$$

Das Prädikat $P$ heißt (reine) *Sicherheitseigenschaft*, wenn die Formel

$$P(t) \ \equiv \ (\forall \, s \in \mathsf{ActStruct}_{fin} : \ s \sqsubseteq t \ \Rightarrow \ P(s))$$

gilt.[2] Ein Prädikat $P$ heißt (reine) *Lebendigkeitseigenschaft*, wenn die Formel

$$\forall \, s \in \mathsf{ActStruct}_{fin} : \ P(s)$$

gilt. Ein Prädikat ist also eine reine Sicherheitseigenschaft, wenn es für jeden Prozess genau dann gilt, wenn es für alle seine endlichen Teilprozesse gilt. Ein Prädikat ist eine reine Lebendigkeitseigenschaft, wenn jeder endliche Prozess zu einem unendlichen Prozess fortgesetzt werden kann, der das Prädikat erfüllt. Demnach kann durch die Betrachtung der Gültigkeit des Prädikats für die Elemente der Menge der endlichen Teilprozesse eines Prozesses nichts über die Erfüllung einer Lebendigkeitseigenschaft ausgesagt werden.

Man beachte die Ähnlichkeit der Definition der Klasse der Sicherheitseigenschaften für Spuren und Aktionsstrukturen. Gleiches gilt für die Klasse der Lebendigkeitseigenschaften.

Jedes Prädikat lässt sich – wie für Spuren ausgeführt – in eine reine Sicherheitseigenschaft und eine Lebendigkeitseigenschaft zerlegen (vgl. [AS87]). Dies gibt einen Ansatz für die Strukturierung von Systembeschreibungen.

Damit können wir wesentliche Charakteristika von Prozessen als Modelle verteilter Systeme kurz zusammenfassen:

- Prozesse können unendlich sein.

---

[2] An dieser Stelle ist zu beachten, dass in der Literatur Sicherheits- und Lebendigkeitseigenschaften üblicherweise für Sprachen unendlicher Wörter definiert werden. In solchen Werken findet man üblicherweise folgende Definitionen für ein Alphabet $A$: Eine Sprache $P \subseteq A^\omega$ heißt

- *Sicherheitssprache*, wenn jedes Wort in $A^\omega \setminus P$ ein endliches Präfix hat, das zu keinem Wort aus $P$ fortsetzbar ist;
- *Lebendigkeitssprache*, wenn jedes Wort aus $A^*$ zu einem Wort aus $P$ fortsetzbar ist.

- Prozesse können sequenziell sein; dann sind alle Ereignisse in einer linearen Ordnung.
- Ein Systemverhalten entspricht einer Menge von Prozessen.
- Das Verhalten von Systemen können wir beschreiben, in dem wir die Menge der Prozesse angeben, die Systemabläufen entsprechen.

Wichtige Klassen von Eigenschaften der Prozesse sind, wie bereits formal beschrieben:

- Sicherheitseigenschaften (engl. *safety properties*) und
- Lebendigkeitseigenschaften (engl. *liveness properties*).

Oft ist es für die Beschreibung und die Analyse von Prozessen nützlich, die Eigenschaften in Sicherheits- und Lebendigkeitseigenschaften zu unterteilen. Auch bei der Verifikation der Eigenschaften ist diese Unterteilung hilfreich.

### 7.1.3 Sequenzielle Prozesse als Ströme von Aktionen

Ein sequenzieller Prozess besteht aus einer linear geordneten Menge von Ereignissen. Jeder sequenzielle Prozess kann als Strom von Aktionen dargestellt werden.

Ist für eine endlich fundierte Aktionsstruktur $(\leq, \mathsf{act})$ die Kausalitätsordnung $\leq$ lineare Ordnung, so lässt sich die Aktionsstruktur $(\leq, \mathsf{act})$ auch durch einen Strom von Aktionen $\mathsf{trace}(\leq, \mathsf{act}) \in \mathsf{Stream\ Action}$ darstellen, der induktiv wie folgt definiert ist:

$$\mathsf{dom\ act} \neq \emptyset \wedge e = \min(\mathsf{dom\ act}) \Rightarrow$$
$$\mathsf{trace}(\leq, \mathsf{act}) = \mathsf{act}(e)\ \&\ \mathsf{trace}\big((\leq, \mathsf{act})|_{(\mathsf{dom\ act})\setminus\{e\}}\big)$$

Der leere Prozess entspricht dem leeren Strom. Ein Strom von Aktionen, also eine endliche oder unendliche Sequenz von Aktionen, kann somit als Darstellung einer sequenziellen Aktionsstruktur aufgefasst werden. Wir verwenden natürliche Zahlen quasi als Ereignisse und als „kanonische" Ereignismengen die Intervalle $[1 \dots n]$ natürlicher Zahlen mit $n \in \mathbb{N}_0 \cup \{\infty\}$ und der klassischen Ordnung $\leq$. Werden allgemein Abläufe durch die Menge ihrer Sequenzialisierungen dargestellt, spricht man von Interleaving.

## 7.2 Prozesse als Aktionsfolgen und temporale Logik

Ströme von Aktionen entsprechen sequenziellen Abläufen. Eigenschaften von Strömen lassen sich durch Prädikate

$$\mathsf{Stream\ Action} \rightarrow \mathbb{B}$$

beschreiben. Ein einfaches Beispiel ist ein Prädikat, das das erste und zweite Element in einem Strom vergleicht:

$$P(s) \; = \; \Big(\mathrm{ft}(s) = \mathrm{ft}(\mathrm{rt}(s))\Big)$$

*Temporale Logik* Eine besondere Technik zur Formulierung von Prädikaten über unendlichen Zustands- oder Aktionsströme erlaubt die *temporale Logik* (vgl. Abschn. 1.6.4). Wir betrachten im folgenden die sogenannte zeitlich lineare temporale Logik (kurz LTL, engl. *linear-time temporal logic* oder einfach *linear temporal logic*), die in der Regel über Sequenzen von Systemzuständen spricht. Wir behandeln auch eine einfache Form der sogenannten linearen temporalen Logik über Aktionsfolgen. Dies lässt sich auch auf Folgen von Zuständen übertragen.

Für beliebige Prädikate $Q$ über der Menge unendlicher Ströme von Elementen aus Action, d. h.

$$Q\colon \; \mathsf{Action}^{\omega} \; \to \; \mathbb{B} \;,$$

erhalten wir neue Prädikate über der Menge Stream Action durch die folgenden Festlegungen (wobei $\mathrm{rt}(a\&s) = s$ und $\mathrm{rt}^0(s) = s$ und $\mathrm{rt}^{i+1}(s) = \mathrm{rt}(\mathrm{rt}^i(s))$ gelte):

$$(\bigcirc Q)(s) \;\equiv\; Q(\mathrm{rt}(s)) \hspace{3cm} \text{(engl. } next,\ nexttime\text{)}$$

$$(\Diamond Q)(s) \;\equiv\; \exists\, i \in \mathbb{N}_0\colon\; Q(\mathrm{rt}^i(s))$$
$$\text{(engl. } sometimes\ in\ the\ future,\ finally,\ eventually\text{)}$$

$$(\square Q)(s) \;\equiv\; \forall\, i \in \mathbb{N}_0\colon\; Q(\mathrm{rt}^i(s)) \hspace{1cm} \text{(engl. } always,\ henceforth,\ globally\text{)}$$

$$(Q \,\mathcal{U}\, Q')(s) \;\equiv\; \exists\, i \in \mathbb{N}_0\colon\; \Big(\big(\forall\, j \in \mathbb{N}_0\colon j<i \Rightarrow Q(\mathrm{rt}^j(s))\big) \wedge Q'(\mathrm{rt}^i(s))\Big)$$
$$\text{(engl. } until\text{)}$$

Für jedes Prädikat $Q$ auf Strömen sind $\bigcirc Q$, $\Diamond Q$ und $\square Q$ wieder Prädikate auf Strömen. Sind $Q$ und $Q'$ Prädikate auf Strömen, so ist auch $Q \,\mathcal{U}\, Q'$ ein Prädikat auf Strömen. Die Symbole $\bigcirc$, $\Diamond$, $\square$ und $\mathcal{U}$ können wir als Prädikatentransformatoren auf Prädikaten für Ströme auffassen.

Wir erweitern Prädikate $R$ über der Sorte Action

$$R\colon \; \mathsf{Action} \; \to \; \mathbb{B}$$

zu Prädikaten über der Sorte Stream Action durch die Festlegung

$$R(s) \; = \; R(\mathrm{ft}(s)) \,.$$

Somit erhalten wir für gegebene Prädikate auf der Menge der Aktionen Prädikate und temporallogische Ausdrücke für Ströme von Aktionen.

Meist werden in der temporalen Logik allerdings nicht Ströme von Aktionen, sondern Ströme von Zuständen betrachtet. Zustände sind dabei Abbildungen („Belegungen") von Variablen (Attributen) auf Werte. Allerdings lassen sich Strömen von Aktionen für gegebene Anfangszustände Ströme von Zuständen zuordnen – im Fall nichtdeterministischer Aktionen Mengen von Strömen von Zuständen. Prädikate auf Zuständen lassen sich durch prädikatenlogische Ausdrücke angeben, in denen die Attribute der Zustände als Variablen frei vorkommen. Wir sprechen von *Zusicherungen*.

Betrachten wir eine Menge $\Sigma$ von Zuständen, die durch Belegungen von Variablen gegeben sind, so können Prädikate

$$\Sigma \to \mathbb{B}$$

als „Zusicherungen" durch prädikatenlogische Ausdrücke geschrieben werden. Sind etwa $x, y$ **: var** Nat Attribute des Zustandsraumes $\Sigma$, so ist

$$x \geq y$$

solch eine Zusicherung.

Temporallogische Formeln erlauben es uns, Aussagen über Ströme von Zuständen zu machen. So schreiben wir etwa mit der Zusicherung $x \geq y$ folgende temporallogische Formeln mit der jeweilig angegebenen Bedeutung:

| | |
|---|---|
| $x \geq y$ | Aussage $x \geq y$ gilt für ersten Zustand im Strom. |
| $\bigcirc\, x \geq y$ | Aussage $x \geq y$ gilt für zweiten Zustand im Strom. |
| $\square\, x \geq y$ | Aussage $x \geq y$ gilt für alle Zustände im Strom. |
| $\lozenge\, x \geq y$ | Aussage $x \geq y$ gilt irgendwann im Strom. |
| $x \geq y \;\mathcal{U}\; x = 0$ | Irgendwann gilt $x = 0$ und davor gilt durchgehend $x \geq y$. |

Temporale Operatoren können auch geschachtelt angewandt werden. Die temporallogische Formel

$$\bigcirc\, \square\, x \geq y$$

besagt, dass für alle Zustände abgesehen vom ersten Zustand $x \geq y$ gilt.

Eine wichtige Eigenschaft von Systemen in Bezug auf die gegebenen Prädikaten $Q$ und $P$ auf Strömen ist die sogenannte *leads-to*-Eigenschaft

$$Q \text{ leads\_to } P .$$

Diese Aussage steht für die temporallogische Formel

$$\square\, (Q \Rightarrow \lozenge P)$$

Diese Aussage drückt aus, dass, falls irgendwann im Strom das Prädikat $Q$ gilt, irgendwann danach $P$ gilt. Das entspricht der in Kap. 6 behandelten Kausalität: $Q$ beschreibt die Ursache und $P$ beschreibt die Wirkung.

Temporallogisch wird Stabilität eines Prädikats durch die folgende Aussage ausgedrückt:

$$\square\, (P \Rightarrow \square P)$$

Dies besagt, dass falls $P$ für einen Zustand im Strom gilt, von da an $P$ stets gilt.

Wir haben temporallogische Ausdrücke als spezielle Notation eingeführt, die sich auf eine rein prädikatenlogische Schreibweise syntaktisch zurückführen lässt. Es lassen sich aber auch spezielle Umformungsregeln („*Inferenzregeln*") für temporale Formeln angeben (s. [vBen91]). Es entsteht eine im eigentlichen Sinn temporale Logik mit einem darauf zugeschnittenen Kalkül.

Hierbei ist jedoch zu beachten, dass es Eigenschaften für Ströme gibt, die in unserer Variante von temporaler Logik nicht ausgedrückt werden können. Ein einfaches Beispiel erhalten wir, wenn wir ein Strom $s$ von ganzen Zahlen betrachten. Sei die Eigenschaft

$$\forall \, r \in \text{Int}^*: \; r \sqsubseteq s \; \Rightarrow \; \text{sum}(r) < 10$$

wobei $\text{sum}(r)$ die Summe der Elemente von $r$ bezeichne. Diese Eigenschaft ist direkt in unserer Variante temporaler Logik nicht ausdrückbar. Wählt man allerdings Hilfsvariable $u :$ Int und definiert $u := 0$ im Anfangszustand und $u := u + r$ in jeden Zustandsübergang, so können wir die Eigenschaft als $\Box \, u < 10$ formulieren. Dies zeigt, dass Formen der temporalen Logik in der Regel in ihrer Ausdruckskraft eingeschränkt sind.

Neben den temporalen Formeln über Strömen (unendlichen Sequenzen) existieren auch Konzepte von temporalen Formeln über Mengen von Abläufen, die in Baumstrukturen angeordnet sind (engl. *branching-time temporal logic*, s. [BG93] und [BVW94]). Solche Strukturen erhalten wir, falls wir die Verzweigungen von Systemen in unterschiedliche Abläufe widerspiegeln wollen. Im ersten Fall sprechen wir von einer *zeitlich linearen* (engl. *linear-time*) temporalen Logik (LTL), im zweiten Fall von einer temporalen Logik mit *zeitlicher Verzweigung* (engl. *branching-time*) [CE81]. Wir behandeln nur LTL.

In der Regel wollen wir durch Spezifikationen einen Strom nicht eindeutig charakterisieren, sondern nur gewisse Eigenschaften formulieren. Beispiele für solche Eigenschaften sind durch folgende Formeln gegeben (seien $Q$ und $R$ Prädikate auf Zuständen):

(1) Prädikat $Q$ führt auf $R$ (*Lebendigkeitsbedingung*), $Q \, \text{leads\_to} \, R$
$\Box \, (Q \Rightarrow \Diamond R)$

(2) Prädikat $R$ erfordert $Q$ (*Sicherheitsbedingung*); dies entspricht folgender Aussage über den Strom $s$:

$$\forall \, s' \in A^*, a \in A: \big( (s'^\frown \langle a \rangle \sqsubseteq s \; \wedge \; R(a) \big)$$
$$\Rightarrow (\exists \, s'' \in A^*, b \in A: s''^\frown \langle b \rangle \sqsubseteq s' \; \wedge \; Q(b)) \big).$$

Man beachte, dass das zweite Beispiel in unserer Version temporaler Logik[3] nicht formulierbar ist. Dafür benötigt man ausdruckskräftigere Formen der temporalen Logik. Dies ist nicht untypisch. Temporale Logiken verfügen in der Regel nur über eine eingeschränkte Ausdrucksmächtigkeit! Im Klartext: Es gibt Systemeigenschaften, die durch Prädikate über Abläufe beschrieben werden können, jedoch nicht mit temporalen Formeln.

---

[3] Es gibt eine Vielzahl temporaler Logiken, darunter auch solche, welche die Aussage (2) zu formulieren erlauben.

Zahlreiche wesentliche Eigenschaften lassen sich jedoch knapp in temporaler Logik ausdrücken. Beispiele für temporale Bedingungen bei der Spezifikation von mechanischen Systemen sind vielfältig. Das folgende Beispiel beschreibt Eigenschaften, wie sie oben unter (1) und (2) charakterisiert werden. Man beachte, dass (2) eine mächtigere temporale Logik erfordert als jene, die wir eingeführt haben.

*Beispiel (Lift)* Die Bewegungen eines Lifts können durch eine Reihe von Regeln beschrieben werden, die Sicherheits- und Lebendigkeitsbedingungen umfassen. Zwei einfache Beispiele werden im folgenden betrachtet:

- Wird der Lift angefordert, so hält er irgendwann im entsprechenden Stockwerk.
- Fährt der Lift bis ins oberste Stockwerk, so wurde er dafür angefordert.

Im ersten Fall handelt es sich um eine Lebendigkeitsbedingung, im zweiten Fall um eine Sicherheitseigenschaft. Dies sind konkrete Beispiele für Bedingungen wie oben unter Punkten (1) und (2) formuliert (vgl. [Bar87]). ∎

In der Ablaufsicht modellieren wir Systeme durch die Charakterisierung der Ströme von Aktionen, die in einem System auftreten können (vgl. *Ablaufsicht*).

Auch stromverarbeitende Funktionen sind eine Form der Ablaufsicht auf Systeme. Sie können wir durch Aufspaltung ihrer Eigenschaften in Lebendigkeits- und Sicherheitsbedingungen gegebenenfalls mithilfe linearer temporaler Logik beschreiben. Ferner können wir bestimmte Schemata zur Spezifikation verwenden. Wir betrachten einen einfachen Fall der Spezifikation der Funktion

$$f\colon \ \mathsf{Stream}\ \alpha \ \to \ \mathsf{Stream}\ \beta$$

Hierbei schreiben wir $x \models \Diamond Q$, um auszudrücken, dass für den Strom $x$ die Formel $Q$ für einen Reststrom gilt; formal $\exists\, i \in \mathbb{N}_0\colon \mathrm{rt}^i(x) \models Q$.

Wir erhalten einfache Spezifikationen wie folgt (dabei ist zu beachten, dass für einen Strom von Zuständen ein Zustandsprädikat genau dann gilt, wenn das erste Stromelement das Prädikat erfüllt):

1) Eigenschaft $Q$ in der Eingabe garantiert Eigenschaft $R$ in der Ausgabe:
   $$\forall\, x, y\colon \ \ y = f(x) \ \Rightarrow \ ((x \models \Diamond Q) \ \Rightarrow \ (y \models \Diamond R))$$
2) Eigenschaft $R$ in der Ausgabe erfordert Eigenschaft $Q$ in der Eingabe:
   $$\forall\, x, y\colon \ \ y = f(x) \ \Rightarrow \ ((y \models \Diamond R) \ \Rightarrow \ (x \models \Diamond Q))$$

Man beachte die Nähe zu Annahmen und Verpflichtungen. Lineare temporale Logik stellt logische Ausdrucksformen zur Verfügung, die gezielt auf lineare Abläufe in der Form von Zustandsfolgen ausgerichtet sind.

## 7.3 Koordination

Viele Aktionen verteilter Systemen können kausal völlig *unabhängig* voneinander und damit auch nebeneinander ausgeführt werden. Dies wird dadurch modelliert, dass in allen Abläufen des Systems bestimmte Ereignisse, die mit entsprechenden Aktionen markiert sind, keine wechselseitig kausalen Abhängigkeiten auftreten.

Bei nicht unabhängigen Aktionen in Abläufen eines Systems unterscheiden wir folgende zwei Fälle:

(1) *Gegenseitiger Ausschluss*: Es dürfen gewisse Aktionen $a, b$ in einem Ablauf nicht nebeneinander auftreten, das heißt, für Ereignisse $e, e'$ gilt stets

$$(\text{act}(e) = a \wedge \text{act}(e') = b) \Rightarrow (e \preceq e' \vee e' \preceq e)$$

(2) *Kausalität auf Aktionen*: Eine Aktion $a$ heißt *kausal*[4] in einem Prozess $(\preceq, \text{act})$ für eine Aktion $b$, wenn für alle Präfixe $q = (\preceq, \text{act})$ unvollständiger Abläufe eines Systems die folgenden Aussagen gelten:

$$a \# q \geq b \# q \, .$$

Hier bezeichnet $x \# q$ die Anzahl der Ereignisse in $q$, die mit der Aktion $x$ markiert sind. Ausführlich formuliert erhalten wir

$$(\preceq', \text{act}') \sqsubseteq (\preceq, \text{act})$$
$$\Rightarrow \qquad\qquad\qquad\qquad\qquad\text{(Sicherheit)}$$
$$|\{e \in \text{dom act}' \colon \text{act}'(e) = a\}| \geq |\{e \in \text{dom act}' \colon \text{act}'(e) = b\}|$$

und für alle vollständigen Abläufe

$$|\{e \in \text{dom act} \colon \text{act}(e) = a\}|$$
$$= |\{e \in \text{dom act} \colon \text{act}(e) = b\}| \qquad\text{(Lebendigkeit)}$$

gilt. Kürzer ausgedrückt gilt für Aktionsstrukturen $q$ die Aussage $q' \sqsubseteq q \Rightarrow$ $a \# q' \geq b \# q'$ und $a \# q = b \# q$. Mit anderen Worten heißt das, dass jede Aktion $a$ jeweils eine Aktion $b$ nach sich zieht, und jedes $b$ nur stattfinden kann, wenn davor ein $a$ stattgefunden hat.

Betrachten wir Zustandsfolgen mit Zuständen, in denen Zähler $za$ und $zb$ für die Zahl der Aktionen $a$ und $b$ gegeben sind, so schreiben wir (für alle $k \in \mathbb{N}_0$):

$$\square\,(za > k \Rightarrow \diamondsuit\, zb > k) \qquad\qquad \text{Lebendigkeit}$$
$$\square\, za \geq zb \qquad\qquad\qquad\qquad\quad \text{Sicherheit}$$

---

[4] Kausalität von physischen Aktionen ist natürlich so nicht eindeutig nachweisbar. Man beachte den Unterschied zwischen Kausalität und Korrelation. Für die hier betrachtete Form der Kausalität ist von Interesse, auf welche Weise Aktion $a$ Aktion $b$ auslöst.

Daneben existiert eine Fülle von möglichen anderen Beziehungsarten zwischen den Aktionen in den Abläufen von Systemen. Gewisse Beschreibungsmittel sind besonders darauf ausgerichtet, diese Formen der kausalen Beziehungen zwischen Aktionen in Abläufen zu beschreiben.

## 7.4 Petri-Netze als Prädikate über Prozessen

Petri-Netze (genauer Stellen-/Transitionsnetze, vgl. [Rei90]) können als Be- *Petri-Netz*
schreibung von Mengen von Abläufen und somit als Prädikate über Abläufen
genutzt werden. Die Aktionen entsprechen in Petri-Netzen den Knoten, die
*Transitionen* genannt werden. Ein einzelner Schaltvorgang einer Transition
entspricht einem Ereignis. Wir verzichten darauf, die Theorie von Petri-Netzen
detailliert zu beschreiben und verweisen dazu auf [Rei90].

Jede Stelle (vgl. Abb. 7.6) in einem Petri-Netz, die zu Beginn mit einer Zahl
$k \in \mathbb{N}_0$ markiert ist, entspricht der folgenden Aussage über die Abläufe des
beschriebenen Systems:

Für alle endlichen Präfixe act von Aktionsstrukturen des durch das Netz
beschriebenen Systems gilt die Sicherheitsbedingung

$$\left| \{ e \in \mathrm{dom\,act} \colon \mathrm{act}(e) \in \{a_1, \dots, a_n\} \} \right| + k$$
$$\geq \left| \{ e \in \mathrm{dom\,act} \colon \mathrm{act}(e) \in \{b_1, \dots, b_m\} \} \right|.$$

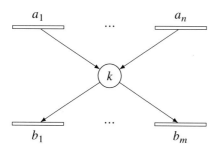

**Abb. 7.6** Stelle in einem Petri-Netz markiert mit $k \in \mathbb{N}_0$

Ein *Petri-Netz* entspricht in dieser Auffassung der Angabe einer entsprechenden
Sicherheitsbedingung für jede Stelle im Netz.

Wir können die vorangehende Formel auch anders schreiben, wenn wir die
folgende Notation einführen. Sei $q$ Aktionsstruktur und $a$ eine Aktion. Mit $a \# q$
bezeichnen wir die Anzahl der Ereignisse in $q$, denen die Aktion $a$ zugeordnet
ist:

$$a \# q = \left| \{ e \in \mathrm{dom}(q) \colon \mathrm{act}(e) = a \} \right|$$

Die Schreibweise lässt sich auf Mengen $A$ von Aktionen erweitern:

$$A \# q \ = \ |\{e \in \mathrm{dom}(q) : \mathrm{act}(e) \in A\}| \, .$$

Damit schreibt sich die obige Forderung an die endlichen Präfixe $q$ von Abläufen in Petri-Netzen wie folgt:

$$(\{a_1, \dots, a_n\} \# q) + k \ \geq \ \{b_1, \dots, b_m\} \# q$$

Über die Anzahl der Aktionen in Prozessen oder endlichen Präfixen können wir mithilfe dieser Notation eine ganze Reihe von Eigenschaften formulieren.

*Beispiel 7.4.1 (Abläufe in Petri-Netzen)*

(1) Betrachten wir den folgenden Ausschnitt eines Petri-Netzes (vgl. Abb. 7.7), so erhalten wir beispielsweise für Abläufe $p$ des Netzes stets: Für alle $q \sqsubseteq p$ gilt:

$$a \# q \ \geq \ b \# q$$

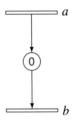

**Abb. 7.7** Einfaches Petri-Netz mit 0 markierter Stelle

(2) Wir betrachten das Petri-Netz in Abb. 7.8.

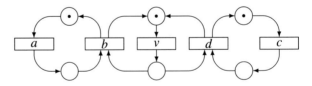

**Abb. 7.8** Einfaches Petri-Netz zur Koordination von $b$ und $d$

Für alle Präfixe $q$ von Abläufen dieses Netzes ergeben sich aus diesem Netz folgende Aussagen:

$$a \# q \;\geq\; b \# q$$
$$b \# q + 1 \;\geq\; a \# q$$
$$v \# q \;\geq\; b \# q + d \# q$$
$$b \# q + d \# q + 1 \;\geq\; v \# q$$
$$c \# q \;\geq\; d \# q$$
$$1 + d \# q \;\geq\; c \# q$$

Man beachte, dass hier keine Fairnessannahmen betrachtet werden. In $q$ können nur die Aktionen $a$, $b$, $v$ unendlich oft auftreten, aber eben auch in unfairer Weise einmal $c$ und niemals $d$. ∎

Mit dieser Technik der Übersetzung erfassen wir nur Sicherheitseigenschaften der Abläufe für die Petri-Netze. Daneben existieren gewisse Lebendigkeitseigenschaften für Petri-Netze, die im wesentlichen in der Aussage bestehen, dass solange eine Transition (immer wieder) schaltbereit ist, diese auch schaltet. Bezogen auf Abläufe heißt das, dass endliche vollständige Abläufe von Petri-Netzen maximal in der Präfix-Ordnung sind.

Das Petri-Netze aus Beispiel 7.4.1(2) zeigt, wie die Begriffsbildung der Aktionsstrukturen unmittelbar verwendet werden kann, um etwa graphischen Ansätzen wie Petri-Netze Eigenschaften zuzuordnen.

Neben temporaler Logik und Petri-Netzen existiert eine Vielzahl weiterer Beschreibungstechniken für die Wiedergabe von Abläufen verteilter Systeme. Beispiele sind

- UML (engl. *Unified Modeling Language*) mit seinen Aktions- und Interaktionsdiagrammen: vgl. [Bur97], [AÁ01] und [BRJ99];
- SDL (engl. *Specification and Description Language*) mit seinen Sequenzdiagrammen (engl. *message sequence charts*): vgl. [Bro91];
- ARIS mit seinen Prozessdiagrammen: [SN00], [SJ02] und [Sei15].

Hier finden sich auch spezielle Diagramme und grafische Konzepte zur Beschreibung von Abläufen. Wir gehen darauf jedoch nicht weiter ein.

## 7.5 Abläufe und Schnittstellenverhalten

Stromverarbeitende Funktionen beschreiben das Verhalten von Systemkomponenten als Abbildungen von Eingabedatenströmen auf Ausgabedatenströme. Jedes Paar $(x, y)$ von Eingabeströmen $x$ und Ausgabeströmen $y$ beschreibt eine mögliche Systemeingabe $x$ und die dadurch stimulierte Systemausgabe $y$.

Tatsächlich wird natürlich nicht zuerst die gesamte Eingabe bestimmt und anschließend die gesamte Ausgabe festgelegt. Vielmehr werden Ein- und Ausgabe stückweise in der Interaktion zwischen dem System und seiner Umgebung bestimmt. Diese Interaktion können wir explizit machen, indem wir die Eingaben in $x$ und die Ausgaben in $y$ in einem Strom zusammenmischen. Wir

erhalten dadurch einen Ablauf aus Ein- und Ausgaben. Jede Nachricht im
Strom können wir mit Aktion „Empfangen" und „Senden" gleichsetzen. Die
Abhängigkeit zwischen Ein- und Ausgabe lässt sich durch die Monotonie der
Funktion bestimmen.

:📍: *Beispiel (Abläufe einer stromverarbeitenden Funktion)* Stromverarbeitenden Funktionen lassen sich ebenfalls Aktionsstrukturen als Abläufe zuordnen.
Wir betrachten die Funktion

$$f: \text{Stream Nat} \rightarrow \text{Stream Nat}$$

spezifiziert durch die Gleichung

$$f(x) = (\text{ft}(x) + \text{ft}(\text{rt}(x))) \ \& \ f(\text{rt}(\text{rt}(x))) \,.$$

Der Eingabestrom

$$x = 0 \& 1 \& 2 \& 3 \& 4 \& \cdots$$

führt auf den Ausgabestrom $y = f(x)$ gegeben durch

$$y = 1 \& 5 \& 9 \& 13 \& \cdots$$

Die sequenziellen Abläufe von $f$ für die Eingabe $x$ sind allesamt Sequentialisie-
rungen des Prozesses, der in Abb. 7.9 angegeben ist. Hier sind Eingaben und
Ausgaben als Zahlen dargestellt.

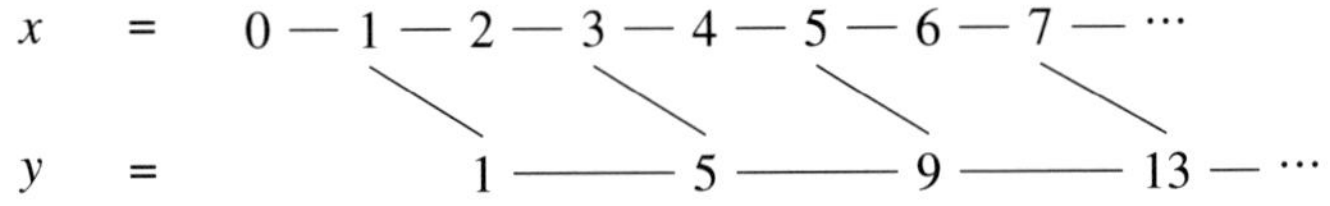

$$
\begin{array}{lllllllllll}
x & = & 0 & - & 1 & - & 2 & - & 3 & - & 4 & - & 5 & - & 6 & - & 7 & - & \cdots \\
y & = & & & & & 1 & & & & 5 & & & & 9 & & & & 13 & - & \cdots
\end{array}
$$

**Abb. 7.9** Aktionsstruktur der Ein- und Ausgabeaktionen

*Reaktionsschneller Ablauf*   Wir nennen einen sequenziellen Ablauf einer stromverarbeitenden Funktion
*reaktionsschnell*, wenn alle Ausgaben zum frühestmöglichen Zeitpunkt in dem
Strom auftreten. Der reaktionsschnelle Ablauf mit Eingabe $x$ und Ausgabe $y$
aus Abb. 7.9 ist gegeben durch den Strom (hier bezeichnet die Aktion $x : n$ die
Eingabe der Zahl $n$ über den Strom $x$ und die Aktion $y : m$ die Ausgabe der
Zahl $m$ über den Strom $y$).

$$x{:}0 - x{:}1 - y{:}1 - x{:}2 - x{:}3 - y{:}5 - x{:}4 - x{:}5 - y{:}9 - x{:}6 - x{:}7 - y{:}13 - \cdots \quad \blacksquare$$

Für jede stromverarbeitende Funktion $f$ lässt sich insbesondere mit jeder Eingabe
wieder eine Menge $M$ von Strömen verbinden, die eine Mischung aus Ausgabe
und Eingabe bilden. Der Ablaufstrom $s$ ist ein Ablauf von $f$ zu Eingabe $x$, wenn
folgende Aussage gilt: Es existiert ein boolescher Strom $z$ (das Orakel) für den
gilt (für die Definition von pfilter und nfilter s. Abschn. 5.3.3)

(1) Der Ablauf ist Mischung aus Ein- und Ausgabe:

$$\mathsf{pfilter}(z, s) = x \ \wedge \ \mathsf{nfilter}(z, s) = f(x)$$

(2) Die Ausgabe kommt später im Ablaufstrom als die sie auslösende Eingabe:

$$\forall\, s' : \ s' \sqsubseteq s \ \Rightarrow \ \mathsf{nfilter}(z, s') \sqsubseteq f(\mathsf{pfilter}(z, s')) \ .$$

Die Bedingung (1) führt auf Ablaufströme, in denen Ein- und Ausgabeströme gemischt sind, die Ausgabewerte jedoch so früh wie nach Regeln (1) und (2) nur möglich auftreten. Auf diese Weise können wir stromverarbeitenden Funktionen Mengen von Abläufen zuordnen. Dadurch lässt sich das Verhalten eines Datenflussknoten auch durch die Menge seiner Abläufe oder die Menge seiner Prozesse (vgl. Abb. 7.9) beschreiben.

## 7.6 Diagramme zur Darstellung von Prozessen

Um Abläufe anschaulich grafisch darzustellen, wurde eine Fülle unterschiedlicher Diagramme definiert. Prominente Beispiele sind Petri-Netze und Zustandsübergangsdiagramme (s. Kapitel 2 und 3), bei denen die Knoten Zustände oder Mengen von Zuständen darstellen und die Pfeile Zustandsübergänge, wobei sich an den Pfeilen oft Beschriftungen finden, die den Zustandsübergang charakterisieren.

Diagramme werden verwendet, sowohl um Mengen von Abläufen darzustellen als auch um einzelne Exemplare von Abläufen darzustellen.

### 7.6.1 Kontrollflussdiagramme

Für sequenzielle Programme nutzt man Kontrollflussdiagramme zur graphischen Darstellung der Ablaufstruktur. Als Knoten verwendet man Rechtecke und Rauten. Rechtecke stellen Anweisungen dar, die Zustände ändern, Rauten Bedingungen, die auf Verzweigungen führen. Die Pfeile symbolisieren den Kontrollfluss.

🔆 *Beispiel (Kontrollflussdiagramm)* Wir geben ein einfaches Beispiel für ein sequenzielles Kontrollflussdiagramm (s. Abb. 7.10).

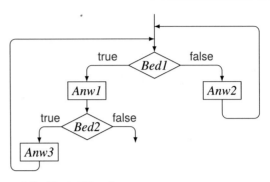

**Abb. 7.10** Sequenzielles Kontrollflussdiagramm                    ■

Die durch ein Kontrollflussdiagramm dargestellten Abläufe/Prozesse sind dabei stets sequenziell. Wenn zwischen zwei Kontrollflüssen keine Abhängigkeiten bestehen, handelt es sich um unabhängige Abläufe. Schwieriger wird es, wenn Abhängigkeiten bestehen. Beispiele dazu finden sich in Teil I in parallel ablaufenden Programmen. Abhängigkeiten können durch gemeinsame Variablen oder auch durch Kommunikationsbeziehungen bestehen.

💡 *Beispiel (Erzeuger, Verbraucher)* Mithilfe einer an Petri-Netze angelehnten Notation können wir auch parallele Kontrollflussdiagramme formulieren (s. Abb. 7.11).

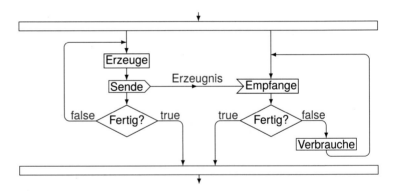

**Abb. 7.11** Paralleles Kontrollflussdiagramm

Durch diese Form der Kontrollflussdiagramme wird eine Menge von Abläufen beschrieben. Wir können aber auch Beispielabläufe beschreiben (s. Abb. 7.12).

Durch Interaktionsdiagramme werden typischerweise Beispielabläufe beschrieben, wobei dabei oft die lokal ausgeführten Anweisungen weggelassen werden.

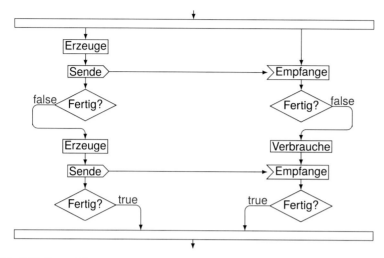

**Abb. 7.12**  Kontrollflussdiagramm zum Beispiel Erzeuger/Verbraucher aus Abb. 7.11

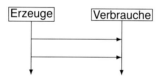

**Abb. 7.13**  Einfaches Interaktionsdiagramm

In unserem Beispiel wird das Interaktionsdiagramm aus Abb. 7.13 sehr
einfach. Das Beispiel des Alternating-Bit-Protokolls aus Abschn. 1.5 lässt sich
wie in Abb. 7.14 darstellen.

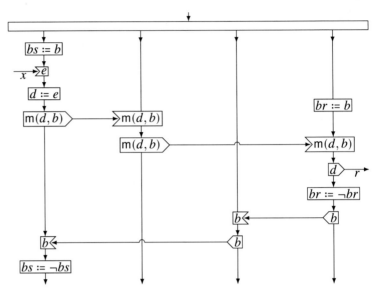

**Abb. 7.14** Ablauf des Alternating-Bit-Protokolls in Form eines erweiterten Interaktionsdiagramms                                                                                                    ∎

Allerdings lässt sich die Dynamik von parallelen Abläufen mit Kommunikationsbeziehungen kaum durch Diagramme wie in Abb. 7.12 darstellen. Dies gilt etwa für das Diagramm in Abb. 7.11. Dabei wird nicht zum Ausdruck gebracht, dass die Anzahl der Sende- und der Empfangsaktionen gleich sein muss und was passiert, wenn das nicht der Fall ist. Die unterschiedlichen Abläufe benötigen unterschiedliche grafische Strukturen. Es handelt sich in der Regel nur um Beispielsabläufe, die einen Prozess beschreiben, wie auch in Abbildungen 7.12 bis 7.14.

### 7.6.2 Graphische Darstellung von Prozessen

Prozesse beschreiben einzelne Abläufe eines Systems. In der Regel hat ein System eine Menge von Abläufen. Methodisch werden häufig Prozesse verwendet, um Beispielabläufe für Systeme zu definieren und auf dieser Basis detailliertere Sichten auf Systeme zu erhalten. Im methodischen Vorgehen bedeutet das, dass für markante Beispielabläufe des Systems Prozessbeschreibungen erstellt werden und auf dieser Basis dann für das System oder seine Systemteile umfassendere Beschreibungen des Systemverhaltens.

Eine hilfreiche und anschauliche Darstellung der Abläufe in verteilten Systemen, die Nachrichten austauschen, sind *Interaktionsdiagramme* (engl. *message sequence charts*, *event traces*, vgl. Abbildungen 7.13 und 7.14).

*Interaktionsdiagramm*
*Event trace*

Interaktionsdiagramme können übersichtlich die Interaktionen zwischen bestimmten Teilsystemen darstellen. Sie werden in der Regel eingesetzt, um Beispielabläufe für Systeme zu beschreiben. Wie eben bereits für Prozessbeschreibungen dargestellt, dienen diese Beschreibungen dann dazu, daraus Spezifikationen und auch Realisierungen für die in einem Interaktionsdiagramm vorkommenden Teilsysteme anzugeben.

Mehr technisch ausgedrückt wird in einem Interaktionsdiagramm für jedes beteiligte System ein sequenzieller Ablauf angegeben, der im Wesentlichen darin besteht, die Folge der eingehenden und ausgehenden Nachrichten zu beschreiben, gegebenenfalls auch Schritte, die dazwischen ausgeführt werden. Damit entspricht ein solcher Teilablauf für ein Teilsystem der Aussage, dass eine bestimmte Interaktionsfolge auftreten kann. Genau genommen kann man dann für das Teilsystem eine Folge von Eingabe- und Ausgabeschritten ableiten und es ergibt sich, dass das zu schaffende Teilsystem mindestens einen solchen Ablauf aufweisen muss. Umgekehrt kann man natürlich für beschriebene Systeme ihr Zusammenwirken durch Interaktionsdiagramme illustrieren. Dabei lässt sich angeben, ob ein Interaktionsdiagramm der Darstellungen des Systems entspricht. Dies bedeutet, dass für jedes der Teilsysteme die entsprechenden Interaktionsabläufe, die sich aus dem Interaktionsdiagramm ergeben, auch logisch möglich sein müssen (vgl. die Interaktionsdiagramme in Abschn. 1.5, Abbildungen 1.8 bis 1.12).

Von Interaktionsdiagrammen kann man zu allgemeinen Prozessbeschreibungen übergehen, indem man die einzelnen Ablauffäden für die Teilsysteme noch durch weitere Aktionen anreichert, die etwa den internen Berechnungen der Systeme entsprechen. Die Interaktionspfeile zwischen den einzelnen Teilsystemabläufen kann man wiederum in Aktionen umwandeln und als solche darstellen (s. Abb. 7.14). Entsprechende Kausalitätsbeziehungen ergeben sich dann zwischen den Abläufen der Teilsysteme und den Interaktionen. Auf diese Weise kann man aus einem Interaktionsdiagramm systematisch einen Prozess ableiten.

Aus der Abb. 1.12 für die Darstellung der korrekten Übertragung im Alternating-Bit-Protokoll können wir ein Aktionsdiagramm ableiten wie in Abb. 7.15 dargestellt. Die Ellipsen stellen Ereignisse dar, die Beschriftungen der Ellipsen bezeichnen Aktionen.

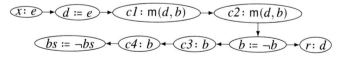

**Abb. 7.15** Erfolgreiche Übertragung eines Datenelements als Aktionsstruktur (vgl. Abb. 7.3).

In Abb. 7.15 schreiben wir $x\colon e$ für die Aktion der Übertragung des Datenelements $e$ auf dem Kanal $x$ und $d := e$ für die entsprechende Zuweisung.

Ein Interaktionsdiagramm beschreibt exemplarisch einen Ablauf eines verteilten, interaktiven Systems durch die Angabe der Nachrichten, die zwischen den Komponenten ausgetauscht werden. Abb. 7.16 zeigt schematisch ein Interaktionsdiagramm für ein System mit den Komponenten $K_1, \ldots, K_n$. Für jede Komponente versinnbildlicht die vertikale Linie den Zeitfluss von oben nach unten. Horizontale Pfeile mit Markierung der Form $c\colon m$ stellen den Nachrichtenaustausch der Nachricht $m$ auf dem Kanal $c$ zwischen den entsprechenden Komponenten dar. Pfeile ohne Quelle oder Ziel symbolisieren die mit der Umgebung verbundenen Kommunikationsschritte.

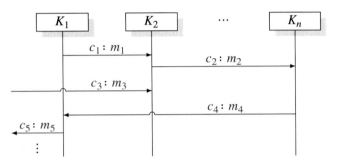

**Abb. 7.16** Interaktionsdiagramme für die Komponenten $K_1, K_2, \ldots, K_n$

Ein Interaktionsdiagramm beschreibt in grafischer Darstellung einen Prozess. Sind schematische Interaktionsdiagramme gegeben, so können wir diese auf Formeln in Gestalt von Gleichungen abbilden.

💡 *Beispiel (Ableitung von Gleichungen aus Interaktionsdiagramm)* Wir betrachten ein kleines verteiltes System wie in Abb. 7.17 dargestellt. Abb. 7.18 zeigt zwei Szenarien für Interaktionen einer Übertragungskomponente TR.

**Abb. 7.17** Datenflussdiagramm zum System Sender × TR × Receiver

Von den zwei Beispielen für Interaktionsdiagramme in Abb. 7.18 können wir folgende Gleichungen für die stromverarbeitende Funktion $f_{\mathsf{TR}}$ der involvierten Komponente TR ableiten, wobei wir dabei annehmen, dass nur diese Abläufe auftreten (engl. *closed-world assumption*):[5]

$$f_{\mathsf{TR}}(\langle a\colon m\rangle) \;=\; \langle b\colon \mathsf{ready}\rangle \tag{7.1}$$

---

[5] Man beachte, dass, solange eine Menge von Interaktionsdiagrammen angegeben werden, die Beispiele darstellen, ohne dass dabei gesagt wird, dass es keine weiteren Beispiele gibt, das Systemverhalten nur exemplarisch aber nicht eindeutig charakterisiert wird.

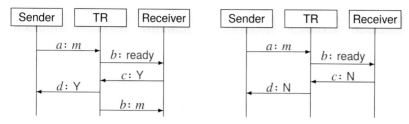

**Abb. 7.18** Zwei Interaktionsdiagramme für die Komponente TR

$$f_{TR}(\langle a : m \rangle \frown \langle c : Y \rangle \frown x) = \langle b : \text{ready} \rangle \frown \langle d : Y \rangle \frown \langle b : m \rangle \frown f_{TR}(x) \quad (7.2)$$
$$f_{TR}(\langle a : m \rangle \frown \langle c : N \rangle \frown x) = \langle b : \text{ready} \rangle \frown \langle d : N \rangle \frown f_{TR}(x) \quad (7.3)$$

Die Gleichung (7.1) ergibt sich aus beiden Diagrammen, die Gleichung (7.2) aus dem linken Diagramm und (7.3) aus dem rechten Diagramm. ∎

Auf diese Weise können wir Interaktionsdiagramme als eine Form der logischen Spezifikation durch Gleichungen für stromverarbeitende Funktionen auffassen. Schwieriger wird die Behandlung von Nichtdeterminismus, da dann eine Menge von Verhalten, dargestellt durch Funktionen, erfasst werden muss.

☼ *Beispiel 7.6.2.1 (Nichtdeterminismus und Unterspezifikation in Interaktionsdiagrammen)* Die syntaktische Schnittstelle für die Komponente UM ist in Abb. 7.19 gegeben. Abb. 7.20 gibt zwei Interaktionsdiagramme wieder.

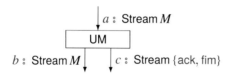

**Abb. 7.19** Syntaktische Schnittstelle der Komponente UM (fim steht für engl. *forward impossible*)

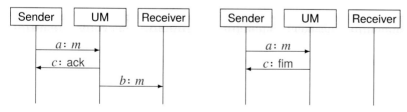

**Abb. 7.20** Zwei Interaktionsdiagramme für die Komponente UM

Von den zwei Beispielen für Interaktionsdiagramme in Abb. 7.20 können wir folgende Gleichungen für die involvierte Komponente $f_{UM}$, gegeben als

Datenflussknoten, ableiten. Durch die Interaktionsdiagramme wird ein nichtdeterministisches Verhalten beschrieben. Deshalb beschreiben wir das dadurch festgelegte Verhalten nicht mit einer einzigen Funktion, sondern mit einer Menge von Funktionen. Diese Menge nennen wir $F_{UM}$ und definieren sie als die größte Menge, die der Äquivalenz

$$f \in F_{UM} \iff \forall m \in M \colon \exists f' \in F_{UM} \colon (\quad f(\langle a \colon m \rangle \frown x) = \langle c \colon \mathsf{ack} \rangle \frown \langle b \colon m \rangle \frown f'(x)$$
$$\vee f(\langle a \colon m \rangle \frown x) = \langle c \colon \mathsf{fim} \rangle \frown f'(x) \quad )$$

genügt. Die Gleichungen sind durch ein logisches „oder" verknüpft, da sie zwei alternative Verhaltensweisen der Komponenten auf den gleichen Inputstimulus beschreiben.                                                                                     ■

Interaktionsdiagramme erlauben eine sehr anschauliche Darstellung der Interaktion zwischen den Komponenten eines Systems. Dies ist für praktische Anwendungen wie Darstellung von Testfällen wichtig und hilfreich. Allerdings besteht bei komplizierten Systemen die Gefahr, dass eine große Zahl von Interaktionsdiagrammen nötig ist, um das Systemverhalten umfassend zu beschreiben. Dann wird die Beschreibung schnell unübersichtlich und fehleranfällig.

## 7.7 TLA – Temporal Logic of Actions

Eine Methode, Systeme durch Zustandsmaschinen und temporale Logik zu spezifizieren und darüber Beweise zu führen, wurde von Leslie Lamport unter der Bezeichnung TLA (engl. *Temporal Logic of Actions*) entwickelt (s. [Lam94]). Die Grundidee dabei ist es, über einen attributierten Zustandsraum $\Sigma$ mit typisierten Zustandsvariablen $x$, $y$, $z$, ... Zustandsübergänge durch Relationen zwischen Zuständen $\sigma$, $\sigma' \in \Sigma$ zu beschreiben. Diese Relationen werden durch eine Zusicherung über den Zustandsvariablen $x$, $y$, $z$, ... und den Zustandsvariablen $x'$, $y'$, $z'$, ... beschrieben, wobei $x$ den Wert der Zustandsvariable vor dem Zustandsübergang und $x'$ den Wert nach dem Zustandsübergang[6] bezeichnet.

Wir bezeichnen die Zusicherung, die die Relation des Zustandsübergangs beschreibt, als Next. Zusätzlich nutzen wir eine Zusicherung Init, die die Anfangszustände für die Zustandsvariablen $x$, $y$, $z$, ..., charakterisiert. Wir betrachten einführend ein einfaches Beispiel mit Zustandsraum $\Sigma = \{\!| x \colon \mathsf{Nat} |\!\}$.

$$\mathsf{Init} \overset{\mathrm{def}}{\iff} (x = 1)$$

$$\mathsf{Next} \overset{\mathrm{def}}{\iff} (x > 0 \wedge (x' = x + 1 \vee x' = 0))$$

---

[6] Anders als bei prädikativen Spezifikation in Lamports TLA bezeichnet für ein Attribut $x$ der Identifikator $x$ in einer Zusicherung den Wert des Attributes vor dem Zustandsübergang und $x'$ den Wert nach dem Zustandsübergang.

Wieder bezeichnen hier Variablen wie $x$ den Zustand vor Ausführung des Übergangs und $x'$ den Zustand nach Ausführung des Übergangs. Als Abläufe erhalten wir die folgenden Zustandsfolgen

$$1\ 2\ 3\ 4\ \ldots\ 0$$
$$1\ 2\ 3\ 4\ \ldots$$

Sobald $x$ den Wert 0 erhält, bricht die Folge ab. Da wir aber nur unendliche Zustandsfolgen betrachten wollen, definieren wir die Zusicherung (UC steht für engl. *unchanged*)

$$\mathsf{UC}(x) \quad \overset{\text{def}}{\Leftrightarrow} \quad (x' = x)$$

und betrachten die Zustandsübergangsspezifikation

$$\mathsf{Next} \ \vee \ \mathsf{UC}(x)$$

Dies besagt, dass sich Zustände stets wiederholen können. Wir erhalten dann unendliche Zustandsfolgen, in denen sich Zustände in aufeinander folgenden Schritten beliebig oft wiederholen können.

$$1\ 2\ 3\ 3\ 4\ \ldots\ 0\ 0\ \ldots$$
$$1\ 2\ 2\ 4\ \ldots$$

Ein Übergang gemäß UC heißt *Stotterschritt* (engl. *stuttering step*). Stotterschritte sind nicht nur von Interesse, damit alle Abläufe stets ins Unendliche fortgesetzt werden können, sie dienen auch der Einbeziehung von Abläufen, bei denen Schritte auftreten, die den sichtbaren Zustand nicht ändern, aber lokale Variablen ändern (dazu später mehr).

Allerdings fordern wir, dass ein Ablauf einer Zustandsmaschine nur dann eine unendliche Folge von aufeinander folgenden Stotterschritten enthält, wenn ein Zustand vorliegt, der keinen Nicht-Stotterschritt mehr erlaubt. Treten nur Zustände im Ablauf auf, die Nichtstotterschritte erlauben, so besteht ein Ablauf aus einer unendlichen Folge von Zuständen, die das Ergebnis von Nichtstotterschritten sind, wobei jeder dieser Zustände nur endlich oft durch Stotterschritte wiederholt werden darf. Demnach können wir die Wiederholung von Zuständen durch Stotterschritte auch so interpretieren, dass ein Übergang von einem Zustand $\sigma$ zu einem Zustand $\sigma' \neq \sigma$ einen längeren Zeitraum in Anspruch nimmt, was durch die Zustandsfolge

$$\cdots\ \sigma\ \sigma\ \cdots\ \sigma\ \sigma'\ \cdots$$

dargestellt wird. Jeder Übergang kann somit beliebig, aber nur endlich lang dauern. Die Dauer wird durch das Stottern ausgedrückt. Dies entspricht einer Fairnessforderung: „beliebig, aber nur endlich oft".

Wir schreiben dann in TLA eine Spezifikation unter Verwendung temporaler Logik als temporale Formel[7]

$$\text{Init} \ \wedge \ \square[\text{Next}]_{\langle x \rangle} \ \wedge \ L$$

Der Zusatz $\langle x \rangle$ drückt aus, dass die Variable $x$ den sichtbaren Zustand bildet. Zusätzlich können Hilfs- und Geistervariablen in Zuständen und Zustandsübergängen auftreten, aber in den Zustandsfolgen werden nur die Zustandsvariablen im Klammerpaar $\langle \rangle$ berücksichtigt. Die Formel $\square[\text{Next}]_{\langle x \rangle}$ drückt aus, dass jeder Schritt im Hinblick auf den Zustand von $x$ ein Next-Schritt oder ein $UC(x)$-Schritt ist.

Die Teilformel $L$ steht für engl. *liveness* und drückt in Form einer Lebendigkeitsbedingung aus, dass immer wieder bestimmte Next-Schritte ausgeführt werden und dass nur endlich viele $UC(x)$-Schritte hintereinander ausgeführt werden, solange zumindest Next-Schritte möglich sind. Die Teilformel $L$ entspricht einer Fairness-Bedingung. In unserem Fall betrachten wir schwache Fairness. Dann steht $L$ für die Formel

$$\square((\exists x, x' : \text{Next}) \Rightarrow \lozenge\text{Next})$$

Die Teilformel $L$ in der obigen Formel drückt also „schwache Fairness" aus. Weitere Möglichkeiten für Lebendigkeitsbedingungen sind, dass für bestimmte Aktionen *Act*, beschrieben durch Relationen zwischen Zuständen $\sigma$ und $\sigma'$, die Teil von Next sind:

$$Act \Rightarrow \text{Next}$$

schwache Fairness gefordert wird:

$$\text{WFair}(Act)$$

Dies drückt aus, dass in jeder Zustandsfolge des beschriebenen Systems für die Aktion *Act* schwache Fairness gilt.

Analog formulieren wir starke Fairness

$$\text{SFair}(Act)$$

Dies drückt aus, dass in jeder Zustandsfolge für die Aktion *Act* starke Fairness gilt.

Fairness stellt sicher, dass, wenn Next möglich ist, irgendwann Next ausgeführt wird. Man beachte, dass außer Next nur UC-Schritte, also Stotterschritte, existieren. Dann gilt für $UC(x)$-Schritte $x = x'$ und wenn

$$\exists x, x' : \text{Next}$$

---

[7] Wir folgen hier der Notation von Lamport und schreiben $\square[\text{Next}]_{\langle x \rangle}$, wobei $\langle x \rangle$ ausdrückt, dass $x$ das sichtbare Attribut ist, für das Stotterschritte zugelassen sind.

gilt, wird irgendwann mindestens Next einmal ausgeführt. Hier zeigt sich, dass eine Formel Next, für welche die Zusicherung $\exists x, x' :$ Next $\land x = x'$ gilt, wenig Sinn ergibt. Dann erfüllt eine unendliche Folge von Zuständen, für die $x = x'$ gilt, die Forderung nach schwacher Fairness für Next, da für einen Next-Schritt auch $x = x'$ gelten kann.

Auf diese Weise werden Mengen von unendlichen Abläufen, bestehend aus Folgen von Zuständen, beschrieben, wobei die Abläufe beliebig viele Stotterschritte enthalten dürfen. Eine unendliche Folge von aufeinanderfolgenden Stotterschritten ist allerdings nur erlaubt, wenn keine Next-Schritte mehr möglich sind.

Damit ist der Ansatz in seiner grundlegender Form nur geeignet, Folgen von Zuständen zu beschreiben, wo für zwei aufeinander folgenden Zustände $\sigma$ und $\sigma'$ die Next-Relation nur ausdrücken kann, dass die Werte der Zustandsvariablen in $\sigma'$ von den Werten der Zustandsvariablen in $\sigma$ abhängen. Abhängigkeit von $\sigma'$ von der Historie der Zustände kann im Allgemeinen so nicht ausgedrückt werden. Ein einfaches Beispiel sind Zustandsfolgen (mit $\sigma_i \in \mathbb{N}_0$)

$$\sigma_0 \; \sigma_1 \; \sigma_2 \; \ldots$$

mit

$$\sigma_0 = 0$$
$$\sigma_1 = \sigma_0 + 1 \; \lor \; \sigma_1 = 0$$
$$\sigma_{i+2} = \sigma_i \; \lor \; \sigma_{i+2} = \sigma_{i+1} + 1$$

Die Methode TLA erlaubt es jedoch, die nach außen sichtbaren Zustände zu erweitern, etwa um lokale Hilfsvariable, um Abläufe wie das eben gezeigte Beispiel zu beschreiben, in dem wir zusätzlich zu den „externen", also den sichtbaren Zustandsvariablen interne, lokale Zustandsvariablen einführen.

Sei $z :$ Nat eine interne Variable für unser Beispiel.

$$\text{Init} \quad \stackrel{\text{def}}{\Longleftrightarrow} \quad (x = 0 \; \land \; z = 0)$$
$$\text{Next} \quad \stackrel{\text{def}}{\Longleftrightarrow} \quad (z' = x \land (x' = x + 1 \lor x' = z))$$

Wir bekommen Zustandsfolgen mit Zuständen $(x, z)$ wie beispielsweise

$$(0, 0) \; (1, 0) \; (2, 1) \; (1, 2) \; (2, 1) \; \ldots$$
$$(0, 0) \; (1, 0) \; (2, 1) \; (3, 2) \; (4, 3)$$

und mit dem Verbergen der lokalen Zustandsvariablen $z$ die Zustandsfolgen

$$0 \; 1 \; 2 \; 1 \; 2$$
$$0 \; 1 \; 2 \; 3 \; 4$$

und mit der Einfügung von Stotterschritten

$$0 \ldots 0\,1 \ldots 1\,2 \ldots 2\,1 \ldots 1\,2 \ldots .$$

Das zeigt, dass wir ein mächtigeres Beschreibungsmittel durch lokale Zustandsvariablen bekommen.

Für die Abläufe ohne Sichtbarkeit der lokalen Variablen $z$ schreibt Lamport (sei IS die Beschreibung der Abläufe inklusive der Hilfsvariablen)

$$\exists\, z \colon \text{IS}$$

Mithilfe lokaler Zustandsvariablen können wir die Vorgeschichte von Abläufen im Zustand festhalten (Lamport spricht von engl. *history variables*) und mithilfe von lokalen Zustandsvariablen können wir bestimmte zukünftige Abläufe festlegen, die nichtdeterministische Auswahlschritte vorwegnehmen. Lamport spricht von Prophezeihungsvariablen (engl. *prophecy variables*).

Die Verifikation, Verfeinerung und Komposition von TLA-Spezifikationen folgt den Konzepten, die wir für Zustandsvariablen festgelegt haben. Die parallele Komposition von TLA wird wie folgt bewerkstelligt.

Seien $\text{Next}_1$ und $\text{Next}_2$ Zustandsübergänge zweier Systeme. Wir erhalten ein neues System, indem die beiden Systeme parallel, genauer mit Interleaving arbeiten, mit folgendem Zustandsübergang

$$\text{Next} \overset{\text{def}}{\Longleftrightarrow} \text{Next}_1 \lor \text{Next}_2$$

Wir betrachten ein einfaches Beispiel, um diese Form der Komposition zu erläutern:

💡 *Beispiel (Komposition in TLA)* Wir betrachten

$$\text{Next}_1 \overset{\text{def}}{\Longleftrightarrow} (x' = x + 1 \land y' = y)$$
$$\text{Next}_2 \overset{\text{def}}{\Longleftrightarrow} (y' = y + 1 \land x' = x)$$

und somit die Programme

$$\text{Init}_1 \land \Box[\text{Next}_1]_{\langle x,y\rangle} \land L$$
$$\text{Init}_2 \land \Box[\text{Next}_2]_{\langle x,y\rangle} \land L$$

mit

$$\text{Init}_1 \overset{\text{def}}{=} x = 0$$
$$\text{Init}_2 \overset{\text{def}}{=} y = 0$$

Komposition liefert das Programm

$$(\text{Init}_1 \land \text{Init}_2) \land \Box[\text{Next}_1 \lor \text{Next}_2]_{\langle x,y\rangle} \land L$$

Es entspricht dem TLA-Programm

$$\mathsf{Init} \wedge \Box[\mathsf{Next}]_{\langle x,y\rangle} \wedge L$$

wobei

$$\mathsf{Init} \;=\; \mathsf{Init}_1 \wedge \mathsf{Init}_2$$
$$\mathsf{Next} \;=\; \mathsf{Next}_1 \vee \mathsf{Next}_2$$

Zusätzlich ist es von Interesse, Fairness für die Auswahl zwischen $\mathsf{Next}_1$ und $\mathsf{Next}_2$ zu fordern. ∎

Dies zeigt die allgemeine Form der parallelen Komposition in TLA.

Die einfachen Beispiele zeigen, dass der Ansatz TLA von Leslie Lamport auf den sehr grundlegenden Konzepten von Zustandsübergangssystemen beruht, wie wir sie bereits im Kap. 2 kennengelernt haben. Im Zentrum des Ansatzes von Lamport steht die Next-Zusicherung, die prinzipiell der Zustandsübergangs-funktion entspricht und auch mit logischen Mitteln eine solche beschreibt. Die Zusicherung Next spezifiziert ein Paar von Zuständen, den aktuellen Zustand $\sigma \in \Sigma$ und darauf folgende Zustände $\sigma' \in \Sigma$. Dadurch wird eine Zustands-übergangsrelation $\Delta$ beschrieben.

$$\Delta(\sigma) \;=\; \{\sigma' \in \Sigma : \mathsf{Next}(\sigma, \sigma')\}$$

Die Zusicherung Init beschreibt die Menge $\Lambda$ der initialen Zustände. Allerdings sieht Lamport, wie beschrieben,

$$\Lambda \;=\; \{\sigma \in \Sigma : \mathsf{Init}(\sigma)\}$$

für TLA hier eine Besonderheit vor. Er erlaubt das beliebige Einfügen von Stotterschritten in Abläufe. Die Menge der Abläufe $A(\Delta, \Lambda)$ ist damit wie folgt definiert:

$$A(\Delta, \Lambda) \;=\; \{(\sigma_i)_{i\in\mathbb{N}_0} : \sigma_0 \in \Lambda \wedge \forall k \in \mathbb{N}_0 :$$
$$(\sigma_{k+1} \in \Delta(\sigma_k) \vee \sigma_{k+1} = \sigma_k) \wedge (\Delta(\sigma_k) \neq \emptyset \Rightarrow \exists s \in \mathbb{N}_0 : \sigma_{k+s} \in \Delta(\sigma_k))\}$$

Entsprechend ist in einem Ablauf der Übergang vom Zustand zum Zustand ein Stotter-Schritt oder ein Übergang zu einem Nachfolgezustand aus $\Delta(\sigma_k)$. Zudem gilt, dass, wenn $\Delta(\sigma_k)$ nicht leer ist, nach endlich viele Schritten ein Übergang zu einem Nachfolgezustand aus $\Delta(\sigma_k)$ auftritt („schwache Fairness").

Dann ist es – wie man sieht – wenig sinnvoll, dass in der Next-Relation Zustandsübergänge vorkommen, die einen Zustand in sich selbst überführen. Dies würde bedeuten, dass es, wenn solche Zustände erreicht werden, immer Abläufe gibt, bei denen sich der Zustand unendlich oft wiederholt. Deshalb betrachtet man in der Regel Next-Relationen, in denen kein Zustand in sich selbst übergeführt wird.

Die Stotter-Relation UC wird immer zusätzlich betrachtet. Dies ist genau die Relation, durch die ein Zustand auf sich selbst abgebildet wird. Allerdings gilt, dass nur endlich viele UC-Schritte hintereinander stattfinden, solange nur ein „Nicht-UC"-Schritt möglich ist. Das heißt, dass nur endlich viele UC-Schritte stattfinden dürfen, bis ein Next-Schritt stattfinden muss (schwache Fairness).

✦ *Beispiel 7.7.1 (Sender des Alternating-Bit-Protokolls)* Wir stellen den Sender aus dem Alternating-Bit-Protokoll (vgl. Abschn. 1.5 in TLA dar. Dazu repräsentieren wir die Kanäle als Sequenzen. Wir verwenden folgende Variablen:

$$c1 : \text{Seq (Data, Bit)}$$
$$c2 : \text{Seq Bit}$$
$$x : \text{Seq Data}$$
$$bs : \text{Bit}$$

Wie in Abschn. 4.6 stellen wir die Kanäle $c1$ und $c4$ durch Variable Sequenzen dar. Die Interaktion mit Medium1 und Medium2 und die Interaktion mit dem Empfänger wird dann modelliert, indem man diese Variablen als gemeinsame Variablen verwendet. Wir betrachten folgende Aktionen:

Initialisierung: $bs = \text{L}$

$$\text{Send:} \quad \#x > 0 \wedge c4 = \langle\rangle \wedge c1' = c1 \circ \langle (\text{first}(x), bs) \rangle$$
$$\wedge\ bs' = bs \wedge x' = x \wedge c4' = c4$$

$$\text{Test:} \quad \#c4 > 0 \wedge c4' = \text{rt}(c4) \wedge c1' = c1$$
$$\wedge \Big(\ (\text{ft}(c4) = bs \wedge bs' = \neg bs \wedge x' = \text{rest}(x))$$
$$\vee (\text{ft}(c4) = \neg bs \wedge bs' = bs \wedge x' = x) \qquad \Big)$$

Dann legen wir fest: Next = Send ∨ Test. Bezogen auf Fairness spezifizieren wir WFair(Send) und WFair(Test). ∎

Warum aber führt Lamport dann die Möglichkeit der „Stotter"-Schritte überhaupt ein? Das hat mit der Überlegung zu tun, dass er in einer Beschreibung des Ablaufs eines Systems von der Vorstellung ausgeht, dass es unterschiedlich lang dauern kann, bis ein System wieder einen „Nicht-Stotter"-Schritt macht. Dadurch können Systeme verglichen und komponiert werden, die unterschiedlich viele interne Schritte durchführen, bis ein Nichtstotterschritt auftritt, der eine sichtbare Änderung bringt. Zusätzlich wird dann seine Regel für die Komposition besonders einfach: Wenn er nun in TLA zwei Systeme parallel zusammensetzt, so bedeutet das, dass die einzelnen Systeme beliebig aber nur endlich viele „Stotter"-Schritte ausführen können, bevor wieder ein Zustandsübergangsschritt stattfindet.

Damit führt auch das zusammengesetzte System zwischen zwei Next-Schritten beliebig viele aber nur endlich viele „Stotter"-Schritte aus. Wie wir bereits in Kap. 2 bei der parallelen Zusammensetzung von Zustandsmaschinen sahen, führt eine einfache Zusammensetzung in einer Zustandsmaschine, in der in jedem Schritt der zusammengesetzten Maschine entweder ein Schritt der einen oder der anderen Maschine ausgeführt wird oder ein „Stotter"-Schritt, erst einmal dazu, dass unendlich viele „Stotter"-Schritte nicht ausgeschlossen sind. Lamport schließt unendliche viele „Stotter"-Schritte aus, in dem er Fairness-Bedingungen einführt, die aussagen, dass ein „Nicht-Stotter"-Schritt irgendwann stattfindet, wenn ein „Nicht-Stotter"-Schritt andauernd möglich ist. Das entspricht genau dem Konzept der schwachen Fairness.

Setzt man zwei Maschinen nach Lamport zusammen, so muss man sicherstellen, dass in der zusammengesetzten Maschine Schritte der einen oder der anderen Maschine oder „Stotter"-Schritte ausgeführt werden und gleichzeitig für beide Maschinen schwache Fairness gilt. Ist für eine der beiden Maschinen ein „Nicht-Stotter"-Schritt ständig möglich, so findet der auch irgendwann statt. Diese Art der schwachen Fairness erlaubt eine Komposition zweier Maschinen, in denen für beide Maschinen Fairness-Annahmen gelten.

Da Lamport davon ausgeht, dass nur bestimmte Teile des Zustands nach außen sichtbar sind und dann von einer anderen Maschine gelesen und geändert werden können, führt er – wie bereits erwähnt – versteckte Hilfsvariablen, engl. *history variables*, ein (vgl. auch die Geistervariablen nach Owicki/Gries aus Abschn. 3.2.6). Diese Hilfsvariablen dienen einerseits dazu, Werte, die in bestimmten Abläufen vorkommen, abzuspeichern und diese in Zustandsübergängen auch im Hinblick auf sichtbare Variablen einsetzen zu können. Ferner definiert er Prophezeihungsvariablen, die es erlauben, bestimmte zukünftige Verhaltensweisen der einzelnen Zustandsmaschinen durch die Zuweisung gewisser Werte an die Prophezeihungsvariablen für die Zukunft festzulegen und somit auch in Zuständen ein Teil des zukünftigen Verhaltens einer Zustandsmaschine zu bestimmen. Technisch benötigt er das, um die Verfeinerungsrelation oder Äquivalenzrelation zwischen Zustandsmaschinen zu beschreiben (s. Kapitel 9 und 10).

Die Form des Vorgehens von Lamport ist charakteristisch für Zustandsmaschinen und hat damit zu tun, dass temporale Logik im Sinne von LTL nicht ausdrucksstark genug ist, um Abläufe beliebiger Kompliziertheit zu beschreiben. Dazu ist die Ausdruckskraft temporaler Logik zu gering. Deshalb wählt Lamport das viel ausdruckskräftigere Konzept der Zustandsübergangsrelationen beschrieben durch Zusicherungen und reichert diese um Hilfsvariablen an. Dann hätte er allerdings ein Konstrukt, das für sich genommen Schwierigkeiten hat, Lebendigkeitseigenschaften wie schwache Fairness einfach auszudrücken. Prinzipiell ist das zwar für Zustandsmaschinen möglich, aber es erfordert komplizierte Konstruktionen durch Hilfsvariablen, die Fairness-Schritte sicherstellen. Lamport entscheidet sich stattdessen für temporale Logik, die in der Lage ist, schwache und starke Fairness auszudrücken. Das liefert schließlich einen Ansatz, der genug Ausdruckskraft hat, um komplexe Systeme darzustellen und auch eine parallele Komposition erlaubt. Da im Kern alles über Logik beschrieben ist, genau genommen über eine Zustandsübergangszusicherungen zusammen mit temporalen Anteilen, sind Spezifikationen rein logisch, so dass aus den Spezifikationen wieder durch logische Regeln Eigenschaften abgeleitet werden können und so Beweise geführt werden können.

Um den Ansatz TLA zu illustrieren, geben wir eine vollständige Spezifikation des Alternating-Bit-Protokolls in TLA.

🔆 *Beispiel 7.7.2 (Das Alternating-Bit-Protokoll in TLA)*  Zuerst definieren wir den Zustandsraum

$$\Sigma \;=\; \{\!| x : \text{Stream Data},\; c1, c2 : \text{Seq (Data, Bit)},\; r : \text{Seq Data},\; bs, br : \text{Bit},$$
$$c3, c4 : \text{Seq Bit} |\!\}$$

Dann definieren wir die Aktionen (alle Attribute, die in Aktionen nicht explizit erwähnt werden, ändern Ihren Wert nicht)

$$\text{SendData} = \left( x \neq \langle\rangle \wedge x' = x \wedge c1' = c1 \circ \langle (\text{ft}(x), bs) \rangle \wedge bs' = bs \right)$$

$$\text{RecAck} = \Big(\quad c4 \neq \langle\rangle \wedge c4' = \text{rest}(c4)$$
$$\wedge \Big(\quad (bs = \text{first}(c4) \wedge bs' = \neg bs \wedge x' = \text{rt}(x))$$
$$\vee\; (bs \neq \text{first}(c4) \wedge bs' = bs \wedge x' = x) \quad\Big)\Big)$$

$$\text{MedTrans1} = (c1 \neq \langle\rangle \wedge c2' = c2 \circ \langle \text{first}(c1) \rangle \wedge c1' = \text{rest}(c1))$$

$$\text{MedFail1} = (c1 \neq \langle\rangle \wedge c2' = c2 \wedge c1' = \text{rest}(c1))$$

$$\text{Receive} = \Big(\quad c2 \neq \langle\rangle$$
$$\wedge\; \exists\, d \in \text{Data},\; b \in \text{Bit}:\; (d, b) = \text{first}(c2)$$
$$\wedge \Big(\quad (b = br \wedge r' = r \circ \langle d \rangle \wedge c3' = c3 \circ \langle b \rangle \wedge br' = \neg br)$$
$$\vee\; (b \neq br \wedge r' = r \wedge c3' = c3 \circ \langle b \rangle \wedge br' = br) \quad\Big)\Big)$$

$$\text{MedTrans2} = (c3 \neq \langle\rangle \wedge c4' = c4 \circ \langle \text{first}(c3) \rangle \wedge c3' = \text{rest}(c3))$$

$$\text{MedFail2} = (c3 \neq \langle\rangle \wedge c4' = c4 \wedge c3' = \text{rest}(c3))$$

Sei $s$ ein gegebener Strom von Daten.

$$\text{Init} \;=\; (x = s \wedge c1 = \langle\rangle \wedge c2 = \langle\rangle \wedge r = \langle\rangle \wedge bs = L \wedge br = L \wedge c3 = \langle\rangle \wedge c4 = \langle\rangle)$$

Wir spezifizieren die folgenden Fairness-Eigenschaften

$$\text{Fairness} = (\quad \text{WFair(SendData)} \wedge \text{WFair(RecAck)} \wedge \text{SFair(MedTrans1)}$$
$$\wedge \text{SFair(MedTrans2)} \wedge \text{WFair(Receive)} \quad)$$

$$\text{ABTSpec} = (\text{Init} \wedge \square[\text{Next}] \wedge \text{Fairness})$$

wobei

$$\text{Next} = (\quad \text{SendData} \vee \text{RecAck} \vee \text{MedTrans1}$$
$$\vee\; \text{MedFail1} \vee \text{Receive} \vee \text{MedTrans2} \vee \text{MedFair2}) \qquad\blacksquare$$

Das Beispiel zeigt, wie in TLA eine Zustandsmaschine durch die Angabe der Aktionen beschrieben wir. Diese werden durch Next zu einer Zustandsübergangsfunktion gebündelt. Die Fairness-Bedingung beschreibt, welche der Aktionen schwache oder starke Fairness erfordern. Dadurch wird eine Menge von unendlichen Abläufen definiert.

## 7.8 Historische Bemerkungen

Schon einer der frühen Ansätze zur Modellierung verteilter vernetzter Systeme, die Petri-Netze, stellen den Begriff der Abläufe und des Prozesses (in Petri-Netz-Jargon Occurrence-Net) zentral in den Mittelpunkt (vgl. [Rei90]). Für Petri-Netze werden solche Occurrence-Nets betrachtet, die im Wesentlichen der Entfaltung von Petri-Netzen in unendliche Ablaufstrukturen entsprechen.

In Publikationen finden sich anfangs eher informelle Beschreibungen von Abläufen, in denen skizzenhaft dargestellt wird, wie die einzelnen Aktionen des Systems zueinander in Beziehung zu setzen sind. Später wird erkannt, wie stark diese Art der Beschreibung gerade für betriebswirtschaftliche Prozesse nützlich ist. Beschreibungsmethoden wie ARIS von Scheer (vgl. [SN00], [SJ02] und [Sei15]) stellen die Prozessmodellierung in den Mittelpunkt. Parallel dazu entwickeln sich eine ganze Reihe von Ansätzen, in denen Prozesse direkt als Abläufe von Systemen darstellbar sind. Es gibt dafür eine Reihe von Prozessbeschreibungssprachen (s. auch [Thu04]).

Auch die Modellierungssprache UML unterstützt die Idee der Prozessbeschreibung. Dabei sind natürlich geeignete Abstraktionsmittel besonders gefragt. Einen vielversprechenden Ansatz bilden sogenannte Sequenzdiagramme, die sich im Umfeld von SDL in der Telekommunikation entwickelt haben. Sequenzdiagramme wurden auch in die UML unter dem Stichwort „Interaktionsdiagramme" übernommen. Sie sind ein sehr anschauliches und nützliches Mittel, um das Zusammenwirken von Systemteilen im Sinne des Prozesses der Kommunikationsaktionen – allerdings oft nur exemplarisch – zu beschreiben. Die formale Fundierung und der systematische methodische Gebrauch der Interaktionsdiagramme in das Vorgehen bei der Systementwicklung scheint allerdings noch nicht völlig abgeschlossen.

Daneben enthält UML „Aktivitätsdiagramme", die von der Idee der Petri-Netze beeinflusst sind und auf die Darstellung von Aktionsstrukturen zielen.

Viele Ansätze stellen Kombinationen von Ablauf- und Zustandssicht dar. Das gilt beispielsweise auch für TLA nach Lamport, eine Mischung aus Zustandsübergangsrelation, dargestellt durch logische Zusicherungen, und temporalen Formeln, die auf Zustandsfolgen arbeiten.

## 7.9 Übungsaufgaben

☑ **Übung 7.9.1** Wie müssen für Beispiel 7.6.2.1 die Gleichungen für $F_{\text{UM}}$ formuliert werden, wenn es noch andere Reaktionen für $f_{\text{UM}}(\langle a\!:\!m \rangle ^\frown x)$ gibt?

☑ **Übung 7.9.2** Finden Sie in Kap. 2 beziehungsweise Kap. 3 ein Konzept für Zustandsmaschinen und Zustandsübergangssysteme, das im Wesentlichen dem TLA-Ansatz von Lamport entspricht. Überlegen Sie, wie Sie Fairness-Annahmen in Zustandsübergangssysteme mithilfe von Hilfsvariablen codieren können. (Hinweis: [Bro14]).

☑ **Übung 7.9.3** Beschreiben Sie das Erzeuger/Verbraucher-Problem in TLA.

☑ **Übung 7.9.4** Beschreiben Sie für die Funktion aus Beispiel 4.3.1(1) das Schnittstellenverhalten durch einen Ablauf wie in Abschn. 7.5 beschrieben.

☑ **Übung 7.9.5** Stellen Sie einen Ablauf des Beispiels 2.1.2.2.6 als Aktionsstruktur dar.

☑ **Übung 7.9.6** Beschreiben Sie das Verhalten des Petri-Netzes aus Abb. 7.8 durch TLA.

☑ **Übung 7.9.7** Beschreiben Sie das Zustandsübergangssystem für das Beispiel 2.1.2.2.6 durch TLA. Diskutieren Sie die Unterschiede in den Abläufen.

☑ **Übung 7.9.8** Sei $q$ ein Prädikat auf Strömen $s$ über der Menge $D$ der Form

$$q(s) \;=\; p(\text{ft}(s))$$

mit einem Prädikat $p\colon D \to \mathbb{B}$. Bestimmen Sie, welche der folgenden Aussagen eine Sicherheitsbedingung und welche eine Lebendigkeitsbedingung ist:

$$\Diamond q$$
$$\Box q$$
$$\Diamond\Box q$$
$$\Box\Diamond q$$

☑ **Übung 7.9.9** Beschreiben Sie den Erzeuger/Verbraucher-Prozess beispielhaft durch eine Aktionsstruktur.

☑ **Übung 7.9.10** Geben Sie ein Sequenzdiagramm für die ersten 10 erzeugten Zahlen der Hammingsequenz und das Programm aus Beispiel 5.3.1.1 an.

☑ **Übung 7.9.11** Diskutieren Sie die Spezifikation des Alternating-Bit-Protokolls aus Beispiel 7.7.2. Welche Invariante gilt für das so durch TLA beschriebene System, die es ermöglicht, die korrekte Übertragung zu beweisen? Unterscheiden Sie dazu Sicherheitseigenschaften – auf $r$ werden die Werte gespeichert, die über $x$ zur Versendung bereitgestellt werden – und die Lebendigkeitseigenschaften – alle Werte, die auf $x$ bereitgestellt werden, werden irgendwann auf $r$ vermerkt. Die Lebendigkeitseigenschaft kann nicht über die Invariante nachgewiesen werden, sondern über die temporalen Formeln – gegebenenfalls über die Einführung von Hilfsvariablen.

☑ **Übung 7.9.12** Was ist der Effekt, wenn man in der Aktion Send in Beispiel 7.7.1 die Teilzusicherung $c4 = \langle\rangle$ löscht? Arbeitet der Sender dann noch korrekt?

# Kapitel 8
# Nachrichtensynchrone Systeme

Bisher haben wir in Teil II beim Nachrichtenaustausch für interaktive Systeme primär asynchrone (gepufferte) Kommunikation betrachtet. Dies bedeutet, dass vom Sender Nachrichten unabhängig von der Frage, ob der Empfänger empfangsbereit ist, gesendet werden. Dies hat den Vorteil, dass die Systemkomponenten entkoppelt arbeiten können. Damit wird auch die Struktur vernetzter Systeme mit über Netzen verteilten Teilsystemen zutreffend erfasst, insbesondere, wenn die Nachrichten wie im Internet in Etappen bis zum Empfänger weitergegeben werden. Allerdings müssen dann Nachrichten, zu deren Entgegennahme der Empfänger (noch) nicht bereit ist, gepuffert werden (*Briefkastenprinzip*).

Nun betrachten wir Komponenten, die in Hinblick auf den Nachrichtenaustausch synchron interagieren (nach dem Handschlag-Prinzip). Für sie gilt, dass eine Sendeaktion nur dann stattfinden kann, wenn Sender und Empfänger gleichzeitig kommunikationsbereit sind. Damit wird eine Pufferung von gesendeten, aber noch nicht empfangenen Nachrichten vermieden. Darüber hinaus kann die Auswahl eines Empfängers zu einem kommunikationswilligen Sender über die Empfangsbereitschaft des Empfängers (und umgekehrt) erfolgen (*Vermittlungsprinzip* im Call-Center).

Ein spezieller Formalismus für die Programmierung solcher synchron kommunizierender Systeme ist ein Formalismus mit Namen CSP (engl. *Commu-* *CSP* *nicating Sequential Processes*). CSP entspricht einer abstrakten Programmiersprache für synchron kommunizierende Systeme. CSP wurde von C. A. R. Hoare vorgeschlagen (vgl. [Hoa78]) und hat seitdem viel Aufmerksamkeit auf sich gezogen und umfangreiche Forschungsarbeiten stimuliert. CSP hat einen praktischen Niederschlag in der Programmiersprache Occam gefunden (vgl. [Hoa85b] und [Hoa85a]). Ein sehr ähnlicher, allerdings stärker auf theoretische Fragestellungen ausgerichteter Ansatz wurde von Robin Milner unter dem Stichwort CCS (engl. *Calculus of Communicating Systems*, vgl. [Mil80]) entwickelt. Wir behandeln im Folgenden schwerpunktmäßig CSP. Daneben gibt es eine Fülle ähnlicher Ansätze wie $\pi$-Kalkül [Mil99] oder allgemein Prozessalgebren [Ber01].

© Der/die Autor(en), exklusiv lizenziert an
Springer-Verlag GmbH, DE, ein Teil von Springer Nature 2023
M. Broy, *Logische und Methodische Grundlagen der Entwicklung
verteilter Systeme*, https://doi.org/10.1007/978-3-662-67317-1_8

## 8.1 Nachrichtensynchrone Komposition von Zustandsmaschinen

Zunächst definieren wir das Konzept der aktionssynchronen Zustandsmaschinen. Wir betrachten für $i = 1, 2$ zwei Zustandsmaschinen mit Zustandsraum $\Sigma_i$, Anfangszuständen $\Lambda_i \subseteq \Sigma_i$ und Aktionsmenge $A_i$ mit markierten Übergängen der Form

$$\Delta_i \colon \Sigma_i \times A_i \to \mathfrak{P}(\Sigma_i)$$

Wir konstruieren eine neue Zustandsmaschine durch nachrichtensynchrone Komposition wie folgt:

$$\Delta = \Delta_1 \parallel \Delta_2 \colon (\Sigma_1 \times \Sigma_2) \times A \to \mathfrak{P}(\Sigma_1 \times \Sigma_2)$$

Dabei treffen wir folgende Annahme für die Aktionsmengen $A_1$ und $A_2$:

(1) $A_i = A_i^s \cup A_i^a$ Es existiert für die Aktionsmengen beider Zustandsmaschinen eine disjunkte Zerlegung in Mengen synchroner und asynchroner Aktionen.

(2) Es existiert ein Prädikat $\mathsf{syn} \colon A_1^s \times A_2^s \to \mathbb{B}$, welches festlegt, welche der synchronen Aktionen zusammenpassen und nur gemeinsam („synchron") ausgeführt werden.

Wir definieren die Menge der Aktionen für die Übergangsrelation der zusammengesetzten Zustandsmaschine $\Delta$:

$$A = A_1^a \cup A_2^a \cup \{(a_1, a_2) \in A_1^s \times A_2^s \colon \mathsf{syn}(a_1, a_2)\}$$

Die Grundidee ist, dass die synchronen Aktionen durch die Zustandsmaschinen in der zusammengesetzten Zustandsmaschine gemeinsam ausgeführt werden.

$$\Delta((\sigma_1, \sigma_2), a) =$$

| | |
|---|---|
| asynchr. Anteil | $\{(\sigma_1', \sigma_2) \colon a \in A_1^a \wedge \sigma_1' \in \Delta_1(\sigma_1, a)\}$ $\cup \{(\sigma_1, \sigma_2') \colon a \in A_2^a \wedge \sigma_2' \in \Delta_2(\sigma_2, a)\}$ |
| synchr. Anteil | $\cup \{(\sigma_1', \sigma_2') \colon \exists a_1 \in A_1^s, a_2 \in A_2^s \colon$ $a = (a_1, a_2) \wedge \mathsf{syn}(a_1, a_2) \wedge$ $\sigma_1' \in \Delta_1(\sigma_1, a_1) \wedge \sigma_2' \in \Delta_2(\sigma_2, a_2)\}$ |

Die zusammengesetzte Zustandsmaschine kann asynchrone Übergänge vollziehen, und zwar unabhängig für jeweils eine der gegebenen Zustandsmaschinen, oder aber synchrone Übergänge gemeinsam durchführen. Synchrone Übergänge bestehen aus zwei synchron auszuführenden Aktionen (dem „Handschlag", engl. *handshake*) zwischen den beiden Zustandsmaschinen und den entsprechenden Übergängen für beide Zustandsmaschinen.

Kann in einem Zustand keine der beiden Zustandsmaschinen einen asynchronen Übergang ausführen und passen die in dem Zustand möglichen synchronen Übergänge nicht zusammen und befindet sich wenigstens eine der beiden Zustandsmaschinen nicht in einem Endzustand, so befindet sich die zusammengesetzte Zustandsmaschine in einer *Verklemmung*.

Wie schon in Definition 2.2.1.1.2 schreiben wir für Zustände $\sigma, \sigma' \in \Sigma$ und $a \in A$

$$\sigma \xrightarrow{a} \sigma'$$

für $\sigma' \in \Delta(\sigma, a)$.

📖 **Definition (Nachrichtensynchrone Komposition von Zustandsmaschinen)** Seien $(\Delta_1, \Lambda_1)$ und $(\Delta_2, \Lambda_2)$ Zustandsmaschinen mit Zustandsraum $\Sigma_1$ und $\Sigma_2$. Sei $(\Delta_1, \Lambda_1) \parallel (\Delta_2, \Lambda_2)$ deren parallele Komposition. Ein synchroner Übergang ist wie folgt beschrieben ($\sigma_1, \sigma_1' \in \Sigma_1, \sigma_2, \sigma_2' \in \Sigma_2$):

$$\sigma_1 \xrightarrow{a_1} \sigma_1' \wedge \sigma_2 \xrightarrow{a_2} \sigma_2' \wedge a_1 \in A_1^s \wedge a_2 \in A_2^s \wedge \mathsf{syn}(a_1, a_2)$$
$$\Rightarrow (\sigma_1, \sigma_2) \xrightarrow{(a_1, a_2)} (\sigma_1', \sigma_2')$$

wobei $A_i^s$ die Menge der synchronen Aktionen der Zustandsmaschine $Z_i$ beschreibt und $\mathsf{syn}(a_1, a_2)$ gelte. Ein asynchroner Schritt der Maschine $(\Delta_1, \Lambda_1)$ im Rahmen der Komposition wird wie folgt beschrieben:

$$\sigma_1 \xrightarrow{b} \sigma_1' \wedge b \in A_1^a \Rightarrow (\sigma_1, \sigma_2) \xrightarrow{b} (\sigma_1', \sigma_2)$$

Ein asynchroner Schritt von $(\Delta_2, \Lambda_2)$ liest sich analog. ∎

Wir geben ein einfaches Beispiel für die synchrone Komposition von Zustandsmaschinen.

💡 *Beispiel (Synchrone Komposition von Erzeuger und Verbraucher)* Wir betrachten die Zustandsmaschinen in Abb. 8.1. Diese zeigt zwei Zustandsmaschinen producer und consumer sowie deren synchrone Komposition. Dabei sind send und receive synchron auszuführende Aktionen.

Hier legen wir fest, dass für die Zustandsmaschinen die Aktion produce sowie consume asynchron, hingegen die Aktion send und die Aktion receive synchron sind und dass somit gilt

$$\mathsf{syn}(\mathsf{send}, \mathsf{receive}) = \mathsf{true} \qquad \blacksquare$$

Im obigen Beispiel haben wir nur zwei synchrone Aktionen betrachtet sowie Zustandsmaschinen, die zusammenpassen. Schwieriger wird das Zusammensetzen der Zustandsmaschinen, wenn es mehrere Paare von synchronen Aktionen gibt, die die Zustandsmaschinen ausführen können. Dann muss nichtdeterministisch entschieden werden, welche der Möglichkeiten, synchrone Aktionen auszuführen, gewählt wird.

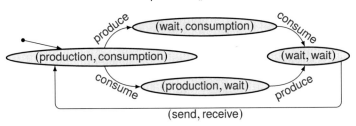

**Abb. 8.1** Zustandsmaschinen producer, consumer und ihre nachrichtensynchrone Komposition

## 8.2 Syntax von CSP

Wir betrachten die Sprache von Agenten in CSP, in der folgende Anweisungsmuster auftreten (in einer Erweiterung der *Guarded Command Language* von Dijkstra (s. [Bro19]) um Kommunikationsanweisungen):

| | |
|---|---|
| **nop** | leere Anweisung |
| **abort** | nichtterminierende Anweisung |
| $x := E$ | Zuweisung |
| $c\,?\,v$ | Eingabeereignis (bei Hoare: engl. *receive*) |
| $c\,!\,E$ | Ausgabeereignis (bei Hoare: engl. *send*) |
| $S\,;\,S'$ | Sequenzielle Komposition von Anweisungen |
| **if** ... $[\![$ $G_i$ **then** $S_i$ $[\![$ ... **fi** | Bewachte Anweisung (bei Hoare: engl. *guarded command*) |
| $S \parallel S'$ | Parallele Komposition (Nebenläufigkeit, Parallelität) |
| **do** ... $[\![$ $G_i$ **then** $S_i$ $[\![$ ... **od** | Wiederholungsanweisung |

Dabei können die Bedingungen $G_i$ von bewachten Anweisungen und Wiederholungsanweisungen folgende syntaktische Formen annehmen (wobei $C$ einen booleschen Ausdruck darstellt und $c$ einen Kanalnamen):

$$C \qquad \text{Wächter (ohne Kommunikation)}$$
$$C : c\,?\,v \quad \text{bewachte Kommunikation: Eingabe}$$
$$C : c\,!\,E \quad \text{bewachte Kommunikation: Ausgabe}$$

Wir setzen folgende syntaktische Nebenbedingung für die parallele Kompositi-on $S \parallel S'$ zweier Anweisungen $S$ und $S'$ voraus: Jede Variable $v$ tritt höchstens in $S$ oder in $S'$ auf, das heißt, es gibt in CSP keine gemeinsamen Variablen, sondern lediglich synchrone Kommunikation über gemeinsame Kanäle. Die Kooperation und Interaktion findet ausschließlich über Nachrichtenaustausch statt.

Im Sinn der nachrichtensynchronen Zustandsmaschinen aus Abschn. 8.1 sind alle Aktionen asynchron bis auf das Senden und Empfangen von Nachrichten. Es gilt:

$$\mathsf{syn}(c?v, \, e!E) \;=\; (c = e)$$
$$\mathsf{syn}(c!E, \, e?v) \;=\; (c = e)$$
$$\neg \, \mathsf{syn}(c?w, \, e?v)$$
$$\neg \, \mathsf{syn}(e!E', \, c!E)$$

Ferner setzen wir die folgende Sorte für die Menge der Kanalnamen für eine Nachrichtensorte $\alpha$ voraus:

$$\mathsf{Chan}\,\alpha$$

CSP erlaubt die Formulierung von Programmen mit Kommunikationsanweisun-gen und synchroner Kommunikation. Grundsätzlich brauchen wir bei Kanälen nicht zwischen Ausgabe- und Eingabekanälen unterscheiden. Kanäle dienen hier nur als Synchronisationsprimitive.

🔆 *Beispiel (Der Empfänger des ABP als CSP-Programm)* Den Empfänger beschreiben wir durch ein CSP-Programm wie folgt:

$v$ : **var** $(d$ : Data, $b$ : Bit);
$br$: **var** Bit := L;
**do** $c2?v$ **then if** $b(v) = br$    **then** $r\,!\,d(v)$; $c3\,!\,b(v)$; $br := \neg br$
            ⟦ $b(v) = \neg br$ **then** $c3\,!\,b(v)$
        **fi**
**od**

Dieses Programm ist gut lesbar und knapp. Es ist sehr ähnlich zu einem Pro-gramm, das mit asynchroner Kommunikation arbeitet. ∎

⚠ **Achtung**  Kanäle enthalten hier keine Puffer, denn es werden keine Nach-richten zwischengespeichert. Der Nachrichtenaustausch erfolgt synchron durch direkte Übergabe (engl. *handshake*) zwischen Sender und Empfänger in einem gemeinsamen Schritt (fr. *rendezvous*). ∎

🔆 *Beispiel 8.2.1 (Programme in CSP, nachrichtensynchrone Komposition von Zustandsmaschinen)*

(1) Puffer in CSP
    Da in CSP keine Kanäle mit impliziten Puffern (wie bei asynchroner Kom-munikation) verwendet werden, müssen Puffer explizit eingeführt werden.

Ein endlicher Puffer mit maximaler Länge *bound* wird in CSP wie folgt beschrieben:

$P(in$ ⦂ Chan Data, $out$ ⦂ Chan Data$)$ =
    { $q$ ⦂ **var** Queue Data;
      $n$ ⦂ **var** Nat;
      $x$ ⦂ **var** Data;
      $q, n$ := equeue, 0;
      **do** $n > 0$     : $out$ ! first$(q)$ **then** $q, n$ := rest$(q), n - 1$
        ⫿ $n < bound$ : $in$ ? $x$      **then** $q, n$ := stock$(q, x), n + 1$
      **od** }

Wie später genauer erläutert wird, terminiert in diesem Fall die Wiederholungsanweisung nie. Der Puffer ist bereit, Eingaben entgegen zu nehmen, solange er seine maximale Länge nicht erreicht hat. Nur wenn der Puffer nicht leer ist, ist er bereit, Ausgaben zu senden. Ist mindestens einer der Wächter wahr, wird gewartet, bis eine der von den Wächtern freigegebenen Kommunikationsanweisungen von einem parallel ablaufenden Programm aktiviert wird. Passiert dies nie, befindet sich die Wiederholungsanweisung in einem unendlichen Wartezustand.

(2) Verkaufsautomat in CSP

Einen einfachen Verkaufsautomaten für Waren können wir in CSP wie folgt beschreiben. Der Automat benutzt folgende Kanäle:

$$choice, delivery\_box \text{ ⦂ Chan Article}$$
$$pay\_in, pay\_out \text{ ⦂ Chan Nat}$$
$$deliver, return \text{ ⦂ Chan Signal}$$

Hier ist Signal eine Sorte mit nur einem Element req. Dadurch stellen wir das Drücken eines Knopfes dar.

$b$ ⦂ **var** Bool;  $g, y$ ⦂ **var** Nat;  $x$ ⦂ **var** Article;  $z$ ⦂ Signal;
**do** true **then**
    $choice$ ? $x$;
    $b, g$ := true, 0;
    **do** $b \wedge g < $ price$(x)$ : $pay\_in$ ? $y$ **then** $g$ := $g + y$
      ⫿ $b \wedge g \geq $ price$(x)$ : $deliver$ ? $z$ **then** $delivery\_box$ ! $x$; $b$ := false
      ⫿ $b \wedge g < $ price$(x)$ : $return$ ? $z$ **then** $pay\_out$ ! $g$; $b$ := false
    **od**
**od**

Stimmt der aufaddierte Geldbetrag mindestens mit dem Preis überein, erfolgt die Warenausgabe. Überbezahlte Beträge gehen verloren.    ■

Es wird in CSP angenommen, dass jeder Nachrichtenaustausch – bestehend aus zusammengehörigem Senden und Empfangen – eine unteilbare Aktion des Systems darstellt. Ist aufgrund nicht zusammenpassender Aktionen der parallel ablaufenden Programme kein Nachrichtenaustausch möglich, so führt dies anders als bei asynchroner Kommunikation, auf eine Verklemmung. So führt etwa das Programm

$$(x!1;\ y?v) \parallel (y!2;\ x?w)$$

auf eine Verklemmung, wenn keine weitere Kommunikation von außen angeboten wird, da das linke Programm auf einer Ausgabe auf Kanal $x$, das rechte auf einer Ausgabe auf Kanal $y$ besteht.

⚠ **Achtung**  Bei asynchroner Kommunikation führt das oben beschriebene Programm hingegen auf keine Verklemmung. Das Senden ist für beide Programme möglich, da die Nachrichten zwischengepuffert werden. Eine Umsetzung in eine prädikative Spezifikation zeigt das (s. Abschn. 5.6).  ■

## 8.3 Operationelle Semantik für CSP

Wir geben eine operationelle Semantik für CSP an. Genauer gesagt beschreiben wir CSP-Programme durch Termersetzungssystem analog zu Zustandsmaschinen. Dazu definieren wir eine Zustandsübergangsrelation auf Paaren $(S, \sigma)$ (genannt *Konfiguration*, die einem Zustand entspricht), wobei $S$ ein CSP-Programm ist und $\sigma$ ein Datenzustand ist. Eine Konfiguration $(S, \sigma)$ definiert den Zustand der Berechnung. Sei

$$\text{CSP}$$

die Menge der CSP-Programme und $\Sigma$ die Menge der Zustände (Belegung der Programmvariablen) eines CSP-Programms. Wir definieren zur Beschreibung der operationellen Semantik eine Zustandsübergangsrelation

$$\to\ \subseteq\ (\text{CSP} \times \Sigma) \times A \times (\text{CSP} \times \Sigma)$$

Hier ist $A$ die Menge der Kommunikationsaktionen, die wie folgt definiert sei:

$$A = \{x!d: x \in \text{CHID} \wedge d \in \text{Value}\} \cup \{x?d: x \in \text{CHID} \wedge d \in \text{Value}\} \cup \{\varepsilon\}$$

Die Menge CHID bezeichnet dabei die Menge der Kanäle. Die Menge Conf = CSP $\times \Sigma$ der Paare $(S, \sigma)$ bezeichnet die Konfigurationen. Eine Konfiguration besteht aus einem CSP-Programm und einer Belegung $\sigma: \text{Var} \to \text{Value}$. Seien $k, k' \in \text{Conf}$. Der Übergang $k \overset{\varepsilon}{\to} k'$ heißt auch *stiller Übergang*. Dies entspricht *Stiller Übergang* einem Übergang ohne Kommunikation. Statt der stillen Übergänge

$$k \overset{\varepsilon}{\to} k'$$

schreiben wir oft einfacher

$$k \to k'.$$

Wir setzen für jeden Zustand $\sigma \in$ State eine Auswertungsfunktion für Ausdrücke voraus

$$[\![ \cdot ]\!]_\sigma : \text{Exp} \to \text{Value}$$

die jedem Ausdruck in CSP im Zustand $\sigma$ einen Wert zuordnet. Folgende Regeln beschreiben die operationelle Semantik durch eine Axiomatisierung der Übergangsfunktion:

Empfangen:

$$(x?v, \sigma) \overset{x?d}{\to} (\textbf{nop}, \sigma[d/v])$$

Senden ($[\![ E ]\!]_\sigma$ beschreibt den Wert des Ausdrucks $E$ im Zustand $\sigma$):

$$\frac{[\![ E ]\!]_\sigma = d}{(x!E, \sigma) \overset{x!d}{\to} (\textbf{nop}, \sigma)}$$

Sequenzielle Komposition (sei $m \in A$):

$$\frac{(S, \sigma) \overset{m}{\to} (S', \sigma')}{(S; S'', \sigma) \overset{m}{\to} (S'; S'', \sigma')}$$

Sequenzielle Komposition mit **nop**:

$$(\textbf{nop}; S, \sigma) \overset{\varepsilon}{\to} (S, \sigma)$$

Bewachte Anweisung mit Kommunikation (sei $m \in A \setminus \{\varepsilon\}$):

$$\frac{[\![ C_i ]\!]_\sigma = \text{true} \qquad (M_i, \sigma) \overset{m}{\to} (\textbf{nop}, \sigma')}{(\textbf{if} \ \dots \ [\!] \ C_i : M_i \ \textbf{then} \ S_i \ [\!] \ \dots \ \textbf{fi}, \ \sigma) \overset{m}{\to} (S_i, \sigma')}$$

Bewachte Anweisung ohne Kommunikation:

$$\frac{[\![ C_i ]\!]_\sigma = \text{true}}{(\textbf{if} \ \dots \ [\!] \ C_i \ \textbf{then} \ S_i \ [\!] \ \dots \ \textbf{fi}, \ \sigma) \to (S_i, \sigma)}$$

Parallele Anweisung:

(a) unabhängige Aktionen:

$$\frac{(S_1, \sigma) \to (S_1', \sigma')}{\begin{array}{c}(S_1 \| S_2, \sigma) \to (S_1' \| S_2, \sigma') \\ (S_2 \| S_1, \sigma) \to (S_2 \| S_1', \sigma')\end{array}}$$

(b) interne synchrone Kommunikation:

$$\frac{(S_1, \sigma) \xrightarrow{x!d} (S_1', \sigma) \qquad (S_2, \sigma) \xrightarrow{x?d} (S_2', \sigma')}{\begin{array}{c}(S_1 \parallel S_2, \sigma) \rightarrow (S_1' \parallel S_2', \sigma') \\ (S_2 \parallel S_1, \sigma) \rightarrow (S_2' \parallel S_1', \sigma')\end{array}}$$

(c) Terminierung eines Zweiges in der parallelen Komposition:

$$(S \parallel \text{nop}, \sigma) \;\rightarrow\; (S, \sigma)$$

$$(\text{nop} \parallel S, \sigma) \;\rightarrow\; (S, \sigma)$$

Wiederholung und Zuweisung sind analog zur Behandlung sequenzieller Programme definiert (vgl. [Bro19]).

Wiederholung: Sei

$$DO \;=\; \text{do} \;\ldots\; \text{\textlbrackdbl}\; G_i \text{ then } S_i \;\text{\textlbrackdbl}\; \ldots \; \text{od}$$

Dann gilt (sei $G_i = C$ oder $G_i = C{:}a$ mit $a \in A \setminus \{\varepsilon\}$)

$(DO, \sigma) \;\rightarrow$

$(\text{if} \;\ldots\; \text{\textlbrackdbl}\; G_i \text{ then } S_i;\, DO \;\text{\textlbrackdbl}\; \ldots\; \text{\textlbrackdbl}\; \neg(C_1 \wedge \cdots \wedge C_n) \text{ then nop fi}, \;\sigma)$

wobei $C_i$ jeweils der boolesche Ausdruck im Wächter $G_i$ sei ($1 \leq i \leq n$).

Zuweisung:
$$(x := E, \sigma) \;\rightarrow\; (\text{nop}, \sigma[\llbracket E \rrbracket_\sigma / x])$$

Wenn man zusätzlich zu internen synchronen Kommunikation noch Kommunikation nach außen (externe Kommunikation) betrachten möchte, verwendet man die Regel der unabhängigen Kommunikation. Eine besondere Rolle kommt dann den Kanälen zu, die als lokal deklariert sind. Sei $(S_1 \| S_2, \sigma)$ eine Konfiguration. Wir schreiben für einen Kanal $c$ des Typs Chan $\alpha$

$$\text{local } c : \text{Chan } \alpha;\; S_1 \parallel S_2$$

für ein CSP-Programm mit lokalem Kommunikationskanal $c$. Dann gilt

$$\frac{(S_1 \parallel S_2, \sigma) \xrightarrow{m} (S_1' \| S_2', \sigma') \qquad m \notin \text{Com}(c)}{(\text{local } c : \text{Chan } \alpha;\; S_1 \| S_2, \sigma) \xrightarrow{m} (\text{local } c : \text{Chan } \alpha;\; S_1' \| S_2', \sigma')}$$

wobei $\text{Com}(c)$ die Menge aller Kommunikationsanweisungen für Kanal $c$ umfasst. Die Regel zeigt, dass über lokale Kanäle keine Kommunikation nach außen möglich ist.

Somit führt eine Konfiguration $(\text{local } c : \text{Chan } \alpha;\; (S_1 \parallel S_2), \sigma)$ auf eine Verklemmung (engl. *deadlock*), wenn

$$(S_1, \sigma) \xrightarrow{c!d} (S_1', \sigma)$$

der einzige Schritt ist, den die Konfiguration $(S_1, \sigma)$ ausführen kann und wenn ein Übergang $(S_2, \sigma) \xrightarrow{c?v} (S'_2, \sigma')$ nicht möglich ist. Im CSP-Programm

$$\textbf{local } c : \text{Chan } \alpha; \ S_1 \parallel S_2$$

*Verklemmung*  ist dann in einer *Verklemmung*.

*Verklemmung*  Für einen Zustand $\sigma \in \Sigma$ sagen wir, dass die Konfiguration $(S, \sigma)$ in einer *Verklemmung* ist, falls $S \neq \textbf{nop}$ und keine Aktion $m \in M$, kein Nachfolgeprogramm $S'$ und Zustand $\sigma'$ existieren mit

$$(S, \sigma) \xrightarrow{m} (S', \sigma')$$

Die markierte Ersetzungsrelation lässt sich durch folgende Regeln auf Übergänge markiert durch endliche Sequenzen von Aktionen über $M \backslash \{\varepsilon\}$ erweitern (sei $\varepsilon$ auch die leere Sequenz und $m \in A$):

$$(S, \sigma) \xRightarrow{\varepsilon} (S', \sigma') \qquad\qquad \text{falls } (S, \sigma) \xrightarrow{\varepsilon} (S', \sigma')$$

$$(S, \sigma) \xRightarrow{\langle m \rangle} (S', \sigma') \qquad\qquad \text{falls } (S, \sigma) \xrightarrow{m} (S', \sigma')$$

$$(S, \sigma) \xRightarrow{s \circ s'} (S', \sigma') \quad \text{falls } (S, \sigma) \xRightarrow{s} (S', \sigma') \text{ und } (S', \sigma') \xRightarrow{s'} (S'', \sigma'')$$

*Spur*  Wir sprechen von einer *Spur* $s$ für die Konfiguration $(S, \sigma)$, falls gilt:

$$\exists S', \sigma' : (S, \sigma) \xRightarrow{s} (S', \sigma')$$

Es lassen sich auch unendliche Spuren betrachten: Eine endliche oder unendliche Sequenz $s$ von Kommunikationsaktionen heißt vollständige Spur zur Konfiguration $(S_0, \sigma_0)$, falls eine der folgenden Aussagen gilt:

(1) $\exists \sigma' : (S_0, \sigma_0) \xRightarrow{s} (\textbf{nop}, \sigma')$ und $s$ ist endlich
    oder

(2) es existieren für alle $i \in \mathbb{N}_0$: Elemente $S_i, \sigma_i, s_i$, so dass für $i > 0$ Folgendes gilt:

$$(S_{i-1}, \sigma_{i-1}) \xRightarrow{s_{i-1}} (S_i, \sigma_i) \quad \text{und} \quad s = \sup\{\langle s_0 \cdots s_i \rangle : i \in \mathbb{N}_0\}$$

Dann ist $s$ unendlich.

Ein kritischer Aspekt ist die Situation, in der eine Konfiguration $(S, \sigma)$ eine unendliche Folge von $\varepsilon$-Schritten durchführen kann

$$(s, \sigma) \xrightarrow{\varepsilon} (S_1, \sigma_1) \xrightarrow{\varepsilon} (S_2, \sigma_2) \xrightarrow{\varepsilon} \cdots$$

Dann sprechen wir davon, dass das Programm $t$ für die Konfiguration $(S, \sigma)$ nicht terminiert. Eine Konfiguration mit dieser Eigenschaft setzen wir mit der nichtterminierenden Konfiguration gleich. In diesem Fall definieren wir

(3) $(S, \sigma) \overset{\varepsilon}{\to} (S, \bot)$

Ebenso lässt sich für eine Konfiguration $(S, \sigma)$ der Baum (genannt *Synchronisa-* *Synchronisationsbaum*
*tionsbaum*) der Übergänge angeben (vgl. Abb. 8.2). Dabei gelte in Abb. 8.2, dass
stets $(S, \sigma) \overset{m_i}{\to} (S^{(i)}, \sigma^{(i)})$ gilt und dass die Zweige für $i = 1, \dots, n$ die Menge
aller möglichen Übergänge bilden. Der Synchronisationsbaum kann unendliche
Pfade enthalten, dabei seien synctree$(S^{(i)}, \sigma^{(i)})$ die Synchronisationsbäume
für die Konfiguration $(S^{(i)}, \sigma^{(i)})$, auch mit unendlichen Verzweigungen.

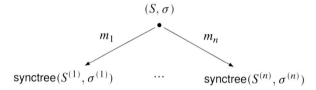

**Abb. 8.2** Synchronisationsbaum synctree$(S, \sigma)$.

Die operationelle Semantik ordnet jeder Konfiguration eine Zustandsmaschine zu, die die Konfiguration als Anfangszustand enthält. Die hier definierte
operationelle Semantik von CSP-Programmen definiert axiomatisch, also durch
Regeln, eine Zustandsmaschine mit markierten Übergängen. Die Zustände bestehen aus Konfiguration, Paaren von CSP-Programmen und Belegungen der
Programmvariablen. Die Aktionen bestehen aus Sende- und Empfangsaktionen
und den stillen Übergang, repräsentiert durch die Aktion $\varepsilon$. Damit können wir
all das, was in Abschn. 2.2 zu Zustandsmaschinen mit markierten Übergängen
beschrieben wir, auf CSP anwenden.

## 8.4 Bereitschaft und Verweigerung

Um das Schnittstellenverhalten eines CSP-Programms in einem vorgegebenen
Zustand zu beschreiben, verwenden wir Mengen von Spuren (engl. *traces*). Eine *Trace*
*Spur* entspricht einem Strom über der Menge $A \setminus \{\varepsilon\}$ von Kommunikationsaktio- *Spur*
nen. Wieder können wir zwischen partiellen (d.h. endlichen) und vollständigen
Spuren unterscheiden. Zusätzlich wird für endliche partielle Spuren die Angabe
eines Nachfolgezustandes $\sigma'$ notwendig, um das weitere Verhalten eines CSP-
Programms in beliebigen Umgebungen, die wieder durch CSP-Programme
beschrieben sind, bestimmen zu können.
Jedenfalls ist durch die Angabe der Menge der Spuren das Verhalten eines
CSP-Agenten noch nicht hinreichend beschrieben. Dies wird durch folgendes
klassisches Beispiel deutlich (vgl. Abb. 8.3):

$$S_1 \equiv \textbf{if } \text{true}: x!1 \textbf{ then } S_1'$$
$$\quad [] \text{ true}: y!2 \textbf{ then } S_2'$$
$$\quad \textbf{fi}$$

$$S_2 \equiv \textbf{if } \text{true } \textbf{then } x!1; S_1'$$
$$\quad [] \text{ true } \textbf{then } y!2; S_2'$$
$$\quad \textbf{fi}$$

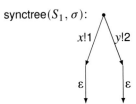
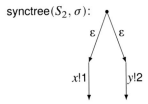

**Abb. 8.3** Synchronisationsbäume für $S_1$ und $S_2$

Betrachten wir das Programm

$$P_i \equiv \textbf{local } x : \text{Chan } \alpha; \; S_i \parallel x?v$$

so kann $P_2$ unmittelbar auf eine Verklemmung führen, wohingegen $P_1$ für den nächsten Schritt verklemmungsfrei ist. Die Agenten $P_1$ und $P_2$ besitzen jedoch identische Mengen von Spuren (engl. *traces*).

Ein wesentlicher Punkt bei synchronem Nachrichtenaustausch ist folglich die Frage, in welchem Kontrollzustand festgelegt wird, zu welchen Kommunikationsaktionen eine CSP-Komponente letztlich bereit ist. Betrachten wir erneut die CSP-Terme $S_1$ und $S_2$. Wir erhalten

$$(S_1, \sigma) \overset{x!1}{\to} (S_1', \sigma)$$

und

$$(S_1, \sigma) \overset{y!2}{\to} (S_2', \sigma)$$

Für $S_2$ erhalten wir

$$(S_2, \sigma) \to (x!1; S_1', \sigma)$$

und

$$(S_2, \sigma) \to (y!2; S_2', \sigma)$$

Die Konfiguration $(S_1, \sigma)$ ist *sowohl* zu der Aktion $x!1$ *als auch* zur Aktion $y!2$ bereit. Die Konfiguration $(S_2, \sigma)$ ist nach einem $\varepsilon$-Schritt *entweder* zur Aktion $x!1$ *oder aber* zur Aktion $y!2$ bereit. Diese Form der Bereitschaft können wir in Synchronisationsbäumen erkennen. Jede Konfiguration entspricht einem (möglicherweise unendlichen) Synchronisationsbaum. Eine Konfiguration ist in unserem Ansatz entweder zu $\varepsilon$-Übergängen oder zu Kommunikationsaktionen bereit. Aufeinanderfolgende $\varepsilon$-Übergänge fassen wir zusammen (s. Abb. 8.4).

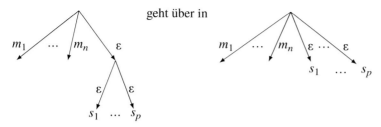

**Abb. 8.4** Normalisierung der Synchronisationsbäume

Wir erhalten normalisierte Synchronisationsbäume. Abb. 8.3 zeigt die Synchronisationsbäume für $(S_1, \sigma)$ und $(S_2, \sigma)$. Hier ist der Unterschied zwischen $S_1$ und $S_2$ deutlich zu erkennen. Wir kommen darauf zurück.

Dies zeigt, dass die Menge der Spuren nicht genügend Information für sich enthält, um das Verhalten eines synchron kommunizierenden Programms vollständig festzulegen. Damit wird deutlich, dass die Spuräquivalenz bezüglich der Kommunikationsspuren auf CSP keine Kongruenzrelation in Hinblick auf die parallele Komposition ist.

⚠ **Achtung**  Die Spuräquivalenz für CSP-Ausdrücke (und allgemein auch für synchrone Zustandsmaschinen) reicht insbesondere nicht aus, um Verklemmungen in zusammengesetzten Zustandsmaschinen eindeutig zu bestimmen. Für diese Art von Zustandsmaschinen ist die Spuräquivalenz keine Kongruenzrelation. ∎

Um das Verhalten eines Agenten insbesondere in Bezug auf Verklemmungssituationen bei Abarbeitung in der parallelen Komposition im Zusammenspiel mit anderen Programmen bestimmen zu können, ist es erforderlich, nicht nur die Menge der Spuren des Agenten zu kennen, sondern zu jeder (unvollständigen) Spur ist die Kenntnis der durch den Ablauf erreichten sogenannten Bereitschaftsmengen erforderlich.

Sei CHID die Menge der Kanalnamen. Eine Menge

$$R \quad \subseteq \quad \bigcup_{x \in \text{CHID}} \{x!, x?\}$$

heißt *Bereitschaftsmenge* (engl. *readiness set*) für eine Spur, falls der gegebene Agent (nach Ausführung der in der Spur angegebenen Kommunikationsaktionen) zu den in der Menge $R$ angegebenen Aktionen fähig ist. Aufgrund des Nichtdeterminismus kann es zu jeder Spur mehrere Bereitschaftsmengen geben, da die gleiche Spur auf unterschiedliche Konfigurationen führen kann. *Bereitschaftsmenge*
*readiness set*

Wir betrachten nur Bereitschaftsmengen für Konfigurationen, die nur noch zu Kommunikationsaktionen und keinen anderen Schritten – auch keinen stillen Übergängen – fähig sind. Dazu definieren wir ein Prädikat stable: $\text{CSP} \times \Sigma \rightarrow \mathbb{B}$, wofür folgende Aussage gilt:

$$\text{stable}(S, \sigma) \; = \; (\forall \, m \in A, \, S', \, \sigma' : (S, \sigma) \xrightarrow{m} (S', \sigma') \Rightarrow m \neq \varepsilon)$$

Formal modellieren wir die Bereitschaftsmengen wie folgt: Seien nachstehende Definitionen gegeben:

$$s \qquad\qquad \text{endliche Spur } (s \in (M \setminus \{\varepsilon\})^*)$$
$$(S, \sigma) \qquad\qquad \text{Konfiguration}$$
$$R \subseteq M \setminus \{\varepsilon\}$$

Die Menge $R$ heißt *Bereitschaftsmenge* für die Konfiguration $(S, \sigma)$ und die Spur $s$, falls eine Konfiguration $(S', \sigma')$ existiert, so dass gilt:

$$(S, \sigma) \overset{s}{\Rightarrow} (S', \sigma') \wedge \mathsf{stable}(S', \sigma') \wedge R = \mathsf{Ready}(S', \sigma')$$

wobei

$$\mathsf{Ready}(S, \sigma) = \{m \in A \setminus \{\varepsilon\} : \exists\, S' \in \mathsf{CSP}, \sigma' \in \Sigma : (S, \sigma) \overset{m}{\to} (S', \sigma')\}$$

Für eine unvollständige Spur $s$ eines nichtdeterministischen Agenten können durch die Spur $s$ viele unterschiedliche Konfigurationen erreichbar sein und somit viele unterschiedliche Bereitschaftsmengen existieren. Dann sind wir nach der Beobachtung der Spur nur sicher, dass ein Agent ein Angebot zur Kommunikation auf alle Fälle annimmt, wenn das Angebot mit jeder dieser Bereitschaftsmengen einen nichtleeren Durchschnitt besitzt.

Eine *leere Bereitschaftsmenge* für eine Konfiguration $(S, \sigma)$ mit $S \neq$ **nop** charakterisiert die Situation der *Verklemmung*. Man beachte, dass wir Konfigurationen mit $\varepsilon$-Transitionen nicht betrachten. Es werden nur Bereitschaftsmengen von Konfigurationen betrachtet, in denen keine stillen Transitionen mehr möglich sind. Ein CSP-Programm, das nach einer endlichen Spur keine solche Konfiguration erreicht, besitzt für die Spur $s$ keine Bereitschaftsmengen.

Für jede endliche Spur $s$ einer Konfiguration $(S, \sigma)$ erhalten wir eine Menge von Bereitschaftsmengen. Jede Menge, die mit mindestens einer dieser Bereitschaftsmengen einen leeren Durchschnitt besitzt, heißt *Verweigerungsmenge* *Verweigerungsmenge* (engl. *refusal set*). Dann kann die Konfiguration auf eine Verklemmung füh-*Refusal set* ren, wenn die parallel ablaufenden Programme eine Verweigerungsmenge zur Kommunikation anbieten.

Jede Teilmenge einer Verweigerungsmenge ist selbst wieder Verweigerungsmenge. Es genügt, die Verweigerungsmengen zu kennen, um die Verklemmungseigenschaften eines Agenten beschreiben zu können. Die Bereitschaft einer Konfiguration ergibt sich aus dem Umstand, für welche Kanäle die Bereitschaft für eine Kommunikation im Hinblick auf Ein- oder Ausgabe besteht. Sei deshalb vereinfachend

$$B = \bigcup_{x \in \mathsf{CHID}} \{x!, x?\}$$

Wir erhalten folgende semantische Darstellung des Verhaltens $s$ eines Agenten durch folgende Fälle: Wir definieren

$$\mathsf{Dead}(S, \sigma) = (S \neq \textbf{nop} \wedge \neg \exists\, a \in A, \sigma' \in \Sigma : (S, \sigma) \overset{a}{\to} (S', \sigma'))$$

Die Aussage Dead$(S, \sigma)$ gilt genau, wenn $(S, \sigma)$ in keinem Endzustand ist und keine weiteren Zustandsübergänge möglich sind.

Gilt für eine Konfiguration $(S_0, \sigma_0)$, dass Konfigurationen $(S_i, \sigma_i)$ für alle $i \in \mathbb{N}_0$ existieren mit

$$(S_i, \sigma_i) \xrightarrow{\varepsilon} (S_{i+1}, \sigma_{i+1})$$

so heißt $(S, \sigma)$ (potentiell) *divergierend*. Wir schreiben dann Div$(S_0, \sigma_0)$.

Die Aussage Div$(S, \sigma)$ gilt genau dann, wenn es unendliche Folgen $(S_i)_{i \in \mathbb{N}_0}$ von CSP-Programmen und $(\sigma_i)_{i \in \mathbb{N}_0}$ von Zuständen gibt, sodass $S = S_0$, $\sigma = \sigma_0$ und $(S_i, \sigma_i) \xrightarrow{\varepsilon} (S_{i+1}, \sigma_{i+1})$ für alle $i \in \mathbb{N}_0$ gilt. Natürlich können zusätzlich daneben auch konvergierende Spuren existieren wie etwa

*Divergierende Konfiguration*

$$(S_0, \sigma_0) \xRightarrow{s} (\mathbf{nop}, \sigma')$$

Betrachten wir für eine Spur $s$ die durch $s$ erreichbaren Konfigurationen für ein System, so unterscheiden wir folgende Fälle für die Spur $s \in M^*$:

(1) *Terminierung*: $(S, \sigma) \xRightarrow{s} (\mathbf{nop}, \sigma')$.
   Die Konfiguration führt mit dem Ablauf $s$ auf den Endzustand $\sigma'$.
(2) *Divergenz*: $(S, \sigma) \xRightarrow{s} (S', \sigma') \wedge$ Div$(S', \sigma')$; von der Konfiguration $(S', \sigma')$ geht eine unendliche Folge von $\varepsilon$-Schritten aus.
(3) *Verklemmung* (engl. *deadlock*): $(S, \sigma) \xRightarrow{s} (S', \sigma')$ und Dead$(S', \sigma')$.
(4) *Bereitschaft und Verweigerung*: $(S, \sigma) \xRightarrow{s} (S', \sigma')$ und $\neg \exists S'', \sigma'' : (S', \sigma') \xrightarrow{\varepsilon} (S'', \sigma'')$, wobei Ready$(S'', \sigma'')$ eine Bereitschaftsmenge ist. Sei $R$ die Menge aller Bereitschaftsmengen für die Spur $s$. Dann nennen wir jede Menge $V$, für die die Aussage

$$\forall U \in R : V \cap U = \emptyset$$

gilt, eine Verweigerungsmenge für $R$.

Auf Basis dieser vier Fälle für Spuren – man beachte, dass eine Spur sowohl auf Terminierung, wie auf Divergenz oder auf Verklemmung führen kann – lässt sich ein semantisches Modell formen, das für jede Spur, die für eine Konfiguration möglich ist, alle vier Fälle berücksichtigt. Man beachte, dass eine Verklemmung genau dann auftritt, wenn $M$ selbst eine Verweigerungsmenge und $\emptyset$ eine Bereitschaftsmenge ist (siehe [Hoa85a]).

## 8.5 Historische Bemerkungen

Die Idee der Modellierung von kommunizierenden Systemen durch nachrichten-synchrone Kommunikation entstand gleichzeitig in mehreren Forschungsansätzen. Am meisten Beachtung hat diese Idee durch die Publikationen von C. A. R.

Hoare in Communications of the ACM[1] unter dem Stichwort „Communicating Sequential Processes" (vgl. [Hoa78]) erfahren und durch die theoretischen Arbeiten Robin Milners zum Thema CCS (engl. *Calculus of Communicating Systems*, vgl. [Mil80]). Beiden Ansätzen gemein ist der Versuch, ein sehr grundlegendes Verständnis über verteilte Systeme zu schaffen unter besonderer Betonung der Kommunikation und Interaktion. In beiden Fällen entstanden auf den ersten Blick sehr eingängige Kommunikations- und Kooperationskonzepte, geprägt von der Vorstellung, dass nebenläufige Systeme zu bestimmten Zeitpunkten sich auf synchrone Aktionen verständigen, die sie gleichzeitig gemeinsam durchführen, beispielsweise den Austausch von Nachrichten oder das gemeinsame Arbeiten auf gemeinsamen Speichern. Ähnliche Ideen flossen bereits in die ersten Arbeiten für die Programmiersprache ADA (vgl. [Nag99]) ein, deren Entwicklung Ende der siebziger, Anfang der achtziger Jahre vom amerikanischen Verteidigungsministerium in Auftrag gegeben wurde.

In seiner ersten Publikation [Hoa78] zu CSP zeigt Hoare an einer ganzen Reihe von Beispielen, wie elegant bestimmte Lösungen in dem von ihm vorgeschlagenen Ansatz formuliert werden können. Besonders nachvollziehbar und intuitiv können dadurch Systeme mit Kommunikationsstrukturen beschrieben werden, bei denen das eine Programm aus einer Menge paralleler Prozesse besteht, die durch einen Kanal $c$ Aufträge $a$ durch das Senden $c!a$ erteilen, wobei das andere Programm aus einer Menge von Prozessen besteht, die durch $c?v_i$ Aufträge annehmen.

Allerdings erweist sich die formale Fundierung des Ansatzes im Rahmen der ersten theoretischen Arbeiten durchaus als sperrig. Das Ziel von Hoare ein denotationelles Modell zu schaffen – das heißt ein Modell, das eine modularen Definition des Verhaltens synchroner Systeme ermöglicht, zeigt, wie schwierig es ist, einen Schnittstellenbegriff für Systeme mit synchronem Nachrichtenaustausch zu identifizieren. Das führt Hoare auf den Begriff der Bereitschaftsmengen. Die zeitlich parallel dazu laufenden Arbeiten in Edinburgh auf Basis der Ideen von Robin Milner zeigen ähnliche Schwierigkeiten bei dem Versuch, eine Kongruenzrelation auf der Termsprache von CCS zu definieren, was im Grunde genommen auf die gleiche Zielsetzung wie eine denotationelle Semantik hinausläuft. Entgegen erster Vermutungen ist die Spuräquivalenz (trace equivalence) keine Kongruenz wie das berühmte, im Text zitierte Beispiel in Abb. 8.3, deutlich macht. Es wird die kompliziertere Kongruenzrelation der *Bisimulation* (s. Abschn. 9.5) erforderlich.

Gleichzeitig zu den Arbeiten von Milner in Edinburgh arbeitet Hoare an dem denotationellen Modell, das er in der ersten Hälfte der achtziger Jahre schließlich zufriedenstellend konstruieren kann (vgl. [Hoa85a]). Er definiert ein denotationelles Modell unter dem Stichpunkt der Bereitschafts- und Verweigerungsmengen, in denen in der Tat eine denotationelle, modulare Beschreibung von Systemen erreicht wird. Allerdings ist dieses Modell komplizierter als es

---

[1] ACM (Association of Computing Machinery) – älteste Computerwissenschafts-Vereinigung.

auf Grund der eingängigen sprachlichen Ansätze, von denen Hoare und Milner ausgegangen sind, zu vermuten war.

Die Idee der Bisimulation von David Park löste zwar eine Fülle wissenschaftlicher Arbeiten aus, in denen unterschiedliche Bisimulationsrelationen untersucht werden und es entstehe Programme, die für gewisse endliche Systeme die Bisimulationsäquivalenz überprüfen. Allerdings führt keine dieser Arbeiten zu praktisch brauchbaren, relevanten Ergebnissen. Lediglich gewisse algorithmische Überprüfungen der Bisimulationsäquivalenz bei Modellprüfung scheinen praktisch interessant (s. [CGP99]). Typischerweise finden sich in den eher praktischen Modellierungsansätzen – wie objektorientierten Sprachen und der UML – keine Ansätze zur nachrichtensynchronen Modellierung von Systemen. Das hat letztlich damit zu tun, dass die typischen Kommunikationsstrukturen bei gebräuchlichen verteilten Systemen (wie dem Internet oder den Busstrukturen eingebetteter Systeme, etwa in Automobilen) eher dem Konzept asynchroner Kommunikation entsprechen (s. Teil II).

Im Zusammenhang mit der Idee des Transputers, eines flexibel kombinierbaren Hardwarebausteins, entstand die praktisch einsetzbare Sprache Occam [INM84; Ste88], die wesentlich auf die Ideen von CSP abgestützt ist. Allerdings hat sich der Transputer trotz vielversprechender Konzepte nicht durchsetzen können.

In Folge der Arbeiten von Hoare und Milner entstanden Arbeiten zum Thema Prozessalgebren (vgl. [Ber01]), bei denen ähnliche Sprachen wie CSP und CCS durch algebraische Gleichungen behandelt wurden. Milner entwickelte den $\pi$-Kalkül als eine Verallgemeinerung des $\lambda$-Kalküls durch synchrone Kommunikation nach dem Muster von CCS [Mil99].

## 8.6 Übungsaufgaben

☑ **Übung 8.6.1** Beschreiben Sie das Ergebnis der Zusammensetzung der Zustandsmaschinen aus Abb. 8.1 durch ein Petri-Netz.

☑ **Übung 8.6.2** Ändern Sie Beispiel 8.2.1(2) so ab, dass überzahlte Beiträge erstattet werden.

☑ **Übung 8.6.3** Beschreiben Sie eine Warteschlange der maximalen Länge $n$ durch ein CSP-Programm.

☑ **Übung 8.6.4** Beschreiben Sie das Erzeuger-Verbraucher-Verhalten durch drei synchrone Zustandsmaschinen, den Erzeuger, den Verbraucher und einer Maschine, die als Puffer dient.

☑ **Übung 8.6.5** Ändern Sie in Beispiel 8.2.1(2) das Programm so, dass überzahlte Beträge ausgegeben werden oder für die nächste Warenausgabe gutgeschrieben werden.

☑ **Übung 8.6.6** Beschreiben Sie die Zustandsmaschinen aus Abb. 8.1 als CSP-Programme.

☑ **Übung 8.6.7** Ermitteln Sie für das Beispiel 8.2.1(1) alle Abläufe der Länge ≤ 3 und die zugehörigen Bereitschaftsmengen für einen Puffer der Länge 2.

☑ **Übung 8.6.8** Skizzieren Sie für das Beispiel 8.2.1(1) den Synchronisationsbaum.

☑ **Übung 8.6.9** Beschreiben Sie die „Push"- und „Pull"-Varianten aus Beispiel 6.10.1 als CSP-Programme.

☑ **Übung 8.6.10** Beschreiben Sie für die Programme aus Abb. 8.3 die möglichen Spuren und die zugeordneten Bereitschaftsmengen.

☑ **Übung 8.6.11** Beschreiben Sie die Aktionsstruktur aus Abb. 7.3 als Sequenzdiagramm.

☑ **Übung 8.6.12** Beschreiben Sie für die Programme aus Übung 8.6.9 die Spuren und die zugehörigen Bereitschaftsmengen.

# Kapitel 9
# Zustands- und Ablaufsicht

Wir haben bisher eine Reihe unterschiedlicher Systeme, Systemmodelle und Sichten darauf behandelt, aber den Zusammenhang zwischen den Sichten nur punktuell und beispielhaft beschrieben. In diesem Kapitel werden diese Zusammenhänge genauer dargestellt. Wir behandeln die Beziehung zwischen Zustands- zur Ablaufsicht.

Zustände fassen in der Regel die Angaben zusammen, die Informationen über das vergangene Verhalten eines Systems enthalten und auf das zukünftige Verhalten eines Systems Einfluss haben – genauer, das zukünftige Verhalten bestimmen. Zustände können somit immer auch als Abstraktion des Effekts von endlichen Abläufen auf einem Anfangszustand verstanden werden – und Festlegungen in Bezug auf das zukünftige Verhalten. In einem angemessen gewählten Zustand sammeln wir zumindest diejenigen Informationen aus einem Teilablauf in einem Zustand auf, die wir benötigen, um die Fortsetzung des Ablaufs bestimmen zu können. Zustände und Abläufe sind letztlich zueinander duale Sichten auf Systeme.

## 9.1 Komposition von Systemen und Kontexte

Wir haben bisher eine Reihe unterschiedlicher Modelle und Formalismen betrachtet, um Systeme darzustellen. Dabei wird das Verhalten von Systemen mit unterschiedlichen Konzepten beschrieben. Zustandsmaschinen führen Zustandsübergänge durch. Dies führt auf Abläufe. Stromverarbeitende Systeme bilden Eingabeströme auf Ausgabeströme ab.

Aus gegebenen Systemen will man durch Verknüpfung, durch Komposition zusammengesetzte Systeme aufbauen. Dies erfolgt bei Zustandsmaschinen etwa durch parallele Komposition mit gemeinsamen Teilzuständen, bei stromverarbeitenden Funktionen durch parallele Komposition mit Rückkopplung.

Betrachtet man Programmiersprachen und programmiersprachliche Ansätze wie CSP, so gibt es eine Fülle von Sprachkonzepten, die es erlauben, Systembe-

© Der/die Autor(en), exklusiv lizenziert an
Springer-Verlag GmbH, DE, ein Teil von Springer Nature 2023
M. Broy, *Logische und Methodische Grundlagen der Entwicklung
verteilter Systeme*, https://doi.org/10.1007/978-3-662-67317-1_9

schreibungen – etwa CSP-Terme $S_1$, $S_2$ – zu verwenden, um zusammengesetzte Systeme zu konstruieren – etwa $S_1 \parallel S_2$. Gleiches gilt für die Spezifikationen stromverarbeitender Funktionen $S_1$ und $S_2$, die zu einer Spezifikation eines zusammengesetzten Systems $S_1 \times S_2$ beziehungsweise $S_1 \otimes S_2$ komponiert werden können, wenn bestimmte syntaktische Voraussetzungen gegeben sind.

Damit ergibt sich, dass wir Systeme $S$ nicht nur in Isolation betrachten wollen, sondern auch in sogenannten Kontexten, in der Komposition mit anderen Systemen. Ein Kontext $K$ ist somit ein Term $K[S]$, der ein System (genauer eine Systembeschreibung) $S$ als Teilterm enthält. Jede Programmiersprache definiert Kontexte für Programme, jede Spezifikationssprache definiert Kontexte für Spezifikationen. Typischerweise gibt es dabei bestimmte syntaktische Einschränkungen für Systeme $S$, damit für einen Kontext $K[\cdot]$ der Term $K[S]$ syntaktisch korrekt ist.

Definieren wir eine Semantik für Systembeschreibungen, so impliziert dies immer eine Äquivalenzrelation $\sim$ auf Systemen. Zwei Systeme $S_1$ und $S_2$ sind dann semantisch äquivalent,

$$S_1 \sim S_2$$

wenn $S_1$ und $S_2$ die gleiche Semantik besitzen.

Eine semantische Äquivalenzrelation heißt eine Kongruenzrelation, wenn für alle Kontexte $K[\cdot]$ von semantisch äquivalenten Systemen $S_1$ und $S_2$ auch

$$K[S_1] \sim K[S_2]$$

gilt.

Eine Semantik, die zu einer Kongruenzrelation führt, nennen wir auch *kompositional*.

*Kompositionale Semantik*

## 9.2 Aktionsstrukturen und Zustandsbegriff

Abläufe bilden ein Modell des Verhaltens verteilter Systeme, indem die „Geschichte" von Systemabläufen wiedergegeben wird. Eine komplementäre Sicht auf Systeme bekommen wir durch das Konzept des Systemzustands.

Durch Zustände lassen sich anschaulich dauerhafte, für das zukünftige Verhalten relevante Wirkungen von Aktionen erfassen. Für jedes (verteilte) System sind sehr unterschiedliche Zustandsbegriffe denkbar. Jeder Zustandsbegriff induziert eine Äquivalenzrelation auf den endlichen Teilabläufen eines Systems. Zwei Teilabläufe sind *zustandsäquivalent*, wenn sie ausgehend von Anfangszuständen zum gleichen Zustand oder im Fall von Nichtdeterminismus zur gleichen Menge von Zuständen führen.

*Zustandsäquivalente Teilabläufe*

Ein Zustandsbegriff für ein verteiltes System heißt *adäquat*, wenn sich aus jedem Zustand und jedem Kontext die Menge der möglichen weiteren Abläufe bestimmen lässt. Ein Zustandskonzept für Zustandsmaschinen mit durch Aktionen markierten Übergängen heißt *voll abstrakt* (im Sinne von nicht redundant),

*Adäquater Zustandsbegriff*

*voll abstrakter Zustandsraum*

wenn in bestimmten Kontexten unterschiedlichen Zuständen unterschiedliche
Mengen von Spuren zugeordnet werden (vgl. minimaler Automat in formalen
Sprachen). In einem adäquaten, voll abstrakten Systemmodell enthalten die Zustände keine Redundanz, sondern genau die Information, die benötigt wird, um
das Verhalten eines Systems in beliebige Umgebungen eindeutig festzulegen.

Sei $A$ eine Menge von Aktionen und ein System durch eine Menge von
unvollständigen und vollständigen Abläufen gegeben. Sei weiter eine Menge $\Sigma$
und eine Zustandsübergangsrelation

$$\to\ \subseteq\ \Sigma \times \mathsf{ActStruct_{fin}}(A) \times \Sigma$$

gegeben. Wir schreiben

$$\sigma \xrightarrow{p} \sigma' \quad \text{für} \quad (\sigma, p, \sigma') \in\ \to$$

Diese Relation bedeutet, dass im Zustand $\sigma$ der endliche Ablauf $p$ möglich ist
und die Wahl dieses Ablaufs vom Zustand $\sigma$ zum Zustand $\sigma'$ führt (genauer:
führen kann).

Wir fordern für Abläufe $p, p', p'' \in \mathsf{ActStruct_{fin}}(A)$ folgende Eigenschaften
für die Zustandstransitionsfunktion:

(1) Zwischenzustandsaxiom:
    Zu jedem nichtleeren Präfix $p' \sqsubseteq p$ mit $p' \neq p$ existiert ein Zwischenzustand:

$$(\sigma \xrightarrow{p} \sigma' \wedge p' \sqsubseteq p \wedge p' \neq p) \ \Rightarrow\ (\exists\, \sigma'', p'': \ \sigma \xrightarrow{p'} \sigma'' \wedge \sigma'' \xrightarrow{p''} \sigma')$$

(2) Kompositionsaxiom (Verallgemeinerung der Transitivität)

$$(\sigma \xrightarrow{p'} \sigma'' \wedge \sigma'' \xrightarrow{p''} \sigma') \ \Rightarrow\ (\exists\, p: \ p' \sqsubseteq p \wedge \sigma \xrightarrow{p} \sigma')$$

Zusätzlich gilt mit $p = (\leq, \mathsf{act})$, $p' = (\leq', \mathsf{act}')$ dann

$$p'' = p|_{(\mathrm{dom\ act}) \setminus (\mathrm{dom\ act}')} \ .$$

Bei einer Beschränkung auf sequenzielle Aktionsstrukturen ist die Zustandsübergangsrelation damit durch die Zustandsübergänge für den leeren Ablauf
$p_\emptyset = (\emptyset, \emptyset)$ und atomare Abläufe $p = (\leq, \mathsf{act})$ mit $|\mathrm{dom\ act}| = 1$ eindeutig
bestimmt.

# 9.3 Zustandsübergangsbäume

Jedes Zustandsübergangssystem $(\Delta, \Lambda)$ mit oder ohne markierte Übergänge definiert eine Baumstruktur. Dabei wird jedem Zustand $\sigma$ ein Baum $\mathsf{tree}(\sigma)$ zugeordnet. Die Wurzel von $\mathsf{tree}(\sigma)$ ist der Zustand $\sigma$. Die Unterbäume von $\mathsf{tree}(\sigma)$

sind die Zustandsübergangsbäume tree($\sigma_i$) aller Zustände $\sigma_i$ mit $\sigma_i \in \Delta(\sigma)$ beziehungsweise $\sigma_i \in \Delta_a(\sigma)$. Damit können wir das Zustandsübergangssystem $(\Delta, \Lambda)$ durch die Menge $\{\text{tree}(\sigma) : \sigma \in \Lambda\}$ der Zustandsübergangsbäume für die Anfangszustände darstellen.

💡 *Beispiel (Das Medium des Alternating-Bit-Protokolls)* Wir definieren das Medium als Zustandsmaschine mit durch Aktionen markierten Übergängen.

$$\text{Action} \ = \ \text{send}(m : \text{Message}) \mid \text{receive}(m : \text{Message}) \mid \text{Empty}$$
$$\text{Empty} \ = \ \{\varepsilon\}$$

Als Zustandsraum wählen wir

$$\Sigma \ = \ \text{Message}^* \times \mathbb{N}_0$$
$$\Lambda \ = \ \{(\langle\rangle, n) : n \in \mathbb{N}_0\}$$

und als Übergangsfunktion (sei $s \in \text{Message}^*$, $n \in \mathbb{N}_0$)

$$\Delta_\varepsilon(s, n) \ = \ \{(\text{rest}(s), n-1) : n \geq 1 \wedge s \neq \langle\rangle\}$$
$$\Delta_{\text{send}(m)}(s, 0) \ = \ \{(\text{rest}(s), n) : s \neq \langle\rangle \wedge \text{first}(s) = m\}$$
$$\Delta_{\text{receive}(m)}(s, n) \ = \ \{s \,^\circ \langle m\rangle, n\}$$

Hier setzen wir schwache Fairness voraus, sodass sichergestellt ist, dass jede Aktion, die unendlich oft ausgeführt werden kann, ausgeführt wird. Dann wird im Zustand $(s, n)$ höchstens $n$ mal eine Aktion $\varepsilon$ ausgeführt, bis Aktionen der Form send($\dots$) ausgeführt werden, wenn nur ausreichend viele Aktionen receive($m$) ausgeführt werden.

Das Zustandsattribut $n$ im Zustand $(s, n)$ dient als Prophezeihungsvariable (engl. *prophecy variable*), die bestimmt, nach wie vielen Schritten spätestens eine erfolgreiche Übertragung durch send($m$) erfolgt. Wir erhalten den in Abb. 9.1 gegebenen Zustandsübergangsbaum für den Anfangszustand.

Wir können aber auch ein Zustandsübergangssystem für das Medium wie folgt definieren. Die Menge der Aktionen bleibt die Gleiche. Wir wählen als Zustandsraum

$$\Sigma' \ = \ \text{Message}^* \times \mathbb{N}_0^\omega$$
$$\Lambda' \ = \ \{(\langle\rangle, c) : c \in \mathbb{N}_0^\omega\}$$

und als Übergangsrelation $\Delta'$:

$$\Delta_\varepsilon(s, (n+1) \,\&\, c) \ = \ (s, n \,\&\, c)$$
$$\Delta_{\text{receive}(m)}(s, c) \ = \ (s \,^\circ \langle m\rangle, c)$$
$$\Delta_{\text{send}(m)}(\langle m\rangle \,^\circ s, 0 \,\&\, c) \ = \ (s, c)$$

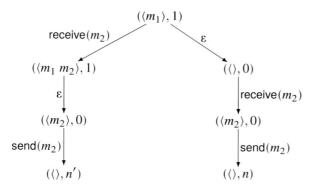

**Abb. 9.1** Ausschnitt aus dem Zustandsübergangsbaum der Maschine $(\Delta, \Lambda)$ für Anfangszustand $(\langle m_1 \rangle, 1)$

Hier steht $c$ im Zustand $(s, c)$ für eine Prophezeihungsvariable für den gesamten Verlauf. Dabei fungiert für die Zustände $(s, c)$ die unendliche Sequenz $c$ als Orakel.

Wir erhalten den in Abb. 9.2 beschriebenen Zustandsübergangsbaum.

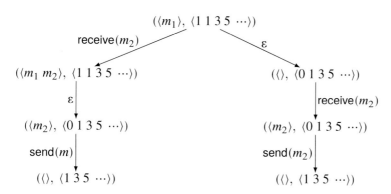

**Abb. 9.2** Zustandsübergangsfolge der Maschine $(\Delta', \Lambda')$ für einen Anfangszustand

Für jede Spur von Aktionen aus dem ersten Baum existiert ein Anfangszustand der zweiten Zustandsübergangsfunktion mit einem Zustandsübergangsbaum mit der gleichen Spur. Die Zustandsmaschinen sind spuräquivalent. ∎

Der Unterschied zwischen den beiden Zustandsübergangssystemen aus dem letzten Beispiel liegt in der Verzweigungsstruktur der Zustandsübergangsbäume. Diese wird dadurch bestimmt, in welchen Zuständen die Auswahl erfolgt, die festlegt, welche weiteren Schritte möglich sind. In der zweiten Zustandsmaschine wird bereits durch die Wahl des Anfangszustands weitgehend bestimmt, welche Übergänge gewählt werden können. Für $(s, c) \in \Lambda'$ ist $c$ ein Orakel, eine Prophezeihungsvariable, die den weiteren Ablauf weitgehend festlegt.

## 9.4 Fairness und temporale Logik zustandsorientierter Systeme

Zustandsmaschinen mit durch Aktionen markierten Übergängen besitzen sequenzielle Berechnungen der Form (es gilt $\sigma_i \in \Sigma, a_i \in \mathsf{Action}$):

$$\sigma_0 \xrightarrow{a_1} \sigma_1 \xrightarrow{a_2} \sigma_2 \xrightarrow{a_3} \dots \xrightarrow{a_i} \sigma_i \xrightarrow{a_{i+1}} \dots$$

Diese Spuren können, abhängig davon, ob die Berechnung der Zustandsübergangsmaschine terminiert oder nicht, endlich oder unendlich sein. Beschränken wir uns der Einfachheit halber auf unendliche Berechnungen, so erhalten wir als Ablauf eine unendliche Sequenz von Paaren $(\sigma_i, a_{i+1})$ bestehend aus dem Zustand $\sigma_i$ und der im Zustand $\sigma_i$ ausgeführten Aktion $a_{i+1}$. Wieder können wir Methoden der temporalen Logik anwenden, um Eigenschaften solcher Berechnungen mit logischen Formeln zu beschreiben.

Durch das Konzept der Bereitschaft von Aktionen in den betrachteten Zuständen lassen sich auch gebräuchliche Fairnessannahmen formulieren. Für viele Systembeschreibungen sind Fragen der Fairness von zentraler Bedeutung. Das Konzept des Fairness erlaubt es, Eigenschaften wie „jede ständig bereite Aktion wird irgendwann ausgeführt" zu beschreiben, ohne dafür eine konkrete Implementierung anzugeben.

Eine unendliche Berechnung eines Systems kann nun durch eine Sequenz $t \in (\Sigma \times \mathsf{Action})^\omega$ (s. [Bro19, § 3.3]) von Paaren bestehend aus Zustand und der ausgehend vom Zustand ausgeführten Aktion dargestellt werden. Wir schreiben dabei das Prädikat

$$\mathsf{actual}(a)$$

falls in dem Paar $(\sigma, b)$ aus Zustand und Aktion die Aktion $a$ mit der ausgeführten Aktion $b$ übereinstimmt.

Wieder arbeiten wir mit temporalen Formeln, die Prädikate für Berechnungen darstellen. Die Berechnung $s$ heißt *stark fair*, falls für $s$ folgende Aussage für alle Aktionen $a$ gilt:

*Stark fairer Ablauf*

$$\Box\big((\Box \Diamond\, \mathsf{enabled}(a)) \Rightarrow \Diamond\, \mathsf{actual}(a)\big)$$

Die Berechnung $s$ heißt *schwach fair*, falls folgende Aussage für alle Aktionen $a$ gilt:

*Schwach fairer Ablauf*

$$\Box\big((\Box\, \mathsf{enabled}(a)) \Rightarrow \Diamond\, \mathsf{actual}(a)\big)$$

Man beachte den subtilen Unterschied zwischen den beiden Formeln.

⚠ **Achtung**　Das Prädikat $\mathsf{enabled}(a)$ ist true für ein Zustand $\sigma$, wenn gilt:

$$\exists\, \sigma' \in \Sigma : \sigma \xrightarrow{a} \sigma' \qquad\qquad ∎$$

Die spezifizierten Fairnesseigenschaften sind Lebendigkeitseigenschaften eines Ablaufs, beziehungsweise genauer einer Menge von Abläufen.

# 9.5 Äquivalenzbegriffe für Systeme mit aktionsmarkierten Übergängen

Ein Zustandsübergangssystem mit markierten Zustandsübergängen generiert eine Menge von (endlichen oder unendlichen) Berechnungen (Sequenzen von Zuständen und Aktionen). Wir können auch einen Baum (mit möglicherweise unendlichen Pfaden) mit einem Zustandsübergangssystem mit markierten Zustandsübergängen verbinden, in dem alle Zustandsübergänge dargestellt sind (vgl. die Bäume der operationellen Semantik für CSP – Kap. 8).

Die Modellierung verteilter, interaktiver Systeme setzt immer auch eine Abstraktion voraus: Viele aus der speziellen Sicht einer Systementwicklung unerhebliche Details werden ignoriert und in der Modellbildung nicht berücksichtigt. Interessant ist in diesem Zusammenhang die Frage, wann wir zwei Systeme in Bezug auf eine bestimmte Modellbildung als äquivalent im Sinne von verhaltensgleich ansehen. Bei einem Systembeschreibungsansatz mit einer gut gewählten Begriffsbildung sollten wir in der Lage sein, ein System durch ein äquivalentes zu ersetzen, ohne dass sich für die Anwendung gravierende Unterschiede ergeben. Das entspricht dem Begriff der Kompatibilität (s. auch Kap. 10 unter dem Stichwort Verfeinerung).

Modellieren wir Systeme durch Zustandsübergangsmaschinen, so bieten sich unterschiedliche Äquivalenzbegriffe an. Ein fundamentaler Äquivalenzbegriff für Zustandsmaschinen mit markierten Übergängen ist die *Aktionsspuräquivalenz*. Zwei Zustände $\sigma_1$ und $\sigma_2$ heißen *aktionsspuräquivalent*, wenn ihre Mengen von Spuren, gegeben durch ihre Spuren von Aktionen, übereinstimmen. Dieser Äquivalenzbegriff lässt sich auf Zustandsmaschinen mit markierten Übergängen erweitern: sie heißen spuräquivalent, wenn die Mengen der Spuren der Zustandsmaschinen für ihre Anfangszustände übereinstimmen. Die Spuräquivalenzrelation von den Zustandsmaschinen $M_1$ und $M_2$ wird wie folgt formal beschrieben:

$$M_1 \ \sim_{\text{Spur}} \ M_2$$

Diese Begriffsbildung können wir einfach, wie oben erläutert, auch auf Zustandssequenzen übertragen. Wir sprechen dann von der Ablaufäquivalenz zweier Systeme.

Um für Zustandstransitionen einen adäquaten Begriff der Äquivalenz auch in Bezug auf die Bereitschaft (vgl. Abschn. 8.4), Aktionen auszuführen, zu erhalten, führen wir den Begriff der *Bisimulation* ein.

📖 **Definition (Bisimulation)** Eine Äquivalenzrelation ~ auf der Menge der Zustände von Zustandsmaschinen mit durch Aktionen aus $A$ markierten Übergängen heißt eine *Bisimulation* (nach David Park [Par81] und Robin Milner [MS92]), wenn folgende Formel gilt:

*Aktionsspuräquivalenz*
*Aktionsspuräquivalent*

*Bisimulation*

$$\sigma_1 \sim \sigma_2 \quad \Leftrightarrow \quad \Big( \forall\, a \in A,\ \sigma' \in \Sigma:$$
$$(\sigma_1 \xrightarrow{a} \sigma' \;\Rightarrow\; (\exists\, \sigma_2' \in \Sigma: \sigma_2 \xrightarrow{a} \sigma_2' \wedge \sigma' \sim \sigma_2'))$$
$$\wedge\ (\sigma_2 \xrightarrow{a} \sigma' \;\Rightarrow\; (\exists\, \sigma_1' \in \Sigma: \sigma_1 \xrightarrow{a} \sigma_1' \wedge \sigma' \sim \sigma_1'))\Big) \quad \blacksquare$$

Man beachte, dass es im Allgemeinen unterschiedliche Relationen gibt, die die Bisimulationseigenschaft besitzen.

Die Definition besagt, dass die Zustände $\sigma_1$ und $\sigma_2$ genau dann in einer Bisimulationsrelation sind, wenn für jede Aktion $a$ Folgendes gilt:

- Jeder Zustand $\sigma_1'$, den wir von $\sigma_1$ durch Aktion $a$ erreichen können, ist in der Bisimulationsrelation äquivalent zu einem Zustand $\sigma_2'$, den wir von $\sigma_2$ durch eine mit $a$ markierte Transition erreichen können.
- Jeder Zustand $\sigma_2'$, den wir von $\sigma_2$ durch Aktion $a$ erreichen können, ist in der Bisimulationsrelation äquivalent zu einem Zustand $\sigma_1'$, den wir von $\sigma_1$ durch eine mit $a$ markierte Transition erreichen können.

Durch eine Bisimulation werden höchstens solche Zustände als äquivalent betrachtet, die bezüglich der Zustandsübergänge als „beobachtbar gleich" angesehen werden können, das heißt, von denen mit den gleichen Aktionen Zustandsübergänge zu den bisimulationsäquivalenten Zuständen möglich sind. Zwei Zustände heißen allgemein bisimulationsäquivalent, wenn es eine Bisimulation gibt, unter der sie äquivalent sind.

Der Unterschied zwischen Spur- und Bisimulationsäquivalenz wird bereits an dem in Abb. 9.3 angegebenen einfachen Beispiel anschaulich sichtbar (vgl. auch Abschn. 8.4).

🔅 *Beispiel (Zwei Systeme, die spur-, aber nicht bisimulationsäquivalent sind)* Die Zustandsmaschinen $M_1$ und $M_2$ aus Abb. 9.3 sind spuräquivalent: $M_1 \sim_{\text{Spur}} M_2$, weil ihre Mengen von Abläufen übereinstimmen, nämlich $\{\{ab\}, \{ac\}\}$. Die beiden Zustände $\sigma_1^1$ und $\sigma_2^1$ sind aber nicht bisimulationsäquivalent.

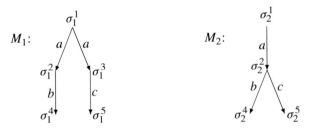

**Abb. 9.3** Zwei Maschinen, die spur-, aber nicht bisimulationsäquivalent sind

Gälte nämlich die Bisimulationsäquivalenz $\sigma_1^1 \sim \sigma_2^1$, so müsste Folgendes gelten:

$$\forall\, \sigma_2' \in \Sigma:\ \sigma_2^1 \xrightarrow{a} \sigma_2' \;\Rightarrow\; \exists\, \sigma_1' \in \Sigma:\ \sigma_1^1 \xrightarrow{a} \sigma_1' \wedge \sigma_2' \sim \sigma_1'$$

Wir wählen für $\sigma_2'$ hier $\sigma_2^2$. Wegen $\sigma_2^1 \xrightarrow{a} \sigma_2^2$ muss es im Fall einer Bisimulation einen Zustand $\sigma_1'$ geben, der $\sigma_1^1 \xrightarrow{a} \sigma_1' \wedge \sigma_2^2 \sim \sigma_1'$ erfüllt. Der Zustand $\sigma_1^1$ hat genau zwei $a$-Nachfolger, nämlich $\sigma_1^2$ und $\sigma_1^3$, also kommen für $\sigma_1'$ nur diese zwei Zustände in Frage. Also gilt entweder

(1) $\sigma_2^2 \sim \sigma_1^2$ oder
(2) $\sigma_2^2 \sim \sigma_1^3$

Beide Aussagen, (1) und (2), sind falsch, weil weder $\sigma_2^2 \sim \sigma_1^2$ noch $\sigma_2^2 \sim \sigma_1^3$ gilt: Im Zustand $\sigma_2^2$ können wir zwei Aktionen (entweder $b$ oder $c$) ausführen, im Zustand $\sigma_1^2$ nur $b$ und im Zustand $\sigma_1^3$ nur $c$. Folglich sind $M_1$ und $M_2$ nicht bisimulationsäquivalent.                                                                    ∎

Wir verwenden das Konzept der Bisimulation, um über die Äquivalenz der Zustände einer Maschine oder um über die Äquivalenz der Zustände verschiedener Zustandsmaschinen zu sprechen.

   Welche Äquivalenzrelation für Zustände und Zustandsmaschinen geschickterweise gewählt wird, hängt letztlich von der Frage ab, welche Kompositionsoperatoren betrachtet werden und welche Form der Kommunikation gewählt wird. Nachrichtensynchrone Kommunikation wird angemessener durch Bisimulationsrelationen behandelt, wohingegen für nachrichtenasynchrone Kommunikation in der Regel die Spuräquivalenz ausreicht.

   Man beachte, dass aus der Bisimulationsäquivalenz zweier Zustände die Spuräquivalenz folgt, aber nicht umgekehrt.

   Die meisten Systeme und die Kompositionsoperationen auf Systemen sind durch die Spuräquivalenz angemessen zu formalisieren. Dann gilt für die Kompositionsoperationen auf Zustandsmaschinen aus Abschn. 2.1.4.2 die folgende Aussage:

$$\Delta_2 \sim_{\text{Spur}} \Delta_3 \quad \Longrightarrow \quad \Delta_1 \parallel \Delta_2 \sim_{\text{Spur}} \Delta_1 \parallel \Delta_3$$

Mit anderen Worten gilt folgende Aussage: Bezüglich der parallelen Komposition asynchroner Systeme aus Abschn. 2.1.4.2 ist die Spuräquivalenz eine Kongruenzrelation. Dies gilt nicht für die parallele Komposition synchroner Systeme, wie wir im nachfolgenden Abschnitt zeigen.

## 9.6 Bisimulation und Bereitschaftsäquivalenz

Für Systeme mit synchronem Austausch von Nachrichten nach dem Rendezvous oder Handschlagkonzept (engl. *handshaking*) ist die Spuräquivalenz keine Kongruenzrelation, wenn wir in der parallelen Komposition das Zusammenführen von Senden und Empfangsaktion gemäß der Bereitschaft durchführen und ferner die Möglichkeiten haben, in bewachten Anweisungen parallel mehrere Kommunikationsaktionen anzubieten.

   Im Folgenden zeigen wir, dass für solche Systeme die Bisimulation eine Kongruenzrelation ist. Zunächst führen wir aber eine neue Äquivalenzrelation

ein, die sogenannte *Bereitschaftsäquivalenz* (s. Abschn. 8.4 für Bereitschaftsmengen). Dann zeigen wir, dass Bisimulationsäquivalenz die Bereitschaftsäquivalenz impliziert und zeigen ferner, dass die Bereitschaftsäquivalenz selbst
keine Bisimulation ist. Dies zeigt, dass bisimulationsäquivalente Agenten stets
auch bereitschaftsäquivalent sind. Die Umkehrung stimmt nicht.

*CCS*

*CSP*

    Das Konzept der Bisimulation geht zurück auf David Park. Es wurde später
von Robin Milner verwendet, um eine Kongruenzrelation für eine zu unser
Sprache CSP ähnliche Agentensprache, namens CCS (*Calculus for Communic-
ating Systems*, [Mil89]), einzuführen. Ein anderer Ansatz wurde von C. A. R.
Hoare gewählt, der für die von ihm entworfenen Sprache CSP (engl. *Communicating Sequential Processes*) für synchrone Kommunikation nach längerem
Suchen schließlich ein denotationelles Modell (vgl. [Hoa85a] und [Sto77]) auf
Basis der Bereitschafts- und Verweigerungsmengen angeben konnte (s. Kap. 8).
Dies erlaubt auch eine Bereitschaftsäquivalenz auf Zustandsmaschinen mit
aktionsmarkierten Übergängen einzuführen (vgl. Abschn. 8.4). Im Folgenden
definieren wir auch diese Äquivalenzrelation und stellen den Zusammenhang
zur Bisimulation her.

    Wieder betrachten wir Zustandsübergangssysteme mit einer Zustandsmenge
und einer Aktionsmenge $A$ und Zustandsübergängen für Zustände und Aktionen
in der folgenden Form:

$$\sigma_1 \xrightarrow{a} \sigma_2$$

Dieser Ausdruck steht für die logische Aussage, dass im Zustand $\sigma_1$ die Aktion
$a$ ausgeführt werden kann und diese in den Zustand $\sigma_2$ führen kann. Um unsere Darlegung einfach zu halten, betrachten wir zunächst keine sogenannten
„stillen" Schritte (engl. *silent move*), auch $\varepsilon$-Übergänge (oder bei Milner $\tau$-
Übergänge) genannt, sondern beschränken uns ausschließlich auf Systeme mit
nicht stillen Aktionsübergängen. Auf diese Weise vermeiden wir auch einige
vertrackte Probleme mit divergierenden Berechnungen, bei denen eine unendliche Folge von $\varepsilon$-Schritten auftreten. Unsere Diskussion wird dadurch erheblich
vereinfacht. Das Ergebnis ist im Wesentlichen aber auf den komplizierteren
Fall übertragbar.

    Wann eine Relation eine Bisimulation genannt wird, haben wir bereits
im vorausgehenden Abschnitt definiert. Wir wiederholen die Definition kurz.
Die Relation ~ auf der Menge der Zustände wird Bisimulation genannt, falls
Relationen, genauer Präordnungen, auf der Menge der Zustände existieren, so
dass für alle Zustände $\sigma_1$ und $\sigma_2$ Folgendes gilt:

$$\sigma_1 \sim \sigma_2 \quad \overset{\text{def}}{\Leftrightarrow} \quad (\sigma_1 \lesssim \sigma_2 \ \wedge \ \sigma_2 \lesssim \sigma_1)$$

wobei $\lesssim$ eine Relation auf Zuständen ist (genauer eine Präordnung), die folgende
Eigenschaft erfüllt:

$$\sigma_1 \lesssim \sigma_2 \equiv (\sigma_1 = \sigma_2 \ \vee$$
$$\forall\, a \in A, \ \sigma_3 \in \Sigma : \sigma_1 \xrightarrow{a} \sigma_3 \Rightarrow \exists\, \sigma_4 \in \Sigma : \sigma_2 \xrightarrow{a} \sigma_4 \ \wedge \ \sigma_3 \lesssim \sigma_4)$$

Wir nennen die Relation $\lesssim$ auch eine *Bisimulationspräordnung* oder kurz auch eine *Simulation*.

Für die Abb. 9.3 erkennen wir unschwer, dass $\sigma_1^1 \lesssim \sigma_2^1$ gilt, aber $\sigma_2^1 \lesssim \sigma_1^1$ nicht gilt.

Um die Idee einer Bereitschaftsmenge zu erläutern, führen wir folgende Definition ein: Für jeden Zustand definieren wir die Menge der bereiten Aktionen als Teilmenge der Aktionsmenge $A$ wie folgt:

$$\mathsf{Enabled}(\sigma) \;=\; \{a \in A : \exists\, \sigma' \in \Sigma : \sigma \xrightarrow{a} \sigma'\}$$

Eine Menge $M \subseteq A$ von Aktionen stellt ein *Angebot* für eine Zustandsmaschine in einem Zustand $\sigma$ dar. Das Angebot wird angenommen, wenn in dem Zustand $\sigma$ eine Aktion aus $A$ möglich ist.

Ein CSP-Programm kann über eine Spur von Aktionen aufgrund des Nichtdeterminismus einen Zustand aus einer Menge von Zuständen erreichen, in denen es zur Kommunikation bereit ist. Jedem dieser Zustände wird eine Bereitschaftsmenge zugeordnet, die Menge von Aktionen, zu denen das CSP-Programm in diesem Zustand bereit ist. Damit wird dem Programm und der Spur eine Menge von Bereitschaftsmengen zugeordnet. Das Programm wartet nach der nichtdeterministischen Auswahl an einer dieser Bereitschaftsmengen auf Kommunikation. Eine Menge von *Bereitschaftsmengen* $S \subseteq \mathfrak{P}(A)$ kann ein Angebot $M \subseteq A$ nicht ablehnen, wenn $S$ nicht leer ist und jede Menge in $R \in S$ einen nichtleeren Schnitt mit $M$ hat: $R \cap M \neq \emptyset$.

Die Relation $\angle$ auf der Menge von Mengen von Aktionen, das heißt auf der Potenzmenge über der Menge $A$ von Aktionen, wird durch folgende Formel festgelegt. Seien $S_1$ und $S_2$ Mengen von Bereitschaftsmengen:

$$
\begin{aligned}
S_1 \angle S_2 \equiv\; & (S_1 = \emptyset) \\
& \vee\, (S_2 \neq \emptyset \wedge \forall M \subseteq A : \\
& \qquad (\exists R \in S_2 : R \cap M = \emptyset) \;\Rightarrow\; (\exists R \in S_1 : R \cap M = \emptyset))
\end{aligned}
$$

Die Formel drückt aus, dass die Menge $S_2$ (betrachtet als Menge von Bereitschaftsmengen) ein Angebot $M \subseteq A$ immer ablehnen kann, wenn das auch die Menge $S_1$ kann.

Die *Bereitschaftsäquivalenz*, wie sie in der genannten Sprache CSP (für *Bereitschaftsäquivalenz* ausführlichere Beschreibung, vgl. Kap. 8) eingeführt worden ist, wird durch folgende Formel definiert. Dabei seien $\sigma_1$ und $\sigma_2$ Zustände.

$$(\sigma_1 \approx \sigma_2) \;\equiv\; (\sigma_1 \sqsubseteq \sigma_2 \,\wedge\, \sigma_2 \sqsubseteq \sigma_1)$$

wobei $\sqsubseteq$ eine Relation auf Zuständen ist, die wie folgt definiert sei:

$$\sigma_1 \sqsubseteq \sigma_2 \;\equiv\; \forall\, t \in A^* : R_t(\sigma_1) \angle R_t(\sigma_2)$$

$R_t(\sigma)$ bezeichnet die Menge der Bereitschaftsmengen für alle Zustände, die vom Ausgangszustand $\sigma$ durch die Spur $t$ erreichbar sind:

$$R_t(\sigma_0) = \{\text{Enabled}(\sigma) : \sigma_0 \xrightarrow{t} \sigma\}$$

*Beispiel (Zwei Prozesse, die bereitschafts-, aber nicht bisimulationsäquivalent sind)* Die beiden Prozesse werden in Abb. 9.4 dargestellt.

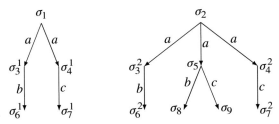

**Abb. 9.4** Zwei Maschinen, die spur- und bereitschafts-, aber nicht bisimulationsäquivalent sind

Für die angegebenen Zustände gilt die Bisimulationspräordnung $\sigma_1 \precsim \sigma_2$, aber die Bisimulationspräordnung $\sigma_2 \precsim \sigma_1$ gilt nicht. Die Maschinen sind nicht bisimulationsäquivalent.

Die Aussage $\sigma_1 \precsim \sigma_2$ gilt aus folgenden Gründen:

(1) $\sigma_1 \xrightarrow{a} \sigma_3^1$ und $\exists \sigma_5 : \sigma_2 \xrightarrow{a} \sigma_3^2 \land \sigma_3^1 \precsim \sigma_3^2$. Die Simulation $\sigma_3^1 \precsim \sigma_3^2$ gilt, denn in den beiden Zustanden können wir nur die gleiche Aktion $b$ ausführen.

(2) $\sigma_1 \xrightarrow{a} \sigma_4^1$ und $\exists \sigma_4^2 : \sigma_2 \xrightarrow{a} \sigma_4^1 \land \sigma_4^2 \precsim \sigma_4^2$. Die Simulation $\sigma_4^1 \precsim \sigma_4^2$ gilt, denn in den beiden Zustanden können wir nur die gleiche Aktion $c$ ausführen.

Die Aussage $\sigma_2 \precsim \sigma_1$ gilt nicht, weil Folgendes nicht gilt:

$$\exists \sigma : \sigma_1 \xrightarrow{a} \sigma \land \sigma_5 \precsim \sigma$$

Dies ergibt sich, weil zwar $\sigma_2 \xrightarrow{a} \sigma_5$ gilt, aber weder $\sigma_5 \precsim \sigma_3^1$ noch $\sigma_5 \precsim \sigma_4^1$ gilt.

Jedoch sind die beiden in Abb. 9.4 dargestellten Prozesse bereitschaftsäquivalent. Wir zeigen das, indem wir folgende Formel beweisen:

$$\sigma_2 \sqsubseteq \sigma_1 \land \sigma_1 \sqsubseteq \sigma_2$$

Dazu definieren wir die beiden Bereitschaftsmengen:

$$S_1 = \{\text{Enabled}(\sigma) : \sigma_1 \xrightarrow{a} \sigma\} = \{\{b\}, \{c\}\}$$
$$S_2 = \{\text{Enabled}(\sigma) : \sigma_2 \xrightarrow{a} \sigma\} = \{\{b\}, \{c\}, \{b, c\}\}$$

Trivialerweise gilt sowohl

$$S_2 \angle S_1$$

als auch

$$S_1 \angle S_2$$

da wir, wenn immer eine Menge $M$ disjunkt mit einer Menge $M_1 \in S_1$ ist, eine Menge $M_2 \in S_2$ finden können, die disjunkt zu $M$ ist und umgekehrt. ∎

Tatsächlich ergibt sich: Falls eine Menge $S$ von Bereitschaftsmengen eine Menge enthält, die die Vereinigung von zwei der Elemente in $S$ ist, dann ändert es nichts an der Fähigkeit der Bereitschaftsmenge $S$, bestimmte Angebote zurückzuweisen. Dies wird in der von Hoare entwickelten Theorie dadurch berücksichtigt, dass er für die Menge der Bereitschaftsmengen grundsätzlich fordert, dass jede Vereinigung von Bereitschaftsmengen wieder selbst Bereitschaftsmenge ist.

Unser obiges kleines Beispiel zeigt bereits, dass die Bereitschaftsäquivalenz keine Bisimulation ist. Nun zeigen wir, dass jede Bisimulationsäquivalenz die Bereitschaftsäquivalenz impliziert. Das ist das Ergebnis des folgenden Satzes.

📖 **Satz** *Bisimulationsäquivalenz impliziert Bereitschaftsäquivalenz*

**Beweis** Wir beweisen für beliebige Zustände $\sigma_1$ und $\sigma_2$ die Aussage:

$$\sigma_1 \lesssim \sigma_2 \;\Rightarrow\; \sigma_1 \sqsubseteq \sigma_2$$

Dazu beweisen wir für alle Spuren die Formel:

$$\sigma_1 \lesssim \sigma_2 \;\Rightarrow\; \forall\, t\colon \{\text{Enabled}(\sigma)\colon \sigma_1 \xrightarrow{t} \sigma\} \angle \{\text{Enabled}(\sigma)\colon \sigma_2 \xrightarrow{t} \sigma\}$$

Es gilt:

$$\sigma_1 \lesssim \sigma_2 \;\Rightarrow\; \{\text{Enabled}(\sigma_1)\} \angle \{\text{Enabled}(\sigma_2)\}$$

Diese Aussage ist trivial, denn durch die Definition von $\lesssim$ erhalten wir die Relation

$$\text{Enabled}(\sigma_1) \subseteq \text{Enabled}(\sigma_2)$$

aus der zwingend die Aussage folgt. Ein einfacher Beweis nach Induktion über die Länge der Spur $t$ zeigt:

$$\sigma_1 \lesssim \sigma_2 \;\wedge\; \sigma_1 \overset{t}{\Rightarrow} \sigma_3 \;\Rightarrow\; \exists\, \sigma_4\colon \sigma_2 \overset{t}{\Rightarrow} \sigma_4 \;\wedge\; \sigma_3 \lesssim \sigma_4$$

Wir erhalten aufgrund der Aussage die Schlussfolgerung:

$$\text{Enabled}(\sigma_3) \subseteq \text{Enabled}(\sigma_4)$$

Dies zeigt, dass die Bereitschaftsäquivalenz der Zustände $\sigma_1$ und $\sigma_2$ gilt, falls beide bisimilar sind. q.e.d.

Der obige Satz zeigt insbesondere, dass die Bereitschaftsäquivalenz eine abstraktere Äquivalenzrelation ist als jede Bisimulation. Es gibt Zustände, die bereitschaftsäquivalent, aber nicht bisimilar sind (s. Abb. 9.4). Allerdings ist die Idee der Bisimulation trotzdem nützlich, da es gelegentlich interessant ist, die Bisimilarität von zwei Zuständen zu beweisen, da aus der Bisimilarität auch bereits sowohl die Bereitschaftsäquivalenz als auch die Spuräquivalenz folgen. Das Konzept der Bisimulation ist allgemein auf Zustandsübergangssysteme mit durch Aktionen markierten Übergängen anwendbar, nicht nur auf CSP.

## 9.7 Historische Bemerkungen

Es ist symptomatisch, dass das Gebiet der verteilten Systeme wissenschaftlich durch eine Vielzahl von Einzelansätzen geprägt ist, die oft nicht ausreichend zueinander in Beziehung gesetzt werden. Wir finden eine ganze Reihe individueller Vorschlägen für die Modellierung vernetzter Systeme, die ganz bestimmte Sichten auf ein System in den Mittelpunkt stellen und diese in allen Einzelheiten ausnutzen, um einen Entwicklungsansatz für vernetzte Systeme zu bekommen. Typischerweise können diese Ansätze unterteilt werden in stärker zustandsorientierte oder stärker ablauforientierte Modelle für Systeme. Nur wenige Arbeiten existieren, die sich bemühen, den Zusammenhang zwischen den unterschiedlichen Modellen und Sichten herzustellen.

So wurde beispielsweise in den 80er-Jahren ein umfassender theoretischer Ansatz mit einer komplexen Theorie unter dem Stichwort „event structures" (vgl. [Win88]) entwickelt, in denen ausführlich über die Ablaufsicht von Systemen theoretisch gearbeitet wurde. Unter dem Stichwort der *Prozessalgebren* (vgl. [BS01a]) wurden operationelle Semantiken (wie in Kap. 8 gezeigt) entwickelt, die zunächst auf den ersten Blick stärker ablauforientiert aussehen.

Für alle diese Ansätze lässt sich aber ein enger Bezug zur Zustandssicht herstellen, wenn man die auftretenden Terme zur Beschreibung von Systemen als Zustände deutet. Stärker pragmatische Ansätze betonen die Zustandssicht und nutzen die Möglichkeiten, die sich aus den Erweiterungen der Zusicherungslogik auf verteilte Systeme ergibt. Im vorangegangenen Kapitel wurde der enge Zusammenhang und die Dualität zwischen der Zustands- und der Ablaufsicht herausgearbeitet.

## 9.8 Übungsaufgaben

☑ **Übung 9.8.1** Zeigen Sie, dass aus der Bisimulationsäquivalenz die Spuräquivalenz folgt.

☑ **Übung 9.8.2** Seien P und V die Operationen auf Semaphoren. Beschreiben Sie alle Abläufe des Programms

$$\lceil\ \mathbf{do}\ \text{true}\ \mathbf{then}\ P(s)\ \mathbf{od}\ \|\ \mathbf{do}\ \text{true}\ \mathbf{then}\ V(s)\ \mathbf{od}\ \rfloor$$

wobei $s$ zu Beginn den Wert 0 hat. Diskutieren Sie, ob das Programm Fairnessannahmen erfüllt. Was bewirkt die Annahme schwacher Fairness für $P(s)$? Was
bewirkt die Annahme starker Fairness im Gegensatz dazu?

☑ **Übung 9.8.3**  Betrachten Sie folgendes Zustandsübergangsdiagramm:

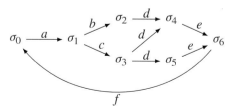

Sind die Zustände $\sigma_2$ und $\sigma_6$ spuräquivalent? Wie ist die Frage zu beantworten,
wenn wir als weiteren Übergang

$$\sigma_3 \overset{e}{\to} \sigma_1$$

hinzufügen?

Welche Zustände sind bisimulationsäquivalent?

☑ **Übung 9.8.4**  Wie muss man folgendes Zustandsübergangsdiagramm um
weitere Transitionen ergänzen, sodass die Zustände $\sigma_1$ und $\sigma_2$ bisimulationsäquivalent sind?

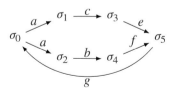

☑ **Übung 9.8.5**  Zeigen Sie: Starke Fairness impliziert schwache Fairness (vgl.
Abschn. 9.4).

☑ **Übung 9.8.6**  Zeigen Sie, dass in Abb. 9.4 der Zustand $\sigma_1$ eine Simulation
von $\sigma_2$ darstellt.

☑ **Übung 9.8.7**  Wenn eine Spur von einem Zustand zu einer Verklemmung
führt, was heißt das für bisimulationsäquivalente Systeme?

☑ **Übung 9.8.8**  Ist die leere Relation auf Zuständen stets eine Bisimulation?

☑ **Übung 9.8.9**  Wann ist die Relation true auf einer Menge von Zuständen für
jede Zustandsübergangsrelation eine Bisimulation?

☑ **Übung 9.8.10**  Zeigen Sie, dass die Identitätsrelation eine Bisimulation ist.

# Kapitel 10
# Verfeinerung von Systemen

Im Software-Engineering und im Systems-Engineering entwickeln wir typischerweise Systeme schrittweise. Dabei beschreiben wir in aller Regel Systeme zunächst unvollständig, eher abstrakt, stark vereinfacht oder nur in Ausschnitten und dann immer detaillierter in unterschiedlichen, geeignet gewählten Abstraktionsebenen. Im Idealfall bleiben alle Festlegungen gültig und es kommen weitere hinzu. Wir sprechen bei dieser Vorgehensweise von *schrittweiser Verfeinerung*.

Wir definieren in diesem Kapitel Verfeinerungskonzepte, die es erlauben, einerseits Spezifikationen innerhalb einer Abstraktionsebene und andererseits auch Spezifikationen auf unterschiedlichen Abstraktionsebenen zueinander in Beziehung zu setzen. Grundsätzlich unterscheiden wir etwa für Datenflusssysteme zwei Arten von Verfeinerung:

- *Eigenschaftsverfeinerung.* In einer Systementwicklung legen wir zunächst die syntaktische Schnittstelle eines Systems fest und spezifizieren dann schrittweise mehr und mehr Eigenschaften des Schnittstellenverhaltens und nehmen möglicherweise etwa weitere Eingabe- und Ausgabekanäle hinzu. Das Hinzufügen weiterer Eigenschaften zu einer Spezifikation und die Erweiterung des syntaktischen Schnittstelle nennen wir *Eigenschaftsverfeinerung*. *Eigenschaftsverfeinerung*

- *Repräsentationsverfeinerung.* In der Regel werden Systeme im Laufe ihrer Entwicklung auf unterschiedlichen Abstraktionsebenen beschrieben. Die Abstraktionsebenen können unterschiedliche Datenrepräsentation verwenden, unterschiedliche Zustände, Kanalnamen, Kanalsorten und Nachrichtenmengen, und damit eine unterschiedliche Granularität des Nachrichtenaustauschs (s. [Bro19]). *Repräsentationsverfeinerung*

Die formale Definition der Eigenschaftsverfeinerung ist relativ einfach, die der Repräsentationsverfeinerung deutlich komplizierter. Wir arbeiten in beiden Fällen zunächst mit dem Schnittstellenmodell gegeben durch stromverarbeitende Funktionen. Wie wir sehen werden, ist Eigenschaftsverfeinerung ein Spezialfall von Repräsentationsverfeinerung. Weiter führen wir Verfeinerungskonzepte

für eine Reihe der Modelle für verteilte interaktive Systeme ein, die wir bisher
betrachtet haben.

## 10.1 Eigenschaftsverfeinerung

Wie in den vorangegangenen Kapiteln insbesondere in Teil II demonstriert,
können Systeme durch die Angabe logischer Eigenschaften spezifiziert werden.
Zur Spezifikation des Schnittstellenverhaltens wird die syntaktische Schnittstelle angegeben und eine Schnittstellenzusicherung. Dadurch wird ein Verhalten
$S$ spezifiziert,

$$S \subseteq \vec{I} \times \vec{O}$$

das Verhaltensfunktionen beschreibt. Ein System mit dem Verhalten

$$S \subseteq \vec{I} \times \vec{O}$$

wird durch ein System mit dem Verhalten

$$\hat{S} \subseteq \vec{I} \times \vec{O}$$

verfeinert, falls für alle Eingaben $x \in \vec{I}$

$$\{y \colon \hat{S}(x, y)\} \subseteq \{y \colon S(x, y)\}$$

gilt. Wir schreiben eine Spezifikation als Relation $S \subseteq \vec{I} \times \vec{O}$. Die Relation $S$
ergibt durch $S(x, y) \Leftarrow y \in f(x)$ eine Spezifikation für Verhaltensfunktionen $f$.

*Erfüllbare Spezifikation*   Eine Spezifikation heißt *erfüllbar* (oder auch *widerspruchsfrei*), wenn für sie
*Widerspruchs-*   eine Verhaltensfunktion existiert, die der Spezifikation genügt.
*freie Spezifikation*   Wir geben zur Erläuterung zunächst ein elementares Beispiel für eine Komponentenspezifikation. Wir beschreiben einen einfachen unbeschränkten Datenspeicher.

🔅 *Beispiel (Verfeinerung am Beispiel Datenspeicher)*  Ein Datenspeicher
speichert Daten und gibt diese Stück für Stück auf Anforderungssignale zurück.
Er besitzt einen Eingabekanal $x$ der Sorte

$$E \;=\; \mathsf{Data} \mid \{\mathsf{req}\}$$

und einen Ausgabekanal $y$ der Sorte

$$\mathsf{Data}$$

Die Nachricht req stellt das Anforderungssignal für einen gespeicherten Datenwert dar. Eine einfache Forderung für die Speicherfunktion $f$ besteht in der
Festlegung (für alle $d \in \mathsf{Data}$, $x \in D^{*|\omega}$; wir schreiben $d \in x$ für $d\#x > 0$):

$$d \in f(x) \quad \Longrightarrow \quad d \in x \tag{10.1}$$

Dies besagt, dass nur Elemente der Sorte Data ausgegeben werden, die auch über die Eingabe $x$ empfangen wurden.

Dabei sollten höchstens so viele Daten ausgegeben werden, wie eingegeben und wie angefordert werden (© bezeichnet hier wieder die Filterfunktion, vgl. Abschn. 4.4):

$$\#f(x) = \min\{\text{req}\#x, \text{Data}\#x\} \tag{10.2}$$

Ferner sollten für jedes Datenelement höchstens so viele Kopien ausgegeben werden, wie eingegeben wurden:

$$d\,\#\,f(x) \; \leq \; d\#x$$

Wir erhalten durch diese drei Schnittstellenzusicherungen drei Spezifikationen $S_1, S_2$ und $S_3$, wobei wir annehmen, dass $S_1$ für die Zusicherung (10.1) steht, $S_2$ zusätzlich für die Zusicherung (10.2) und $S_3$ für alle drei Zusicherungen. Dies ergibt bereits drei Beispiele für Verfeinerungsschritte. Die Spezifikation $S_3$ ist eine Verfeinerung der Spezifikation $S_2$ und diese ihrerseits eine Verfeinerung der Spezifikation $S_1$. Weitere Verfeinerungen sind denkbar (wie die Festlegung, in welcher Reihenfolge die Daten ausgegeben werden).                                    ∎

Das Beispiel zeigt ein einfaches Prinzip. Für die Schnittstellenzusicherungen

$$S(x, y)$$

$$\hat{S}(x, y)$$

dann ist $\hat{S}$ genau dann Verfeinerung des Schnittstellenverhaltens $S$, falls

$$\hat{S}(x, y) \Rightarrow S(x, y) \qquad (x \in \vec{I},\ y \in \vec{O}).$$

Die Verfeinerungsrelation entspricht im Hinblick auf die Schnittstellenzusicherungen der Implikation.

Die Spezifikation $\hat{S}$ ist eine Verfeinerung der Spezifikation $S$, falls für jede Eingabe $x$ jede Ausgabe von $\hat{S}$ eine Ausgabe von $S$ ist. Formal gilt dann für alle $x$

$$\{y \in \vec{O} \colon \hat{S}(x, y)\} \subseteq \{y \in \vec{O} \colon S(x, y)\}$$

Somit erfüllen alle Ausgaben von $\hat{S}$ alle Eigenschaften der Ausgaben von $S$, aber in der Regel noch weitere Eigenschaften.


## 10.2 Teilfunktionalität


Bei der Eigenschaftsverfeinerung haben wir zwei Spezifikationen $S, \hat{S}$ betrachtet, die auf den gleichen syntaktischen Schnittstellen $I$ beziehungsweise $O$ von

Eingabe- und Ausgabekanälen arbeiten. Nun betrachten wir Eingabekanäle $I$, $I'$ und Ausgabekanäle $O$, $O'$ mit

$$I \subseteq I' \ \wedge \ O \subseteq O'$$

und Verhalten

$$S \subseteq \vec{I} \times \vec{O}$$
$$\hat{S} \subseteq \vec{I'} \times \overrightarrow{O'}$$

*Teilsystem*   Das durch $\hat{S}$ spezifizierte System verfügt also über mehr Kommunikationskanäle als das durch $S$ spezifizierte System. Wir nennen $S$ ein direktes *Teilsystem* von $\hat{S}$, wenn

$$\{y \colon S(x|_I, y)\} \ = \ \{y|_O \colon \hat{S}(x, y)\}$$

für alle $x \in \vec{I'}$ gilt. Dabei bezeichnen wir mit $x|_I$ die Restriktion der Belegung $x$ der Kanäle aus $I'$ durch Ströme auf die Kanäle in $I$.

Gilt

$$\{y|_O \colon \hat{S}(x, y)\} \ \subseteq \ \{y \colon S(x|_I, y)\}$$

so heißt $\hat{S}$ ebenfalls Verfeinerung von $S$. Wir schreiben dafür

$$S \rightsquigarrow \hat{S}$$

Zusätzlich können wir auch noch eine Teilmengenbeziehung auf den Mengen von Nachrichten der Kanäle betrachten und somit in den Kanälen von $I$ und $O$ bestimmte Nachrichten ausblenden, die in $I'$ und $O'$ vorhanden sind.

## 10.3 Repräsentationsverfeinerung

Durch eine Eigenschaftsverfeinerung bleibt die syntaktische Schnittstelle einer Komponente unverändert. Eine Repräsentationsverfeinerung (oder Schnittstellenverfeinerung) erlaubt es uns, auch die syntaktische Schnittstelle einer Komponente zu ändern und dabei doch eine Verfeinerungsbeziehung für das Verhalten zu bekommen. Wir betrachten die beiden Verhaltensbeschreibungen:

$$S \subseteq \vec{I} \times \vec{O}$$
$$\hat{S} \subseteq \vec{I'} \times \overrightarrow{O'}$$

Um diese Verhaltensbeschreibungen zueinander in Beziehung setzen zu können, verwenden wir Übersetzungsfunktionen, die Historien für $I$ in Historien in $I'$ übersetzt und Historien in $O$ in Historien in $O'$ übersetzt. Wir sprechen von einer *Interaktionsverfeinerung*.

*Interaktionsverfeinerung*   Seien $Z$ und $Z'$ Mengen von Kanalnamen. Ein Paar von Abbildungen

$$A \subseteq \overrightarrow{Z'} \times \vec{Z}$$

$$R \subseteq \vec{Z} \times \overrightarrow{Z'}$$

heißt *Interaktionsverfeinerung*, falls gilt[1]

$$R \circ A = \mathsf{ID}_{\vec{Z}}$$

Hier bezeichnet „$\circ$" die Funktions- beziehungsweise Relationenkomposition

$$(R \circ A)(x) = \{z \in \vec{Z} : \exists\, y \in \overrightarrow{Z'} : R(x,y) \wedge A(y,z)\} \qquad (x \in \mathrm{dom}\, R)$$

und $\mathsf{ID}_X$ für eine Menge $X$ bezeichnet die Identitätsrelation auf $\vec{Z}$

$$\mathsf{ID}_{\vec{Z}}(x,y) = (x = y)$$

Zur Beschreibung der Repräsentationsverfeinerung benötigen wir zwei Interaktionsverfeinerungen, eine für die Eingabekanäle und eine zweite für die Ausgabekanäle:

$$A_{\mathrm{In}} \subseteq \overrightarrow{I'} \times \vec{I}, \qquad R_{\mathrm{In}} \subseteq \vec{I} \times \overrightarrow{I'},$$

$$A_{\mathrm{Out}} \subseteq \overrightarrow{O'} \times \vec{O}, \qquad R_{\mathrm{Out}} \subseteq \vec{O} \times \overrightarrow{O'},$$

so dass gilt

$$R_{\mathrm{In}} \circ \hat{S} \circ A_{\mathrm{Out}} \leadsto S$$

Dabei bezeichnet $\leadsto$ die Verfeinerungsrelation. Durch dieses Konzept wird festgelegt, wie gewisse Ein-/Ausgabepaare auf der konkreten Ebene mit Ein-/Ausgabepaaren auf der abstrakten Ebene in Beziehung gesetzt werden.

Man beachte, dass die Eigenschaftsverfeinerung ein Spezialfall der Repräsentationsverfeinerung ist. Wir brauchen nur für alle auftretenden Funktionen $A_{\mathrm{In}}, A_{\mathrm{Out}}, R_{\mathrm{In}}, R_{\mathrm{Out}}$ die jeweiligen Identitätsfunktionen zu wählen.

💡 *Beispiel 10.3.1 (Von Zahlen – zu Bitströmen)* Wir übersetzen ein Paar von Zahlenströmen in einen Bitstrom mit Trennzeichen „eob":

$$\mathsf{rep}(n \,\&\, a, m \,\&\, b) = \mathsf{bitseq}(n) \,^\frown \langle \mathsf{eob} \rangle \,^\frown \mathsf{bitseq}(m) \,^\frown \langle \mathsf{eob} \rangle \,^\frown \mathsf{rep}(a,b)$$

$$\mathsf{rep}(\langle\rangle, b) = \mathsf{rep}(d, \langle\rangle) = \langle\rangle$$

wobei $\mathsf{bitseq}(n)$ die Binärrepräsentation der Zahl $n$ durch einen endlichen Strom von Bits darstellt. Wir definieren mit

$$I = \{a \mathbin{\text{\tiny\textbullet}} \mathsf{Nat},\ b \mathbin{\text{\tiny\textbullet}} \mathsf{Nat}\}$$

$$I' = \{c \mathbin{\text{\tiny\textbullet}} \{\mathsf{O}, \mathsf{L}, \mathsf{eob}\}\}$$

---

[1] Repräsentationsverfeinerungen stellen sogenannte *isotone Galoisverbindungen* dar, s. [Bla02].

die Repräsentationsrelation

$$R(x, y) = \Big(y = \mathsf{rep}(x(c), x(b))\Big)$$

Man beachte, dass $R$ hier keine Repräsentationsfunktion für eine Interaktionsverfeinerung darstellt, da $R$ nicht injektiv ist. Schränken wir $R$ jedoch auf Ströme $a$ und $b$ ein, für die $\#a = \#b$ gilt, dann ist $\mathsf{rep}$ injektiv. ∎

Repräsentationsverfeinerung ist der Verfeinerungsbegriff für die Modellierung von Entwicklungsschritten zwischen unterschiedlichen Abstraktionsebenen. Durch Repräsentationsverfeinerungen können wir bei einer Komponente

- die Sorte, Zahl und Namen ihrer Eingabe- und Ausgabekanäle,
- die Granularität der auf den Kanälen übermittelten Nachrichten

verändern. Wir setzen die Komponenten, genauer ihr Schnittstellenverhalten, über ein Paar von Abstraktions- und Repräsentationsabbildungen zueinander in Beziehung.

Eine *Repräsentationsverfeinerung* wird durch zwei Funktionen

$$A \subseteq \overrightarrow{C'} \times \vec{C} \quad \text{und} \quad R \subseteq \vec{C} \times \overrightarrow{C'}$$

beschrieben, die die abstrakte und die konkrete Ebene eines Entwicklungsschritts verknüpfen, der, wie in Abb. 10.1 gezeigt wird, von einer Abstraktionsebene zur nächsten führt. Ist eine abstrakte Historie $x \in \vec{C}$ gegeben, so bezeichnet jedes $y$ mit $R(x, y)$ eine konkrete Historie, die die Historie $x$ repräsentiert. Berechnet man eine Repräsentation für eine gegebene abstrakte Historie und dann deren Abstraktion, erhält man wieder die ursprüngliche abstrakte Historie. Bei sequenzieller Komposition wird dies durch die Bedingung

*Repräsentations-*
*Verfeinerungs-Paar*

$$R \circ A = \mathsf{ID}_{\vec{C}}$$

*Abstraktion*
*Repräsentation*
*Repräsentations-*
*Verfeinerungs-Paar*

ausgedrückt. Die Relation $A$ nennen wir die *Abstraktions-* und $R$ die *Repräsentationsrelation*. Das Paar aus $R$ und $A$ nennen wir ein *Repräsentations-Verfeinerungs-Paar*.

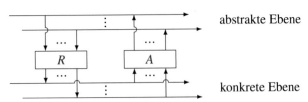

**Abb. 10.1** Verfeinerung der Kommunikations-Historie

Durch Repräsentationsverfeinerung können wir Komponenten verfeinern, wenn es jeweils passende Verfeinerungspaare für die Eingabe- und Ausgabekanäle gibt. Das Konzept einer Repräsentationsverfeinerung wird in Abb. 10.2

für die sogenannte $U^{-1}$-Simulation dargestellt. Man beachte, dass die Komponenten (Stromrelationen) $A_{In}$ und $A_{Out}$ nicht mehr definitorisch im Sinn von Spezifikationen aufzufassen sind, sondern methodologisch, weil sie zwei Abstraktionsebenen zueinander in Beziehung setzen. Nichtsdestoweniger beschreiben wir sie mit den bislang eingeführten Spezifikationstechniken. Allerdings fordern wir bestimmte Eigenschaften wie Kausalität für sie nicht notwendigerweise.

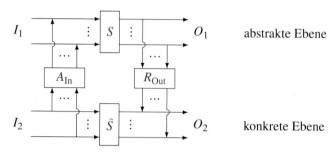

**Abb. 10.2** Interaktionsverfeinerung ($U^{-1}$-Simulation)

Sind die Verfeinerungspaare

$$A_{In} \subseteq \vec{I_2} \times \vec{I_1} \qquad R_{In} \subseteq \vec{I_1} \times \vec{I_2}$$
$$A_{Out} \subseteq \vec{O_2} \times \vec{O_1} \qquad R_{Out} \subseteq \vec{O_1} \times \vec{O_2}$$

für die Eingabe- und Ausgabekanäle gegeben, können wir abstrakte und konkrete Kanäle für die Eingabe und für die Ausgabe verknüpfen. Wir bezeichnen die Spezifikation

$$\hat{S} \subseteq \vec{I_2} \times \vec{O_2}$$

als *Repräsentationsverfeinerung* der Spezifikation

$$S \subseteq \vec{I_1} \times \vec{O_1}$$

wenn die folgende Aussage gilt:

$$\hat{S} \rightsquigarrow A_{In} \circ S \circ R_{Out} \qquad U^{-1}\text{-Simulation}$$

Diese Formel besagt im Wesentlichen, dass $\hat{S}$ eine Eigenschaftsverfeinerung der Spezifikation $A_{In} \circ S \circ R_{Out}$ ist. Damit lässt sich für jede „konkrete" Eingabehistorie $\hat{x} \in \vec{I_2}$ jede konkrete Ausgabe $\hat{y} \in \vec{O_2}$ auch dadurch erzeugen, dass wir $\hat{x}$ in eine abstrakte Eingabe-Historie $x$ mit $(\hat{x}, x) \in A_{In}$ übersetzen, sodass wir eine abstrakte Ausgabehistorie $y$ mit $(x, y) \in S$ wählen können und $(y, \hat{y}) \in R_{Out}$ gilt.

Es gibt noch drei weitere Spielarten der Repräsentationsverfeinerung, die wir erhalten, indem wir die Abstraktionsfunktion $A_{In}$ in Abb. 10.2 durch die

Repräsentationsfunktion $R_{\text{In}}$ ersetzen oder die Abstraktionsfunktion $A_{\text{Out}}$ durch die Repräsentationsfunktion $R_{\text{Out}}$ oder beides. Wir erhalten die folgenden Charakterisierungen:

$$R_{\text{In}} \circ \hat{S} \rightsquigarrow S \circ R_{\text{Out}} \qquad \text{Abwärtssimulation}$$
$$\hat{S} \circ A_{\text{Out}} \rightsquigarrow A_{\text{In}} \circ S \qquad \text{Aufwärtssimulation}$$
$$R_{\text{In}} \circ \hat{S} \circ A_{\text{Out}} \rightsquigarrow S \qquad \text{U-Simulation}$$

Dies sind allesamt nützliche Relationen, um eine Beziehung zwischen Abstraktionsebenen auszudrücken. Welche dieser Verfeinerungen in einem Entwicklungsschritt zu verwenden ist, hängt von den Umständen ab. $U^{-1}$-Simulation ist der restriktivste, „stärkste" Begriff, der die anderen drei impliziert.

Diese Behauptung lässt sich leicht beweisen: Aus

$$\hat{S} \rightsquigarrow A_{\text{In}} \circ S \circ R_{\text{Out}}$$

leiten wir durch Komposition mit $R_{\text{In}}$ von links die Formel

$$R_{\text{In}} \circ \hat{S} \rightsquigarrow R_{\text{In}} \circ A_{\text{In}} \circ S \circ R_{\text{Out}}$$

ab und durch $R_{\text{In}} \circ A_{\text{In}} = \text{ID}_{I_1}$ erhalten wir die Aussage

$$R_{\text{In}} \circ \hat{S} \rightsquigarrow S \circ R_{\text{Out}}$$

Dies liefert die Charakterisierung der *Abwärtssimulation*. Mit analogen Argumenten beweisen wir, dass $\hat{S}$ auch eine Aufwärtssimulation und eine U-*Simulation* ist.

Im Folgenden verwenden wir die Konvention, dass Kanäle $x$, die sowohl als Eingabe wie als Ausgabe auftreten, in den spezifizierenden Formeln mit $x'$ geschrieben werden, um Ausgabekanäle eindeutig zu bezeichnen.

🔆 *Beispiel (Parallele und serielle Übertragung)* Wir betrachten ein einfaches Beispiel für die Multiplikation auf Strömen gegeben durch folgende Spezifikationen

| ═══ParMult═══ |
| --- |
| **in** $x, y$ : Stream Nat |
| **out** $z$  : Stream Nat |
| $\forall t \in \mathbb{N}_+ : t \leq \min\{\#x, \#y\} \Rightarrow z(t) = x(t) * y(t)$ |

| ═══SerMult═══ |
| --- |
| **in** $x$ : Stream Nat |
| **out** $z$ : Stream Nat |
| $\forall t \in \mathbb{N}_+ : t \leq \#x \wedge \text{even}(x) \Rightarrow z(t \div 2) = x(t) * x(t-1)$ |

Wir zeigen, wie die Spezifikationen als Repräsentationsverfeinerungen voneinander aufgefasst werden können. Dazu definieren wir

```
┌──────Seq────────────────────────────────────────────────────┐
│ in    x, y : Stream α                                        │
│ out   z   : Stream α                                         │
├──────────────────────────────────────────────────────────────┤
│ ∀ t ∈ ℕ₊:    (t ≤ min{#x, #y} ⇒ z(2t − 1) = x(t) ∧ z(2t) = y(t)) │
│           ∧  (t = min{#x, #y} ∧ t < #x ⇒ z(2t + 1) = x(t + 1)) │
└──────────────────────────────────────────────────────────────┘
```

Seq stellt eine Abstraktionsfunktion dar.

```
┌──────Par────────────────────────────────────────────────────┐
│ in    z   : Stream α                                         │
│ out   x, y : Stream α                                        │
├──────────────────────────────────────────────────────────────┤
│ ∀ t ∈ ℕ₊:    (t ≤ #z ∧ even(t) ⇒ x(t ÷ 2) = z(t − 1) ∧ y(t ÷ 2) = z(t)) │
│           ∧  (¬even(#z) ⇒ x((1 + #z) ÷ 2) = z(#z))          │
└──────────────────────────────────────────────────────────────┘
```

Par stellt eine Repräsentationsfunktion dar.

Es gilt

$$\mathsf{Par} \circ \mathsf{Seq} = \mathsf{Id}_z$$

wobei $\mathsf{Id}_z$ die Identität für die Elemente vom Typ Stream $\alpha$ liefert (bei gleich-bezeichneten Ein- und Ausgabekanälen $z$ schreiben wir $z'$ für die Ausgabe).

```
┌──────Id_z───────────────────────────────────────────────────┐
│ in    z : Stream α                                           │
│ out   z : Stream α                                           │
├──────────────────────────────────────────────────────────────┤
│ z = z'                                                       │
└──────────────────────────────────────────────────────────────┘
```

Es gilt

$$\mathsf{Par} \circ \mathsf{ParMult} \circ \mathsf{Seq} = \mathsf{SeqMult} \qquad ■$$

Eingehender wird die Repräsentationsverfeinerung im folgenden Beispiel behandelt; weitere Einzelheiten sind in [Bro93] zu finden.

🔆 *Beispiel 10.3.2 (Zeitfreie Identität für Nachrichten der Sorte T)* Sei die Sorte $T = T1 \cup T2$ und $T1$ und $T2$ disjunkte Mengen. Für die zeitfreie Identität für Nachrichten der Sorte $T$ lautet eine Komponentenspezifikation wie folgt:

```
┌──────TII3───────────────────────────────────────────────────┐
│ in    z  : TStream T                                         │
│ out   z' : TStream T                                         │
├──────────────────────────────────────────────────────────────┤
│ z̄ = z̄'                                                       │
└──────────────────────────────────────────────────────────────┘
```

```
┌──────MRG────────────────────────────────────────────────────┐
│ in    x : TStream T1,  y : TStream T2                        │
│ out   z : TStream T3                                         │
├──────────────────────────────────────────────────────────────┤
│ x̄ = T1 ⊚ z̄  ∧  ȳ = T2 ⊚ z̄                                   │
└──────────────────────────────────────────────────────────────┘
```

Die nachfolgende Komponente FRK ist einfach die „Inversion" der Komponente MRG.

```
╔═══FRK══════════════════════════════════════════╗
║ in   z : TStream T3                             ║
║ out  x′ : TStream T1,  y′ : TStream T2          ║
╠═════════════════════════════════════════════════╣
║ x̄′ = T1 ⊙ z̄  ∧  ȳ′ = T2 ⊙ z̄                    ║
╚═════════════════════════════════════════════════╝
```

```
╔═══TII══════════════════════════════════════════╗
║ in   x : TStream T1,  y : TStream T2            ║
║ out  x′ : TStream T1,  y′ : TStream T2          ║
╠═════════════════════════════════════════════════╣
║ x̄′ = x̄  ∧  ȳ′ = ȳ                               ║
╚═════════════════════════════════════════════════╝
```

Wir erhalten

$$\text{MRG} \circ \text{TII3} \circ \text{FRK} \subseteq \text{TII}$$

als einfaches Beispiel für eine Interaktionsverfeinerung durch U-Simulation. Der Beweis ist wiederum leicht zu führen.

Abb. 10.3 zeigt eine grafische Darstellung dieser Verfeinerungsrelation.

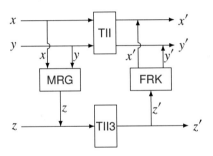

**Abb. 10.3** Grafische Darstellung einer Interaktionsverfeinerung (U-Simulation)  ∎

*TLA*
*Temporal Logic of Actions*

Das Konzept einer Repräsentationsverfeinerung ist auch in anderen Ansätzen wie beispielsweise in TLA (engl. *Temporal Logic of Actions*, vgl. [Lam94]) zu finden. Es wird häufig in der praktischen Systementwicklung angewandt, obwohl es dort nur selten formal ausgeführt wird. Beispiele dafür sind die Kommunikationsprotokolle in den ISO/OSI-Hierarchien (vgl. [HB05]).

⚠ **Achtung**  Repräsentationsverfeinerung ermöglicht eine Formalisierung der Beziehung zwischen verschiedenen Abstraktionsebenen in der Systementwicklung. Somit kann sie etwa dazu dienen, die Schichten von Protokollhierarchien, die Veränderung von Datenrepräsentationen für die Nachrichten oder die Zustände oder die Einführung von Zeit in Systementwicklungen zu verknüpfen.  ∎

## 10.4 Modularität und Kompatibilität

Wir nennen eine Verfeinerungsrelation *modular*, wenn für eine Systemspezifikation die Verfeinerung der Spezifikationen der Teilsysteme die Verfeinerung der Spezifikation des Systems, in dem das Teilsystem angesiedelt ist, impliziert. Formal ausgedrückt, wird für die Modularität der Verfeinerung gefordert

$$S_1 \leadsto S_1' \wedge S_2 \leadsto S_2' \quad \Rightarrow \quad S_1 \otimes S_2 \leadsto S_1' \otimes S_2'$$

Dabei bezeichnet $\otimes$ den Kompositionsoperator für Systemspezifikationen.

Man beachte, dass bei Modularität ferner erforderlich ist, dass die Komposition von Spezifikationen eine Spezifikation des Systems ergibt, das durch Komposition der spezifizierten Teilsysteme entsteht.

📖 *Satz* *Eigenschafts- und Repräsentationsverfeinerung sind modular.* Für den Beweis s. [Bro93].

Ein dem Begriff der Verfeinerung verwandter Begriff ist der Begriff der Kompatibilität. Den Begriff der Kompatibilität gibt es in zwei Ausprägungen:

- *Ersetzungskompatibilität*: Eine Komponente $A$ heißt ersetzungskompatibel zur Komponente $B$, wenn $A$ in beliebigen Systemen für $B$ eingesetzt werden kann, ohne dass sich die Korrektheit des Systems ändert.
- *Zusammensetzungskompatibilität*: Ein System $A$ heißt zu einem System $B$ kompatibel für eine Zusammensetzung, wenn $A$ mit $B$ zu $A \otimes B$ syntaktisch korrekt komponiert werden kann und dies somit ein wohldefiniertes Verhalten ergibt.

Wir betrachten primär das Konzept der Ersetzungskompatibilität. Dazu nutzen wir die Idee des *Systemkontextes*

$$K[S] = S \otimes G$$

für gegebenes $G$. Die Spezifikation $S'$ eines Systems ist *ersetzungskompatibel* für die Spezifikation $S$, falls für alle Kontexte $K$

$$K[S] = K[S']$$

oder (mit geeigneter Verfeinerungsrelation $\leadsto$)

$$K[S] \leadsto K[S']$$

Es ergibt sich sofort, dass modulare Verfeinerung mit Ersetzungskompatibilität übereinstimmt. Dies unterstreicht die praktische Bedeutung des Verfeinerungsbegriffs. Man beachte, dass Systeme auch durch Spezifikationen repräsentiert werden und sich somit alle Konzepte für Spezifikationen auf Systeme übertragen.

## 10.5 Verfeinerung von Zustandsübergangssystemen

Die Idee der Verfeinerung lässt sich auf Zustandsübergangssysteme übertragen. Zustandsübergangssysteme sind durch zwei Modellierungskonzepte gegeben:

- eine Menge von Zuständen sowie Anfangszuständen und eine Zustandsübergangsfunktion und
- eine Menge von Abläufen.

Die Menge der Abläufe ergibt sich aus den Anfangszuständen und der Übergangsfunktion. Die Umkehrung stimmt in aller Regel nicht.

Wir haben sehr unterschiedliche Zustandsübergangssysteme in Teil I kennengelernt. Im Folgenden behandeln wir das Thema Verfeinerung nur für bestimmte Klassen von Zustandsübergangssystemen.

### 10.5.1 Nichtdeterministische Auswahl

Zustandsübergangssysteme beschreiben durch ihre Zustandsübergänge auf den Zuständen Berechnungsschritte und Auswahlschritte. Im Folgenden diskutieren wir die Struktur der Auswahlschritte. Eine nichtdeterministische Zustandsmaschine kann in Abläufen einen Auswahlschritt früher oder später durchführen. Ein Übergang der Zustandsmaschine liefert einen Zustand und stellt im Allgemeinen einen nichtdeterministischen Auswahlschritt und einen Umformungsschritt für den Zustand dar.

Bei nichtdeterministischen Zustandsübergangssystemen ist eine interessante Frage, wann bestimmte Auswahlentscheidungen erfolgen. Wir betrachten lediglich ein einfaches Beispiel, um diese diese Thematik zu illustrieren.

🔆 *Beispiel 10.5.1.1 (Auswahlentscheidungen in einer Mealy-Maschine)* Wir betrachten eine einfache Mealy-Maschine mit folgender Übergangsfunktion

$$\Delta: \Sigma \times \mathsf{Bit} \to \mathfrak{P}(\Sigma \times \mathsf{Bit})$$

mit $\Sigma = \mathbb{N}_0$ und $\Lambda = \{0\}$. Die Zustandsübergangsfunktion ist wie folgt definiert:

$$\Delta(0, \mathsf{O}) = \{(0, \mathsf{O})\}$$
$$\Delta(0, \mathsf{L}) = \mathbb{N}_+ \times \{\mathsf{O}\}$$
$$\Delta(1, b) = \{(0, \mathsf{L})\}$$
$$\Delta(n+2, b) = \{(n+1, \mathsf{L})\}$$

Die Maschine gibt, solange Zustand 0 und Eingabe O sind, 0 für Zustand und Ausgabe aus. Ist eine Eingabe L, so wird der Zustand auf eine Zahl $n \in \mathbb{N}_+$ gesetzt und gibt in $n-1$ Schritten je ein L aus, danach gibt die Maschine ein

O aus und nimmt den Zustand 0 an. Das Verhalten der Maschine entspricht folgender Menge $F$ von stromverarbeitenden Funktionen:

$$f\colon \mathsf{Bit}^\omega \to \mathsf{Bit}^\omega$$

spezifiziert durch (für alle $x \in \mathsf{Bit}^\omega$, $n \in \mathbb{N}_0$, $b \in \mathsf{Bit}$)

$$\forall f \in F\colon \big(f(\mathsf{O}\&x) = \mathsf{O}\&f(x) \wedge \exists n \in \mathbb{N}_+, g \in G\colon f(\mathsf{L}\&x) = g(x,n)\big)$$
$$\forall g \in G\colon \big(g(b\&x, n{+}2) = \mathsf{L}\&g(x, n{+}1) \wedge \exists f \in F\colon g(b\&x, 1) = \mathsf{O}\&f(x)\big)$$

Die größten Mengen $F$ und $G$, die diese Definitionen erfüllen, seien durch diese Spezifikation beschrieben.

Wir definieren nun eine Zustandsmaschine $(\Delta', \Lambda')$ wie folgt:

$$\Sigma' = F \cup G$$
$$\Lambda' = F$$
$$\Delta'\colon \Sigma' \times \mathsf{Bit} \to \mathfrak{P}(\Sigma' \times \mathsf{Bit})$$
$$\Delta'(f, b) = (f', a) \;\Leftarrow\; \forall x \in \mathsf{Bit}^\omega\colon f(b\&x) = a\&f'(x)$$

Die Maschine arbeitet nach der Wahl des Anfangszustands deterministisch. Durch die Wahl des Anfangszustands wird der gesamte Nichtdeterminismus gebunden. Die Maschinen $(\Delta, \Lambda)$ und $(\Delta', \Lambda')$ sind äquivalent bezüglich ihres Ein-/Ausgabe-Verhaltens. ∎

Bei dem Beispiel handelt es sich nur um eine äußerst einfache Zustandsmaschine mit Ein- und Ausgabe. Aber die Konstruktion lässt sich auf beliebige nichtdeterministische Zustandsmaschinen mit Ein- und Ausgabe anwenden. Es gibt, dass es zu jeder Zustandsmaschine mit Ein- und Ausgabe eine bezüglich des Ein-/Ausgabeverhaltens äquivalente Zustandsmaschine mit einer Menge von Anfangszuständen gibt, wobei diese Zustandsmaschine nach der Wahl eines Anfangszustandes deterministisch arbeitet.

Diese Beobachtung gilt auch für das Medium aus dem Alternating-Bit-Protokoll (s. Kap. 1). Für das Medium können wir ein Orakel wählen, das zu Beginn des nichtdeterministischen Verhaltens das Medium vollständig festlegt oder aber die Festlegung erst im Laufe der Berechnung vornehmen. Man beachte die Ähnlichkeit zu den Prophezeihungsvariablen von TLA[LM22].

## 10.5.2 Verfeinerung der Übergangsfunktion

Wir betrachten eine Zustandsmaschine mit unmarkierten Zustandsübergängen. Sei

$$\Sigma$$

der Zustandsraum, $\Lambda \subseteq \Sigma$ eine nichtleere Menge von Anfangszuständen und

$$\Delta\colon \Sigma \to \mathfrak{P}(\Sigma)$$

die Übergangsfunktion.

*Verfeinerung*   Eine Zustandsmaschine $(\Delta', \Lambda')$ heißt *Verfeinerung* von $(\Delta, \Sigma)$, falls für die Zustandsübergangsfunktion

$$\Delta'\colon \Sigma \to \mathfrak{P}(\Sigma)$$

und die Menge der Anfangszustände $\Lambda'$ Folgendes gilt:

$$\Lambda' \subseteq \Lambda$$
$$\forall\, \sigma \in \Sigma\colon \Delta'(\sigma) \subseteq \Delta(\sigma)$$

Dann lässt sich zeigen:

- Die Menge der erreichbaren Zustände der Maschine $(\Delta', \Lambda')$ ist eine Teilmenge der Menge der erreichbaren Zustände der Maschine $(\Delta, \Lambda)$.
- Die Menge der endlichen und vollständigen Abläufen von $(\Delta', \Lambda')$ ist eine Teilmenge der Menge der endlichen und vollständigen Abläufen von $(\Delta, \Lambda)$.

Die Aussagen sind offensichtlich und durch Induktion einfach zu beweisen.

Allerdings gilt: Ist $(\Delta, \Lambda)$ eine totale Zustandsmaschine, so gilt das nicht notwendigerweise für eine Verfeinerung $(\Delta', \Lambda')$.

Ist $(\Delta_1', \Lambda_1')$ Verfeinerung von $(\Delta_1, \Lambda_1)$, dann gilt für beliebige Maschinen $(\Delta_2, \Lambda_2)$, dass mit

$$\Sigma = \Sigma_1 \times \Sigma_2$$
$$\Lambda = \Lambda_1 \times \Lambda_2, \quad \Lambda' = \Lambda_1' \times \Lambda_2$$

die Maschine $(\Delta_1' \parallel \Delta_2, \Lambda')$ eine Verfeinerung von $(\Delta_1 \parallel \Delta_2, \Lambda)$ ist.

### 10.5.3 Repräsentationsverfeinerung für Zustandssysteme

In diesem Abschnitt betrachten wir die Verfeinerung der Zustandsräume von Zustandsübergangssystemen. Wir illustrieren, dass die Idee der Repräsentationsverfeinerung auf die Zustandssicht übertragbar ist. Wir betrachten nur den einfachsten Fall, nämlich unmarkierte nichtdeterministische Zustandsübergangssysteme.

Wie wir im Abschn. 7.1.2 gezeigt haben, stellen permanente Invarianten Sicherheitseigenschaften dar. Wie wir gezeigt haben, hat jedes Zustandsübergangssystem eine stärkste Invariante, die die Menge seiner erreichbaren Zustände kennzeichnet, und im Allgemeinen noch viele weitere, schwächere Invarianten. Im Folgenden untersuchen wir die Beziehung zwischen verschiedenen Zustandsübergangssystemen und ihren Invarianten.

Zustandssichten spiegeln die individuelle Granularität der Zustandsübergangsschritte eines Systems wider. Zum Beispiel können wir mit einer Zustandsübergangsmaschine, die auf eine Eingabenachricht auf ihrem Eingabekanal $c$ mit zwei Ausgabenachrichten auf ihrem Ausgabekanal $e$ antwortet, die Invariante beweisen, dass #$e$ bei jeder Eingabe geradzahlig ist. Wenn wir den Zustandsübergang mit zwei Transitionen implementieren, wovon die erste die Eingabe akzeptiert und eine Ausgabenachricht bereitstellt und die zweite dann keine Eingabe verlangt und die Nachrichten sendet, gilt die genannte Invariante natürlich nicht mehr.

Lamport arbeitet in TLA in diesem Zusammenhang mit dem Konzept des „Stotterns" (engl. *stuttering*, vgl. [AL91]). Dies heißt, dass eine Zustandsmaschine in jeder Berechnung beliebig viele, aber, wenn ein nichtleerer Schritt möglich ist, nur endlich viele „leere" Schritte machen kann, die den sichtbaren Zustand unverändert lassen. So können wir Hilfsvariablen einfügen, auf denen die Eingabe bereitgestellt wird, in einem von außen als Stotterschritt wahrgenommenen Übergang. In einem zweiten Schritt wird die Nachricht zur Ausgabe bereitgestellt.

Um die Sicherheitseigenschaften von Systemen mithilfe von Zustandszusicherungen zu analysieren, sind zwei Aufgaben zu bewältigen:

(a) Invarianten beweisen,
(b) Gegenbeispiele zu potenziellen Invarianten finden.

Aufgabe (a) wird durch Verifikation gelöst, (b) durch Testen. Sind die Zustandsräume klein genug, ist beides durch Modellprüfung mittels Durchsuchen des Raums aller erreichbaren Zustände (engl. *model checking*, vgl. [BVW94; CGP99]) möglich. Bei dieser Variante der Modellprüfung wird der Raum der erreichbaren Zustände in effizienter Weise abgesucht. Dadurch wird Aufgabe (a) bewältigt, indem sich ergibt, dass die Aussage für alle erreichbare Zustände gilt, oder, falls eine Invariante nicht verifiziert werden kann, werden Gegenbeispiele (im Sinne der Folge von Zustandsübergängen, die auf einen Zustand führen, in dem die Zusicherung verletzt ist) geliefert. Leider funktioniert diese Form der Modellprüfung in der Regel praktisch nur in einer eingeschränkten Anzahl von Fällen bei hinreichend kleinen, endlichen Zustandsmaschinen.

Man beachte, dass es folgende Methode erlaubt, Invarianten für konkretere Zustandssichten durch Invarianten für abstraktere Zustandssichten zu beweisen. Um dies zu erläutern, führen wir Abstraktionsfunktionen zwischen Zustandsräumen ein.

Sind ein „abstrakter" Zustandsraum $\Sigma$, ein „konkreter" Zustandsraum $\Sigma'$ und zwei Zustandsübergangsfunktionen

$$\Delta \colon \Sigma \to \mathfrak{P}(\Sigma)$$
$$\Delta' \colon \Sigma' \to \mathfrak{P}(\Sigma')$$

mit den Mengen von Anfangszuständen $\Lambda \subseteq \Sigma$ und $\Lambda' \subseteq \Sigma'$ gegeben, so bezeichnen wir das System $(\Delta', \Lambda')$ als *Verfeinerung* des Systems $(\Delta, \Lambda)$, wenn eine Abstraktionsfunktion

$$\mathrm{abs}\colon \Sigma' \to \Sigma$$

für die Zustandsräume $\Sigma'$ und $\Sigma$ existiert, sodass für alle Zustände $\sigma, \sigma' \in \Sigma'$

$$\sigma \in \Lambda' \;\Rightarrow\; \mathrm{abs}(\sigma) \in \Lambda$$

und

$$\sigma' \in \Delta'(\sigma) \;\Rightarrow\; \mathrm{abs}(\sigma') \in \Delta(\mathrm{abs}(\sigma))$$

gilt. Die zweite Formel kann kürzer geschrieben werden (wir schreiben für Mengen statt $\{\mathrm{abs}(\sigma)\colon \sigma \in M\}$ kürzer $\mathrm{abs}(M)$).

$$\mathrm{abs}(\Delta'(\sigma)) \subseteq \Delta(\mathrm{abs}(\sigma))$$

Mit anderen Worten: jeder Zustandsübergang der konkreten Maschine $\Delta'$ kann auch als Übergang der abstrakten Maschine $\Delta$ interpretiert werden. Die Maschine $(\Delta', \Sigma'_0)$ heißt dann *Verfeinerung* von $(\Delta, \Sigma_0)$.

*Verfeinerung*

Gilt darüber hinaus $\Lambda' = \mathrm{abs}(\Lambda)$ und $\mathrm{abs}(\Delta'(\sigma)) = \Delta(\mathrm{abs}(\sigma))$, dann nennen wir $(\Delta, \Lambda)$ Abstraktion des Systems $\Delta', \Sigma'$. Diese Beziehung lässt sich wieder anschaulich durch ein Diagramm darstellen (siehe Abb. 10.4).

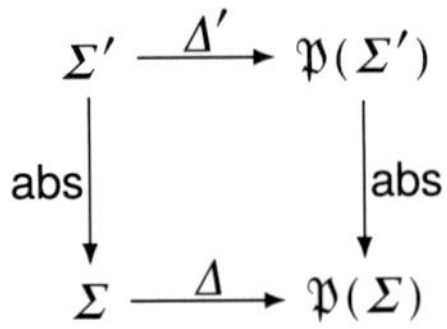

**Abb. 10.4** Darstellung von $\mathrm{abs}(\Delta'(\sigma)) = \Delta(\mathrm{abs}(\sigma))$

Sei $I \subseteq \Sigma$ eine Zustandsmenge auf dem Zustandsraum $\Sigma$ und $I' \subseteq \Sigma'$ eine Zustandsmenge auf dem Zustandsraum $\Sigma'$; wir setzen die Gültigkeit der *Koppelrelation* (engl. *coupling relation*)

*Koppelrelation (coupling relation)*

$$\mathrm{abs}(\sigma) \in I \;\Leftrightarrow\; \sigma \in I'$$

voraus. Dann ist $I'$ eine Invariante für das Zustandsübergangssystem $\Delta'$ unter der Voraussetzung, dass $I$ eine Invariante für den Zustandsübergang $\Delta$ ist. Das lässt sich leicht wie folgt beweisen:

Sei $I$ eine Invariante für die Zustandsmaschine $(\Delta, \Lambda)$. Gegeben

$$\sigma' \in \Lambda'$$

dann gilt

$$\mathrm{abs}(\sigma') \in \Lambda$$

und – da $I$ eine Invariante für $(\Delta, \Lambda)$ ist – gilt weiter

$$\mathsf{abs}(\sigma') \in I$$

Durch die Gültigkeit der Koppelrelation erhalten wir

$$\sigma' \in I' \;.$$

Nehmen wir nun an, dass $\sigma \in I'$ und deshalb durch die Koppelrelation auch

$$\mathsf{abs}(\sigma) \in I$$

gilt, und gilt ferner

$$\sigma' \in \Delta'(\sigma),$$

dann gilt aufgrund der Abstraktionseigenschaft

$$\mathsf{abs}(\sigma') \in \Delta(\mathsf{abs}(\sigma))$$

Da $I$ eine Invariante ist, erhalten wir

$$\mathsf{abs}(\sigma') \in I$$

und deshalb (durch die Gültigkeit der Koppelrelation)

$$\sigma' \in I'$$

Wir geben nachstehend ein einfaches Beispiel für die Abstraktion für Zustandsmaschinen.

*Beispiel (Abstraktion einer Zustandsmaschine)* Wir betrachten wieder das Beispiel einer Ampel. Der Zustandsraum der konkreten Zustandsmaschine $(\Delta_K, (\mathsf{red}, \mathsf{go}))$ ist

$$\mathsf{KState} \;=\; \mathsf{TrafficLights} \times \mathsf{PedestrianLights}$$

mit

$$\mathsf{TrafficLights} \;=\; \{\mathsf{green}, \mathsf{yellow}, \mathsf{red}, \mathsf{yellowgreen}\}$$
$$\mathsf{PedestrianLights} \;=\; \{\mathsf{go}, \mathsf{stop}\}$$

Abb. 10.5 zeigt das Übergangsdiagramm $\Delta_K$.

Die abstrakte Zustandsmaschine $(\Delta_A, (\mathsf{ng}, \mathsf{g}))$ hat nur vier Zustände:

$$\mathsf{AState} = C \times F \qquad \text{mit} \qquad C = \{\mathsf{gr}, \mathsf{ng}\} \text{ und } F = \{\mathsf{g}, \mathsf{s}\}$$

wobei der Zustand $(\mathsf{gr}, \mathsf{g})$ nicht erreichbar ist. Das Zustandsübergangsdiagramm $\Delta_A$ ist in Abb. 10.6 gegeben.

Wir definieren die Funktion

$$\mathsf{abs}\colon \mathsf{KState} \to \mathsf{AState}$$

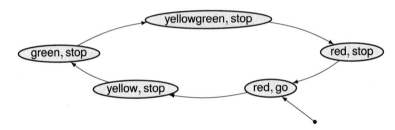

**Abb. 10.5** Ampel mit Zustandsübergängen

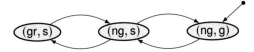

**Abb. 10.6** Abstraktes Zustandsdiagramm

durch die folgende Tabelle:

| $a$ $\diagdown$ $b$ | go | stop |
|---|---|---|
| green | (gr, g) | (gr, s) |
| yellow | (ng, g) | (ng, s) |
| red | (ng, g) | (ng, s) |
| yellowgreen | (ng, g) | (ng, s) |

Wir erhalten

$$\sigma' \in \Delta_K(\sigma) \;\Rightarrow\; \mathsf{abs}(\sigma') \in \Delta_A(\mathsf{abs}(\sigma))$$

und die gekoppelten Invarianten

$$I_K = \{(a,b) : \neg(a = \mathsf{green} \land b = \mathsf{go})\}$$
$$I_A = \{(a,b) : \neg(a = \mathsf{gr} \land b = \mathsf{g})\}$$

Aufgrund der Konstruktion genügt es, die Invariante für die abstrakte Zustandsmaschine zu zeigen.                                                                              ∎

Das zeigt, dass wir gewisse Invarianten für konkrete Systeme mit umfangreicheren Zuständen beweisen können, indem wir Invarianten für einfachere, abstrakte Systeme beweisen. Dies demonstriert auch die Idee der Existenz einer abstrakten Zustandsmaschine für eine konkrete Zustandsmaschine.

Ein Spezialfall der Verfeinerung von Zustandsmaschinen ist die Einführung von Hilfsvariablen (Geistervariablen) im Sinn von [OG76]. Die Zustandsmaschine mit den zusätzlichen Hilfsvariablen ist die konkrete Maschine und die ursprüngliche ist die abstrakte Maschine. Auf diese Weise können wir komplexere Sicherheitseigenschaften erfassen, die nicht direkt durch Invarianten der abstrakten Maschine, aber als Invarianten für die konkrete Maschine formuliert werden können.

Im Allgemeinen gibt es natürlich Invarianten $I'$ für das konkrete System $(\Delta', \Sigma'_0)$, die durch eine gegebene Abstraktionsfunktion abs auf die Mengen $\{\text{abs}(\sigma') : \sigma' \in I'\}$ abgebildet werden, welche keine Invarianten für das abstrakte System $\Delta$ sind. Wir können solche Abstraktionen der Zustandsübergangssysteme nutzen, um Gegenbeispiele für Formeln zu suchen, die Invarianten sein sollen. Nehmen wir an, dass die gleiche Konstruktion wie oben gegeben ist, aber nicht $I$, sondern $I'$ eine Invariante ist (oder sein soll). Dann können wir durch Modellprüfung Gegenbeispiele zu der Behauptung erzeugen, dass $I$ eine Invariante ist, vorausgesetzt, dass die abstrakte Zustandsmaschine klein genug ist, um Modellprüfung zu ermöglichen. Diese Gegenbeispiele können in Spuren von $\Delta'$ übersetzt und als Testfälle verwendet werden.

## 10.6 Abstraktion von Zustandsmaschinen

Mit der im folgenden dargestellten Methode können wir abstraktere Zustandsmaschinen für gegebene konkrete Zustandsmaschinen konstruieren. Wir betrachten zwei Zustandsräume $\Sigma$ und $\Sigma'$ sowie ein Zustandsübergangssystem

$$\Delta' : \Sigma' \to \mathfrak{P}(\Sigma')$$

mit einer Abstraktionsfunktion

$$\text{abs} : \Sigma' \to \Sigma$$

Wir konstruieren eine Übergangsfunktion

$$\Delta : \Sigma \to \mathfrak{P}(\Sigma)$$

die aus der Übergangsfunktion $\Delta'$ schematisch folgt:

$$\Delta(\sigma) = \{\text{abs}(\sigma'') : \exists \sigma' \in \Sigma' : \sigma'' \in \Delta'(\sigma') \wedge \sigma = \text{abs}(\sigma')\}$$

Wir bezeichnen dann $\Delta$ als die *abstrakte* Maschine und $\Delta'$ als die *konkrete* Maschine.

*abstrakte Maschine*
*konkrete Maschine*

Sei $I' \subseteq \Sigma'$ eine Invariante der konkreten Maschine $\Delta'$. Dann ist per Definition

$$I = \{\text{abs}(\sigma') : \sigma' \in I'\}$$

eine Invariante der abstrakten Maschine $\Delta$. Wir beweisen dies wie folgt. Angenommen,

$$\sigma_1 \in I$$

dann existiert ein Zustand $\sigma'_1 \in I'$ mit

$$\text{abs}(\sigma'_1) = \sigma_1$$

Gilt $\sigma_2 \in \Delta(\sigma_1)$, dann existieren Zustände $\sigma_1'$ und $\sigma_2''$, sodass

$$\sigma_2 = \mathsf{abs}(\sigma_2'') \quad \text{und} \quad \sigma_2'' \in \Delta'(\sigma_1') \quad \text{und} \quad \sigma_1 = \mathsf{abs}(\sigma_1')$$

gilt. Da $\sigma_1' \in I'$ und $I'$ eine Invariante ist, erhalten wir $\sigma_2'' \in I'$; über die Definition von $I$ erhalten wir $\sigma_2 \in I$.

## 10.7 Historische Bemerkungen

Die Idee der Verfeinerung von Programmen findet sich bereits früh im Zusammenhang mit dem Begriff der strukturierten Programmierung in der sequenziellen Programmierung in Publikationen von Niklaus Wirth, C. A. R. Hoare, Edsger W. Dijkstra und Ole-Johan Dahl. Diese Idee lässt sich grundsätzlich auf Daten (beschrieben durch abstrakte Datentypen, s. [Bro19]) und nebenläufige Systeme erweitern. Schon in den 70er-Jahren finden sich erste Überlegungen zur Verfeinerung, die dann in einer Fülle von Arbeiten für die unterschiedlichsten Ansätze zur Systemmodellierung weiter entwickelt wurden. Allerdings gibt es hier eine Diskrepanz zwischen den eher theoretischen Arbeiten, die auf Basis eines genau festgelegten logischen Ansatzes einen Verfeinerungskalkül für verteilte Systeme entwickelt haben, wie beispielsweise die Arbeiten von Hoare (vgl. etwa [DDH72]), Matthew Hennessy (vgl. [AH94]) und Ric Hehner (vgl. [Heh93]) und den stärker pragmatischen Arbeiten, in denen sich zwar auch ähnliche Ideen finden, beispielsweise unter dem Stichwort der *Entwurfsmuster* (engl. *design patterns*) (vgl. [Gam+95]), wo aber oft völlig auf eine formale Fundierung verzichtet wurde. Es bleibt der Zukunft überlassen, die beiden Ansätze noch stärker zueinander in Beziehung zu setzen und zu zeigen, dass die formalen Verfeinerungsansätze die Grundlage bilden können für die pragmatischen Vorgehensweisen.

Besonders bedeutsam ist es in diesem Zusammenhang, die wichtigen Techniken des Wechsels der Abstraktionsebenen, wie wir sie in vielen praktischen Ansätzen zur Systementwicklung finden, mit einem sauberen formalen Fundament zu unterlegen. In diesem Kapitel wurde dies insbesondere unter dem Stichwort der „U-*Simulation*" und der „*Abstraktions*- beziehungsweise *Repräsentationsverfeinerung*" abgehandelt.

## 10.8 Übungsaufgaben

☑ **Übung 10.8.1** Geben Sie für das Beispiel 10.3.1 die Abstraktions- und Repräsentationsabbildungen an.

☑ **Übung 10.8.2** Zeigen Sie für Beispiel 10.3.2, dass es sich um eine Interaktionsverfeinerung handelt.

☑ **Übung 10.8.3** Zeigen Sie, dass der interaktive Keller (s. Beispiel 4.8.1 und die interaktive Warteschlange (s. Beispiel 4.3.2) die Zusicherungen aus dem Beispiel aus Abschn. 10.2 erfüllen. Geben Sie die logisch stärkere Spezifikation an, die sowohl den interaktiven Keller als auch die interaktive Warteschlange als Verfeinerung besitzt.

☑ **Übung 10.8.4** Diskutieren Sie, ob es für die Spezifikation des interaktiven Kellers weitere Verfeinerungen gibt.

☑ **Übung 10.8.5** Beschreiben Sie die paarweise Addition von zwei Strömen von Zahlen und die sequenzielle Addition, bei der für einen Strom von Zahlen als Eingabe stets zwei aufeinanderfolgende Elemente addiert werden und zeigen Sie, dass das eine System eine Repräsentationsverfeinerung des anderen Systems ist.

☑ **Übung 10.8.6** Geben Sie Verfeinerungen für die Komponente Medium1 aus dem Alternating-Bit-Protokoll an.

☑ **Übung 10.8.7** Was muss für eine Spezifikation gelten, damit nur eine Verfeinerung existiert?

☑ **Übung 10.8.8** Zeigen Sie, dass die Eigenschaftsverfeinerung ein Spezialfall von Interaktionsverfeinerung ist.

☑ **Übung 10.8.9** Warum ist der interaktive Keller keine Verfeinerung der interaktiven Warteschlange?

☑ **Übung 10.8.10** Geben Sie eine Verfeinerung für Übung 10.8.3 an, die weder den interaktiven Keller noch die interaktive Warteschlange als Verfeinerung zulässt.

☑ **Übung 10.8.11** Geben Sie für das Alternating-Bit-Protokoll eine Repräsentationsverfeinerung für den Sender, die Komponente Medium1 und den Empfänger an, bei der die Daten und das Bit nicht als Paar, sondern hintereinander verschickt werden.

# Literaturverzeichnis

[AÁ01]     José Luis Fernández Alemán and Ambrosio Toval Álvarez. "Seamless formalizing the UML semantics through metamodels." In: Keng Siau and Terry Halpin. *Unified Modeling Language: systems analysis, design, and development issues.* Idea Group Publishing, 2001, pages 224–248. DOI: `10.4018/978-1-930708-05-1.ch014`.

[AFH94]     Rajeev Alur, Limor Fix, and Thomas Anton Henzinger. "A determinizable class of timed automata." In: *Computer Aided Verification, 6th International Conference, CAV '94, Stanford, California, USA, June 21–23, 1994, Proceedings.* Edited by David Lansing Dill. Volume 818. Lecture Notes in Computer Science. Springer Verlag, 1994, pages 1–13. ISBN: 3-540-58179-0. DOI: `10.1007/3-540-58179-0_39`.

[AFH99]     Rajeev Alur, Limor Fix, and Thomas Anton Henzinger. "Event-Clock automata: a determinizable class of timed automata." In: *Theoretical Computer Science* 211.1-2 (1999), pages 253–273. DOI: `10.1016/S0304-3975(97)00173-4`.

[AG96]     Robert Allen and David Garlan. *The Wright architectural specification language.* Technical report CMU-CS-96-TBD. Pittsburg, PA 15213: Carnegie Mellon university, school of computer science, Sept. 24, 1996. URL: `http://citeseerx.ist.psu.edu/viewdoc/download?doi=10.1.1.374.2928&rep=rep1&type=pdf`.

[AH90]     Hiralal Agrawal and Joseph Robert Horgan. "Dynamic program slicing." In: *PLDI '90: Proceedings of the ACM SIGPLAN 1990 conference on programming language design and implementation.* New York, NY, USA: ACM Press, 1990, pages 246–256.

[AH94]     Luca Aceto and Matthew Hennessy. 'Adding action refinement to a finite process algebra'. In: *Information and Computation* 115.2 (1994), pages 179–247. ISSN: 0890-5401.

[Aig04]     Matrin Aigner. *Diskrete Mathematik.* 5. Auflage. Springer Verlag, 2004. ISBN: 978-3-528-47268-9.

[AL91]     Martin Abadi and Leslie B. Lamport. "The existence of refinement mappings." In: *Theoretical Computer Science* 82.2 (1991), pages 253–284. ISSN: 0304-3975.

[AO94]     Krzysztof Rafał Apt und Ernst-Rüdiger Olderog. *Programmverifikation.* Inhaltliche Fehler: `http://csd.Informatik.Uni-Oldenburg.DE/~skript/pub/Papers/Errata.ps`. Schreibfehler und inhaltliche Fehler: `http://csd.Informatik.Uni-Oldenburg.DE/~skript/pub/Papers/Errata_long.ps`. Springer Verlag, 1994. ISBN: 978-3-540-57479-8.

[AS87]      Bowen Alpern and Fred Barry Schneider. "Recognizing Safety
            and Liveness." In: *Distributed Computing* 2.3 (1987), pages 117–
            126. DOI: 10.1007/BF01782772.

[AW76]      Edward Anthony Ashcroft and William Wilfred Wadge. 'Lucid
            – a formal system for writing and proving'. In: *SIAM Journal on
            Computing* 5.3 (Sept. 1976), pages 336–354.

[Ban22]     Stefan BANACH. « Sur les opérations dans les ensembles abstraits
            et leur application aux équations intégrales ». In : *Fundamenta
            Mathematicae* 3 (1922), pages 133-181. DOI : 10.4064/fm-3-
            1-133-181.

[Bar87]     Howard Barringer. 'Up and down the temporal way'. In: *The
            Computer Jounral* 30.2 (1987), pages 134–148. DOI: 10.1093/
            comjnl/30.2.134.

[Bau17]     Christian Baun. *Betriebssysteme kompakt*. IT kompakt. Springer
            Verlag, 2017. ISBN: 978-3-662-53143-3.

[BB02]      Herbert F. Blaha und Karl-Heinz Brinkmann. *Wörterbuch der
            Daten- und Kommunikationstechnik. Deutsch-Englisch / Englisch-
            Deutsch*. 6. Auflage. Brandstetter, 2002. ISBN: 3-87097-206-8.

[BD00]      Bernd Bruegge and Allen Henry Dutoit. *Object-oriented software
            engineering. Conquering complex and changing systems*. Upper
            Saddle River, New Jersey 07458, USA: Prentice Hall, Jan. 2000.
            553 pages. ISBN: 0-13-489725-0.

[Ber00]     Gérard Berry. "The foundations of Esterel." In: *Proof, language
            and interaction. Essays in honour of Robin Milner*. Edited by
            Gordon Plotkin, Colin P. Stirling, and Mads Tofte. MIT Press,
            2000. ISBN: 978-0-262-16188-6.

[Ber01]     Jan Aldert Bergstra. *Handbook of Process Algebra*. Edited by
            Alban Ponse and Scott Allen Smolka. Elsevier Science Inc., 2001.
            ISBN: 978-0-444-82830-9.

[BG93]      Oran Bernholtz and Orna Grumberg. "Branching time temporal
            logic and amorphous tree automata." In: *CONCUR'93: Proc. of
            the 4th International Conference on Concurrency Theory*. Edited
            by Eike Best. Volume 715. Lecture Notes in Computer Science.
            Berlin, Heidelberg: Springer Verlag, 1993, pages 262–277.

[BG94]      Andreas Blass and Yuri Gurevich. "Evolving Algebras and Linear
            Time Hierarchy." In: *IFIP 1994 World Computer Congress*. Edited
            by Björn Pehrson and Imre Simon. Volume I: Technology and
            Foundations. Elsevier Science Publishers, 1994, pages 383–390.

[BK08]      Christel Baier and Joost-Pieter Katoen. *Principles of model check-
            ing*. MIT Press, 2008. ISBN: 978-0-262-02649-9.

[Bla02]     Bruno Blanchet. "Introduction to Abstract Interpretation." Lec-
            ture script. 2002. URL: http://bblanche.gitlabpages.
            inria.fr/absint.pdf.

[Bou06]     Nicolas BOURBAKI. *Théorie des ensembles*. Springer Verlag, 2006.
            ISBN : 978-3-540-34034-8.

[Bri78]     Per Brinch Hansen. "Distributed processes: a concurrent program-
            ming concept." In: *Communications of the ACM* 21.11 (1978),
            pages 934–941.

[Bri87]     Per Brinch Hansen. "Joyce – a programming language for dis-
            tributed systems." In: *Software – Practice and Experience* 17.1
            (1987), pages 29–50.

[BRJ99]     Grady Booch, James Rumbaugh, and Ivar Jacobson. *The Unified
            Modeling Language user guide.* Addison-Wesley, 1999. ISBN: 978-
            81-7758-372-4.

[Bro+92]    Manfred Broy, Frank Dederichs, Claus Dendorfer, Max Fuchs,
            Thomas F. Gritzner, and Rainer Weber. *The design of distributed
            systems. An introduction to Focus.* Technical report TUM-I9202.
            Technische Univerität München, 1992.

[Bro14]     Manfred Broy. "Verifying of interface assertions for infinite state
            Mealy machines." In: *Journal of Computer and System Sciences*
            80.7 (2014), pages 1298–1322. DOI: 10.1016/j.jcss.2014.
            03.002.

[Bro17]     Manfred Broy. "Theory and methodology of assumption/
            commitment based system interface specification and archi-
            tectural contracts." In: *Formal Methods in System Design* 52.1
            (Nov. 25, 2017), pages 33–87. DOI: 10.1007/s10703-017-
            0304-9.

[Bro19]     Manfred Broy. *Logische und Methodische Grundlagen der Pro-
            gramm- und Systementwicklung. Datenstrukturen, funktionale,
            sequenzielle und objektorientierte Programmierung.* Unter Mitar-
            beit von Alexander Malkis. Springer Vieweg, 2019.

[Bro23]     Manfred Broy. "Specification and verification of concurrent sys-
            tems by causality and realizability." 2023. Submitted.

[Bro83]     Manfred Broy. "Applicative real-time programming." In: *Infor-
            mation Processing 83.* IFIP World CongressIncs. Paris: North
            Holland Publishing Company, Dec. 1983, pages 259–264. ISBN:
            0-444-86729-5.

[Bro91]     Manfred Broy. 'Towards a formal foundation of the specification
            and description language SDL'. In: *Formal Aspects of Computing*
            3.1 (1991), pages 21–57.

[Bro93]     Manfred Broy. '(Inter-)Action refinement: the easy way'. In:
            volume 118. NATO ASI Series, Series F: Computer and System
            Sciences. Berlin, Heidelberg: Springer Verlag, 1993, pages 121–
            158.

[Bry86]     Randal Everitt Bryant. "Graph-based algorithms for Boolean func-
            tion manipulation." In: *IEEE Transactions on Computers* 35.8
            (1986), pages 677–691. DOI: 10.1109/TC.1986.1676819.

[BS01a]     Julian Charles Bradfield and Colin P. Stirling. 'Modal logics and
            mu-calculi: an introduction'. In: *Handbook of process algebra.*

Edited by Jan Aldert Bergstra, Alban Ponse, and Scott Allen Smolka. North-Holland / Elsevier, 2001, pages 293–330.

[BS01b]    Manfred Broy and Ketil Stølen. *Specification and development of interactive systems: focus on streams, interfaces, and refinement.* Springer Verlag, 2001.

[BSL99]    Andreas Blume, Georg Siebert und Reinhard Linz. *Projektkompass SAP. Arbeitsorientierte Planungshilfen für die erfolgreiche Einführung von SAP®-Software.* 3. Auflage. Business Computing. Springer Vieweg, 1999. ISBN: 978-3-663-07742-8. DOI: 10.1007/978-3-663-07742-8.

[Bur97]    Rainer Burkhardt. *UML: Unified Modeling Language – objektorientierte Modellierung für die Praxis.* Addison-Wesley, 1997. ISBN: 3-8273-1226-4.

[BVW94]    Oran Bernholtz, Moshe Ya'akov Vardi, and Pierre Wolper. "An automata-theoretic approach to branching-time model checking." In: *Computer Aided Verification, Proc. 6th Int. Conference.* Edited by David Lansing Dill. Volume 818. Lecture Notes in Computer Science. Berlin, Heidelberg: Springer Verlag, June 1994, pages 142–155.

[Cav+07]   Roberto Cavada, Alessandro Cimatti, Charles Arthur Jochim, Gavin Keighren, Emanuele Olivetti, Marco Pistore, Marco Roveri, and Andrei Tchaltsev. *NuSMV model checker.* Versionen bis 2.4.3 einschließlich. May 22, 2007. URL: http://nusmv.fbk.eu.

[CC77]     Patrick Cousot and Radhia Cousot. "Abstract interpretation: a unified lattice model for static analysis of programs by construction or approximation of fixpoints." In: *Conference Record of the Fourth Annual ACM SIGPLAN-SIGACT Symposium on Principles of Programming Languages.* Los Angeles, California: ACM Press, New York, NY, 1977, pages 238–252. URL: http://courses.cs.washington.edu/courses/cse501/15sp/papers/cousot.pdf.

[CC79]     Patrick Cousot and Radhia Cousot. "Constructive versions of Tarski's fixed point theorems." In: *Pacific Journal of Mathematics* 82.1 (1979), pages 43–57.

[CE81]     Edmund Melson Clarke and Ernest Allen Emerson. "Design and synthesis of synchronization skeletons using branching-time temporal logic." In: *Logics of Programs, Workshop, Yorktown Heights, New York, USA, May 1981.* Edited by Dexter Kozen. Volume 131. Lecture Notes in Computer Science. Springer Verlag, 1981, pages 52–71. DOI: 10.1007/BFb0025774.

[CGP99]    Edmund Melson Clarke, Orna Grumberg, and Doron Peled. *Model Checking.* MIT Press, 1999.

[Cla+20]   Manuel Clavel, Francisco Durán, Steven Eker, Santiago Escobar, Patrick Lincoln, Narciso Martí-Oliet, José Meseguer, Rubén Rubio, and Carolyn Talcott. *Maude manual (version 3.0).* Jan. 2020.

URL: http://maude.lcc.uma.es/maude30-manual-html/maude-manual.html.

[CM88]  Kanianthra Mani Chandy and Jayadev Misra. *Parallel program design: a foundation*. Addison-Wesley, 1988. ISBN: 0-201-05866-9.

[Col+00]  Simon M. H. Collin, Rupert Livesey, Armin Mutscheller und Eva Tokar. *Fachwörterbuch Datenverarbeitung*. 2. Auflage. PONS, 2000. ISBN: 3-12-517961-0.

[Coo78]  Stephen Arthur Cook. "Soundness and completeness of an axiom system for program verification." In: *SIAM Journal on Computing* 7.1 (1978), pages 70–90. DOI: 10.1137/0207005.

[Coo81]  Stephen Arthur Cook. "Corrigendum: Soundness and completeness of an axiom system for program verification." In: *SIAM Journal on Computing* 10.3 (1981), page 612. DOI: 10.1137/0210045.

[DBL80]  Jack Bonnell Dennis, George Andrew Boughton, and Clement K. C. Leung. "Building blocks for data flow prototypes." In: *7th Annual Symposium on Computer Architecture*. ISCA. La Baule, France, May 1980, pages 1–8.

[DDH72]  Ole-Johan Dahl, Edsger Wybe Dijkstra, and Charles Antony Richard Hoare. *Structured Programming*. Volume 8. A.P.I.C. studies in data processing. London New York: Academic Press, 1972. ISBN: 978-0-12-200550-3.

[DeM79]  Tom DeMarco. *Structured analysis and system specification*. Yourdon Press Computing Series. New York: Prentice Hall, 1979.

[Den74]  Jack Bonnell Dennis. "First version of a data flow procedure language." In: *Colloque sur la programmation*. Edited by Bernard Robinet. Berlin, Heidelberg: Springer Verlag, 1974, pages 362–376. ISBN: 978-3-540-37819-8.

[Dij65a]  Edsger Wybe Dijkstra. „EWD74. Over seinpalen". Privaat gecirculeerd. Eindhoven, Netherland, 1964 or 1965. URL: http://www.cs.utexas.edu/users/EWD/transcriptions/EWD00xx/EWD74.html.

[Dij65b]  Edsger Wybe Dijkstra. "Solution of a problem in concurrent programming control." In: *Communications of the ACM* 8.9 (Sept. 1965), page 569.

[DN65]  Ole-Johan Dahl and Kristen Nygaard. *SIMULA: a language for programming and description of discrete event systems. Introduction and user's manual*. Norwegian Computing Center (NCC). Oslo, May 1965.

[Dys79]  Freeman John Dyson. "Time without end: physics and biology in an open universe." In: *Reviews of modern physics* 53.3 (July 1979). URL: http://www.aleph.se/Trans/Global/Omega/dyson.txt.

[ET10]      Lauren Eaton and Steven Joseph Tedford. 'A branching greedoid
            for multiply-rooted graphs and digraphs'. In: *Discrete Mathem-
            atics* 310.17–18 (2010), pages 2380–2388. DOI: 10.1016/j.
            disc.2010.05.007.

[Gal78]     Tibor Gallai. "The life and scientific work of Dénes König (1884
            –1944)." In: 21.3 (Sept. 1978), pages 189–205. Eine Überset-
            zung von Emeric Deutsch und Peter Orlik (mit Kommentaren von
            William G. Brown und Robert Vermes) von Tibor Gallais „Kő-
            nig Dénes (1884–1944)", das in Matematikai Lapok 15 (1964),
            277–293, erschien. Der Autor fügte zwei zusätzliche Fußnoten
            dieser Übersetzung hinzu.

[Gam+95]    Erich Gamma, Richard Helm, Ralph Edward Johnson, and John
            Vlissides. *Design patterns: elements of reusable object-oriented
            software*. Boston, MA, USA: Addison-Wesley Longman Publish-
            ing Co., Inc., 1995.

[GB12]      Eva Geisberger und Manfred Broy. *agendaCPS. Integrierte For-
            schungsagenda cyber-physical systems*. acatech STUDIE. EBOOK
            ISBN: 978-3-642-29099-2. ISSN: 2192-6174. SERIES E-ISSN: 2193-
            8962. Springer Verlag, 10. Okt. 2012. 297 Seiten. ISBN: 978-3-
            642-29098-5. DOI: 10.1007/978-3-642-29099-2.

[GS97]      Susanne Graf and Hassen Saïdi. "Construction of Abstract State
            Graphs with PVS." In: *Computer Aided Verification, 9th Inter-
            national Conference, CAV '97, Haifa, Israel, June 22–25, 1997,
            Proceedings*. Edited by Orna Grumberg. Volume 1254. Lecture
            Notes in Computer Science. Springer Verlag, 1997, pages 72–83.
            DOI: 10.1007/3-540-63166-6_10.

[Gur94]     Yuri Gurevich. "Evolving Algebras." In: *IFIP 1994 World Com-
            puter Congress*. Edited by Björn Pehrson and Imre Simon. Vol-
            ume I: Technology and Foundations. Elsevier Science Publishers,
            1994, pages 423–427.

[Hag+90]    Rudolf Haggenmüller, Jürgen Kazmeier, Karl Lebsanft, Heinz
            Leonhardt und Manfred Pfeiffer. *Sprachbeschreibung GRAPES.
            Syntax, Semantik und Grammatik von GRAPES-86*. Herausgege-
            ben von Gerhard Held, Siemens Nixdorf Informationssysteme
            AG. Berlin und München: Siemens Aktiengesellschaft, 1990. ISBN:
            3-8009-1581-2.

[Har87]     David Harel. "Statecharts: a visual formalism for complex sys-
            tems." In: *Science of Computer Programming* 8.3 (June 1987),
            pages 231–274.

[HB05]      Dominikus Herzberg and Manfred Broy. "Modeling layered dis-
            tributed communication systems." In: *Formal Aspects of Comput-
            ing* 17.1 (2005), pages 1–18.

[Heh93]     Eric Charles Roy Hehner. *A practical theory of programming*.
            Springer Verlag, 1993. ISBN: 978-1-4612-6444-6. URL: http://
            www.cs.toronto.edu/~hehner/aPToP/aPToP.pdf.

[Hin14]     Christian Hinrichs. „Selbstorganisierte Einsatzplanung dezentra-
            ler Akteure im Smart Grid". Dissertation. Carl von Ossietzky
            Universität Oldenburg, 15. Mai 2014.

[Hoa71]     Charles Antony Richard Hoare. "Proof of a program: FIND."
            In: *Communications of the ACM* 14.1 (1971), pages 39–45. DOI:
            10.1145/362452.362489.

[Hoa74]     Charles Antony Richard Hoare. "Monitors – an operating system
            structuring concept." In: *Communications of the ACM* 17.10 (Nov.
            1974), pages 549–557.

[Hoa76]     Charles Antony Richard Hoare. "Parallel programming: an
            axiomatic approach." In: *Computer Languages* 1.2 (1976),
            pages 151–160. DOI: 10.1016/0096-0551(75)90014-4.

[Hoa78]     Charles Antony Richard Hoare. "Communicating sequential pro-
            cesses." In: *Communications of the ACM* 21.8 (Nov. 1978),
            pages 666–677.

[Hoa85a]    Charles Antony Richard Hoare. *Communicating sequential pro-
            cesses.* Prentice Hall, 1985. URL: http://www.usingcsp.
            com/cspbook.pdf.

[Hoa85b]    Charles Antony Richard Hoare. „Notes on communicating sys-
            tems". In: *Control flow and data flow: Concepts of distributed
            programming. Proceedings of NATO advanced study institute in-
            ternational summer school, Marktoberdorf, 31 July – 12 August,
            1984.* Herausgegeben von Manfred Broy. Springer Verlag, 1985,
            Seiten 123–204.

[Hol03]     Gerard Johan Holzmann. *The SPIN model checker: primer and ref-
            erence manual.* Addison-Wesley, Sept. 2003. ISBN: 0-321-22862-6.
            URL: http://www.spinroot.com.

[Hoo+03]    Jozef Hooman, Willem-Paul de Roever, Paritosh Pandya, Qiwen
            Xu, Ping Zhou, and Henk Schepers. 'A compositional approach to
            concurrency and its applications'. Unfinished manuscript. 9th Apr.
            2003.

[HP98]      David Harel and Michal Politi. *Modeling reactive systems with
            statecharts: the STATEMATE approach.* McGraw-Hill, Inc., Oct.
            1998. ISBN: 0-07-026205-5.

[IBM78]     IBM Deutschland. *Fachausdrücke der Text- und Datenverarbei-
            tung. Wörterbuch und Glossar.* Englisch–Deutsch, Deutsch–Eng-
            lisch. Herausgegeben von Rolf Merkl. IBM Form GQ 12-1044-0.
            Stuttgart: Ernst Klett Druckerei, 1978.

[IBM85]     IBM Deutschland. *Fachausdrücke der Informationsverarbeitung.
            Wörterbuch und Glossar.* Englisch–Deutsch, Deutsch–Englisch.
            Herausgegeben von Klara Csikai. IBM Form SQ 12-1044-1. Nörd-
            lingen: Buchdruckerei C. H. Beck, 1985.

[INM84]     INMOS Limited. *Occam Programming Manual.* Prentice-Hall in-
            ternational series in computer science. Prentice-Hall International,
            1984. ISBN: 978-0-13-629296-8.

[ISO96]      ISO/IEC JTC 1 Information Technology. *ISO/IEC 7498-1:1994. Information technology — Open Systems Interconnection — Basic Reference Model: The Basic Model.* June 1996. URL: http://www.iso.org/standard/20269.html.

[Jac83]      Michael Anthony Jackson. *System development.* Prentice Hall, 1983. ISBN: 978-0-13-880328-5.

[Jon03]      Clifford Bryn Jones. 'Wanted: a compositional approach to concurrency'. In: *Programming Methodology.* Edited by Annabelle McIver and Carroll Morgan. New York, NY: Springer Verlag, 2003, pages 5–15. ISBN: 978-0-387-21798-7. DOI: 10.1007/978-0-387-21798-7_1.

[Jon83a]     Clifford Bryn Jones. 'Specification and design of (parallel) programs'. In: *Information Processing 83, Proceedings of the IFIP 9th World Computer Congress, Paris, France, September 19–23, 1983.* Edited by Richard Edward Allison Mason. North-Holland, 1983, pages 321–332.

[Jon83b]     Clifford Bryn Jones. "Tentative steps toward a development method for interfering programs." In: *ACM Transactions on Programming Languages and Systems (TOPLAS)* 5.4 (1983), pages 596–619. DOI: 10.1145/69575.69577.

[Kab00]      Winfried Kaballo. *Einführung in die Analysis I.* 2. Auflage. Springer Spektrum, 2000. ISBN: 978-3-8274-1033-7.

[Kab97]      Winfried Kaballo. *Einführung in die Analysis II.* Springer Spektrum, 1997. ISBN: 978-3-8274-0198-4.

[Kab99]      Winfried Kaballo. *Einführung in die Analysis III.* Springer Spektrum, 1999. ISBN: 978-3-8274-0491-6.

[Kam68]      Johan Anthony Willem Kamp. "Tense logic and the theory of linear order." The author is best known as Hans Kamp. PhD thesis. University of California Los Angeles, 1968. URL: http://www.ims.uni-stuttgart.de/archiv/kamp/files/1968.kamp.thesis.pdf.

[Kle09]      Stephan Kleuker. *Formale Modelle der Softwareentwicklung: Model-Checking, Verifikation, Analyse und Simulation.* 1. Auflage. Datenbanken und Softwareentwicklung. Vieweg+Teubner Verlag, 2009. ISBN: 978-3-8348-0669-7.

[KM77]       Gilles Kahn and David Bruce MacQueen. "Coroutines and networks of parallel processes." In: *IFIP Congress.* North Holland, 1977, pages 993–998.

[Krö87]      Fred Kröger. *The temporal logic of programs.* Springer Verlag, 1987. ISBN: 978-3-642-71551-8. DOI: 10.1007/978-3-642-71549-5.

[Lam78]      Leslie B. Lamport. "Time, clocks, and the ordering of events in a distributed system." In: *Communications of the ACM* 21.7 (July 1978), pages 558–565. DOI: 10.1145/359545.359563.

[Lam84]     Leslie B. Lamport. "Using time instead of timeout for fault-tolerant distributed systems." In: *ACM Transactions on Programming Languages and Systems (TOPLAS)* 6.2 (Apr. 1984), pages 254–280.

[Lam94]     Leslie B. Lamport. "The temporal logic of actions." In: *ACM Transactions on Programming Languages and Systems (TOPLAS)* 16.3 (May 1994), pages 872–923.

[Lin13]     Claudia Linnhoff-Popien. *CORBA: Kommunikation und Management*. Springer Verlag, 2013. ISBN: 978-3-642-72115-1.

[LM22]      Leslie B. Lamport and Stephan Merz. "Prophecy made simple." In: *ACM Transactions on Programming Languages and Systems (TOPLAS)* 44.2, Art. No. 6 (2022), 27 pages. DOI: 10.1145/3492545. URL: https://dl.acm.org/doi/fullHtml/10.1145/3492545.

[LMQ10]     Shuvendu Lahiri, Alexander Malkis, and Shaz Qadeer. "Abstract Threads." In: *VMCAI*. Springer Verlag, 2010. URL: http://wwwbroy.in.tum.de/~malkis/Lahiri_Malkis_Qadeer_-_Abstract_Threads_techrep.ps.

[Luc+95]    David Compton Luckham, John Jerome Kenney, Larry Mark Augustin, James Vera, Doug Bryan, and Walter Mann. "Specification and analysis of system architecture using Rapide." In: *IEEE Transactions on Software Engineering* 21.4 (1995), pages 336–355.

[Lyn+96]    Nancy Ann Lynch, Roberto Segala, Frits Willem Vaandrager, and Henri B. Weinberg. *Hybrid I/O automata*. Volume 1066. Lecture Notes in Computer Science. Springer Verlag, 1996.

[Mal10]     Alexander Malkis. "Cartesian Abstraction and Verification of Multithreaded Programs." PhD thesis. Albert-Ludwigs-Universität Freiburg, 2010. URL: http://wwwbroy.in.tum.de/~malkis/Malkis-phd_thesis.ps.

[Mal19]     Alexander Malkis. "Reachability in Multithreaded Programs Is Polynomial in the Number of Threads." In: *Proceedings of PDCAT'19, Gold Coast, Australia*. 2019. URL: http://www.sec.in.tum.de/~malkis/Malkis_-_Reachability_in_Multithreaded_Programs_Is_Polynomial_in_the_Number_of_Threads_techrep.pdf.

[Mal22]     Alexander Malkis. "Reachability in Parallel Programs Is Polynomial in the Number of Threads." In: *Journal of Parallel and Distributed Computing* 162 (Apr. 2022). Full version with proofs available from http://wwwbroy.in.tum.de/~malkis/Malkis-ReachabilityInParallelProgramsIsPolynomialInTheNumberOfThreads_techrep.pdf or http://wwwbroy.in.tum.de/~malkis/Malkis-ReachabilityInParallelProgramsIsPolynomialInTheNumberOfThreads_techrep.ps, pages 1–16. DOI: 10.1016/j.jpdc.2021.11.008.

[Mar76]     George Markowsky. "Chain-complete posets and directed sets with applications." In: *algebra universalis* 6.1 (1976), pages 53–68. ISSN: 0002-5240. DOI: 10.1007/BF02485815.

[Mat19]     Mathepedia. *Wege, Pfade, Zyklen und Kreise in Graphen.* 5. Apr. 2019. URL: http://mathepedia.de/Wege,_Pfade,_Zyklen_und_Kreise.html.

[Mil80]     Robin Milner. *A calculus of communicating systems.* Volume 92. Lecture Notes in Computer Science. Berlin: Springer Verlag, 1980. ISBN: 978-3-540-10235-9. DOI: 10.1007/3-540-10235-3.

[Mil89]     Robin Milner. *Communication and concurrency.* Prentice Hall International series in computer science. Prentice Hall, Mar. 1989. ISBN: 0-13-114984-9.

[Mil99]     Robin Milner. *Communicating and mobile systems: the π-calculus.* Cambridge University Press, 1999. ISBN: 978-0-521-65869-0.

[Moo56]     Edward Forrest Moore. "Gedanken-experiments on sequential machines." In: *Automata studies. AM-34.* Edited by Claude Elwood Shannon and John McCarthy. Volume 34. Annals of mathematics studies. Princeton university press, 1956, pages 129–154. ISBN: 978-0-691-07916-5.

[MP08]      Alexander Malkis and Andreas Podelski. *Refinement With Exceptions.* Research report. University of Freiburg, 2008. URL: http://wwwbroy.in.tum.de/~malkis/MalkisPodelski-refinementWithExceptions_techrep.pdf.

[MP92]      Zohar Manna and Amir Pnueli. *The temporal logic of reactive systems and concurrent systems. Specification.* Springer Verlag, 1992.

[MPR06a]    Alexander Malkis, Andreas Podelski, and Andrey Rybalchenko. "Thread-Modular Verification and Cartesian Abstraction." URL: http://wwwbroy.in.tum.de/~malkis/MalkisPodelskiRybalchenko-threadModVerAndCartAbs.ps. 2006.

[MPR06b]    Alexander Malkis, Andreas Podelski, and Andrey Rybalchenko. "Thread-Modular Verification Is Cartesian Abstract Interpretation." In: *ICTAC.* Edited by Kamel Barkaoui, Ana Cavalcanti, and Antonio Cerone. Volume 4281. Lecture Notes in Computer Science. Springer Verlag, 2006, pages 183–197. ISBN: 3-540-48815-4. DOI: 10.1007/11921240_13.

[MPR07]     Alexander Malkis, Andreas Podelski, and Andrey Rybalchenko. "Precise Thread-Modular Verification." In: *SAS.* Volume 4634. Lecture Notes in Computer Science. Springer Verlag, 2007, pages 218–232. DOI: 10.1007/978-3-540-74061-2_14.

[MPR10]     Alexander Malkis, Andreas Podelski, and Andrey Rybalchenko. "Thread-Modular Counterexample-Guided Abstraction Refinement." In: *SAS.* Edited by Radhia Cousot and Matthieu Martel. Volume 6337. Lecture Notes in Computer Science. Sprin-

ger Verlag, 2010, pages 356–372. ISBN: 978-3-642-15768-4. DOI:
`10.1007/978-3-642-15769-1_22`.

[MS92]     Robin Milner and Davide Sangiorgi. 'Barbed bisimulation'. In: *IC-ALP'92*. Volume 623. Vienna: Springer Verlag, 1992, pages 685–695.

[Mul20]    Multitran. *Multiply rooted graph*. 2020. URL: `http : / / multitran . com / m . exe ? s = multiply + rooted + graph`.

[Nag99]    Manfred Nagl. *Softwaretechnik mit Ada 95. Entwicklung großer Systeme*. Vieweg Verlag, 1999. ISBN: 978-3-528-05583-7. DOI: `10.1007/978-3-663-01278-8`.

[NRS96]    Dieter Nazareth, Franz Regensburger, and Peter Scholz. *Mini-Statecharts: a lean version of statecharts*. Technical report TUM-I9610. Technische Universität München, Feb. 1996.

[NT06]     Mikhail Nesterenko and Sébastien Tixeuil. "Discovering network topology in the presence of Byzantine faults." In: *Structural information and communication complexity*. Edited by Paola Flocchini and Leszek Gąsieniec. Berlin, Heidelberg: Springer Verlag, 2006, pages 212–226. ISBN: 978-3-540-35475-8.

[Obj19a]   Object Management Group, Inc. *Systems Modeling Language™*. Mar. 2019. URL: `http://sysml.org`.

[Obj19b]   Object Management Group, Inc. *Unified Modeling Language™*. Feb. 2019. URL: `http://uml.org`.

[OG76]     Susan Speer Owicki and David Gries. "Verifying properties of parallel programs: an axiomatic approach." In: *Communications of the ACM* 19.5 (1976), pages 279–285. ISSN: 0001-0782.

[Owi75]    Susan Speer Owicki. "Axiomatic proof techniques for parallel programs." PhD thesis. Cornell University, Department of Computer Science, July 1975. URL: `http : / / ecommons . cornell . edu/handle/1813/6393`.

[Par02]    David Lorge Parnas. "The secret history of information hiding". In: *Software pioneers. Contributions to software engineering*. Edited by Manfred Broy and Ernst Denert. Berlin Heidelberg: Springer Verlag, 2002, pages 399–409. ISBN: 978-3-642-59412-0. DOI: `10.1007/978-3-642-59412 0\_25`.

[Par81]    David Michael Ritchie Park. 'Concurrency and automata on infinite Sequences'. In: *Theoretical Computer Science, 5th GI-Conference, Karlsruhe, Germany, March 23–25, 1981, Proceedings*. Edited by Peter Deussen. Volume 104. Lecture Notes in Computer Science. Springer Verlag, 1981, pages 167–183. DOI: `10.1007/BFb0017309`.

[Pet62]    Carl Adam Petri. „Kommunikation mit Automaten". Dissertation. Bonn, Wegelerstr. 10: Institut für instrumentelle Mathematik, 1962.

[Pet63]     Carl Adam Petri. „Fundamentals of a theory of asynchronous information flow". In: *Proc. of IFIP Congress 62*. Amsterdam: North Holland Publishing Company, 1963, Seiten 386–390.

[Pla10]     André Platzer. *Logical analysis of hybrid systems: proving theorems for complex dynamics*. Heidelberg: Springer Verlag, 2010. ISBN: 978-3-642-14508-7. DOI: 10.1007/978-3-642-14509-4. URL: http://www.springer.com/978-3-642-14508-7.

[PS97a]     Jan Philipps and Peter Scholz. "Compositional specification of embedded systems with Statecharts." In: *TAPSOFT'97: Theory and Practice of Software Development*. Edited by Michel Bidoit and Max Dauchet. Volume 1214. Lecture Notes in Computer Science. Springer Verlag, 1997, pages 637–651.

[PS97b]     Jan Philipps and Peter Scholz. "Formal verification of statecharts with instantaneous chain reactions." In: *TACAS'97: Tools and Algorithms for the Construction and Analysis of Systems*. Volume 1217. Lecture Notes in Computer Science. Springer Verlag, 1997, pages 224–238.

[Rei90]     Wolfgang Reisig. *Petrinetze – eine Einführung*. Zweite, überarbeitete und erweiterte Auflage. Springer Verlag, 1990. ISBN: 978-3-540-16622-1.

[Ric53]     Henry Gordon Rice. "Classes of recursively enumerable sets and their decision problems." In: 74 (1953), pages 358–366. DOI: 10.2307/1990888.

[Ros77]     Douglas Taylor Ross. "Structured Analysis (SA): a language for communicating ideas." In: *IEEE Transactions on Software Engineering* 3.1 (Jan. 1977), pages 16–34.

[Ros90]     Douglas Taylor Ross. "Applications and extensions of SADT." In: *Visual programming environments: paradigms and systems*. Edited by Ephraim P. Glinert. Los Alamitos: IEEE Computer Society, 1990, pages 147–156.

[RS59]     Michael Oser Rabin and Dana Stewart Scott. "Finite automata and their decision problems." In: *IBM journal of research and development* 3.2 (1959), pages 114–125. DOI: 10.1147/rd.32.0114.

[RS97]     Grzegorz Rozenberg and Arto Kustaa Salomaa, editors. *Handbook of formal languages. Volume 1: word, language, grammar*. Springer Verlag, 1997. ISBN: 978-3-642-63863-3. DOI: 10.1007/978-3-642-59136-5.

[Sch96]     Peter Scholz. *An extended version of Mini-Statecharts*. Technical report TUM-I9628. Technische Universität München, 1996.

[Sch97]     Fred Barry Schneider. *On concurrent programming*. 1st edition. Springer Verlag, 1997.

[Sei15]     Heinrich Seidlmeier. *Prozessmodellierung mit ARIS. Eine beispielorientierte Einführung für Studium und Praxis in ARIS 9*.

4. Auflage. Springer Vieweg, 2015. ISBN: 978-3-658-03904-2. DOI: 10.1007/978-3-658-03905-9.

[Sel96] Bran Selic. "Real-time object-oriented modeling." In: *IFAC proceedings volumes* 29.5 (1996), pages 1–6. ISSN: 1474-6670. DOI: 10.1016/S1474-6670(17)46346-4.

[SJ02] August-Wilhelm Scheer und Wolfram Jost. *ARIS in der Praxis. Gestaltung, Implementierung und Optimierung von Geschäftsprozessen.* Springer Verlag, 2002.

[SN00] August-Wilhelm Scheer and Markus Nüttgens. "ARIS architecture and reference models for business process management." In: *Business process management, models, techniques, and empirical studies.* Springer Verlag, 2000, pages 376–389. DOI: 10.1007/3-540-45594-9_24.

[SNR97] Peter Scholz, Dieter Nazareth, and Franz Regensburger. "Mini-Statecharts: a compositional way to model parallel systems." In: *Proceedings of the 9th international conference on parallel and distributed computing systems (PDCS), 25–27 September 1996, Dijon, France.* Edited by Kokou Yetongnon and Salim Hariri. International society for computers & their applications, 1997. ISBN: 1-880843-17-X.

[Soa87] Robert Irving Soare. *Recursively enumerable sets and degrees. A study of computable functions and computably generated sets.* Perspectives in mathematical logic. 1987. ISBN: 978-3-540-66681-3.

[Sta01] Thomas Stauner. "Systematic development of hybrid systems." PhD thesis. Technische Universität München, 2001.

[Ste88] Ralf Steinmetz. *Occam 2. Die Programmiersprache für parallele Verarbeitung.* Hüthig Verlag, Jan. 1988. ISBN: 3-7785-1654-X.

[Ste99] Christoph Steindl. "Program slicing for object-oriented programming languages." PhD thesis. Johannes Kepler University Linz, 1999.

[Sto77] Joseph E. Stoy. *Denotational semantics. The Scott-Strachey approach to programming language theory.* MIT Press, 1977. ISBN: 978-0-262-19147-0.

[Tan93] Andrew Stuart Tanenbaum. "Distributed operating systems anno 1992. What have we learned so far?" In: *Distributed systems engineering* 1 (July 1993), pages 3–10.

[Tan95] Andrew Stuart Tanenbaum. *Distributed operating systems.* Prentice Hall, 1995. ISBN: 0-13-219908-4.

[TB16] Andrew Stuart Tanenbaum und Herbert Bos. *Moderne Betriebssysteme.* 4. Auflage. Pearson Studium – IT. Pearson, 2016. ISBN: 978-3-86326-766-7.

[Tel94] Telecomunication standardization sector of the International Telecommuncation Union. *ITU-T recommendation X.200. Information technology – Open Systems Interconnection – Basic*

*Reference Model: The basic model*. Apr. 1994. URL: http : //handle.itu.int/11.1002/1000/2820.

[Tho97]     Wolfgang Thomas. 'Languages, automata, and logic'. In: *Handbook of formal languages, volume 3: beyond words*. Edited by Grzegorz Rozenberg and Arto Kustaa Salomaa. Springer Verlag, 1997, pages 389–455. DOI: 10.1007/978-3-642-59126-6_7.

[Thu04]     Veronika Thurner. „Formal fundierte Modellierung von Geschäftsprozessen". Dissertation. Technische Universität München, 2004.

[Tip95]     Frank Tip. "A survey of program slicing techniques." In: *Journal of programming languages* 3.3 (Sept. 1995).

[Tur37]     Alan Mathison Turing. 'On computable numbers, with an application to the Entscheidungsproblem'. In: *Proceedings of the London mathematical society* s2-42.1 (12th Nov. 1937), pages 230–265. DOI: 10.1112/plms/s2-42.1.230.

[Tur38]     Alan Mathison Turing. 'On computable numbers, with an application to the Entscheidungsproblem. A correction'. In: *Proceedings of the London mathematical society* s2-43.1 (1938), pages 544–546. DOI: 10.1112/plms/s2-43.6.544.

[vBen91]    Johannes Franciscus Abraham Karel van Benthem. *The logic of time*. 2nd edition. Kluwer Academic Publishers, 1991. ISBN: 978-90-481-4082-4. DOI: 10.1007/978-94-015-7947-6.

[War42]     Morgan Ward. "The closure operators of a lattice." In: *The annals of mathematics*. Second 43.2 (Apr. 1942), pages 191–196.

[Wei19]     Eric Wolfgang Weisstein. *5-smooth numbers, i.e., numbers whose prime divisors are all ≤ 5*. OEIS. Aug. 20, 2019. URL: http://oeis.org/A051037.

[Wik11]     Wikipedia, die freie Enzyklopädie. *Invariante (Mathematik)*. 20. Nov. 2011. URL: http://de.wikipedia.org/wiki/Invariante_(Mathematik).

[Wik19]     Wikipedia, die freie Enzyklopädie. *Middleware*. 26. Aug. 2019. URL: http : / / de . wikipedia . org / wiki / Middleware.

[Wik22]     die freie Enzyklopädie Wikipedia. *Modallogik*. 18. Sep. 2022. URL: http : / / de . wikipedia . org / wiki / Modallogik.

[Win88]     Glynn Winskel. 'An introduction to event structures'. In: *REX summer school 1988: Linear time, branching time and partial order in logics and models of concurrency*. Volume 354. Lecture Notes in Computer Science. Springer Verlag, 1988, pages 364–397.

[Yu97]      Sheng Yu. "Regular languages." In: *Handbook of formal languages. Volume 1: word, language, grammar*. Edited by Grzegorz Rozenberg and Arto Kustaa Salomaa. Springer Verlag, 1997, pages 41–110. ISBN: 978-3-642-63863-3. DOI: 10.1007/978-3-642-59136-5_2.

[ZHR91]     Zhou Chaochen, Charles Antony Richard Hoare, and Anders Peter Ravn. 'A calculus of durations'. In: *Information Processing Letters* 40.5 (Dec. 1991).

[Zus36]     Konrad Ernst Otto Zuse. *Rechenmaschine*. Patentanmeldung Z23624. 21. Dez. 1936. URL: http://zuse.zib.de/pdfs (besucht am 20.09.2013).

# Symbolverzeichnis

| | | |
|---|---|---|
| $.^{*\mid\omega}$ | Gegeben eine beliebige Menge $Z$, bezeichnen wir mit $Z^{*\mid\omega}$ die Menge aller endlicher oder unendlichen Wörter über $Z$. | 21, 57, 108, 110, 184, 185, 187, 188, 210, 218, 224, 225, 227, 228, 243, 281, 282, 297, 299, 414 |
| ⸰ | Sortenangabe: $x : S$ bedeutet, dass die Variable $x$ die Sorte $S$ hat. | 10, 12, 13, 15, 22–26, 31, 53–56, 78, 80, 82, 83, 97, 100, 111, 114, 116, 121, 130–132, 141, 144, 156, 158–160, 166, 182, 188–204, 206, 212, 215–217, 221, 224, 230, 241, 242, 247–249, 251, 252, 254, 256–261, 263–265, 268–270, 274, 276, 278–280, 295, 299–301, 304, 307, 308, 310, 315–318, 321–327, 351, 352, 358, 365, 366, 369, 372, 374, 383, 384, 387, 388, 390, 400, 417, 420–422, 456 |
| ⸲ | Sortenangabe: $x ⸲ S$ bedeutet, dass die Variable $x$ die Sorte **var** $S$ hat. | 12, 15, 83 |
| ⸱⸱ | Sortenangabe: $c ⸱⸱ M$ bedeutet, dass der Kanal $c$ die Sorte TStream $S$ hat. | 276, 279, 300, 302, 311 |

| O | Bit-Grundterm 0 (Null). | 11, 12, 35, 417, 424, 425 |
|---|---|---|
| L | Bit-Grundterm 1 (Eins). | 11, 12, 15, 16, 35, 115, 160, 216, 317, 372, 374, 383, 417, 424, 425 |
| ⓪ | Bit-Wert 0 (Null). | 343 |
| ① | Bit-Wert 1 (Eins). | 343 |
| 𝔹 | Die Menge boolescher Werte. | 20, 22, 24, 25, 29, 50, 67–69, 84, 116, 117, 210, 219, 244, 340, 345, 348–351, 376, 380, 391 |
| F | Boolescher Wert „Falsch". | 22, 30, 68, 69 |
| T | Boolescher Wert „Wahr". | 22, 30, 68, 69 |
| ∘ | Unter $s \circ t$ verstehen wir die Konkatenation von endlichen Sequenzen $s$ und $t$. | 15, 20–22, 47, 83, 96, 97, 100, 141, 142, 160, 186, 206, 214, 216, 230, 256, 257, 260, 310, 315, 372, 374, 388, 400, 455 |
| ⌢ | Unter $s \frown t$ verstehen wir die Konkatenation von Strömen $s$ und $t$. | 15, 16, 21, 22, 81, 108, 185–187, 194, 198, 201, 204, 209–219, 222–226, 228, 232, 260, 278, 281, 284, 285, 291, 295, 315, 317, 352, 365, 366, 376, 417, 455 |
| & | Unter $a \,\&\, s$ verstehen wir den Strom, der mit dem Element $a$ anfängt und mit dem Strom $s$ weitergeht. | 22, 185–187, 190–202, 204, 205, 220, 227, 228, 241, 242, 254–261, 263–265, 268, 278, 279, 288, 289, 292, 297, 304–306, 317, 318, 349, 350, 358, 400, 417, 425 |

$\cdot\downarrow\cdot$   Das Präfix des gezeiteten Stroms $x$ der Länge $t$ wird mit $x\downarrow t$ bezeichnet. Die Menge der Präfixe der Länge $t$ der Ströme aus der Menge $S$ wird mit $S\downarrow t \stackrel{\text{def}}{=} \{x\downarrow t: x\in S\}$ bezeichnet.

$\copyright$   Gegeben einen Strom $z$ und eine Menge $M$, so ist $M\copyright z$ der Strom, der aus $z$ entsteht, indem man alle Vorkommen von Elementen außerhalb von $M$ entfernt.

$(\dots)$   Endliche Abbildung: $(c_1\mapsto s_1, \dots, c_n\mapsto s_n)$ steht für eine Funktion, die $c_i$ auf $s_i$ abbildet.

$\cdot\rightarrow\cdot$   Unter $X\rightarrow Y$ verstehen wir die Menge aller Funktionen mit dem Definitionsbereich $X$ und Wertebereich $Y$. Bourbaki folgend [Bou06, E II.13, §3.4, Définition 9], sehen wir eine Funktion als ein Tripel (Funktionsgraph, Definitionsbereich, Wertebereich) an; eine Funktion $f \in X \rightarrow Y$, traditionell $f: X \rightarrow Y$ geschrieben, ist demnach $(\{(x, f(x)) \mid x\in X \wedge y\in Y\}, X, Y)$.

dom   Der Definitionsbereich einer Funktion.

img   Das Bild einer Funktion, also die Menge ihrer Werte.

$\cdot\#\cdot$   Die Anzahl der Vorkommen eines Elements $x$ in einer Sequenz, einem Strom, oder einem Prozess $s$ wird mit $x\#s$ bezeichnet. Analog dazu wird die Anzahl der Vorkommen von Elementen einer Menge $M$ in einer Sequenz, einem Strom, oder einem Prozess $s$ mit $M\#s$ bezeichnet.

| # | Die Länge eines Stroms oder einer Sequenz $s$ oder die Kardinaliät der Ereignismenge eines Prozesses $s$ wird mit $\#s$ bezeichnet. | 14, 21, 57, 97, 100, 186, 198, 199, 203, 204, 209, 214, 217, 223, 224, 226, 251, 252, 261, 269, 297, 300, 316, 317, 322–327, 342, 372, 415, 418, 420, 421, 427 |
|---|---|---|
| id | Mit $\mathrm{id}_X$ wird die Identitätsrelation oder -funktion einer Menge $X$ bezeichnet. | 30 |
| inf | Das Infimum, die größete untere Schranke einer Menge in einer partiellen Ordnung. | 135, 136 |
| $\infty$ | Ein Symbol für „unendlich", also ein Element, das größer als jeder natürliche Zahl ist. | 14, 57, 104, 105, 182, 199, 202, 217, 220, 309, 311, 317, 320, 342, 343, 349 |
| $\mathscr{L}$ | Gegeben einen regulären oder ω-regulären Ausdruck $e$, denotiert $\mathscr{L}(e)$ die von $e$ definierte Sprache. | 105, 106, 108 |
| lfp | Mit $\mathrm{lfp}\,f$ wird der kleinste Fixpunkt (im Falle der Existenz) der Funktion $f$ bezeichnet. | 136, 137, 248–250, 272 |
| $\Diamond$ | $\Diamond\varphi$ bedeutet: in irgendeinem Zustand des Ablaufes gilt $\varphi$. | 29–31, 350–354, 368, 376, 402 |
| $\Box$ | $\Box\varphi$ bedeutet: im allen Zuständen des Ablaufes gilt $\varphi$. | 29–31, 109, 350–352, 354, 368, 370, 371, 374, 376, 402 |
| $\bigcirc$ | $\bigcirc\varphi$ bedeutet: im nächsten Zustand des Ablaufes gilt $\varphi$. | 29–31, 109, 350, 351 |
| $\mathcal{U}$ | $\varphi\,\mathcal{U}\,\psi$ bedeutet: in irgendeinem Zustand des Ablaufes gilt $\psi$ und strikt davor gilt in jedem Zustand $\varphi$. | 29–31, 350, 351 |

| | | |
|---|---|---|
| $\mathbb{N}_0$ | Die Menge nichtnegativer ganzer Zahlen. | 14, 20, 21, 23, 28, 46, 47, 52, 60, 62–65, 69, 72, 77–79, 96, 97, 101, 104, 105, 137, 140, 184, 186–188, 213, 218, 220, 253, 281, 294, 297, 302, 303, 307, 308, 310, 311, 314–317, 320–327, 349, 350, 353–355, 369, 371, 388, 393, 400, 424, 425 |
| $\mathbb{N}_+$ | Die Menge positiver ganzer Zahlen. | 14, 28, 49, 51, 57, 63, 65, 73, 79, 102, 105, 111, 137, 146, 185, 186, 211, 218, 255, 283, 288, 294, 303, 307, 310, 315, 420, 421, 424, 425, 456 |
| $\cdot^{\omega}$ | Gegeben eine beliebige Menge $Z$, bezeichnen wir mit $Z^{\omega}$ die Menge aller unendlichen Wörter über $Z$. | 21, 105, 137, 184, 186, 219, 297, 298, 302, 303, 307, 314–316, 348, 350, 400, 402, 425 |
| $\mathfrak{P}$ | Die Potenzmenge einer Menge $Z$ wird mit $\mathfrak{P}(Z)$ bezeichnet. | 44–46, 51, 54, 60, 61, 71, 74–77, 79, 86, 90, 92–94, 96–99, 113, 121, 136, 137, 143–145, 152, 230, 304, 305, 314, 380, 407, 424–428, 431 |
| $\sqsubseteq$ | Präfixordnung. Sind $s$ und $s'$ endliche oder unendliche Sequenzen, so gilt $s \sqsubseteq s'$ genau dann, wenn eine Sequenz $r$ mit $s{}^{\circ}r = s'$ existiert. Sind $s$ und $s'$ Ströme, so gilt $s \sqsubseteq s'$ genau dann, wenn es einen Strom $r$ mit $s{}^{\frown}r = s'$ gibt. Sind $x$ und $x'$ Belegungen von Stromkanälen, so gilt $x \sqsubseteq x'$ genau dann, wenn $x(c) \sqsubseteq x'(c)$ für jeden Kanal $c$ gilt. Sind $p$ und $p'$ Aktionsstrukturen, so gilt $p \sqsubseteq p'$ genau dann, wenn $p$ aus $p'$ durch Weglassen gewisser Ereignisse entsteht, wobei ein Ereignis $e$ weggelassen werden muss, wenn ein anderes Ereignis weggelassen wird, das für $e$ kausal benötigt wird. | 21, 187, 188, 198, 203, 209, 211–213, 217, 219–222, 226, 261, 268, 269, 285, 300, 303, 309, 317, 320, 322–327, 344, 348, 352, 354, 356, 359, 399 |

$\prod$ Gegeben eine beliebige Menge $I$ (genannt Indexmenge) und beliebige Mengen $X_i$ für $i \in I$, ist das durch $I$ indizierte kartesische Produkt von $X_i$ ($i \in I$) die Menge $\prod_{i \in I} X_i \overset{\text{def}}{=} \{f: I \to \bigcup_{i \in I} X_i: \forall i \in I: f(i) \in X_i\}$.   189, 243

q.e.d. Quod erat demonstrandum. Bezeichnet das Ende eines Beweises.

■ Bezeichnet das Ende einer Definition, eines Satzes, einer Anmerkung, eines Beispiels, etc.

$\cdot|.$ Für eine Abbildung $g$ und eine Menge $X$ wird mit $g|_X$ die Einschränkung von $g$ auf $X$ bezeichnet. Für eine Aktionsstruktur $a = (\leq, \mathsf{act})$ und eine Menge $X$ bezeichnet $a|_X = (\leq|_{X \times X}, \mathsf{act}|_X)$ die komponentenweise Einschränkung von $a$ auf $X$.   77, 152, 153, 245, 270, 344, 349, 399, 416

$\{\!|\dots|\!\}$ Durch eine endliche Menge von gesorteten Attributen aufgespannter Zustandsraum: Für gesortete Variablen $x_1 : S_1, \dots, x_n : S_n$ steht $\{\!|x_1 : S_1, \dots, x_n : S_n|\!\}$ für die Menge aller Abbildungen, die für jedes $i \in \mathbb{N}_+ \cap [1, n]$ die Variable $v_i$ auf die Trägermenge von $S_i$ abbilden. Formell: $\{\!|x_1 : S_1, \dots, x_n : S_n|\!\} \overset{\text{def}}{=} \{f \in (\{x_i: i \in \mathbb{N}_+ \wedge i \leq n\} \to \bigcup_{i=1}^{n} S_i): \forall i \in \mathbb{N}_+: i \leq n \Rightarrow f(x_i) \in S_i\}$   23, 25, 53, 55, 56, 78, 80, 83, 97, 100, 111, 114, 116, 121, 130, 304, 366, 374

sup Das Supremum, die kleinste obere Schranke einer Menge in einer partiellen Ordnung.   135, 136, 188, 190, 388

$\cdot \uplus \cdot$ Gegeben Funktionen $f$ und $g$, die auf dem Durchschnitt ihrer Definitionsbereiche übereinstimmen, wird mit $f \uplus g$ die Funktion bezeichnet, die sich wie $f$ auf $\mathrm{dom}\, f$ und wie $g$ auf $\mathrm{dom}\, g$ verhält.   270–272, 298

$[\![\cdot]\!].$ Interpretation einer Formel in einer Belegung.   210, 386, 387

# Sachverzeichnis

Printed in the United States
by Baker & Taylor Publisher Services